世界のお正月百科事典
ENCYCLOPEDIA OF NEW YEAR'S HOLIDAYS WORLDWIDE

ウィリアム・D・クランプ【著】
澤田治美【監訳】 石川久美子・大塚典子・児玉敦子【訳】

柊風舎

ENCYCLOPEDIA OF NEW YEAR'S HOLIDAYS WORLDWIDE
by
William D. Crump

Copyright © 2014 [2008] William D. Crump
Published by special arrangement with
McFarland & Company, Inc., Publishers,
Jefferson, North Carolina, USA
through Tuttle-Mori Agency, Inc., Tokyo

（扉）スコットランドの新年：Gyula Péter [CC BY 3.0 (https://creativecommons.org/licenses/by/3.0)]

（口絵）p.1 上：PhiloVivero [GFDL (http://www.gnu.org/copyleft/fdl.html) or CC-BY-SA-3.0 (http://creativecommons.org/licenses/by-sa/3.0/), from Wikimedia Commons；下左：Raja Ravi Varma [Public domain]；右中：Ramnath Bhat [CC BY 2.0 (https://creativecommons.org/licenses/by/2.0)], via Wikimedia Commons；右下：Ashish Kanitkar [CC BY-SA 2.0 (https://creativecommons.org/licenses/by-sa/2.0)], via Wikimedia Commons；p.2 上：Ilija dimov at Bulgarian Wikipedia [Public domain], via Wikimedia Commons；下左：Archasia [CC BY-SA 4.0 (https://creativecommons.org/licenses/by-sa/4.0)], from Wikimedia Commons；右中：Hessam M. Armandehi [GFDL (http://www.gnu.org/copyleft/fdl.html), CC-BY-SA-3.0 (http://creativecommons.org/licenses/by-sa/3.0/) or CC BY 2.5 (https://creativecommons.org/licenses/by/2.5)], from Wikimedia Commons；右下：Investigation11111 [CC BY-SA 4.0 (https://creativecommons.org/licenses/by-sa/4.0)], from Wikimedia Commons；p.3 上：Cyntia Motta [CC BY-SA 3.0 (https://creativecommons.org/licenses/by-sa/3.0)], from Wikimedia Commons；下左：sjb5 from Los Angeles, California [CC BY 2.0 (https://creativecommons.org/licenses/by/2.0)], via Wikimedia Commons；右下：Dave Proffer [CC BY 2.0 (https://creativecommons.org/licenses/by/2.0)], via Wikimedia Commons；p.4 上：bhavjit Singh [CC BY 2.0 (https://creativecommons.org/licenses/by/2.0)], via Wikimedia Commons；下：PTD Phonsavan [CC BY 3.0 (https://creativecommons.org/licenses/by/3.0)], from Wikimedia Commons；p.5 上：ja:User:Sanjo [Public domain], from Wikimedia Commons；下左：Shesmax [CC BY-SA 4.0 (https://creativecommons.org/licenses/by-sa/4.0)], from Wikimedia Commons；右下：R. fiend [CC BY-SA 3.0 (https://creativecommons.org/licenses/by-sa/3.0)], from Wikimedia Commons；p.6 上：Petty Officer 2nd Class Laurie Dexter [Public domain], via Wikimedia Commons；下：Rosser1954 [CC BY-SA 4.0 (https://creativecommons.org/licenses/by-sa/4.0)], from Wikimedia Commons

ランターンフェスティバル（中華民国、中正紀念堂）

インドのディワリ。ヒンドゥー教の女神ラクシュミー（左）を崇める光の祭典

仮装の娯楽「クケリ」（ブルガリア）

ペルシアの新年の祭りノウルーズ

太陽の祭り「インティ・ライミ」(クスコ、サクサイワマン遺跡)

ローズパレード(カリフォルニア州パサデナ)

シク教徒の新年の祭り「ホーラ・モハッラ」

モン族の新年に行われる闘牛

獅子舞（日本）

ジルヴェスタークロイゼ（スイス）　　　　　マリ・スイード（ウェールズ）

豊穣神ロノを祝うマカヒキ（ハワイ）

ホグマネイ（スコットランド）

序

　世界には無数の文化が存在し、それぞれに暦があるとすれば、「正月」という言葉は相対的なものとなり、共通する時間上の１点を指すことはほとんどない。当該の文化にとっての正月がいつ到来しようと、「正月」が意味するのは、一年の終わりと新しい年の始まりであり、儀式的周期の満了および再開の時であり、過去への追憶とそれに伴うより良く明るい未来への期待であり、ある人の生き方や置かれた環境を改善しようという決意である。同様に、新年を祝う方法は文化によって異なり、宗教的儀式や迷信上の慣習を守ることもあれば、伝統料理、音楽、ダンス、花火、騒音、飲酒などを特色とする社交的会合やパーティを行うこともある。

　西洋社会において、新年はクリスマスシーズンの終わりにあたるため、正月とクリスマスという２つの祝日は、クリスマス事典や季節に関する参考文献で扱われる際、大抵はひとくくりにされ、しかも正月がクリスマスに一歩を譲る形をとっている。拙著『クリスマス百科事典』(*The Christmas Encyclopedia*、マクファーラン社、2001 年版および 2006 年版) においても同様のことがいえる。したがって、今や、主題を新年の祝日に絞って、グローバルな視点に立ち、クリスマスとの関連から正月を扱うのでなく、叙述の範囲を広げ、前述のクリスマス事典の姉妹編を編むべき時がやって来たように思われる。その結果が本書『世界のお正月百科事典』(*Encyclopedia of New Year's Holidays Worldwide*) であり、正月に特化した初めての専門事典という点で、他に類を見ないものとなった。

　本書では 320 項目を五十音順に配した。130 か国のおもな伝統と習慣について詳述し、その大部分の国については国名を見出し語として個々に立項した。類似の伝統を守る国々については、場合により、地域名を見出し語として１つの項にまとめた。一例として、メキシコをはじめとする中央アメリカ諸国、南アメリカ、カリブ海諸島については、すべて「中南米とカリブ海諸島」の項で論じることとした。またイングランド、スコットラ

ンド、ウェールズを「イギリス」の項にまとめることとし、したがって「ア
イルランド」については別項を立てた。各国における祝祭の名称について
は、該当する国名を示して相互参照の便を図った。例えば、ベトナムの新
年祭テトの項は「テト Tet ⇒ ベトナム」と表記した。同様に、特定の国の
主要な伝統については、それぞれの国の項で詳述し、相互参照表記を付し
た。各国の項の大半には、それぞれの国の公用語で「新年おめでとう (Happy
New Year)」にあたる言葉、もしくは伝統的な新年の挨拶を挙げておいた。

　伝統は時間とともに変化していく以上、各国の項では、もっぱら現在流
布している慣習について論じる。現在の風習に著しく影響を及ぼしている
場合を除き、とうに廃れた古い慣習の詳細や歴史について解説することは、
本書の目的から外れる。

　27 項目において主要な暦について論じているが、グレゴリオ暦や中国
暦のように現在用いられているもの、あるいはアステカ暦、マヤ暦、ロー
マ暦のように、歴史的に興味深いものがこれらの項目に含まれる。参照を
容易にするため、暦の項はすべて同じ箇所にまとめた。見出し語はそれぞ
れ、頭に「暦・」を付し、その後に暦名を記す形で表記した。例を挙げる
と、グレゴリオ暦の項は「暦・グレゴリオ」、またヘブライ暦の項は「暦・
ヘブライ」とした。これらに加え、「暦の天文学的基準」の項では、多く
の暦の基礎となる天文学的な概念について論じた。

　残りの項目では、新年に関連するさまざまな事象を広く取り扱っている。
例としては、元日についての歴史的議論、1 月 1 日に催されるおもな行事、
教会の祭礼、神話上の人物、フットボール競技会、パレード、新年の挨拶
カード、贈り物、幸運のシンボル、アメリカ先住民やモン族など特定の民
族集団の慣習、花火、騒音を立てる慣習、乾杯や飲酒など世界共通の慣習、
唱歌、文学作品、迷信、千年紀（ミレニアム）の世界的な祝祭、映画、テ
レビの特別番組、アニメーション、著名人、ホワイトハウスならびにバチ
カンでの祝典などが挙げられている。

　ローマ字を用いない言語の単語を英語に音訳する場合、しばしば表記が
複数に分かれるため、本書で用いる外国語の英語綴りが、他の資料のもの

と異なる可能性もある。おもな例としては、中近東や中央アジアで特定の信仰を持つ人々に祝われる、ペルシアの新年の名称が挙げられる。本書では整合を図るため全般的にノウルーズ（No Ruz）と表記するが、特定の文化、国、共同体独自の異なった綴りを用いる場合もある。

　映画、テレビの特別番組、アニメーションには、可能な限りのクレジット、すなわちメインキャスト、公開日、脚本、製作（プロデューサー）、監督、製作会社、観客年齢制限表示、受賞した場合はおもな賞、代表的な DVD ないし VHS の販売会社、上映時間を示した。とくに表記がない場合は、すべてアメリカで製作されたカラー映像である。「白黒」の表記はモノクロ映像を意味する。すべての作品が DVD ないし VHS 化されているわけではなく、また本書に示した製作会社が変更されたり、新たな製作会社が加わったりする場合もある。販売会社がこれまで発売した作品を DVD・VHS 市場から引きあげる可能性も常にある。したがって「ビデオ（N/A）」と表示がある場合は、DVD ないし VHS が発売されていないか、あるいは単に本書編纂中に情報が得られなかったことを示している。

　現在用いられない暦の年代は、西暦の年で示すとともに、一般的な表記である「前」（紀元前）および「後」（紀元後）を採用した。

　巻末に挙げた参考文献には、参考図書、小説、短編集、詩集、定期刊行物、インターネットの情報など幅広い資料が含まれている。インターネット上のウェブサイトは警告なく削除されることがあるが、本書原本の刊行時点ではすべてのウェブサイトは有効だった。また在ワシントン D.C. の各大使館に本国の風習について情報をご提供頂いたが、その大部分は、大使館職員の方々、あるいはしかるべき権限を有する方々が直接記述して下さったものである。大使館提供の原資料に挙げられた、出処の確認できるメディア・ソースについては、照会先と合わせてリストアップしておく。

謝辞

　ワシントン D.C. の以下の大使館と担当の皆さまより、それぞれの国の新年の習慣につい
て情報をご提供いただいたこと、また有益な情報を得る方法をご指南いただいたことに感
謝いたします。アルメニア、アゼルバイジャン（Aysel Yagubova 大使館員）、バルバドス（Jasmin
Hewitt 氏）、ベルギー（Andrea Murphy 文化担当官）、ベリーズ、ボスニア・ヘルツェゴビナ（Adnan
Hadrovic 二等書記官）、ブラジル（文化局インターン Ana Paula 氏）、ブルネイ・ダルサラーム国
（Zuffri Abdul Sani 二等書記官）、ブルガリア（政治・文化担当一等書記官 Dimitar Mihaylov 博士）、中
華人民共和国、キプロス、チェコ共和国（文化部 Mary E. Fetzko 氏）、デンマーク王国（Marianne
Bro 文化担当副領事）、ドミニカ共和国（Ada Hernandez 文化担当公使参事官）、エジプト（文化教育
局長 Abdallah Bazaraa 博士）、フィンランド（Kirsikka Mattila 広報官）、ドイツ（ドイツ情報センター
Jennifer Clardy 氏）、アイスランド（Hreinn Palsson 氏）、イスラエル（Jordana Luks 広報官）、大韓民
国（Hyeon Pyo Lee 韓国文化局長）、リトアニア（Jurgita Dapkute 文化教育担当三等書記官）、ナイジ
ェリア連邦共和国（H.O. Solaja 氏）、ポーランド共和国（Magdalena Walendowska 広報官）、サウジ
アラビア王国大使館（サウジアラビア広報局 Abeer Alsobahi 氏）、セネガル共和国（Mamadou Deme
臨時代理大使）、スウェーデン、スイス（Eric Amhof 文化参事官）、トリニダード・トバゴ（Lystra
Hinds 氏）、アラブ首長国連邦、イギリス。
　また、以下の方々と団体からも情報をいただいたことにお礼申し上げます。ニューヨーク
州ロチェスターのチェコの習慣と伝統の研究者 Petr Josef Chudoba 氏には、ワシントン D.C. の
チェコ共和国大使館の許可によりこれまでの研究の提供と、チェコ共和国の項目の検討をお
願いした。ニューオーリンズの日本総領事館（Robert Mann 文化教育担当顧問）、ニューヨーク
のポルトガル通商・観光局（Miguel Carvalho 広報室長）、ワシントン D.C. のロシア文化センター。
　さらに姉妹である Julie Crump Pugh には調査助手をしてもらった。義理の兄弟の Ronnie F.
Pugh と甥の John M. Pugh がこの大事典に個人所有の写真を提供してくれたことにも感謝する。

目次

序　i

謝辞　iv

世界のお正月百科事典　1〜456

参考文献　457

欧文見出し索引　470

索引　477

監訳者あとがき　502

映画、TV、書籍、詩歌などの作品タイトルは、
既存の翻訳がある場合にはそれらを用い、
翻訳がない場合には仮題を入れて＊を付した。

あ行

アイスランド

Iceland

　元日は 1 月 1 日。大晦日から家族や友人が集い食事を共にしながら新年を祝う。食事はアイスランド産のラム肉や七面鳥、燻製豚肉など。近所の人々がたき火を囲んで歓談し、思い思いに歌を歌い、花火をする。普段は花火をするには役所の許可がいるが、元日にはすべての規制が解除されるため、花火を買うことが習慣になっている。花火の収益はアイスランドで救難活動を行っているボランティア団体の支援に使われる。花火は夜を徹して続くが、真夜中の 12 時を過ぎると多くの人がナイトクラブや自宅に場所を移す。

　大晦日にはさまざまなことが行われるが、午後 10 時半になると、国営放送の新年特別番組『大晦日の楽しみ』（Áramótaskaupið / The New Year's Eve Fun）を見るのがどの家でも恒例になっている。これは一年間の国内のおもだった出来事を風刺的に面白おかしく伝える番組で、アイスランドを代表する俳優が出演し、政治家や著名人を槍玉にあげる。国民的人気を博するため、番組放映中は通りはがらんと寂しくなる。

　一方、元日は休息の日となっている。ただし、外で焼け焦げた棒などの花火の残骸を競うように集める元気な子どもたちの姿も見られる。夜にはクラブなどの社交の場で正式なディナーパーティが催される。

　新年の挨拶には次の言い方がある。

・「ファルサルト・コマンディ・オル（Farsælt Komandi Ár）」アイスランド語（公用語）

アイルランド

Ireland

　アイルランド共和国である島の南側 6 分の 5 をカトリックが占め、北部に残るわずかな部分に英国人のプロテスタントが住む。簡略化のためここではアイルランド島全体の新年の習慣という 1 つのくくりで紹介する。

　かつてアイルランドではユリウス暦が使われており、新年は 3 月 25 日の「お告げの祭り」または受胎告知の祝いの日だった。一方、地方では新年を農業が始まる 2 月 1 日としていた。1752 年、英国とその属国はグレゴリオ暦を採用し、元日を 1 月 1 日とした（⇒暦・グレゴリオ）。

　アイルランドではかつて元日は重要な祝日ではなく、占いの儀式で新しい年を占う日とされていた。大晦日の天気は新年全般に関する予兆となるのみでなく、政治を占うものともされた。例えば、西

部のケリー州では西風が吹けばアイルランドの主張が支持され、東風が吹けばイングランドの主張が支持される。若い女性はヒイラギとキヅタかヤドリギを枕の下に入れて眠ると将来の夫の夢を見ることができる。ほかの国と同様に人々はこの日には最善の行いをするよう、健康であるよう、十分な食事をとるように務めた。新年の出来事は来る年の予兆となるからである。このため大晦日はアイルランドのゲール語でイヘ・ナ・コダ・モレ（Oiche na Coda Móire：「大食の夜」）といわれている。大晦日の真夜中過ぎに最初に家に足を踏み入れた人あるいは生き物もその年に幸運または不運をもたらす。これが「ファーストフッティング（新年最初の客）」という習わしで、黒髪の男性か少年が最初の訪問者として理想的といわれる。そのため各家庭ではあらかじめ、家族や友だちからふさわしい人を選んでおいて、真夜中の鐘が鳴った直後に訪問するよう決めておくこともよくある。この役を引き受けると志がもらえるのを知っていて、黒髪の少年はよく近所の家のためにこの役を買って出ている。奇妙なことに黒猫も幸運を運ぶ最初の「訪問者」となっている。一方、女性は不幸をもたらす。

　その年の飢餓を追い払う儀式は多くの家庭で見られる重要な習慣であり、家庭によってやり方が異なることもある。1つの方法は大晦日に家長が玄関の外に立ち扉にケーキをぶつけるもの。別の方法はその家の男性がケーキを3口食べて三

位一体の神の名においてケーキを扉に投げ付けながら、飢餓がアイルランドからなくなりトルコの王のもとに行きますようにと唱えるもの。こちらはその後家族みんなでかけらを拾って食べる。また、主婦が家じゅうの扉と窓を閉めて扉にケーキを投げ付けながらアイルランドのゲール語で次のように3度唱える。

Fógramuid an Ghorta,
Amach go tír na d-Turcach;
O nocht go bliadhain ó nocht,
Agus ó nocht féin amach.

意味は
飢餓に告ぐ、去れ
トルコの国へ
この夜より12か月後のこの夜まで
今、まさにこの夜より

　ケーキを開いた戸口から三位一体の神の名において投げ、外で誰かが受け取ることもある。農家では納屋の扉にケーキをぶつけ、家畜に十分な餌をあたえられるように願う。

　大人や子どもが群をなして家々を巡る新年の儀式もある。スコットランド発祥といわれている北部のある儀式では、男たちが角笛を鳴らして到来を告げ、慈善のために食べ物や募金を集めてまわる。一群の長は羊の毛皮のマントを羽織っており、家に入ると燃える石炭を火から取り出し床に置く。男たちはその周りを回る。その間、長の後ろでは男が棒で羊の

毛皮を叩いている。寄付を受け取った長は毛皮から毛をひとふさ切りとり、石炭で焦がしてから家の人たちにまわして匂いをかがせる。こういった北部から伝わってきた儀式の意味は謎のままである。子どもたちは藁束を持って家々をまわり、束を少しずつ配り、お返しにささやかなお礼を受け取る。

今日のアイルランドの大晦日は他の西洋諸国と変わらず、やかましい音を立て、花火、パレード、たき火などで賑やかに過ごす。墓地を通る人はその年に亡くなった人のために祈祷するのが習わしである。

新年の挨拶には次の言い方がある。
・「ブリアン・ヌア・フィー・ワーサ・イーブ・イーリィグ（Bliain nua faoi mhaise dhaoibn uiling）」アイルランドのゲール語（公用語）
　⇒イギリス、お告げの祝日、ケルト

『赤鼻のトナカイ　ルドルフ物語』
Rudolph's Shiny New Year
TV（1976年）

パペットを使った『ルドルフ　赤鼻のトナカイ』（1964年）の続編としてテレビ用に製作されたアニメ（アニマジック Animagic）。

新年坊やのハッピーは大きな耳を恥じて、クリスマスの夜に父のタイムの城から逃げ出した。ハッピーが見つかるまで、時は12月31日で止まってしまう。クジラのゼンマイ仕掛けのビッグ・ベン、穴居人のワン・ミリオンB.C（紀元前100万年）、ラクダのクォーター・パスト・ファイブ、騎士のサー・テン・トゥ・スリーをお供に、ルドルフはハッピーを捕らえた邪悪なノスリのイーオンが住む「名なしの島」まで追跡する。12月31日の真夜中まであと30分という時にルドルフと仲間たちはイーオンを打ち負かし、あと数秒という瞬間に、サンタの助けを借りてハッピーを父のタイムのもとに帰してやった。

このテレビ番組については、リック・ゴールドシュミットの著作『ランキン／バスの魅惑の世界』*（*The Enchanted World of Rankin/Bass*）に詳しい。

語りと歌：レッド・スケルトン／オリジナル曲：ジョニー・マークス／声優：フランク・ゴルシン、モーリー・アムステルダム、ハル・ピアリー、ポール・フリース、ビル・リチャーズ、ドン・メシック、アイリス・レイナー／脚本：ロメオ・ミュラー／製作・監督：アーサー・ランキン・ジュニア、ジュールズ・バス／ランキン／バス・プロダクションズ／DVD：ワーナー・スタジオ／47分

アキトゥ
Akitu
　⇒メソポタミア

「アーサーの大晦日」*
"Arthur's New Year's Eve"
TV（1997年）

アメリカおよびカナダの公共放送のアニメーション番組の放映タイトル。エミー賞を何度か受賞したテレビシリーズ、

〈アーサー〉（*Arthur*、1996 年に放映を開始し現在も放映中）の中の 1 話である。原作はマーク・ブラウンによるベストセラーの児童書シリーズ。原作およびアニメシリーズは、8 歳のツチブタの男の子、アーサー・リードの冒険をテーマとし、アーサーの妹 D.W. および家族、友だちが登場する。

12 分間の「アーサーの大晦日」は 1997 年 4 月 3 日に放映された。アーサーは、周りの人たちから「大晦日の晩には、空に緑色の光がきらめく」はたまた「大晦日の晩には、新年坊やと旧年じいさんが毎年恒例のレスリング・マッチをする」などという、とんでもない噂を聞かされ、大晦日に真夜中まで起きていて「衝撃の事実」を突き止めようと決心する。

声優：マイケル・ヤーマッシュ（アーサー）/脚本：マーク・ブラウン/製作：マーク・ブラウン、ジェフ・アダムスその他/監督：グレッグ・ベーリー/CINAR アニメーション、公共放送システム、WGBH-TV ボストン/DVD：ソニー・ワンダー・ビデオのアニメシリーズ「アーサーのおいわい」*に「ソーラおばあちゃんありがとうの日」「D.W. のかんぺきなおねがい」「アーサーのたんじょうび」とともに収録/50 分

『アサルト 13 要塞警察』

Assault on precinct 13
映画（2005 年）

アメリカおよびフランスのドラマで、新年のシーンが出てくる。1976 年にジョン・カーペンターの脚本・監督により製作された同名映画のリメイク作品で、舞台もロサンゼルスからデトロイトに移っている。大晦日の晩、第 13 分署として知られる警察署は、ギャングの一員で拘留中のマリオン・ビショップ（ローレンス・フィッシュバーン）を狙う、悪徳警官の大規模な襲撃にさらされる。

同作品は以下の栄誉を獲得した。カナダ監督協会賞音楽編集賞受賞（2005 年）、NAACP イメージ賞主演男優賞にノミネート（2006 年ローレンス・フィッシュボーン）、ティーン・チョイス賞ラップ・アーティスト賞（2005 年ジャ・ルール）。

出演：イーサン・ホーク、ガブリエル・バーン、マリア・ベロ/脚本：ジェイムズ・デ・モナコ/製作：パスカル・コシュトゥ、ジェフリー・シルバー、ステファーヌ・スペリ/監督：ジャン・フランソワ・リシェ/製作会社：ルージュ・ピクチャー、リエゾン・フィルム、ホワイ・ノット・プロダクション、ビスケイン・ピクチャーズ、フォーカス・フィーチャーズ/R 指定/DVD：ユニバーサル・スタジオ/109 分

アーシューラー

Ashura
　　⇒イスラーム教

アステカ帝国

Aztec Empire

高度な文明を有した古代メキシコ人の帝国。メキシコ中部で 14 世紀から 16 世紀にかけて繁栄したが、1521 年にスペインによって征服され、滅亡した。

太陽を信仰したアステカ人の独特な神

話によると、アステカ人の時代にいたる前には4つの「太陽」の時代が存在したとされる。それぞれの時代を異なる神が支配し、時代ごとに人間の人種も異なっており、どの時代もそれぞれ異なる大変動によって滅亡した。第1の時代に生きていたのは巨人で、ジャガーによって滅ぼされた。第2の時代は嵐のために滅亡し、人間は猿の姿に変えられた。第3の時代は「炎の雨」によって滅び、人間は犬や七面鳥や蝶に変えられた。第4の時代は洪水に滅ぼされ、人間は魚になったという。アステカ帝国が存在した現在の世界は第5の「太陽」の時代であり、この第5の時代は、神話では地震とそれ以外の大変動によって滅びるとされているが、人間は「天からの怪物」によって食い尽くされるといわれている。各時代を滅ぼした大変異はどれも「カレンダー・ラウンド（暦の一巡）」と呼ばれる52年の期間の終わりに起こったとされているが、カレンダー・ラウンドとは、アステカ人が宗教的かつ世俗的な目的で用いた暦のサイクル（⇒暦・アステカ）であり、第5の太陽もこれまでと同様、カレンダー・ラウンドの終わりに滅亡すると予想された。だが、第5の太陽の時代が滅亡するまでに、果たして52年の期間が何度繰り返されるか分からなかったため、カレンダー・ラウンドの終わりごとに、アステカ人は世界の終わりに備えた。つまり第5の太陽の時代の主神である太陽神トナティウに、トシウモルピリア（Toxiuhmolpilia：歳月の束）、すなわち新火

儀式の呼称でよりよく知られている儀式を通して、この時代がさらに52年間延長されるよう祈ったのである。儀式には人間の血の生贄が必要とされたが、これは次のようなトナティウの神話に由来する。トナティウが太陽として空を渡れるようになったのは、ほかの神々が自らの心臓と血を犠牲にしたためであり、トナティウは、その後も生き続けるために、人間の心臓を要求したという神話である。人間の生贄をさまざまな神々に捧げるアステカの儀式は、ほかにも年間を通して行われたとされるが、その規模は推測の域を出ない。毎年2万人もの犠牲が出たという説を唱える研究者もいるが、別の歴史家はこの数字はおおげさな誇張にすぎないと考えている。

新火儀式は12日間にわたる儀式で、アステカの人々はこの間断食し、自らの家を隅々まで掃除し、家に祀った偶像、敷物、料理の道具、衣服などを捨てた。カレンダー・ラウンドの最後の5日間は不吉な日とされており、この間は帝国じゅうの火が消され、人々は、世界が大異変から守られ、新たな火が授けられるのを待ち望んだ。52年間の最終日の夜、王の指名した非の打ちどころのない捕虜の戦士が、アステカの都、テノチティトラン（現在のメキシコシティ内に存在した）にあった最も神聖な神殿、テンプロ・マヨール（「大神殿」）の火の神官たちに付き添われ、シトラルテペック付近にあった祭壇（シトラルテペックは「星の山」の意。祭壇は現在セロ・デ・ラ・エストレー

ジャがある場所に存在した）まで歩いていった。神官が儀式を進めるうちに、捕虜の戦士はテオトル・イシプトラ（「神に扮する者」）、すなわち太陽神トナティウの生ける化身に変わり、祭壇のある山のふもとでは人々が屋根の上からその様子を不安げに見守った。その後、神官は戦士を生贄の石に横たえて、牡牛座のプレアデス星団を注視し、プレアデスが子午線を過ぎた時、すなわち太陽が再び昇って世界があと52年間生き延びるという兆しが見えた時、生きたまま戦士の胸を切り裂いて心臓を取り出し、その胸に新たな火をおこして、火の中に切り取った心臓を投げ入れた。このようにして、トナティウは生まれ変わった。山上に新たな火がおこるのを目にしたふもとの人々は、自分自身の耳や自分の子どもの耳に切り傷をつけ、その血を指に付けて新たな火に向かって弾き飛ばした。次いで山上の新たな火は、テンプロ・マヨールに運ばれ、特別な松明に火が点されたあと、帝国じゅうのあらゆる場所へ急使が送られ、すべての家々と仕事場とに火が点された。このようにして、すべての民が生まれ変わった太陽から新たな火を授かり、生活必需品や家の守り神を再び揃え、新たな生活を始めた。新火儀式が最後に行われたのは1507年で、それ以降カレンダー・ラウンドは9度巡り、現在のサイクルが終わるのは2027年の予定である。

⇒インカ帝国、中南米とカリブ海諸島〔メキシコ〕、マヤ帝国

アステカ暦

Aztec Calendar

⇒暦・アステカ

アゼルバイジャン

Azerbaijan

シーア派が多数を占めるイスラーム教国。西の国境はカスピ海に接する。公式な暦であるグレゴリオ暦の元日は1月1日であり、ペルシア暦に基づくノウルーズ・バイラム（新年の祝日）は3月21日（春分の日）である。後者の日付は古代メソポタミアの新年祭とゾロアスター教時代のペルシアに由来する（⇒暦・ペルシア、メソポタミア）。7世紀のアラブ人侵入により、この地域にイスラーム教が到来し、ゾロアスター教や地域土着の異教信仰に替わって徐々に浸透した。

1月1日とロシアの影響　1813年以降のロシア統治時代、アゼルバイジャンでは新年をユリウス暦の1月1日に祝った。1920年にアゼルバイジャンはソビエト連邦の構成国となったため、同国ではグレゴリオ暦が採用され、クリスマスではなく新年を祝うようになる。だが、2つの暦には13日のずれがあったため、国内の多くの年配者は、グレゴリオ暦の1月14日にあたるユリウス暦の元日を祝い続け、このことからユリウス暦の元日は「旧」新年と呼ばれた（⇒暦・グレゴリオ、暦・ローマ〔ユリウス〕）。

ソビエト時代、アゼルバイジャンの新年、すなわち1月1日には装飾をほどこしたニューイヤーツリー（クリスマス

ツリーと同様のもの）がつきものであり、ツリーは1月14日の旧新年まで立てられていた。大晦日の晩にはサンタクロースのような存在、シャフタ・ババ（Shakhta Baba）が、子どもたちにプレゼントを贈った。これはソビエトのジェド・マロース（霜おじいさん）（⇒ロシア）のアゼルバイジャン版といったところである。

今でもアゼルバイジャンの人々は、冬のシンボルとしてニューイヤーツリーを立てる。シャフタ・ババも祝日のキャラクターとして生き残っているが、西洋のサンタクロースに地位を奪われつつある。各家庭では、大晦日の真夜中の直前にシャンパンないし他のアルコール飲料で旧年に乾杯し、時計の針が真夜中を指した直後、今度は新年に乾杯する。ここで留意すべき点は、イスラーム教では飲酒をかたく禁じているにもかかわらず、大半のアゼルバイジャン人がその戒律を守っていないことである（⇒ Web Site アゼルバイジャン・インターナショナルの「You Are What You Eat（食べるものが人間をつくる）」を参照）。

ノウルーズ・バイラム（Novruz Bayram）
ソビエトはこの祝日を認めていなかったが、1991年にソ連が崩壊してアゼルバイジャンが独立すると、ノウルーズ・バイラムは国家によって新年の祝日と定められた。最も重要な祝日ではあるが、取り立てて宗教的な意味合いはなく、春の訪れや、自然の再生の象徴、冬の闇の邪悪な力に対する善の勝利などが祝われる。

新年の祝祭は元日の4週間前から始まり、民間信仰に従って、次に挙げる4つの水曜日がそれぞれ自然の4元素に捧げられる。ス・チャルシャンバ（Su Charhshanba：水の水曜日。水が再生し純化される）、オド・チャルシャンバ（Od Charhshanba：ゾロアスター教の聖火信仰を想起させる、火の水曜日。火が再生する）、トルパッグ・チャルシャンバ（Torpaq Charhshanba：土の水曜日。冬の後に大地が甦る）、アフル・チャルシャンバ（Axir Charhshanba：元日前の最後の水曜日。春に向けて風が木の芽を開く）。各家庭では、儀式に従って家の掃除や修理を行い、衣服を繕うか、あるいは新しい衣服を購入する。また卵（豊かさの象徴）に装飾をほどこし、お祝いの料理を用意し、壊れた人間関係を修復し、飾り立てた皿でサマニ（麦の芽）を発芽させる。迷信によればサマニは神聖な食べ物とされ、女性が頭上に頂くと不妊が治るという。サマニを用意する儀式、すなわちサマニ・トユ（サマニの宴）という古い習わしには、女性しか参加することが許されず、男性や異教徒、そして邪眼を持つ恐れのある女性も、儀式中のダンスや歌を含めて参加を禁じられていた。サマニ用のやかんは、コミュニティの中で「最も幸せな女性」が火にかけることになっていた。一方、儀式は最も尊敬されている女性が主導することになっていた。

最後の水曜日（ノウルーズ・バイラム直前の水曜日）の儀式は非常に重要なものとされ、流れの上を飛び越える儀式、立

ち去る前に家族に水を振りかける儀式（どちらも魔を祓う象徴的儀式）、路上や屋上に起こした火を飛び越す儀式（清めの象徴的儀式）などが行われる。火飛びの儀式は、同じ火の上を7回飛び越すか、あるいはそれぞれ別の7つの火を飛び越すことになっている。昔は、炎を清いものとするために、未成年の男子が火をおこすことになっていた。最後の水曜日には、アメリカのハロウィーンに似た子どもたちのための風習もあり、この日、子どもたちは近所の家々の戸をノックして、ドアの前の階段に自分の帽子やバスケットを置き、近くに隠れて、その家の誰かが玄関前の帽子とバスケットに、飴、ペストリー、ナッツなどを入れてくれるのを待つ。この日のほかの慣習としては、一年間実を結ばなかった木の命を長らえさせる儀式「木の助命」が挙げられる。これは木こりと木々の擁護者との間の問答で、木々の擁護者が木こりに対し、木々の命を取らないことを「納得」させる、すなわち木の「助命」を行うものである。これらに加え、元日の前夜には、家族が亡くなった親族の墓参りをする風習もある。

　新年のテーブルのしつらえは、地域によって多少異なる。北部では、サマニ、装飾卵、生花、ロウソク、お菓子、そしてシャケルブラやパフラヴァのような国を代表するペストリー、またナッツやドライフルーツなどが食卓に並ぶ。南部では、マジックナンバーである「7つの物」（yeddi lovun）がテーブルに並べられるが、これはペルシア語の文字スィーン（sin：ペルシア語の「s」の読み方）で始まる名前の7つの縁起物である。これらの縁起物は、イランで用意される縁起物と実質的に同じであり、イランの項で詳しく論ずる（⇒イラン）。

　かがり火や祝砲によって公に春分が宣言されると、各家庭では家族が祝いの食卓につく。ノウルーズ・バイラムの日に家を離れる者は7年間地上をさ迷うという迷信があるため、この日は自宅で過ごすことが習わしとなっている。それに続く新年の期間は人々が互いに訪問し合い、その後祝祭期間は公共の祭りをもって幕を閉じるが、この祭りでは、ダンス、民俗楽団による余興、スポーツ競技会などが行われる。

　新年の挨拶には次の言い方がある。
・「イェニ・イリニズ・ミュバーレキ（Yeni Iliniz Mubarek）」アゼルバイジャン語（公用語）
　⇒イラン、イスラーム教

アッシリア
Assyria
　⇒メソポタミア

アニメーション
Cartoons
　クリスマスを題材にしたアニメに比べると、新年を題材にしたアニメの数は、ほんのわずかである。次に挙げる優れたアニメ作品については、それぞれ別の項で論ずる。

「赤鼻のトナカイ ルドルフ物語」（1976年）：テレビアニメ・スペシャル番組。

「アーサーの大晦日」＊（1997年）：公共放送のアニメ・シリーズ〈アーサー〉のエピソード。

「王様の剣」（1963年）：ディズニーのアニメ長編映画。

「くまのプーさん／みんなのクリスマス」（2002年）：アニメ・ビデオ。

「サッピー・ニュー・イヤー」＊（1961年）：テリー・トゥーンズのアニメ〈ヘッケル・アンド・ジャッケル〉劇場シリーズのうちの1話。

「迎春!! 小樽杯マリオネットコンテスト!!」（1996年）：日本のテレビアニメ・シリーズ、〈セイバー・マリオネットＪ〉のうちの1話。

「新年だよ、チャーリー・ブラウン」＊（1986年）：連載漫画『ピーナッツ』を原作とする、テレビアニメ特別番組。

「新年の大掃除」＊（2001年）：公共放送のテレビアニメ・シリーズ〈中国のシャムネコ、サグワ〉のうちの1話。

「新年のネッド」（1998年）：アメリカおよびカナダの子どもテレビアニメ・シリーズ、〈ネッズニュート〉のうちの1話。

「新年の抱負」＊（1983年）：イギリスの子どもテレビアニメ・シリーズ〈ヘンリーズ・キャット〉のうちの1話。

「とっとこ新春! たこあげ大会」（2003年）：日本の子どもテレビアニメ・シリーズ〈とっとこハム太郎〉のうちの1話。

「ニューイヤー・プロミス」＊（1967年）：テレビアニメ・シリーズ〈デイビー＆

ゴライアス〉の、祝日スペシャル。

『呪われた大晦日』＊（2006年）：スコットランドのテレビアニメ特別番組。

「ハッピー・オールド・イヤー」（2000年）：テレビアニメ・シリーズ〈ワイルド・ソーンベリーズ〉のうちの1話。

「ハッピー・ニューギア」（2002年）：テレビのＣＧアニメ・シリーズ〈ヘビーギア〉のうちの1話。

『フューチュラマ』 1999年に放映が開始されたテレビアニメ・シリーズ。

「ポパイのダンスでブレイク」＊（1938年）〈ポパイ〉劇場版シリーズのうちの1編。

「ホリデー・ランド」（1934年）：スクリーンズ・ジェム・スタジオの短編アニメ・シリーズ〈カラー・ラプソディーズ〉のうちの1編。

「Y2K」（1999年）：テレビアニメ・シリーズ〈ディルバート〉のうちの1話。

『アバウト・ア・ボーイ』

About a Boy
映画（2002年）

　アメリカ、イギリス、フランス、ドイツのコメディ映画。新年のシーンがある。ロンドンに暮らす30代のウィル・フリーマン（ヒュー・グラント）は、父の遺したクリスマスヒット曲の印税収入で暮らし、目下無気力な生活を送っている。例外はシングルマザーに言い寄るときだけ。彼女らにアプローチする過程で、ウィルは12歳の少年マーカス（ニコラス・ホルト）と出会い親しくなる。さらに大晦日の晩のパーティで、理想の女性レイ

チェル（レイチェル・ワイズ）と知り合うが、彼女にマーカスを自分の息子だと偽って紹介してしまったせいで、芽生えたばかりのレイチェルとの関係は壊れそうになる。彼女を取り戻すため、そしてマーカスとの友情を回復するため、ウィルは、大人になりきれない自分から脱却して、遅まきながら成長しなければならないと気づく。

　本作は数々の栄誉に輝き、2003年にアカデミー賞脚色賞にノミネートされたほか、別の6つの賞を受賞し、17の賞にノミネートされた。

原作：ニック・ホーンビー／脚本：ピーター・ヘッジズ、クリス・ワイツ、ポール・ワイツ／製作：ティム・ベバン、ロバート・デニーロ、ブラッド・エプスタイン、エリック・フェルナー、ジェーン・ローゼンタール／監督：クリス・ワイツ、ポール・ワイツ／カリマ・プロダクション、スタジオ・カナル、トライベッカ・プロダクション／PG-13指定／配給ユニバーサル・スタジオ／101分

アフガニスタン
Afghanistan

　アフガニスタンでは人口の90％をイスラーム教徒が占め、うち85％がスンニー派、15％がシーア派である。この国ではイスラーム暦とペルシア暦の2つの暦を採用しており、前者は宗教的な目的のために、後者は市民生活や世俗的祝祭のために用いられる。したがって、アフガニスタンでは新年の祝祭が2回ある。

　イスラーム暦第1月であるムハッラムの最初の10日間は、シーア派にとって重要であり、ムハッラムの10日目はアーシューラーと呼ばれる。これについてはイスラーム教の項で略述する（⇒イスラーム教、暦・イスラーム）。

　ペルシア暦で新年を祝う期間は2週間にわたり、ノウルーズと呼ばれる。元日は春分の日（グレゴリオ暦では3月21日頃）にあたる。ノウルーズの趣旨については、イランの項で概要を述べる（⇒イラン、暦・ペルシア）。ノウルーズはアフガニスタン最大の祭りであり、とくに北部の都市マザーリ・シャリーフでは大規模に祝われる。スンニー派の間では、マザーリ・シャリーフは、預言者ムハンマドの従兄弟であり義理の息子でもあるアリーの埋葬地とされている。元日にはアリーの墓廟で、アリーの旗とアフガニスタン国旗を立てる儀式が行われ、アリーの旗は、それ以降も40日間掲揚される。病を癒すとされるこの旗に触れるため、期間中は巡礼者がマザーリを訪れる。この慣習はジャンダ・バラ・カルダン（jandah bala kardan）という。マザーリにおけるその他のノウルーズ行事には次のようなものが挙げられる。芸術家や農業従事者の成果に対して賞やメダルを授与する式典、終日にわたる野外での宴会、情報文化省の後援により複数の公園内や寺院内外で行われる音楽と舞踊の公演、赤いチューリップの開花にちなんだミーレ・ゴレ・ソルフ（Melai Guli Surkh：「赤い花の祭典」）、男性のみで行う国技ブズカーシ（「山羊を奪う」の意）。ブズカーシは1000

人もの騎手が2チームに分かれて行う競技で、円状に集まった騎手たちの真ん中に頭部のない山羊あるいは仔牛の死骸が置かれ、合図とともに騎手たちが、各々、死骸を自分の騎馬に乗せようとして殺到する。首尾よく死骸を奪った騎手は、数マイル離れた特定の地点まで速駆けしたあと、最初の地点に戻って死骸を落とし、「ゴール」する。ほかの騎手は、死骸を持った騎手を追跡する間、相手から死骸を奪おうとする。

ノウルーズに各家庭で供される伝統料理としては、サマヌク（小麦粉と砂糖で作るデザート）、ハフト・ミワ（春を象徴する7種類の果物とナッツ。クルミ、アーモンド、ピスタチオ、赤や緑のレーズン、乾アンズ、グミの一種センジェド）が挙げられ、このハフト・ミワはハフト・スィーンにあたるものである（⇒イラン）。ほかにはサビゼチラウ（ほうれん草と米飯の料理）、クルチーエーノウルーズィ（伝統的なクッキー）、マヒワジャレビ（魚の揚げ物）なども供される。また、この日には、婚約済みの男性の家族が伝統料理を用意して、婚約者である女性の家族に贈る風習がある。

世界の諸悪の根源である醜い老婆アジュザクが現れるという迷信もあり、子どもはアジュザクの邪悪な目から隠される。その一方で、ノウルーズに降る雨は、アジュザクが髪を洗っているためとされ、豊かな収穫がもたらされる前兆といわれる。

新年の挨拶には次の言い方がある。

・「サド・サール・ベ・イン・サールハ（Sad Saal be in Saal-ha）」現代ペルシア語（公用語）（「あなたに今後100もの幸せな新年がありますように」）
・「ニューイ・カール・ムー・ムバラク・シャー（Nawai Kall Mo Mubarak Shah）」パシュト語（公用語）（「幸せな新年でありますように」）

アマノル
Amanor
　⇒アルメニア

アメリカ合衆国
United States
　元日は1月1日。

歴史的注意書き　北アメリカに移住したヨーロッパ人は、多様な祝祭の習慣をもたらした。それらは、祖国の習慣とキリスト教信仰を反映したものだった。クリスマスシーズンは新年で終わるが、アメリカの植民地では地域によって、冬の祝祭と組み合わされてばらばらに祝われてきた。歴史家のペン・レスタードによると、「とくに中間の植民地では、幅広い民族と宗教が混在したため、教会や宗教の祝祭を共有することができなかった。ペンシルバニアのクエーカー教徒は、ピューリタン同様にクリスマスを断固として否定した。ユグノー、モラビア派、オランダ改革派教会、英国国教会……はすべて、それぞれの方法でクリスマスを祝った」という。ローマ・カトリックと英国国教会にとっては、1月1日はキリス

トの割礼の祝日だが（⇒割礼の祝日）、大半のプロテスタントにとっては宗教的な意味をもたない。村々の間の距離が離れていたことも、祝祭の意味を軽減したし、ユリウス暦とグレゴリオ暦の違いの影響もあった。革命前、ヨーロッパ大陸からやって来た入植者はグレゴリオ暦に従っていたが、イングランドからの入植者はユリウス暦を奉じていて、イギリスが1752年にグレゴリオ暦を採用してからはグレゴリオ暦が植民地共通となった。そのときになっても、ニューイングランドの国教反対者とペンシルバニアのデラウェア川流域に住むクエーカー教徒は、異教を起源とする月や日の名前を否定し、別の名称を使った。例えば、January（1月）と Sunday（日曜日）はそれぞれ、第1月、第1日と呼ばれた（⇒暦・グレゴリオ、暦・ローマ〔ユリウス暦〕）

　あちこちで騒音、いたずら、暴力、飲酒、けんかなどをする「浮かれ騒ぎ」は、植民地の田舎での祝祭にはつきものとなった。とくにクリスマスと新年には多い。ヨーロッパの仮装無言劇を思わせる派手な仮装をした人々が田舎を練り歩き、個人の家に入り込んで食べ物や飲み物を求めた（⇒仮装祭）。北部植民地では爆竹を鳴らして騒ぐことが多かったが、南部では祝砲を撃った（⇒新年の祝砲）。こうした浮かれ騒ぎは都会では大きな反対にあった。例えば1675年には、ニューヨークシティ当局が新年の祝砲を禁じ、1785年には州議会によってクリスマスや新年の花火や祝砲が禁止された。フィラデル

フィアは1808年に仮装のお祭り騒ぎを禁じたが、それがフィラデルフィア仮装パレード立ち上げのきっかけとなった。このパレードについては別項で詳述する（⇒フィラデルフィア仮装パレード）。法的にも宗教的にも禁じられているにもかかわらず、19世紀前半の都会の祝祭での浮かれ騒ぎは続き、仮装をして飲んだくれ、上流階級のお上品なお行儀をあざける労働者階級の人々、「カリサンピアン」が登場し続けた（⇒カリサンピアンズ）。1860年代までには、このような乱暴な仮装パレードに対する不満が広がり、禁酒会の起こりの影響もあって消滅していった。

　一方で、裕福な上流階級の人々は新年を社交界の行事として、カードや贈り物を交換して祝った（⇒新年の挨拶カード、贈り物）。ニューヨークやフィラデルフィアのような都市では、紳士がみな知り合い一人ひとりに年賀の訪問をするのが習慣だった。立ち寄った先では、その家の女性たちにケーキやパーティ料理、なんらかのアルコール飲料を振る舞われた。ニッセンバウムは、アメリカの小説家キャサリン・セジウィックの弟ロバート・セジウィックが、あるときニューヨークシティで5時間のうちに「移動時間も含めて」63軒を訪問し、さらに、どの訪問も5分以内だったと記している。ニューヨークシティに住んでいたジョージ・ワシントンは、大統領任期中にもこの習慣を守り、フィラデルフィアで年賀の訪問客を受けていたが、彼の任期終了後、ジョン・アダムズからハーバート・フー

バーまでの大統領は公衆に開かれた新年の「接見会」を催した（⇒接見会、ホワイトハウス）。

アメリカ人は国家形成期にクリスマスや新年をあちこちでばらばらに祝っていたが、この2つの日を法定休日として認めるかどうかは各州の判断に委ねられた。1870年までに33州が、クリスマスを法定休日とする法令を通過させ、元日やそのほかの祝日にもこの法令が適用されることが多かった。48州となる全土がクリスマスと元日を法的に休日と認めたのは、19世紀末のことである。連邦政府が初めて祝日を承認したのは1870年で、このときに元日、独立記念日、感謝祭、クリスマスが、コロンビア特別区の連邦職員の法定休日とされた。これらの祝日を全国の連邦職員の休日と定めたのは1885年1月5日の連邦議会法である。1971年に施行された月曜統一休日法で、一定の祝日が月曜日に定められたが、先述の祝日には適用されなかった。現在、祝日が土曜日にあたった場合、連邦職員は前日の金曜日に休暇をもらう。日曜日にあたった場合は翌月曜日が休日となる。民間企業は連邦休日を守る義務はないが、多くの企業が同じ日を休日としている。ただし、日曜が祝日の場合は、非連邦職員の大半は翌日仕事に戻る。

20世紀以降はクリスマスシーズンと同一視されるようになった新年だが、クリスマスに比べると娯楽メディアからの注目は少ない。（具体的な例は、⇒アニメーション、新年の場面がでてくるが、タイトルには現れていない映画、新年にまつわる歌参照）。さらに、ガイ・ロンバルド・アンド・ヒズ・ロイヤル・カナディアンズのような人気のアーティストたちが、ラジオやテレビを通して大晦日の顔として定着した。ニューヨークシティのタイムズスクエアでの祝祭や毎年恒例の『ディック・クラーク・ニュー・イヤーズ・ロッキン・イブ』のようなテレビ放送も同様で、別の項で詳述している。

現代の祝祭　一般的に大晦日の祝祭は、ほかの西洋諸国のそれとよく似ている。家庭やナイトクラブで音楽をかけて、踊ったり騒いだり飲んだりのパーティをしたり（⇒飲酒）、大都市では花火をあげたりする（⇒花火）。真夜中に人々が集まって乾杯をしたり（⇒乾杯）、新年の決意を新たにしたり（⇒新年の決意）、キスをしたり、「遥か遠き昔」を歌ったりする（⇒「遥か遠き昔」）。静かに夜を過ごしたい人たちは除夜の礼拝などの教会の礼拝に参列したり（⇒除夜の礼拝、ファーストナイト）、家に残ってテレビでニューヨークシティのタイムズスクエアのボールが落ちるのを見たりして過ごす。

元日には、友人や親戚を訪ねる、地元の新年のパレードに参加する、テレビでカリフォルニア州パサデナのローズパレードのような有名なパレードの中継を見る、新年の頃に放送されるカレッジ・フットボールのボウルゲームを見るなどして過ごす（⇒パレード、アメリカンフットボールのボウル・ゲーム、ローズパレード）。

民族的にも文化的にもかなりの多様性

があるため、この日のメニューも国じゅうで大きく異なり、軽食から正式なディナーまで多岐にわたる。黒目豆は幸運を祈って供される伝統食で、南部諸州で「ホッピンジョン」と呼ばれている料理に欠かせない材料である（⇒黒目豆）。旧世界からの移民を祖先にもつ人々にとっては、特別な料理は母国の伝統食を反映したものである（⇒各国の項参照）。

　非西洋系の祖先をもつアメリカ市民は、1月1日の元日の法定休日を守りつつ、それぞれの宗教や文化の暦に合わせて新年を祝う。例えば、ユダヤ人、イスラーム教徒、中国人、モン系はとくにそうである（⇒各暦、各国、各宗教の項参照）。アメリカ先住民の項では、現在と過去の毎年のサイクルの節目となる重要な儀式のリストを提供している（⇒アメリカ先住民）。アメリカ国内の部族だけでなく、北、中央、南アメリカの部族までを含む。こうした儀式は別の項で詳述する。

ミレニアムを祝う　千年紀は、芸術的、文化的イベントを含む、多数の祝祭やプロジェクトによって迎えられた。イベントの多くは1999年に始まり、2000年から2001年まで続いた。下記は、有名な祝祭を支援した州のリストと、各イベントの概略である。

アイオワ州　ミレニアム・フェスティバル（1999～2000年の演劇シーズンにアイオワシティのアイオワ大学で開かれた演劇祭）

アイダホ州　アイダホ・アンネ・フランク・ヒューマン・ライツ・メモリアル（2000年末までにボイシのヒューマン・ライツ・ウォール建造に着工）

アラスカ州　ウォーキング・イントゥ・ザ・ミレニアム・サンライズ（ミレニアムの日の出に向かって歩く）（南アメリカの端からアラスカ州のポイント・バローまでの31,000km近いウォークのクライマックスは、2000年1月23日に行われた先住民のための北極圏マーチで、2001年1月1日にも、ポイント・バローまでの14kmのウォークが行われた。ポイント・バローは米国内で21世紀の最後に日の出を迎えた場所である）

アラバマ州　アラバマ2000：ミレニアム・プロジェクト（2000年のアラバマの生活を記録する写真プロジェクト）

アリゾナ州　ワン・デイ・イン・ピース・キャンペーン（平和に生き、平和を祝う日として、2000年1月1日を中心に祝う）

イリノイ州　シカゴ2001（1999～2001年。185の組織による1,000のイベント。80ほどの国からゲストを招いての1999年大晦日のインターナショナル・ミレニアムディナー。芸術、学習、市場などシカゴの最も魅力的な要素12を紹介。レイクフロント・ミレニアム・パーク；ビジュアルアート・コンテスト）、万国宗教会議協議会、イリノイ2000（写真コンテスト、バルーン・フェスト、スーパーマン祭り、州の児童向け社会サービスプログラムなどを含む3年間の活動）、レッツ・トーク（アメリカ図書館協会と全米人文科学基金の支援による読書・討論プログラム。終末論的な恐怖やユートピア的夢について語り合うミレニアル・サブジェクト）、メモリーズ・フォー・ザ・

フューチャー（2000～2001年、マウント・プロスペクト村とその公共図書館、歴史協会支援のプロジェクトで、小学生が村の各地の写真を集め、ミレニアムのフライヤーを作成し、個人的な歴史質問票を完成させ、展示する）、ミレニアム・ガールズ（イリノイの少女たちのためのウェブサイト・プログラム）、スコーキー・ミレニアム・プロジェクト（2000年、スコーキーでの市全体での祭り、展示、講義、子ども向けイベント、アート・ツアー、タイムカプセル、現代の子どもから見たスコーキーの歴史についての本の制作など、一年におよぶ祝祭）

インディアナ州 インディアナ2000（インディアナ州知事夫人のジュディ・オバノンがキャンピングカーで州内を移動し、各地のプロジェクトを支援する。例えば、インディアナ州民であることについて州民が書く「3000年紀への手紙」。古い写真、新しい写真をもとにした「インディアナ・ミレニアム・写真コレクション」。郡内自転車道路。文化センター。下水処理場。地下鉄道のルートに焦点をあてたプロジェクトなど）

ウィスコンシン州 ミレニアム・カンファレンス2000（8月、「子どもを養育するために」と題された里親制度の訓練のためのワークショップ）、ミレニアム・ジャーニー・コミュニティ・アート・プロジェクト（1998年春、2,000人の生徒がアーティストの助けを借りてモジュール彫刻をつくり、ミルウォーキー・ミドウェスト・エクスプレス・コンベンション・センターに展示）、ネイバーフッド・ミレニアム・アート・イニシアティブ（ミルウォーキー、2000～2001年、近隣コミュニティから未来の世代へのミレニアムの贈り物としての7つの永続的アート・プロジェクト）

ウェストバージニア州 ウェストバージニア・セレブレーション2000（フェア、フェスティバル、アートプログラム、歴史保全活動）

オクラホマ州 キッドストック（1999年にマジカル・チャイルド・ファンデーションが開始した年に1度のイベントで、学生たちが自分たちの住む世界をどのように理解し未来を考えているかを表明した）

オハイオ州 ミレニアム・ピース・モニュメント（シンシナティから北ケンタッキー地域の象徴で、ミレニアム・エクスペリエンス・イグジビット、ファミリー・インタラクティブ・センター、重さ約30トンの世界平和の鐘が中心。この世界最大の吊り下げ形の鐘は、1999年のミレニアム・イブに1時間ごとに鳴らされ、世界の各タイムゾーンで放送された）

オレゴン州 ミレニアム・プラザ・パーク（オスウェゴ湖の新しい公園）

カリフォルニア州 アーツ・ツアリング・モバイル（2000年9月から2001年1月まで、エンシニタス・アーツ・コミッションが支援したアーツ・モバイルで、異なるメディアで仕事をしているさまざまなアーティストを、エンシニタスの種々のコミュニティに招いた）、カリフォルニア2000プロジェクト（ジェームズ・アービンとウィリアム・アンド・フローラ・ヒューレット財団の創設で、カリフォルニアの財政、政

治、土地問題に関する政策研究と公教育を支援）、フェイシーズ・オブ・サン・ディエゴ（サン・ディエゴの顔）2000（サン・ディエゴ市じゅうの家庭の歴史的な写真アルバムを作成）、インターナショナル・フォーギブネス・デイ（2000年8月6日、サンフランシスコで年に1度開催されるこの種のイベントの4回目）、ロサンゼルス2000（「時の旅」ビデオ、ミレニアム・シンフォニーに依頼、ニューイヤーズ・イブ・ストリート・フェスティバル）、サン・ディエゴ2000（バルボア・パークのエキスポなど一年間にわたる多文化イベント）、サステイナブル・コミュニティ・アクション・ネットワーク（SCAN、2000年の代替エネルギー車レースとソーラー・クック・オフを支援）、ステート・オブ・ザ・ワールド・フォーラム、サンフラワー・プロジェクト（1999年に植えたヒマワリからとれた種を2000年の元日に食べる学校のプロジェクト、太陽が地球を2000回まわったことを記念）、ツリーズ・フォー・ザ・ミレニウム・イニシアティブ（都会の植林を推進する州政府プロジェクト）、2000フットステップス・イン・タイム（カリフォルニアの歴史上の出来事を比較することでミレニアムを生徒に理解してもらおうというウェブサイト）、ユニティ・アンド・ダイバーシティ・ワールド・カウンシル（歴史的宗教の経典、現代のスピリチュアル運動、さまざまな人々に注目するプロジェクト）、ワールド・フェスティバル・オブ・セイクリッド・ミュージック——アメリカ大陸（1999年10月にロサンゼルス

で行われた異文化間の世界的イベント、インドにいたダライ・ラマ主導で、世界中の多くの場所で宗教的寛容や多様性を推進した、2000年4月にバンガロールで開かれたグローバル・フェスティバル）

ケンタッキー州　ケンタッキー・ミレニアム・グローブ（2000年4月にフランクフォートで奉納。ワシントン、リンカーン、M・L・キング、F・D・ルーズベルト、ハリエット・ビーチャー・ストウなど、国家的に有名な人にちなむ木を親木とする100本の木から成る）、ミレニアム・ピース・モニュメント（⇒オハイオ州）

コネチカット州　フリーダム・スクーナー（手作りのスクーナー〈アミスタッド号〉を2000年4月にミスティック海港から出航。船の名は19世紀に奴隷の反乱が起こったスペイン船にちなむ。アミスタッドはコネチカットの海運の伝統を、アフリカ系アメリカ人にとっての名所であるフリーダム・トレイルに結び付ける）

コロラド州　コロラド2000ミレニアム（1999年の間続いたデンバー・ロッキー・マウンテン・ニュースとコロラド歴史協会が「われら、われらの土地、われらの仕事、われらの伝統、われらの未来」というレポートを発行する一年間のプロジェクト）、ミレニアム・コネクション：シェイピング・プロファウンド・ソシエタル・チェンジ（2000年7月と8月に社会変革を拡大深化する創造的なパートナーシップを模索するための参加型「サミット・オブ・トランスフォーマティブ・オーガニゼーション」）、ミレニアム・インタビュー（技術が教育

に与える社会的影響についてのウェブをベースとしたインタビューシリーズ、ボールダーのコロラド大学、技術、学習、社会連合（ATLAS）主導）

ジョージア州　ユース・リンク 2000（1999年12月、20万人の若者を新しい千年紀の改革の主体者とするための南部バプティスト会議のプロジェクト）

テキサス州　アビリーン——ミレニアム・コミュニティ（演劇、保護プロジェクト、歴史的保存、文芸プロジェクトなどを含む一連のイベント）、マーチ・フォー・ジーザス（2000年6月、オースティン:「ミレニアム・チャイルド・プロジェクト」を通して、危機にある子どもたちのために世界的に祈り、希望を贈る）、クエスト 2000（ヒューストン:アフリカ系アメリカ人を精神的に解放し人材を確保することを目指す平和的、非暴力的活動）、テキサス博物館協会（州内で新しい千年紀に関する展示をしている24の博物館をリストアップ）、サンクスギビング 2000（学者、宗教リーダーがダラスに会して癒し、橋渡し、世界の感謝祭の定期集会を模索する年に一度の会議を開催するセンター・フォー・ワールド・サンクスギビングのプロジェクト）

テネシー州　ア・ヒーリング・アマング・ネーションズ（世界じゅうで宗教的、文化的不公平に苦しみながら生き抜いてきた人々の人生の物語や歴史をビデオ撮影し、許しと和解を通して平和を築くプロジェクト）:セレブレイト 2000（WREG-TV メンフィスのプロジェクトで、メンフィス大学がスポンサーとなって、中西部の過去の発

展や未来について語り合うコミュニティ・リーダーに焦点をあてた場面を放送するプロジェクト）

デラウェア州　デラウェア川港湾委員会（2000年5月から、デラウェア川両岸の博物館で展示開始。7月の6日間のフェスティバルでは世界の大型帆船23隻を中心とした小型艦船に 2,500 隻の遊覧船が続く水上パレードが行われた）

ニュージャージー州　デラウェア川港湾管理委員会（上述のデラウェア州参照）、ニュージャージー・ミレニアム（2000年7月、ニューヨーク/ニュージャージー港とリバティ州立公園で、60を超える国々から来た160の大型帆船を中心にした祝祭）、ラトガーズ・ミレニアム・プロジェクト（ラトガーズ大学の支援による、新しい千年紀が政治、文化、経済問題にどう影響するかについての講義と討論）、セイリング・イントゥ・ザ・ミレニアム（2000年4月、1725年に大西洋を渡ってニュージャージーに到達したブリッグ、〈フェニックス号〉のレプリカで、ウッドベリー市の創設者、イングランドのランカスターシャー、ベリー出身のヘンリー・ウッドの旅を再現する）

ニューハンプシャー州　モナドノック・ミレニアム（1999～2001年にかけて行われた、モナドノック地域の成長と成果を祝う一連のイベント）

ニューメキシコ州　ドラミング・イン・ザ・イヤー 2000：グローバル・イベント（ニューメキシコ州タオス族のオール・ワン・トライブ・ファンデーションによって組織されたアメリカ先住民プロジェクト。

1999 年の最後の数時間、世界じゅうの人々がともにドラムをたたいて世界平和を祈る）

ニューヨーク州　フェローシップ・オブ・リコンシリエイション・ピープルズ・キャンペーン・フォー・ノン・バイオレンス（2000 ～ 2010 年、暴力のはびこる社会を再生させようという 10 年間のキャンペーン）、グローバル・モメント・プログラム（世界的な問題への意識を高め、世界の体系変化に影響する世界的な知識ベースを向上させるためのグローバル・エデュケーション・アソシエーツのプロジェクト）、ミレニアム・シンボル（平和、統合、希望を表すエンブレムを、ニューヨークのリバーヘッドの第一バプティスト教会がデザインし、世界じゅうの子どもたちの予防接種を支援するイミューン・キッズ・ファンドの寄付を募った）、2000 年以降のニューヨークシティ（高校生の 100 チームが競いあって未来のための創造的なアイデアを出す）、ステート・オブ・ザ・ワールド・フォーラム：タイムズスクエア 2000（⇒タイムズスクエア）

ネバダ州　ミレニアム 2000：ウォーキング・ウェイズ・オブ・ピース（1999 年の最後の 2 日間と 2000 年の最初の 2 日間、ラスベガスとネバダ核実験場とで行われた世界平和を促進するイベント）、タホー・リム・ミレニアム・パーティ（2001 年 10 月、ミレニアム・トレイル・プログラムを各トレイルでの特別イベントで祝う。宣伝はアメリカ合衆国国立公園局とホワイトハウス・ミレニアム・カウンシル）

ノースカロライナ州　ミレニアム・ギャ

ラリー（インターネットに見る州の姿の全州的な写真コンテスト、国務省支援）

バージニア州　チャイルド 2000（アメリカ国内の子どものために働いている親や組織に直接商品やサービス、情報を提供する国家プログラム）

バーモント州　バーモント・ミレニアム・アーツ・プロジェクト（1998 ～ 2001 年まで。教師、生徒、アーティストに指導して、映像、作曲、文芸作品の創作、創作過程についての議論をオンラインで交換できるようにするという、バーモント・アーツ・カウンシルのプロジェクト）

ハワイ州　ミレニアム・ヤング・ピープルズ・コングレス（1999 年 10 月に世界じゅうから 1,000 人の若者が集まった会議で、地球上の生活の質を向上させるための地球教育プログラムが中心）

フロリダ州　ディズニーランド・ミレニアム・セレブレーションズ、フォービドゥン・ファイア、カンタータ・フォー・ザ・ネクスト・ミレニアム（ベートーベン第 9 の姉妹曲、ロバート・ザビエル・ロドリゲス作曲、1998 年 10 月マイアミ大学音楽校で初演）、ミレニアム・クロック（新たな千年紀に向けて小学校の生徒がユニークな時計をデザイン）、トゥギャザー 2000（2000 年 3 月、インターナショナル・チャイルド・アンド・ユース・カンファレンス）

ペンシルバニア州　ブルンデルホフ・コミュニティーズ・チルドレンズ・クルセード 2000（世界じゅうの子どもたちが 8 月の週末にファーミントンに集まり、命を祝い、暴力、憎しみ、苦しみについて話し合う）、

デラウェア川港湾管理委員会（フィラデルフィアの大型帆船〈ガゼラ・フィラデルフィア〉が約5kmの水上パレードを行う。⇒デラウェア州）、マーキング・ザ・ミレニアム（スクラントンの多文化イベント）、ミレニアム・フィラデルフィア（1999年と2000年の大晦日に市全体規模でイベントが行われた。例えば、マラソン大会、橋のイルミネーション、宝探し、未来の市庁舎についての討論、1999年の大晦日に結婚した夫婦の1回目の記念日に乾杯する、など）、ナイン・マイル・ラン（ピッツバーグのナイン・マイル・ラン川渓谷の復興と開発のためのプロジェクト）、ピース2001：ア・ジャーニー・イントゥ・ミレニアム（ピッツバーグのメアリー・ミラー・ダンス・カンパニーが5年かけて4部構成の舞台作品を制作し、平和な世界の探求を表現した）

マサチューセッツ州　ボストン2000（2000年に向けての一連のイベント、「タラの騎馬行進」、「自由の木公園」の創設など）、ボストン・ミレニアム・アーツ・プロジェクト（手作りのキルトの展示。ドチェスターの住人を描いた壁画。ボストン・ユース・ファンド・ミューラル・クルーによる多文化的近隣社会を描いた壁画。ボストンの若者がアメリカの移民の生活や経験を描いたステンドグラスの壁画など）、ファーストナイト・ボストン（⇒ファーストナイト）、マサチューセッツ・ミレニアム・リーディング・プログラム：ジ・エンズ・オブ・シビリゼーション（公共図書館やコミュニティ組織でノンフィクション作品を中心に5回の読書と討論のセッション）

ミシガン州　ミシガン大学ミレニアム・プロジェクト（小学中学レベルでのコンピュータ・ネットワークを基盤とした教育を追求するザンジバル・コレクティブの本拠）

ミシシッピ州　ビロクシー・ベイ商工会議所プロジェクト2000（「300年間に300本の木」美化プロジェクト、子どもの無料ヘルスケア推進プログラム）

ミズーリ州　セント・ルイス・ミレニアム・ジャーニー（1999～2000年、過去を記憶し、過去の過ちを許し、明るい未来のための共通ビジョンを創造するための一連の祝祭とメモリアル）、チルドレンズ・ピース・パビリオン（平和に不可欠な要素を探求するために設計された、インディペンデスのインタラクティブ子ども博物館）、エネルギー2001：21世紀のためのニュー・ホライズン・ソリューション（2001年6月、カンザス・シティ、連邦エネルギー管理プログラムによるエネルギー効率ワークショップと展示会）

ミネソタ州　ランド・コンサベーション・サミット2000（2000年7月、私有地の保全を検討・評価する会議）、ミレニアム・サービス・プロジェクト（1999年の最終週から1月1日にかけて、グローバル・ボランティアーズのチームがアメリカ本土、ハワイ、バージン諸島、プエルトリコ、コスタリカの25か所のコミュニティ開発プロジェクトにかかわり、一部のチームは2000年を通して継続）

メイン州　メイン・ミレニアム・コミッション・オン・ハンガー・アンド・フード・セキュリティ（2000年を通して行われた、

食糧不足で苦しむ低所得家庭向けの一連の公聴会)

メリーランド州 デスティネーション・フューチャー（2000年9月、チェビィ・チェイス。ナショナル・リソース・センター・フォー・ユース・サービス支援による若者のリーダーシップスキルを磨くワークショップ）、メリーランド・コミッション・フォー・セレブレーション2000（州規模の大きなプロジェクト、「飢えのための収穫2000」、ミレニアム・ガーデンの構築、「メリーランドの宝を救え」、ミレニアム創作作品集など多数のプロジェクトを含む）、ミレニアム・ヘルス・プログラム（フォガーティ・インターナショナル・センターによる地球規模の健康について）

モンタナ州 ビッグ・スカイ・ミレニアム・フェスティバル（2000年5月、ビリングズ、「グロース・スルー・アート」「スカイ、ウィンド・アンド・ワールド」による、障害のあるアーティストが製作した大きなパペットとアート展）

ユタ州 ユタ・ミレニアム・プロジェウト（1998〜2000年にかけてのユタの大きな変化を芸術的視覚的に記録してソルトレイク・アート・センターに展示し、そのユタ州歴史協会に寄付）

ルイジアナ州 ポートレイト2000（シュリーブポートまたはボシールシティに居住または勤務する2,000人のポートレイト・コレクション）

ワイオミング州 ワイオミング2000：パイオニアズ・フォー・プログレス（ワイオミングのパイオニアに敬意を表する一年

間のプロジェクト、学校への楽器の寄付、州歴史協会の活動、知事邸で育成されたトウヒの木を各郡に寄付）

ワシントン州 シアトル・ミレニアム・プロジェクト（シアトル・センターの文化イベントと環境遺産プロジェクト）、スノーホーミシュ郡ヘリテージ2000プロジェクト（スノーホーミシュ郡の歴史の記録、保存、解釈、宣伝）、スピリット・オブ2000（すべてのコミュニティの2000年祭をコーディネートする委員会。詩、エッセイ、映画、絵画などを通して学校の子どもたちに21世紀の生活と学びを模索させるプログラム）

ワシントンD.C. ピープルズ・ムーブメント・フォー・レイシャル・ヒーリング、ダイバーシティ、アンド・ジャスティス（1999年8月開始のアフリカン・アメリカン・ホリデイ・アソシエーションによる10年間の自助プロジェクト、祝祭や儀式を通して黒人文化を永続させる）、グローバル・ミーティング・オブ・ジェネレーションズ（過去、現在、未来の世代のリーダーたち（年配者と若者たち）が会し、21世紀に向けて世代を超えた社会、経済、人類の発展ビジョンを創造する会議）、ヘルシー・ピープル・2000・アンド・2010（国家的な健康促進・疾病予防構想）、インターフェイス・サービシーズ（「72アワーズ・オブ・ピース・アラウンド・ニューイヤーズ・デイ2000」の一環としてワシントン国立大聖堂、ローマカトリック大聖堂、ワシントン・ヒーブルー・コングリゲーションで行われた）、ジュビリー2000USA（2000年末まで

に、アフリカ、アジア、南アメリカの貧困国の債務帳消しを求める運動)、ミレニアム・ドラム・カウンシル(2000年3月開始、ドラマーが週末にラファイエット・パークに集まり、平和のためにドラムをたたき、21世紀に「わたしたちが見ている」ことをホワイトハウスに伝える)、ホワイトハウスのミレニアムの夕べ(1999〜2000年、大統領とファーストレディ主催の一連の講義や文化展示。⇒ホワイトハウス)、ミレニアム・インターナショナル・ボランティア・アウォーズ(2000年3月、32人のアメリカ人が国際教育や文化交換への特別な貢献を認められて受賞、国務省教育文化局とUSAトゥデイ紙が協賛)、ケネディ・センターにおけるミレニアム・ステージ(ケネディ舞台芸術センターでの2000年中の一連の無料コンサート)、ミリオン・マム・マーチ(2000年母の日:アメリカ国内の銃規制を求める女性たちの集会)、首都二百年記念祭(2000年)、カトリック司祭全国会議(2000年、カトリック教会のジュビリー2000と連携。⇒バチカン)、ナショナル・エンダウメント・フォー・ジ・アーツ(「芸術家とコミュニティ」「ミレニアム・トレイルのアーツ」「大陸的調和」「好きな詩プロジェクト」「新ミレニアムの音楽」「NASA火星ミレニアム・プロジェクト」「SOS2000」などのミレニアム・プロジェクト)、ナショナル・エンダウメント・フォー・ザ・ヒューマニティーズ(「アメリカの顔」「レッツ・トーク」「ホワイトハウスのミレニアムの夕べ」「公共図書館のミレニアム・プロジェクト」「アメリカ史の中での自分史」「新

ミレニアムの学校」などのミレニアム・プロジェクト)、ナショナル・ミュージアム・オブ・ウーマン・イン・ジ・アーツ(2000年を通しての一連の展示。ノース・カリフォルニアの「新世界の(無)秩序」、「イリノイ女性芸術家:新ミレニアム」「ボイス・ライジング:ミレニアムのアラバマ女性たち」などを含む)、オペレーション・セイリング2000(オプセイル2000、国際大型帆船社会にアメリカを進出させる組織:2000年の5月から7月まで、60か国の船がアメリカの8都市を巡航:7月4日には160の大型帆船がニューヨーク/ニュージャージー港に集結。現代史上では最大規模の帆船パレード)、アメリカ海軍天文台ミレニアム・プログラム(1999年の大晦日に世界中で現地時間深夜に報時球を落とそうという計画。ニュージーランドのリトルトン、オーストラリアのシドニー、メルボルン、アデレード、カンガルー島、フリーマントル、インドのニューデリー、南アフリカのケープタウン、スウェーデンのイェテボリとカールスクルーナ海軍基地、イングランドのグリニッジ、スコットランドのエディンバラ、アメリカのニューヨークシティ、マイアミ、クレタ海軍基地、ワシントンD.C.、2000年大晦日にも再現(⇒報時球(タイムボール))、バイキングズ:北大西洋サーガ(2000年はレイフ・エリクソンの北アメリカ発見1000年記念。レイフ・エリクソン・ミレニアム・コミッションの提供で、バイキング船を建設して大西洋をカナダのニューファンドランドまで航海。アメリカ自然史博物館が支援するバイキング

の巡回展示は 2 年かけて北アメリカ大陸を
まわった。アイスランド史とバイキングを
中心としたシンポジウム)、ホワイトハウ
ス・ミレニアム協議会(1997 年に創設され、
2000 年に「過去を尊び未来を想像する」一
連の記念活動を計画。他国と対話しミレニ
アムに関する共通のアイデアやプロジェク
トをまとめた)、ホワイトハウス・ニュー
イヤーズ 2000(⇒ホワイトハウス)
　⇒ハワイの正月、大晦日に上る物、落ち
る物

アメリカ先住民
Native American

　現在と過去における注目すべき儀式を
挙げる。また、先住民が一年の初めに行
なう儀式について、本書内で参照できる
国や文化の項目も示す。合衆国に限らず、
北、中央、南アメリカ全般の先住民を対
象とした。これらの儀式の詳細は各項目
を参照のこと。
　膀胱祭り(アラスカ・イヌイット)、春
の最初の新月祭り(チェロキー族)、グリ
ーンコーンの儀礼(南東部のクリーク族
とセミノール族)、先住民族の正月(南ア
メリカ)、イロコイ連邦の真冬の祭り、
シャラコ(ズニ・プエブロ族)、ソーヤル(ホ
ピ族の一部)、サンダンス(北アメリカの
大平原に住む先住民)、冬の儀礼(北アメ
リカ北太平洋岸に住む先住民)、世界再生
儀式のサイクル(カリフォルニア北部とオ
レゴン南部の沿岸部に住む先住民)、ウウ
チム(ホピ族の一部)。
　⇒アステカ帝国、インカ帝国、カナダ、

マヤ帝国

アメリカンフットボールのボウル・ゲーム
Football Bowl Games

　アメリカでは、元日前後の祝祭期間の
大部分を通して、オフシーズンに入った
大学フットボールの特別試合、すなわち
ボウル・ゲームが開催される。ボウル・
ゲームの数は年々増え続けているが、何
万人もの観衆が実際に試合場へ足を運
び、さらに何百万もの人々が自宅やコミ
ュニティーセンターのテレビで贔屓のチ
ームの活躍を観戦する。

歴史
ローズボウル　新年に行われる大学フッ
トボールのボウル・ゲームで、1890 年に、
カリフォルニア州のパサデナにおける毎
年恒例の祭典、ローズパレードの行事の
1 つとして始められた(⇒ローズパレード)。
祭典の集客数減少を受け、ローズパレー
ド協会は 1902 年に、目玉行事として大
学フットボールのポストシーズン特別試
合を開催することになった。約 8,000 人
の観衆の前でミシガン大学がスタンフォ
ード大学に 49 対 0 で圧勝し、その翌年
からはフットボールの試合の代わりに
馬車レースが行われることになったが、
1916 年の元日に、トーナメント・パー
クにおいて再びフットボールの試合が開
催された。その後、試合会場は最大収容
人数 5 万 7,000 人(最終的には 9 万 2,542
人まで増やされた)の新しいスタジアム
「ローズボウル」へと移され、1923 年の

元日に、ここで初めてのローズボウル・ゲーム、すなわち第1回公式大学対抗フットボール特別試合が開催され、この試合では、南カリフォルニア大学がペンシルバニア州立大学を14対0で下した。以来、ローズボウル・ゲームはこのスタジアムで行われてきたが、日本軍による真珠湾攻撃（アメリカ時間の1941年12月7日）の翌年、つまり1942年だけはノースカロライナ州ダーラムのデューク大学スタジアムで開催された。また、ローズボウルはこれまで何度もメディアによる歴史的放送の舞台となった。1925年にはここで初めて大学フットボール特別試合の写真有線電送が行われ、1927年にはNBCによって初めてスポーツ競技の大陸横断ラジオ放送が行われ、1952年にはやはりNBCによって、初めて大学フットボール特別試合の全国テレビ放送が行われた。「元祖ボウル・ゲーム」と呼ばれるこのローズボウル・ゲームにおいて、1947年には、2つのカンファレンス、すなわちビッグ・テンとパシフィック・テンの優勝校同士が対戦した。1998年以降、ローズボウルにはボウル・チャンピオンシップ・シリーズ（下記参照）の試合が割り当てられるようになった。

ローズボウルは初め、元日に行われる唯一の競技として注目を独占していたが、1930年代にはアメリカ各地で他の大学競技連盟も祝日の祭典という機会を利用するようになった。あとから加わった3つのボウル・ゲーム、すなわちオレンジボウル、シュガーボウル、コットンボウルも人気を博し、ローズボウルとともに「4大ボウル・ゲーム」と称され、元日のおもなスポーツ・アトラクションとして同時に開催されるようになった。

フェデックス・オレンジボウル このボウル・ゲームは1933年にフロリダ州マイアミで催されるパーム・フェスティバルの呼び物として始まり、1935年からオレンジボウルの名で知られるようになった。1938年から1995年までオレンジボウル・スタジアムで開催されたが、1996年以降はマイアミのドルフィン・スタジアム（最大収容人数7万5,000人）で行われている。1998年からはボウル・チャンピオンシップ・シリーズ（下記参照）の試合が割り当てられるようになり、通常は、ビッグ・イースト［現在はアメリカン・アスレチック・カンファレンスと改称］ないしアトランティックコーストのいずれかのカンファレンスの優勝校対一般枠選抜チームの試合が行われる。1989年以降、フェデラル・エクスプレス社がこの試合のスポンサーとなっている［現在のスポンサーはキャピタル・ワン社］。

シュガーボウル 1935年から1974年まではルイジアナ州ニューオーリンズのトゥレーン・スタジアムで開催されたが、1975年以来同じくニューオーリンズのスーパードーム（最大収容人数7万2,000余人）［現在はメルセデス・ベンツ・スーパードーム］で行われるようになり、屋内競技場で開催される初めてのボウル・ゲームとなった。また現在も屋内で

行われるボウル・ゲームはこれだけである。1998年以来、ボウル・チャンピオンシップ・シリーズ（下記参照）の試合が割り当てられるようになった。現在のスポンサー企業はオールステイト保険である。

コットンボウル テキサス州ダラスで開催されるボウル・ゲーム。1936年の元日に高校チーム同士の試合が行われたのが最初で、翌年からは大学チームの試合が行われるようになった。1937年にはフェアパーク・スタジアムで開催されたが、1938年以降、開催競技場はコットンボウル・スタジアム（最大収容人数6万8,252人）となった。1942年から1994年までは、サウスウェスタン・カンファレンスの優勝校対一般枠選抜チームの試合が行われたが、現在ではビッグ12の選抜チームと、サウスイースタン・カンファレンスの選抜チームが対戦する。モービル社、サウスウェスト・ベル社、AT&Tなどがスポンサー企業となってきたが、現在はグッドイヤータイヤがスポンサーである。2010年にはボウル・チャンピオンシップ・シリーズの試合となる予定である［現在の公式名称はグッドイヤー・コットンボウル・クラシック］。

ボウル・チャンピオンシップ・シリーズ 大学フットボールの全米王者を決めるため、1998年にボウル・チャンピオンシップ・シリーズ（BCS）が設立された［2013年を最後に廃止］。それ以前は、主要ボウル・ゲームの対戦チームをいずれのカンファレンスの優勝校とするか、その決定プロセスがかなり不透明であった。だがBCSではコンピューター化されたランキングシステムが用いられるようになったため、レギュラーシーズン終了時の上位2校を選出することが可能となった。BCSに加盟しているのは、アトランティックコースト（ACC）、ビッグ・イースト、ビッグ12、ビッグ・テン、パシフィック・テン、サウスイースタン・カンファレンス（SEC）の各カンファレンスと、ノートルダム大学である。2006年までは毎年、ローズボウル、オレンジボウル、シュガーボウル、フィエスタボウルのうちのいずれかが持ち回りでBCS優勝決定戦の役割を果たしていたが、2007年からBCSは独立した試合となった。また、フィエスタボウルは1971年12月27日以来テンピーにあるアリゾナ州立大学のサンデビル・スタジアム（最大収容人数7万3,656人）で開催されていたが、2007年には試合会場がアリゾナ州グレンデールのフェニックス大学スタジアムに移された。1996年以来、フリトレー社（トスティートス・チップス）がフィエスタボウルのスポンサーとなっている［現在はソニーがスポンサーのプレイステーション・フィエスタ・ボウル］。

その他のボウル・ゲーム 20世紀後半に大学フットボールのボウル・ゲーム開催数は著しく増加し、以来、商業的な事業として、各大学や開催競技場を擁する都市、試合を放映するテレビ放送網、また個々のスポンサー企業に非常に大きな利益をもたらしている。シーズン終了後に

開催されるボウル・ゲームの日程は、今
では元日に限定されておらず、12 月後
半から 1 月にかけて行われる。上記以外
の年末年始に開催されるボウル・ゲーム
については、以下の諸試合が挙げられる。

アウトバック・ボウル：1986 年、フロリダ
州タンパにおいて、ホール・オブ・フェ
イム・ボウルの名称で始まり、1995 年
に現在名に改称された。レイモンド・ジ
ェイムズ・スタジアム（最大収容人数 6 万
5,000 人）で開催される。

アームドフォーシズボウル：開始は 2003 年。
テキサス州フォートワースのアモン・G・
カーター・スタジアム（最大収容人数 4 万
4,088 人）で開催される。

アラモボウル：開始は 1947 年。1993 年に
テキサス州サンアントニオのアラモドー
ム（最大収容人数 6 万 5,000 人）において再
開された。

インディペンデンス・ボウル：1976 年に始
まった。ルイジアナ州シュリーブポート
のインディペンデンス・スタジアム（最
大収容人数 5 万 832 人）で開催される。

ゲイターボウル：1946 年に開始。フロリダ
州ジャクソンビルの TIAA バンクフィー
ルド（最大収容人数 8 万 2,000 人）で開催さ
れる。

サンボウル：1936 年に始まった。テキサス
州エルパソのサンボウル（最大収容人数 5
万 2,000 人）で開催される。1989 年から
1993 年まではジョン・ハンコック・ボウ
ルの名称で知られ、1994 年から再びサン
ボウルの名称に戻った。

シトラスボウル：1947 年にタンジェリンボ
ウルの名称で始まり、1983 年にフロリダ・
シトラスボウルと改称され、2003 ～ 2014
年はキャピタル・ワン・ボウルの名称で
開催された。オーランドのキャンピング・
ワールド・スタジアム（旧シトラスボウル・
スタジアム）で開催されている。

シリコンバレー・クラシック：2000 年から
2004 年まで。開催会場はカリフォルニア
州サンノゼのスパルタン・スタジアム（最
大収容人数 3 万 578 人）。

ダラージェネラルボウル：1999 年にモービ
ルボウルの名称で始まった。アラバマ州
モービルのラッド－ピープルズ・スタジ
アム（最大収容人数 4 万 646 人）で開催さ
れている。2016 年に現名称に変更された。

チーズ－イット・ボウル：1989 年にカッパ
ーボウルの名称で始まった。度々の改称
を経て、2018 年に現名称に変更された。
2016 年からフェニックスのチェイス・フ
ィールド（最大収容人数 4 万 8,000 人）で開
催される。

ニューオーリンズ・ボウル：2001 年に始ま
った。ニューオーリンズ・スーパードー
ム（最大収容人数 7 万 7,446 人）で開催される。

ハワイボウル：2002 年に始まった。ホノル
ルのアロハ・スタジアム（最大収容人数 5
万人）で開催される。

ピーチボウル：1968 年に始まった。当初は
ジョージア州アトランタのアトランタ－
フルトン・カントリー・スタジアムで開
催されたが、現在はメルセデス・ベンツ・
スタジアム（最大収容人数 7 万 1,000 人）で
開催される。

ヒューストン（テキサス州）ボウル：2000 年

にギャラリー・ファニチャー・ドットコム・ボウルの名称で始まったが、2002年にヒューストンボウルに改称された。リライアント・スタジアム（最大収容人数6万9,500人）で2005年まで開催された。

フェイマス・アイダホ・ポテト・ボウル：1997年にヒューマニタリアン・ボウルの名称で始まった。アイダホ州ボイシのアルバートソンズ・スタジアム（最大収容人数約3万7,000人）で開催されている。

ベルクボウル：コンチネンタルタイヤ・ボウルとして2002年に開始。ノースカロライナ州シャーロットのバンク・オブ・アメリカ・スタジアム（最大収容人数7万5,523人）で開催されている。

ホリデーボウル：1978年に始まった。カリフォルニア州サンディエゴのクアルコム・スタジアム（最大収容人数7万1,000人）［現在はサンディエゴ・カウンティ・クレディット・ユニオン・スタジアム］で開催される。

ミュージックシティ・ボウル：1998年に始まり、この年はテネシー州ナッシュビルのヴァンダービルト・スタジアムで開催されたが、その後、試合会場はナッシュビルのアデルフィア・コロシアム（最大収容人数6万7,000人）［現在の名称はニッサン・スタジアム］に変わった。

モーターシティ・ボウル：1997年にミシガン州デトロイトで始まった［この名称は2008年まで］。最初の開催場所はポンティアック・シルバードームだったが、2002年にフォード・フィールド（最大収容人数6万5,000人）に移された。

ラスベガス（ネバダ州）ボウル：1992年に、カリフォルニアボウルとレーズンボウルの代わりに始まった。サム・ボイド・スタジアム（最大収容人数4万人）で開催される。

リバティボウル：1959年にフィラデルフィアで始まった。現在はテネシー州メンフィスのリバティボウル・メモリアム・スタジアム（最大収容人数6万2,380人）で開催されている。

レッドボックスボウル：2002年にサンフランシスコボウルの名称で開始。その後度々改称され、開催地も変更され、現在はカリフォルニア州サンタクララのリーバイス・スタジアムで開催される。

アラハマディ・ベ
Alahamady Be
⇒マダガスカル

アラブ首長国連邦
United Arab Emirates

中東の7つの首長国からなる連邦。オマーン湾とペルシア湾に臨み、オマーンとサウジアラビアの間に位置する。1971年に当時のトゥルーシャルステーツがイギリスから独立を獲得して設立された。人口の約96%がイスラーム教徒（スンニー派80%、シーア派16%）で、残りがキリスト教徒とヒンドゥー教徒である。

イスラーム教徒は宗教的にはイスラーム暦に従っており、新年は最初のムハラムの月の第1日になる。スンニー派は特別な儀式は行わないが、シーア派は新

年の最初の 10 日間は 680 年に亡くなっ
た預言者ムハンマドの孫フサインの死を
悼む。儀式は 10 日目のアーシューラー
に最高潮を迎える（⇒イスラーム教）。

　社会的にはグレゴリオ暦が使われてお
り、1 月 1 日も新年として祝うが、イス
ラーム教徒にとっては唯一の世俗的な祝
日以外の意味はない。それにもかかわら
ず、イスラーム教の祝祭日同様に商売は
休みとなる。この日が週末にあたると、
翌日が祝日となる。

　新年の挨拶には次の言い方がある。
・「クッル・アーミン・ワ・アントゥ
　ム・ビハイル（Kullu ʻAamin Wa Antum
　Bikhair）」アラビア語（公用語）
　⇒暦・イスラーム

アラム・アフローズ
Alam Afrouz
　⇒パキスタン

アルコール
Alcohol
　⇒飲酒、シャンパン

アルジェリア
Algeria
　地中海に面するアフリカ北部の国。か
つてフランスの植民地だった。人口はお
もにアラブ人（70％）、ベルベル人（30％）
からなり、後者はアラブ人流入以前の北
アフリカ先住民であるコーカソイドの子
孫。アルジェリアのアラブ人およびベル
ベル人は実質的にすべてがスンニー派イ

スラーム教徒で、ほかにごく少数のキリ
スト教徒、ユダヤ教徒が存在する。

　アルジェリア人はグレゴリオ暦の 1 月
1 日を元日と認識しているものの、宗教
的祝祭のためにイスラーム暦を用いてお
り、第 1 月ムハッラムの 1 日を同暦の新
年として祝う（⇒暦・イスラーム）。続く祝
祭として、同月 10 日のアーシューラー
があるが、その趣旨についてはイスラー
ム教の項で述べる（⇒イスラーム教）。ス
ンニー派にとってアーシューラーは自発
的な断食の日である。断食せず食事を取
ることを選んだ者は、アルジェリアの国
民的料理とされるクスクス（デュラム小
麦と水で作るパスタ）に、グレービーが
けの温野菜と子羊肉ないし鶏肉を添え、
ハリッサ（辛いソース）をかけた伝統料
理を食する。さらにクスクスに蜂蜜とシ
ナモン、アーモンドを混ぜたものが風味
の良いデザートとなる。また時として、
フランスパン、イチジク、ミントティー、
コーヒー、フルーツジュースなども供す
る。ベルベル人の伝統料理にはメショウ
イ（子羊の丸焼き）、また、つぶした山羊
のチーズとナツメと水から作られる飲み
物などがある。

　新年の挨拶には次の言い方がある。
・「クッル・アーミン・ワ・アントゥ
　ム・ビハイル（Kullu ʻAamin Wa Antum
　Bikhair）」アラビア語（公用語）
・「アスグワス・アメガス（Asgwas
　Amegas）」ベルベル語
・「ボナネ（Bonne Année）」フランス語

アルゼンチン
Argentina
　⇒中南米とカリブ海諸島

アルバニア
Albania

　ヨーロッパ南西部のバルカン半島に位置する国で、アドリア海とイオニア海に接する。無神国家かつ共産主義国だが、現在おもな宗教はイスラーム教徒（人口の約70％）、キリスト教ギリシア正教徒（20％）、ローマ・カトリック教徒（10％）である。

　元日は1月1日で、どの宗教かに関係なく大多数の国民が祝うため、国内最大の祝日である。祝祭は大晦日の夜に集中し、盛大に花火が上がる。例えば首都のティラナでは、通りやアパートのバルコニーなどからありとあらゆる種類の花火が打ち上げられる。危険な違法火薬も広く使われ、無秩序に発砲音が響き、負傷者も出る。ティラナの中心街では政府の後援する合法の花火大会やコンサートが催される。真夜中になると、バーやクラブでは次々に乾杯が行われ、祝宴やダンスが夜明けまで続く。

　ソビエト統治下の新年の慣習も残っており、ジェド・マロース（アルバニア語でDeda Mraz「霜おじいさん」の意）や雪娘、贈り物、ニューイヤーツリーなどが挙げられる（⇒ロシア）。

　イスラーム教徒はペルシア暦の新年ノウルーズと同様にイスラーム暦の新年も祝う（⇒イスラーム教、暦・イスラーム）。ノウルーズは第1月ファルヴァルーディーン（⇒暦・ペルシア）の1日に祝うが、これはグレゴリオ暦の3月21日頃の春分の日にあたる。

　アルバニアのノウルーズはイランの13日間の祝祭（⇒イラン）と異なり祝日は1日だけで、祝宴、スポーツ大会、ストーリーテリング、音楽、ダンス、街頭市などが行われる。各家庭では掃除や建物の修繕をし、負債を支払い、仲たがいを解決してノウルーズに備える。また、ハフト・スィーンの用意をする。ハフト・スィーンとは古代ペルシアのゾロアスター教の教理に由来する7つの縁起物を並べたテーブルのことである（⇒イラン）。縁起物はそれぞれペルシア語のスィーン（sin：「s」の文字）から始まる物でなくてはならず、多くはサマヌ（samanu：小麦のプディング。甘味と豊穣の象徴）、セッケ（sekeh：金貨。富と繁栄の象徴）、サブゼ（sabzeh：麦や豆の新芽。再生の象徴）、ソンボル（sonbol：ヒヤシンスの花。生命と美の象徴）、シール（seer/sir：ニンニク。医学の象徴）、センジェド（senjed：グミの一種である甘い実。愛の象徴）、セルケ（serkeh：ホワイトビネガー。長寿と忍耐の象徴）などが用いられるが、必ずしもこれらに限らない。ハフト・スィーンに選ばれるほかの縁起物についてはイランの項で述べる。

　新年の挨拶には次の言い方がある。
・「ゲズアル・ヴィティン・エリ（Gëzuar Vitin e Ri）」アルバニア語（公用語）
・「エフティヒズメノス・オ・ケヌリオ

ス・フロノス（Eutichismenos ho kainourgios chromos）」ギリシア語（「幸せな新年となりますように」）

・「フェリーチェ・アンノ・ヌーヴォ（Felice Anno Nuovo）」イタリア語
⇒ノウルーズ

アルメニア
Armenia

301年に世界で初めてキリスト教を国教と定めた国。何世紀にもわたってローマ、ビザンツ、アラブ、ペルシアの諸帝国がアルメニアの領有権を主張してきた。1828年にアルメニアはロシアに併合され、1920年にはソビエト連邦の一部となった。その後1991年のソビエト連邦崩壊に伴い、独立を果たした。

アルメニアの人々が祝ってきた新年の期日は、時代によって異なる。紀元前三千年紀以前、アマノル（Amanor：「新年」）は春分の日（グレゴリオ暦の3月21日）にあたっていた。前2492年、伝説上のアルメニア王ハイク（聖書の『創世記』に登場するノアの玄孫といわれ、アルメニアの父祖とされる）が、バビロニアの王ベル（ネムルス、あるいはニムロデ）を倒した。その日は現在の8月11日にあたるとされ、この戦勝を記念するために新年の日付が変更された。続いて、暦を構成する10の月がそれぞれハイク王の10人の子にちなんで名づけられ、新年は第1の月名でもあるナヴァサルド（Navasard）と呼ばれることとなった。それ以来、キリスト教の到来にいたるまで、新年の祝祭には白い牝牛が生贄として神に捧げられ、音楽やダンス、さまざまな芸術およびスポーツの大会が行われた。重要な宗教の中心地だったアルタシャトでは、高位の神官が、罪の赦しを求める者たちにユーフラテス川から汲んで清めた水を注いだ。

キリスト教の受容後も、多くのアルメニア人がナヴァサルドを祝い続けたが、18世紀にユリウス暦の1月1日が1年の始まりとして採用された。ソビエト時代の1920年、アルメニアは暦をグレゴリオ暦に改めるが、アルメニア正教会が新暦を受け入れたのは1923年のことだった。ソビエト統治時代、宗教やクリスマスは否定され、冬季の祝日が元日に変更された。それに伴ってニューイヤーツリーがクリスマスツリーにとって代わり、贈り物をもたらす伝説上の人物「霜おじいさん」、それに付き従う孫娘の「雪娘」が登場するようになった。これら伝説の人物の起源と趣旨については、ロシアの項で詳述する（⇒ロシア）。

グレゴリオ暦の1月1日は現在もなおアマノルと呼ばれる。アルメニアのクリスマスは、アルメニア正教会がキリストの生誕日ならびに受洗日と定めた1月6日なので、アマノルはその前に祝われることになる。装飾をほどこしたモミの木がどちらの祝日にも花を添え、また子どもたちは、クリスマスではなく大晦日の晩に贈り物を持ってきてくれる、サンタクロースに似たヅメルパピ（Dzmer Papik）に手紙を書く。1月1日から6日までの

期間、多くの家族が友人や親戚を訪問して贈り物を交換し、新しい年に幸多かれと祈り合う。食卓には新鮮な果物やドライフルーツ、ナッツ、ケーキ、またコインを中に入れた大きな平たいパンであるダリンをはじめ、ペストリーが並ぶ。切り分けた自分のパンにコインが入っていた者は、新しい年に幸運に恵まれる。コインはほかの食べ物に隠されることもある。その他の祝祭料理としては、ドルマ（トルマとも呼ばれる、ブドウの葉に米などを包んだ料理）、ガタ（小麦粉のペストリー）、アヌシャブール（大麦とドライフルーツの甘いプディング)が挙げられる。伝統的な家庭では、子どもたちは年上から順に、父親が身にまとうコートに隠した贈り物を探す。父親の手にキスをすると、贈り物が与えられる。ナヴァサルドには、子どもたちがグループになって歌いながら近所をまわる風習がある。

新年の挨拶には次の言い方がある。
・「イェルヂャニーグ・ナヴァサルド（Erjanik Navasard)」アルメニア語（公用語）

アンテステーリア祭
Anthesteria
　　⇒ギリシア

イエマンジャの祭り
Festival of Iemanjá
　　⇒中南米とカリブ海諸島〔ブラジル〕

イエメン
Yemen

　アラビア半島の南端に位置するイスラーム国家。イスラーム教が国教で、ほぼ全人口がシーア派（約30％）かスンニー派（約70％）のどちらかに属する。スンニー派はイスラームの新年をさほど祝わないが、シーア派は習慣的にイスラーム暦の最初の月ムハッラムの最初の10日間を、680年にカルバラで殉教した預言者ムハンマドの孫フサインと殉教者たちの死を悼む期間としている。この習慣については、イスラーム教の項で詳述している。

　グレゴリオ暦の1月1日は、イエメン人にとって特別な意味をもたないが、西洋の影響で、大晦日の12月31日にパーティを開くホテルもある。

　新年の挨拶には次の言い方がある。
・「クッル・アーミン・ワ・アントゥム・ビハイル（Kullu ʻAamin Wa Antum Bikhair)」アラビア語（公用語）
　　⇒イスラーム教、暦・イスラーム

イギリス
Great Britain

　イギリス連合王国および北アイルランドは、ブリテン島を構成するイングランド、スコットランド、ウェールズの3か国および北アイルランドからなる。だが本項ではブリテン島の3か国に焦点を絞り、アイルランドの新年の慣習については、別の項目で詳述することとする。

　中世のイギリスでは13世紀までユリ

ウス暦、すなわち「旧式」暦が用いられた。さらに、クリスマスを通算の起点とする「クリスマス様式」に従って日が数えられ、1年は1月1日ではなくクリスマスから始まった。その後13世紀から1752年までは、3月25日（「レイディ・デイ」すなわち、お告げの祝日）が元日とされた（⇒お告げの祝日）。お告げの祝日を起点として日を数える方法は、「アナンシエーション様式」と呼ばれる。ヨーロッパのローマ・カトリック諸国は1582年にグレゴリオ暦、すなわち「新式」暦に切り替えたが、イギリスは新暦の採用を拒んだ。カルバン派のスコットランドだけは1600年に元日を1月1日に変更したものの、新しい暦法を完全には導入しなかった。1月1日を起点として日を数えるこの方法は、ローマ・カトリック教会で1月1日に割礼祭を祝うことから「割礼祭様式」と呼ばれた（⇒割礼の祝日）。次いで1752年にイギリスの残りの国々も元日を1月1日に変更し、同年9月にグレゴリオ暦を完全導入したが、暦法を変更する過程で、暦から11日（改暦当時に生じていた、グレゴリオ暦とユリウス暦との誤差）を削除した。ロンドン市民は議会に対して暴動を起こして「我々の11日を返せ」と要求し、田園地方の住民にいたっては次の世紀まで改暦を受け入れようとしなかった。今日でも依然として多くの慣習が「旧式」暦に従って行われている（⇒暦・グレゴリオ）。

大晦日の真夜中の前には多くの人々が、ロンドンのトラファルガー広場や聖ポール大聖堂前、エディンバラのトロン教会前、グラスゴーのジョージ広場などの有名な年越しスポットに集まり、新年のカウントダウンを待ちわびる。通常、教会の鐘は旧年中弱めに鳴らされ、真夜中には大きく晴れやかな音で鳴らされる。鐘の音と同時に花火が上げられ、車のクラクション、列車や舟の汽笛が鳴り響き、人々は歓声を上げ、腕を組んで「遥か遠き昔」を歌い、その後キスや抱擁を交わし、互いに乾杯する。ロンドン・アイは、毎年花火大会の中心会場となり、色とりどりのライトアップの中で10分間に驚くほど多くの花火が打ち上げられる。一方、除夜の礼拝に出席する者、古い年が出ていって新年が入ってこられるよう家の戸を開けて自宅で過ごす者もいる。ウェールズやイングランドの国境地域では、真夜中の最初の鐘が鳴ると同時に家の裏口を開けて古い年を外に出したあと、幸運を逃さないためにすぐにその戸を閉め、さらに真夜中の最後の鐘が鳴ったとたんに玄関の扉を開けて新しい年を迎え入れるという慣習がある。このように新年の到来を祝ったあとは、パブやナイトクラブの夜通しパーティへ繰り出す者もいれば、慣習に従い「最初の客」として家々を訪問する者もいる。また1992年から毎年放映されている大晦日恒例の人気音楽番組『フーテナニー』（Hootenanny）では、名ピアニスト兼バンドリーダー兼テレビタレントであり、熱狂的なポップ・ミュージック・ファンでもある、ジュリアン・マイルズ・「ジュ

ールズ」・ホランドの司会進行で、多彩なミュージシャンの演奏が楽しめる。同番組の見所は、大晦日（ホグマネイ）のパーティらしい雰囲気や、真夜中直前のカウントダウン、伝統的な「遥か遠き昔」の斉唱である。

新年最初の客　古くからの迷信では、新年の最初の日に家の敷居をまたぐ人物ないし生き物がその年の運を決定する。大半の人々は、もはやこの迷信に厳しくこだわることはないが、北部イングランドやスコットランドでは今でも「新年最初の客」の伝統を、愛着を持って守っている。新年最初の客は家族の友人ないし親戚であることが多く、幸運をもたらす歓迎すべき客は次の通りである。背が高く顔立ちの良い黒っぽい髪の男性（スコットランドではこれらのほかに、足の甲が高い、という特徴も好まれる）、子ども、気前が良く明るく魔術と関係のない男性、生まれたとき逆子だった者、犬。これらの条件には例外も存在し、例えばスコットランド東部、イースト・ヨークシャー、リンカンシャーでは金髪の男性が好まれ、ウェスト・ヨークシャーのブラッドフォード、そしてアバディーンシャーの一部では赤毛の男性が好まれる。また、不運をもたらす新年最初の客は次の通りである。女性（ただしウェールズおよびマン島では、女性も許容されることがある）、偏平足の者、左右の眉がつながっている者、斜視の者、赤毛の者（ただし前述の例外あり）、明らかな身体障害のある者、助産師、墓堀人、葬儀屋、絞首刑執行人、

泥棒、医者、聖職者、過度に豪華な（あるいはみすぼらしい）身なりの者、各嗇（りんしょく）あるいは不品行の者、猫。新年の最初の客の条件に適う人々は大晦日の真夜中を過ぎるとすぐに、新年の贈り物（ハンスル）を携えて家々を訪問する。このハンスルとは伝統的かつ象徴的な贈り物であり、食に不自由しないことの象徴であるパン、いつでも暖が取れることの象徴である石炭や他の燃料、経済的に恵まれることの象徴である塩や金銭、魂を温めるための瓶入りウィスキーなどである。新年最初の客は、儀礼に従って玄関から家の中に入り（可能であれば帰りは裏口から出ていく）、石炭を暖炉に置き（地域によっては火を掻きたて）、他の贈り物を食卓に置き、家長のために飲み物を注ぐ。一連の儀礼が終わるまで誰も口をきいてはならず、新年最初の客は、しかるべき儀礼をすべて終えたあと、新しい年にその家庭が幸運と繁栄に恵まれるよう声に出して願う。スコットランドでは、ウィスキーの代わりにヘット・パイントが贈られることもある。これはエールにナツメグやウィスキーを加えて混ぜ、温めた飲み物で、かつては銅のやかんに入れて持ち運ばれた。また、スコットランドでは伝統的な贈り物のほかに、ショートブレッド、オーツケーキ、ブラックバン（アーモンド、スパイス、ウィスキーなどを入れて焼いたフルーツケーキ。「十二夜の王様のケーキ」が変化したもの）、チョコレートの詰め合わせ、果物、その他の象徴的な贈り物が贈られることもある。新年最

初の客が訪問先の家に何らかの贈り物を贈ることは不可欠であり、とくにウィスキーは重要である。客が手ぶらで訪れた場合は、その家に悪運や呪いがもたらされる。家の主は受け取った食べ物や飲み物を、新年最初の客をはじめ、その場にいるすべての人々に振る舞う。

ホグマネイ（Hogmanay） 1560年までクリスマスはスコットランドにおいてもイングランドにおいても同様に祝われていた。だが同年、カルバン派のジョン・ノックスの主導により、スコットランドに宗教改革が起こった。当時のカルバン主義はローマ・カトリックの祝日を否認していたため、通常クリスマスにおいて見られていた伝統が、17世紀になると徐々に、クリスマスほど不適当とみなされない元日に行われるようになった。今日ではスコットランド教会（長老派）がスコットランドの国民教会であり、同国のおもな冬の祝日は大晦日と元日に祝われる「ホグマネイ」である。ホグマネイという語の由来は不明だが、クリスマスを表わすフランス語のオム・エ・ネ（Homme est né：「人間が生まれる」の意）、またはアギラヌーフ（aguillaneuf：フランス語で「新しい贈り物」の意）、あるいはオギナネ（hoguinané：アギラヌーフを表わすノルマン方言）などに由来するとする説もある。ホグマネイの語源となった可能性のある語としては、ほかにヘーリグ・モーナット（haleg monat：アングロ・サクソン語で「聖なる月」の意）、オジー・メイドゥン（oge maidnen：ゲール語で「新しい朝」の意）、

ハグメナ（hagmena/ôhagmena：ギリシア語で「聖なる月」の意）、スカンディナビア語で「ユールの前夜」を意味する語の派生語（hoggo-nott、hagenat、hogg-night）、ホーグ・ミン・ダグ（hoog min dag：フランドル語で「大いなる愛の日」の意）、ウギー・メネア（au gui mener：フランス語で「ヤドリギへ導く」の意）、ホグイグネテ（hoguignetes：フランス語で「新年の贈り物」の意）などがある。一方、大晦日はゲール語でオイーヒェ・チャリーン（Oidhche Challain：「ロウソクの夜」の意）と呼ばれる。これは、各家庭で新年最初の客（上記参照）をはじめ、来客を迎えるために窓辺にロウソクを置くからである。

スコットランドの家庭では、ホグマネイに先立って家屋敷の掃除や修理を行い、借り物を返し、負債を精算し争い事を解決する。また今日でも、魔を祓うために焦がしたセイヨウネズの枝で家の中を燻すという家庭もあると思われる。イギリスにおける他の地域と同様、ホグマネイの初めには、新年を迎えるために多くの人々が村の広場や市庁舎、教会などに集まり、真夜中になると大声や歓声をあげ、花火を打ち上げ、乾杯し、教会の鐘を鳴らし、銃を撃つ（新年の発砲の伝統は、古代の夏至祭に由来するが、当時は大きな音が闇の霊を追い払うと考えられていた）。また必ずといってよいほど、人々は輪になって「遥か遠き昔」を歌う。歌が最後の節に差し掛かると、人々は左右の手を胸の前で交差させ、左手で右側にいる者と右手で左側にいる者と手をつな

ぎ、前後に動いて輪を縮めたり広げたりするか、あるいは体を左右に揺らす。

スコットランドの家庭では、すべての来客が新年の挨拶にやって来る前に、家の主人が食べ物や飲み物を用意しておく習慣がある。新年に供される代表的な菓子類は、ショートブレッド、ブラックバン、チェリーケーキ、プラムケーキ、サルタナケーキ、シードケーキ、オーツケーキ、クルーティ・ダンプリン（レーズンやスパイスなどの入ったケーキ。布で包んで熱湯で数時間ゆでたあと、乾燥させておく）などである。好まれる飲み物としては、ウィスキーのほかに上述のヘット・パイント、アソルブローズ（ウィスキーにオートミールやクリーム、蜂蜜、卵を混ぜたもので、飲み物としても、どろりとしたデザートとしても供される）、あるいはノンアルコールの「ジンジャー・ワイン」（レモン、オレンジ、砂糖、ショウガ、スパイスで作る飲み物）などが挙げられる。

東ヨーロッパの一部の国々（例えばブルガリアやルーマニアなど）には、新年に子どもたちが飾りの付いた棒で大人たちを叩いてまわり、健康と繁栄に恵まれるようにとの願いを伝える慣習があり、これと類似した次のような風習が、スコットランド西岸沖にあるヘブリディーズ諸島のルイス島およびサウス・ユーイスト島で見られる。棒を携えた少年の一団が、各戸をまわって家の中に入り、ゲール語で押韻詩を唱える。羊の皮ないし仔牛の皮を身につけたリーダーが椅子の周りを時計回りに歩いて回り、その間、仲間の少年たちは羊皮を棒で叩く。リーダーが羊皮の一部、もしくは仔牛の尾を焦がすと、その家の家族は幸運に恵まれるように、めいめいその煙を嗅ぐ。この儀礼のあと、少年たちはオーツケーキを受け取るが、もしも返礼がなければ、少年たちは呪いの言葉を唱える。この風習は、特定の祝日に作物の健やかな成長を祈って願い棒で叩く式事を行った、古代の豊穣を願う儀式を想起させる。

上で述べたような伝統的な慣習のほかに、1990年代以降にはスコットランド全域の多くの都市がさまざまな祭典を開催し、ホグマネイに新たな活力を吹き込んでいる。エディンバラ、グラスゴー、スターリング、ダンディー、インバネスなどでは各都市の後援により、数々のコンサート、ロックバンドの演奏、バグパイプとドラムによる伝統的なパイプバンド（楽隊）の演奏、演劇、コーラス、街頭パーティ、ケイリー（伝統的なスコットランド舞踊）、松明行列（松明の売上は慈善のために用いられる）とそれに続く巨大なかがり火の点火、花火大会などが行われる。なかでも最大の祭典は、12月30日からの3日間開催される、エディンバラズ・ホグマネイである。

元日にはスコットランドの国じゅうで、ラグビー、フットボール、サッカー、ゴルフ、陸上競技、アイスホッケー、力比べ、射撃競技会など、多くのスポーツ行事が開催される。エディンバラのホリルード公園では、ホリルード・ハスキー大会（犬ぞりのレース）やエディンバ

ラ自転車組合主催の新年トライアスロン大会（水泳400m、自転車16.53km、ラン5.27km）。また、エディンバラ郊外のサウス・クィーンズフェリーで大勢の参加者がフォース湾に飛び込む「ルーニー・ドゥック」や、ダンディーのブローティ・ピアーで行われる「ドゥック」など、冷たい川での「ドゥック」（水浴）の行事も開催される。ハイランド地方では、シンティ（ホッケーの一種）やカイルズ（鉄球を転がして、地面に打ち込んだ鉄の輪にくぐらせるゲーム）なども広く行われる。

クリスマスと新年の両祝日における、最も有名なスポーツ行事の1つに、カークウォール・バー（ボール）・ゲームがある。これは男性選手による競技で、クリスマス、元日ともに、スコットランドにあるオークニー諸島の都市、カークウォールで行われる。この競技自体は何世紀も前から存在するが、カークウォールの大会は1850年から続いている。出場者は基本的に、出生地に基づいて2つのチームに分けられる。聖マグナス大聖堂以北で生まれた者は「ドゥーン・ザ・ゲート（門の下手）」すなわち「ドゥーニーズ」となり、聖マグナス大聖堂以南で生まれた者は「アップ・ザ・ゲート（門の上手）」すなわち「アピーズ」とされる。とはいえ多くの出場者は、出生地にかかわらず、自分の先祖が代々属したチームに加わる。カークウォールがかつて、伯爵の統治する北部地域と教区司教の支配する南部地域に二分されていたことから、この2つのチームの対戦は激しい真

剣勝負となる。この競技では、ドゥーニーズとアピーズの両チームが、バーと呼ばれるコルクを詰めた硬い革のボールを町はずれに設置されたそれぞれのチームのゴールに運ぼうと、激しく競り合うことになる。通常は競技終了までに何時間もかかり、その間200人以上の出場者によってかなりのラフプレーが繰り返される。中世の伝説によると、この競技の由来は、カークウォールのある男がこの地方の暴君を殺害して斬首し、その首を自分の鞍に結び付けたという出来事だとされる。この男は鞍に付けた生首の歯でたまたま怪我をして感染症にかかり、カークウォールに戻ったあと、命を落とした。カークウォールの町の人々は、暴君の首を街中で蹴り飛ばして怒りを表わしたという。

かつてホグマネイには多くの慣習や迷信がつきものであったが、大半はとうに廃れるか、今では限られた地域でしか行われない。例えば、昔は、古い年の不運を、冬の精霊の象徴である老婆、ケリャッハ（cailleach）を象った小さな木像とともに燃やしたり、男たちが家々をまわって物乞い（thigging：貧しい人々のために施しを求める行事）をしたりした。また、ホグマネイはおもに贈り物を贈り合う日であり、子どもたちが家々をまわり、大晦日にもらうホグマネイを求めた。この場合のホグマネイとは、チーズやオーツケーキなどの心づけを意味し、オーツケーキはバノック（贈り物）とも呼ばれた。今日では、子どもたちに贈り物を贈る風習

があるかどうかは地域によって異なる。さらに、クリスマスから新年の祝日までの間に、奇異な衣裳を身に着けた「ママー」ないし「ガイザー」と呼ばれる人々や異性装をした人々が、各々の顔を黒く塗って家々を廻り、寸劇や芝居を演じて食べ物や飲み物を振る舞ってもらっていた（現在このような仮装芝居は、通常、イングランドで、イースター、ハロウィーン、クリスマス頃に行われている）。

火祭り　イギリス全域の多くの都市では、古代ケルトで新年や二分二至の慣習とされていた、かがり火を焚く火祭りが大晦日に催される。例えばスコットランドの都市ビガーでは、夜の9時頃、ドラムとバクパイプの楽隊の先導によって、昔から定められた場所まで松明行列が行われる。次いで、全員でこの行事のための特別な歌を歌ったあと、ビガーの最年長の住民が大きなかがり火に火をつける。その後は伝統的なスコットランド民謡とスコットランド舞踊の時間が続き、真夜中になるとすべての人々が手や足を止め、新年を告げる教会の鐘の響きに耳を傾ける。伝統的に、かがり火は夜を徹して燃やされ、人々はこの炎でホグマネイの贈り物として好まれる燻製ニシン（来るべき年の豊漁の象徴）を焙って食べる。ビガー市民は第二次世界大戦の灯火管制下においても、空き缶にロウソクを立てて灯したり、火をおこせないにせよ例年かがり火を焚く場所でマッチを擦ったりして、このかがり火の伝統を象徴的に守り通した。

アバディーンの南に位置する、スコットランド北東岸の町ストーンヘブンでは、大晦日に壮大な火祭りが催される。この祭りでは、真夜中に60人の男性が、先端に火の玉をつけた長さ約1.5mの金属の竿を降りまわしながら、街の本通りを港まで行進し、港に着くと、火の玉を海へ投げ込む。この伝統はキリスト教伝来以前の冬至祭りに由来するが、当時は、太陽の力を象徴する火の玉によって魔を祓った。

スコットランドの都市コムリーでは、約3mの樺の木の棒の先にカンバス生地を巻き付けて灯油に浸した、フランボード（flambeaux：フランス語で「美しい炎」の意）と呼ばれる松明を灯す。フランボーは、昔の教会の庭に面した水路沿いに置かれ、真夜中になると点火される。この松明を掲げた男たちが、コムリー・パイプバンドに先導されて街を行進し、その後、松明はアーン川に投げ込まれる。この祭りの呼び物は「ガイザー」（「変装する（disguise）」の語に由来する呼称。奇異な衣裳を身につけた人々を指す）であり、すぐれた扮装をした者に賞が与えられる。

スコットランドのバーグヘッド独特の慣習に、「バーニング・オブ・ザ・クレイヴィ」（クレイヴィの語源は「かご」を意味するゲール語 cliabh）がある。これは古くから続く火祭りで、1752年のグレゴリオ暦採用以前に用いられたユリウス暦の大晦日、すなわち現在の1月11日に催される。クレイヴィ（clavier）とは、約2.4mの竿の先にタールを塗った樽を

取り付けたものだが、長く確立された規定に則り「クレイヴィ・クルー」（地元の特定の一族に属する男たち）だけの手で作られ、肩に担ぎ頭上に掲げるようにして運ばれる。祭りにあたってクレイヴィ・キングが選ばれ、この人物がクレイヴィに点火する。次に、予めクレイヴィ・キングによって指名された助手たちが、順に一人ずつクレイヴィを担いで街中をまわり、そのあとを観衆が歓声をあげながらついていく。助手たちは、幸運を招くために、焦げた燃えさしを家々の戸口に投げ込んだり、見物人に投げたりする。もしも担ぎ手が転倒すると、来るべき年に町に悪運がもたらされるため、助手たちは重いクレイヴィを持ったまま、つまずいたり転んだりしないよう注意しなければならない。最終目的地はドゥーリー・ヒルの上にある砦で、ここに着くとクレイヴィの竿が石柱の穴に固定される。クレイヴィ・キングは石柱に上り、再びクレイヴィにタールを補給する。しばらくののち、クレイヴィ・キングが手斧でクレイヴィを叩き壊すと、タールや木片が辺りに飛び散り、人々は慣習に従って、幸運に恵まれるよう燃えさしの欠片を拾う。さらに、拾った欠片を、今は外国に住む元バーグヘッドの住民に送る。1875年まで、この習慣は近隣の複数の港町でも行われていた。ほかの町ではクレイヴィが船に積み込まれ、豊漁を確かなものとするため、甲板に穀物が撒かれた。そのため、この火祭りは、海と漁業を祝福する異教の儀式に由来するものと信じられている。

イングランドのノーザンバーランドにあるアランデールでは、大晦日に「ガイザー」たちが風変わりな衣裳を身につけてパブを訪れる。真夜中の少し前、彼らはめいめいタールを入れた桶に火をつけて頭に乗せ、隊伍を組んで、小人数の楽隊とともに広場へ行進する。真夜中になると、ガイザーたちは運んできたタールの桶を投げ込んでかがり火に点火し、「遥か遠き昔」を歌い、その後、新年の最初の客となって家々をまわる。この慣習は1860年頃に、次の出来事がきっかけとなって始まったとされる。大晦日にある楽団が、路上で地元のメソジスト教会の聖歌隊の伴奏をしていたところ、楽譜を照らすロウソクが強風に吹き消されてしまった。だが、そのとき誰かが代わりに桶にタールを入れて火を燃やそうと言いだし、楽団はそのまま演奏を続けることができたという。

20世紀初期には、イングランドのヘレフォードシャーで「バーニング・ザ・ブッシュ」の火祭りが行われていた。「ブッシュ」とはセイヨウサンザシとヤドリギで作った玉で、元日から翌年の元日まで、収穫のためのお守りとして各農家の台所に吊るされた。元日の朝早く、各農家が最初に種まきをした小麦畑にかがり火を焚き、このブッシュを燃やした。時には、男性が燃えているブッシュを持って、一年の12の月を象徴する、畑の最初の12畝を走り抜けることもあった。もしも12畝を駆け抜ける前に火が消え

てしまうと、凶兆とされた。ブッシュを燃やしたあとは、参加した男たちがかがり火を囲んで輪になり、「オールド・サイダー」と3回唱えながら音節ごとに深々とおじぎをした。次にその農家の主人の健康を祈って全員で乾杯し、サイダーとプラムケーキを味わうお祭り騒ぎの時間がもたれた。この儀式は地域の農家ごとに繰り返された。この儀式の間、各農家の女性たちは、新しいブッシュを作り、前年のブッシュのかわりに吊るした。ウスターシャーではブッシュを作る際、しばしば前述の材料の代わりにキリストのいばらの冠の象徴であるブラックソーンが使われた。

新年の叙勲　イギリスでは1年に2回、元日と国王の公式誕生日に、国や地元自治体に貢献したあらゆる種類の職業のあらゆる身分の人々を叙勲する。元日と公式誕生日の両日とも、国王ないし皇太子が、首相によって推薦されたおよそ1,350名の人々（例えば教師、医療従事者、俳優、科学者、外交官、アナウンサー）に勲章を授ける。

ロンドン・ニューイヤー・パレード　毎年恒例のこのパレードは、1987年に「ロード・メイヤー・オブ・ウェストミンスター大パレード」の名称で初めて開催された。この種の街頭行事としては世界最大規模で、パレードの経路は3km以上に及び、1万人を上回る内外のミュージシャンやダンサーが参加する。1994年には「ロンドン・パレード」と改称され、2000年には「ミレニアム・パレード」

となり、2001年に現在の名称「ロンドン・ニューイヤー・パレード」に改められた。100万人を超える観客を沿道に集めるこの催しは、ロンドンの慈善団体の資金調達に寄与するだけでなく、前年に価値ある英雄的行為を行った人々を称える機会でもある。また、ロンドンの各自地区の代表チームがそれぞれパレードに参加して、そのパフォーマンスが審査される。別途行われるBBCロンドン後援のコンテストで選ばれた二人の若者が、渡米して現地の高校マーチングバンドで活動し、そのバンドとともにロンドン・パレードに参加する。2006年には初めてこのパレードの模様が3時間にわたりテレビで国際生中継され、世界じゅうの2億2千万の視聴者に伝えられた。ロンドン・ニューイヤー・パレードは、ロンドン・パレード祭りの一部として行われ、クリスマスから新年の間にロンドンおよびその周辺において、ほかにも複数のコンサートなどが催される。

その他の慣習　ウェールズのカレンニグ（Calennig：ささやかな贈り物）は、ローマのカレンダエが発展したものであり、カレンダエには新年のための平和の贈り物として、オリーブの枝を交換する慣わしがあった。ウェールズでは、1月1日に子どもたちが水と常磐木（ときわぎ）の枝を持ち、キャロルを歌いながら近所の家々をまわり、隣人の顔に水をつける風習があった。子どもたちは、このようにして幸運を祈る返礼として、数枚の硬貨、すなわちカレンニグを受けとった。地域によっては、

子どもたちが幸運を招くお守りを配って
まわるところもあった。やはりカレンニ
グの名称で知られたこのお守りは、リン
ゴに３本の棒を突きさして脚にし、アー
モンド、レーズン、緑の葉、色つきのリ
ボンで飾り付け、リンゴの上部にロウソ
クを挿し込んだものであった。こういっ
たお守りは、夜明けから真昼までの間に
手渡された場合にのみ幸運をもたらし、
カレンニグが傷むまで幸運が続くとされ
た。現在もいくつかの地方でこの慣習が
続いている。

　新しい年に豊かな実りを得る象徴とし
て、他のさまざまな食べ物を贈る風習も
あった。グロスターシャーのディーンの
森地方では、甘さ（やさしさ）や豊穣、
永遠性の象徴として、三脚の上にリンゴ
を据えてナッツやイチイの枝で飾った
「リンゴの贈り物」が贈られたが、これ
はウェールズのカレンニグとは異なる。
サフォークでは、「キッチェル」や、ス
パイスをきかせたエルダーベリー・ワイ
ン（ニワトコ酒）を振る舞った。またコ
ベントリーでは「ゴッズ・ケーキ」が贈
られ、ハートフォードシャーのセント・
オールバンスでは「ポープ・レディ」と
呼ばれる、カランツの目をつけた人型の
パンが贈られた（ポープ・レディの起源は
不明である）。ダービシャーではガチョウ
がその年初めて生んだ卵で作ったケーキ
を、スコットランドではニシンの燻製を
贈る風習があった。

　キリスト教伝来以前、多神教を奉る
チュートン人やアジアの一部の人々は、

神々に馬を生贄として捧げる慣習があ
り、切り落とした馬の頭部ないし頭蓋骨
を棒の上に取り付けて（スパイト・ステ
イクあるいはナイジング・ポストと呼ばれ
る）、馬の口を大きく開き、敵に対する
護符とした。中世の時代、人々はこのよ
うな手段によって、人狼や魔女、病魔、
強盗、その他の悪霊から守られると信じ
ていた。幸運を招くお守りとして、馬の
頭の形に彫った破風板を掲げたり、敷居
の上に蹄鉄を飾ったりする家が、いた
るところで見られた。クリスマス時期に
はとくに闇の力がはびこると信じられて
いたため、イギリスにおいてこれらの祝
日には馬の頭蓋骨が重要な役割を果たし
た。ウェールズにはマリ・スイード（Mari
Lwyd：「葦毛の雌馬」）という、馬の頭蓋
骨を用いた同様の慣習があった。作り物
の目と耳とリボンで飾られた頭骸骨は、
顎を木の滑車で開閉する仕組みになって
おり、白いシーツの下に人が隠れ、これ
を操った。この雌馬と、顔を黒く塗った
随行者たちが家々をまわり、訪問先ごと
に、家の中に入れてもらおうとするマ
リ・スイードの一団と、家の住人とが、
プウンコ（pwnco）と呼ばれる歌の知恵
比べを行った。たいてい、住人はある時
点で、適切な歌詞を返すことができなく
なるため（マリ・スイードの持ち歌は非常
に多いという）、それを機にマリ・スイー
ドの一団が家に入り込んで、あらゆる種
類の悪戯を働き、その後、「返礼」とし
て食事や飲み物を振る舞われた。この習
慣はしばしば酩酊や破壊行為を伴ったた

め、20世紀に入ってから廃れていたが、おもに南ウェールズで復活しつつあり、クリスマスだけでなく、新年にもつきものの行事となっている。

オックスフォードのクイーンズ・カレッジでは、元日に会計責任者が、カレッジの各メンバーに色つきの絹糸を通した針を贈り、「これを取りて、倹約せよ」との訓示を与える慣習がある。この命令は、1341年に同カレッジを創設したロバート・デ・エグレスフィールド（Robert de Eglesfield）の名前との語呂合わせで、エギュイーユ・エ・フィル（aiguille et fil：「針と糸」の意）というフランス語に由来し、エグレスフィールド自身が元日にこのような形で自分を偲ぶよう指示したことによる。

オックスフォードのオールソウルズ・カレッジには、100年に1度、旧式暦の元日（ユリウス暦の元日は、現行暦の1月14日にあたる）に「マガモ狩り」を行う仕きたりがある。言い伝えによると、1437年に同カレッジが創設された際、排水路から突然1羽のマガモが飛び出したという。この慣習では、カレッジのフェローたちが、「マガモ卿」に選ばれた人物と彼に指名された随行者との先導により、真夜中に松明を灯して「マガモの歌」を歌いながら、カレッジの構内じゅうで「狩り」を行う。マガモの歌の歌詞は「エドワード王の血」について触れているが、このエドワード王が何世であるかは特定されていない。この慣習は1632年に初めて文献に記され、18世紀には中断されたが、19世紀の初めに復活した。最後に行われたのは2001年であり、現在は単に酔って騒ぐための行事となっている。

その他の迷信　田園地方で今も行われていると思われる古い慣習に、「井戸から汲むクリーム」（スコットランドでは「井戸の花」）がある。「クリーム」あるいは「花」とは、元日に初めて井戸ないし泉から汲む水を意味し、年の初めの水を汲んだ者はその年の内に結婚するとされたため、とりわけ未婚の若い女性たちがこれを汲もうと先を争った。その一方で、年の初めの水を売る女性がいたことや、ウェールズのペンブロークシャーでは1950年代に子どもたちが新年に家々をまわってこの水を提供したことが知られている。スコットランドの農家では、年の初めの水である「花」で搾乳場の道具を洗い、乳の出がより良くなることを期待して、牝牛にこの水を飲ませた。同じスコットランドでも、ハイランド地方では、人々が健康に恵まれるよう願ってこの水を飲んだ。

大晦日には、翌年の吉凶を決めることになるであろう、天候占いが行われた。もしもこの日に風が南へ吹けば、翌年は暖かく作物もよく実り、風が西へ吹けば豊富な牛乳や海での豊漁に恵まれ、風が北へ吹けば次の一年は冷涼で天候も荒れ、風が東へ吹けば多くの果実が実り、風が北東へ吹けば災害が間近に迫っているとされた。また、元日に起こったことがその一年全体に影響を及ぼすとされた

ため、人々はこの日には身を慎んだ。な
かには「聖書に浸り」、指が最初に差し
た聖句を心に留めることで、神の御心に
英知を求めようとする者もいた。この日
は家庭の炉の火を絶やさずに燃やし続け
た（火が燻ると不運を招くため、燻らせな
いようにした）。種火を貸し借りすること
はできなかった。また物や金銭の貸し借
りは一切行われなかった。家から運が出
て行かないように、元日には何ひとつ、
ごみですらも家の外へ持ち出されなかっ
た。この日に洗濯をすると、運も洗い流
されるといわれた。元日には荷馬などの
役畜を休ませた。デボンでは、養蜂家が
ミツバチに蜂蜜や砂糖のハンスル（新年
の贈り物）を与えた。新年に3度産声を
あげて生まれた赤ん坊は、長く幸せな人
生に恵まれるといわれた。元旦に家族で
一番早く起きた者は幸運に恵まれ、隣近
所で一番早く起きた者は、より大きな幸
運に恵まれるとされた。幸運を得るため
に、ポケットの中で硬貨を回した。

　新年の挨拶には次の言い方がある。
・「ハッピー・ニュー・イヤー（Happy
　New Year）」英語（公用語）
・「ブリーアナ ヴァ ウー（Bliadhna Mhath）」
　スコットランドのゲール語
・「ブルイジン・ネウィズ・ザア（Blwyddyn
　Newydd Dda）」ウェールズのゲール語
　⇒アイルランド、仮装祭、ケルト、除夜
の礼拝、「遥か遠き昔」、ミレニアム・ドー
ム

イスラエル
Israel

　人口の多くはユダヤ人（80%）でユダ
ヤ暦に則りユダヤ式の新年を祝う。アラ
ブ人（20%）のほとんどはイスラーム教
徒でイスラーム暦に則ってイスラーム式
の新年を祝う。
　⇒イスラーム教、暦・イスラーム、暦・
ヘブライ、ユダヤ教

イスラーム教
Islam

　イスラーム教は預言者ムハンマド（570
〜632）の言葉とイスラームの聖典コー
ランの教えに則りアラビアで興った信
仰。「イスラーム」は唯一神アッラー（「神」
の意）にすべてを委ねるという意味であ
る。
　イスラームの新年は、政治的に重要な
月であるムハッラムの1日目から始まる
（⇒暦・イスラーム）。シーア派（イスラー
ム教徒の約15%）ではイスラームの指導
者は預言者の血をひく者でなければなら
ないとされるが、スンニー派では指導者
は選ばれるものとされる。預言者の孫、
ハズラト・イマーム・フサインはシーア
派を擁護していたが、680年のムハッラ
ム月の1日にバグダッドから約97km離
れたカルバラの砂漠で、ウマイヤ朝の軍
に水補給路を断たれたうえ襲撃された。
フサインは10日後の最終戦で息絶えた。
そのためシーア派は新年の10日間をカ
ルバラの殉職を悼み喪に服する。多くの
イスラーム教国では行列や、感情豊かな

劇（タージヤ、「慰安」の意）仕立てでこの事件を再現する。とくに最終の 10 日目は一番の盛り上がりを見せる。シーア派がイスラーム教徒の多数を占める国はアゼルバイジャン（67%）、バーレーン（70%）、イラン（89%）、イラク（65%）。また、その他の国でもアフガニスタン（15%）、クウェート（20%）、レバノン（38%）、パキスタン（20%）、サウジアラビア（10%）、アラブ首長国連邦（16%）、イエメン（30%）とある程度の割合を占めている。

　新年の最初の 9 日間、シーア派教徒は喪服に身を包み髭剃りや入浴を控える。黒い天幕が通りのあちこちに張られ、モスクや内輪の集会で、犠牲になったフサインの物語、ロウゼ・ハーニーを物語僧が語る。毎年この物語は聴衆の心を強烈に掻き立て、最後に人々は共感から涙を流し泣き叫ぶ。さらに感情が高まると狂信的な男性が自分を鞭打つことで殉職者の苦難を身をもって表現し、体に傷を負ったり、手足を切断したりする。スンニー派でもこの時期には同様の暴力的な儀式を行う。また、タージヤは虐殺を生き生きと描き、ペルシア文学、アラブ文学を通して唯一花ひらいた演劇といえるが、これも同じく上演されるたびに観衆に感動と自傷行為をもたらす。なかにはフサインを「殺した者」を演じた役者に集団で制裁を加えたり拘束したりする観衆も出てくる。

　ムハッラムの 10 日目はアーシューラー（Ashura：10 の意）として知られている。

これは断食をしてフサインの死を心から悼む日であり、フサインを偲ぶ行列が出る。棺の後ろを血をあびた男が旗を持ち戦いの歌を歌いながら歩く。フサインの死を嘆く 9 日間には、シャーベットのようなものを食べる習慣もある。これはフサインが酷い喉の渇きに悩まされた事実にちなむ。カルバラにあるフサインの霊廟に巡礼する者も多い。

　スンニー派ではこのアーシューラーの日をノアの箱舟が無事、現在のトルコにあるアララト山に着いた日としている（ノアがそのとき箱舟からおりたという伝説もある。『創世記』8 章 1-22 節）。このため、ある地域のスンニー派はアーシューラーの行列への参加を禁止されている。この日スンニー派は任意による断食をする。預言者ムハンマドは、メディナのユダヤ人がティシュレーの 10 日目であるアショル（Ashor：贖罪の日）に断食したのを見て、自らも断食の習慣をもつようになったといわれている。しかし 624 年にユダヤ人との関係が悪化するとイスラームの断食はラマダン月に移された。その他、アーシューラーを旧約聖書に出てくる祖先イブラヒム（アブラハム）の誕生日、イブラヒムとその息子のイシュマエルがメッカにカーバの神殿を建立した日、エジプトから脱出する途中でモーゼがイスラエルの民を率いて紅海を渡った日などとして祝う伝統もある。

　アーシューラーの祭りはジャマイカ、トリニダード・トバゴではホーセイ（Hosay：フサインにちなむ）といわれてい

て、さまざまな民族のイスラーム教徒とヒンドゥー教徒が共に西インド会社の国として1つになり祝う。西アフリカでは、これからの一年を占うこの日に食べられるだけ食べ、その新年の繁栄を願う。だれも空腹であってはならないため、貧しい者は食事に招待される。セネガル、ギニア、シエラレオネのイスラーム教徒は子羊の頭と蹄を干した物を食べる。これは12番目の月ズルヒッジャの10日目にイード・アル＝アドハー（Eid-al-Adha）の祭りで、神がアブラハムに、息子のイサクの代わりに生贄にするよう与えた子羊にちなむ（『創世記』22章1-14節）。インドではタージヤは、フサインの墓の小さな模型を指す。この模型はその地方の「カルバラ」に埋められる。トルコ人にとってこの日はエヴミ・アシュレ（Yevmi Ashurer：「甘いスープの日」）である。アシュレというゆでた小麦、干しブドウ、穀物、ナッツでできたプディングを食べる習慣がある。伝説によるとノアの妻が洪水が引いたのを祝ってそのようなプディングを作ったという。ガイアナでは1930年以前にはタジャ（Tadja）という名でアーシューラーが行われていたが、あるヒンドゥー教の祭礼とかちあい、両者が激しく敵対したため政府により禁止された。

多くのイスラーム教徒がムハッラムの1日目には預言者ムハンマドの一生とメッカからメディナ（かつてのヤスリブ）へのヒジュラ（移住）に思いをはせる。この日にパーティを開きカードやプレゼントを交換し合う家庭もあるが、これは厳格なイスラーム教由来の習慣ではない。そのため、これらを禁じられた行為として控えている者が多い。

イスラーム暦
Islamic Calendar
　⇒ 暦・イスラーム

イタリア
Italy

元日は1月1日。大晦日は教皇聖シルウェステル1世の聖名祝日（名前の日）（⇒聖シルウェステルの日）にちなみ、ラ・フェスタ・ディ・シルベステル（聖シルベステルの祝日）といわれる。おもに家族や友達が家やレストランやナイトクラブに集まって夜を徹して会食する。音楽、歌、ダンスを楽しみ、料理は多岐にわたるが伝統的に必ず供されるものがある。富と幸運の象徴であるレンズ豆。コテキーノ（香辛料のきいたソーセージ）、ザンポーネ（詰め物をした豚の足）。豚は人生の豊かさを象徴する（⇒豚）。乾杯して味わうスパークリングワインでは、とくにスプマンテ、プロセッコが飲まれている。また一年の12の月やキリストの12使徒にちなんで12種のデザートを食べる習慣もある。どのようなデザートでもいいが、レーズン、イチジク、アーモンド、クルミは必ず入っていなければならない。これらはメンディカンティ（「物乞いする者」の意。施しに頼って生活していた修道士にちなむ）といってフランシ

スコ修道会、ドミニコ修道会、アウグスティノ修道会、カルメル修道会の4つの修道会を表している。デザートにはほかにリンゴ、ナシ、プラム、ビスコッティ（さまざまなクッキー）、白と黒のトローネ（蜂蜜、卵の白身、ナッツでつくるヌガー）、ジャム、アプリコットなどがある。パーティで人気のトンボラはビンゴのようなゲームでクリスマスイブにも行われる。真夜中には、人々は違法にもかかわらず、屋根の上、バルコニー、街角で花火をする（ナポリで最も盛大に行われる）、鐘を鳴らす、川や湖や海に飛び込んで身を清めるなど、それぞれの方法で新年を祝う。岸に近いところにいる船舶は汽笛を鳴らす。

　ローマでは大晦日をポポロ広場で踊ったり、ロックやクラシックのコンサートを聴いたりして楽しむ。カポダンノ（Capo d'Anno：「年の頭」の意）といわれる元日には、この広場で軽業の曲芸などが催され子どもたちを楽しませる。ボローニャのフィエラ・デル・ブエ・グラッソ（「太った雄牛の市」）では花やリボンで飾り立てられた雄牛が、ちょうど真夜中の12時まで通りをパレードする。くじに当った人にはサン・ペトローニ聖堂でこの雄牛が贈呈される。ナポリなど南部の地域では再生と補充を象徴する習慣に従い、真夜中に古い持ち物を窓から捨てる。古着、鍋釜、皿、ときに古い机、冷蔵庫、ベッド、バスタブ、自転車までもがバルコニーから通りに落下してくるのでこの時間の外出は危険をともなう。ナポリの

田舎にはロ・シューショ（Lo Sciuscio）という、子どもたちが家々をまわり歌ったり楽器を演奏したりする習慣がある。子どもたちに小遣いや菓子を与えた家には幸運が訪れるといわれている。元日にカプリ島では地元の素人一座が公演を行う。

ローマの新年のパレード　バチカンの公式な祝祭の一環として行われる。ヨーロッパのマーチングバンドとその予備団からなるパレードが、歴史的建築物であるサンタンジェロ城を経由して、コンチリアツィオーネ通りを行く。何千人もの観客がバンドに足並みを合わせ、口笛を吹き、手を振ってついていく。サンピエトロ広場でパレードは終了し、みな恒例の教皇の新年の祝福を待つ。毎年恒例でアメリカ、カナダから選ばれたバンドも参加し、すべてのバンドは12月最後の日にトスカナなどの地方の祝日のパレードに招待される。

迷信　新年の運をつかむには、新年の最初に男性に会わなければならない。大晦日には赤い下着をつける。ブドウの1粒を1月にみたて真夜中までに12粒食べる、真夜中までに新しい硬貨を表を上にして窓辺に並べる。家族の一人ひとりのためにロウソクを窓辺に灯す。シチリアではラザーニャを食べる。

　富を得るために、財布にレンズ豆を入れて新年にキャビアを食べる。

　ヤドリギを扉にかけると幸運を呼び、大晦日にそのヤドリギの下でキスした二人は恋人となる。

新しい 12 の月の天気を占うため、大晦日に 12 の月を表す 12 の玉ねぎの皮に塩をふり、一夜置く。朝になって皮に塩が残っていた月は乾燥する。塩が消えていればその月は雨が多い。

新年の挨拶には次の言い方がある。

・「ブォンアンノ（Buon Anno）」イタリア語（公用語）

イラク
Iraq

国民のほとんどがイスラーム教徒で、うち 65％がシーア派、残りの 35％がスンニー派。民族は 80％がアラブ人で 20％がクルド人。

シーア派は、イスラーム暦の最初の月ムハッラムの最初の 10 日を、預言者ムハンマドの孫で 680 年にカルバラで殉教したフサインを悼む期間としている。この儀式はアーシューラーといい 10 日目に終わる（⇒イスラーム教の項目で詳しく述べる）。スンニー派の新年はささやかな儀式に留まる。

イラク在住のクルド人はノウルーズと同系の（クルド語ではネウロズ）ペルシアの新年の祭りを行う。3 月 21 日にイランのクルド人とほぼ同じ祭りをする（⇒イラン）。

新年の挨拶には次の言い方がある。

・「ネウロズ・ピロズ・べ（Newroz Píroz Be）」クルド語（「ネウロズおめでとう」）
・「ビジ・ネウロズ（Bijî Newroz）」クルド語（「ネウロズよ永久に」）
　⇒暦・イスラーム、ノウルーズ

イラン
Iran

元日はイスラーム暦のムハッラム月の 1 日目（⇒暦・イスラーム）に加え、春分の日（グレゴリオ暦の 3 月 20、21、22 日のどれか）であるペルシア暦（⇒暦・ペルシア）のファルヴァルディーン月の 1 日目。イスラーム教のシーア派は、おもにムハッラム月の最初の 10 日間に新年を祝う（⇒イスラーム教）。その他のすべての民族と宗教では、ノウルーズ（「新しい日」の意）という 13 日間の祭りでペルシアの新年を祝う。

ペルシアのゾロアスター教に起源をもつノウルーズは、古い神話に登場するペルシア王ジャムシードが春分の日に玉座についたことに始まる。この祝日の起源は古代メソポタミアの新年の儀式に由来するともいわれている（⇒メソポタミア）。有史以前からあると信じられているが、記録に残る最古の古代ペルシアのノウルーズは紀元前 5000 年まで遡るとされる。もう少し時代をくだるとアケメネス朝（前 550 頃〜前 331）の記録もある。今日行われている儀式の起源は、イスラーム教以前の最後の偉大なペルシアの帝国サササン朝（226 〜 651）にある。ササン朝の祭りは新年の 5 日前に始まり、その期間中にアフラ・マズダー（ゾロアスター教の賢き主で至高神）がフォルハル（生の守護天使と死の精霊）に各家庭をまわらせた。ペルシア人はフォルハルの来訪に備えて、儀式に則り家を掃除し、亡くなったすべての人と動物を表す小さな粘土

の像を作り、夜には屋根でたき火をした（スーリー祭り）。たき火は天使を迎える準備ができたことを知らせると同時に、帰ってくる精霊をアフリマン（ゾロアスター教の敵の精、つまりアフラ・マズダーの真逆の存在）の邪悪な力から守るためのものである。善意が広まり、争いが解決し、友情が再生した。古代メソポタミアの新年の習慣に似た初期のノウルーズの祭りではクワジャ・ピルズ（Khwajah Piruz：「勝利した主」）が祝日の楽しい雰囲気を演出した。イランにイスラーム教が興ってからはこの役務はアラブの言葉でハジ・フィールーズ（Haji Firuz）と呼ばれるようになった（下記参照）。ササン朝では21日間祝っていた祭りの期間が現在では13日間に縮められたが、その理由は明らかではない。

ゾロアスター教の名残をとどめるノウルーズの習慣　祝日の期間に入る数週間前、各家庭ではフネタクニ（儀式に則った家の清掃）をして家じゅうにヒヤシンスやスイセンなどの花を飾る。新しい服を買い、自生するヘンルーダを焼いて悪霊を追い払う。本番の儀式に備えサブゼ（レンズ豆、小麦、大麦を発芽させたもの）を皿に盛り、子どもたちは卵（生命と豊穣の象徴）にカラフルな絵を描く。また同じく数週間前には「ペルシアの吟遊詩人」、もしくは道化師ともいえる顔を黒く塗り赤い服を着たハジ・フィールーズが、街頭で楽器の演奏に合わせ、歌を歌い踊り、笑いをふりまきながらノウルーズの到来を告げる。

チャハールシャンベ・スーリー（Chahar Shanbeh Suri：赤い水曜日のたき火祭り）　ノウルーズ前の水曜の前夜に各家庭でたき火をし、その上を飛び越える。飛び越えるときに次のような「まじない」を唱えると火が新年の病を払ってくれる。ソルキエ・ト・アズマン、ザルディエ・マン・アズ・ト（Sorkhi-e to az man, zardi-e man az to：「あなたの赤はわたしのもの、わたしの不健康な黄色はあなたのもの」）。古い年の悪運の象徴である灰は取り除かれ埋められる。そしてアメリカのハロウィーンのように、人々は亡くなった家族の霊を表す白いシーツ、経帷子、ベールを纏い金属の鍋をスプーンで叩きながら通りを走る。ガショグ・ザニ（gashog zani：「スプーンで叩く」）といわれるこの習慣によりどんな悪霊も追い払うことができる。こうして各戸をまわると褒美がもらえる。この夜には、新年の願いが叶うといわれている。そして未来を知りたいという願いを叶えるのが、他人の会話に聞き耳を立てるファル・グシュ（fal gush：「他人の未来を聞く」）という習慣である。聞こえてきたことがいいことだったら望みは叶う。また麺の汁と豆を貧しい者と分け合い、アジル（ピスタチオ、炒ったヒヨコ豆、アーモンド、ヘーゼルナッツ、イチジク、アプリコット、レーズンの7種のドライフルーツとナッツ）を食べると願いが叶うともいわれている。ゲレ・ゴシャイ（gereh goshai）は知らない人に衣服の紐をほどくように頼んでみて、その人が引き受けてくれたら、これまで煩わされてい

た問題が新年に解決するという占いである。クゼ・シェカスタン（Kuze shekastan）は幸運を呼ぶ呪い。硬貨、炭、自生のヘンルーダの種、岩塩を陶器の壺に入れ、「わたしの痛みと不運を壺の中へ」と唱え、屋根にあがって「わたしの痛みと不運を道へ」といいながら下の道に放り投げる。壺の中身は悪を寄せ付けないお守りで、壺を壊すことは追い払う行為となる。この日の祭りは花火で幕を閉じる。

シャベ・ジョメ（Shab-e Jome） ノウルーズ前の木曜日にチキンとピラフを食べる家族の宴。新しい年にも、少なくとも週に1度はこのような食事ができるようにと願って行われる。

ソフレ・ハフト・スィーン（Sofreh Haft Sin：7つの「s」の布） 床やテーブルに広げた大きな布に象徴的な品目を並べるのはノウルーズの主たる習慣である。そのなかで重要な役割を担うのはペルシア語のスィーン（sin：「s」）で始まる7つの品目である。これはアフラ・マズダーと人間の日常を手助けする6人のアムシャ・スプンタ（聖なる神々）を表している。次にあげる伝統的な品目から、さらにゾロアスター教が生命に与える善きことを象徴する7つを選ぶ。事前に発芽させたサブゼ（sabzeh：再生を意味する）、センジェド（senjed：甘いハスの実。愛の象徴）、シブ（seeb / sib：リンゴ。健康と美の象徴）、サマヌ（samanu：小麦のプディング。甘さと豊穣の象徴）、ソマーク（somaq：ウルシの実。昇る陽の色。太陽は悪を征服する善の象徴）、シール（seer / sir：ニンニク。

薬の象徴）、ソーハン（sohan：蜂蜜とナッツの飴。苦労のない人生を象徴）、セルケ（serkeh：白い酢。齢と忍耐の象徴）、セッケ（sekeh：金貨。富と繁栄の象徴）、ソンボル（sonbol：ヒヤシンスの花。生命と美の象徴）、サンギャク（sangak：平らなパン。繁栄の象徴）。

その他にソフレ・ハフト・スィーンに必要な物やことがらは以下である。表を上にした鏡（光と明るさ）を固ゆで卵（豊饒）とともに中央に置く。各家庭の子孫のために一人1本のロウソクを灯す（火がもたらす幸運と力を得るために最後まで燃やしきる。家庭によってはロウソクのそばに卵をおくこともある）。透明な器に生きた金魚を放つ（水中の王国の生き物ため）。子どもたちが卵に絵を描く（豊饒）、ナッツ、菓子、菓子パン（苦労のない人生のため）。チーズとヨーグルト、果物、野菜、穀物（人間の命を支えてくれる他の動植物の世界を象徴する）。家庭の信仰に従って聖書、トーラー、コーランなどの聖なる本の間にイーディー（お年玉）をはさむ。起源はゾロアスター教だが、ノウルーズはとくに宗教的行事ではない。端的にいってソフレ・ハフト・スィーンは、家族が新年に願うことすべての象徴である。

大晦日（Sal Tahvil） 古い年から新しい年に変わる短時間を示し、身内がこの時に家に集まる習慣がある。この時間にどこにいるかで新年の家族の結束度が決まるからである。ラジオやテレビからの春分のカウントダウンを聞きながら、過去

の争いを水に流し、過ちを救す。この時間、家族は新しい服を身につけ、幸運の硬貨を握り、ソフレ・ハフト・スィーンの周りに集まり、鏡の上の卵に注目する。伝説によると、時の海に住むトラザメがこの世を片方の角にのせる。春分になった瞬間に魚は世界を投げ上げ、反対の角で受け止める。このときの振動で卵が鏡の上を転がる。春分を告げる大砲が撃たれると家族はキスしあい「エディイ・ショマ・モバラーク（Edi-I Shoma Mobarak）」「ノウルーズ・モバラーク（No Ruz Mobarak）」と新年の挨拶の言葉を交わし、年長者は若者にイーディーといわれるお年玉を与える。元日に最初の客として訪問する風習はイラクにもある。ノウルーズに最初に家に訪れた人が新しい年に起きることの予兆となる。そのため若者が最初の「訪問者」となるよう外に出される。また、最初に家に持ち込まれる物も重要とされ、最初の訪問者はみな菓子を持っている。また幸運の白を家に持ち込むようにする。すべての人が最初に卵を食べないと幸運がやって来ないという迷信もある。家庭によっては子どもの分だけ灯したロウソクとともに飾られていたソフレ・ハフト・スィーンの卵を家長が食べなければいけない。その後、歌ったり食べたりしながら家族で祝う。

サブジー・ポロウ・バー・マーヒー（Sabzi Polo Mahi：ノウルーズの伝統料理） 魚と緑の香草の飯にパセリ、コリアンダー、アサツキ、ディル、コロハをのせたもの。レシテ・ポロウ（麺とともに調理したライ

ス）、ドルメ・バルグ（野菜と肉をブドウの葉にのせて調理したアゼルバイジャン料理）。ククサブジ（香草と野菜のスフレ）。

新年の訪問（Deed-o buzzfeed） 同居する家族でのお祝いが終わると、13日目まではさらに大きな家族、友だち、近所の人たちを訪問する。地位が高いとされる老人や家長をまず訪問し、あとはそれぞれ互いに訪問し合う。訪問時には菓子、ナッツ、お茶、果物でもてなし、食事を共にすることもある。

スイズダ・ベ・ダル（Sizdah Bedar：13日目の外出） 最終の13日目。13は不吉な数なので凶を避けるために家を出て郊外で1日過ごし、食事をしたり遊んだりする。ソフレ・ハフト・スィーンで飾ったザブゼを持っていき川に流す。これは過去の問題を水に流すという意味がある。この日も願掛けが行われる。熱心な人は、望みによって異なる呪文を唱えながら草を結ぶ（サブゼの葉とする文献もある）。エイプリルフールに似たシュヒーェスイズダ（「13番目の嘘」の意）では互いにつきあった嘘が本当のふりをする。1日の終わりにはソフレ・ハフト・スィーンが片づけられ、つぎの日からは仕事が始まる。

クルド人のネウロズ イラン在住のクルド人にもノウルーズ（クルド語ではネウロズ Newroz）と同系の祭りがある。一般的には市が立つ広場で3月18日から24日まで行われる。女性は明るい色の服とスパンコールの付いたスカーフを被る。男性はクルド人の色である緑黄赤の旗を

振る。人々は踊り歌い、たき火を飛び越える。この習慣は、ペルシアの詩人フェルドウスィーによって『シャー・ナーメ』（王の書）という形で初めて記されたペルシア神話に基づいている。『シャー・ナーメ』は古代ペルシアを描いた叙事詩で1010年に完成した。それによると冷酷な専制君主、ザッハーク王は呪いにより肩から2匹の毒蛇がはえている。この蛇たちをなだめるために、毎日国民二人を生贄としてその脳みそがあたえられていた。けれども死刑執行人が犠牲者を憐れみ、代わりに毎日一人につき羊1匹を差し出すことで半分の国民の命を救った。生き残った人たちは一人、また一人と山に逃げ、自分たちをクルド人と呼んで国をつくった。そのなかから鍛冶屋のカーヴェが立ち上がり、金床でザッハーク王の頭を叩きつぶして殺してしまう。解放されたことを仲間に知らせるため、カーヴェは大きなたき火をする。たき火は次々と受け継がれ、良き知らせと新しい時代の始まりを伝えながら国じゅうに広がっていった。この神話から、ネウロズにたき火をする習慣ができた。しかしザッハーク王はメディアの最後の王で、ペルシアの宗教ゾロアスター教を拒否したアステュアゲスという説もある。その説によれば、鍛冶屋のカーヴェを巡る神話はメディアに対抗するゾロアスター教から生まれた。クルド人の子どもたちは、親せきの家を訪ねて短い詩を読み、春の贈り物をねだる。

その他のネウロズの新年の挨拶には次の言い方がある。

・「サド・サール・ベ・イン・サールハ（Sad Saal be in Saal-ha）」現代ペルシア語（「あなたに今後100もの幸せな新年がありますように」）
・「ネウロズ・ピロズ・ベ（Newroz Píroz Be）」クルド語（「ネウロズおめでとう」）
・「ビジ・ネウロズ（Bijí Newroz）」クルド語（「ネウロズよ永久に」）
⇒暦・バハーイー、ノウルーズ、バハーイー教

イロコイ連邦の真冬の祭り
Iroquois Midwinter Festival

イロコイ連邦で9日間かけて祝う新年の祭り。イロコイ連邦はカユーガ族、モホーク族、オネイダ族、オノンダガ族、セネカ族、タスカロラ族の6先住民部族からなる。「シックスネイションズ」または「ホデノショニ」（「ロングハウスを築く人々」の意。イロコイ族の伝統的な家）ともいわれる。今日ホデノショニの人々はおもにニューヨーク州、ウィスコンシン州、オクラホマ州と、カナダのオンタリオ州とケベック州に住んでいる。

イロコイ連邦の部族において一年で最も重要とされる行事の日取りは、天体の動きで決まる。過去には祭りの開催は1月または2月に昴が天頂に達したあとの新月から5日たってからとされていた。アレゲーニーに住むセネカ族の預言者ハンサム・レイク（1735〜1815）によると、祭りの開始はキリスト教徒の新年後で、1月の最初の新月の5日後としなければ

ならない。ハンサム・レイクの方式を守るロングハウスもあるが、別日を選ぶロングハウスもある。また儀式の方式も部族によって異なる。祭りは創造主への感謝と再生の時である。夢の開示と解釈がなされ、フォー・セイクリッド・リチュアル（4つの聖なる儀式）が行われる（後述を参照）。

祭礼の数日前に、部族のすべての者が、清めのための白いウォンパム（貝殻玉）の数珠を手に創造主への懺悔を公開で行う。「アワー・アンクル」または「ビッグ・ヘッズ」といわれる族長が、狩りを表すバッファローの毛皮のローブを纏い、収穫を表すトウモロコシの皮の仮面をつけ祭礼を開始する。ビッグ・ヘッズは自分の村を練り歩きながら、各家庭の火床の灰をかきまわし、タバコ（この聖なる時のために栽培されたもの）を撒き、創造主への感謝とこれからの大地の豊穣を祈願する。

夢は個人の葛藤、叶わぬ願い、願望の表れと信じられているため、村人は部族内で集い互いの夢を教え合う。ある夢と繋がっている人が、その夢の解釈に自信があれば、集まった人たちに意味を伝え啓蒙する。難解な夢であれば他の人も協力して納得できる解釈ができるまで意見を出し合う。そのときに最も的確な解釈をした人は、夢の解釈を望んだ本人から贈り物をされることになっている。その見返りに解釈した人は必要な手助けをする。病気などの不幸な夢だった場合、「患者」は仮面団といわれる呪い師の儀式を

受け治癒する。仮面は木製で目の部分を窪ませて細く切り込みを入れてあり、大きな鼻が付けてある気味の悪いもので、治癒の力があると信じられている。仮面団には男女とも所属しているが、仮面をかぶることが許されるのは男性のみである。

4つの聖なる儀式（羽根のダンス、感謝のダンス、独唱、碗または桃の種のゲーム）はハンサム・レイクの取り決めに従い創造主を崇める。「朝は創造主の御手にある」ため儀式は朝行われる。羽根のダンスと感謝のダンスは部族の正装で行う。羽根のダンスでは二人の歌い手が向かい合わせで1つの長椅子に座り、亀の甲羅でできたガラガラで長椅子を叩いて伴奏しながら歌う。感謝のダンスでは皮を張ったウォータードラムを叩いて歌う。独唱では家族や友だちを代表した男性がそれぞれに感謝の歌を歌う。代表者は歩きながら歌っては、立って祈り、また歩きながら歌うことを繰り返す。運だめしの賭け事であるボウル（桃の種）・ゲームは果実と穀物が過酷な自然環境のなかで育つ様を再現することで、再生を表現する。これはまた、神が創造の時に邪悪な兄と覇権を争ったというイロコイに伝わる創造の神話の再現でもある。かつてはこのゲームで作物の恵みを占っていた。ボウル・ゲームは複数のチーム（一族対一族や男対女）で2、3日かけて行われる。片側を黒く焦がした6つの桃の種を、順番にサイコロのように振る。表になった面の黒と白の組み合わせで点数が決ま

る。

その他、以下のような催しがある。前年に生まれたすべての子どもに部族の名前を与える公式の儀式、「3人姉妹」（トウモロコシ、豆、カボチャ）を称えるダンス、午後に行われる「雪蛇」（これも治癒の儀式となる）、ラクロス、綱引きなどの競技、夜の社交ダンスと宴。あらかじめ選出された新しい年の協議員はこの祭礼の場で就任する。最後に感謝の言葉をもって祭りは終わる。

新年の挨拶には次の言い方がある。
・「オネイユンヤト・オスラサイ（Ojenyunyat Osrasay）」イロコイ語
・「ホヤン（Hoyan）」オネイダ語
・「アオエサド・ヨスハ・セ（A:O'-E:Sad Yos-Hä:-Se:'）」セネカ語

インカ帝国
Inca Empire

南アメリカ西部、とくにペルーのアンデス山脈に1438年から1532年のスペインによる征服まで栄えたインカ古代文明の帝国。

太陰暦（⇒暦・インカ）を使用したインカでは、南半球の夏至（グレゴリオ暦の12月）とその前後に、年の初めの祭り、カパック・ライミ（Capac Raymi：大祭）を行った。踊ってチチャ（トウモロコシを発酵させたもの）を飲み、トウモロコシにラマの血を混ぜて作った、太陽神の食物を象徴するケーキを食べ、模擬戦をはじめとするさまざまな試合をした。新年にはまた、村をあげて14歳の男子の性的成熟を祝い、一人ひとりが成人名を受け、母親が縫った腰布をもらった。首都クスコでは、聖山ワナカウリへの巡礼、ラマとラクダ科の家畜の太陽神への生贄、クスコの中央広場での舞踏、山腹をくだる1時間にわたる危険なレース等、貴族の男子の儀式が1か月かけて入念に行われる。ふもとではレースで受けた傷を癒すように、若い乙女たちがチチャを存分に振る舞う若者たちをねぎらう。大人たちは、支配者と太陽神に心から仕えよと激励しながら参加する男子の足を鞭で打つことが決まりとされていた。通過儀礼を終えた男子は親せきの男性からの贈り物を受け、耳に穴をあけて大きな金の円筒形耳飾りをつける。頭の両側にさがるこの飾りが貴族の印となる。女子の巡礼の旅は、初潮を機に個人的に行われるのみである。

ダルトロイ（2002）によるとインカ暦については不明な部分があり、また一貫性もない。おそらくスペイン人の征服時に暦に修正が加えられたためと考えられる。そのため、クスコで6月の冬至に催されるインティ・ライミ（Inti Raymi：「太陽の祭り」）を新年とする説もある。8〜9日間かけて太陽神を奉るこの祭りでは、断食を行い、肉体的快楽を禁じ、インカ（神たる皇帝「太陽の息子」）に供物を奉じる。毎日歴代の皇帝の人形がクスコの寺院から市の東側の平原に移され、なかでも身分の高い人形は装飾が施された天蓋の下に置かれた。皇帝の人形の合間に高官、司祭、女司祭が上等の衣装を

着て立つ。日の出とともにインカが神を崇める言葉を唱え、ラマの生贄、チチャ、コカがふんだんに奉納されるなか、詠唱が一日続く。同時にラマを放して小作民に捕まえさせる競技も行われた。日が沈むと人形は一度寺院に戻されるが、次の日の出にはまた人形を移して儀式が再開した。インティ・ライミの終わりにはインカ主導で無輪すきで大地をうがち耕作を開始する儀式が行われた。スペイン支配下ではこれらの儀式は禁止されたが、1940年代にクスコでインティ・ライミが復活し、観光の目玉となった。

⇒アステカ帝国、中南米とカリブ海諸島〔ペルー〕、マヤ帝国

インカ暦
Inca Calendar
⇒暦・インカ

イングランド
England
⇒イギリス

インクワラ
Incwala
⇒スワジランド

飲酒
Drinking
「飲む（drinking）」という語が、社交的な集まりや特別な行事、祝日などと結び付けて用いられる場合は、アルコール飲料を消費すること（飲酒）を示す。飲酒は世界じゅうの多くの文化に共通する習慣であるが、イスラーム教、シク教、ジャイナ教、モルモン教、部派仏教、大乗仏教、キリスト教プロテスタントの根本主義派の一部など、特定の宗教ないし宗派では飲酒を禁じたり、制限したり、控えることを勧めたりしている。西洋社会では、新年を迎えるにあたり誰かの健康を願って乾杯したり飲酒したりすることは、長年にわたって確立された慣習である（⇒乾杯）。

アルコールには化学的にさまざまな種類があるが、エチルアルコールすなわちエタノール（CH_3CH_2OH）のみが、ビール、ワイン、蒸留酒という、3種の基本的なアルコール飲料の主成分とされている。ビールは発酵させた穀物を原料とし、3％から6％のアルコール分を含む。ワインは発酵させた果実から造られ、11％から14％のアルコール分を含む。ワインに果汁と糖分を加えアルコール分を4％から7％の範囲に抑えた、ワインクーラーと呼ばれる飲料もある。また、ポートワインのようにアルコールを添加してアルコール分を18％から20％まで高める酒精強化ワインも存在する。一方、蒸留酒は発酵させた原料を蒸留して造られるため、アルコールは40％から50％と高くなる。蒸留酒のアルコール含有量は「プルーフ」の値を指標とし、プルーフ：容量に対するアルコール分の比率は2：1となる。したがって、100プルーフの蒸留酒は、アルコール分が50％であることを意味する。

エタノールは精神活性剤であり、血中濃度が低ければ、最初は刺激剤として作用する。だが飲酒の継続によって血中アルコール濃度（BAC）が高まると、エタノールは中枢神経系の機能を低下させる。気分の弛緩や不安の減少は、やがて酩酊の典型的な症状である次のような状態、すなわち、判断能力に支障をきたす、抑制が効かなくなる、方向感覚が低下する、運動失調をきたす（筋肉を随意運動に協調させることが困難となるため、千鳥足になる）、吐き気を覚える、言葉が不明瞭になる、という状態に変わる。BACが極度に高まると、呼吸停止や昏睡などを引き起こし、死に至る可能性もある。付き合い程度にしか酒を飲まない者が、大晦日のパーティや他の宴席でこのようにアルコールを過剰摂取した場合、重病に陥るか、時には死亡することもある。一方、習慣的にあるいは長年飲酒を続けている者の場合はしばしばアルコールに「耐性」が生じることがあり、BACが高まっても、付き合い程度にしか酒を嗜まない飲酒者が低いBACに影響されるのと同程度の影響しか受けないこともある。このような耐性や生理機能については個人差があるため、一定期間に接種したアルコールの量によって、どの程度酔ったかを計ることは困難である。

アルコールの人体への吸収は急速であり、アルコール飲料を飲み下す前から、吸収力のある口の表面（唇、歯茎、舌）を通して相当量が即座に吸収され始める。一般的な見方に反し、消費される液体の量ではなく、液体に含まれるアルコールの量が中枢神経系に影響を与える。1杯「飲む」ことを、12オンスグラス1杯ないし瓶1本のビール、または5オンスグラス1杯のワイン、あるいは1.5オンスショット1杯のウイスキーないし蒸留酒の飲用と定義した場合、それぞれに含まれるアルコールは同量である。したがって、平均的な飲酒者に対して同等の作用をもたらす。

大晦日のパーティで痛飲する者は、しばしば呂律が回らなくなったり常軌を逸した行動を取ったりしない限り、あるいは、飲酒のあとに「酔い覚まし」の濃いコーヒーを飲みさえすれば、安全に運転ができると誤解する。だが1時間に2、3杯程度飲めば、判断力など運転に要する能力が低下する可能性があり、明らかに酔った徴候が現れるのは、それよりもかなり時間が経過してからになる。コーヒーに含まれるカフェインは確かに眠気を払うのを促す効果があるが、判断力や筋肉の協調を鈍らせるアルコールの作用を打ち消すことはできず、そういった作用は最後にアルコールを摂取してから何時間も続く可能性がある。アルコールを1オンス（28g）含む1杯の酒は平均的なアメリカ人のBACを約0.03％上昇させる一方、アルコールを代謝して体外に排出するには一定の時間を要し、アメリカの平均的な飲酒者の場合、BACは1時間につき約0.01減少する。

血中アルコール濃度は、質量パーセントないし容積あたりの質量、あるい

はその組み合わせによって測定される。アメリカでは、BACが0.20％であれば、1000gの血液中に2gのアルコールが含まれることを意味する。言い換えれば、100ml（または1デシリットル、1 dl）の血液中に0.2gのアルコールが含まれるということであり、この場合、単位はg/dlで示される。血液の濃度はml あたり1.06g（g/ml）であるため、ml 中の mg（mg/ml）は基本的に g 中の mg（mg/g）とほぼ同値といえる。

　BACの上昇によって、平均的な飲酒者には下記の通り酩酊の明らかな症状が現れる。

0.02～0.03g/dl わずかな多幸感が見受けられるが、筋肉運動の協調は正常である。

0.04～0.06g/dl 気分が弛緩する。記憶や理性に支障を来す初期の段階。航空機のパイロットのBAC上限は0.04g/dlであり、職業運転手の上限は法域にもよるが0.04～0.05g/dlである。

0.07～0.09 g/dl 平衡感覚、発話、視覚、反応時間、聴覚に若干の支障をきたす。また、判断力、自己抑制、注意力、論理的思考、記憶力などに著しく支障をきたす。アメリカ国内の全50州とコロンビア特別区およびプエルトリコでは、飲酒運転を血中濃度のみで定義する per se法が定められており、同法ではBACが0.08g/dl以上の状態で自動車両を運転した場合は、当該個人のアルコール耐性に関わりなく犯罪とされる。

0.10～0.15g/dl 明らかに酩酊してお

り、しばしば譫妄状態を伴う。

0.25～0.35g/dl 意識を喪失する。

0.40g/dl 昏睡状態に陥る。呼吸器不全を併発する可能性が高く、死に至ることもある。BACがこのレベルに達すると、LD50すなわち成人の50％が死に至る。ただし常時アルコール摂取量の多い者の中には、BACが0.90g/dlに達しても生存している場合がある。

飲酒による交通死亡事故 アメリカの道路交通安全局（NHTSA）の統計によれば、大晦日の夜には、飲酒による交通事故の死亡者が、冬の週日夜間の交通事故死亡者の4倍以上に増加する。また、クリスマスから新年にかけての休暇中に起こる交通死亡事故の約45％において、少なくとも1人以上の運転者が酩酊状態（BACが0.08 g/dl以上）にあったが、一方、12月のほかの時期に起こった交通死亡事故では、運転者の1人以上が酩酊状態にあった件数は約30％だった。総体的な統計の例としては、2005年には年間に飲酒による衝突事故（死亡事故総数の39％）で1万6,885人が死亡したが、そのうち1万4,539人（86％）の死因となった事故において、1人以上の運転者もしくは非乗員（歩行者および自転車走行者）のBACが0.08 g/dl以上であった。なお、飲酒による交通死亡事故の件数は2004年と比べ0.2％減少している。

二日酔い アルコールの過剰摂取により引き起こされる不快な作用の口語的表現。頭痛、吐き気、倦怠感、手足の震え、めまいなどを含む。医学用語では「ヴェ

イサルジア veisalgia」という。二日酔い
の正確な原因については、研究者間でも
一致していない。肝臓でエタノールが代
謝される際の副作用とする説もあり、飲
料の一部に含まれるメタノールないしメ
チルアルコールなどの毒素に起因すると
する説もある。通常は制酸薬およびアス
ピリンなどの伝統的な治療で効果が得ら
れる。タイレノールなどの市販のさまざ
まな頭痛薬に含まれるアセトアミノフェ
ンは、エタノールと結び付くと肝臓中毒
（肝臓障害）を引き起こす可能性もある
ため勧められない。決定的な効果がある
とは言えないが、ほかに二日酔いの治療
法として、次のようなものも挙げられる。
肝臓のエタノール代謝が体内に蓄積され
たシステインを激減させるため、アミノ
酸の一種であるシステインを豊富に含む
卵などの食品を食べる。エタノールの過
剰摂取が脱水症状を引き起こすため、水
分を多く取る。またエタノールが低血糖
症を引き起こす、つまり血糖値を下げる
ため、糖尿病を罹患していなければ、炭
水化物を多く取る。だが最も効果的な二
日酔い防止策は飲酒の摂生であり、さら
に望ましいのは禁酒である。
　⇒シャンパン

インティ・ライミ
Inti Raymi
　⇒中南米とカリブ海諸島〔ペルー〕

インド
India

　宗教の違いによる多様な文化をもつ国
で、おもにヒンドゥー教徒（81％）、イ
スラーム教徒（13％）、キリスト教徒（2％）、
シーア教徒（2％）からなる。国定暦（⇒暦・
インド）はあるものの、宗教や民族によ
る分布ごとに一年のさまざまな時期に新
年を祝う姿が見られる。さらに宗教や民
族内でも習慣が一様ではない。この項で
は有名な祭りに絞って見ていく。

ヒンドゥー教の新年の祭り
ディワリ（Diwali：サンスクリット語のディ
パバリ Deepawali「光の列」が語源）　アー
シュヴィナ（9月～10月）の最後の2日
間とカールゥティカ（10月～11月）の
最初の3日間の計5日で行われる。ヒン
ドゥー教徒に限らずインド全土のすべて
の宗教で祝われるが、とくに北部州のヒ
ンドゥー教徒の新年の祭りとして知られ
ている。一年で最大の商業化された祭り
で、買い物、飾り付け、プレゼント、料
理などが盛んに行われ、西洋のクリスマ
スに匹敵する行事となっている。
　この祭りは地方の伝説がもとになって
いる。ラーマーヤナの神話によると北部
のアヨーディヤー王が、以前に妻の一人
と交わした約束に従い、息子の一人であ
るラーマを14年間追放した。ラーマは
ビシュヌ神（宇宙を維持し社会的秩序を保
つ）の第七化身である。南部にいる間に
ラーマは自分の軍を率いて、妻のシータ
ーを奪ったランカー島の魔王ラーバナを
殺し、ランカー島を壊滅させた。追放期

間が終わるとラーマはシーターを伴いアヨーディヤーに戻り王となった。その戴冠式では何千というランプに火が灯された。この伝説の光の列から、祭りは光の列を表す「ディワリ」とされ、一般に「光の祭り」と呼ばれるようになった。北部には別の言い伝えもある。ディワリの光は、毎年夏の屋敷から戻ってくる幸運の女神ラクシュミーとその夫のビシュヌを迎えるものとするものである。

南部の伝説によるとディワリは、クリシュナ（同じくビシュヌ神の化身）が地獄の悪魔ナラカースラを破った記念といわれている。以下の説もある。ビシュヌの化身である小人の化身ヴァーマナが黄泉の善き王バリを騙し、バリの支配力をそいだ。このとき恐れ入ったバリはビシュヌが踏み砕けるよう自分の頭を差し出した。これによりビシュヌはバリを黄泉の国に戻しただけでなく、暗い国を照らすよう知の光を与えた。このため年に1度のディワリにはバリが知識と知恵と友情をもたらす何百万ものランプに光を灯す。

インド全土に共通することとして、知のランプにちなみ、多くのディヤ（オイルランプ）を家、庭、屋根に置く習慣がある。ランプの土台は陶器で人間の身体を表し、オイルはエネルギーを、芯は知を表す。代替としてロウソクや電灯を灯すこともある。各家庭では掃除をし、漆喰と牛糞で壁を塗り直し、ディワリのカードを送り、戸口の階段と床をランゴーリ（ヒンドゥー教に伝わる模様画で縁起のいい模様を米粉で描く。色を付けてあることも多い）で飾り、すべての客（神も人間も）をもてなす。ランゴーリの模様は非常に多彩で、魚、鳥、蛇（すべては人間と獣の結合を表す）、円（永遠の時の象徴）、ハスの花（ラクシュミーの象徴）を幾何学的に描いたもの、足跡（ラーマの帰還やラクシュミーの到来の象徴）、天体の形（太陽、月、星座の印）などがある。また、マリーゴールドなどの花やマンゴーの葉を飾る、扉にトーラン（扉に飾るカラフルなタペストリー）を掛ける、果物や菓子を食べる、友人や親せきを訪問する、贈り物を交換する、何時間も花火をあげ続ける、縁起のよい宝飾品（とくに銀）を買うなどの習慣が見られる。ディワリにはラクシュミーを崇め新しい服を着る。ヒンドゥー教徒の商取引きの年度もここで始まり、新たな勘定書を開き崇める儀式がある。また新しい事業やプロジェクトを始めるのにとくによい時とされている。クリシュナの寺院では敬意をもって聖なる動物である牛のための宴会が催される。これは牛（喜びと豊さの象徴）がクリシュナの永遠の伴侶であるラクシュミーの化身だからである。

北部では、『ラーマーヤナ』を演劇にした『ラムリラ』の舞台公演をしたり、賭け事に興じたり、運任せのゲームをしたりする。伝説によるとディワリに、女神パールヴァティーが夫であるシバ神を博打で打ち負かした。それ以来この時期に賭け事をする者すべてにパールヴァティーの神が祝福をもたらすといわてい

る。このためディワリに賭け事をすれば必ず新しい年は景気がよくなるとされる。

ディワリではさまざまな伝統的ミターイ（お菓子）を食べる。ミターイは贈答にも適する。モティ・チョール・ラドゥー（丸くてベサン粉、カルダモン、ピスタチオ、サフランが原料）、ジャレビ（ベサン粉と砂糖が原料）、カジュカトリ（ダイヤ型でカシューナッツの粉が原料）、カジュ・ピスタ・ロール（カシューナッツとピスタチオを巻いたもの）、バダム・バリフィ（長方形でアーモンドが原料。カルダモンの実とピスタチオがかかっている）、ラスマライ（丸くて、カテージチーズが原料の菓子。甘いクリームソースをかけて食べる）、ベンガルラスグッラ（白くて丸く乳が原料。シロップをかけて食べる）。

ディワリの5日間　ディワリ1日目のダンテーラス（Dhanteras：「富」）はディワリの新月の2日前にあたる。家を清めて前述のように飾り付ける。女性は金や銀の装飾品を買う。伝説によると16歳のヒマ王の息子の新婚4日目に、冥界を支配する神ヤマが命を奪おうとした。そこで新妻がヒマの寝室の入り口に硬貨や宝飾品を山と置き、ランプの光で照らすと、美しい歌を歌った。蛇に姿を変えたヤマは、ランプの光に目を眩ませながら宝の山の上を這ううちに歌に酔いしれ、王子の命を奪うことができなくなった。1日目にディヤ（オイルランプ）を灯すことでヤマに敬意を表し悪霊を追い払う。ラクシュミーの化身である雌牛がことさら

奉られ、またラクシュミーにもバジャン（祈祷の歌）と伝統的な菓子が捧げられる。

2日目のチョルティ・ディワリ（Choti Diwali：「小ディワリ」）はナラク・チャトゥルダシー（Narak Chaturdasi）ともいわれている。ディワリの前日で、ラクシュミーとラーマへのプジャ（崇める）の儀式がある。伝説によるとナラカースラを倒したクリシュナはその悪魔の血を額にこすり付けた。その後、女たちが油の桶に入ったクリシュナに油を塗り付けた。この出来事を忘れないために南インドでは夜明け前に儀式が行われる。女性が苦い実（悪魔の象徴）を踏み付けて血の代わりに朱の染料に油を混ぜたものを額にこすり付ける。その後オイルに浸かり、爆竹の鳴る中、白檀のペーストを体にすり込む儀式をする。寺院参拝のあと、果物や菓子で朝食をとる。

3日目は祭りの本番で、アマヴァーシャ（amavasya：新月）の日である。北部、西部の州では1日じゅうラクシュミー・プジャ（Lakshmi Puja：ラクシュミーを崇める）に明けくれる。この時期ラクシュミーは人間界を訪れると信じられている。ラクシュミーを崇めることで新しい年の繁栄と富が約束される。伝説によるとビシュヌの化身である小人のヴァーマナがラクシュミーをバリ神から救った。ラクシュミーの降臨を祈る詠唱とともに鈴と太鼓の音が寺院に響きわたり、絶えることなく燃え続けるディヤもラクシュミーの訪れを祝う。ラクシュミーとともにこ

の時期には知の神ガネーシャも奉られる。ラクシュミーは清潔を最も喜ぶので、ハルディ（ウコン）とクムクム（朱）を供えて箒を奉る。この日に勘定書を締めて、新年の勘定書を開くチョパダ・プジャ（chopada puja：台帳を崇める）が行われる。西ベンガルでは、カリ（恐ろしい姿の母神ドゥルガーともいわれる）を崇めることで、精神の成長と物質的繁栄を妨げる自我などのすべての悪い性癖を消すことができる。

　4日目はカールゥティク・シュッディ・パドワ（Kartik Shuddh Padwa）といわれ、新月の翌日にくる。バリがパサル・ロカ（黄泉の国）から地上を支配しにきたことを祈念する日で、そのためバリ・パジャミ（Bali Padyami）とも呼ばれる。またこの日は夫婦の愛を祝うグディ・パドワ（Gudi Padwa）でもある。以前はこの日に兄弟が姉妹を嫁ぎ先から実家に連れ戻した。最近は両親が新婚の子どもたちのために宴会を開き、贈り物をする。またこの日はビクラム紀元（⇒ 暦・インド）の始まりとなったヴィクラマーディティヤ王の戴冠を祝う日でもある。北部では雌牛の糞を積み上げ花で飾り、ゴーバルダナ・プジャ（Govardhan Puja）といわれる儀式をする。ゴーバルダナはマトゥラー近隣のブラジの低い山である。伝説によると、モンスーンの季節が終わるとゴクルの人々はインドラ神を称える祭りをした。クリシュナがそれを禁じたため怒ったインドラが洪水をおこしてゴクルを壊滅させようとした。しかし雨が降ってい

る間ビシュヌがゴーバルダナを持ち上げゴクルの上に差しかけていたために町は難を逃れた。この伝説に関連する儀式にアナコート（Annakoot：「食べ物の山」）がある。各家庭が100種を超える料理をクリシュナにお供えする。各寺院では神々へのお供えとして菓子を山のように積み上げ、神々の像を乳にひたし、装飾品や宝石で飾り立てた衣装を着せる。この日、グジャラート州とその他の地に住むグジャラート語を話す人たちの新年（ベスタヴァルシュ Bestavarsh）が始まる。伝統的に男子が夜明け前に通りに出て、サブラ（「人生の善き物」）といわれる塩を売る。これは神への感謝の気持ちを表す。この日は夜明け前に塩を売るのも買うのも縁起がいいとされている。

　5日目はバーイー・ドゥージュ（Bhaj Duj）といわれる最後の日。新月のあとの2日目にあたる。伝説によると、この日にヤマの姉妹が、身を守るための幸運の印をヤマの額に描いた。これと似たような伝説もある。クリシュナがナラカースラを破ったあと、姉妹のスバドラーが兄を迎え入れお守りとなるティラクを額に付けた。これらにちなんで、今では女性は兄弟の額にティラクを付けて贈り物を受け取る。

　ヒンドゥー教の一派であるシク教徒にとってディワリは、グワリオルの町に捕らわれていた6代目グルのハルゴービンドが帰還した日である。ジャイナ教徒はディワリを始祖マハービーラが紀元前527年に解脱した日として祝う。インド

の祭り協会が運営するサイトでディワリの詳細を見ることができる。http://www.diwalifestival.org

　ディワリでよく交わされる言葉には次の言い方がある。

・「スー・ディパワリ（Suh Deepawali）」ヒンドゥー語（「ディワリおめでとう」）

ホーリー祭（もしくは、たんにホーリー）　インド全国で行われる「色の祭り」といわれる春祭り。ファルグンの月のプルニマ（満月）に始まるヒンドゥー暦を使用する人にとっての新年。いくつかの伝説をもとにした昔からの習慣がある。最初の伝説は以下のものである。魔王ヒラニヤカシプは人々に他の神を捨てて自分のみを信仰することを望んだが、まだ若き息子プラフラーダは父ではなくビシュヌ神を崇めるといった。ヒラニヤカシプは何度かプラフラーダを殺そうとしたが失敗した。そこで叔母のホリカ（この祭りの語源）の膝の上に薪を積み、息子にその上に坐るよう命じた。ホリカのことは彼女の肩掛けが守ってくれるはずだった。ところが火がつくと、肩掛けはホリカの体を離れプラフラーダを守ったためホリカは亡くなった。別のバージョンでは、火に耐える能力があるホリカがプラフラーダを伴い火に身を投じた。しかしホリカは知らなかったのだが火中に他の人がいる場合はその能力は失われる。プラフラーダはビシュヌの名を唱えたため助かったが、ホリカは死んでしまった。別の伝説は以下のようなものである。シバのいくつかの恩恵により人食い女鬼ドゥン

ディは事実上無敵となった。けれども若者の叫び声と悪戯に弱いという弱点があった。そこでドゥンディに苦しめられた国の若者たちが協力し合い叫び声といたずらでドゥンディを滅ぼした。カーマデーヴァの伝説では、愛の神カーマデーヴァがシバ殺しを企てたがシバが3番目の目を開けたためカーマデーヴァは灰と化した。夫を亡くしたカーマデーヴァの妻ラティ（情熱）を憐れんだシバはその夫の魂の姿のみを生き返らせた。それは情欲ではない真の愛の姿であった。4番目の伝説にはクリシュナが出てくる。子どものころクリシュナはゴーピ（牛飼いの女）に色の付いた粉を投げ付けからかった。クリシュナが自分の妻であるラダの色の白さに比べて自分は黒いと文句をいうと、母のヤショダは、ラダの顔に色の粉を付けて色を変えればいいといった。

　地域によってはホーリーは羽目を外したどんちゃん騒ぎの2、3日（さらに長いこともある）で、規制や規則が総じて緩くなり、民衆の行動や言葉が粗野になるが、この時期はそのような逸脱を正当化するブラ・ナ・マノ，ホーリー・ハイ（Bura na mano, Holi hai：「ホーリーだから大目に見てくれ」）という言葉を多く耳にする。人々は焼かれるホリカにちなんだたき火に集い、牛の糞を投げ入れ、ホリカをのろす。古くから伝わる歌や踊りのなか、母親は赤ん坊を抱いて時計回りに火の周りを5周して火の神アグニの祝福を受ける。儀式では、家族、友人、通行人などに一様にグラール（色粉と色水）をかけ、

かけられた人はやりかえすという大騒ぎが繰り広げられる。グラールをまく道具には、ピチカリ（大きな注射器のような手で押すポンプ）と水風船がよく使われる。もともとグラールはサフランレッドの染料をとるハナモツヤクノキの花や、タルクに自然由来の色をつけたアビルが原料だった。色のかけ合いはクリシュナとラダの愛、人食い鬼ドゥンディを追い出した悪戯、クリシュナのゴーピへの悪戯にちなむ。老人は子どもたちに菓子や小遣いを与え、子どもたちはグラールを老人の足にすり込み敬意を示す。グラールはクリシュナとラダの像にもすり込まれる。この祭りで好んで飲まれるタンダイやバングには少量のマリファナが入っている。

その他のヒンドゥー教の新年の祭り　以下、他のいくつかの州で知られているヒンドゥー教の新年の祭りについて述べる。これらの祭りはチャイトラの初日であるとともにナヴァラトリ（Navaratri：「9つの夜」）の初日でもある。ナヴァラトリは半年に1度、月の白分（新月から満月へ向かう半月間）に行われる祭りで、もう1つのほうは秋のアスヴィナ月（9月〜10月）の始めの9日間で行われる。どちらも母神を崇める祭りで、9日は聖なる母の9つの姿を象徴する。

バイサキ（Baisakhi：「ヴァイシャーカ」Vaisakha が語源）パンジャブ州で収穫前に行われる農民の祭りでありヒンドゥー教の新年の祭りでもある。ヴァイシャーカ月（4月〜5月）の初日に行わ

れる。例年4月の13日がその日にあたる。これは1699年にシク教の第10代グル・ゴービンド・シングが『グル・グラント・サーヒブ』（シク教の教典）が全シク教の永遠のグルだと宣言した日である。グル・ゴービンド・シングは信仰のために自分を犠牲にできる信者を募り、カルサ教団を設立した。5人が名乗りをあげパンジ・ピヤーレー（「5人の愛すべき者」）と呼ばれる指導者となった。バイサキにはシク教徒はグルドワーラー（信仰の家）を訪れ祈り、『グル・グラント・サーヒブ』にちなむパンジ・ピヤーレーが先導する行列を見る。人々が行水の儀式をする河岸では地域の祭りが行われ、バングラやギッダといった軽快な踊りを、男女がそれぞれにカラフルな衣装と伝統的な宝飾品を付けて踊る。

ベスタヴァルシュ（Bestavarsh）グジャラード州または他の地域に住むグジャラード語族のヒンドゥー教の新年の祭りで、ディワリの4日目に行われる（前述参照）。

チェイラオバ（Cheiraoba）マニプル州の新年の祭りで4月に行われる。神々に供え物をし、村人は山頂を目指す。それにより地位が上がり暮らし向きもよくなると信じられている。

グディ・パドワ（Gudi Padwa）マハーラーシュトラ州のヒンドゥー教の新年の祭りで太陰月のチャイトラ月（3月〜4月）の白分に行われる。家をランゴーリの模様で飾り、新しい服を着て、

グディ（カラフルな絹の布で飾った竹）を立てて拝み、カラシュ（真鍮か銀の入れ物）をてっぺんに付けて勝利や成功の象徴とする。ニームの葉（苦みを出すため）、ヒヨコ豆、ジャガリー（ヤシの樹液からとる砂糖で甘さを出す）を混ぜて人生は苦くも甘いことを示す伝統料理がある。

ナバ・バルサ（Naba Barsha：新年）西ベンガル州のヒンドゥー教徒の新年の祭りでヴァイシャーカ月（4月中旬頃）の初日に行われる。元日はポヘラ・ボイシャク（Pohela Boisakh：ボイシャク初日）といわれる。家を掃除しアルパナ（ランゴーリと同意）の模様で飾り、模様の真ん中に陶器の壺を置く。陶器には吉兆の印とされる紅白の卍の模様が付いている。壺の中にはマンゴーの葉と聖水を入れて家族の繁栄を願う。ラクシュミーを崇めて富と幸運を祈る儀式がある。またハール・カータ（haal khata）は商売人としてのガネーシャに祈りを捧げ新年の新しい台帳を開く儀式。近くの川で行水する習慣もある(⇒暦・バングラ)。

ナヴレ（Navreh：語源は「新年」という意味のナヴ・ヴァルシャ Nav Varsha）カシミール州のヒンドゥー教徒の新年の祭りで太陰月のチャイトラ月（3月〜4月）の自分に行われる。大晦日にはクルグル（司祭）が各家庭に新しい年のナチパトラ（宗教暦）と、この地域の女神マ・シャリカの絵が描かれたクリール・パチ（巻物）を配る。スリナガルの人々

は聖なる泉（ヴィチャル・ナグ）で行水したあと、餅と香草（ウイ）を食べて福を得る。ターリー（大皿）に米をのせ、その上にマチパトラ、クリール・パチ、ドライフラワーや生花、ウイ、生香草、凝乳、クルミ、ペン、インク壺、金銀の硬貨、塩、飯、小麦粉のケーキ、パンをのせる習慣もある。これらはすべて、新年の食料、知識、富を祈願するためのものである。ターリーは覆いをして置いておく。ナヴレの早い時間に息子か娘が覆いをとって儀式に則り家長以下の家族に見せて回る。こうしてターリーにのせた幸運の品々が、家族が新年に初めて目にする物となる。その後、家族は川で行水し、一人ひとりがターリーにのせていたクルミを川に落として神への感謝を示す。みな新しい服を着て寺院で祈りを捧げる。家長はタフリ（ギーに入れたターメリックライス）をマ・シャリカに供える。宴会は1日じゅう続き、友人や親類を訪問する。新婚の花嫁は凝乳、パン、菓子などの贈答品を持って実家に帰り、それに対して実家の両親は金銭を贈る。

ロンガリ・ビフ（Rongali Bihu：陽気な祭り。ボハグ・ビフ Bohag Bihu ともいわれる）アッサム州のヒンドゥー教徒による1週間続く新年の祭り。アッサムの暦の最初の月ボハグ（4月中旬）の1日目に始まる。種まき時期に訪れる祭りロンガリ・ビフの期間は2つに分かれる。初日のガル・ビフ（Garu Bihu）は牛な

どの家畜を崇める。儀式に則り家畜を川に入れる。頭と角にはウコンとケツルアズキを練った物がすり込まれ、さまざまな葉で体に飾り付けをする。その後の期間はマヌブ・ビフ（Manub Bihu）といわれ、人々は新しい服を着てご馳走やピタ（パン）で客をもてなし、縁日に行く。女性はガモサ（スカーフ）を織って男性に贈り、友人や近隣の家に菓子を配る。愛とロマンスというテーマを存分に表現したビフギート（伝統的なビフの歌）には、官能的な踊りと、ドーラク（小さな樽型の両面太鼓）とペパ（水牛の角でできた笛）の伴奏がつく。また2種の伝統的な踊りがある。1つはフサリで、男性が数人で家々をまわり、おもに宗教的な歌を歌って踊り、お礼にパーン（paan：キンマの葉）、菓子、金銭をもらう。集まった金は地域の行事の資金となる。もう1つは広い野原、森、舞台の上でおもに若い独身男女が、春の訪れを告げるにふさわしい官能的ともいえる踊りを楽しむ。この踊りでは女性はふつう赤いブラウスの上に赤い花柄の服を着て、シルク製の金の肩掛けをかける。足と掌を赤い染料で塗り紫色の蘭をつける。縁日にはグループで競うフォークダンスの競技がある。

ウガーディ（Ugadi：「時代の始まり」）アーンドラ・プラデーシュ州やカルナータカ州などデカン地域（おもに中央南部）のヒンドゥー教徒の新年の祭りで、チャイトラ月（3月～4月）の初日に行われる。ブラフマー神がこの日に天地創造を始めたと信じられている。人々は洗濯と大掃除をし、新しい服を買い、マンゴーの葉とランゴーリの模様で家を飾り、家の前に牛の糞のセメントを撒く。新年はシャワーで始まり祈りをささげて、ヴェパクベラム（アーンドラ・プラデーシュ州のテルグ語）、もしくはベブ・ベラ（カルナータカ州のカンナダ語）を食べる。これはニームの葉（苦みを出すため）、とジャガリー（前出）を混ぜて人生は苦くも甘いものであることを表した伝統料理のこの地域の呼び方である。人々は寺院やテレビの前に集い、ヒンドゥー教の学者がこの年の暦を正式に読みあげるパンチャンガスラバナム（panchangasravanam）をきく。またカヴィ・サムメラナム（kavi sammelanam）という文学のディスカッションや詩の朗読をする番組も放映される。

ヴァルシャピラプ（Varushapirapu：年の始まり）タミール・ナドゥ州のヒンドゥー教徒の新年の祭りで、タミールの暦でチッティライ月の初日（4月13または14日）に行われる。これについてはスリランカの暦の項で詳しく述べる（⇒暦・スリランカ）。新年はチッティライ・ヴィシュともいわれる。伝説によると、ブラフマー神がこの日に天地創造を始めた。新年の準備は2週間前頃から始まり、家じゅうを大掃除してコラム（ランゴーリと同様の物）とマンゴーの葉で飾り、菓子を作り、服を新し

くする。元日にはそれぞれの家でクトゥ・ヴィラック（伝統的なランプ）を灯し、水を入れたニライクドム（首の短い真鍮の鉢）のわきに置く。この鉢にはヤシの実が入り周囲をマンゴーの葉が取り巻く。年長者が子どもや他の家族にカイヴィアルム（kaivialum：幸運と繁栄をもたらすお金）を贈る。この日の出来事でこの年を占う習慣があるため、誰もが身を慎み寺院で祈る。寺院ではその年の日常的活動にとって縁起のいい時が書いてある暦が読み上げられる。各家庭では友人や親せきをもてなす。ご馳走は豆や穀類といったベジタリアン料理。クンバコナム近隣のシラビダイマーラサーで毎年開催される自動車のフェスティバルはとくに注目に値する。

ヴィシュ（Vishu：ビシュヌ神と混同しやすいので注意が必要）　ケララ州およびタミール・ナドゥ州近辺地域のヒンドゥー教徒の新年の祭りで、マラヤーラムの太陽暦のメダム（4月中旬）の初日にあたる。マラヤーラムの暦にいわゆる元日はないが、ヴィシュの祭りで新年が始まる。新年で最初に見たもので運を占うので、事前に縁起のいい物を集めておく。それらはヴィシュカニ（vishukani）といわれ、ニッパヤシの葉を綴じた本、金の装飾品、清潔な白い布、米、コンナの木の花、ジャックフルーツ、ヤシの実、黄色いキュウリなど。ヴィシュカニを器に入れてクリシュナの画の前に置き、ランプも横に添

える。新年の朝には家族でカニカナル（kanikanal：「初めて見る」）の儀式をする。家長から順に見ていき、子どもはあらかじめ目隠しをされる。家庭ではなく寺院に泊まりそこでヴィシュカニを見ることもある。儀式が終わるとヴィシュカニは欲しい人に配られる。ヴィシュカイネータム（vishukaineetam：硬貨）は繁栄を願い子どもに与えられる。全員がコディ・ヴァストラム（新しい服）を着て、ヴィシュカニの儀式が終わると、女性はジャックフルーツ、マンゴー、カボチャ、ウリ、ヤシの実などの果物と野菜のサディヤ（ご馳走）を用意する。アメリカのハロウィーンで行われるトリック・オア・トリートに似た習慣もある。チョズヒ（バナナの皮を乾燥させて作った仮面をつけ、腰巻をはいた子どもたち）が各家をまわって踊りを披露するかわりに金銭をねだる。夜にはヴィシュウェラ（vishuwela：新年の縁日）で音楽、舞踏団、たくさんの花火を楽しむ。

その他の新年の祭り

ホーラ・モハッラ（Hola Mohalla：ホラ・マハッラ Holla Mahalla ともいう）　シク教徒の新年の祭りでホーリー祭（前述参照）のあとに行われる。シク暦のチェトの日に行われる（⇒暦・シク）。グレゴリオ暦では3月14日にあたる。ホーラ・モハッラは「偽りの戦い」を意味し、アラビア語とパンジャブ語からきている。祭りの由来は第10代グル・ゴービンド・シングが1701年2月にパンジャブ州のア

ナンドプル・サヒーブで、シク教徒が模擬戦で武術を披露すると宣言したことにある。当時、グル・ゴービンド・シングはムガル帝国や高原のラージャたちと戦っていた。それ以来、一年に1度シク教徒はアナンドプル・サヒーブや世界じゅうのグルドワラ（シク教の寺院）に集い、3日間をガッカ（模擬戦）、武器の披露、テントの杭打ち、馬の曲芸、『グル・グラント・サーヒブ』の展示、キルタン（音楽と詩の大会）、宗教の講義などをして過ごすようになった。最終日にはパンジ・ピヤーレーの行列が重要なグルドワラをまわって歩く。祭りではグルの騎士であるニーハン（Nihang）が重要な役割を果たす。ニーハンはシク教の中で独特な身分で、ゆったりとした深い青の衣装を着、カルサの記章である鉄の輪飾りを付けたターバンを頭に巻き、剣、短剣、ライフル、銃を持っている。このようにニーハンはグル・ゴービンド・シング時代の前衛だった剣の使い手である兵士の姿を今に伝えている。祭り中にアナンドプル・サヒーブを訪れる観光客のために地域の人たちが、セワ（地域社会への奉仕）の一環としてランガル（ボランティアによる食堂）を開く。

ロサル（Losar）　チベット仏教徒は、2月から3月にかけてのチベットの正月であるロサルを祝う（⇒暦・チベット）。1949年に中国がチベットを侵略し、チベット仏教の指導者ダライ・ラマは他の信徒とともに1959年にインドに亡命、1960年にはダラムサラ市に現在の政府を置いた。インドでのロサルは規模を小さくして3日間行われる。僧侶はラマ・ロサル（お供え）を作る。ダライ・ラマが行う儀式では、ナムギャル寺院のラマ（僧侶）がツェルトという生贄のケーキを、法の守り手である最高位の女神パデン・ラモに捧げる。その後、近隣の他の寺院の僧侶らが加わり祈祷と詠唱が行われる。儀式が終わるとダライ・ラマはサムサラとニルヴァーナの美点の広間で客人を迎える。近隣の寺院の代表が長寿と幸運を願いダライ・ラマにツェリル（炒った大麦を練ってつくった神聖なだんご）を捧げる。1日目にはほかに伝統的な舞踊、教義問答、吉兆の朗詠が催される。2日目はギャルポ・ロサル（Gyalpo Losar：王のロサル）と呼ばれ、ダライ・ラマとその政府が広間に集まり各国の代表に表敬する。3日目はチベットの伝統的な祭りを行う（⇒チベット）。

ノウルーズ（No Ruz）　パールシー教徒はイスラーム教徒の迫害を逃れペルシアのパールス地方からインドにきたゾロアスター教徒の一部で、おもに西海岸のグジャラートとムンバイに定住した。パールシーは春分にペルシアの新年ノウルーズを祝うが、とくにペルシアのジャムシード王がノウルーズを始めたという神話にちなんでジャムシーデノウルーズ（Jamshed-e-Navroz）とも呼ばれている。パールシー教徒の3派（ファスリ、カドミ、シェンシャーイ）の中でジャムシード王が春分に定めた新年の祭りジャムシーデノウルーズを行うのはファスリのみであ

るが、他の２派も祭りには参加する。ゾ
ロアスター暦から派生したカドミとシェ
ンシャーイそれぞれの暦を使うパールシ
ー教徒は７、８月に２度目のノウルーズ
を行う（⇒暦・ゾロアスター）。イランで行
われている13日間の祭りが２日間に短
縮され、ペルシアとインドの文化の融合
が見られる。家を掃除し、早朝に行水を
し、新しい服を着て、戸口に縁起のいい
ランゴーリの模様を描き、扉にトーラン
をかける。訪問者に薔薇水と米をかけて、
ファールーダ（乳と薔薇水で作る飲み物）
と、ヤシの実、米、薔薇の花びらをのせ
たターリー（大皿）で歓迎する。伝統的
に正月の朝にはキール（さまざまな調理
法で作る味のついた粥。とくに食べられて
いるのはラヴァで、これは小麦のクリーム
スジと砂糖のキールに炒ったドライフルー
ツを飾り薔薇水をかけたもの）と、炒めた
バーミセリを甘くしてドライフルーツで
飾ったものを食べる。火の寺院に参りジ
ャシャン（神への感謝の祈り）を唱え聖
なる火に白檀をくべる。昔から昼食には
ヨーグルトとプラーオを食べる習慣があ
る。テーブルには象徴的な物と一緒に伝
統的な７つの「ｓ」ではじまる物を置
く。この７つはイランでも同じ物が使わ
れている（⇒イラン、暦・ペルシア、ノウル
ーズ）。

　イスラーム教徒の正月はイスラーム暦
に従う（⇒イスラーム教、暦・イスラーム）。
キリスト教徒の正月はグレゴリオ暦の１
月１日で、大晦日には西洋と同様にパー
ティや花火で楽しむ（⇒暦・グレゴリオ）。

インドネシア
Indonesia

　東南アジアの大諸島でインド洋と太
平洋の間に位置する。ジャワ人（45%）、
スーダン人（14%）、マドゥラ人（7.5%）、
沿岸マレー人（7.5%）、その他（26%）と
多数の民族からなる。宗教では最も多い
のがイスラーム教徒（88%）、次がキリ
スト教徒（8%）、ごくわずかにヒンドゥ
ー教徒、仏教徒がいる。

　正月は国民の祝日でグレゴリオ暦の１
月１日にあたる。パーティ、パレード、
花火など西洋諸国と同じような祝い方を
する。しかしイスラーム教徒はムハッラ
ムを、仏教徒は春節をそれぞれの暦に従
って行う。

　ジャワ人の新年はスーラ月の１日、つ
まり太陰暦であるサカ（シャカ）歴の１
日であり、サカ歴はほぼイスラーム暦と
重なる（⇒暦・イスラーム、暦・ジャワ）。聖
なるこの日を迎えるために、多くの人が
前夜に24時間の断食、徹夜、瞑想など
を行い精神的幸福に達する。ソロ東部の
ラウ山、スマラン南西部のディエン山な
ど神秘な地とされる山の頂まで夜の巡礼
をする習慣がある。夜に川で行水するこ
ともよく行われている。王や賢者など名
だたる先人の墓参りをしたり、ワヤンク
リ（革でできた人形の影絵劇）を鑑賞した
りもする。ワヤンクリは宗教や善行につ
いて伝えている。

　バリ島ではヒンドゥー教の儀式や寺院
での催しが世界的に知られているが、新
年の儀式も例外ではない。祭りはバリの

主要な2つの暦、ウク暦とサカ暦（⇒暦・バリ）に基づいて行われる。それぞれの新年の祝日はガルンガンとニュピといわれている。

ガルンガン（Galungan） 210日に1度巡ってくる10日間にわたるヒンドゥー教の祭りで、善が悪を滅ぼした日を記念している。伝説によるとかつて邪な王マヤデナワがヒンドゥー教を禁じたことでバリは混沌と苦難に見まわれたが、そこに天候と嵐の神インドラが現れ、マヤデナワを成敗した。すると世界は平穏に戻った。感謝の気持ちとしてガルンガン（「勝利の日」）が祝われるようになった。

この10日間は家族の祖先の霊が帰ってくるため、霊を接待しなければいけない。また定められた供物を湾に供え、悪魔や悪霊をそれらが住む海に留めておく。儀式はガルンガン当日の前の日曜日に始まる。ガルガン当日はつねに水曜日となっている。

日曜日はハリ・プニェクバン（Hari Penyekeban：「備蓄」）で供物の果物、とくにバナナを調達し備蓄する。緑のバナナを陶器の壺に入れココナツの殻で蓋をする。こうすることでバナナは早く熟す。

月曜日はハリ・プニャジャアン（Hari Penyajaan：「服従」）で、ジャジョ（炒った米を練って作るカラフルな餅の供物）やヤシの葉を花で飾るさまざまな供物を作る日。

火曜日はハリ・プナンパハン（Hari Penampahan：「生贄」）で、伝統的な祝いの料理を作るために家畜、とくに豚を解体する日。代表的な料理にはラワール（ココナッツソースで煮込んで香辛料をきかせた肉と野菜の料理）がある。邪悪な物を寄せ付けないためにペンジャールという反った長い竹の棒を玄関や村の通り沿いに立てる。バリのヒンドゥー教の神々の住むアグン山の代わりとしてペンジャールに、稲の束、ココナッツの葉、果物、穀物、花、硬貨、儀式の布をバリ人が感謝するすべての物の象徴として供える。魔除けとしてはほかにヤシの葉、竹などの植物をさまざまな形に編んだラマックという旗や、ヒンドゥーの3神ブラマ、ビシュヌ、シバを表すトゥリダトゥという赤白黒の3色がある。この3色は家、寺院などの建築物、腕、頭、足首に巻く帯によく使われている。

水曜日はガルンガンの日。人々は長時間寺院に籠って祈り、神のみでなく日々の暮らしで使う道具にも供物を捧げる。

木曜日はマニス（「甘い」）ガルンガンの日で、友人や親せき、近所を訪問しゆっくりと過ごす。

ガルンガン期間中、バロンの踊り手も善悪の物語を演じる。ライオンに似たバロンは魔女ランダから村を守ったという伝説上の生き物である。10世紀発祥の伝説によると、ランダは黒魔術のために夫に追放される。ランダはその後、息子であるバリ王エルランガを打倒しようとしたが、エルランガはバロンの助けを借りてランダに勝利する。戦いの中でランダに魔法をかけられたエルランガの兵士たちが自らを傷つけようとするが、バロ

ンは、自らを傷つける行動をとらないように兵士たちに魔法をかける。バロンダンスで使われるバロンとランダの聖なる仮面には、事前に司祭がアグン山の聖水をかけて祈りを捧げる。

10日間の最後はクニンガン（kuningan）の祭り（「繁栄の日」）。祖先が霊界に戻る日、家族が訪問し合ったり、行列が街を練り歩いたあと寺院で儀式を行ったりする。また伝統料理、ナシクニン（ココナツミルクとスパイスで炊いた飯）が供される。繁栄を示す黄色の旗をつけたペンジャールを再び飾る。

ニュピ（Nyepi） 春分（グレゴリオ暦の3月）の新月のあとに始まるバリの太陰暦に基づいた新年。サカ暦の10番目の月に始まる。精神の浄化により万物のバランスをとるための儀式を行う。クニンガンと同じく以下のような準備の日がある。

メラスティ（Melasti：「浄化」） ニュピの3日前にヒンドゥーの神々の画を携えた村人たちが色とりどりの長い行列となり、寺院から川や海に行って画を聖なる水に浸し僧の祈祷を受ける。僧は村人にもお清めの水をかけ新年の祈祷をする。

タウール・クサンガ（Tawur Kesanga：「厄払い」） ニュピの前日に行われる、すべての悪霊を追い払う儀式。日没に村人は古くから鬼の集う所とされている四つ辻に集まり、大きな音を立てて賑やかに祭りをする。人々は爆竹を鳴らし、伝統楽器ガムラン楽隊の演奏のなか、松明を掲げてはりぼてでできた鬼の行列オゴオゴ

を行う。この行列では、バリの民話に出てくる毛むくじゃらで牙があり目が飛び出した恐ろしいオゴオゴの姿を、木や竹の骨組みに発泡スチロールや紙で肉付けして再現している。夜になるとオゴオゴは焼かれ、厄払いが終了する。バリでは通常は賭け事は禁止されているが、ニュピ前夜に闘鶏で金を賭けることは許されている。死んだ鳥の血は四つ辻にまかれ地面が清められる。死骸はその場で調理される。ニュピ当日は調理が禁止されているためである。

ニュピの日（Nyepi Day：「静寂の日」） 至高の浄化、純化、自制が全くの静寂という形で表れる。ヒンドゥー教徒はニュピにチャトゥール・ブラタ・ペニェピアン（4つの重要な規則）を順守するため、24時間すべての活動が休止となる。明かりの禁止（火を使う調理は禁止）、肉体労働や商取引の禁止、娯楽、余興、遊びの禁止（性交も禁止、ビーチは閉ざされ、ホテルの客は外出を控えさせられる）、往来・旅行の禁止（通りを歩くことと運転は禁止）とすべて禁止となる。みな室内で断食し祈り瞑想するため、通りには人がいなくなる。ただ緊急車両は例外となっている。ペチャラン（黒い服を着た警備隊）が戸外の静寂を守るために通りを巡回する。

ングンバク・ゲニ（Ngembak Geni：「翌日」） ニュピの日の翌日、人々は訪問し合う。この日デンパサールのバンジャール・カジャ・セセタン村では一風変わっているものの、非常に楽しい習慣オメッド・オメダン（omed-omedan：公衆でのキス）が

開催され、観光客から注目されている。寺院での祈祷のあとティーンエイジャーの女子が北側に集まり、男子は南側に集まる。両者はブレガンジュール（太鼓）の音にあわせてゆっくりと近づき、対面するやそれぞれの代表が数分間キスを交わす。そのあと互いにお辞儀をして、大人の審判が水をかけ、第一のグループが解散する。次のグループが儀式を繰り返し、全員がキスし終えるまで続く。この村のティーンエイジャーしか参加できない。古い伝統で起源ははっきりしないが、キスは新しい年におきる予期せぬ出来事から村を守ると信じられている。

　新年の挨拶には次の言い方がある。
・「スラマット・タウン・バル（Selamat Tahun Baru）」インドネシア語（公用語）

インド暦
Indian Calendar
　⇒暦・インド

ヴィシュ
Vishu
　⇒インド

ウウチム
Wuwuchim
　ホピ語で「成長する」を意味するwuwutani に由来する。おもにアリゾナの保留地に居住するアメリカ先住民のホピ族が年に1度行う儀式。11月に16日間かけて行われる。ウウチムはホピのいくつかの村にとっては、その年の宗教儀

式の幕開けとなるが、村によっては、12月の冬至のソーヤルとともに一年のサイクルをスタートするところもある（⇒ソーヤル）。あらゆる生命体の発生を求める祈りと歌が中心となるウウチムは、創造時に人間が下界（第三世界）から現世（第四世界）に現れて誕生から死までをそこで暮らし、死後下界に帰って再生するという、ホピ族の信仰が基盤となっている。ウウチムの間、少年たちは年間の儀式のサイクルを見守る4つの聖なる結社に入れられる。イニシエーションがすむと、少年は成人となり、カチナ（katchina / kachina）として踊る資格を得る。カチナとは、死んだ先祖の強い霊で、雨を呼んで作物を守り、すべての命の永続を確かなものとする役割をもつ。正式にイニシエーションをすませ、仮面をつけた男性ダンサーは、下界から現れて一年のうちの一定の時期に村々をまわるカチナの魂と力を与えられる。12月の冬至になると、第3のメサに住むホピ族のもとに初めてカチナがやって来る。第1と第2のメサに住むホピ族のもとにやって来るのは、2月のビーン・ダンスの時である。夏至後、カチナは「ホーム・ダンス」の助けを得て、下界へと帰っていく。人形で表されるカチナもあり、儀式の戒律と創造主の規範に従う者は死後カチナとなる。

　ホピとプエブロの文化には、400以上のカチナが存在し、それぞれに独自の姿と行動があり、メサや村、一族によって異なる。ハーシュフェルダーとモーリンによる

『アメリカ先住民の宗教百科事典』*（The Encyclopedia of Native American Religions）によると、「見た目に応じた名前を持つカチナ、鳥や哺乳類の名前のもの、それが出す音が名前になったもの、意味のない名前をもつものがある。カチナは男性か女性で、なんらかの特性や、ほかのインディアンのグループや動物、植物を表すこともある」という。

訪問客などの部外者はウウチムの儀式を見ることを禁じられているため、聖なる一角の結社の聖職者が、各道路を横断するようにトウモロコシ粉で4本の平行線をひき、村への道を儀式上通行止めにする。儀式が終わると、その聖職者が線を切るように聖なる物を置き、道路の通行を再開する。だが、この儀式のときに村に戻ってくると信じられている祖先の霊のために、一本の道だけは開けておく。

最初の重要な儀式は、新火儀式で、最初の日の日の出前に行われる。ついている火はすべて消され、聖なる二角の結社（ウウチム祭の儀式を取り仕切る）の聖職者がキヴァに入る。キヴァは、下界を象徴する、地上または地下の聖なる部屋で、観光客は入れない。キヴァにはシパプという小さな穴が床にあいていて、そこを通ってカチナの霊が下界からあがってくる。シパプは、母なる大地の「子宮」とその住人とをつなぐへその緒を表してもいる。屋上へあがるはしごは、人々が下界から上の世界へと初めて出てきたときに登ったアシを表す。キヴァの中で、二角の聖職者が火打石とその土地でとれた綿と炭を使って新しい火をおこす。この新しい火は、太陽から下界の神マサウォに引き渡される力の象徴である。マサウォは骸骨の絵で表される。この火から灯された松明が各村じゅうをまわり、ほかのキヴァの聖火をつける。成人のイニシエーションの儀式もキヴァ内で行われ、下界からのホピの出現を劇にしただけでなく、若者にホピの儀式とその他の信仰を教え、死後に下界に戻るときに備えるものである。この儀式を見守るのは、マサウォに扮した部族のチーフである。

ウウチムの聖なる結社の男性メンバーは、雨をつくり癒す女性の結社である聖なるマラウ結社を形式的にあざけることになっている。聖なるマラウ結社は、9月か10月に儀式を行い、そのときには、メンバーの女性は同じように、ウウチムの男たちをあざける。儀式の最終日には、みなでダンスを踊る。

ウェールズ
Wales
　⇒イギリス

ウガーディ
Ugadi
　⇒インド

ウクライナ
Ukraine

黒海に接し、西のポーランド、ルーマニア、モルドバ、東のロシアにはさまれた東ヨーロッパの国。1922年から1991

年までソビエト連邦の構成国だった。ソ連はクリスマスの祝祭を規制し、贈り物を届ける聖ニコラスを世俗の霜おじいさんと孫娘の雪娘に置き換え、グレゴリオ暦の元日、1月1日に行われる世俗の年越しの祭りでは、クリスマスツリーのかわりにニューイヤーツリーを飾り付けた（⇒ロシア）。ソ連の崩壊にともなって独立すると、何世紀も続いてきた古い祝祭の習慣が復活した。

　おもな宗教は正教で、教会的にはユリウス暦に従う。グレゴリオ暦に従う者もいて、12月25日にクリスマス、1月1日に新年を祝うこともあるが、多くはユリウス暦に従ってそれぞれ1月7日と1月14日に祝う（⇒暦・ローマ〔ユリウス暦〕）。クリスマスと新年の間の週には、訪問、宴会、コリアドニキィ（キャロル）などが行われる。キャロルを歌う人たちは羊飼いや天使、賢者のいでたちで近隣をまわる。棒につけた8角か10角の光る星につき従い、自然やキリストの誕生、縁結びなどにまつわるたくさんの古い歌から、訪問した家の一人ひとりに合わせて披露する。歌い手はキリスト降誕場面を三次元で表現したヴェルテップを持参し、そのなかで少年がコザ（ヤギ、繁栄と豊穣を示す異教の象徴）に扮して踊り人々を楽しませる。その見返りに食料、飲み物や寄付金を受けとる。

　大晦日（シチェードリー・ウェチル Shchedryi Vechir）は地域によって、1月13日（正教会の教父、聖バシリウスの宴の夜）か1月18日（ヨルダンの宴の夜、キリストがヨルダン川で洗礼を受けたことを祝すもので、ローマ教会の1月6日の公現祭に匹敵する）に祝う。大晦日の習慣はクリスマスイブと似ていて、家族が集まってご馳走を囲み（厳格に伝統を守る人がクリスマスの禁忌としている肉が許される）、占いをしたり、健康や繁栄を祝うさまざまな祝歌（シチェードルィク）を披露したりする。ウクライナの民話の少女の名前からとった、大晦日のマランカ（Malanka）の伝統は、新しい年の厄払いをする異教の儀式に由来する。マランカに扮した男性に引き連れられた村人たちは、いい精霊か悪い精霊の扮装をして、キャロルを歌い、芝居をし、家々の幸いを祈る。

　年が明けると、少年の一団が家々に小麦や種子を投げ込んで幸運を祈り、多くの家族がいまもこの日に贈り物をして、ヤリンカ（クリスマスツリー）を立てる日としている。聖ニコラスの日かクリスマスにする人々もいる。人気の飾りはクモと、藁でできたクモの巣で、気の毒な未亡人のクリスマスツリーをクモが自らの糸で飾ってやったという伝説や、赤ん坊のイエスが飼い葉桶の中で初めて遊んだのがクモの巣だったという伝説に由来する。ほかにはリンゴ、キャンディ、クッキー、ホイル、紙の鎖などの手作りの品で飾られる。

　新年の挨拶には次の言い方がある。
・「ズ・ノヴィム・ロコム（Z Novym Rokom）」ウクライナ語（公用語）
　⇒「鐘のキャロル」、聖バシリウスの日

ウズベキスタン

Uzbekistan

　中央アジアにあるウズベキスタン共和国は、かつてのソ連の構成国で、アフガニスタンの北に位置する。何世紀にもわたり、ギリシア、ペルシア、モンゴル、アラブと多くの国々に征服されて文化的に影響を受け、最後に19世紀に中央アジアを征服したロシアの支配を受けた。1924年にソビエトの共和国となり、1991年のソ連崩壊に伴い独立を獲得した。主要な民族はウズベク人（80%）で、少数民族としてロシア人、タジク人、カザフ人、カラカルパク人、タタール人がいる。主要な宗教はイスラーム教スンニー派（88%）と東方正教会（9%）である。

　この国の文化歴史の多様性が新年の祝祭にも反映されている。最も有名なのはペルシアの正月、ノウルーズ（「新しい日」）で、キリスト誕生の何世紀も前から祝われているが、ソビエト時代には禁止されていた。現在は、ペルシア暦のファルヴァルディーンの月の第1日に祝われる（⇒暦・ペルシア）。これは春分の日にあたる（グレゴリオ暦の3月21日頃になる）。典型であるイランの祝祭が13日間であるのに対して（⇒イラン）、ウズベキスタンのノウルーズでは、宴会、馬上試合、レスリングの試合、闘鶏、語り聞かせ、音楽、踊り、露店市、訪問などで1か月間祝祭が続く。家庭では掃除や修繕をし、借金を返済し、不和を解決する。完璧にイラン（ペルシア）の風習に従おうとした場合には、ハフト・スィーンといういうテーブルを用意する。これは、古代ペルシアのゾロアスター教の教義を反映する7つの象徴的な品をのせたテーブルである。7つの品はすべてペルシア文字のスィーン（sin：「s」）で始まる物で、（限定されているわけではないが）次のものを含む。サマヌ（samanu：小麦のプディング、甘さと豊穣の象徴）、セッケ（sekeh：金貨、富と繁栄の象徴）、サブゼ（sabzeh：穀物かレンズマメの芽、再生の象徴）、ソンボル（sonbol：ヒヤシンスの花、命と美の象徴）、シール（seer / sir：ニンニク、薬の象徴）、センジェド（senjed：ロータスの木の甘い果実、愛の象徴）、セルケ（serkeh：白ビネガー、年齢と忍耐の象徴）。ほかに選ばれる物については、イランの項で述べている。

　祝祭は通常、花の咲いた木々に囲まれた町中の公園や広場で行われる。昔ながらの土地にかかわる者、例えば、バホル・ハヌム（「春」）、デカン・ボボ（「年老いた農夫」）、モモ・エル（「母なる大地」）に扮した人々が、楽隊とともに花で飾られた車で通りを走り、人々を祭りに誘う。

　中央アジアの祝祭特有の人気料理には、スマラク（小麦の芽を挽いて調理したもの）、プロウ（肉と野菜を入れた炊き込み飯）、シュルパ（野菜入りのマトンのシチュー）、サムサ（野菜を詰めたミートパイ）、ニショルダ（砂糖を混ぜた卵）がある。スマラクは甘い塊がこげないように、小さな石で底を覆った大きな鍋で調理する。自分の皿に石が入っていると幸運が手に入るという迷信がある。また、新年

の最初の客は、親切でやさしく機知に富み敬虔で評判のいい人でなければならず、新年の最初の13日間が一年の前兆になる。

社会的にはグレゴリオ暦に従っているウズベキスタンでは、国際的な新年にあたる1月1日にも、霜おじいさん、孫娘の雪娘、ニューイヤーツリーの飾り付け、贈り物を贈るなど、ソビエト占領時代の伝統的なやり方で祝う（⇒ロシア）。東方正教会はユリウス暦に従い、1月14日に「旧正月」を祝う。スンニー派のイスラーム教徒はイスラームの新年に特別な祝典は行わない（⇒イスラーム教、暦・イスラーム）。

主要な言語はウズベク語、ロシア語だが、新年の挨拶は習慣的にペルシア語で交わされる。
・「エイド・ショマ・モバラク（Eid-i Shoma Mobarak）」
・「ノウルーズ・モバラク（No Ruz Mobarak）」
　⇒ノウルーズ

うつ
Depression

クリスマスから新年にかけての祝祭やにぎわいに伴い、人が感じることのある、ふさぎ、孤独感・孤立感を指す。年齢や性別、経歴などに関わりなく、誰もが祝日のうつ状態に陥る可能性があり、とくに離婚、離別、再婚、家族の死、失業などストレスの多い、あるいは不愉快な状況が要因を複雑にしている場合、その可能性が高まる。この期間には、住まいの装飾に手間隙をかけ、贈り物を購入し、コンサートや教会活動や娯楽やその他の社交行事へ参加することを期待されるため、なかには祝日じたいが大きなストレスだと感じる者もいる。さらに、家族からの要望に応える義務や職業上生じる責務を果たさねばならないという強迫観念にとらわれ、疲弊した結果、うつ状態に陥る者もいる。

うつの症状には次のようなものがある。一時的に悲しくなったり涙が出たりする、倦怠感を覚える、食欲や睡眠パターンが変化する、心配になる、いらいらする、不安になる、罪悪感を覚える、絶望的な気分になる、以前の趣味や関心事や娯楽に全くあるいはほとんど喜びを感じられなくなる、薬物やアルコールなどに依存する、死や自殺に執着する。これらの症状が2週間以上続く場合、あるいはこれらの症状が業務や家庭での人間関係に支障を来す場合は治療が必要となる。

うつおよび躁うつ病患者支援協会によると、祝日期間のうつ状態に上手く対処する方法は、次の通りである。目標は手に負える範囲に止め、より容易に実現できる現実的な目標を設定する。煩雑な仕事をやり遂げようとする際、必要に応じて仕事をほかの家族に任せるか、あるいは援助を頼む。目の前の仕事をやり遂げることや、明日の計画に集中し、前日あるいは先週の出来事についてくよくよ悩まない。近所ないしショッピングモール

を歩き回るなど、運動をする時間を取る。落ち着いてリラックスするための時間を設ける。感情のバランスを崩す原因となりやすい、アルコール、カフェインや糖分の多い食品の摂取を避ける。

季節性感情障害 (Seasonal Affective Disorder/SAD)　「冬期うつ病」とも呼ばれる。潜在的により深刻な病状となり得るうつ状態であり、冬の祝日の間だけでなく、北緯ないし南緯30度以上の地域では冬季を通じて発症者が見られる。さらにほかの季節には健康に問題のない者でも、発症する可能性がある。この状況を最初に文献に記したのは、スカンジナビアにおいて冬の間うつの発生が増加することに気づいた、6世紀のゴート族の学者、ヨルダネスであった。1984年、ノーマン・ローゼンタール医師はアメリカにおいてSADの研究を始め、北部諸州では人口の10％近くに上り、成人のSAD罹患率は緯度が高くなるにつれて上昇すると推定した。実際にスウェーデンでは人口の20％が罹患していると推定されている。

　軽度なSADは「冬の憂鬱」と呼ばれるのに対して、完全なSADの病態は気分変調ないし重篤なうつ病の症状と類似しており、罹患者の20％が、のちに双極性障害すなわち躁うつ病を発症する。SADの病因は、高緯度地域における冬季の日照減少と関連があると考えられている。また、脳の松果体によるメラトニン分泌の低下が病因ともいわれる。高輝度人工照明を用いた治療が最も効果的であ

り、研究者の中には、この照明が、SAD罹患者に不足しているとされる神経伝達物質、セロトニンの分泌増加を促進するという学説を唱える者もいる。他の治療法としては、プロザックなどの抗うつ薬の服用、マイナスイオン療法、認知療法などが挙げられる。冬の憂鬱の症状は、運動や晴天時の戸外活動などにより緩和される可能性がある。

祝日うつ病と自殺　一般的に冬の祝日と自殺者の増加は相関するといわれるが、アメリカ全国衛生統計センターによれば、この説は心理学的に証明されておらず、したがって根拠のない風説である。実際には自殺者は冬の間減少し、春に最も多くなる。2000年1月1日の数週間前には、全米の電話緊急相談センターに多数のうつ病患者から電話が寄せられたため、新千年紀に自殺を図る者が急増するのではないかと懸念された。だが、ワシントンD.C.の米国自殺学会によれば、新千年紀が到来した際も、自殺者急増の報告はなかった。ミレニアム・バグつまりY2K問題の発生が認められなかったのと同様、自殺増加の危惧も杞憂に終わった。

閏年
Leap Year

　どんな暦においても、閏年には、四季の動きに暦を合わせることを目的として、その暦ごとに決まった箇所に日、週、月を差し挟む。閏年でない年を平年と呼ぶ。

グレゴリオ暦では、4年に1回ではなく、400年に97回の周期で暦に1日（閏日）を加える。このため、西暦年数が100で割り切れる年（世紀の変わり目の年）が、同時に400で割り切れるときにのみ閏年になる（例：1600年、2000年、2400年）。この考え方をもとに計算すると、1年は、平均365.2425日となる。閏日として差し挟まれるのは2月29日である（⇒暦・グレゴリオ）。

民間に伝わる伝統では、閏年には女性が結婚の申し込みをしてもよいとされている。これは5世紀の聖パトリック伝説に端を発する伝統と思われる。それによると聖ブリギットが、聖パトリックにこの権利を女性に与えるよう強要した。権利を得た聖ブリギットは、すぐさま聖パトリックに求婚したが、聖パトリックは受けることができないため、キスと絹のガウンを贈って相手を慰めた。スコットランド女王マーガレットが5歳のときの有名な逸話によると、1288年には閏年に求婚された男性が申し込みを断ると、罰としてキス1回、または1ポンド、または絹のガウンを納めなければいけないという法律がまだ守られていた。

グレゴリオ暦の2月29日生まれの子は、英語では「リープリング」と呼ばれ、通常の年には2月28日または3月1日に誕生日を祝う。

他の暦の閏年については、それぞれの項で述べる。

ウルグアイ
Uruguay
⇒中南米とカリブ海諸島

英国と北アイルランド
United Kingdom of Great Britain and Northern Ireland
⇒アイルランド、イギリス

エクアドル
Ecuador
⇒中南米とカリブ海諸島

エジプト
Egypt

古代エジプト　古代エジプトでは、毎年起こるナイル川の洪水の初日に新年を祝った。ナイルの洪水は、「犬の星」、すなわちシリウスが日の出直前に出現するようになってから数日以内、つまりグレゴリオ暦の7月19日頃に起こった（⇒暦・エジプト）。この日には、古代エジプトにおける他の祝日と同様に、音楽の演奏、ダンス、祝宴、華やかな行列などが行われた。各地の主神に仕える神官たちは、それぞれの神殿において定められた日常の儀礼に加え、まず神像を洗ってさまざまな色の亜麻布で装わせ、神殿の宝物庫の宝石で豪華に飾り立てた。そしてその後、神像を神殿から木の祭壇に移した。この祭壇は軽量な木製の小舟ないし船の中心に据えられており、小舟に取り付けた担ぎ棒によって運ぶことができた。小舟を肩に担いだ神官たちは、行列を作っ

て神殿から現れ、通りを練り歩いて神像を広く民衆に披露した。行列は定期的に停まり、その都度、神官たちが香を焚き、象徴的な食べ物や飲み物を神に捧げるなどさまざまな儀式を執り行った。行列が停まっている間、民衆から神に対して肯定か否定で答えられる単純な問いが提起され、それに対する神の宣託が下った。問いへの答えが肯定であれば、舟を担ぐ神官が頭を下げるか前進し、答えが否定であれば後退した。新年の行列には、しばしば祭壇のナイル川航行も含まれたが、神の臣民に接するため、航行の途中で川沿いの複数の港に停泊した。神像を目にすれば、さまざまな病気が癒されるとも信じられていた。

ヘブ・セド祭　(Heb-Sed Festival：即位記念祭)　この祭礼の起源は先王朝時代にあるとされ、ファラオの時代、またプトレマイオス王朝時代を通して継続された。ファラオの即位後30年目の元日に執り行われ、それ以降は3年ごとの元日に行われたが、この予定は早められた可能性もある。これらの儀礼はファラオの王権再生の象徴であり、またファラオと天地万物との調和を回復しようとする試みでもあった。儀礼の中で、ファラオは神々に供儀を捧げ、上エジプト王および下エジプト王として戴冠することにより王権を一新し、そのファラオに対して貴族たちが自らを再び献上した。また、ファラオが東西南北のそれぞれの方角へ矢を放つ儀式もあったが、これは魔を祓うためだけでなく、エジプトの全世界の覇

権を象徴するものであった。最も重要な儀式は指定された境界を設けた中庭の建設であるが、これはおそらく、エジプトの国境とファラオの版図を象徴するものだったと考えられている。王権にふさわしい体力があると証明するため、ファラオはこの中庭を、上エジプトの支配者として4周、下エジプトの支配者として4周走ることを要求された。ヘブ・セド祭の様子を表したエジプトの壁画では、ファラオが聖牛アピスと並んで走る姿が描かれている。

現代のエジプト　宗教ごとに新年の習慣は異なる。人口の85％はイスラーム教徒であり、その他はおもにコプト正教会のキリスト教徒である。それぞれの慣習については、該当する宗教の項で論じる(⇒イスラーム教、コプト正教会)。

　新年の挨拶には次の言い方がある。

・「クッル・アーミン・ワ・アントゥム・ビハイル (Kullu 'Aamin Wa Antum Bikhair)」アラビア語

エジプト暦
Egyptian Calendar
　⇒暦・エジプト

エチオピア
Ethiopia
　エチオピアにおけるキリスト教徒の大半は、国内最大の宗教集団を構成するエチオピア正教会（45％）に属している。これに次いでスンニー派イスラーム教（35％）、アフリカの土着信仰（11％）

がエチオピアのおもな宗教として挙げられる。エチオピア教会は、1世紀にエチオピアの宦官を改宗させた（『使徒行伝』8章26節～40節）使徒ピリポによって創始されたと考えられている。4世紀に聖フルメンティウスの尽力により、エザナ王の統治下にあったエチオピアのアクスム王国の国教会に定められ、初めはコプト正教会の一部であったが、1959年にエチオピア教会として独立を認められた。

　エチオピア教会では、ユリウス暦から派生した13の月からなる暦を用いており、この暦はコプト暦に似ている。暦の元日はマスカラム月の第1日目、すなわちグレゴリオ暦の9月11日である。エチオピアの月名と、それぞれの月の第1日に相当するグレゴリオ暦の期日は次の通りである。

　マスカラム（9月11日）、テクムト（10月11日）、フダル（11月10日）、タフサス（12月10日）、トルウ（1月9日）、ヤカテイト（2月8日）、マガビット（3月10日）、ミヤズヤ（4月9日）、グンボット（5月9日）、サネ（6月8日）、ハムレ（7月8日）、ナハセ（8月7日）、パグメ（9月6日）

　（⇒暦・コプト）。

　元日はエンコタタシ（Enkutatash：「宝石の贈り物」の意）と呼ばれ、エルサレムで難問をもってソロモン王の知識を試みたうえ、同王に驚くべき財宝を贈ったシェバの女王の帰還を記念して祝われる（『第1列王記』10章1節～13節）。女王の帰還にあたり、迎える臣下の首長たちは女王の宝物庫をエンコ（enku：「宝石」の意）で満たした。この日にはキドゥス・ヨハンネス（Kiddus Yohannes）と呼ばれる洗礼者ヨハネの祝宴を催す。大晦日には人々はかがり火を焚き、この日から3日間にわたり礼拝を行うとともに、意匠を凝らした色とりどりの衣裳で行列を行う。ガイントゥ市内のコステテ・ヨハンネス教会および、アディスアベバ近郊エントット山の頂上にあるウラグエル教会での祝祭が有名である。

　新年は雨季の終わりに到来するため、新しい服を着た子どもたちが、デイジーなどの花をつんで花束を作り、村をダンスしてまわりながら、花束を家々に贈り、返礼としてダボ（パン）を受け取る。都市部では、祝宴を開いたりアルコールを飲んだりする慣習があり、また新年の挨拶やカードを交換する風習もある。

　新年の挨拶には次の言い方がある。
・「メルカム・アディス・アメット（Melkam Addis Amet）」アムハラ語（公用語）

エッグノッグ

Eggnog

　祝日に飲む、どろりとした濃厚な飲み物。溶いた卵にスパイス、クリーム、砂糖および少量のアルコール飲料を加えて作る。この名称は、小ジョッキを意味する「ノギン」、あるいは17世紀に生まれたイギリスの強いエール「ノッグ」に由来する。エッグノッグは一般的に、卵とミルクにノッグないしワインを加えた熱い飲み物、ポセットをもとにして、イギ

リス人が作り出したと考えられている。この基本製法が他の国々に伝わり、そこで変化してできた飲み物が次の名称で呼ばれている。アドヴォカード（オランダ）、エグドーシス（ノルウェー）、レ・ドゥ・プール（フランスのアルコールを含まない飲み物）、ビーアズッペ（ドイツの卵とビールのスープ）。エッグノッグがアメリカ植民地時代初期にアメリカに伝えられると、材料となるアルコール飲料がラム酒やブランデー、バーボン、シェリー酒などに変わった。だが、さまざまな種類のアルコール飲料が使われるようになっても、エッグノッグはイギリスの「ノッグ」との関連を留めている。

アメリカの食料品店で販売されているエッグノッグはアルコールを含まず（購入者が自分で強いアルコール飲料を加えるようになっている）、多くはナツメグの風味が付けられ、サルモネラ菌の汚染を防ぐために加熱してある。

エリトリア

Eritrea

東アフリカの国。かつてはエチオピアの1州（エリトリア州）だったが、1993年に完全独立を果たした。国境の南はエチオピア、東は紅海に接する。人口構成比は、キリスト教徒（エリトリア正教会およびローマ・カトリック、そして少数のプロテスタントからなる）とイスラーム教徒（大多数はスンニー派）がほぼ均等である。

エチオピアの1州であった時代、エリ

トリアでは人々がエチオピア正教を信奉し、この宗派が用いる暦に従っていた。すなわち、一年は30日からなる12の月と年末に置かれる5日（閏年には6日）間の閏月で構成されていた。元日はグレゴリオ暦の9月11日にあたり、エンコタタシ（「宝石の贈り物」の意）と呼ばれていた（⇒エチオピア、暦・コプト）。エリトリアの独立後、エチオピア正教会はエリトリア正教会の独立性を認めたが、エリトリア正教会では現在も正教会の元日を9月11日に祝い、エチオピア正教会と同様の慣習を守っている。一方、エリトリア政府はグレゴリオ暦を採用し、1月1日を元日と定めている。

スンニー派イスラーム教徒は、宗教上の目的にイスラーム暦を用いているが、イスラーム教の厳格な戒律ではなく、エリトリア風の信仰を守っている。イスラーム暦の元日であるムハッラムの第1日目をとくに祝うことはしない（⇒暦・イスラーム）。

エリトリアにある9つの現地語のうち、2言語が最も一般的な言語として用いられている。

新年の挨拶には次の言い方がある。

・「ルフス・バール・リデテン・ハディシュ・アメテン・エガベレナ（Ruhus Baal Lideten Hadish Ameten Yegaberena）」ティグリニャ語（「楽しいクリスマスと幸せな新年を」）

・「クッル・アーミン・ワ・アントゥム・ビハイル（Kullu 'Aamin Wa Antum Bikhair）」アラビア語（公用語）（「新年

おめでとう」）

エルサルバドル

El Salvador
⇒中南米とカリブ海諸島

「エル・ブリンディス・デル・ボエミオ」

El Brindis del Bohemio
⇒「ボヘミアンの乾杯」

『エンド・オブ・デイズ』

End of Days
映画（1999年）

　大晦日のシーンがある映画。旧千年紀の最後の日、人間の男性に姿を変えたサタン（ガブリエル・バーン）は、彼の選ばれた花嫁、クリスティーン・ヨーク（ロビン・タネイ）を捜してニューヨーク市の街中を歩き回る。サタンは20世紀最後の時である大晦日のうちに、クリスティーンを受胎させなければならない。二人が結ばれれば、そのとき世界は滅びるが、もし果たせなければ、サタンはこの先1000年間、再び地獄に捕らわれることになる。だが思いもよらない人物、ジェリコ・ケイン（アーノルド・シュワルツェネッガー）がクリスティーンを守ることになる。ジェリコは元刑事だったが、妻と娘を殺されたために信仰を失い、無神論者になっていた。

　この作品は次の栄誉に輝いた。ブロックバスター・エンターテインメント賞のアクション賞およびSF俳優賞（アーノルド・シュワルツェネッガー）、助演男優賞（ケヴィン・ポラック）（2000年）にノミネート。ドイツのボギー賞（1999年）受賞。ゴールデン・リール賞の音響編集賞（2000年）にノミネート。ラジー賞の最悪男優賞（シュワルツェネッガー）、最悪監督賞（ハイアムズ）、最悪助演男優賞（バーン）（2000年）にノミネート。
脚本：アンドリュー・W・マーロウ／製作：アーミアン・バーンスタイン、ビル・ボーデン／監督：ピーター・ハイアムズ／ビーコン・コミュニケーションズLLC、ユニバーサル・ピクチャーズ／R指定／DVD：ユニバーサル・スタジオ／121分

煙突掃除夫

Chimney Sweep

　煙管や暖炉の煤を除去する人を指す古風な呼び方。何世紀にもわたり煙突掃除夫は、イギリスやヨーロッパ、ヨーロッパ系アメリカ人の間で、新年に際してはもちろんのこと、一般的にも幸運の象徴とされてきた。映画『メアリー・ポピンズ』にも、イギリス人の煙突掃除夫、バート（ディック・ヴァン・ダイク）が「煙突掃除夫ほど幸運な仕事はない」と歌って賞賛する夢あふれる描写が登場するが、イギリスの煙突掃除夫の歴史は非常に厳しいものだった。

　中世の住居は暖炉や煙突の内部が広かったため、大人でもさほど不自由なく掃除することができたが、16世紀ないし17世紀までには、イギリスの煙管はかなり細くなっていた。もはや大人が煙突に入ることはできなくなったため、掃

除夫組合は、孤児院から、あるいはこの仕事のために子どもを売りたがっている家庭から、わずか4歳の「煙突登り小僧」を（時には少女も）買った。悲惨な状況下で暮らし、石炭くずや煤に覆われた狭い煙管へ主人に押し込まれ登らされた少年たちは、肺の病気を患ったり怪我を負ったりしたうえ、時には墜落や窒息、熱疲憊、あるいは煙突内部から出られなくなることにより命を落とした。また彼らは常に汚れきっており、葬儀屋が捨てた衣服を着ていたとされたため、シルクハットと燕尾服を身につけた姿で描かれた。1864年には国会制定法により、子どもに煙突掃除をさせることが禁止され、現在では専門家が最新式の器具を用いて煙突掃除を行っている。

　煙突掃除夫が幸運を招くという考え方は、歴史ではなく、言い伝えから生じた。ある煙突掃除夫が屋根から落ち、雨樋に足がひっかかってぶら下がったところを、女性が窓から手をのばして中へ引き入れてやり、掃除夫の命を救ったという話であるが、この二人が恋に落ちて結婚したことから、結婚式に煙突掃除夫を招くと幸運が訪れるという、イギリスの風習が生まれたものと思われる。ほかには、国王の馬が暴走した際、そばにいた煙突掃除夫がこの怯えた馬を大人しくさせたため、国王が、すべての煙突掃除夫は幸運の源であると宣言したという言い伝えもある。また、自分の家の煙突の中に煙突掃除夫のブラシの毛を見つけた者は、生涯幸運に恵まれるとも言われる。

　煙突掃除夫が新しい年の幸福を招くという考え方は、一つには、村の煙突掃除夫が元日に豚（幸運の象徴）を連れて通りを歩いたというかつての風習に由来している。掃除夫に小金を払えば、村の人々は、幸運の豚の毛を1本抜いて願い事ができた。ドイツでは17世紀以降、元日には住み込みの召使いだけでなく、ショルンシュタインフェーガー（煙突掃除夫）など、旧年内にその家の外仕事に従事した者に対して、贈り物を贈る習慣があった。その返礼として、労働者側は祝福や幸運を願う言葉を書いたカードを贈った。したがって、新年に煙突掃除夫と会ってカードを受け取ることは幸運を授かることを意味していた。のちにこれが発展して、いつであろうと単に煙突掃除夫と握手したりキスを交わしたりすることで幸運に恵まれると考えられるようになった。

　ヨーロッパでは19世紀後半ないし20世紀初頭から、新年の葉書に煙突掃除夫が描かれるようになった。またそれ以外にも、幸運の豚をはじめ、四葉のクローバーや金銭、ベニテングダケ（学名 *Amanita musucaria*）と呼ばれる毒キノコなどの幸運の印も描かれた。ベニテングダケは、東ヨーロッパのシャーマンによって、宗教的なトランス状態に入って神々と交わるための幻覚剤として用いられた。

　⇒豚

『王様の剣』

The Sword in the Stone
映画（1963年）

　元日の場面があるアニメ映画。アーサー王伝説の再話で、「ワート」と呼ばれる少年アーサーが騎士見習いとして暮らしながら、魔術師マーリンから人生の真実について学んでいく。新しい王を選ぶ元日の馬上試合で、少年は主人の剣を忘れ、石に刺さっていた謎の剣を引き抜く。それによってアーサーは、石に刺さった剣にまつわる予言を実現し、イングランドの王となる。

　1964年に、アカデミー賞編曲賞ノミネート。

声優：セバスチャン・カボット、リッキー・ソレンセン、カール・スウェンソン、リチャード・ライザーマン、ロバート・ライザーマン／脚本：ビル・ピート／原作：T・H・ホワイト作の児童書／製作：ウォルト・ディズニー／監督：ウォルフガング・ライザーマン／ウォルト・ディズニー・プロダクション／G指定／DVD：ウォルト・ディズニー・ホーム・ビデオ／80分

大晦日に上る物、落ちる物

Objects Ascending or Descending on New Year's Eve

　大晦日にニューヨーク市のタイムズスクエアで落とされる有名なウォーターフォード・クリスタルに負けじと全米の多くの都市で同じようなカウントダウンが行われるが、落ちるものは地域によって違う。落とさずに物を上げる都市もある。以下に地域と物の動きを挙げた。とくに記述がない項目は落ちる物とする。

錨　ニューヨーク州グリーンポート、ペンシルバニア州シッペンスバーグ。

苺　ペンシルバニア州ハリスバーグ。

王冠　ノースカロライナ州シャーロット（「クイーン・シティ（州都ではないが最大都市）」）。

オポッサム　檻に入れた生きたオポッサム（ノースカロライナ州ブラスタウン）。

オレンジ　フロリダ州マイアミ。

鯉　ウィスコンシン州プレーリー・ドゥ・シーン。

魚　メンヘーデン（ニュージャージー州ポイントプレザント）、「キャプテン・ワイリー・ウォールアイ」と名付けられた目の大きな魚（オハイオ州ポートクリントン）。

砂糖菓子　大きなM&M（ペンシルバニア州エリザベスタウン）。

車輪　車の車輪（ニューヨーク州オレンジ郡）。

スペースニードル（塔）　ワシントン州シアトル。塔のわきから打ち上げられた花火が、カウントダウンが終わった真夜中にちょうど塔の頂点から上がるように見える。

炭　落ちたあとは炭が「ダイヤモンド」に変わる（ペンシルバニア州ウィルクスバリ）。

そり　ペンシルバニア州ダンキャノン。

デコイ　カモのデコイ（メリーランド州ハバディグレイス）。

ドラッグクイーン　フロリダ州キーウエスト。「ドラッグクイーン・ドロップ」

では大きなハイヒールを履いてゲイバーの屋根の上に座ったドラッグクイーン（女装したゲイ）が降りてくる。

トルティーヤ　瓶入りサルサにつけたトルティーヤチップ（アリゾナ州テンペ）。

ドングリ　ノースカロライナ州ローリー。

梨　2個の梨（バージニア州フレデリックスバーグ）。

ハックルベリー　ペンシルバニア州ニューブルームフィールド。

ばね　ペンシルバニア州ニュービル。

葉巻　ペンシルバニア州レッドライオン。

薔薇　赤い薔薇（ペンシルバニア州ランカスター）、白い薔薇（ペンシルバニア州ヨーク）。

ピクルス　ノースカロライナ州マウントオリーブ、ペンシルバニア州ディルズバーグ。

ビール　イングリングビールの瓶（ペンシルバニア州ポッツビル）。

プレッツェル　ペンシルバニア州クレオナ。

ボート　運河船（ペンシルバニア州リバプール）。

ボール　直径120cmの金属のボール（アラバマ州ウェトゥンプカ）、直径150cmのアルミのボール（カンザス州マンハッタン）、クリスマスの電球をつけた紫色のビーチボール（メイン州バンゴー）、ビーチボール（メリーランド州オーシャンシティ）、金属のボール（ミシガン州マーケット）、約485kgのウォーターフォード・

クリスタル・ボール（ニューヨーク市タイムズスクエア）、アセンディング・ボール（ボールを上げる）（テネシー州ノックスビル）、電飾をつけたボール（ニューヨーク州バッファロー）。

ボローニャ・ソーセージ　ペンシルバニア州レバノン

マツボックリ　アリゾナ州フラッグスタッフ。

桃　大きな桃の模型（ジョージア州アトランタ）。

ヤギ　ヤギの剥製（ペンシルバニア州ファルマス）。

リンゴ　ジョージア州コーネリア。

レンチ　ペンシルバニア州メカニクスバーグ。

ロリポップ　ペンシルバニア州ハンメルズタウン。

　⇒タイムズスクエア

「大晦日の歌」*

"A Song for New Year's Eve"

　アメリカのロマン派詩人でジャーナリストだったウィリアム・カレン・ブライアント（1794〜1878）の詩。ブライアントは「タナトプシス」「水鳥に」「小川」*「西風」「森の聖歌」「ぎざぎざのリンドウ」*などで知られる。「大晦日の歌」は過ぎ去った古い年を回顧し、その年を記憶に残るものにした楽しかった瞬間、苦しかった瞬間を思い出そうとする歌である。各節が、古い年の最後の一時間をせいいっぱい慈しもうと訴えている。

「大晦日の歌」

1. まだとどまれ、わが友よ、いま少し
古き良き年
われらと長く同じ道をともにした友が
握手をして、われらをここに置いて去
るまでは
とどまれ、とどまれ
あとひとときを、それから去れ

2. 高く強い希望をもっていた年
いまは目覚める希望もない
それでもあと1時間、戯れと歌のときを
彼との親しさに免じて
とどまれ、とどまれ
楽しいひとときを、それから去れ

3. この優しい年、彼の自由な手が
蓄えを惜しみなく与える
われらはそこに背を向けよう
なぜなら、もうなにも与えられないから
とどまれ、とどまれ
感謝のひとときを、それから去れ

4. 日々が明るく訪れ静かに去った
彼がわれらが客人である間
どれだけ楽しいときが過ぎたか
どれだけ7日目の休息が甘いか
とどまれ、とどまれ
輝かしいひとときを、それから去れ

5. ともにいた愛しい友、棺のなかに
眠る者もいる
われらが心地よい記憶

彼らの行動や言葉の
とどまれ、とどまれ、
やさしいひとときを、それから去れ

6. われらが歌う間、彼は最後の笑みを見せ
われらの惑星を離れる
古き良き年はわれらの過去
新たな年がやさしきものであるように
とどまれ、とどまれ
別れの曲を、それから去れ

贈り物

Gifts

　新年にあたって贈り物を贈る習慣は、洋の東西を問わず世界じゅうで長く続いてきた伝統である。アジアの多くの文化では、新年に先祖の霊を称えて食べ物を供え、あの世にいる先祖を経済的に支えるために、しばしば「冥銭」を燃やすなどの儀式を行う。人々は「功徳」を積み、幸運を得るために、僧侶や他の聖職者に施与のしるしとして食物をふんだんに贈る（アジア各国のそれぞれの項を参照）。

　西洋文明において、新年に贈り物を贈る習慣はローマ帝国時代に遡る。この時代、一般市民は新年にストレナエ（strenae）を交換し、皇帝が臣下にヴォタエ（votae）を強要した。カリグラ帝はとくにヴォタエの強要で悪名が高い。新年の贈答品交換は、ローマのサトゥルナリアと事実上同じ習慣を伴う乱れた異教の慣例であることから、原初キリスト教会ではこれを禁じていた（⇒ローマ帝国）。

　大教皇レオ1世は、458年にローマ皇

帝のこのような新年の悪習を禁じたが、贈答品の慣習は中世の時代にイギリスの宮廷で復活した。例えば、イングランド王ヘンリー3世（在位1216〜1272）は、かつて出し惜しみをする商人階級に業を煮やし、商人たちが王の望む計2,000ポンドの「贈り物」を差し出すまでの2週間、彼らの営業を禁じたと言われる。イングランド女王エリザベス1世（在位1558〜1603）はとくに、この慣習を利用して富裕な臣下に金銭や宝石、贅をこらした菓子、高級な衣服など、特別な進物を要求することで知られていた。同様に、荘園領主たちも、小作人に新年の貢納を要求し、小作人たちはしばしば去勢して肥らせた雄鶏を領主へ献上してその義務を果たした。これに反して、イングランド王ヘンリー8世（在位1509〜1547）は、高価な金のラペル・ピンを新年の贈り物として女性たちに贈った。このラペル・ピンは非常に人気が高くなったため、商品として生産されるようになった。「ピン・マネー（臨時出費のための小額の金、へそくり）」という言葉はおそらく、賞翫されていたこの品を購入するために、男性が長い期間現金を蓄えておくことから生まれた表現だと思われる。

18世紀になると、宮廷における新年の贈り物の慣わしは廃れたが、17世紀に市井の人々のあいだに根づいたこの習慣は、19世紀に至っても続いていた。この習慣が取り入れられた最初の頃、庶民のあいだでは健康や幸運を願う印として、ヤドリギ（古代ブリトン人のあいだで、病を祓う代表的なお守りとされた）や、卵およびリンゴ（豊穣の象徴）など、ささやかな贈り物が交わされた。とくにリンゴはカレンニグ（Calennig）と呼ばれ、幸運のお守りとされた（⇒イギリス）。ほかにはナッツ、オレンジとクローブ、硬貨なども贈られた。ドイツのある地域では、大晦日に男性が恋人にリング型のコーヒーケーキないし、ねじりパンを贈り、十二夜（公現日すなわち1月6日）まで贈り物をとっておいて、二人でワインとともに食べるという風習があった。また、子どもたちの一団が近所の家々をまわって新年の幸福を願い、返礼として心づけやもてなしを受けとるという慣習は、ヨーロッパじゅうで見られた。

一方、アメリカ植民地に渡ったピューリタン、クェーカー教徒、カルバン派、分離派の人々は、ヨーロッパにおける彼らの同胞と同様、新年の祝日を異教徒的な慣習に後戻りするものだとみなし、最初のうちは贈り物の交換や祝祭は、いかなる形であっても行われなかった。だが時間とともに、新年の祝日から異教の迷信の影響が失われ、敬虔なキリスト教徒も、新年の贈り物を異教の慣習というよりも愛情や善意の印と見るようになった。また、召使いや小作人、奴隷、新聞売りなど、労働者や社会的身分の低い人々が、新聞購読者や地位の高い人々、雇い主などに新年の贈り物を求める慣習が植民地に持ち込まれた。シュミットは『消費者のしきたり』*（Consumer Rites）で、この新聞売りの事例について詳しく述べ

ている。「ヨーロッパにおいて印刷技術が革命的に進歩を遂げた最初の10年以来、印刷業者は新年の挨拶を商品化してきた。植民地で新聞売りや呼び売り商人が配る小さな広告用印刷物は、ヨーロッパの慣習をそのまま踏襲したもので、この広告用印刷物による新年の挨拶とそれに伴う祭日の心づけは、新年の祝日に広く行われる経済活動となった」。また、シュミットは、このようなささやかな贈り物が「社会的序列における階級間の関係や、社会で重要とされていた階級差および目下への尊大さを、認識し強調するものであった」と述べている。

18世紀後半になると、アメリカ都市部の商店主たちが、上流社会の人々に対し、有益な新年の贈り物として、洗練された商品を半ば押しつけ始めた。例としては、ネックレスやロケット、かぎタバコ入れ、銀器のティーセット、礼装用佩刀、懐中用小型ピストルなどの高級品が挙げられ、これらはすべてヨーロッパの貴族階級が習慣的に贈る品に倣うものだった。19世紀の最初の20年間に、ニューヨークやフィラデルフィアなど大都市の新聞には、新年の贈り物を賞賛する広告、とくに婦人向けの贈り物の広告がぎっしりと並び、商品がロンドンでの流行品や、パリの上流社会で用いられる品だと宣伝された場合は、なおさら購買欲をそそることとなった。こうした品々を贈ることにより、紳士たちは彼らが公式に訪問する婦人たちに対して、社会的な義務を果たすことができた。

18世紀半ばには、子ども向けの新年の贈り物の広告がアメリカの出版物に掲載されることは稀だったが、19世紀初めの30年間、子ども向け贈答品の市場と広告紙面はかなり拡大した。だが新年に物を贈る習慣は廃れていき、19世紀後半までには、クリスマスの朝に贈り物を贈る習慣へと徐々に変化していった。贈り物として好まれたのは、教理問答などの信仰の学習書、祈祷書、聖書、讃美歌集、その他の信仰書（こういった贈り物は、年の変わり目が宗教的な考えを深めるには理想的な時だという、当時の一般的な考えを反映していた）、また文学作品や、子ども向けの読み物、さまざまな玩具などであった。

20世紀に入り、ソビエト連邦では共産主義の独裁者ヨシフ・スターリン（任期1929〜1953）が、クリスマスというキリスト教の影響を排除するために冬の主要な祝日を元日に移したため、新年の方が再び重要な祝日となった。1991年のソ連崩壊後も旧ソ連構成国においては、おもに元日が、冬の贈り物を贈る日とされている（⇒ロシア）。

特定の贈り物を贈る習慣については、個々の国の項目を参照のこと。

オジュラ祭り
Odwira Festival
　⇒ガーナ

オーストラリア
Australia

　元日は1月1日。真夏に祝うオーストラリアの新年には、パーティ、騒音、飲酒、ビーチや水中での活動、野外での食事、大晦日の晩の花火などがつきものである。多くの海辺の都市で祝賀行事が催されるが、なかでもシドニーの祝祭は世界的にも最大規模とされ、平均して毎年120万以上の人々が参加する。またシドニーは国際日付変更線に近接することから、世界で最初に新年のおもな祝賀行事を開催する都市でもある。ダーリン・ハーバー付近にクルーズ船が停泊し、午後9時には導入として港湾内の2艇の艀（はしけ）から短時間、花火が打ち上げられる。真夜中には、花火競技会で数々の賞を受賞してきたフォッティ・インターナショナル・ファイアワークスにより、威容を誇るハーバー・ブリッジから8万発以上の花火が打ち上げられる。何マイルも離れた場所から見えるこの花火ショーは、テレビで世界じゅうに生中継され、毎年約6億人もの人々を楽しませる。2005年にはこのイベントにおいて、南アジア津波被災地支援基金に120万ドルもの寄付が集まった。

　ほかの有名な年明けイベントとしては、1976年から続くシドニー・フェスティバルが挙げられる。大晦日の晩に開幕して建国記念日（1月26日）まで続くこの行事には、演劇、音楽、美術、ダンスなど、各分野における世界的著名人が出演する。さらにシドニーでは大晦日の晩に遊園地ルナパークにおいてハーバー・パーティが催され、何千人もの人々が遊園地の乗り物だけでなく、ハーバー・ブリッジの花火大会やダンスバンドの演奏をくつろいで楽しむ。12月末から1月初頭までの6日間にわたるクィーンズランド州のウッドフォード・フォーク・フェスティバルの呼び物は、国内トップアーティストはもちろん、海外からも多数のゲストが出演する点で、出演者は2,000人を超える。フェスティバル期間中は、コンサート、ダンス・パフォーマンス、ワークショップ、公開討論会、ジャムセッション、大道芸、お笑いショー、子どもフェスティバルなど、400以上ものイベントが開催される。ビクトリア州ローンのフォールズ・フェスティバル（1993年から開催）とタスマニア州マリオンベイの同名のフェスティバル（2003年から開催）には、さまざまな人気音楽アーティストが出演する。牧場で催される両フェスティバルはどちらも12月29日に始まって年明けまで続き、およそ1万4,000人の聴衆を惹き付ける。また、この時期に催される同種のフェスティバルにはフィリップ島のピラミッド・ロック・フェスティバルが挙げられる。2006年に始まった、シドニーのルナパークを会場とするフィールグッド・フェスティバルでは、数々の公開イベントが年明けまで続き、国内や海外のアーティストが出演する。さらに同市では、元日にドメイン公園で毎年恒例のフィールド・デイが開催され、1万人の聴衆がつめかけて

86　オストリア

人気ダンスバンドの音楽を楽しむ。

　オーストラリアの人口の約 7% はアジア人であり、中国系オーストラリア人は中国の太陰暦と同種の太陰太陽暦を基に全国的に春節を祝う。龍舞、パレード、提灯祭り（ランターンフェスティバル）が行われ、またダーリン・ハーバーなどを会場として、22 人の漕ぎ手からなるチームが 100 以上も参加する龍船競漕も行われる（⇒暦・中国、中国）。

　新年の挨拶には次の言い方がある。
・「ハッピー・ニュー・イヤー（Happy New Year）」英語（公用語）
　⇒『ディナー・フォー・ワン』、ニュージーランド

オーストリア
Austria

　元日は 1 月 1 日。オーストリアでは、新年に舞踏会やコンサートのシーズンが開幕し、この時期につきもののパーティや酒場通い、騒音、乾杯や花火などを華やかに彩る。ウィーンで催される最も有名な舞踏会としては、大晦日の夜にかつてオーストリア皇帝の冬の住居とされたホーフブルク宮殿で催されるカイザーバル（皇帝の舞踏会）［2012 年よりル・グラン・バルと改称］が挙げられる。この舞踏会は、豪華な料理とワルツ、そしてウィーン・オペレッタ・ガラコンサートが呼び物で、とくにコンサートでは、シュターツオーパー（ウィーン国立歌劇場）やフォルクスオーパー（国民歌劇場）の歌手がウィーンの有名なオペレッタから

歌曲を披露する。さらに 12 月 30、31 日と 1 月 1 日には、ウィーン交響楽団の公演においてベートーベンの交響曲第九が演奏される。同じ期間、シュターツオーパーとフォルクスオーパーではいずれも、『ディー・フレーダーマウス（こうもり）』（Die Fledermaus）が上演される。これはヨハン・シュトラウス 2 世の作品であり、初演は 1874 年ウィーンで、同年ニューヨーク市においても上演された。また 1 月 1 日には、ムジークフェライン・ホールに本拠をおくウィーン・フィルハーモニー管弦楽団の世界的に有名なノイヤールコンツェルト（ニューイヤー・コンサート）が催される。このコンサートは 1939 年以来毎年行われており（初年は 12 月 31 日に開催された）、演目はおもにシュトラウス一家（ヨハン・シュトラウス 1 世［1804 ～ 1849］とその息子たち、すなわちヨハン・シュトラウス 2 世［1825 ～ 1899］、ヨーゼフ・シュトラウス［1827 ～ 1870］、エドゥアルト・シュトラウス［1835 ～ 1916］）のワルツ、ポルカ、そしてオペレッタよりの抜粋からなるが、時にはほかの「堅い」作曲家の作品も演奏される。クレメンツ・クラウス（1939 年）、ロリン・マゼールから、ヘルベルト・フォン・カラヤン、ズービン・メータ、小澤征爾まで、名だたる指揮者が登壇し、コンサートの様子はテレビの公共放送で生中継され、世界 44 か国、10 億人の聴衆に届けられる。コンサートの最後を飾るアンコールには、毎年必ずヨハン・シュトラウス 2 世の「美しき青きドナウ」、

続いてヨハン・シュトラウス1世の「ラデツキー行進曲」が演奏される。「ラデツキー行進曲」は1848年に作曲され、オーストリア陸軍元帥であった、ラデツキー伯ヨハン・ヨーゼフ・ヴェンツェル・アントン・フランツ・カール・フォン・ラデッツに捧げられた曲であり、その壮快なリズムに合わせて聴衆が手拍子を打つのが恒例となっている。

オーストリアの大晦日は、教皇シルウェステル1世（⇒ 聖シルウェステルの日）の死を記念して、ジルヴェスター（Silvester）あるいはジルヴェスターアーベント（Silvesterabend：ジルヴェスターの夜）と呼ばれる。この夜は男性たちが、ヤドリギを纏う老いた醜悪な異教の生物「ジルヴェスター」の格好をして、常緑樹の下にいる女性を探しまわり、キスをしようとするが、真夜中になると、新しい年によって追い払われる。ジルヴェスターは森の精霊であり、名称はシルヴァ（silva：ラテン語で「森」の意）の語に由来する。大晦日のほかの風習としては、ブライギーセン（bleigiessen：鉛占い）が挙げられる。これは、迷信的な人々が溶かした鉛を水に注いだ時に、どのような形で固まるかで、来るべき新年にどのような運命が待っているかを占うものである。さらに、新年の幸運と富の象徴である、金の小片をくわえたマジパンの豚を吊るす風習もある。ウィーンでは、幸運のシンボルとして、ひき綱をつけた豚を連れて通りを歩く人々もいる。シャンパンやワイン、ビールなどが供されるが、オースト

リアでより好まれるのは、赤ワインとラム酒にオレンジ、レモン、シナモン、クローブを混ぜて火を点けた、フォイヤーツァンゲンボウレ（「火ばさみのパンチ」の意）である。この飲み物は、ハインリヒ・シュペルル（1887〜1955）の小説『ディー・フォイヤーツァンゲンボウレ』（*Die Feuerzangenbowle*）、そして同名のコメディ映画の影響もあって親しまれている。同映画の製作は1944年、主演はハインツ・リューマン、監督はヘルムート・ヴァイスである。また、毎年の伝統となった大晦日の晩の恒例番組、『ディナー・フォー・ワン』は、1963年に製作されたイギリスの喜劇映画で、かつては『デア・ノインツィヒ・ギブルツターク・オーダー・ディナー・フォー・ワン』（『90歳の誕生日、あるいはお一人様の晩餐』）のタイトルで知られていた。同映画の主演はフレディ・フリントン、メイ・ウォールデンである（⇒『ディナー・フォー・ワン』）。さらに新年には教会の塔の上でのコラール演奏、トゥルムブラーゼン（金管アンサンブル）も行われる。この演奏は「新年の吹奏」と呼ばれ、クリスマスイブにも行われる（⇒新年の吹奏）。

新年の挨拶には次の言い方がある。
・「プロージット・ノイヤール（Prosit Neujahr）」ドイツ語（公用語）
　⇒ドイツ、豚

お告げの祝日
Feast of the Annunciation
　3月25日に祝われるキリスト教の祝

日。中世の時代、ヨーロッパの多くの地域では、この日が一年の始まりであった。お告げの祝日はローマ・カトリック教会において「主のお告げ」、英国国教会では「聖処女マリアへの主のお告げ」、正教会では「神の母へのお告げ」、イギリスでは「レイディ・デイ」と呼ばれ、御使いガブリエルが処女（おとめ）マリアにキリストの母になると告げ知らせたこと（『ルカによる福音書』1章26節～38節）を祝うものである。この祝日は、エフェソス公会議（431年頃）前後に始まったとされ、ローマ教会では、教皇ゲラシウス（496年没）の典礼書中において初めて記録された。トレドの第10回教会会議（656年）およびトリノの教会会議（692年）でもこの祝日について言及されていることから、7世紀にはローマ教会において広く祝われていたことが分かる。現在のローマ・カトリック教会暦においては、3月25日が日曜日であった場合、この祝日は3月24日に祝われる。また、イースターの週にあたる場合は、イースターから数えて第8日目に移される。古いイギリスの迷信では、レイディ・デイがイースターにあたると悪運に見舞われるとされた。

　3月25日は、キリスト教において伝統的にいくつかの点から重要な日とされる。4世紀にローマ・カトリック教会がキリスト降誕祭を12月25日と定めて以来、処女マリアはそのちょうど9か月前の3月25日に受胎告知を受けてキリストを胎に宿したと考えるのが伝統である。また、3月25日はユリウス暦における春分にあたる。さらに、キリスト教徒は伝統的にこの日をキリストの死の日とみなしてきた上、古代の殉教録に見られるように、この日はアダムの創造と堕落の日にあたると考えられ、同様に、ルシフェルすなわちサタンの堕落や、イスラエルの民の紅海横断、アブラハムがイサクを生贄として捧げようとしたのも、一般的にこの日だとされてきた。

　また、スキテュア出身のローマの修道士、ディオニュシウス・エクシグウスは、525年に、ユリウス暦の一年は3月25日から始まるべきだと発案した。このディオニュシウス・エクシグウスは、ユリウス暦およびグレゴリオ暦の紀年法、アンノ・ドミニ（主の年）を創案したことで知られる。一年を3月25日から始める方法は「アナンシエーション様式」と呼ばれ、中世のヨーロッパでは広く用いられていた。1582年以降多くの国々がグレゴリオ暦に改暦したが、大英帝国は1752年1月1日までアナンシエーション様式を用い続けた。一年を1月1日から始める新しい様式は、割礼の祝日を1月1日に祝う慣習にちなんで「割礼祭様式」と呼ばれた。スコットランドでは、割礼祭様式に改められたのは1600年1月1日だったが、大英帝国を構成する他の国々がグレゴリオ暦を採用したのは1752年9月のことだった。この影響を受け、イギリスでは現在でも課税年度が4月6日に始まる。この期日は、グレゴリオ暦に切り換えた年に削除された11

日と、1900年に抜かされた閏日分の1日、計12日を3月25日に足したものである。

⇒暦・グレゴリオ、暦・ローマ〔ユリウス暦〕

『男と女の詩』

Happy New Year
映画（1973年）

　フランスのコメディ映画『ラ・ボナネ』（*La Bonne Année*）の英語版タイトル。新年に刑務所を出所した宝石泥棒（リノ・ヴァンチュラ）が、6年前に刑務所に送られる原因となった強盗失敗の際に出会った女性（フランソワーズ・ファビアン）とのロマンスを再燃させる。女性はその後、骨董商となっていた。

　この映画は1973年にサン・セバスティアン国際映画祭男優賞（リノ・ヴァンチュラ）および女優賞（フランソワーズ・ファビアン）を受賞し、1975年には英国アカデミー賞作曲賞にノミネートされた。

脚本・監督：クロード・ルルーシュ／脚色：ピエール・ユイッテルヘーベン、クロード・ルルーシュ／レ・フィルム13およびリゾーリ・フィルム／DVD：イメージ・エンターテイメント／PG指定／115分

　この作品は1987年にアメリカにおいて、『ピーター・フォークの恋する大泥棒』（*Happy New Year*）のタイトルでリメイクされたが、原題は *The Happy New Year Caper* とも呼ばれる。ピーター・フォークとチャールズ・ダーニング演じる宝石泥棒コンビが、宝石店強盗を企てるものの、片方が隣の骨董店の女性オーナー（ウェン

ディ・ヒューズ）とロマンティックな仲になり、計画は頓挫する。オリジナル映画の脚本・監督を務めたクロード・ルルーシュが、1場面のみ登場する。このリメイク作品は1988年にアカデミー賞メイクアップ賞候補に選ばれた。

脚本：ナンシー・ダウド、ウォーレン・レイン／製作：ジェリー・ワイントローブ／監督：ジョン・G・アヴィルドセン／コロンビア・ピクチャーズ、デルファイIVプロダクションズ／VHS：ソニー・ピクチャーズ・ホーム・エンターテイメント／PG指定／90分

オマーン

Oman

　アラビア海、オマーン湾、ペルシャ湾に接しイエメンとアラブ首長国連邦の間に位置する中東のスルタン国。人口のほぼすべてがイスラーム教徒。内75％が、ハワーリジュ派でも穏健な分派であり比較的古い歴史をもつイバード派。世界のイバード派の大半がこの国に暮らす。そのほかにイスラーム教スンニー派とシーア派、またキリスト教徒とヒンドゥー教徒も僅かながらいる。

　イスラーム教徒はイスラーム暦に従い、新年はムッハラム月の1日に始まる。イスラーム教では豚とアルコールの摂取に加えてこの時期には生の公演などを楽しむことを禁止しているため、ほとんどのイスラーム教徒がこの日には祝祭の儀式をあまり行わない。しかし、シーア派の初めの10日間は、680年にカルバラで預言者ムハンマドの孫フサインが殉教

したことを悼む期間となる。アーシュー
ラーは追悼の日々があける10日目に行
われる。詳細はイスラームの項を参照の
こと（⇒イスラーム教）。

　オマーンでは一般的にはグレゴリオ暦
を使用しているので元日は1月1日とな
る。これは唯一の世俗的な祝日で、休み
という以外にイスラーム教徒にとって重
要ではないが、ほかのイスラーム教に関
係する祝日同様に、商取引は中止となる。
しかし、この日が週末と重なれば次の営
業日に振り替えとなる。国外に住むオマ
ーン人は大晦日にパーティをしたり、家
族で集まったりすることがよくある。

　新年の挨拶には次のような言い方があ
る。

・「クッル・アーミン・ワ・アントゥ
　ム・ビハイル（Kullu 'Aamin Wa Antum
　Bikhair）」アラビア語（公用語）
　⇒暦・イスラーム

オランダ
The Netherlands

　元日は1月1日。アウデヤース・アー
ボンド（Oudejaars Avond：大晦日）の真夜
中前は、一般的には家で過ごすか友人宅
に集まる。教会では旧年に亡くなった教
区の人の追悼式を行う。真夜中になると
みな通りに出て華やかな花火を見ながら
シャンパンを飲んで、人々に向かって新
年の願いを叫ぶ。教会の鐘が鳴り、港の
船舶や工場が警笛を鳴らす。田舎では夜

警が高らかに真夜中を告げる。アムステ
ルダムなどの主要都市はコンサートを主
催し、花火がよく見えるライツェ広場、
ダム広場、ニーウマルクト広場、レンブ
ラント広場などアムステルダムの観光地
がにぎわう。離れたところで静かに観賞
したい人々は運河にかかる多数の橋に赴
く。

　ニューヤーズダウク（Nieuwjaarsdag：元
日）には友人を訪ね、この一年でお世話
になる人に金銭の贈り物をし、クネイペ
チェ（「洗濯バサミ」）、ダイフェカーター
ン（長いパン）、アッペルバイネー（りんご
のフリッター）、オリボレン（揚げたケー
キ）、スネーウバーレン（雪玉）などの祝
日のケーキやパンやワッフルを食べる。
よく飲まれているノンアルコール飲料は
スレンプ。これはミルク、茶、スパイス
で作る温かい飲み物で、伝統的にオラン
ダのケーキ、スーシェとともに供される。
ゼーラント州、オーファーアイセル州で
は少年たちが、鐘とロンメルポットを鳴
らしてにぎやかに家々をまわり、小銭を
もらいながら新年の幸を願う。ロンメル
ポットは鍋の口に皮を張って中央に穴を
開けた楽器で、この穴に棒を差し込み上
下させることで音を出す。もともとは悪
霊を追い払うのに使われたといわれてい
る。

　新年の挨拶には次の言い方がある。
・「ヘルッキッヒ・ニウヤール（Gelukkig
　Nieuwjaar）」オランダ語（公用語）

か行

ガイアナ

Guyana

⇒ 中南米とカリブ海諸島

ガイ・ロンバルド・アンド・ヒズ・ロイヤル・カナディアンズ

Guy Lombardo and His Royal Canadians

　オンタリオ州ロンドン出身のイタリア系カナダ人、ガエターノ・アルベルト・「ガイ」・ロンバルド（1902.6.21 ～ 1977.11.5）がリーダーをつとめた人気ダンスバンド。ガイ・ロンバルドは家族や地元の音楽家とともに「この世で最も甘美な音色」を奏でると評判のビッグバンド（大編成楽団）、ザ・ロイヤル・カナディアンズを結成した。赤いブレザーに黒いボウタイ、そして楓の葉のエンブレムを身につけたバンドメンバーおよびロンバルドは、大晦日を祝ってスコットランド民謡「遥か遠き昔」を演奏するという伝統を、北アメリカ社会に浸透させた。

　彼らの初めての重要な仕事の舞台は、1919 年オンタリオ州グランドベンドのレイクビュー・カジノだった。ここでガイ（バイオリン）、弟のカルメン（フルート、サクスフォン、ボーカル）と同じく弟のレベル（ドラム、トランペット）、さらにピアニストのマートル・ヒックス（のちに同バンドは 2 台のピアノ演奏を呼び物とした）からなる 4 人組が、ロンバルド・ブラザーズ・オーケストラ・アンド・コンサート・カンパニーという最初のバンド名で演奏を行った。この初期のバンドに、折に触れてロンバルド家の妹エレインと彼らの父であるガエターノがボーカルとして加わり、時にはスコットランドのコメディアンやダンサーも仲間入りした。1941 年から 1940 年代後半にかけてはロンバルド家のもう一人の妹、ローズマリーもバンドで歌い、1929 年には弟のヴィクターがバンドに加わり、1940 年にはアメリカ人歌手のケン・ガードナーが、カルメンからメインボーカルの役目を引継いだ。

　バンドは次第に規模を拡大していき、1924 年にはオハイオ州クリーブランドにあるクレアモント・イン・ナイトクラブにおいて、クラブのオーナー、ルイス・ブリートの勧めに従い（王立カナダ連隊にちなみ）ロイヤル・カナディアンズと改名し、あらためてデビューした。バンドが以前より緩やかなテンポで音量を抑えて演奏するようになったのも、常連客からの多数のリクエストに応えるためにメドレーを利用するようになったのも、このブリートの影響によるものとされている。

　1929 年、このバンドはニューヨーク

市に移り、ルーズベルト・ホテル・グリルで演奏するようになるが、この頃までに、甘美にして夢を誘うその演奏スタイルは大変な人気を博し、2局のラジオネットワークが彼らの才能を世に知らしめようとした。1929年の大晦日、真夜中の少し前に、ロンバルドは前述のグリルからCBSの同年最後となる放送終了の挨拶を行い、日付を越えたあと、この放送はNBCに引継がれた。そして年が改まる間際の、新年へのカウントダウンの直前に、同バンドは「遥か遠き昔」を演奏した。これはロンバルドが若い頃、故郷の町でスコットランド移民に聴かせてもらい、その後バンドのスタンダードナンバーとなっていた感傷的な曲だった。酒席の陽気さと喪失の切なさとを併せもつこの歌は、古い年に別れを告げ希望をもって新年に目を向ける際に大変ふさわしく感じられるようで、年の変わり目にこの曲を演奏することは、ロンバルドのバンドの伝統となった。以来50年近くにわたり、ロンバルドは親しみを込めて「ミスター・ニューイヤーズ・イブ」と呼ばれるようになり、グリルからの大晦日ラジオ放送（1929～1959）において、またグリル閉業後は、大晦日の有名テレビ番組会場であるウォルドルフ－アストリアホテルから（1959～1976）、「遥か遠き昔」を演奏し続けた。かつて『ライフ』誌に「ガイ・ロンバルドがこの曲を演奏しなければ、アメリカ国民は本当に新年が来たと信じないだろう」と書かれたほど、「遥か遠き昔」を聴くことは、毎年

恒例の行事として定着した。ニューヨーク市のタイムズスクエアでは、新年最初の歌として、今でもロンバルドがレコーディングした「遥か遠き昔」（デッカ、1961年）が放送される。

ガイ・ロンバルドは1938年にアメリカに帰化し、1930年代から1940年代にかけて、国内随一のダンスバンドのリーダーをつとめた。レコードの販売数は4億5,000万枚にのぼった。1929年から1952年にかけて、ロンバルドのアルバムがヒットチャート入りしない年は一度としてなく、しかも、そのうちの21枚は第1位に輝いた。ガイ・ロンバルドはおよそ400のヒット曲を世に送り出したが、「紅いくちびる」（Sweethearts on Parade、コロンビア、1928年）「ブー・フー」（Boo Hoo、キャピトル、1956年）「シームズ・ライク・オールド・タイム」（Seems Like Old Times、キャピトル、1956年）をはじめとする多くの曲は、弟カルメンの作曲による。

ガイ・ロンバルドの死去後は、弟のヴィクター、弟レベルトの息子のビル、アート・ムーニー、アル・ピアソンらメンバーが、バトンを引き継ぎ、アル・ピアソンは1990年のバンド・ツアーのリーダーをつとめた。

オンタリオ州ロンドンにあるガイ・ロンバルド博物館には、同バンドの多数の記念品が収蔵されている。

　⇒「遥か遠き昔」

「ガウェイン卿と緑の騎士」

"Sir Gawain and the Green Knight"

　無題だった作者不明のロマンスの頭韻詩についた通称。詩は 14 世紀後半に書かれたものと思われる。かつては英国人政治家のサー・ロバート・コットン（1570 ～ 1631）の所有で、現在は大英図書館に所蔵されている草稿の写しには、『真珠』（Pearl）、『忍耐』（Patience）、『純潔』（Purity）として知られるようになった、同様の無題の頭韻詩がのっている。4 つの詩は中英語のミッドランド北部か西部のなまりで書かれており、一人の人物の作といわれているが、誰によるものかは物議を醸している。ガウェインの最初の現代語訳は、1925 年に J・R・R・トールキンと E・V・ゴードンによって出版された。

　ガウェインは、対になる強勢の頭韻が特徴の行頭、その後にシジューラ (caesura) つまり「行間休止」が続き、行末に 2 つの強勢が加わる。たとえば：

Guaun gripped to his ax, and gederes hit on hy3t.
（*Gawain hefted the axe, swung it high*）
—*Line 421*

　ところどころの合間に、それぞれ「ボブホイール」と呼ばれる 5 行の頭韻部が挿入されている。1 行目は 1 つの強勢音節（ボブ）を含み、残りの 4 行にはそれぞれ 3 つの強勢のあるババ（ホイール）と呼ばれる音節がある。たとえば：

in stedde,

He brayed his bulk aboute,
pat vgly bodi pat bledde;
Moni on of hym had doute,
Bi pat his resounz were redde.
（To see,
Twisting his bloody, severed
Stump. And te knights were wary,
Afraid before he ever
Opened that mouth to speak.）
—Lines 439-443

　ガウェインのストーリーは、キャメロット城のアーサー王の宮廷での冬の祝祭 15 日間に始まる。大宴会や舞踏、馬上槍試合、それから貴族と貴婦人たちが「部屋でお楽しみにふける」ばか騒ぎの時期である。家臣たちが新年のご馳走を楽しんでいるとき、突然斧を持った巨大な緑の騎士が緑の馬に乗って入ってきて、アーサー王の騎士の誰でもいいから、この斧をとって騎士に一撃を加えてみろと挑む。ただし、緑の騎士は 1 年と 1 日後に仕返しをするという条件つきだ。挑戦を受けたアーサー王に代わって、アーサー王の甥で最年少の騎士であるガウェイン卿が進み出て、巨人の首をはねると、巨人は体を引きつらせた挙句に、怯えた騎士たちの間に転がった首を取り戻した。緑の騎士は、ガウェインに取引条件を思い出させてから、立ち去った。

　諸聖人の祝日の翌日、ガウェインは約束どおり、自分の役目を果たすべく緑の礼拝堂を探してキャメロットを出発した。道中でドラゴンやサテュロスのよう

な敵と出会っては退治していく。疲れはてたガウェインは、クリスマスイブにミッドランド西部の城を見つけ、城の主と奥方から温かく迎えられ、緑の礼拝堂が近くにあることを知る。クリスマスの翌日に出発しようとしていたガウェインは、かわりに領主からの取引条件を受け入れる。領主が領外で狩りをしている間、ガウェインは城でくつろぎ、狩りの獲物がなんであっても受け取る代わりに、夜には、昼にガウェインが手に入れたものを説明なしに領主にさし出すという条件である。領主が出かけている3日間、使命のために貞節を守ろうと誓っているガウェインが毎日奥方に誘惑される。1日目、ガウェインは奥方に1度だけ口づけし、領主に口づけを返して交換に鹿を受け取る。2日目には2度の口づけとイノシシを交換する。3日目には奥方からお守りになるといわれて緑の絹の飾り帯を贈られたが、ガウェインは取引を反故にして飾り帯を隠し、領主には3度の口づけをしてキツネをもらった。

ガウェインは翌日、飾り帯を携えて緑の騎士との運命の対決をし、騎士に斧を3度振り下ろされる。2度はわざとそらされたが、3度目はガウェインの首にわずかに傷をつけた。緑の騎士は自分が城の主、ベルティラク（ベルシラク）・ド・ホートデセルトの生まれ変わりであると明かす。3度の斧を振り下ろしたのはガウェインが奥方と3度会っていることの象徴で、3度めに傷をつけたのは、ガウェインが飾り帯を受け取ったことへの罰

だった。もしガウェインが完全に奥方に屈していたら、命を奪われていただろう。緑の騎士はさらに、城に住んでいる魔法使いマーリンの愛人で魔女のモーガン・ル・フェイが、アーサー王の騎士の誇りを試し、誉れ高い騎士たちの評判を確かめるために自分をキャメロットに送り込んだのだと明かした。緑の飾り帯がお守りとして役に立ったのかどうかは、読者の判断に委ねられている。

女性の手管に屈しそうになった後悔にさいなまれ、ガウェインは女性に操られる男の運命を嘆き、自らの「罪」の印として永遠に緑の飾り帯を身に着けることを誓う。キャメロットに戻ると、アーサー王はガウェインの騎士道精神の「迷い」を叱責するどころか、ガウェインの勇気と男性が過ちを犯しやすいことを認めて配下のすべての騎士に緑の飾り帯を着用することを命じた。詩の結びの"HONY SOYT QUI MAL PENCE"は1348年にイングランド王エドワード3世によって設立されたガーター勲章の標語"Honi soit qui mal y pense"（古フランス語で「悪意を抱く者に災いあれ Shame upon him who thinks evil of it」）とよく似ている。

1500年頃に南ミッドランドでつくられた作者不詳の英語物語詩『緑の騎士』（*The Greene Knight*）でも、魔法で姿を変えられたサー・ブレッドベドルという名の緑の騎士が、クリスマスにサー・ガウェインの徳を試しに送り込まれる。この詩は aabccb と韻を踏む86の節からなる。緑の騎士は、ほかの文学作品にも登場す

る。例えば、コーランにはアル・ヒドル（Al-Khidr：アラビア語で「緑の男」）がモーゼの信仰と神への服従を3度試す物語がある。クルド人イスラーム教徒の作家サラディン（1138〜1193）も緑の騎士をスペイン戦士として描いている。そのため、緑の騎士は中東文化に由来するもので、十字軍によってヨーロッパに持ち込まれ、ケルト（首切り、再生）、アーサー王（騎士道）伝説と融合したという説もある。サー・トーマス・マロリーの『アーサー王の死』では、ガウェインの弟ガレスが赤の騎士と緑の騎士という色で識別される兄弟騎士と闘う。この緑の騎士は「ガウェイン卿と緑の騎士」に見られる緑の騎士とは別の人物である。

カザフスタン

Kazakhstain

中央アジアの共和国で、以前はソビエト連邦構成共和国だった。中国の北西に位置し、一部は東ヨーロッパにもかかっている。何世紀にもわたり多くの国に征服され文化的影響を受けてきた。ギリシア人、ペルシア人、モンゴル人、アラブ人による支配を経て18世紀にロシア人の手に落ち、1936年にはソビエト連邦の共和国となった。ソ連崩壊後の1991年に独立。おもな人種構成はカザフ人（53％）、ロシア人（30％）で、ほかにウクライナ人、ウズベク人、ドイツ人が少数暮らす。宗教はイスラーム教スンニー派（47％）、ロシア正教会（44％）、少数だがプロテスタントとユダヤ教の信者もいる。

最初にイスラーム教が入ってきたのはアラブ人支配下の8世紀で、カザフ人はイスラーム教の根幹をすくい取り、それまであった信仰と融合させた。しかし、国民の新年の祝祭であるノウルーズ（新しい日）は、イスラーム以前のペルシア文化に由来する。ノウルーズはペルシア暦のファルヴァルディーン月の第1日に行われるが（⇒暦・ペルシア）、これは春分（グレゴリオ暦の3月21日頃）にあたる。ソ連時代には禁じられていたが、1989年に復活した。ただし、カザフスタンは宗教儀式の自由を認める非神政国家であるため、ノウルーズは民間の行事として行われる。

カザフスタンのノウルーズは1日で終わる祝祭で、宴会、馬上競技、レスリングの試合、闘鶏、ストーリーテリング、音楽、舞踊を楽しみ、通りには市が立つ。発祥の地イランの13日間にわたるノウルーズとは大きく異なる（⇒イラン）。各家庭では掃除や修繕をして準備を行い、借金は清算し、争い事は納めておく。針葉樹アルチャの枝を家の中で燻し、悪霊を追い払う。イラン（ペルシア）の風習にこだわる家庭では、ハフト・スィーンも用意する。古代ペルシアのゾロアスター教の教義にかかわる7つの象徴的な物をテーブルに並べる習慣で（⇒イラン）、7つはペルシア語のスィーン（sin：「s」）の文字で始まる。以下に例を挙げるが、これらに限定されるわけではない。サマヌ（samanu：小麦のプディングで甘さと豊穣の象徴）、セッケ（sekeh：金貨で富と繁

栄の象徴）サブゼ（sabzeh：穀物かレンズ豆の新芽で再生の象徴）、ソンボル（sonbol：ヒアシンスの花で人生と美の象徴）、シール（seer/sir：ニンニクで薬の象徴）、センジェド（senjed：ロトスの甘い果実で愛の象徴）、セルケ（serkeh：ホワイトビネガーで年と忍耐の象徴）。その他この儀式に使われる物についてはイランの項を参照（⇒イラン）。

新年が幸多き年となるために、その家の最初の訪問者は親切で、穏やかで、賢明で、敬虔で、徳の高い人でなければならない。初めの13日で新年がどのような年になるかを占う。

最も伝統的で重要な料理コジェは、生命の始まりを表す7つの材料、水、肉、塩、小麦粉、脂肪、穀物（トウモロコシまたは米または小麦）、乳を合わせたもの。それぞれが順に喜び、幸運、知、健康、富、成長、天の加護を象徴する。乳は新年の象徴でもあり、肉は前年の残り物の燻製肉のため前の年を象徴する。数字の7も重要な意味をもつ。家族の年長者はコジェを7杯供される。7件を訪問し、自宅には7人の客を迎え、客には贈り物をする。中央アジアでこの祝祭を祝う料理としてよく供されるのはスマラク（麦芽をひいて調理したもの）、プロフ（肉と野菜が入ったピラフ）、シュルパ（さまざまな野菜を加えたマトンの煮込み）、サムサ（緑の野菜を詰めた肉のパイ）などである。

若い女性がノウルーズの前日に、恋人に馬肉（最も貴重な肉）を使った料理クヤキ・アシャルを作って供するという伝統もある。男性はお返しに櫛、鏡、香水を贈る。これにより互いの愛が深まると信じられている。南部では年長者がイスラーム教のイマーム（宗教の指導者）として新年を祝う公的儀式を取り仕切り、祝福し、祈祷者の祖先に敬意を表する。市街に立つ市ではさまざまな食品や土産が売られ、カザフ人の英雄的戦士に扮した騎手が街を練り歩き、レスリングの試合があり、劇が上演され、アクヌ（プロの語り部）が語りを競い、男女対抗戦グル・トッザクが行われる。伝説によると、女性軍が勝利すると新年は豊かな年、男性軍が勝利すると豊かでない年となる。また、伝統的スポーツ、コクパルはステップといわれる草原でよく行われる、ポロに似た競技で非常に人気がある。競技場を線で定めず、1,000人もの騎手が首のない山羊の死骸を取り合う荒々しいもので、山羊を生贄にし、アニミズム的精霊の祝福を受ける伝統がこのスポーツの発祥となった。

カザフスタンは社会的にはグレゴリオ暦に従っているため、国際的にも大勢を占める1月1日を正月として祝う。ソ連時代の名残であるジェド・マロース、その孫の雪娘、きれいに飾られたニューイヤーツリー、贈り物という伝統がある（⇒ロシア）。ロシア正教会はユリウス暦を採用しているため、1月14日に「旧正月」を祝う。イスラーム教スンニー派は、イスラーム教の新年にとくに儀式のようなことは行わない（⇒イスラーム教、暦・イスラーム）。

カザフスタンの公用語はカザフ語とロシア語だが、新年の挨拶にはファルシー語（現代ペルシア語）が使われる。
・「エイディ・ショマ・モバラク（Eidi Shoma Mobarak）」
・「ノウルーズ・モバラク（No Ruz Mobarak）（いずれも「新年おめでとう」）
・「コラム・トゥディ（Kotem tudy）」カザフ語（「春が生まれる」）
⇒ノウルーズ

仮装祭
Mumming

　人々が仮面をつけて参加する、通りで行われるにぎやかな祭り。13世紀以前から行われており、古ドイツ語のMummeとギリシャ語のmommo（どちらも「仮面」の意）からこの名称で呼ばれるようになった。一般の参加者は「ママー」といわれる。突飛な衣装、動物の仮面、黒く塗った顔などの仮装が見られるこの祭りは、だれからともなくガイザー（guiser）、ガイザード（guizard）などと呼ばれるようになった。どちらも「disguise（ディスガイズ：変装）」が崩れた形である。さらにスコットランドには「geese-dancing（ガチョウのダンス）」という原形をとどめない呼び名もある。参加者は歌を歌いダンスを踊りながら家々をまわり、おもに金銭、食べ物、飲み物をねだる。ときには浮かれて悪戯や悪ふざけとなり、さらに犯罪に発展することもある。1400年に起きた、仮装してイングランド王ヘンリー4世を暗殺しようとした事件はその例で、ヘンリー8世の時代には同様の手口の殺人事件が増加した。

　仮装祭の起源は、以下に示す紀元前の行事にあるといわれている。古代ローマで12月に行われていたサトゥルナリア祭での放埒な仮面舞踏会、古い年の死と新年の再生を、おそらく偽の王の生贄で象徴する農耕の儀式、冬の死と春の豊穣を祝う春祭りなど。同様に、イングランドでは劇の主要人物の死と復活がいわゆる「仮装祭の劇」として広まった。こういった伝承劇はおもにクリスマスに上演され、おそらく17世紀を起源とするが、それに関する記録は18世紀末まで存在しなかった。

　通常、仮装祭の劇ではテーマと登場人物を神話や伝承から取り入れており、以下のように分類できる。英雄の戦闘（上演される割合がかなり高い）、剣劇、求愛劇。英雄の戦闘劇では「聖ジョージの劇」がいまだに最も多く上演されている。これはイングランドの守護聖人聖ジョージ（没303年）の物語で、リチャード・ジョンソンの『キリスト教における7人の闘士の伝説』（*Famous History of the Seven Champion of Christendom*、1596年）で広く知られる。寓話的伝説によると聖ジョージは、ドラゴンの生贄となって食べられそうになっていたリビアの王の娘（教会）を救うためドラゴン（悪魔）を殺した。その後、聖ジョージは国をキリスト教国に改めた。さまざまな仮面劇が伝承されているが、唯一無二の正統な聖ジョージ劇というものは存在しない。時代と

ともに変化しながら分化し、多様なせりふや不統一な登場人物ができていった。すべての劇は歪められた聖ジョージ伝説に基づき、すでに述べたような異教徒の儀式を核に紡がれた。したがって枝葉は異なっても元となったプロットは同じである。聖ジョージ（またはサー・ジョージ、ジョージ王子、ジョージ王）が我こそは勇敢なる騎士と名乗りを上げ、自分の手柄（とくにドラゴンを倒し「エジプト王の娘」を救って結婚したこと）を述べる。これに対してトルコ人の騎士（「ならず者」として知られている）、またはドラゴン自身が戦いを挑む。両者は演技で戦い、片方が「死ぬ」（死ぬのはどちらでもいい）。そこに、もぐりの医者が現れ、治癒の腕を自慢したあとに死者を生き返らせる。その後、聖ジョージが同じく他の異教徒からの挑戦を受けて戦っても、犠牲者は医者の助けを借りて助かる。最後に役者たちはおひねりや食べ物、飲み物を要求する。

配役は圧倒的に男性が多いが、仮面劇にはたまに女性の役もある。聖ジョージの劇に出てくる女性は出演者を紹介する司会者、エジプト王の娘サブラ、聖マーガレット（悪魔がドラゴンの姿で彼女のもとを訪れる）、または単に「乙女」。女性の役は、異教徒の豊饒の儀式でつかう母神を表すと考えられている。女性の司会者は、万霊節、イースター、聖ジョージの祭り（4月23日）などにも出てくるが、時とともにクリスマスの劇の司会にはサンタクロースが適するとされるようにな

った。仮面劇とさまざまな登場人物の詳細な分析はチェンバーズの『イギリスの民衆劇』（*The English Folk-Play*、1933年）に詳しい。

19世紀半ばには仮面劇は廃れたが、それ以前にヨーロッパからの移民が北アメリカで伝統的な仮面劇を始めた。例えば、イングランド人が17世紀にニューファウンドランド島に、スウェーデン人が同時期にフィラデルフィアに導入している。フィラデルフィアでは、この劇は新年を中心に行われた。仮面をつけた者たちが、鳴る子を鳴らして浮かれ騒ぎ、小火器で「新年の発砲」を行った。アメリカ独立革命の期間を通し続けられたこの習慣は、イングランドの仮面劇の形式や装飾と融合していった。ボストンでは野卑な仮面劇役者は「怪奇劇役者」と呼ばれた。イングランドの仮面劇は、仮装して物乞いをするベルスニクル（ペルスニクル）伝説とも融合した。この伝説の起源はペルズ・ニコラス（「毛皮のニコラス」）にある。サンタクロースとともにやってくる悪魔で、ドイツからの移民（ペンシルベニアダッチ）が18世紀に導入しベニスニクルの行事を根付かせた。ベルスニクルはクリスマスから新年までの期間に、仮装するか顔を黒く塗るかして家々をまわり、悪戯をしたり、人を楽しませて見返りをもらったりした。1808年に公衆の迷惑になるとフィラデルフィア市がクリスマスの仮面劇を禁止したが、労働階級の人々は郊外の住民の少ない地域で引き続き個人的に仮面劇を催し

ていた。1901 年にフィラデルフィアの
劇場プロデューサー、バート・H・マク
ヒューが広告代理業者とともに市の役人
を説得し、年に一度の「元日フィラデル
フィア仮装パレード」開催にこぎつけた。
このパレードは今日も続いており、コミ
ック、ファンシー、弦楽団、ファンシー（グ
ループ）の 4 部門でのコンテストが行わ
れるなど全米に知られるイベントとなっ
ている。
　　⇒カリサンピアンズ、フィラデルフィア
仮装パレード

仮装パレード
Mummers Parade
　　⇒フィラデルフィア仮装パレード

カタール
Qatar
　　ペルシア湾とサウジアラビアに接する
中東の半島の国。人口の 95％がイスラ
ーム教徒。そのうちの大半がスンニー派
のワッハーブ派。ビジネスと商取引はグ
レゴリオ暦に従い 1 月 1 日を世俗的な元
日とする一方で、宗教的祝祭はイスラー
ム教の暦に従う（⇒イスラーム教、暦・イス
ラーム）。
　　イスラーム教徒の元日はムハッラム月
の 1 日目だが、スンニー派は特別な祭儀
を行わない。
　　新年の挨拶には次の言い方がある。
・「クッル・アーミン・ワ・アントゥ
　ム・ビハイル（Kullu ‘Aamin Wa Antum
　Bikhair）」アラビア語（公用語）

割礼の祝日
Feast of the Circumcision
　　ローマ・カトリック教会の教会暦にお
けるかつての祝日。1 月 1 日に祝われた。
4 世紀に教会が 12 月 25 日をクリスマス
と定めて以来、1 月 1 日は「主の降誕の
第 8 日目（オクテイブ）」として重要な意
味を帯びることとなった（さらに「オク
テイブ」はすべての聖日と聖日に続く 7 日
間をも意味する）。また、この日は、アブ
ラハムの契約およびモーセの律法（『創
世記』17 章 9 節〜 14 節、『レビ記』12 章 3
節）に従ってキリスト降誕の 8 日目に行
われた割礼（『ルカによる福音書』2 章 21
節）を記念する日でもあった。この割礼
の日に、キリストはイエスと名づけられ
た。だが、ローマのカレンズ（月の第 1
日目）に関係する異教徒のお祭り騒ぎに
よって、1 月 1 日のイメージが著しく損
なわれたため、初期の教会では一般的に
割礼の祝日を祝うことはなかった。とこ
ろが、異教徒の風習を抑止する試みとし
て、ツールの教会会議（567 年）で 1 月
1 日が割礼の祝日と制定された。スペイ
ンではセビリアの聖イシドール（560 頃
〜 636）存命中のある時期に、この祝日
が採用された。またローマでも 7 世紀に
初めて主の降誕の第 8 日目の祝日が定め
られ、9 世紀にはこの祝日が割礼の祝日
と組み合わされた。正教会では 8 世紀以
降、1 月 1 日を正教会の創始者の一人で
ある聖バシリウス（329 頃〜 379）の昇天
記念日としてだけではなく、主の割礼祭
としても祝っている。また、1 月 1 日の

ミサにおける祈祷でとくに処女（おとめ）マリアの美徳について触れているため、この日がローマ・カトリック教会において、処女マリアに捧げられた最初の祝日だとみなす者が多い。1969年、第2回バチカン教会会議の決定に従い、1月1日は、割礼の祝日ではなく、マリアの神母性を賛美する神の母聖マリアの祝日と定められた。

キリスト教他宗派の中には今なお1月1日に割礼の祝日を祝うものもあるが、名称は次の通りそれぞれ異なる。英国国教会「割礼の祝日（Feast of the Circumcision）」、正教会「主の割礼祭（Feast of the Circumcision of Our Lord）」、アメリカ聖公会「主イエス・キリスト聖なる御名の祝日（Feast of the Holy Name of Our Lord Jesus Christ）」、ルーテル教会「割礼と主イエス命名の祝日（Feast of the Circumcision and the Name of Jesus）」

⇒神の母聖マリアの祝日、聖バシリウスの日、世界平和の日

ガーナ
Ghana

西アフリカのギニア湾沿岸の国。コートジボアールとトーゴの間に位置する。かつてのイギリス領黄金海岸およびトーゴランド委任統治領を前身とするガーナは、1957年、サハラ砂漠以南のアフリカ植民地において最初に独立を果たした。人口構成は次の通り、民族の多様性を示している。アカン族（44%）、モシ・ダゴンバ族（16%）、エウェ族（13%）、ガ族（8%）、グルマ族（3%）、ヨルバ族（1%）、ヨーロッパ系（1.5%）。おもな宗教はキリスト教（63%）、イスラーム教（16%）、伝統的なアフリカ信仰（21%）であり、伝統的なアフリカ信仰と、キリスト教やイスラーム教の慣習との混交が広く見受けられる。

キリスト教徒はグレゴリオ暦の1月1日を元日とし、社交行事や宗教的礼拝、音楽やダンスなどで新年を祝う。一方、イスラーム教徒はイスラーム暦に従って、同暦の新年を祝う（⇒暦・イスラーム）。各民族集団が行う収穫際は、農耕年の終わりを示すものでもあり、人々は祖霊を称え、新たな生活を始める。その中でもおもだったものは次の通りである。

ホモウォ祭り（ホモウォ Homowo は「飢餓を嘲笑する」の意） ホモウォ祭りは、ガーナ南部に分布するガ族の間で、最も広く祝われる収穫祭であり、7月後半から10月初めまでの13週間に、60近くの場所で催される。口承によると、何世紀も前の記録的な飢饉の際、病気により雑穀類が枯死してしまったため、ガ族の人々はトウモロコシを植えて飢餓をしのいだという。非常に喜んだ人々は「嘲笑して」（はやし立てて）飢餓を罵り、これが毎年恒例の祝祭に発展したとされる。ホモウォ祭りに際し、伝統的に世界じゅうからガ族の人々が、父祖の家があるアクラ平野や首都アクラ近郊の沿岸の町々に戻ってくる。故郷に戻らない者は、祖霊に罰せられるという迷信もある。ホモウォの開催期間は伝統宗教の神官によって決定さ

れるため、町によって異なるが、7月末ないし8月初めに始まることが多く、遅くとも9月には開始される。これについて、サルムとファロラ（2002）は次のように述べている。「沿岸にある7つのガ族原初の町は、期日をずらして祭りを祝い、アクラでは木曜日に祭りが始まる。そのため、アクラの外に居住し、祭りのために戻ってくる人々は⋯⋯中略⋯⋯スービー（「木曜日の子どもたち」の意）と呼ばれる。また、テシを父祖の町とする者たちは⋯⋯中略⋯⋯月曜日に戻るためジュービー（「月曜日の子どもたち」の意）と呼ばれる」

ホモウォに先立つ1か月の間は、太鼓演奏やダンスや大騒ぎなどが禁止され、その後、祭司が儀式を行い、主要な海産魚の漁が解禁となる。この魚は、ホモウォ祭りの伝統料理、（下記参照）ペップレに欠かせない材料である。ホモウォの2日前には、家族のもとへ戻る人々のために、祭司の儀式によって町の通りが清められる。町の外から戻った人々は、祖霊の罰が当たらないように、社会の和を乱す行動、すなわち言い争い、負債者への返済要求、冒瀆的な言葉、訴訟などを慎まねばならない。ホモウォの前日には、既婚女性が義理の母に焚き木を贈ったり、既婚男性が義理の父にジンのボトルを贈ったり、さらに首長が神官に薪を贈ったりする慣習がある。年配の女性たちは、家族を悪霊から守るために赤土（アクパデ）を家の戸の側柱と楣に塗る。ホモウォ祭りの時期には祖霊が歩き回ると

されているため、祭りの前日の夕方には、人々が家の中に留まるよう警告の銃声が鳴らされる。その後、夜になると、ガ族の王が羊を生贄として屠り、ガ族の年長者とともに分ける。この行いは、聖書の『出エジプト記』12章に記された最初の過越の出来事に似ていると言われる。古代イスラエルの民は、エジプトで生贄の子羊を屠り、自分たちの初子（ういご）の命を守るために、死の天使が自分の家を「過ぎ越し」てくれるよう、子羊の血を家の扉に塗った。

ホモウォの当日には家族が集まり、蒸したトウモロコシの練り粉、魚、オクラ、パームオイルなどを煮た伝統料理ペップレを食べる。首長はペップレを町じゅうに撒くことで、最初の供え物を祖霊に奉げる。それぞれの家庭の家長も同様に自分の家や庭にペップレを撒き、次に、年齢や性別や序列など普段の隔たりに関係なく、家族がペップレの鉢に同時に手をつける。その後、ホモウォダンスが行われるが、ダンスに先立って首長が膝を叩いて拍子を取り、象徴的に「飢餓を嘲笑」する。続いて人々が互いにぶつかったり接触したりするような、荒々しく激しいダンスを踊る。この際人々はさまざまな衣裳を身にまとうが、なかには本来の性別と逆の服装をする者もいる。

翌日はングーワラ（Ngoowala：「命を取り去る」の意）ないし「追悼の日」とされ、その年に家族を亡くした女性たちが嘆き悲しみ、男性たちは親戚や友人どうしで互いの幸運を祈る。アクラでのホモウォ

祭り後の3週間は、子どもたちが収穫期の終わりを祝い、特別に許されて市場で略奪を行う。

さらに、ホモウォ祭りでは、双子や三つ子、またそれ以上の多胎出産で生まれた子どもたちが、多産や豊穣の象徴として称えられる。母親は赤ん坊たちを祝福してその体に白土を塗り、白い服を着せ、卵とヤムイモを混ぜたものを与え、さらに、祭司に頼んで赤ん坊たちに特別な祝福を授けてもらう。

ホモウォの挨拶は次の言い方である。「ウォヤウォ・ホモ・イ（Woyawo homo yi）」ガ語（「飢餓を嘲笑してやるぞ」）。

オジュラ祭り（オジュラ Odwira は「浄化」の意） アカン族を主要な住民とする、ガーナの複数の地域では、この一週間にわたる祭りをヤムイモの収穫期である9月ないし10月、あるいは植え付けの季節である12月ないし1月に祝う。オジュラ祭りはアカン族の暦に従って行われる。この暦では9つのアダドゥアナン（Adaduanan）と呼ばれる周期で1年が構成されており、アダドゥアナンはそれぞれ42日からなる。最も有名なオジュラ祭りはアシャンティ地方のもので、ここではオジュラは秋の祭りであり、1年の第9番目である最後のアダドゥアナンに行われる。ホモウォ祭りと同様、オジュラ祭りでも、亡くなった家族を悼んで嘆き悲しみ、多胎出産児や祖霊を称える。また、祭りが行われる前のアダドゥアナンには、太鼓演奏、ダンス、喧騒が禁じられる。

オジュラ祭りの概念は、アシャンティ帝国を建国しクマシの都を創設したオセイ・トゥトゥ（没1712？）によって生み出された。伝説によると、天から授けられた、アシャンティの正統な支配者の証し、すなわち金の床机の継承を始めたのは、オセイ・トゥトゥの祭司長アノキーだとされる。床机は祖先を象徴するものであるが、金の床机はアカン族全体を象徴し、アカン族の男性が成人した際に購入する木の床机は、本人の家系を象徴する。アカン族の男性が死ぬと、故人の床机は祖先の床机とともに神聖な部屋に並べられる。オジュラ祭りの期間には、この聖なる床机がすべて運び出され、生贄の羊の血と川から汲んで聖別された水によって清められる。新しい王が即位すると、新王は民族すべての人々と象徴的に触れ合うために、金の床机に象徴的に着座する。だが金の床机に座ると生殖不能になるという迷信もあるため、実際には床机に座らず、単にその上で腰を浮かすだけである。王が即位して3年経つと、人々は盛大なオジュラ祭りにおいて金の床机に敬意を表し、王への忠誠を新たにする。

オジュラ祭りの週の初めには、祭司たちが悪霊を祓うために献酒を注ぎ、祖霊の祝福を祈願する。火曜日には初物のヤムイモのパレードが行われる。その年に初めてとれたヤムイモは、この時まで食べることができない。水曜日はオジュラの日であり、この日に人々は断食し、死者を悼んで嘆く。木曜日には地域をあげ

て祖先への供儀が行われ、この夜は祖先たちが外を行列して歩き回ると信じられているため、人々は屋内に留まる。金曜日には祭りの最後を飾る盛大なデバル（durbar：首長の行列）や太鼓の演奏が行われ、双子をはじめとする多胎産児が称えられる。19世紀に女王ドクアから位を継承した双子の支配者、アッタ・パニンとアッタ・オブオムにちなんでアバム（「双子」）の日とも呼ばれるこの日には、赤ん坊たちもその親も白い衣服に身を包む。

新年の挨拶の言い方は英語（公用語）である。

カナダ
Canada

カナダは多文化国家であり、人口構成はイギリス系（28％）、フランス系（23％）、その他のヨーロッパ系（15％）、アメリカ先住民系（2％）、アジア・アフリカ・アラブ系（6％）、異なる民族間の混血（26％）である。大部分がキリスト教徒（ローマ・カトリック43％、プロテスタント23％）で、イスラーム教徒は2％、人口の12％は特定の宗教を持たず、16％は無宗教である。

カナダで12月31日に行われる大晦日の祝祭行事は、おおむねアメリカ合衆国や他の西洋諸国のものと同様であり、家庭における家族のパーティや、ナイトクラブでのパーティ、音楽、ダンス、大きな音を立てる行為、飲酒、主要都市における花火大会などである。真夜中には人々が集まって乾杯し、新年の決意を述べ、キスを交わし、「遥か遠き昔」（蛍の光）を歌う。今少し静かな夜を好む人々は、除夜の礼拝など教会で行われる礼拝や、ファーストナイトに出席したりする（⇒飲酒、乾杯、除夜の礼拝、新年の決意、花火、「遥か遠き昔」、ファーストナイト）。また家に留まって人気番組『ニューイヤーズ・イブ・バッシュ』にチャンネルを合わせる者もいるが、これは、20年以上にわたってトロントのシティ・テレビが毎年放映している番組で、音楽ライブやその他のエンターテイメントが行われる。また、隣国アメリカのニューヨーク市のタイムズスクエアで行われるボールドロップのテレビ中継を楽しむ者もいる。

これらのほかに地域特有の伝統もある。例えば、ケベック州に住むフランス系の人々は、大晦日に大勢の家族が集まって食事を取る、ル・レヴェイヨン（「目覚め」の意）の伝統を守り、元日には贈り物を交換するが、これはフランスにおける祝祭と同様である（⇒フランス）。都会から離れた地域では、氷釣りをしたり、スノーモービルで丘陵へ出かけて野外バーベキューをしたりして祝う。カナダの東部、とくにニューブランズウィック州のカンポベロ島では、子どもたちは大晦日の晩に靴下を吊るし、クリスマスに訪れるサンタクロースのかわりに、マザー・グディないしナンシーおばさん、あるいはマザー・ニューイヤーと呼ばれる伝説上の人物から贈り物をもらう。マザー・グディの起源はスコットランドと考

えられており、同国の島嶼部からは多くの家族がカナダへ移住している。スコットランドに普及したカルバン主義の教理の影響によって、17世紀にはクリスマスの祝祭が次第に元日に行われるようになり、マザー・グディが祝日に贈り物をもたらす聖ニコラスに成り代わったということも考えられる。スコットランド系カナダ人は今なおホグマネイを祝う習慣がある（⇒イギリス）。中国系カナダ人は、他のアジア系の人々と同様、太陰暦に従って新年を祝う。トロントでは、アジアの料理、文化、音楽、舞踊、歴史、美術展、花市場などを紹介する3日間の祝祭が開催される（⇒暦・中国、中国）。ウクライナ正教会の信徒は、同教会の教会暦であるユリウス暦に従い、新年を1月14日に祝う（⇒ウクライナ、暦・ローマ〔ユリウス〕）。また、もっぱらニューファンドランドにおいて、クリスマスの12日間に仮装祭が行われる（⇒仮装祭）。

先住民文化圏においては、ライフルの射撃やスノーモービル行列で新年を迎える（⇒新年の祝砲）。イロコイ族の子どもたちは、元日に袋を携えて母方の親族を訪ね、袋をご馳走でいっぱいにしてもらう。イヌイットはボクシング・デイ（12月26日）ないし元日にパラグ（「満杯にする」の意）を行うが、この行事では、祝い事のある家の家人が屋根の上に立ち、下で待つ客たちに贈り物を投げる。カナダ西部のプレーリー諸州に住むメティース（フランス系カナダ人と先住民族の子孫）には一族で集まる風習があり、こ

の集いはクリスマスイブに始まってしばしば2週間続く。祝いの食卓にはバッファローやヘラジカや鹿の肉、じゃがいも、ベリー類、マコモの実などが供され、贈り物の交換や音楽の演奏、ダンスなどが行われる。

元日は前夜の大騒ぎから回復する日であり、元日が日曜にあたる場合は、翌月曜日は法定休日となる。1646年以来、カナダ総督と各州の副総督による元日謁見は350年間以上続いており、新年を迎える祝いの席でカナダの副総督ら州政府の代表と接見するという、またとない機会を市民に提供している（⇒接見会）。さらに元日には、「ポーラーベア・クラブ」として知られる冬季水浴団体の会員がカナダじゅうで集い、冷たい湖や海で短時間泳ぐ。ブリティッシュ・コロンビア州バンクーバーのポーラーベア・クラブは世界で最も古いクラブの1つで、1920年に設立された。同クラブの会員たちは、イングリッシュ湾を会場として、最もすぐれた水浴衣装に与えられる衣装賞を競い合い、また水泳競技に参加する。2000年の元日には、2,128人もの人々が参加した。

ミレニアム祭　新しい千年紀を迎えるにあたり、芸術・文化イベントを含む祝典や企画が催されたが、これらの多くは1999年から始まり2000年まで、あるいは2001年まで続いた。カナダ諸州と各州で催されたおもな祝典行事は、下記の通りである。

アルバータ州　アルバータ・ヘリテージ・

オンライン：私たちの歴史祝典、アルバータ州：私たちの未来と過去プロジェクト（損なわれやすい記録文書のデジタル保存プロジェクト）、アードロサン：過去から未来へ、絆を結ぼう（児童に学校の歴史を学ばせる、アードロサン小学校のプロジェクト）、バンフ 2000 ボイス：セレブレイティング・クリエイティブ・ボイス・オブ・カナダ（千年紀のために新たな声楽作品を創作する、バンフ・センター・フォー・ジ・アーツのプロジェクト）、カルガリー 2000、カルガリー・グリーンマップ（リサイクル拠点や、ごみ埋め立てに安全な場所などを網羅した地図の作成）、カルガリー「ミーレニアム」（貧困者支援のための移動コミュニティ・キッチン）、エドモントン 2000、エドモントン：緑と人をつなげるプロジェクト（植樹や農業を通じて持続可能な環境を促進するプロジェクト）、ハイプレーリー：時間に橋をかけようプロジェクト（ハイプレーリーの町の歴史をタイムカプセルに保存する、学童のプロジェクト）、ハイリバー市：フットヒル・ミレニアム・パーク（ハイリバー市にシニア市民のための公園を作るプロジェクト）、「アイ・ヒューマン」2000 ピース・イニシアティブ（世界中の廃棄された銃で平和の像を作るプロジェクト）、移住アーティスト遺失物取扱所（移住アーティストを支援する、エドモントン・メノナイト移住者センターのプロジェクト）、ルドゥーク・メモリー・キッツ（地域の遺産を保存するために、ルドゥークの市民から寄附された手工品を集め、「メモリー・

キット」として高齢の市民や若い市民が使えるようにしたプロジェクト）、ルイーズ・マッキニー公園（地元の公園における未開発地区に景観設計を施すエドモント市のプロジェクト）、メンターズ・オブ・ミレニアム（前世紀に科学・技術・工業・数学の分野で大いに貢献した女性たちを承認する、アルバータ州女性科学者ネットワークのプロジェクト）、エドモントン・ミレニアム平和公園、ピーセンチュリー 2000（国際平和人権協会後援の会議）、プロジェクト・ブラックライト（黒人学生の配信するオンラインニュース『ブラックライト・マガジン』が、千年紀の変わり目におけるアルバータ州の人種多様性を表す、スナップ写真を提供した）、プロジェクト・ラウンド・ダンス：プリペアリング・フォー・ザ・ミレニアム（エドモントンで開催された複数のメディアによるビジュアルアート展で、先住民をテーマにした）、レッドディア市：全世代ミレニアム・プロジェクト（レッドディア市在住のあらゆる年代に属する 600 人の人々による美術展。参加者それぞれの変わり行く千年紀への思いを作品に反映する）、持続可能な開発の実現と維持についての世界会議。

オンタリオ州 ミレニアム・カレンダー（エイジャクス市が 2001 年にまでわたり、450 ものミレニアムイベントを催した）、リサーチ・ターミナル（マクマイケル・カナディアン・アートコレクションの協力により、高校生がインターネット、テレビ、印刷物などを通してカナダの歴史について調査する企画）、地球のためのアート・ミ

レニアム・プロジェクト 1991 ～ 2001、バリー 2000 命の祭典（共同体にいる若者たちのフェスティバル）、ボブケイジョン 2000（他の自治体に先駆けて、いち早くミレニアム・プロジェクトを創案したボブケイジョンの町のプロジェクト）、加日新世紀クリエイターズ・プロジェクト（舞台芸術、グラフィックアート、建築デザインにおけるカナダと日本の共同事業、日加共同のホームレス問題への取り組み）、カナダ先住民フェスティバル、カナダ・ミレニアム連合、オタワカナダ文明博物館、地球の友だち菜園ミレニアム・プロジェクト（ヒューロン郡の 67 校の小学校において、生徒による有機農法野菜の栽培を促進するプロジェクト）、エストニア 2000（トロントにおけるエストニア文化の祭典）、フィンランド・グランド・フェスト 2000（トロントにおけるフィンランド文化の祭典）、未来への旅 ミレニアムに向けての積極行動（オタワで開催された若者のためのプロジェクト）、メトロノーム・カナダ財団（ミレニアム記念ミュージックフェスタを開催したトロントの複合施設）、ミレニアム前夜の祈り、ミレニアム・スター奉仕者コンテスト（コミュニティに多大な貢献を果たしたトロント市民を、「ミレニアム・スター」として表彰する企画）、ミシソーガ・ミレニアム・コミュニティ委員（退役兵や貧困者のホームレス化防止など、多種多様な社会貢献プロジェクト）、自然の遺産 2000（野生生物や自然環境の保護プロジェクト）、オタワ 2000、オクスボウ・パーク自然化プロジェクト（オタワのカー

ルトン大学のキャンパスで、学生がオクスボウ・パークを再生するプロジェクト）、大地のリズム（人間の鼓動をもとにしたドラム演奏の祭典）、サウンド・オブ 2000（オンタリオ州の歴史に関連する物の借り物競争。パリー・サウンド地区で 1 か月間にわたり開催された）、サミット 2000：子ども・若者・メディア―ミレニアムを超えて

ケベック州 カナダ文明博物館、ミレニアムから次のミレニアムへ（モントリオールにおける展示会）、グレート・ミレニアム・ウォール・オブ・カナダ（2000 年のカナダの日に、オタワでカナダの文化的多様性を表す 2000 の壁画が披露された）、ワン・デイ・ピース・キャンペーン、パスアート：ル・パサージュ 1999 ～ 2000（ケベックのアーティストによる 2000 点の作品を集めた全国美術展。ケベック州のルイーヌ - ノランダで開催された）、ケベック 2000 ミレニアム・ウェットランド・イベント（生態学者、環境問題専門家、自然保護活動に関わる人々のシンポジウム）、世界冬の都市市長会議・見本市：地球気候変動とエネルギーへの影響～北国の住居と交通機関。

サスカチュワン州 ミレニアム科学・社会・人権シンポジウム。

ニューファンドランド・ラブラドール州 バイキング 1000 年祭、バイキング・ミレニアム国際シンポジウム、仮想タイムカプセル・プロジェクト

ニューブランズウィック州 フライト・フォーライフ・アース・カイト（環境意識向上のため、何千枚もの凧を揚げるプロ

ジェクト）、ビジット・カナダ・ビジッティージー（セント・ジョンのロックウッドパーク内に設置された遊歩道。記念モニュメントを解説付きでたどる）

ノースウェスト準州　グイッチン族のミレニアムの旅（このプロジェクトでは、先住民の人々がマッケンジー川デルタからアラスカ沿岸の北極圏野生動物保護区までを踏破した。これは同保護区内のポーキュパインカリブーの繁殖地における、油田開発の危機について意識を高める目的で行われた）

ノバスコシア州　ハリファクス・ミレニアム委員会、トール・シップス 2000（150隻の大型帆船がヨーロッパから出発し、アメリカ沖のバミューダ諸島、ボストンを経由してハリファクスまで航行した）

ブリティッシュ・コロンビア州　ブリティッシュ・コロンビア・ミレニアム記念台帳（全州に回覧し全州民のサインを集めた記念の台帳）、クレヨケット生物圏トラスト（バンクーバー島西岸のクレヨケット海峡生物圏保護区に持続可能な共同体を創出するプロジェクト）、フー・パ・クウィン・ウム：酋長たちの至宝（国内および海外で開催された先住民ヌーチャヌルトの文化・伝統展）、遺産プロジェクト（ブリティッシュ・コロンビアにおける前世紀の出来事と、それらが未来に与える影響についての議論を促す、サイモン・フレイザー大学とブリティッシュ・コロンビア大学の共同プロジェクト）、リビング・バイ・ウォーター（生物学者や自然保護活動家による、カナダの川湖海岸環境向上キャンペーン）、カナ

ダ・ミレニアム財団（2000 年を記念して遺産を生み出すために組織された世界初の団体）、国際平和都市ナナイモ（国連の国際平和都市／世界市民チャレンジ・プロジェクトおよび世界平和のための国際教育協会）、ポートレイト V2K：バンクーバー市ミレニアム・プロジェクト（バンクーバーに住む人々が市の歴史・現在・未来に関わる逸話や写真を共有する企画。その中から選ばれた物が、バンクーバー博物館に展示された）、2000 年写真プロジェクト（ノースバンクーバー市の 2,000 世帯の写真と文章による記録を編集してノースバンクーバー博物館および文書館に寄贈した）

プリンス・エドワード島州　ルッキング・バック・ウィズ・プライド：未来への道を照らせ

マニトバ州　エリクソン・ホームカミング 2000（エリクソン市で行われた、野外食事会やスポーツ競技などを含む、1 週間にわたる多文化フェスティバル）、エルジン・コミュニティ・パートナーシップ・ミレニアム・プロジェクト（セント・トーマスからエルジン郡まで 20 万本の樹木を植える植樹プロジェクト）、マニトバ人類自然史博物館プロジェクト、ウィニペグ・ミレニアム・カウンシル、など。

ユーコン準州　カリブー・コモンズ・プロジェクト（アラスカの北極圏国立野生生物保護区内にあるポーキュパインカリブーの繁殖地を埋蔵石油・ガス開発から守るための、先住民グイッチン族、自然環境保護運動家、映画製作者による共同の取り組み）。

　新年の挨拶には次の言い方がある。

- 「ハッピー・ニュー・イヤー（Happy New Year）」英語（公用語）
- 「ボナネ（Bonne Année）」フランス語（公用語）

⇒ガイ・ロンバルド・アンド・ヒズ・ロイヤル・カナディアンズ

「鐘のキャロル」
"Carol of the Bells"

　20世紀に作曲された2つの歌の題名で、どちらもウクライナ人とアメリカ人によって作られた。そのうちの1曲は非常に有名で、「ウクライナのキャロル」とも呼ばれ、古代ウクライナ民謡の中でも「新年のキャロル」（shchedrivka）と分類される、「シチェードルィク」という歌を編曲したものである。編曲版はウクライナの作曲家ミコラ・レオントヴィチ（1877～1921）の合唱曲集「シチェードルィク」の中に収められ、1916年にキエフ大学において初めて演奏された。この曲は、キリストが降誕した真夜中に世界中の鐘が喜びに鳴り響いたという、古代スラブの伝説をもとにしている。実際に、その旋律は矢継ぎ早に鳴り響く鐘の音を思わせる。1936年にアメリカの作曲家、作詞家、指揮者であるピーター・ウィルハウスキー（1902～1978）が、レオントヴィチの曲に「Hark! How the bells（聞け！鐘の音は）」で始まる英語の歌詞を付け、それに合う「鐘のキャロル」の題名をつけた。この傑作の魅力は、今もなお、合唱表現にある。

　一方、あまり知られていないが、同じく「鐘のキャロル」と名づけられた作詞者不明の別の曲が、1972年に発表された。これも曲は同じレオントヴィチの旋律だったが、歌詞は「Hark to the bells（鐘の音を聞け）」で始まる。ほかにもM・L・ホールマン作詞の「クリスマスの鐘を鳴らせ」（1947年）や、作詞者不明の「来て、踊れ、歌え」（Come, Dance and Sing、1957年）という、レオントヴィチの印象深い旋律に独自の歌詞を付けたアメリカの曲が2曲発表されている。

　⇒ウクライナ

『鐘の音』
The Chimes: A Goblin Story of Some Bells That Rang an Old Year Out and a New One In

　イギリスの小説家チャールズ・ディケンズ（1812～1870）の中編小説。1844年に上梓された。ディケンズは、クリスマスの時期に幽霊の話を語るというイギリスの伝統に則り、現在まとめて『クリスマス・ブックス』（*Christmas Books*）と呼ばれている5編の中編を著した。そのうち1編の例外を除き、4作はどれも超自然的な現象に溢れる祝日の光景を描いている。そのうち最初の1編で、かつ最も良く知られている作品は『クリスマスキャロル』（*A Christmas Carol*、1843年）である。この作品に登場する幽霊がクリスマスイブに、もともと利己的な人物を思いやりのある寛大な人物へと変貌させるのに対し、『鐘の音』では、精霊が大晦日の晩に、もともと善良な人々の誤った態度を改める役割を果たす。

貧しい公認荷物運搬人、トビー・ヴェックは、その社会的地位の低さにもかかわらず、初めは楽観的な人生観を抱き、1時間ごとに鳴り響く教会の鐘の音が良い兆しを示すものと考えていた。だが、上流階級の者たちから、来るべき年には貧しい者の正当な居場所などないと冷たい言葉を浴びせかけられたことで、トビーは自尊心を打ちのめされ、鐘の音までが自分を嘲っているように感じる。自己憐憫に浸るトビーは大鐘の精と出遭う。鐘の精は、トビーが、労働者階級の人々や貧しい者は「生まれつき悪である」と信じ込んでしまったことを非難する。そして、トビーの肯定的な影響を失った場合に世界がたどる、未来の光景を描き出してみせる。その中ではトビーの愛しい娘のメッグをはじめ他の人々が、自分たちのおかれた社会的身分を乗り越える希望をすべて捨て去り、悲惨な結果を迎える。鐘の精の見せる夢の中で、メッグが貧窮に耐えきれずあわや自殺を選ぼうとした瞬間、トビーは悪夢から覚める。それはちょうど大晦日の真夜中のことであった。トビーはもはや自分の可能性を疑うことも、「最も愛しい者から」学んだ教訓を疑うこともなかった。

『鐘の音』は1914年に2度、アメリカとイギリスで無声映画化されている。

同じ中編集に収録されたディケンズによる他のクリスマス時期の中編は、『炉ばたのこおろぎ』（*The Cricket on the Hearth: A Fairy Tale of Home*、1845年）（この作品も大晦日を中心に語られる）、『人生の戦い』（*The Battle of Life*、1846年）、『憑かれた男』（*The Haunted Man and the Ghost's Bargain*、1848年）である。

　⇒『炉ばたのこおろぎ』

カパック・ライミ

Capac Raymi

　⇒インカ帝国

神の母聖マリアの祝日

Solemnity of Mary

ローマ・カトリック教会の暦にある祝祭日で、1月1日、キリスト誕生第8日を祝うもの。キリスト降誕祭の延長である。第2回バチカン会議後の1969年、この祝祭が、以前は1月1日に祝われていた割礼の祝日に取って代わった。アメリカのローマ・カトリック教会では、神の母聖マリアの祝日は守るべき祝日とされている。

世界平和の日とともに祝われる神の母聖マリアの祝日では、イエス・キリストを生んだ聖母マリアの神聖なる母性をたたえる。431年のエフェソス公会議で、マリアはテオトコス（Theokotos：ギリシア語で「神に生を与えた女性」）と宣言され、キリストの属性は神の属性であるとされた。もしマリアがキリストの母ならば、神の母も同様であるということである。そのため「神の母聖マリア」という語句は聖母マリア学とキリスト教学の用語である。カトリック教徒にとっては、聖母マリアの役割は常に神の子への信仰に結び付くものである。

⇒割礼の祝日、世界平和の日

カリサンピアンズ

Callithumpians

　18世紀のイングランドおよび19世紀初期から中葉にかけてのアメリカ合衆国において、クリスマスと新年の祝日のあいだ、仮面をつけ、酩酊して大騒ぎをした大衆の一団。この語は、カリ（calli：ギリシア語で「美しい」の意）に由来するにもかかわらず、カリサンピアンズは当時の上流階級や上流社会の人々を故意に嘲弄するあからさまな行動を誇っていた。彼らは時を選ばずに街の通りや近隣地域を練り歩いて、鍋をガンガン叩いたり、笛を吹いたり、太鼓を叩いたり、卑猥な言葉を喚いたり、口笛や騒々しい野次を飛ばしたり、爆竹を鳴らしたり、夜中に人々の眠りを妨げる非常に耳障りな音楽を演奏したりしながら、大いに騒ぎ立て、破壊行為を行い、教会の礼拝を妨害した。とくに新年にフィラデルフィアやニューヨーク市などの大都市において行動することで悪名高く、逮捕者が出ることも珍しくなかった。

　カリサンピアンズの行動は、祝日の伝統である仮装祭に由来するが、伝統的な仮装参加者は、騒がしいこともあるとはいえ、家々をまわって芝居や寸劇を披露することで娯楽を提供し、もてなしや食事、酒などの返礼を受けた。それに対して、カリサンピアンズは支配者層に対する意識的な反抗を示していた。だが19世紀後半になり、新年の祝日が、子どもに焦点をあてた家族の伝統を重視する傾向に変化していくにつれ、この習慣は下火になっていった。

　⇒仮装祭、フィラデルフィア仮装パレード

カリブ諸島

Caribbean Islands

　⇒中南米とカリブ海諸島

ガルンガン

Galungan

　⇒インドネシア

カレンズ

Calends / Kalends

　⇒ローマ帝国

韓国

Korea

　現代の韓国は、社会的には1895年1月1日に導入されたグレゴリオ暦を使用しているが、伝統的、宗教的祝祭は韓国の暦に従っており、これは中国の太陰太陽暦がもとになっている（⇒暦・中国）。太陰太陽暦では2、3年に1度、閏月が差し挟まれる。太陰太陽暦の新年は第一太陰月の初日となる（グレゴリオ暦では1月～2月）が、これは冬至から2度目の新月の日にあたる。ただし、新年の前に閏月が差し挟まれない年に限る。閏月があれば冬至のあと3回目の新月の日になる。ソルナルは3日間にわたる旧正月の祭りで、12番目の太陰月の最終日と

1番目の太陰月の最初の2日間に祝われる。しかし、伝統的に1番目の太陰月の満月までの15日間は、国民は気持ちの上で引き続き正月を祝う。伝説によるとソルナルの始まりは前2333年で、これは檀君が韓国の最初の王朝を築いたとされる年である。ソルナルは家族を中心とした祝祭で（この祝祭のために家族が万難を排して集まる）、祖先を敬い、悪霊を追い払う儀式を行い、新年に幸をもたらす行いをし、新年の行方を占う。

　旧年の最終日には借金を清算し、祝いの膳を準備し、子どもたちは改まって年長者に挨拶をし、大掃除をする。悪霊を追い払うために家じゅうを松明で照らし、藁で作ったシャベル、ふるい、熊手を戸や壁に掛け、戸にドンギ・ブジェオク（11番目の月の護符）をつける。この日は夜通し起きている習慣がある。これはこの時間に眠った者の眉は白くなるという伝説に基づく。このため、子どもが眠ってしまうと、親は子の眉に白い粉をつける。

　新年などの伝統的な祝日にはハンボクといわれる非常に色鮮やかな着物をまとう。女性のハンボクはチマ・チョゴリといわれる巻きスカートとボレロのような上着である。男性のものは短い上着とズボンからなり、バジといわれる。どちらも上に同形の長いコート、ドゥルマギを着る。今日のハンボクの形は李朝（1392〜1910）に倣ったものである。

　元日の儀式はチャレで始まる。家庭内での追悼式で、4代前までの祖先に敬意

を払い、紙榜のまえに生贄として食物と酒を供える。供物は地域や家族の伝統によって異なるが、チャレサン（儀式の台）に祖先が食べられるような向きに並べる。そのため、最初に供されるご飯は居間から見て一番奥の祖先の霊に一番近いところに置き、デザートである果物は、居間に近いところ、つまり祖先の霊が最後に「食べる」位置に備える。線香をあげたら、年長者から順に供物を捧げる。膝をつき3礼するうちのはじめの2礼は深く、最後は浅い。その後、家族は祖先への敬意から後ろを向き、「食事」をしてもらってから料理をさげる。次に行われるセベという儀式では、年少者が存命する年長者に新年最初の挨拶をあらたまって行い敬意を示す。年少者は膝をついて祖父母、親、叔父叔母の順で深いおじぎをし、「セヘ・ボク・マニ・パドゥ・セヨ（たくさんの新年の恵みがありますように）」という。年長者は敬ってくれる相手に贈り物をする習わしとなっている。3番目の儀式であるソンミョは生きている者がセベを行うのと同様の意味をもつ。家族は4世代前に限らずすべての祖先が眠る墓に参り、新年がきたことを報告する。

　伝統的な正月の料理はプルコギ（薄切りの肉を醤油、ゴマ、ゴマ油、刻んだニンニクにつけて炭焼きにしたもの）とトック（雑煮）である。これを食べると歳を1つとることができるといわれている。韓国の習慣では、個人の誕生日にかかわらず、旧暦の新年に一斉に歳を1つ重ねる。

家族、親戚、友人を訪ねる、大きな音で太鼓やどらを鳴らし悪霊を追い払う伝統のほかに、チェギチャギ（シャトルを蹴る遊び）、ぶらんこ、凧あげなどをする習わしもある。昔から1番目の太陰月のはじめの15日間には凧あげをする。凧あげ競技のみならず喧嘩凧の競技もある。喧嘩凧は糸にガラスの粉をなすりつけておき、相手の凧糸を切ると勝ちになる。15日目には不幸を寄せ付けないために凧にメッセージを書き、適当なところまであがったときに糸を切って凧を「逃がす」。不幸は凧とともに飛んでいくことになる。凧糸を巻き寄せることは新年の福を呼び寄せることになる。ノルティギはシーソーと同じような仕掛けだが、板の一方の人は立つ。二人が反対の端に飛び乗って、立っている反対側の人をできるだけ高く宙に飛ばす。また、村の全員が2チームに分かれてチュルダリギ（綱引き）をする。よく行われるボードゲーム、ユンノリはカマボコ型の棒を4本投げて、下に落ちたときの状態によって決まった数だけ板の上の駒を動かす。

韓国ではグレゴリオ暦の1月1日も元日として、西洋諸国のようにパーティや花火で祝う。目玉といえる艮絶串（カンジョルゴッ）日の出祭りは12月31日から1月1日にかけて東海岸の都市、艮絶串で行われる。ここからアジアの大陸で最初の日の出を見ることができる。毎年何千人もが初日の出を見て、ジャズ、伝統舞踊、ドラムのパフォーマンス、コンサート、花火大会な

どを楽しむ。また、高位の人物からのメッセージなども公開される。日の出を見て新年の抱負を確認したり、願いをかけたりする習慣があるほか、雑煮を食べて上記のような伝統的な遊びもする。

太陰暦でもグレゴリオ暦でも、新年には何が待ち受けているかを占い師にきく伝統がある。占い師は相談者にかわり『土亭秘訣（トジョンビギョル）』を紐解く。これは16世紀、李朝（1392〜1910）の時代の学者、李之菡（筆名は土亭）が中国の古典『易経』をもとに著した易断学の本である。道教の八卦（はっけ）に基づく。八卦は自然と人生を支配する要素である天、地、水、火、山、沢、雷、風を象徴している。これに本人が誕生した年・月・日・時間（基本となる4柱）を組み合わせて将来を占う。『土亭秘訣』では四音節句、二行連句の比喩的表現が使われており、解釈は占う者と占ってもらう者に委ねられる。だが、占い師は相手の幸運を願いながら、相手の気持ちを奮い立たせるよう務める。依頼者はよりよい生き方を求め、不運に備えるために占い師の助言を受ける。

その他の太陰暦の正月にまつわる迷信

今日、歴史的に興味深いとされるおもな事項を挙げる。

元日に牛が鳴いたり、晴天だったりすると豊かな一年になる。

赤い太陽は干ばつの前触れ、北風になると悪い年、南風は豊かな年の予兆となる。

ユンノリと綱引きの結果でこの年の村の吉兆がわかる。

病から身を守るため、女性はぬけた髪の毛をためておき元日に表門でそれを焼く。

満月の夜に地面に垂直に立てた棒を月が照らしてできた影の長さを計る。その長さでその年の風と雨の総量がわかり豊作かどうかを知ることができる。

年始の10日間、家の壁に「幸運のしゃもじ」といわれる、柄杓状のざるにマッチ、キャンディ、貨幣を入れた物を下げておく。

ふるいを表門にかけておくと、夜の精霊が元日の晩に靴を盗み、一年分の悪運を置いていくのを防ぐことができる。精霊は必ず立ちどまり、ふるいの穴を全部数えようと一晩じゅう躍起になるため、悪戯をするのを忘れるからといわれている。

15日目の前の晩にチェウング（藁人形）を作り、不運を捨て去るという意味で川に流す。15日目の朝に「耳をすます」（よい知らせがしばしば飛び込んでくるように）ために酒を飲む。肌が潰瘍にならないためにナッツを割って食べる。

最初の満月の晩に、健康になり足を痛めないように年の数と同じだけ橋を渡る。

15日目に幸運を呼ぶ数と同じ9回、同じ動作を繰り返す。子どもたちは「幸運の9回」を何セットできたかを競い合う。

新年の挨拶には次の言い方がある。
・「セヘ・ボク・マニ・パ・ドゥ・セヨ」
　韓国語（公用語）（「たくさんの新年の恵

みがありますように」）

元日
New Year's Day
祝日

すべての暦における新年の最初の日。狭義ではユリウス暦とグレゴリオ暦の1月1日を指す。西洋の慣例では新年は終わりと始まりの時とみなされ、前者は皺だらけで白い顎髭をたくわえ大がまを携えた老人、時の翁、後者はおむつをつけたよちよち歩きの幼児、新年坊やにより象徴される（⇒新年坊や、時の翁）。

暦の日付　何世紀にもわたりそれぞれの文明で、それぞれの元日の日付が採用されてきた。例えば、古代ギリシアでは一年の始まりは夏至のあとの新月であった。中国の新年は冬至の日没後2回目の新月から始まる（現在ではグレゴリオ暦の1月10日と2月の19日の間にあたる）。ユダヤ教では、新年にあたるローシュ・ハッシャーナーをティシュレーの月の初日と2日目（基本的にグレゴリオ暦の9月）に祝う。もともとローマ帝国の新年は3月1日に始まったが、ユリウス・カエサル（前100〜前44）が、前46年に現在ユリウス暦として知られている暦の採用により、1月1日に変更した。中世から13世紀にかけて、英国では「旧様式」のユリウス暦に従い新年を1月1日ではなくクリスマスにしていた。これは「クリスマス様式」といわれている。しかし、同時期ほとんどのヨーロッパの国々は新年を3月25日としていた。こ

114　カンシツ

れはクリスマスのちょうど9か月前で、伝統的に聖母マリアが天使から受胎告知をされた日といわれていた（⇒お告げの祝日）。1582年のグレゴリオ暦の制定により、元日は再び1月1日となった。ローマ・カトリック教会を国教とする国々がグレゴリオ暦を積極的に採用した。1600年にスコットランドが新しい暦を採用したが、イングランドのピューリタンは、1月（January）という名が多神教の神である双面のヤヌス（Janus）と関連していることから抵抗したため、イングランドでは1752年までグレゴリオ暦が採用されなかった。これに伴いアメリカにおける英国の植民地でもグレゴリオ暦の採用が遅れた。

共通する習慣　正月が何月何日かにかかわらず、共通するのは贈答の習慣である。これはヨーロッパにおけるクリスマスの贈り物の交換に先立つ習慣であり、古代ローマでサトゥルナリア祭や1月の第一日目に行われていた習慣に端を発する。中世の宮廷や王室でも贈り物が交わされていた。イングランド女王エリザベス1世は、この習慣に乗じて特別な贈り物を要求していたことで知られている。ヘンリー8世が淑女たちに贈った高価な金のラペル・ピンはとても好評だったため、同じものが製造されて市場にでまわった。英語の「pin money（臨時出費のための小額の金、へそくり）」というのは、紳士がこの特別の品を買うために、時間をかけて現金を貯めていたことからきた言い回しといわれている。18世紀になる

と宮廷での新年の贈り物の習慣は廃れていったが、庶民は17世紀に宮廷から取り入れた習慣を19世紀まで伝えていった。19世紀になると休暇期間の贈答の習慣は、元日よりもクリスマスに多く見られるようになった。理由ははっきりしないが、ピューリタンによるクリスマス禁止後の「クリスマス・ルネサンス」の動きが中心となりこの変化につながったとみられる。

クリスマスは伝統的に近親の者だけで家で静かに過ごすのに対して、もう何世紀も前から新年はにぎやかに祝うものとされている。パーティ、飲酒、花火、さまざまな方法で鳴らす大きな音がつきものだが、花火や大きな音は、キリスト教以前の多神教時代の冬至祭りに闇の精霊を追い払うための習慣として行われていたことが起源となっている。慣習により、元日には友人や知人を訪ね合う。19世紀中頃の米国では、独身男性が未婚の女性のもとを訪れることが流行し、未婚の女性は女性同士の訪問日として1月2日を空けておいた。

ヨーロッパ、アジア、アフリカでは、伝統的に正月にその年の天気、豊作の見込み、結婚の可能性、死の可能性などを占った。多くの国では、元日に起きたことがその年の行方を照らすといわれている。そのため各家庭ではなんとかその1日を快適で清潔で健やかで負債なく過ごし、ふんだんに食事をするよう努める。現在行われている新年の誓いは明らかにこの習慣から派生したものである（⇒厄

払い、新年の決意、迷信)。各国と各古代文明における新年の祝祭については、それぞれの項で詳述する。

教会の祝祭 12月31日の大晦日には、多くのキリスト教徒が除夜礼拝に参加する。またローマ・カトリック教会では、この日に教皇、聖シルウェステルを偲ぶ習慣がある。1月1日は「神の母聖マリアの祝日」で、ローマ・カトリック教徒は1969年まではこれを「主の割礼の祭日」と呼んでいた。同じく現在では以下の通り名を変えて、1月1日に割礼祭を行っているほかの宗派もある。英国国教会「割礼の祝日」、正教会「主の割礼祭」アメリカ聖公会「主イエス・キリスト聖なる御名の祝日」、ルーテル教会「割礼と主イエス命名の祝日」。1月1日はさらに正教会の主教である聖バシリウスの命日と世界平和デーでもある(⇒割礼の祝日、聖バシリウスの日、聖シルウェステルの日、神の母聖マリアの祝日、バチカン、除夜の礼拝、世界平和の日)。

過去の1月1日における主な出来事

- 前153年:古代ローマの執政官の任期開始(前153年以前は3月1日が開始日)。
- 前45年:ユリウス暦施行。
- 379年:カイサレアの主教、聖バシリウス没(329年誕生)。
- 404年:古代ローマで最後の剣闘とされる試合が行われた。テレマコス没。
- 898年:パリ伯ウード没(860年誕生)。
- 1204年:ノルウェー国王ハーコン3世没。

- 1387年:ナバラ王国シャルル2世没(1332年誕生)。
- 1431年:ローマ教皇アレクサンデル6世誕生(1503年没)。
- 1438年:ハプスブルク家のアルブレヒト2世ハンガリー王に即位。
- 1449年:イタリアの政治家ロレンツォ・デ・メディチ誕生(1492年没)。
- 1467年:ポーランド老王およびリトアニア大公ジグムント1世誕生(1548年没)。
- 1515年:フランス王ルイ12世没(1462年誕生)。フランス王フランソワ1世即位。
- 1559年:デンマークおよびノルウェー王クリスチャン3世没(1503年誕生)。
- 1600年:長老派のスコットランドではグレコリオ暦を正式に採用する以前に元日を1月1日に変更した。
- 1618年:スペインの画家バルトロメ・エステバン・ムリーリョ誕生(1682年没)。
- 1638年:日本の後西天皇誕生(1685年没)。
- 1651年:スコットランド王チャールズ2世即位。
- 1673年:ニューヨーク、ボストン間で郵便配達制度開始。
- 1700年:前年の1699年にロシアのピョートル1世が元日の日付を変えた。それが施行された最初の年。
- 1707年:ポルトガル王ジョアン5世即位。
- 1735年:アメリカの愛国者ポール・

リビア誕生（1818年没）。

- 1750年：初代アメリカ合衆国下院議員フレデリック・ミューレンバーグ誕生（1801年没）。
- 1752年：アメリカの女性裁縫師ベッツィー・ロス誕生（1836年没）。
- 1772年：ロンドンで世界初のトラベラーズチェック販売。
- 1779年：イギリスの画家ウィリアム・クローズ誕生（1847年没）。
- 1782年：ドイツの作曲家でありJ・S・バッハの息子であるヨハン・クリスティアン・バッハ没（1735年誕生）。
- 1788年：ロンドンの『タイムズ紙』第1号発行。
- 1797年：オールバニがニューヨーク州の州都となる。
- 1800年：オランダ東インド会社解散。
- 1801年：グレート・ブリテンおよび北部アイルランド連合王国成立。イタリアの天文学者ジュゼッペ・ピアッツィ（1746～1826）が小惑星ケレスを発見。
- 1804年：ハイチがフランスから独立し西インド諸島初の独立国となる。
- 1808年：合衆国への奴隷輸入が禁止となる。
- 1818年：メアリ・シェリーの『フランケンシュタイン』刊行。
- 1863年：アメリカ連合国が奴隷解放宣言を施行。近代オリンピック開催を提唱したピエール・ド・クーベルタン誕生（1937年没）。
- 1869年：アメリカの政治家マーティ

ン・W・ベイツ没（1786年誕生）。
- 1873年：日本でグレゴリオ暦を採用。
- 1877年：大英帝国のビクトリア女王がインド皇帝に即位。
- 1880年：フランス人フェルディナン・ド・レセップス監督の下パナマ運河の建設着工。
- 1881年：タイ国王ラーマ6世誕生（1925年没）。
- 1888年：M1（ガーランド）小銃の発明者ジョン・ガーランド誕生（1974年没）。
- 1890年：カリフォルニア州パサデナで最初のローズパレード開催。
- 1892年：エリス島で移民のアメリカ入国開始。シカゴ市長ロズウェル・B・メイソン没（1805年誕生）。
- 1895年：米国FBI長官ジョン・エドガー・フーヴァー誕生（1972年没）。李氏朝鮮でグレゴリオ暦採用。
- 1900年：スペインの音楽家ザビア・クガート誕生。（1990年没）。
- 1901年：最初の公式なフィラデルフィア仮装パレード開催。オーストラリア連邦設立。
- 1902年：カリフォルニア州パサデナで最初のローズ・ボウル開催。
- 1904年：米国野球選手イーサン・アレン誕生（1993年没）。
- 1907年：（大晦日）ニューヨーク市のタイムズスクエアで最初のボールドロップ。
- 1909年：米国の俳優ダナ・アンドリュース誕生（1992年没）。米国の政治

家バリー・M・ゴールドウォーター誕生（1998年没）。

- 1911年：米国野球選手ハンク・グリーンバーグ誕生（1986年没）。
- 1912年：中華人民共和国設立。中国でグレゴリオ暦採用。
- 1919年：米国小説家J・D・サリンジャー誕生。
- 1921年：ドイツ首相テオバルト・フォン・ベートマン・ホルヴェーク没（1856年誕生）。
- 1922年：米国ボクサーロッキー・グラジアノ誕生（1990年没）。
- 1925年：米国天文学者エドウィン・ハッブルによる銀河系の外に銀河発見。ショート・コメディ映画米国『アワー・ギャング』（Our Gang）の「スティーミー」役で知られる俳優マシュー・ビアード・ジュニア誕生（1981年没）。
- 1926年：トルコでグレゴリオ暦採用。
- 1927年：米国アメリカンフットボール選手ドーク・ウォーカー誕生（1998年没）。
- 1930年：バングラディシュ大統領ホサイン・ムハマド・エルシャド誕生。
- 1932年：米国アメリカンフットボール選手ジャッキー・パーカー誕生（2006年没）。
- 1934年：米国アルカトラズ島が連邦刑務所となった。
- 1935年：フロリダ州マイアミで最初のオレンジボウル開催。
- 1936年：テキサス州ダラスで最初のコットンボウル開催。

- 1938年：米国俳優フランク・ランジェラ誕生。
- 1939年：ウィリアム・ヒューレットとデビッド・パッカードがヒューレット・パッカード創業。（大晦日）ウィーン交響楽団が毎年恒例のニューイヤーコンサート第1回開催。
- 1943年：米国俳優ドン・ノヴェロ誕生。
- 1946年：ロンドンのヒースロー空港で初の商用フライト。
- 1947年：米国政治家ジョン・コーザイン誕生。
- 1953年：米国カントリー音楽歌手ハンク・ウィリアムズ没（1923年誕生）。
- 1954年：米国政治家ロバート・メネンデス誕生。
- 1956年：スーダンがエジプトと英国から独立。
- 1959年：キューバのフィデル・カストロの独裁開始。
- 1960年：米国の俳優マーガレット・サラヴァン没（1909年誕生）。カメルーンがフランスと大英帝国から独立。
- 1962年：米国海軍特殊部隊ネイビーシールズ結成。西サモアがニュージーランドから独立。
- 1964年：米国の俳優ディディ・ファイファー誕生。ローデシア・ニヤサランド連邦が独立国ザンビア共和国、マラウイ、イギリス領ローデシアに分割。レバノン大統領ビシャーラ・アル＝フーリー没（1890年誕生）。
- 1965年：カブールにてアフガニスタ

ン人民民主党結成。

- 1966 年：ジャン゠ベデル・ボカサ大佐が中央アフリカ共和国の大統領に就任。
- 1967 年：米国のアメリカンフットボール選手ダーリック・トーマス誕生（2000 年没）。
- 1969 年：米国の俳優ヴァーン・トロイヤー誕生。米国の俳優バートン・マクレーン没（1902 年誕生）。
- 1970 年：米国の俳優ゲイブ・ジャレットとキンバリー・ページ誕生。
- 1971 年：米国でテレビでのタバコの宣伝を禁止。
- 1972 年：オーストリアのクルト・ヴァルトハイムが国際連合事務総長となる。フランスの俳優であり歌手であったモーリス・シュヴァリエ没（1888 誕生）。
- 1973 年：デンマーク、イギリス、アイルランド共和国がヨーロッパ共同体（EC）に加盟。
- 1975 年：米国のサッカー選手、ジョー・キャノン誕生。
- 1976 年：米国のモトクロス選手、カレブ・ワイヤット誕生。
- 1978 年：インド航空 855 便がボンベイ（現ムンバイ）の沖合に墜落し、213 人死亡。
- 1979 年：米国の俳優アンソニー・マッキー誕生。中華人民共和国とアメリカ合衆国の国交樹立。
- 1980 年：スウェーデンのモデルでありタイガー・ウッズの元妻であったエ

リン・ノルデグレン誕生。スウェーデンのヴィクトリア王女が、法改正により皇太子として認定される。
- 1981 年：米国の女優エデン・リーゲル誕生。ギリシアがヨーロッパ共同体（EC）に加盟。
- 1982 年：米国の俳優ヴィクター・ブオノ没（1938 誕生）。ハビエル・ペレス・デ・クエヤルがラテンアメリカから初めて国際連合事務総長に就任。
- 1983 年：インターネット誕生。
- 1984 年：米国の歌手シェリーファ誕生。ブルネイがイギリスから独立。
- 1986 年：アルバ島がアンティルから離脱して単独のオランダ領となった。スペインとポルトガルがヨーロッパ共同体（EC）に加盟。
- 1987 年：米国のアイスダンサー、メリル・デイヴィス誕生。
- 1988 年：米国福音ルター派教会が合衆国最大のルター派教会となった。
- 1990 年：デイヴィッド・ディンキンズが黒人初のニューヨーク市長に就任。
- 1991 年：米国のソングライターでありビジネスマンであったバック・ラム没（1907 年誕生）。クリスマスソング「I'll Be Home for Christmas」の共作者であった。
- 1993 年：チェコスロバキアがチェコ共和国とスロバキア共和国に分離。
- 1994 年：北米自由貿易協定（NAFTA）、ヨーロッパ経済領域、国際熱帯木材協定発効。米国の俳優シーザー・ロメロ

没（1907 年誕生）。ニュージーランド総督、アーサー・ポリット卿没（1900年誕生）。

- 1995 年：世界貿易機関設立。スウェーデン、オーストリア、フィンランドがヨーロッパ連合（EU）加盟。ジャン＝クロード・ユンケルがルクセンブルク首相に就任。ベトナムのテト（Tet）で爆竹が禁止になる。
- 1996 年：米国の女優メアリー・ギブス誕生。米国の海軍大将アーレイ・バーク没（1901 年誕生）。
- 1997 年：米国のミュージシャン、タウンズ・ヴァン・ザント没（1944 年誕生）。ザイールが世界貿易機関に加盟。ガーナのコフィー・アナンが国連事務総長就任。
- 1998 年：米国のテニス選手ヘレン・ウィルス・ムーディ没（1905 年誕生）。
- 1999 年：ユーロ導入。米国がパナマ運河の管理権をパナマに返還（大晦日）。
- 2000 年：ハマ・アマドゥがニジェールの首相に就任。
- 2001 年：米国の俳優レイ・ウォルストン没（1914 年誕生）。
- 2002 年：台湾が世界貿易機関に加盟。
- 2003 年：米国の政治家および戦闘機パイロットのジョー・フォス没（1915年誕生）。ルイス・イナシオ・ルーラ・ダ・シルヴァがブラジル大統領に就任。
- 2005 年：米国の政治家シャーリー・チザム没（1924 年誕生）。米国の政治家ボブ・マツイ没（1941 年誕生）。米

国の画家および芸術家ユージーン・J・マーティン没（1938 年誕生）。

- 2006 年：アメリカンフットボールチーム、ニューイングランド・ペイトリオッツのクオーターバック、ダグ・フルーティーが、対マイアミ・ドルフィンズの試合で、タッチダウンが決まった後に 60 ヤードからのドロップキックを初成功させた。米国の音楽家ブライアン・ハービー没（1956 年誕生）。
- 2007 年：米国の野球選手アーニー・コーイ没（1909 年誕生）。米国のカントリーソング歌手デル・リーヴス没（1932 年誕生）。米国のアメリカンフットボール選手ダレント・ウィリアムズ没（1982 年誕生）。米国の指揮者ジュリアス・ヘギー没（1923 年誕生）。ブルガリアとルーマニアがヨーロッパ連合（EU）加盟。

アダム航空 574 便が 102 名を乗せてインドネシア上空で連絡を絶った。

⇒アメリカンフットボールのボウル・ゲーム、飲酒、ガイ・ロンバルド・アンド・ヒズ・ロイヤル・カナディアンズ、黒目豆、シャンパン、新年の祝砲、花火、「遥か遠き昔」、パレード、ファーストナイト、ローズパレード

乾杯

Toasting

　特別な機会、とくにクリスマスや新年に健康や繁栄を願って杯の酒を飲みほすこと。それに先駆けて、挨拶や短い祝辞や願い事、そのほか善意を込めた言葉を

述べる。

　ギリシア、ローマ、イスラエル、ペルシア、エジプト、サクソン人、フン族など多くの古代文明で乾杯の習慣があったことがわかっているが、その起源は古すぎて、最初の乾杯がいつだったかはわかっていない。しかし、古代ギリシアやローマで毒を盛られるのを防ぐために「人の健康を祈って乾杯する」習慣が発展したことはわかっている。客に、振る舞った酒（通常はワイン）に毒が入っていないことを示すために、主人が全員の見ている前で最初の一杯を飲んだ。客は主人が生きているのを見て安心し、同じように自分のグラスから試すように酒をすすった。ローマでは、ひと切れのトーストをワイングラスに加えるのが習慣だった。トーストはワインの過剰な酸味をやわらげ、望ましくない味を取り除く役目を果たした。この風習から換喩的意味合いが生まれ、イングランドでは16世紀までに「トースト」がトーストを入れたワイングラスを指すようになった。さらに「トースト」は進化して、酒を飲む行為を意味するようになり、やがては乾杯の儀式全体を、1709年には乾杯を捧げられる対象までを指すようになった。乾杯に詳しい歴史家ポール・ディキンソンによると、乾杯を受ける人を指すようになったのは、イングランドのバースで「祝福を受ける美女」が公の場で入浴したときのことである。彼女の崇拝者の一人が風呂の湯をグラスに満たし、彼女の健康を祈って乾杯すると、別の崇拝者が、か

なり酩酊した状態ながら、風呂の水の「酒」は好まぬと宣言し、かわりにその「トースト」そのものがほしいと言ったという。

　早くから、よく知られた挨拶「トースト」は「ワッセイル」（wassail：祝い酒）と同義語になった。450年の伝説によると、ブリテン王ヴォーティガーンがヘンギスト率いるサクソン人同盟軍のために宴を開いた。ヘンギストの娘ロウェーナがエールの鉢を掲げ、「王のご健康に乾杯（Louerd King, wes hael）」と言って王のために乾杯した。サクソン人たちは、友人にエールを捧げる習慣について説明した。捧げられた人はエールを受けとるときに、「あなたの健康を祈って乾杯（Drinc hael）」と応じ、その後、相手に返杯することになっている、と。その習慣通りにするうちに大量のエールが飲みかわされ、ヴォーティガーンはロウェーナとの結婚と引き換えにケント地方をサクソン人に譲ることになったとされている。16世紀までには、酒はトーストと同様に、「ワッセイル」（「wes hael」に由来する）の名を得て、乾杯の行為が「ワッセイリング」（wassailing）となり、酒を入れた器が「ワッセイル杯」となった。乾杯が過剰になると、「ワッセイル」もばか騒ぎと描写された。

　17世紀から19世紀初頭にかけて、多くの人が乾杯を楽しむようになり、祝祭、とくにクリスマスや新年の宴のどんちゃん騒ぎで重要な役目を果たすようになった。もともとは客の間でまわされるワッ

セイル杯から飲んで主人の健康を祈っていたが、個々の器で供されるようになった。異教の迷信から、真冬に果樹園のために乾杯すると、果実の収穫が増えるといわれているため、クリスマスの12日間に人々が集まってワッセイル杯から木の根や幹にワッセイルを注ぐ習慣もあった。「果樹にワッセイルを注ぐ」習慣はやがて、祝歌を歌う人々がワッセイルしながら通りを歩き、家から家へと訪ねては歌を歌い、祝祭のときに人々の健康を祈る形へと発展した。人気のワッセイル用の歌が数多く誕生し、なかには現在まで残っているものもある。「ウイ・ウィッシュ・ユー・ア・メリー・クリスマス」「ヒア・ウイ・カム・ア・キャロリング（ワッセイリング）」「ゴッド・レスト・イェ・メリー、ジェントルメン」などである。家々はほとんど常にワッセイラーたちにワッセイル杯のワッセイルを振る舞って応じた。現在のパーティのパンチ・ボウルはこの杯を起源としている。祝歌を歌う人たちが自分のワッセイル杯を持ち歩き、訪問した場所ごとにワッセイルを配り、支払いを受ける場合もあった。

　異常で奇異な飲酒の習慣もあった。例えば、「あなたの健康を祝す（pledge your health）」という語は10世紀にデーン人がイングランドに侵攻したときには、文字通りの意味（あなたの健康を保証する）を持っていた。デーン人は酒を飲んでいるイングランド人の喉を切り裂くのがしきたりだったので、イングランド人は、酒を飲んで無防備になっている同志を守

るようになった。北ヨーロッパとスカンジナビア半島では11世紀中に、討ちとった敵の頭蓋骨からエールを飲むという奇妙な習慣が根づいた。現代の「スコール」という乾杯の音頭は、skål（古代スカンジナビア語の「鉢」）から来ている。

　初期のキリスト教時代から、聖職者と支配者は、延々と続く乾杯の応酬を引き起こす浮かれ騒ぎを非難してきた。例えば、聖アウグスティヌス（354～430）は乾杯について「汚らわしくて不幸な乾杯の習慣」と述べている。神聖ローマ帝国のシャルルマーニュ（？742～814）、マクシミリアン1世（1459～1519）、カール5世（1500～1558）は乾杯を禁じる法を制定し、フランスのルイ14世（1638～1715）も同じことをした。イングランドのピューリタンはとりわけ乾杯を非難し、そのなかでも雄弁だった反対者ウィリアム・プリン（1600～1669）はその著書『健康：病』（Healths:Sicknesse、ロンドン、1628年）で、乾杯は異教徒、不信心者が始めたもの、「デビル（Deuill：悪魔）」そのものから生まれたものだ、としている。一方で、乾杯に礼儀や品位を加えようと尽力した意義深い著作もある。J・ローチの『ロイヤル・トーストマスター』（Royal Toastmaster、ロンドン、1791年）とT・ヒューズの『トーストマスターズ・ガイド』（Toast Master's Guide、ロンドン1806年）である。この2冊をはじめとする同様の著作から、乾杯がありとあらゆる場で行われていたことがわかる。

　乾杯はアメリカ植民地でもヨーロッ

と同様に広まり、同様に反対を受けた時期もあった。1634年にはマサチューセッツで「忌まわしい……無用な儀式」が禁じられている。だがほとんどの住民がこの法を無視したため、1645年に廃止された。独立戦争中は、乾杯はイギリスに敵対する趣が強かった。独立後何年も経ってからも、どんな場合でも13回、つまり各州に1度ずつ乾杯する習慣だった。

　最後に、乾杯の際にグラスを鳴らすのは、その音が、悪魔を追い払う鐘の音に似ているという迷信に由来すると考えられている。ほかに、五感を使って飲酒から最大限の喜びを得るべきだという説明もある。味わい、見て、触れて、においをかいで、グラスを鳴らす音を「聞く」のである。

　古いものから新しいものまで新年の乾杯の辞を以下に記す。

新しい年には、あなたの右手がつねに友情へと伸ばされ、困窮することがありませんように――アイルランド人

新しい年の初めにあたり、ひざまずき、われわれが元気でいられることを神に感謝しましょう――アイルランド人

すべての者によい年を、そして多くの者と出会えますように――スコットランド人

自身の声と闘い、あなたの隣人と仲良く、新年が来るたびによりよい人間になります

ように――ベンジャミン・フランクリン

明るい新しい年がやってくる
古い年をあたたかく見送りましょう
これからやってくることと
胸に抱いた思い出とに（乾杯）
作者不詳

あなたをここに迎えましょう
すべてを迎え入れ、浮かれ騒ぎましょう
すべてを迎え入れましょう、新しい年を
作者不詳

あなたの人生のすべての日々を生きることを――ジョナサン・スイフト

来るべき年のすべての厄災が、われわれの新年の誓いのように短命でありますように
作者不詳

来るべき年には、友人には親切に、敵には寛大な心をもって
作者不詳

エッグノッグをかきまぜて、トディを掲げましょう
新年おめでとう、みなさん
――フィリス・マッギンリー、『サンタのいないクリスマス』（*The Year without a Santa Claus*）の著者

鳴り飛ばせ、古きものを、鳴って迎へよ、
　　新たなものを
鐘よ　うれしい鐘の音よ、雪の野原を越え

越えて

一年はもう暮れるのだ。この一年を去らしめよ

鳴り飛ばせ、偽りを、鳴って迎へよ、真のものを

――アルフレッド・テニスン卿

『イン・メモリアム』より

（入江直祐訳『イン・メモリアム』岩波文庫）

ワインと女性とともに、楽しく笑って過ごしましょう

説教とソーダ水は明日から

――バイロン卿

新年に、われわれのやり直しのチャンスに乾杯。

――オプラ・ウィンフリー

⇒「ボヘミアンの乾杯」

カンボジア

Cambodia

　人口の大多数をクメール人が占め、おもな宗教は上座仏教である。クメール人は世俗の行事にグレゴリオ暦を用い、宗教的祝祭および祝日のためには伝統的な太陰太陽暦を用いる。後者はタイの伝統的な暦と非常に似ており、1つ異なる点は、カンボジアの暦が12の太陰月を、番号ではなく特定の名称で呼んでいる点である。カンボジアでは、番号を付与した10のサック（年）と黄道帯の12の動物（十二支）とを組み合わせた60年の周期（下記参照）を用いるか、あるいは

複数ある紀年法の1つ、すなわち仏滅紀元（⇒暦・仏教）やヒンドゥー教のシャカ紀（⇒暦・インド）などを用いて年を通算する。暦を季節に一致させるため、閏月ないし閏日を定期的に追加するが、同じ閏年に両者を加えることはない。

　カンボジアの太陰月は交互に29日ないし30日からなる。各太陰月と、それにほぼ相当するグレゴリオ暦の月は順に次の通りである。

　メアカセー（12月〜1月）、ボッホ（1月〜2月）、ミアク（2月〜3月）、ポックン（3月〜4月）、チャエト（4月〜5月）、ピサーク（5月〜6月）、チェーへ（6月〜7月）、アサート（7月〜8月）、スラープ（8月〜9月）、パタボット（9月〜10月）、アソイ（10月〜11月）、カダック（11月〜12月）。

　また、十二支は次の通りである。

　チュート（鼠）、チラウ（牛）、カール（虎）、トホ（兎）、ローング（龍）、ムサニュ（蛇）、モミー（馬）、モメー（山羊）、ヴォーク（猿）、ロカー（鶏）、チョー（犬）、カオ（豚）。

　年の呼称の例を挙げると、1999年は「兎の第1の年」、2000年は「龍の第2の年」、2001年は「蛇の第3の年」、2008年は「鼠の第10の年」、2009年は「牛の第1の年」となる。

　9世紀から13世紀にかけて繁栄したアンコール時代以前、クメール人は新年を第1の太陰月メアカセーの第1日に祝い、カダックの後半からメアカセーの前半にかけて、ひと月にわたる祝祭を催した。13世紀に入り、グレゴリオ暦の4

月半ばにあたる第5の太陰月、チャエトに元日が移されたが、これは、農業に従事する人々がより多くの時間を祝祭に費やせるように、稲の刈入れ後の農閑期である暑い乾季が選ばれたためである。また占星術師も、黄道十二宮の白羊宮（牡羊座）と現在呼ばれる部分に太陽が入った日を、占星術上の元日と算定してきた。数世紀前にはこの現象が春分（3月21日）と同時期に見られたが、「分点歳差」（地球が自転軸上で徐々に傾くにつれ、分点における黄道上の太陽の視位置が次第に後退すること）によって、現在では、春分における太陽の視位置が双魚宮（魚座）に移動し、太陽が白羊宮に入るのは3月ではなくなり、4月13日ないし14日となった。

　現在のクメール正月、チョール・チュナム・トメイ（Chaul Chnam Thmey）は、ヒンドゥー教に根ざした占星術に従って3日ないし4日間続く行事である。初日はマハ・ソンクラーンと呼ばれるが、この語は、太陽が黄道十二宮のある宮から違う宮へ移動するという意味のサンスクリット語に由来する。伝説によれば、この日には、天界から新たな天使が、来るべき年にそなえ地上の世話をするために降りてくるとされている。また、ラオスやミャンマー、タイと同様に、カンボジアにも、ヒンドゥー教の神話に伝えられる逸話、すなわち、神話に登場する神が賭けに負けたために首を切り取られ、その首を彼の娘である7人の天女が保管しているという話が伝えられており、今で

は元日になると、天女たちは父の首の保管を次の担当である姉妹に引継ぎ、聖なる山の周りをパレードする。7人の天女たちは、それぞれ曜日の名で呼ばれ、元日がどの曜日にあたるかによって、どの天女が神の首を運ぶかが決定される。7人の天女の名前、すなわち曜日の名称は順に次の通りである。トンサデヴィ（日曜日）、コリキャクデヴィ（月曜日）、ラクサデヴィ（火曜日）、モンディアデヴィ（水曜日）、キリニデヴィ（木曜日）、キミラデヴィ（金曜日）、モホトリアデヴィ（土曜日）（言い伝えの詳細については⇒タイ）。

　カンボジアの人々は家じゅうを掃除して新しい衣服を買い、果物や酒を用意して、天使たちの到来に備える。年配者は天界の使いを待ち望んで瞑想や祈祷を行い、人々は祝福を受けるために、寺院の僧への食べ物のお布施を用意する。

　新年の2日目は、親や年長者へ贈り物をする日、ワナバット（Wanabot）である。またこの日には、貧しい人々の世話をするという形で善行を積み、寺院の境内に砂山を作って旗で飾り、健康や幸福や繁栄を願う気持ちを表す習慣がある。

　新年の3日目はラウングサック（Leung Sak）と呼ばれ、この日に年が改まる。人々はこの日、仏像に香料入りの水をかけて拝む、ピティ・スラン・プレア（Pithi Srang Preah）と呼ばれる儀式を行う。またこの儀式では、僧、親、年長者に対して入浴儀礼を行って喜ばせ、過ぎ去った年に彼らに対して犯した罪を償う。

さらに、ミャンマーやタイで見られる行事と同じような、タルカムパウダーを使った水かけ祭りも行われるが、近隣の国々で行われるほど激しく水をかけ合うことはほとんどない。これに加え、男女のチームで競う、チャオル・チューン（ボール投げ）やボッ・オンクーニィ（茶色の木の実を投げる遊び）などが行われる。また「トロット」のパフォーマンスでは、片端に鹿の頭を付け、もう一方の端に草で作った尻尾を付けた棒に一人がまたがり、ほかの二人が石弓を持った「狩人」となって、この三人が一緒に家から家へと渡り歩き、踊ったり歌を歌ったりして祝儀を受けとり、地域の寺院へ寄進する。メコン川沿いに住む女たちが手漕ぎ船に乗って集まる習慣もあり、これはおそらくワニを鎮めるためのものと思われる。さらに、幸福を願う印として、寺院のそばの木立に住むとされる幽霊の像を踏みつける習慣もある。

　新年の挨拶には次の言い方がある。
・「スオスダイ・チュナム・トメイ（Sur Sdei Chhnam Thmei）」クメール語（公用語）⇒タイ、ミャンマー

キプロス
Cyprus

　地中海の東端にある島国。かつてイギリスの植民地だったキプロスは、1960年に独立を果たしたが、ギリシア系キプロス人とトルコ系キプロス人という2つの民族集団の対立により、1974年以来、分裂国家の状態が続いている。総人口の約77％を占めるギリシア系住民は、キプロス共和国の南部に居住しており、その大部分が正教会教徒である。一方、人口の約18％を締めるトルコ系住民は、キプロス島の北部に成立させた北キプロス・トルコ共和国に居住しており、その大部分がスンニー派イスラーム教徒である。後者においては、イスラーム教の正統な信仰を固く守る者は少数であり、前者に比べ社会は非宗教的である。

ギリシア系キプロス人　元日は1月1日。この日は、聖バシリウスの日としても知られ、正教会の創始者であるアギオス・ヴァシリオス（大バシリウス）を記念する日でもある（⇒聖バシリウスの日）。12月31日にヴァシロピタ（ギリシア語で「聖バシリウスのケーキ」の意）を焼く伝統があるが、このケーキは元日の朝に切り分けられる。ギリシア系キプロス人はこのケーキをビシリスないしアイス・ビシリスと呼び、パポス地方ではバシロポウラと呼ぶ。ケーキには硬貨が隠されており、自分に取り分けられたケーキに硬貨が入っていた者は、幸運に恵まれる。最初のひと切れを捧げる相手は、場合によって異なるが、聖バシリウスではなくキリストであったり、また処女（おとめ）マリアであったりする。その後、家長から始めて目上から順に、家族めいめいがケーキを受け取り、貧しい者や、同席できない家族の分も取っておく。もしキリストないし聖バシリウスのために切り分けたケーキから硬貨が出てきた場合は、硬貨は教会に捧げられる。またケーキのうち

ひと切れは、ギリシア民話に登場する地下世界の半人の怪物、カリカンジャロスをなだめるために、屋根の上に投げられる。この怪物は、クリスマスから新年の間に解き放たれ、人間世界に混乱をもたらす。

　古くは、ケーキの表面に大きな十字の切れ目を入れるか、ケーキ種の一部で十字架を作ってそれをケーキの上に載せるか、あるいは聖バシリウスを象徴する像でケーキを飾るのが伝統であった。また、聖バシリウスの日の前の晩に、このケーキを、ロウソクやコリヴァ（小麦を煮たもの。異教の時代から受け継がれてきた、死者への追悼の象徴）、ワインや他の食物、また家庭の財布とともに、家族の食卓に並べるという風習もあった。この儀式を通して聖バシリウスが食事を取ってワインを飲み、家族を祝福すると信じられていた。この慣習の代わりに、これらのものを小麦の袋や油の瓶、またワインの樽など、祝福を必要とする特別な物の上に並べる風習もあった。さらに、幸運のお守りとしてオリーブの小枝をこの上に並べたり、あるいは扉や窓にくくりつけたりした。元日の朝には、家畜にも揚げたケーキ種（xerotiana）やコリヴァの一部が与えられた。

　現在の大晦日の慣習には、飲酒、歌、ダンス、トランプなどがある。また、子どもたちがカランダ（伝統的なキャロル）を歌いながら通りを行進する風習や、若い娘が恋愛運を占うために家の暖炉にオリーブの小枝を投げ入れる風習もある。

火がはぜれば、その娘の恋の相手が本当に彼女を愛しており、小枝が音を立てずに燃えれば愛していないということになる。さらに、この夜は聖バシリウスがすべての子どもたちに贈り物をもたらすという言い伝えがあり、したがってクリスマスではなく元日に贈り物を交換する風習がある。また、元日には教会で礼拝も行われる。

トルコ系キプロス人　スンニー派イスラーム教徒であるトルコ系住民は、イスラーム暦に従って宗教的な祝祭を行い、ムハッラムの第1日目にイスラーム教の新年を祝う（⇒イスラーム教、暦・イスラーム）。さらに、グレゴリオ暦の大晦日には、飲酒やパーティ、花火、贈り物の交換などが行われる。

　新年の挨拶には次の言い方がある。

・「ケヌリオス・フロノス（Kenourios Chronos）」ギリシア語（公用語）
・「イェニ・ユルヌズ・クトゥル・オルスン（Yeni Yiliniz Kutlu Olsun）」トルコ語（公用語）
・「ハッピー・ニュー・イヤー（Happy New Year）」英語
　⇒ギリシア、トルコ

旧正月
Lunar New Year

　太陰暦または太陰太陽暦での新年を表す一般名称。しかし、とくに中国の太陰太陽暦やその修正版を使用している国や社会での正月を表すのに使われる語。中国の暦を使っているのは韓国人、モンゴ

ル人、ベトナム人など。例えばイスラームやヘブライの暦もやはり太陰暦であるが、一般的にこの語は他の暦では使われない。

⇒暦・中国、他のそれぞれの暦

キューバ
Cuba

⇒中南米とカリブ海諸島

『恐怖の一年』
Repeat Performance
映画（1947年）

大晦日のシーンがあるファンタジー映画。大晦日に浮気者の夫バーニー（ルイス・ヘイワード）を殺害したブロードウェイのスター、シーラ・ペイジ（ジョーン・レスリー）は、過ぎし一年をもう一度やり直し、償いをする機会を与えられるが、たとえ道筋は変わっても結末は同じになることを知る。

共演：リチャード・ベースハート、トム・コンウェイ、ナタリー・シャイファー／原作：ウィリアム・オファレルの同名小説／脚本：ウォルター・バロック／製作：オーブリー・シェンク／監督：アルフレッド・L・ワーカー／イーグル・ライオン・フィルムズ社／指定なし／B&W／ビデオ（N/A）／91分

ギリシア
Greece

古代ギリシア　古代ギリシアでは1日の長さを日時計で計ったが、この方法が導入されたのは前6世紀であり、前5世紀に導入されたクレプシドラ（水時計）は宮廷でのみ用いられた。古代ギリシアでは12か月からなる太陰太陽暦に従っていたが、太陰年の一年は太陽暦の一年より11日短く、常に流動的だったため、季節はおおまかにしか把握できなかった（⇒暦・ギリシア）。そのため、天空における星座や特定の星の出現、動物の行動、植物の開花など、自然現象によって季節を確認していた。また新年の始まる時期は一様ではなく、各共同体がそれぞれの方法に従っていた。例えば、アテネ人とイオニア人は、夏至のあとの最初の新月を一年の始まりとし、ドーリア人は秋分を、ボイオティア人とアイオリス人は冬至を、それぞれ一年の始まりとした。ギリシアの歴史上初めて年代が記録されたのは、第1回オリンピアードが行われた年、すなわち前776年だったが、歴史家のティマイオスによってオリンピアード（4年に1度開催された）がギリシアの年代計算の基準とされたのは、前3世紀のことだった。

上記のような事情から、ギリシア全域に共通する新年の祭りは存在しなかったとだけ断っておく。ただ、それにもかかわらず、古代ギリシア暦の各月を埋める数多くの祭りのうちいくつかは、豊かな実りと生命とを支えてくれる、自然の力を司る神々の季節的な死と復活、すなわち変容を祝うものであった。また、これらの神々に敵対する力を追い散らす儀式も行われた。

ディオニュシア祭　元々は秋の終わりか

ら冬の初めにかけて行われた田園地方の祝祭である。葡萄酒と豊饒の神でありゼウスの息子でもあるディオニュソスの死と、春になってからの復活とを記念する祭りであった。ディオニュソス崇拝には恍惚の熱狂状態がつきものであり、その神話には、小鹿の皮をまとい、家を離れて山野を放浪し狂信的にディオニュソスを崇拝する女性信者、マイナデス(「狂乱の女」の意)やバッケー(ローマの神バッカスに由来)が登場する。この祭りはポセイデオーン月(12月)の間に催され、豊穣をもたらすディオニュソス神の巨大な男根の表象、すなわちテュルソスを掲げ持った行列が行われた。テュルソスは、豊穣の象徴であるツタと松笠でけばけばしく飾り立ててあった。祭りの呼び物として、音楽の演奏やダンス、仮面舞踏会、供儀、さまざまな競技なども行われた。

　前6世紀には、アテネの僭主ペイシストラトスが、貴族に逆らう民衆からの支持を強固にする手段の1つとして、この祭りを大ディオニュシア祭、すなわち市のディオニュシア祭へと変容させた。大ディオニュシア祭は、市民をはじめ旅人や外国人にも開かれ、大規模な都市の祝祭となり、エラペーボリオーン月(3月)の4日間にわたって催された。また、その前身である祭りと同様、神の男根の象徴を掲げ持つ行列で始まり、この行列は、演劇の守護神でもあるディオニュソスに奉げられた劇場や聖廟を擁するアテネの神殿へと赴いた。この都市祭が開催する演劇コンテストによって祭り自体の

国際的な地位が高まり、そのために、ギリシアの高名な劇作家であるアイスキュロス(前525～前426)、ソフォクレス(前495～前406)、エウリピデス(前480～前406)が優れた悲劇を著した。前486年以降、それまで悲劇一辺倒であった大ディオニュシア祭で、喜劇が上演されるようになった。その後、前440年頃には、ガメーリオーン月(1月)の終わりにレーナイア祭が行われるようになったが、これは喜劇のみが上演される祭りで、市民だけが参加を許可されていた。大ディオニュシア祭の行列には、神の復活を象徴する、箕(神話によると、ディオニュソスは生まれた時このような籠に寝かされた)に寝かされた幼子(⇒新年坊や)や戦争孤児も加えられた。孤児たちは軍装に身を包み、大衆の前を行進して祝福を受けた。

　ディオニュシア祭と類似した、エレウシスの秘儀も、毎年春に都市エレウシスで開催されていた。この秘儀では、豊饒と収穫の女神デメテルの娘を失った悲しみが劇的に表現された。デメテルは、娘ペルセフォネを冥界の王ハデスに連れ去られ妻とされてしまったが、デメテルの深い悲しみが、冬になると農作物の循環に死をもたらし、デメテルとペルセフォネが一年ごとに再生すると春が訪れるものとされていた。

アンテステーリア祭　これはアンテステーリオーン月(2月)に3日間に催されたワインと豊穣と花の祭りで、使用人や奴隷なども参加した。ワイン醸造家は新しい樽を開け、ディオニュソスの神殿に

ワインを奉げた。ワイン飲み競争も広く行われ、特定の量のワインを最も早く飲み干した者が勝者となった。この祭りでは４歳の子どもたちが、めいめい頭に花冠を載せられ、クース（小ぶりの水差し）と荷車を贈られ、初めてのワインを口にすることになっていた。また、ディオニュソスの像を掲げる行列が王妃となる者をさがし求め、この王妃は豊作の象徴および保証として、ディオニュソスと儀礼的婚姻を結んだ。祭りの期間中は、死者たちの魂が黄泉の国から解き放たれ、生きている人々の間を歩き回ると信じられていた。邪悪な力を退けるために、人々はサンザシで身を飾り、家の戸口にタールを塗り付け、神々の使者である神、ヘルメスに穀物のプディングを捧げて、放浪する魂を本来の居場所へ戻してくれるよう祈った。

アンテステーリア祭から派生した祭りには、地域社会における罪や災いを清めるために、毎年、身代わりに罪を負わせるという概念を持つものもあった。カイロネイアでは「飢餓の追放」の儀式において、選ばれた奴隷が鞭打たれた上で追放された。アテネでは、タルゲーリオーン月（５月）の第６日目に二人の生贄が石打ちにされ、その翌日に初物の供儀が行われた。アブデーラで行われた同様の贖罪行為では、一人の人物を追放し、６日後に市民が集まってその人物を石打ちにした。また、６世紀の小アジアには、肉体的異常のある人物を一人選んで木の枝で鞭打ちにし、薪の山に乗せて火あぶ

りにするという都市が複数存在した。鞭打ちは豊作を確実なものとするため、処刑は魔を祓うために行われたと考えられる。

現代のギリシア　前46年にユリウス・カエサルによって施行されたユリウス暦（⇒暦・ローマ〔ユリウス〕）を、アテネの人々はローマ皇帝ハドリアヌスの治世（在位118～138）の頃に採用したが、この改暦の際、一年の始まりが夏至から秋分へ移されたといわれている。ギリシアは6世紀にビザンツ帝国に併合され、この頃からギリシア正教が発展した。ギリシア正教ではユリウス暦に従って祝祭日を定め、16世紀の改革によってグレゴリウス暦がもたらされたあとも、ユリウス暦の祝祭日を守り続けた。とはいえ、結局ギリシアは1923年に、1月1日を新年と定めるグレゴリオ暦を採用した（⇒キリスト教、暦・グレゴリオ）。

大晦日には、子どもたちがクリスマスと同様に、家々をまわってカランダ（キャロル）を歌う。また、来るべき年の個人の運命をトランプゲームで判断するという伝統がある。今日のギリシアでは1月1日に新年を祝うだけでなく、聖バシリウス（大バシリウスとも呼ばれる。ギリシアでは聖ヴァシリオス）の昇天を記念する聖バシリウスの日を祝う。聖バシリウスはカエサレアの司教で、正教会の創始者の一人である（⇒ 聖バシリウスの日）。また、元日に家を最初に訪問する人物も、新年がどのような年となるかの前触れとなる。最初の訪問客が頑強な人物の場合

は健康に恵まれ、イコンを携えた人物の場合は祝福され、裕福な人物の場合は富に恵まれる、などといった具合である（⇒新年最初の客）。占いにはザクロを割るものもあり、種の数が新しい年に待ち受ける富を示す。また、新年の食卓が豊かであればあるほど、豊かな年になるとされている。ギリシアに限ったことではないが、一般的な迷信によると、元日に起こったことはすべて、その年の前兆となるという。

新年の挨拶には次の言い方がある。

・「ケヌリオス・フロノス（Kenourios Chronos）」ギリシア語（公用語）

ギリシア暦

Greek Calendar

⇒暦・ギリシア

キリスト教

Christianity

⇒お告げの祝日、割礼の祝日、神の母聖マリアの祝日、元日〔教会の祝祭〕、『クリスマス・オラトリオ』（聖譚曲）、除夜の礼拝、聖シルウェステルの日、聖バシリウスの日、世界平和の日、バチカン

キルギスタン

（キルギス共和国）

Kyrgyzstan

中央アジアにある共和国で、以前はソビエト連邦構成共和国だった。中国の西に位置する。何世紀にもわたり、多くの国に征服され文化的影響を受けている。ギリシア人、ペルシア人、モンゴル人、アラブ人に支配されたあと、最後に1864年にロシアに併合された。1991年のソビエト連邦崩壊により独立。おもな人種構成はキルギス人（65％）、ウズベク人（14％）、ロシア人（13％）。おもな宗教はイスラーム教スンニー派（75％）、ロシア正教会（20％）。

10世紀にイスラーム教が国教となったが、ペルシアの影響から国家的な新年はノウルーズ（新しい日）といわれ、ペルシア暦のファルヴァルディーンの初日に行われる（⇒暦・ペルシア）。これは春分（グレゴリオ暦の3月21日頃）にあたる。この祝祭はソビエト連邦に厳しく禁じられていたが1989年に復活した。ただし、キルギスタンは宗教的儀式が自由である非神政国家のため、国家としてではなく民間で行われる祝祭である。

イランでは13日間にわたるノウルーズだが（⇒イラン）、キルギスタンでは1日で行われ、祝宴、馬上競技、レスリングの試合、闘鶏、ストーリーテリング、音楽、舞踊のほか、通りには市が立つ。しきたりにのっとり各家庭では大掃除をし、家や周囲の物の修繕を行い、借金を清算し、喧嘩を丸く収める。また、針葉樹アルチャの枝を家の中で燻して悪霊を追い払う。ふつうは準備された会場に人が集まって祝う。市街では政府の役人、地方では村の年長者により祭りが開始される。例えば、首都のビシュケクでは、木立の中にあるレーニン広場の、色とりどりの旗で飾られた会場で式典が行われ

る。式の始まりには、冬を象徴する年長の男女一人ずつが、大統領をはじめとする高官と対面する。頭に雪を表す白い布をかぶって広場の角に座る女子学生の一団が、全員でノウルーズの賛歌を歌ったあと別の40人の女子学生が彼女らの頭から布をとる。そして二人の年長者が冬過ぎ去りて春来たりと宣言する。その他に、「雪」の上に花をちらす、象徴的に地面を耕す、男女が馬上で曲芸をするなどの出し物がある。また、人々は燃える杜松の丸太に手を添え、豊作を願う。

市にはさまざまな料理が並び、みな外での食事を楽しむ。中央アジアで祝日によく食べられているのは、とくにスマラク（麦芽をひいて調理したもの）、プロフ（肉と野菜が入ったピラフ）、シュルパ（さまざまな野菜を加えたマトンの煮込み）、サムサ（緑の野菜を詰めた肉のパイ）など。

イラン（ペルシア）の風習にこだわる家庭では、ハフト・スィーンとして古代ペルシアのゾロアスター教の教義にかかわる7つの象徴的な物をテーブルに並べる（⇒イラン）。これらはペルシア語のスィーン（sin：「s」）の文字で始まるものでなくてはならない。以下のものが並べられるが、これらに限定されるわけではない。サマヌ（samanu：小麦のプディングで甘さと豊穣の象徴）、セッケ（sekeh：金貨で富と繁栄の象徴）、サブゼ（sabzeh：穀物かレンズ豆の新芽で再生の象徴）、ソンボル（sonbol：ヒアシンスの花で人生と美の象徴）、シール（seer/sir：ニンニクで薬の象徴）、センジェド（senjed：ロトスの甘い果実で

愛の象徴）、セルケ（serkeh：ホワイトビネガーで年と忍耐の象徴）。その他に使われている物についてはイランの項参照（⇒イラン）。

次の年に幸運を望むなら、家を最初に訪れるのは親切で、穏やかで、賢明で、敬虔で、徳の高い人でなければならない。初めの13日で新年がどのような年になるかを占う。

社会的にはグレゴリオ暦を採用しているため、国際的にも大勢を占める1月1日を正月として祝う。ジェド・マロースとその孫の雪娘、きれいに飾られたニューイヤーツリー、贈り物という伝統はソ連時代の名残である（⇒ロシア）。イスラーム教スンニー派は、イスラーム教の新年（ムハッラムの月の最初の日）に特別な式典は行わない（⇒イスラーム教、暦・イスラーム）。ロシア正教はグレゴリオ暦に従っているため1月14日に「旧新年」を祝う。

キルギスタンの公用語はキルギス語とロシア語だが、新年の挨拶にはファルシー語（現代ペルシア語）が使われる。
・「エイディ・ショマ・モバラク（Eidi Shoma Mobarak）」
・「ノウルーズ・モバラク（No Ruz Mobarak）（いずれも「新年おめでとう」）
⇒ノウルーズ

グアテマラ

Guatemala

⇒ 中南米とカリブ海諸島

クウェート
Kuwait

ペルシア湾に臨む中東の国。イラクとサウジアラビアの間に位置する。人口の85％はイスラーム教徒で、内80％がスンニー派、20％がシーア派。イスラーム教徒以外には、キリスト教徒、ヒンドゥー教徒、パールシー教徒が少数ずついる。

ビジネスや商取引ではグレゴリオ暦を採用しており、1月1日を一般の元日とする一方、宗教の祝祭ではイスラーム暦に従う（⇒暦・イスラーム）。シーア派はイスラーム暦の最初の月であるムハッラムの最初の10日間を、預言者ムハンマドの孫であるフサインを追悼する期間としている。フサインは680年にカルバラで殺された。最も大事な儀式は10日目のアーシューラー。これについてはイスラーム教の項で詳細を述べる（⇒イスラーム教）。スンニー派はイスラームの新年をシーア派のようには祝わない。

新年の挨拶には次の言い方がある。
・「クッル・アーミン・ワ・アントゥム・ビハイル（Kullu 'Aamin Wa Antum Bikhair）」アラビア語（公用語）

グディ・パドワ
Gudi Padwa
　　⇒インド

クニンガン
Kuningan
　　⇒インドネシア

『くまのプーさん／みんなのクリスマス』

Winnie the Pooh: A Very Merry
アニメ（2002年）

『くまのプーさん』（*Winnie-the-Pooh*）の登場人物とともにクリスマスと新年の祝祭を祝う、ビデオ用アニメ。児童書の『くまのプーさん』は1926年に出版された、イギリス人作家アラン・アレクサンダー・ミルン（1882〜1956）の作品。おもな登場人物は、くまのプーさん（小さくてやさしいが、まぬけなクマ、ハチミツ好き）、ティガー（元気いっぱいのトラ）、イーヨー（鬱々と文句をいいつづけるロバ）、そのほかラビット、ピグレット、アウル、ゴーファー、クリストファー・ロビン（同名のミルンの息子をモデルにした少年）。動物たちはみな、100エーカーの森に住む。

クリスマスイブに、動物たちはプーの家に集まり木を飾り付ける。夜になり、一同はプレゼント交換を待ちわびながら、前の年にサンタクロースに忘れられそうになったことを思い出す。この部分のストーリーには、ディズニーのテレビシリーズ『新くまのプーさん』（*The New Adventures of Winnie the Pooh*、ABCネットワーク、1988〜1991年）から派生したスペシャル番組『プーさんのメリークリスマスクリスマス』（*Winnie the Pooh and Christmas Too*、1991年）のシーンが組み入れられている。

動物たちのクリスマスの願い事をクリストファー・ロビンがまとめてサンタへの手紙にし、北極に向かうはずの風に乗

クマノフサ 133

せる。ところが、プーが願い事を言っていなかったことにピグレットが気づき、2匹は手紙がサンタに届く前に取り戻そうと、にわかづくりの風船に乗って出発するが失敗する。2匹が枝に引っかかっていた手紙を見つけて仲間のところに持ち帰ると、贈り物の気持ちが高まったみんなはお互いのために願い事のリストを何倍にも増やしてしまう。再び手紙は風に乗ったが、プーの家に吹き戻されただけ。プーはサンタの扮装をして友だちにクリスマスを届けようとするが、これも失敗。クリスマスイブにひとりでサンタに手紙を届けようとするミッションも、風の最後のひと吹きで手紙が見えなくなって失敗に終わる。クリスマスの朝、プーは万事休すと思い込み肩を落として仲間たちのもとに戻ってくる。やがてクリストファー・ロビンが頼んでおいたとおりのそりに乗って登場する。そりには、ほかのみんなの願いをかなえる品々がのっていた。行方不明になった手紙は、最終的に目的地に届いていたのだ。

心あたたまる回想のあとに、動物たちは贈り物を交換するが、プーはピグレットへの贈り物をどこに隠したか忘れて、大晦日までまるまる一週間探し回ることになる。そこにクリストファー・ロビンが現れて、100エーカーの森で素晴らしいパーティをしようといい出す。プーは、みんなでラビットの家に集まろうと決める。ところが、招待もされないのに仲間の動物たちがやってきたうえに、ティガーがはりきってはねまわりすぎて大さわ

ぎを引き起こす。怒り狂ったラビットはみんなを追い出し、もっと平和な隠れ家を求めて100エーカーの森を出る計画を立てる。このままではラビットにもう許してもらえないかもしれないと思った動物たちは、ラビットに思い直してもらうために、自分たちの性格を変えるという新年の誓いを立てる。プーは2度とハチミツを食べないと誓い、かつてのイーヨーのように気難しくなる。ピグレットは2度と怖がらないという誓いを立てティガーのようにはしゃぎまわる。イーヨーは明るく振る舞おうとしてハチミツ好きになる。ティガーは2度と騒がないと誓い、すべてのものに恐怖を抱くようになる。こうしてみなが茶番を続けているうちに、ラビットが窮地に陥り、ティガーが友人を助けるために誓いを破りはしゃぎ始める。自分たちの新しい性格はばかばかしいと気づいたみんなは、それぞれ誓いを破り、ラビットは、仲間が自分のためにそんな努力をしていたことを知って感動し、森にとどまることを決める。ラビットの家でパーティが再開し、仲間たちは輪になって新年を迎えて乾杯し、友情という素晴らしい贈り物を確認し合う。間に合わなかった贈り物については、プーがハチミツの中にピグレットの贈り物を隠したことを思い出し、みんなで「遥かな遠い昔」を歌うシーンで幕を閉じる。

2003年DVDプレミア賞編集賞受賞。DVDプレミア賞アニメ映画賞ノミネート、同オリジナル楽曲賞、脚本賞受賞。声優：ジム・カミングズ、トーマス・デローニ

ー、マイケル・ガウ、ボブ・ジョールズ、ケン・サンソム／脚本：カール・グアーズ、テッド・ヘニング、ブライアン・ホールフェルド／製作：ゲアリー・カトナ、エド・ウェクスラー、アントラン・マヌージアン／監督：ゲアリー・カトナ、エド・ウェクスラー／ウォルト・ディズニー・スタジオ／DVD：ウォルト・ディズニー・ビデオ／65分

　⇒「遥か遠き昔」

クラーク，ディック
Clark, Dick

　⇒ディック・クラーク・ニュー・イヤーズ・ロッキン・イブ

『クリスマス・オラトリオ』（聖譚曲）
Christmas Oratorio
（ヴァイナハツオラトリウム
Weihnachtsoratorium、BWV248）

　1734年にドイツの作曲家Ｊ・Ｓ・バッハ（1685～1750）が作曲した、合唱、独唱およびオーケストラのための楽曲。歌詞は、バッハの他の楽曲も作詞している詩人のクリスティアン・フリードリヒ・ヘンリーツィ（筆名ピカンダー）による。この作品は6部の独立したカンタータで構成され、それぞれがクリスマスから公現日までの6つの祝日のために作曲された。計64曲からなる『クリスマス・オラトリオ』は、バッハがライプツィヒのトーマス教会で音楽監督を務めていた、1734年から1735年にかけての降誕節に初めて演奏された。カンタータのうち次の2つは、もともと新年に演奏されるた

めに作曲された。第4部は「割礼の祝日」（1月1日に祝った）と呼ばれ、『ルカによる福音書』2章21節に基づき、降誕から8日目のイエスの割礼と命名に焦点をあてている。第5部は「新年の第1主日」と呼ばれ、『マタイによる福音書』2章1節から6節に基づき、イエスを探しにきた博士たちに焦点をあてている。現在は、6つすべてのカンタータを1つの作品として同日に演奏するのが一般的である。

　⇒割礼の祝日

グリーンコーンの儀礼
Green Corn Ceremony

　北米の先住民の諸部族が行う例年の儀式。かつては北米大陸全域で行われていたが、現在では、おおむね東部森林、南東部、南西部の諸部族が執り行う。儀礼の開始時期、期間、手順などは場所によって大きく異なるが、概して5月から10月までの夏季に行われ、トウモロコシの新たな実りへの感謝の表明と、人々の浄化や霊的な再生とが、儀礼の中心となる。また収穫の前祝いという要素もあり、この儀式が済むまでは、トウモロコシを口にすることはおろか、触れることさえも禁じられる。南東部のクリーク族とセミノール族にとってはグリーンコーンの儀礼が新年を意味するため、この項では両族の儀式に焦点をあてることとする。

　クリーク・ネーションの人々は、現在はその本来の名前であるマスコギー族の名で知られ、おもにアラバマ州、フロリ

ダ州、ジョージア州、オクラホマ州に居住している。また、クリーク族と近い関係にあるセミノール族は、フロリダ州とオクラホマ州に居住している。これらの諸部族は、グリーンコーンの儀礼を6月末ないし7月の初めに4日間催す。この儀礼を指すのに「ブスク」(busk)という語が用いられるが、この語はクリーク語で「断食」を意味する語に由来し、boosketah、posketv、puskita などさまざまな綴りがある。要するに、断食は新年を迎えるにあたって肉体の汚れを落とし清めるものとされ、これに加えて水浴や住居清掃の儀式も行われている。また、部族の男性は、ヤポンノキ(学名 *Ilex vomitoria*)の葉を煎じた強力な吐剤を服用する清めの儀式も行う。ヤポンノキの葉から抽出された飲み物は、先住民のあいだで「呪薬」として知られ、その黒ずんだ色合いからイギリス人に「ブラック・ドリンク」と呼ばれる。この「呪薬」の服用を拒んだ者は、新たに収穫されたトウモロコシを食べる際に無事でいられず、来るべき年に病を得るという迷信がある。また戦時においては、この「呪薬」によって個々の勇猛心を高めたと考えられる。グリーンコーンの儀礼で行われるもう1つの浄化儀式は、自傷行為の一形態、すなわち「掻き傷の儀式」であるが、この儀式において参加者はさまざまな手段を用いて自分たちに掻き傷をつける。女性や子どもの参加者に対しては男性が儀式を執り行うが、男性参加者に対しては呪医が掻き傷を与える。

かつては、古い衣服、家具、台所用品などを前年から蓄えていた穀物の残りとともに焼き捨て、新しいものと取り替えるという象徴的な再生の儀礼が行われた。現在では、すべての家の火が消されたあとに、町の広場において、儀式に則り新たな火がおこされ、各家庭の最年長の女性がその新たな火からいくらかの炭を受け取って家に帰り、料理用の炉の火を再びおこす。またこの時期には、過ぎ去った年に、殺人や強姦の罪を除くすべての罪を犯した者に対して恩赦が与えられる。

すべての儀式は、町の広場に設けられた正方形の壇の上で行われる。壇の四辺は平らに形成され、それぞれが東西南北を向いている。この平らな四辺には、男たちが四方を向いて座ることができるよう、差し掛け小屋が建てられる。正方形の壇と差し掛け小屋とで構成されたこの複合施設の中央には、儀式の火、すなわち「父祖の火」がおこされる。この火は、人々の歌や祈りの焦点であり、祈りを天に伝える生きた聖なる存在だとされている。さらに、この複合施設の周りには環状の土手が形成され、土手の向こうに人々の家が並ぶ。

グリーンコーンの儀礼ととりわけ関連の深い慣習にストンプダンスがあるが、ダンスの名称は、すり足で歩いたり足を踏み鳴らし(ストンプ)たりするダンスの動きに由来する。踊り手は、儀式の火の周りに渦巻きないし円を描くようにして、男性、女性、男性、女性と交互に並

ぶ。さまざまなストンプダンス・ソング
を会得した男性が儀式を先導し、一人以
上の「シェルシェイカー・ガール」が足
にガラガラを付けてリズミカルな伴奏を
奏でる。

　断食、清め、ダンスの神聖な儀式をす
べて終えたあとは宴会が行われ、一般的
には豚肉、ブドウのダンプリング、ひき
割りトウモロコシ、マッシュポテト、揚
げパン、トウモロコシのパンなどが供さ
れる。上に挙げた儀式のほかに、子ども
の命名式や評議会の集会、球技なども行
われる。

　新年の挨拶には次の言い方がある。
・「アフヴケ・オロロペ・ムブセ（Afvcke
　Orolope Mucvse)」クリーク語（セミノー
　ル族もこの言語を用いる）

グレゴリオ暦
Gregorian Calendar
　⇒ 暦・グレゴリオ

クロアチア
Croatia
　元日は1月1日。第二次世界大戦以降、
旧ユーゴスラビア共和国の構成国であっ
たクロアチアは、東ヨーロッパの他の
国々と同様、ソビエト連邦の共産党政権
に支配されていたが、1991年にソビエ
ト軍が撤退したため、ユーゴスラビアか
らの独立を果たした。宗教を否定する共
産党体制の下に置かれた約50年間、ク
リスマスは認められず、冬の祝日は宗教
と関わりのない元日に移され、飾り立て

たモミの木は、クリスマスツリーではな
く「ニューイヤーツリー」となり、クリ
スマスに子どもたちへ贈り物をもたらし
てくれる聖ニコラウス、あるいは幼子イ
エスは、大晦日に贈り物をもたらすソビ
エト版の「サンタ」、すなわち「霜おじ
いさん」に取って代わられた（⇒ロシア）。
だが、共産主義は伝統的な祝祭の慣習を
すべて消滅させることはできず、ソビエ
ト連邦が崩壊すると、クロアチアのクリ
スマスと新年の祝祭が復活した。

　ソビエト時代以前に「小クリスマス」
ないし「若いクリスマス」と呼ばれてい
た新年の祝日には、クリスマスほどでは
ないにせよ、多くの慣習がつきものだっ
た。例えば、クリスマスイブと同様に、
大晦日にも男たちが銃を撃って悪霊を追
い払う儀式を行ったが、この風習は厄除
けのために大きな音を立てる異教信仰と
通じるものがあった。また地域によって
は、新年に初めて井戸から汲みあげた水
には清めの力があるとされ、若い女性た
ちが早起きをして初めての水を汲み、そ
の水を家族にふりかけ、その後、一年を
通して十分な金銭に恵まれるようにと、
めいめいが釣瓶に硬貨を投げ入れた。さ
らに、クリスマスの祝宴と同様、新年の
食卓にも、新しい命と収穫物の象徴であ
る青い麦の穂が必ず飾られ、火を灯した
ロウソクが炉辺に光彩を添えた。クリス
マスイブには、硬貨を入れて焼いたクリ
スマスのパンを用意するが、このパンは
元日の食卓に供され、男の子の頭上で割
いてから取り分けられた。自分のパンに

硬貨が入っていた者は、新しい年に幸運に恵まれるとされた。元日の行いがその年全体の良し悪しを決めるため、元日には盛んに飲み食いし、誰もができるだけ身を慎んで良い行いをする習慣があった。そのため、飲酒は許容されたが、酩酊は厳に慎むべきこととされた。

聖バルバラの日（12月4日）、クリスマス、聖ステファノの日（12月26日）あるいは元日には、ポラズニク（polaznik:「最初の客」）など人々の幸福を祈る者が家々を訪問した。これらの祝日に最初に迎えた客が正直な男らしい若者であった場合、その家は幸運に恵まれ、最初の客は訪問先の家庭から贈り物を受け取るという習慣があった。だが最初の客が女性だった場合は、訪問先の家は悪運に見舞われるものとされた。

かつてクロアチアじゅうに普及していた、コレダ（キャロル）行列の慣習は、クリスマスイブとクリスマス当日、また聖ステファノの日、大晦日、元日、公現日（1月6日）に行われた。若い男性と少年、時には女性からなるコレダリ（キャロル隊）が家々をまわり、謝礼を期待して、人々の健康と自然の恵みを祈る歌を歌った。謝礼をしない家は、災いを招く歌を歌われた。同様の風習にクリジェク（križec：家々祝福）があった。これは聖ステファノの日から公現日までの期間に、教区の聖職者が聖具室係と鳴鐘係とともに家々をまわり、歌によって新しい年への祝福を伝えるもので、この一行には返礼としてリンゴなどの贈り物が贈られた。コレダの風習はソビエト時代に廃れたが、地方によっては、街のごみ回収業者や煙突掃除夫が家々をまわって幸運を祈り、金銭的な謝礼をもらうという形で、その名残が見られた。

現在では、このような風習は地方に残るだけで、都市部ではほとんど見られなくなった。ただし例外はあり、大晦日の真夜中には今でも各家庭のバルコニーから銃声が聞こえてくる。コレダの風習は、今はおもにクロアチアのアドリア海地方に残っている。大晦日の祝祭は西洋諸国と同様であり、個人宅やレストラン、ナイトクラブ、ホテルでのパーティや、飲酒、そして花火大会などが行われる。

新年の挨拶には次の言い方がある。

・「スレトゥナ・ノヴァ・ゴディナ（Sretna Nova Godina）」クロアチア語（公用語）

黒目豆

Black-Eyed Peas

（学名 *Vigna unguiculate unguiculata*）

ササゲの亜種で、最初はアジアおよびアフリカで栽培されていた。青白い食用の豆で、特徴のある黒い斑点があることからこの名がついた。黒人奴隷により西インド諸島にもたらされ、その後アメリカ合衆国南部に伝わり、伝統的黒人料理や、他の郷土料理に用いられるようになった。アメリカの植物学者で化学者のジョージ・ワシントン・カーヴァー（1864？〜1943）は、この豆の栄養価（カルシウム、葉酸、ビタミンAが含まれる）が高いこと、また土壌の窒素分を高めるという特色か

ら、生産を促進した。アメリカの南部では、元日に黒目豆を食べる慣習があり、地域によっては「ホッピンジョン」と呼ばれる伝統料理に使われる。

ホッピンジョン（Hoppin' John） 作り方はさまざまだが、材料に黒目豆、米、ベーコン、ハム、ソーセージ、豚の背脂、トマト、胡椒などが使われることが多い。年の始めに食べると、この料理が幸運をもたらすという民間伝承がある。ホッピンジョンにコーンブレッドとコラードないしキャベツが添えられることもあり、その場合は、黒目豆が硬貨、コーンブレッドが黄金、緑の野菜が紙幣と、どれもが新年の幸運の印を象徴している。また、料理の中に隠された硬貨が自分の皿に入っていた者は、さらなる幸運に恵まれる。黒目豆の替わりにキューバのブラックビーンズが使われた料理は「ホッピンファン（hoppin' Juan）」として知られる。

「ホッピンジョン」の名前については由来が定かではなく、以下の諸説がある。

フランス系クレオール語で黒目豆を表す「ポワ・ア・ピジョン（pois a pigeon）」が転訛したもので、英語を話す人々にはその発音が「ホッピンジョン」に聞こえたという説。

南部の人々が食事に招いた客に対し、お腹いっぱい食べさせようと「ホップ・イン、ジョン！（さあ中へ入って、ジョン！）」などと声をかけたためという説。

子どもたちが、新年のお祝いの食卓の周りを「ホッピンジョン」という詩を唱えながら跳びはねて回ったという説。

1841 年に「ホッピンジョン」というあだ名の足の不自由な黒人男性が、サウスカロライナ州チャールストンの街頭でこの料理を売り歩いていたという説。

これらの憶測による由来はともかく、「ホッピンジョン」という言葉はアメリカ植民地時代の黒人奴隷に関係があると知られており、この言葉が最初に活字となったのは、フレデリック・L・オームステッドの旅行記『沿岸奴隷州紀行』*（*A Journey in the Seaboard Slave States*、1856 年）の中である。同書においてオームステッドは、奴隷たちが「ホッピング・ジョン」と呼ぶベーコンと豆と唐辛子の煮込み料理について記している。ただし、現在はもう少し省略した名前「ホッピンジョン」としての方がより知られている。

黒目豆を食べる伝統は、南北戦争の時代に遡る。北軍はしばしば南部の大農園の農産物を収奪した。だが黒目豆は北軍兵士たちに「フィールドピー」（飼料作物）と呼ばれ、単なる家畜の飼料と思われたため、奪われずにすみ、そのおかげで多くの南部人が飢えを免れ生き延びることができた。

「迎春‼ 小樽杯マリオネットコンテスト」

"Welcome to the New Year: The Otaru Cup Marionette Contest"
TV（1996 年）

日本のテレビアニメシリーズ、〈セイバーマリオネット J〉（1996 ～ 1997 年）のエピソード。30 分番組 25 話からなる

シリーズで、テラツーという遠くの星が舞台。住人であるクローン人間6人は、300年前に事故にあった地球からの移民船から脱出してこの星に上陸した。女性のクローンがつくれなかったため、男のクローンたちは女性のロボット「セイバーマリオネット」をつくり出し、自分たちの身体的ニーズに応えさせるだけでなく、重労働をさせたり兵士として扱ったりしている。シリーズの主人公は、ジャポネス出身の間宮小樽という少年で、見つけた3体のマリオネットに自分の愛情を競わせる。感情に欠ける典型的なマリオネットと異なり、この3体は本物の女性らしい性質を与える乙女回路を備えているのだ。やはり乙女回路を備えた3体のマリオネットを所有するのは、ガルトラントのリーダー、ファウストで、彼は小樽のマリオネットが自分のマリオネットよりはやく「女性」に進化しているのに気づく。ファウストは世界征服という究極の計画を胸に、新年に自分のマリオネットと小樽のマリオネットをコンテストで競わせて、どちらの国が優勢かをたしかめようと決意する。

「迎春!!」は1996年12月31日に放送された。

声優：今井由香（小樽）/シリーズ原作：あかほりさとる/キャラクターデザイン：ことぶきつかさ/『迎春!!』脚本：関島眞頼、金巻兼一/製作：小林教子、横山真二郎/監督：下田正美、ますなりこうじ/セイバーマリオネット フランチャイズ/DVD：バンダイより全シリーズ/655分

経線の壁

Meridian Wall

⇒フィジー諸島

『軽率』*

Indiscreet

映画（1931年）

大晦日のシーンがある、ミュージカル、ロマンス、コメディ映画。ジェラルディン・トレント（グロリア・スワンソン）は不誠実で嘘つきなボーイフレンド、ジム・ウッドウォード（モンロー・オーズリー）を振るのは大晦日がいちばんだと考えた。一方、ジェラルディンと小説家、アンソニー・ブレイク（ベン・ライオン）の間には恋が芽生え始める。ジェラルディンは過去を隠そうとしているが、前のボーイフレンドのジムが姉妹のジョアン（バーバラ・ケント）に熱を上げていると知ってしまう。

脚本：バディ・G・デシルヴァ、リュー・ブラウン、レイ・ヘンダーソン、レオ・マッケリー/プロデューサー：バディ・G・デシルヴァ、ジョセフ・M・シェンク/監督：レオ・マッケリー/フィーチャープロ/レイトづけなし/B&W,DVD（Madacy Records）/92分

ゲーム

Games

⇒アメリカンフットボールのボウル・ゲーム、厄払い、該当する国の項目

ケルト
Celts

　ドルイドと呼ばれる神官階級によって統治された、古代の民族。ヨーロッパの大半とイギリス諸島の広範囲に分散していたが、まとめてケルタエ（Celtae、ラテン語）あるいはケルトイ（Keltoi、ギリシア語）と呼ばれた。部族の歴史や伝説を口承によって語り継ぐ傾向が強かったため、この民族について判明していることは多くない。現在分かっていることの大部分は、ケルトの異文化的、原始的、好戦的な面を強調する古代ギリシアやローマの文献、あるいは9世紀から12世紀にかけてキリスト教の修道士が現地語で記録したアイルランドの伝説を典拠とする。ケルトがイギリスに初めて到来した時期についても、やはり判明していないが、歴史家はおおむね前900年頃と推定しており、さらに前250年頃にも大規模な流入があったものと考えられている。ケルトはガリア（フランス）から進出して前280年頃には小アジアまで勢力を拡大したが、前58年のローマによるガリア征服および西暦43年から436年にわたるローマのイギリス（ただしアイルランドは除く）占領によって、ローマへの従属を余儀なくされた。1066年のノルマン征服までには、ドルイドとケルトの部族社会は事実上消滅していた。現在、ケルトの子孫はおもに、アイルランド人、ゲール人、ウェールズ人、ブルターニュ人に代表される。

　農耕社会を営んでいたケルトは、季節や二分二至に応じて多数の宗教儀礼を行っていた。このうち4つが主要な祭祀とみなされて「クォーター・デイ」と呼ばれ、この4つの祭りによって一年はほぼ4等分された。4大祭祀のうち、インボルグは羊の最初の出産期にあたり、ユリウス暦の2月1日頃に行われた（ケルトの1日は日没から始まるため、正確にはインボルグは1月31日の日没から始められた）。ベルティネは5月1日頃で、牧畜の夏季の始まりにあたり、この日に家畜が牧草地へ放牧された。ルーナサは8月1日頃に行われる収穫祭だった。サウィンは11月1日頃に行われ、この日は死者を偲ぶとともにケルトの新年の始まりを祝った。こういった祭りの機会には、祝宴が開かれてさかんに飲み食いが行われ、競馬やさまざまな競技が行われ、市や品評会が開催された。歴史家は、このような祝宴において、宗教的な目的で、また宴会に供するために、少なくとも動物の生贄が捧げられたとしている。古代の文献では人間の生贄についても言及されているが、後世に記された現地語による文献には人間の生贄についての記述が存在しないことから、古代の記述は悪意からの虚偽と考えられる。したがって、人間の生贄に関しては信頼に足る情報が無い。イギリス諸島にキリスト教が到来すると、これらの祭祀はキリスト教会の祝祭に当てはめられた。例えば、インボルグは聖ブリギッド崇敬や2月2日の聖燭祭と結び付けられ、サウィンは10月31日のハロウィーンや11月1日の諸聖

人の祝日、また 11 月 2 日の万霊節と関連づけられた。1752 年にイギリスがユリウス暦に替わってグレゴリオ暦を採用した際、調整のために 11 日間が削除されたが、このとき 11 月 11 日が「古きサウィンの前夜」と呼ばれるようになり、その後、聖マルティヌスの日すなわち聖マルティヌス祭として祝われるようになった。サウィンについて、またサウィンとハロウィーンとの関係について、さらにこれらに関連する教会の祝祭については、ジョン・キング著『ケルト・ドルイドの年』(*The Celtic Druids' Year*)、およびリサ・モートン著『ハロウィーン事典』(*The Halloween Encyclopedia*) において、詳しく述べられている。次の項では、多神教を奉ずるケルト民族の新年としてのサウィンに焦点を当て、さらに論ずることとしたい。

サウィン (Samhain：サウィンと発音する)　この言葉は古アイルランド語で「11 月」を意味し、また冬の初日を示す「夏の終わり」の意を表す。これに相当するウェールズ語はホランタイド (Nos Calan Gaef)、スコットランド・ゲール語では Samhuinn である。他の表記としては、Saman、Samain、Samonios、Samuin、Sham-in、Saimhain、Samhein、Oiche Shamhna (アイルランド語で「サウィンの前夜」) が挙げられる。サウィンは古代ケルト暦の第 1 の月の名称でもある (⇒暦・ケルト)。

　ケルトの歴史については詳細が分かっていないため、ケルトの一年が始まる実際の時期については、研究者の間でも見解が分かれている。ケルトの 1 日が日没から始まるという事実、また 1 年が大まかに「暗い」衰えゆく半年 (10 月～11 月の朔望月) と「明るい」盛りゆく半年 (4 月～5 月の朔望月) とに分けられるという事実から、多くの研究者は一年がサウィンに始まると考えており、復興異教主義の新ドルイド教でも、この時期が新年だと考えられている。だが「Samon」がゲール語で「夏」を意味する言葉であることから、新年が真夏に始まると考える研究者もおり、さらには真冬に年が始まるとする研究者もいる。また、ヨーロッパ大陸のケルトがサウィンを祝ったと明確に示す証拠はないことから、そもそも厳密にはアイルランドのケルト人だけが祝う祭日であった可能性もある。

　アイルランドにおけるサウィンの祭りの拠点となったのは、ダブリンの北西、ミーズ州のナヴァンとダンシャクランの間に位置する低い山稜タラの丘であったが、この場所はアイルランド上王 (ハイ・キング) の居所でもあった。伝説によればタラは、フィルボルグ族の最初の都とされたという。フィルボルグ族はギリシアで奴隷の身分となり、土を詰めた袋を運ばされていたが、これらの袋で造った船で逃亡してアイルランドへ渡り、その後、到来したトゥアタ・デー・ダナン (ゲール語で「女神ダヌの人々」の意) (下記参照) に征服されるまで、アイルランドを治めたとされる。タラは異界あるいは霊界であるアンヌヴンの入口でもあった。

このタラでは、サウィンの前の3日間にわたり、アイルランドの5つの地方の集会が開かれた。また集会後には祝宴やさまざまな競技など、上記のような活動が行われた。集会においては古来の不文法が復唱によって確認され、新しい法律が制定され、終わることのないアイルランドの全史が披露された。このような口承が毎年繰り返されたため、ケルトの人々は父祖からの伝統によく通じていた。大がかり火が焚かれ、カブをくりぬいて作られた獣脂の提灯が、炎と太陽の勢力の象徴として吊るされた。このカブの提灯が、ハロウィーンのジャック・オ・ランタンの起源の1つとされている。10月31日の夜には地上の火がすべて消され、タラから約20km離れたトラハタガの丘でドルイド神官が新しい火を灯す儀式を執り行った。神聖なオークの木片におこされたと思われる新たな火に、神々への生贄を奉げたあと、この熾火が国じゅうに運ばれた。トラハタガの熾火以外を種火として火をおこすことは禁じられ、家ごとに3ペンスの税を支払って法に適った種火を受けとった。サウィンには、すべての負債、争い事、不満の原因が精算された。

年の変わり目には、死んだ親族の魂が、生きている近親者のもとに戻ってくると信じられていた。そのため、各家庭では夜家族が就寝する前に、テーブルの上に食べ物や飲み物やたばこなどの贈り物を並べ、魂を迎えるために家に火を絶やさないようにしておく習慣があった。家に

戻る霊魂が悪意ある悪戯をすることもあったため、この夜に外を出歩くのは危険だったと考える研究者もいる一方で、キングは次のように述べている。「死者はとくに恐怖をもたらしたわけではなく、彼らが生きていた場合と同様に人々を脅かしたり威嚇したりしただけにすぎない……現在わたしたちは死者ないし幽霊を多少なりとも怖がるが、もしも古代ケルト部族が現代人のこのような反応を見たら、不可解に思うことだろう」。

その他のサウィンにまつわる伝説 アイルランドの民話に語られるサウィンにまつわる多数の伝説のうち、数例を下に挙げる。

トゥアタ・デー・ダナンがフィルボルグからアイルランドを奪ったことは上述の通りだが、このトゥアタ・デー・ダナンは初め、巨人とその母に率いられた片腕や片脚のない忌むべき怪物の一族、フォウォレに敗れた。フォウォレは貢納としてトゥアタに対し、毎年サウィンに彼らの収穫した穀物の3分の2と牛乳、そして子どもを治めることを要求した。要求に従うかわりにトゥアタは反乱を起こし、フォウォレの一部を打ち負かしたものの、フォウォレの残党はその後も農畝をさ迷い、復讐のために穀物や牛乳、果実、魚などに害をもたらした（11月1日以降に畑に残された穀物は食用に適さないとする古くからの風習は、この伝承から生じた可能性もある）。その後、ある年のサウィンに、モリーガン（「偉大なる女王」の意。戦いの女神であり、夢魔の女王にし

て魔法の女王でもある）とオイングス・マク・オーグ（アンガス・オーグとも呼ばれる。若さと愛と美の神）が最後の戦いを挑み、残りのフォウォレをアイルランドから放逐し、海の向こうのフォウォレの王国へ追い返した。

毎年サウィンには、豊作と家禽家畜の多産を確実にするため、モリーガンとダグダ（「善い神」の意。ケルトの主神）の儀式的な交合が行われた。年の終わりまでにモリーガンはしばしば醜い老婆姿で現れたが、ダグダと結ばれたあとは、若い娘の姿に戻った。

オイングス・マク・オーグは、夢の中で美しく若い娘カイル・イヴォルメト（「イチイの実」の意。死と関係のある木の名前でもある）と出会い、恋に落ちる。カイルは白鳥に姿を変えることができるが、変身できるのはサウィンの日に限られている。シード（妖精の塚、あるいは霊界。シーともいう）の王であるカイルの父に、カイルへの求愛を禁じられたオイングスは、自らもサウィンの日に白鳥に変身して、カイルとつがう。オイングスとカイルが、ともに湖の周りを3度飛び回り、呪文を唱えると、カイルの侍女たちはすべて3日3晩眠り込む。そして若い二人は、異界のブルグ・ナ・ボーネにあるオイングスの宮殿に飛んでいく。この伝説において、白鳥は死者のよみがえりを象徴するだけでなく「ある状態から他の状態へと変容する命、また時間と永遠との間の往来、（そして）生と死の相互関係」を象徴した（ジョン・キング）。

こういったことから、時に白鳥は葬儀の馬車に引き具でつながれた姿で描かれることがあった。またサウィンの祭りで白鳥の踊りが披露されることもあった。

また、毎年サウィンの日にタラの神聖な城を炎上させる、怪物アレーンの伝説もある。アレーンは魔法の竪琴を弾いて、その調べを聴いた者をすべて眠らせてしまうため、誰もその悪業を止めることができない。だがそんなアレーンの前に、好敵手、英雄フィンが現れる。フィンは魔法の槍の穂先を自らの額に当て、その痛みでアレーンの調べに抗うことに成功する。上記の白鳥と同様、竪琴は生者と死者との架け橋の象徴であった。また、痛みの試練を伴う儀礼や、他の英雄的な勇気の証明は、サウィンの祭りにおいても見受けられた。

現在の、魔術崇拝をはじめとする復興異教主義の慣習では、サウィンの祭りは「大魔女集会」、すなわち一年に8回ある魔女集会のうち最も重要な祝祭とされているだけでなく、元日ともみなされている。

ケルト暦
Celtic Calendar
　⇒暦・ケルト

『恋人たちの予感』
When Harry Met Sally
映画（1989年）

大晦日の場面があるロマンティック・コメディ映画。ハリー・バーンズ（ビリー・

クリスタル）とサリー・アルブライト（メグ・ライアン）は 12 年にわたってつかず離れずの交際を続けていた。ハリーの「男女の間に真の友情は成り立たない、セックスの問題がつねに邪魔をする」という考えが障害になっていた部分もある。再会するたびに、お互いと幸せになる可能性を否定する二人の様子が描かれるが、それにも疲れきった二人が、大晦日のパーティでついに愛を告白し合ったところで幕がおりる。

　この映画は、アカデミー賞脚本賞ノミネート（1990 年）をはじめとして、数々の賞を受賞した。ASCAP（米国作詞作曲出版家協会）賞トップ・ボックス・オフィス映画賞（1990 年）、アメリカコメディ賞映画主演男優賞、主演女優賞（ビリー・クリスタル、メグ・ライアン、1990 年）、英国アカデミー賞オリジナル脚本賞（1990 年）、英国アカデミー賞作品賞ノミネート（1990 年）、ほかに全米キャスティング協会、ビデオ・プレミア賞、全米監督協会、ゴールデン・グローブ、全米脚本家組合から 9 つのノミネートを受けた。

脚本：ノーラ・エフロン／製作：ロブ・ライナー、アンドリュー・シェインマン／監督：ロブ・ライナー／キャッスルロック・エンターテインメント・アンド・ネルソン・エンターテインメント／R 指定／DVD：MGM／96 分

コイヨリッティ
Qoyllor Rit'i
　⇒中南米とカリブ海諸島〔ペルー〕

交通事故
Traffic Fatalities
　⇒飲酒

コスタリカ
Costa Rica
　⇒中南米とカリブ海諸島

コプト正教会
Coptic Orthodox Church

　使徒マルコの宣教により、1 世紀にエジプトのアレクサンドリアで創始されたキリスト教の 1 宗派。コプト正教会自体は 451 年の第 4 回キリスト教公会議以降に成立した。

　「コプト」の語は、「エジプト人」の意であるアラビア語のキブト（Qibt）ないしクブト（Qubt）を英語風に発音したもので、もとのアラビア語はギリシア語のアイギュプトス（Aigyptos：「エジプト」の意）に由来する。さらに、このギリシア語も、古代エジプトの最初の首都となったメンフィスの名称フウト・カ・プタハ（Hut-Ka-Ptah）が転訛したものである。現在はエジプトのキリスト教徒を「コプト人」と呼ぶ。コプト人はエジプト総人口の 13 ～ 15％を占めているが、人口の大多数はイスラーム教徒である。

　コプト正教会は、ユリウス暦をもとにした暦を用いており、この暦は、グレゴリオ暦の 9 月 11 日にあたる、トゥート月の第 1 日目を元日とする（⇒暦・コプト、暦・ローマ）。またコプト暦は、エジプトのキリスト教徒を厳しく迫害したディオ

クレティアヌス帝の即位年、すなわち西暦284年を紀元とする。そのためコプト暦の年代には、アンノ・マルテュルム（Anno Martyrum：「殉教者の年」）の略称である「A.M」が付される。

コプト教会の元日には、コプト語で「川」を意味し、ペルシア語では「新しい日」を意味するノウルーズ No Ruz（ナイローズ Nayrouz、ネイローズ Neyrouz、ナイルーズ Nairuz、ナウルーズ Nawruz など他に多数の綴りがある）の祭りが始まる。祭りはトゥート月の17日（グレゴリオ暦の9月27日）まで続き、コプト教徒の殉教者たちを記念して精進（動物性の食品を断つ）が行われる。この精進は一年を通して水曜日と金曜日に行われるものである。殉教者の流した血を記念して、教会の祭壇の装飾や聖職者の着衣には赤が用いられる。また赤いデーツを食す習慣もあるが、このデーツの色も殉教者の血を象徴し、デーツの白い果肉は殉教者の清さを、固い種は固い信仰を象徴している。伝説によれば、処女（おとめ）マリアは赤いデーツを食べて歯を欠いたとされる。そのため、欠けた歯を捜すために多くのデーツが食されるという。
⇒エジプト

コプト暦
Coptic Calendar
⇒暦・コプト

暦・アステカ
Calendar, Aztec

現在のメキシコにあたる地域に住んでいた古代メキシコ人ないしアステカ人の文明において用いられたアステカ暦は、前6世紀のメソアメリカで広く普及していた共通の暦法に由来する。祭事暦あるいは神聖暦であるこの暦はトナルポワリ（tonalpohualli：「日の計算」）と呼ばれ、一年の周期は260日からなり、下記の20日からなる短い周期と13までの番号との組み合わせによって構成された。暦の1日ごとに、主要4方位のうちの1方位ともう1つの別のシンボルとを組み合わせた特定の印が配分され、地域のシャーマンの占いによって、日ごとの吉凶が定められていた。主要方位と組み合わされた日のシンボルは、順に次の通りである。

シパクトリ（ワニ、東）、エヘカトル（風、北）、カリ（家、西）、クェツパリン（トカゲ、南）、コアトル（蛇、東）、ミキストリ（死、北）、マサトル（シカ、西）、トチトリ（ウサギ、南）、アトル（水、東）、イツクイントリ（犬、北）、オソマトリ（サル、西）、マリナリ（草、南）、アカトル（葦、東）、オセロトル（ジャガー、北）、クアウートリ（ワシ、西）、コスカクアウートリ（コンドル、南）、オリン（動き、東）、テクパトル（火打ち石のナイフ、北）、キアウィトル（雨、西）、ショチトル（花、南）。

したがって暦は、1のワニ、2の風、3の家……13の葦、1のジャガー、2のワシ、3のコンドル……7の花、8のワニ、9の風、10の家……というように進行した。

20日周期と13日周期の双方が同時に周期を終える（日の名前の周期が13周し、数の周期が20周する）のに260日を要し、日の名前にはそれぞれに守護神が存在した。また13日が一つのグループ（週）とされ、各週は最初の日の名前で呼ばれた。例えば、1のワニの週、1のジャガーの週、1のシカの週、という具合である。13の日からなる各週は、それぞれが特定の神に支配されており、神々はまとめて13人の「昼の神々」と呼ばれていた。また、これと関連して13羽の聖なる鳥と9人の「夜の神々」も存在した。

この神聖暦と同時に進行するのが、シウポワリ（xiuhpohualli：「年の計算」）と呼ばれる365日の太陽暦で、1から20までの日によって構成される18の月からなり（各月は5日からなる4つの「週」で構成されていた）、年の終わりにはこれらの月に続いて、捨てられた日ないし「空虚」な日からなる、ネモンテミと呼ばれる不吉な5日間が付け加えられた。この5日間には、ほぼすべての活動が中止された。アステカの天文学者は太陽年がおよそ365.25日で構成されることは十分知っていたはずだが、彼らがどのようにしてこの端数を補っていたのか、またどのようにしてこの暦を季節と一致させていたのかについては分かっていない。研究者の間では、アステカ年の始まりがグレゴリオ暦の2月初めであるとの見方が大半を占めている。

太陽暦の月を順に並べると、アトルカワロ（水が終わる）、トラカシペワリストリ（人間の皮を剥ぐ）、トソストントリ（短い見張り）、ウエイトソストリ（偉大な見張り）、トシュカトル（乾いたもの）、エツァルクワリストリ（トウモロコシと豆の食事）、テクイルウィトントリ（神々の小祝宴）、ウェイテクイウィトリ（神々の大祭）、トラショチマコ（花をわたすこと）、ウエイミカイウィトル（死者の大祭）とも呼ばれるショコトルウェッツィ（実のなる木をたたえること）、オチュパニストリ（道を掃く）、テオトレコ（神々の来訪）、テペイルウィトル（丘陵の祝宴）、ケチョリ（貴重な羽根）、パンケツァリストリ（旗を掲げる）、アテモストリ（雨が降る）、ティティトル（引き伸ばすこと）、イスカリ（復活）となる。

神聖暦と太陽暦が同時に周期を終えるまでには52太陽年を要するが、この一巡は「カレンダー・ラウンド」と呼ばれ、この期間を経たあとに、一連の周期があらためて始まった。各カレンダー・ラウンドの終わりはアステカ人にとって重要な時期で、彼らは次のカレンダー・ラウンドが再び始まるようにと、トシウモルピリアと呼ばれる新火儀式（⇒アステカ帝国）を執り行った。52の年は、「年の運び手」として知られる4つの日の名前（カリ、トチトリ、アカトル、テクパトル）と1から13までの番号を、神聖暦のサイクルと同様の原則（日の名前と番号を繰り返して用いる）に従って、組み合わせて呼ばれた。

アステカの太陽の石（ピエドラ・デル・ソル）　玄武岩でできた直径約3.6m 重さ

24トンの人工遺物。1970年にメシキコシティの中央広場ソカロで発掘された。以前はこの石がアステカの暦を表しているとされていたが、そうではなく、アステカ世界の4度の創生と滅亡の絵が刻まれている。そして石の中央には、5度目の創世を行った、悪魔のごとき姿の太陽神トナティウが彫られている（⇒アステカ帝国）。テクパトル（生贄のナイフ）のように突き出したトナティウの舌は、人身御供を求める神々の渇望を象徴しているが、トナティウの両側の円に描かれた人間の心臓を掴む爪の絵によって、さらに渇望が強調されている。また、トナティウの周囲に配された4つの四角い枠の中には、旧世界を滅ぼした4つの災難の画像、すなわちジャガー、風、火の雨、そして水の絵が刻まれている。その外側には、アステカ月の20の日（上記参照）を表す20の四角い枠が円状に並んでいる。さらに外側を、先ほどの円と中心を共有する、複数の枠からなる円が取り巻き、それぞれの枠の中には5日からなる「週」を表す5つの点が彫られている。その外側には、太陽の石を基本方位に分ける、8つの尖った三角が配置されている。そして太陽の石の縁には、石を取り囲むようにして、2匹の蛇に似た生き物が刻まれている。石の下部で顔を見合わせている2匹の体には、火を象徴する繰り返し模様がほどこされ、2匹の尻尾は石の上部で1つの四角い枠を掲げている。枠の中には第13のアカトル（葦）という年代が記されている。この13のアカトル

は西暦1479年にあたり、太陽の石が造られた年を示していると思われる。2匹の生き物が何を表すかについては諸説あり、太陽神の力ないし武器である「火の蛇」とも、戦士が太陽に変身し生まれ変わったことを示す巨大な芋虫とも、あるいは52年からなるアステカの「世紀」だとも言われている（上記参照）。また石の外縁には、棒を垂直に立てるための受け口のような8つの穴が等間隔に配置されているため、この石は日時計としても用いられていた可能性がある。太陽の石ピエドラ・デル・ソルは、現在メキシコシティの国立人類学博物館に展示されている。

⇒暦・インカ、暦・マヤ

暦・イスラーム
Calendar, Islamic

サウジアラビアをはじめ、多くのイスラーム教国で公式に用いられる太陰暦。その他のイスラーム教国では宗教的な祭日のためにこの暦を用い、世俗的な生活にはグレゴリオ暦を用いている。預言者ムハンマドが宗教的迫害から逃れるためにメッカからメディナ（正式名ヤスリブ）へ移住（ヒジュラ）した西暦622年を紀元とし、ヒジュラ暦とも呼ばれる。この暦法は683年頃、預言者ムハンマドの親しい教友でのちのカリフ、ウマル・イブン・アル・ハッターブが施行した。イスラーム暦の年を示す際、西洋ではラテン語のアンノ・エギレ（Anno Hegirae）を略して「A.H.」を付記する。

148　コヨミイン

イスラーム暦は 12 の太陰月からなる
が、各月には特定の構成日数が定められ
ておらず、コーランの教えに基づき、日
没に三日月が観測された時によって決ま
る（コーラン 9 章 36 〜 37 節）。したがっ
てイスラーム暦の一年はグレゴリオ暦の
一年に 11 日足りず、イスラーム暦では
毎年同じ月に設定される祝祭日も、年に
よって季節がずれたり、グレゴリオ暦上
では異なる時期に移動したりする場合が
ある。グレゴリオ暦との 11 日のずれを
相殺するため、30 年に 11 回の割合で最
終月に 1 日が追加される。

1999 年以降サウジアラビアでは、三
日月を目で確認するのではなく、月の位
相の天文学的計算に基づく暦が用いられ
てきた。この方法では月の第 29 日に、
日没と月の出が比較される。日没が月の
出の前であれば翌日から新しい月が始ま
り、日没が月の出の後であれば、翌日が
その月の最終日となる。

イスラーム暦の月は順に次の通りであ
る。ムハッラム（聖なる月。争いごとは禁
じられる）、サーファール、ラビー・ウル・
アウワル、ラビー・ウッ・サーニー、ジ
ュマー・ダル・アウワル、ジュマー・ダ
ル・サーニー、ラジャブ（神聖な月。争
い事は禁じられる）、シャーバーン、ラマ
ダン（日中に断食を行う月）、シャウワー
ル、ズルカイダ（神聖な月。争い事は禁
じられる）、ズルヒッジャ（神聖な月。年
1 度のメッカへの巡礼すなわちハッジの月。
争い事は禁じられる）

⇒イスラーム教、イスラーム教諸国の各項

暦・インカ
Calendar, Inca

インカ帝国の暦法。インカ帝国は現在
のペルー、アンデス山脈中に存在した大
規模な古代文明で、かつてそれはエクア
ドルからチリ北部にまで及ぶ南米の西部
地域を占め、インカの支配者パチャクティ
ィが首都クスコ周辺の征服を開始した
1438 年頃から、スペインによる征服が
行われた 1532 年まで繁栄した。

この暦法の詳細は判明しておらず、残
された情報も多少の矛盾を孕んでいる
が、これはおそらく、スペインに征服を
受けた時に、暦法が改良途上にあったた
めと思われる。しかし、インカの天文学
者が二分二至などの天体周期に精通して
いたことは確かであり、二分二至はイン
カ暦に組み入れられていた。祝祭や宗教
儀礼は（29.5 日からなる朔望月ではなく）
30 日からなる 12 の太陰月（⇒ 暦の天文
的基準）に従って行われるのに対し、世
俗的な行事は一年が 365 日からなる太陽
年の周期に従って行われた。太陰月の数
と、各月が新月から始まることを定めた
のは、パチャクティの前帝ビラコチャだ
とされる。次いでパチャクティが、天体
観測のため、太陽を観測する石造りの標
柱をクスコ周辺に複数建造した。太陽
周期と太陰周期は一致せず、両者の間
に 11 日の差があったため、暦の中で周
期の調整を行う必要があった。調整法に
ついては諸説あり、毎年冬至の時期に短
い閏月を置くことで調整を図ったとする
説、また月ごとに調整を行っていたとす

る説、あるいは3年に1度の割合で閏月を置いていたとする説がある。さらに、12の月の名称についても、スペイン征服時代初期の複数の記録の間に矛盾が見られる。

　一年の最初の祝祭、カパック・ライミ（「最上の祭」）は第1の月に行われた。南半球においては、グレゴリオ暦の12月から1月にあたるこの第1の月に、夏至が到来した。

⇒暦・アステカ、インカ帝国、暦・マヤ

暦・インド
Calendar, Indian

　閏月を伴うインドの太陰太陽暦の成立は前2千年紀まで遡り、複数の異なる地域がそれぞれの紀年法を用いていた。紀元後最初の数世紀の間に、バビロニアやギリシアと同様、インドにおける天文学の進歩が知られるようになり、『スーリヤ・シッダーンタ』（4世紀にインドで書かれ、その後数世紀にわたって随時改訂された）などの天文学書がインドの暦法に大きな影響を及ぼした。インドでは1950年代半ばまで、ヒンドゥー教、仏教、ジャイナ教など諸宗教の祭日を定めるために30種類余りの暦が用いられるようになり、ユダヤ教徒やイスラーム教徒もそれぞれの暦に従っていたが、1957年に改暦委員会が設立され、インドの国暦が定められた。国暦は12の月からなる太陰太陽暦だが、グレゴリオ暦との一致を図るために閏月がおかれ、12の月の名称にはインドにおける伝統的な月の名

称が用いられた（⇒暦・グレゴリオ）。したがって平年は365の太陽日からなり、閏年は366日で構成される。インド国暦はヒンドゥー教の公式の暦でもある。

　インド暦の12の月と、各月を構成する太陽日数、それぞれが相当するグレゴリオ暦の月は順に次の通りである。

　チャイトラ：平年は30日で閏年は31日（グレゴリオ暦の3月〜4月）、ヴァイシャーカ：31日（4月〜5月）、ジャイシュタ：31日（5月〜6月）、アーシャーダ：31日（6月〜7月）、シュラーヴァナ：31日（7月〜8月）、バードラ：31日（8月〜9月）、アーシュヴィナ：30日（9月〜10月）、カールゥティカ：30日（10月〜11月）、アグラハヤナ：30日（11月〜12月）、ポウシャ：30日（12月〜1月）、マーガ：30日（1月〜2月）、パールグナ：30日（2月〜3月）

　一般的には新月から次の新月までが太陰月とされるが、満月から満月までをひと月とみなす民族集団もある。インド暦の各月を構成する単位としては、太陽日のほかに、ティティ（太陰日）がある。各ティティは長さが20時間から27時間と異なり、ひと月は30のティティからなる。また、ひと月のうち月が満ちていく半月は縁起の良い期間とされ、スディ（sudi）すなわちシュクラ・パクシャ（shukla paksh：白分）と呼ばれる。白分を構成するティティには1から15までの番号が付される。一方、月が欠けていく半月は縁起の悪い期間とされ、バディ（badi）すなわちクリシュナ・パクシャ（krsna paksh：黒分）と呼ばれる。黒分を構成するティティにも、やはり1から15までの番号が付される。

　年代の通算についてはインドの全域で、シャカ紀を基準にしている。シャカ紀は、ヒンドゥー教徒のシャーリバーハナ王が即位したといわれる、西暦78年を紀元とする。現在のインド国定暦は、西暦1957年にあたる、シャカ紀1879年チャイトラ月の第1日に施行された。ほかの紀年法としては、ビクラマーディティヤ王のシャカ族に対する戦勝を記念するビクラム・サンバット（Bikram Sambat）、すなわちビクラム紀元（紀元元年は前58年）や、ベンガルのラクシュマナ王によって始められたとされ、今なお西ベンガルで用いられているベンガル紀元、すなわちラクシュマナ紀元（紀元元年は西暦1119年）が挙げられる。

　国暦が定められたにもかかわらず、インドには多様な暦が各地方に存在し、地域や宗教、あるいは民族的な伝統によって、新年の始まる時期も異なる。一般的に南インドとマハーラーシュトラ州においてはチャイトラ月（グレゴリオ暦の3月～4月）に新年が始まり、新年の祝祭は、ウガーディ／グディ・パドワ祭である。また年の通算にはシャカ紀が用いられる。一方、北インドにおいてはカールゥティカ月（10月～11月）に新年が始まり、新年の祝祭はディワリ祭である。また年の通算にはビクラム紀元が用いられる。

　⇒インド

暦・エジプト
Calendar, Egyptian

　古代エジプト暦の成立は前4236年に遡り、この暦は、月や太陽や星などの天文学的要素と同様、毎年起こるナイル川の氾濫を重要な基準としていた。新しい年は毎年ナイル川の氾濫とともに始まったが、これはグレゴリオ暦の7月19日頃にあたる。この日を起点とするエジプトの一年は、4つの太陰月からなる3つの季節で構成され、各季節の名称は、アケト（ナイルの増水季、7月から11月中旬まで）、ペレト（播種季、11月中旬から3月中旬まで）、シェムウ（収穫季、3月中旬から7月中旬まで）であった。この暦は農耕年の区切りを明確に示すものだった。

　地球の太陽軌道をより正確に把握できる指標は、光る星、シリウスだった。シリウスはエジプト人にセペデト（あるいはソプデト）、ギリシア人にはソティスの名で知られていた。一年のうち70日間、セペデトは地平線の下に隠れて「死」に、その後、ナイル川の氾濫直前の数日のうちに再び「甦」った。エジプト神話によれば、ナイルの洪水は、神々と自然の母である女神イシスが、夫の死を悼んで涙を流した結果だという。イシスの兄であり夫でもあるオシリス神は、嫉妬深い弟のセト神に殺されたが、イシスの手によって甦った。セペデトが日の出直前に天に昇る現象は、イシス神が天に現れたものとされ、セペデトの出現直後の新月が新年（wepet senet）の第1日目とされた。シリウスはおおいぬ座の星であるが、古

代ギリシア人はこれを、おおいぬ座の前に天に昇るオリオン座の猟犬とみなし、「犬の星」の別称で呼んだ。一方、エジプト人はオリオン座を甦ったオシリス神と考えた。

一年が354日からなる太陰年と、一年が365.25日にわずかに足りない太陽年とのずれに気づいたエジプトの天文学者は、一年を30日からなる12の月で構成した行政上の公共暦を考案した。この暦では、年の終わりに「ヘレト・レンペト」と呼ばれる5日の追加日が付加され、これらの追加日は宗教的な祭日とされた。エジプト神話では、ラーの息子であり知恵と魔法と学問の神でもあるトトが、月の神コンスとチェッカーのゲームで対戦して勝ちとった光の日が、この5つの追加日だとされる。このため、トトに光の日を奪われたコンスは1か月（1太陰月は29.5日）の間じゅう輝くことができなくなったという。また、新旧どちらの年にも属さないこの5日間（追加日は旧年と新年の間に設けられた）に、オシリス神、セト神、ホルス神、女神ネフテュス、女神イシスが誕生したとされる。

公共暦は、4年ごとに太陽年より1日早くなり、「ソティス周期」と呼ばれる1460年の期間に1度の割合で、太陽年の周期と一致することになった。したがって、公共暦は自然の循環や太陰暦に比べ、年々早く推移した。前238年、エジプト神官の宗教会議が、公共暦の年の終わりに挿入する「追加」日を4年に1度は6日とする（閏年の前身）改暦を提案

していたが、この改暦案は、閏年を考案したユリウス・カエサルと、ユリウス暦にさらなる改良を加えたアウグストゥス・カエサルにより、ようやく成就した。

紀年法については、各ファラオの即位年を紀元として治世年を通算し、次のファラオが即位すると再び元年に戻って数え始めた。

⇒エジプト、暦・ローマ

暦・ギリシア
Calendar, Greek

古代ギリシアでは1日の長さを日時計で計ったが、この方法が導入されたのは前6世紀であり、前5世紀に導入されたクレプシドラ（水時計）は宮廷でしか用いられなかった。また、こういった時計を用いて時刻を計ることはできたが、季節をおおまかにしか把握できなかった。太陰年の一年は太陽年の一年より11日短く、ギリシア暦（下記参照）は常に季節に対して変動していたからである。そのため、天空における星座や特定の星の出現、動物の行動、植物の開花など、自然現象により季節を把握していた。また普遍的な紀年法は存在せず、各共同体がそれぞれの方法を守り、多くがその地域の為政者の統治年（即位紀元）を基準としていた。アテネ人とイオニア人は、夏至のあとの最初の新月を一年の始まりとし、ドーリア人は秋分を、ボイオティア人とアイオリス人は冬至を、それぞれ一年の始まりとした。ギリシアの歴史上初めて年代が記録されたのは、第1回オリ

ンピアードが行われた年、すなわち前776年であったが、歴史家のティマイオスによってオリンピアード（4年に1度開催された）がギリシアの年代計算の基準とされたのは、前3世紀のことだった。

とはいえ古代ギリシア人は、12の月からなる太陰太陽暦を用いており、各月は交互に29日ないし30日で構成されていた。そして、一年が354日からなるこの暦を季節に同期させるため、一定期間ごとに必要に応じて29日ないし30日からなる13番目の閏月が置かれた。前432年に19年のメトン周期（⇒暦の天文学的基準）という置閏法が生まれたものの、実際に適用されることはなく、為政者の裁量による置閏が続いた。各月の名称は一様で、それぞれが各月に行われるおもな祝祭の名称に由来していたが、月の順序は地域によって異なっていた。アテネの各月の名称は順にヘカトンバイオーン（グレゴリオ暦の6月〜7月頃）、メタゲイトニオーン、ボエードロミオーン、ピュアネプシオーン、マイマクテーリオーン、ポセイデオーン、ガメーリオーン、アンテステーリオーン、エラペーボリオーン、ムーニュキオーン、タルゲーリオーン、スキロポリオーンである。「閏年」には単にポセイデオーンの月が2度繰り返されるだけだった。

ローマ皇帝ハドリアヌス（在位118〜138）の治世の頃、アテネ人はユリウス・カエサルが前46年に施行したユリウス暦を採用し（⇒暦・ローマ〔ユリウス〕）、そ

の際、年の始まりが夏至から秋分に移されたとされる。ギリシアでは1923年にグレゴリオ暦が採用された。

⇒ギリシア、暦・グレゴリオ

暦・グレゴリオ

Calendar, Gregorian

1582年に教皇グレゴリウス13世が、教皇大勅書インテル・グラウィッシマスにおいて採用した暦法。この暦はもともと、復活祭期日の算定法を改良するとともに、「旧式」暦と呼ばれるユリウス暦を用いた結果累積した誤差を正すために考案された。現在、グレゴリオ暦すなわち「新式」暦は、多くのキリスト教国および非キリスト教国で広く世俗の暦として用いられているだけでなく、ローマ・カトリックおよびプロテスタント教会における教会暦としても用いられている。

歴史的背景　前46年に施行されたユリウス・カエサルの（ユリウス）暦では、128年に1日の割合で誤差が生じた。施行当時の春分は3月25日だったが、後325年のニカイアの公会議において、復活祭期日を算定するために非常に重要な要素となる春分の日付が、3月21日と定められた。だがユリウス暦の誤差はそのまま累積され、13世紀には、ニカイア公会議の算定より7日も遅れていた。さらに16世紀には10日遅れとなり、春分は3月11日に、秋分は9月11日になってしまった。そのため教皇ピウス5世は、トリエント公会議（1563年）の要望に応えて1568年に新しい聖務日課書を、

1570 年にはミサ典書を取り入れ、復活祭期日の算定法やユリウス暦の置閏法を調整しようとした。だが教皇グレゴリウス 13 世はそれらの計算が不正確であることを知り、ナポリの医師アロイシウス・リリウスの助けを借りて改暦委員会を召集する。その結果、1582 年 10 月の暦から 10 日が削除され、すなわち 10 月 4 日の翌日が 10 月 15 日とされ、1583 年の春分は再び 3 月 21 日になった。

紀年法 グレゴリオ暦では、一年は 1 月 1 日に始まり、キリストの降誕年を紀元として年を通算する。このキリスト紀元は、復活祭期日算定法を立案するよう委任された、スキテュア出身のローマの修道士、ディオニュシウス・エクシグウスによって、525 年頃に導入された。当時は慣習的に、ディオクレティアヌス帝の即位年を起点として年を通算していた（即位紀元）。ディオニュシウスはその方法に替えてキリスト降誕を計算の拠所とし、降誕日を A.U.C.（アブ・ウルベ・コンディタ ab urbe condita、すなわちローマ建設年から起算して）753 年の 12 月 25 日と算定するとともに、その年をキリスト紀元（あるいは西暦紀元）の元年とした。だが、キリストはヘロデ大王の治世に生まれたにもかかわらず、ヘロデ大王の没年が A.U.C.750 年と考えられているため、この算定結果は論争の的となった。ディオニュシウスは、キリストの降誕を起点として通算される年に、「主の年」略して「A.D.」（ラテン語のアンノ・ドミニ Anno Domini）を付すこととした。紀年法からキリストの名を省き、C.E.（西暦紀元）と付記するのを好む向きもある。キリスト降誕以前の年代に「B.C.」（「キリスト降誕前 Before Christ」）の呼称を与えたのは、しばしば、イングランドの修道士で歴史家の尊者ベーダ（673 頃〜 735）だとされているが、この呼称が用いられたのは 17 世紀以降だとの説もある。これに代わる表記は、やはりキリストの名を省いた B.C.E.（西暦紀元前）である。考案された当時から、グレゴリオ暦には紀元前 1 年と紀元 1 年の間に「0 年」が存在しないため、各世紀の最初の年を何年とするか、とくに千年紀の最初の年を何年とするかは議論の対象となってきた（⇒ 千年紀）。ディオニュシウスの紀年法は最初イタリアで用いられ、1000 年以降にはヨーロッパ各国に採用されて、徐々にキリスト教世界に浸透していった。他の多くの非キリスト教国では、世俗的な用途にのみグレゴリオ暦を採用してきたが、祝祭や特別な行事のためにはそれぞれの宗教に基づく暦を堅持している。

閏年 ユリウス暦では一年の長さは 365.25 日と定められていた。このため、4 世紀間に 3 日の割合で余剰が生じていたが（⇒ 暦・ローマ〔ユリウス暦〕）、グレゴリオ暦では、余剰を相殺するために、4 世紀につき閏年を 3 回省くこととなった。つまり、年代が 100 で割り切れる年のうち 400 で割りきれる年のみを閏年とすることとした。例を挙げると、1600 年、2000 年、2400 年は閏年となる。年

154 コヨミクレ

代が 100 で割り切れる年のうち、400 で
割り切れない年は閏年とせず、一年の構
成日数を 365 日とする。これらの例外規
定の上に、4 で割り切れる年を閏年とし、
閏日は 2 月の終わりに置いて、2 月を 29
日までとすることになった。したがって
世俗の暦であるグレゴリオ暦は、400 年
ごとに一年の平均期間が 365.2425 日と
なり、この平均期間と春分年（回帰年）（約
365.2424 日 ⇒ 暦の天文学的基準）との間に
は、8000 年につきおよそ 1 日のずれが
生じることとなった。興味深いことに、
イングランドの宮廷では閏日が法的に認
められず、この日は「飛ばされて」いた。
つまり、閏日に起こったことは、すべて
2 月 28 日の出来事として記録された。

施行について　フランス、イタリア、ス
ペイン、ポーランド、ポルトガルなどの
ローマ・カトリック諸国は直ちにグレゴ
リオ暦を採用したが、プロテスタント諸
国はグレゴリオ暦の採用に対して優に
100 年は抵抗を示し、なかには 20 世紀
に入ってから採用した国もある。速やか
に改暦しなかった国々では、年代に「旧
式暦」（ユリウス暦の意）ないし「新式暦」
（グレゴリオ暦の意）と但し書きを付記す
ることもあった。1700 年までにはユリ
ウス暦とグレゴリオ暦の誤差は 11 日に
広がり、1800 年には 12 日、1900 年には
13 日も広がった。その間にそれまで抵
抗してきた国々も改暦を受け入れ、自国
の暦を調整した。このようにして、イギ
リスも 1752 年にアメリカ植民地を含め
た自国領土の暦を改め、同年 9 月 2 日の

翌日を 9 月 14 日とした。スウェーデン
では 2 月の閏日を 1700 年から続けて 11
回省く方法で緩やかな改暦が試みられた
が、極度の混乱を来したため、カール
12 世はこの方法を放棄し、1712 年に 2
月を 30 日までとすることで、一時的に
ユリウス暦を再開させた。同国は 1753
年にようやく完全にグレゴリオ暦に改
め、同年の 2 月 17 日の翌日を 3 月 1 日
とした。

だが、東方正教会はグレゴリオ暦の採
用を拒否し、1923 年にユリウス暦の修
正が提案された。これは暦から 13 日を
削除した上で置閏法を変更して、東方正
教会のユリウス暦を 2800 年までグレゴ
リオ暦と同期して進行させるものであっ
た。この修正案を受け入れたのはアルメ
ニア、ギリシア、ブルガリア、ルーマニ
ア、ポーランド、コンスタンティノープ
ル、アンティオキア、キプロスの正教会
で、ロシア、セルビア、エルサレムの正
教会、そしてギリシアの司祭の一部は元
来のユリウス暦を堅持した。コプト教会
やエチオピア教会など、他の東方教会は
独自の暦を採用した。

アジアでは、中華民国（台湾）が 1912
年に初めてグレゴリオ暦を採用した。そ
の後軍閥が一時的に独自の暦を施行した
ものの、1929 年に再度グレゴリオ暦を
再開した。1949 年に成立した中華人民
共和国は、グレゴリオ暦の暦法と西暦の
紀年法を採用した。また暦の各月には番
号を配した。日本は 1873 年にグレゴリ
オ暦を採用したが、各月は番号で示され

た。また紀年法には天皇の即位年を紀元とする元号（即位紀元）を用いた。韓国は日本の影響を受け、1895 年にグレゴリオ暦を採用した。

採用について　多様な国や地域がグレゴリオ暦を受容した年を、五十音順に下記に示した。

アルザス 1648 年

アルバニア 1912 年

イギリスとその領土 1752 年

イタリア 1582 年

エジプト 1875 年

エストニア 1918 年

オーストリア 1583 年

オランダ　カトリック 1582 年
　　　　　プロテスタント 1700 年

韓国 1895 年

ギリシア 1923 年（東欧では改暦が最も遅かった）

サボワ 1582 年

スイス　カトリック 1583 年
　　　　プロテスタント 1700 年

スウェーデン 1753 年

ストラスブール 1682 年

スペイン 1582 年

チェコスロバキア 1584 年

中国 1912・1929 年

デンマーク 1700 年

ドイツ　カトリック 1583 年
　　　　プロテスタント 1700 年

トルコ 1926 年

日本 1873 年

ノバスコシア 1605 ～ 1710 年

ノルウェー 1700 年

ハンガリー 1587 年

フィンランド 1753 年

フランスとその領土 1582 年

ブルガリア 1916 年

プロイセン 1610 年

ボヘミア 1584 年

ポーランド 1586 年

モラビア 1584 年

ユーゴスラビア 1919 年

ラトビア 1915 年

リトアニア 1915 年

ルクセンブルク 1582 年

ルーマニア 1919 年

ロアール　公国 1582 ～ 1735 年
　　　　　ハプスブルク家 1760 年

ロシア 1918 年

暦・ケルト
Calendar, Celtic

　ヨーロッパやイギリス諸島に分布したケルト人は、口承伝統でよく知られているが、1897 年にフランスのリヨン近郊にあるアン県コリニーで見つかった 73 の碑文の破片には、太陰太陽暦が記されていた。出土した場所にちなんで、この暦はコリニーの暦と呼ばれている。青銅板にガリア語で刻まれたコリニー暦は、ローマ帝国の統治下にあった 2 世紀末に、当時普及していたユリウス暦に反発して、時の移り変わりを認識する自分たちの方法を守ろうとしたドルイドにより作られたとされる。

コリニーの暦には5年間以上に相当する62の太陰月（朔望月）が記されており、各月は29日（anmatos、「凶」）ないし30日（matos、「吉」）によって構成されていた。また太陰年は354ないし355日で構成されていた。各月は2分割され、前半は常に15日、後半は交互に14日ないし15日とされ、この2つの半月は「アテヌクス」（「よみがえる夜」と「再生」の両方を意味する）と呼ばれた。ユリウス・カエサル（『ガリア戦記』）はガリア人（ケルト人）の慣習を観察し、暗い半月が明るい半月よりも重要視され、また夜が昼よりも重要視されると述べているが、アテヌクスの解釈が不明確なため、歴史学者の間でもケルトのひと月が新月と満月のどちらから始まるかは明らかにされていない。太陰月を太陽年とほぼ同期させるために、2年半に（下記参照）1度、13番目の月として閏月が挿入された。閏月のサイクルは30年で一巡する、つまり371の朔望月が30年を構成することとなり、20年ないし21年ごとに1日分のずれが生じた。このため、ケルト人は太陰月の暦をさらに太陽年に近づけるために、余剰月を1度省いたとも考えられている。

ケルトの月を順に、該当するユリウス暦の月とともに挙げると、サモニオス（10月〜11月）、ドヴマノシイス（11月〜12月）、リヴロス（12月〜1月）、アナガンティオス（1月〜2月）、オグロニオス（2月〜3月）、クヴィティオス（3月〜4月）、グラモニオス（4月〜5月）、シミヴィソナコス（5月〜6月）、イクヴォス（6月〜7月）、エレムビヴォス（7月〜8月）、エドリニオス（8月〜9月）、カントロス（9月〜10月）となる。最初の年にはサモニオスの前に閏月がもうけられ、3年目にはクヴィティオスとグラモニオスの間に閏月が挿入された。第1の月の名称サモニオスは古アイルランド語の「サウィン」（「夏の終わり」ないし「11月」の意）という言葉に相当するとされ、新年が晩秋であったことを示している。だが、ガリア語の「サモン」という語が「夏」を表すため、晩秋新年説に異議を唱え、夏至（6月21日）ないし秋分（9月21日）に一年が始まったと主張する研究者もいる。

⇒ケルト

暦・コプト
Calendar, Coptic

古代エジプト暦を起源とする暦。前3千年紀に成立した。ジョセル王（前2670頃）の宰相イムホテプが編纂を指揮したとされている。コプト正教会が用いる現在のコプト暦は、ユリウス暦から派生したもので、元日がグレゴリオ暦の9月11日（閏年は9月12日）にあたる。コプト暦の紀元は、ローマ皇帝ディオクレティアヌスが即位した284年である。同帝はアレクサンドリアのキリスト教徒を厳しく迫害し、このためコプト暦はアンノ・マルテュルム（Anno Martyrum：殉教の年）略して「A.M.」とも呼ばれる。

コプト暦の1年は13の月で構成されるが、そのうち12の月は30日からなり、

年の終わりに5日（閏年には6日）から
なる短い閏「月」が置かれる。そのほか
はグレゴリオ暦と同様の原則に従って
いる。各月の名称とその開始日の（グレ
ゴリオ暦における）日付を順に並べると、
以下の通りとなる。

　トゥート（9月11日）、バーバ（10月
11日）、ハトゥール（11月10日）、キー
ハク（12月10日）、トゥーバ（1月9日）、
アムシール（2月8日）、バルマハート（3
月10日）、バルムーダ（4月9日）、バシ
ュナス（5月9日）、パウーナ（6月8日）、
エペープ（7月8日）、ミスラー（8月7日）、
ナシー（9月6日）

　⇒エチオピア、コプト正教会、暦・エジ
プト、暦・ローマ

暦・シク
Calendar, Nanakshahi

　シク教における重要な日を定めるた
め、聖グルドワーラー管理委員会により、
1999年に採用された太陽暦。シク教は
世界に約2,300万の信者を持つ宗教集団
であるが、信者の大部分はおもにインド
のパンジャブ州に居住する。この暦は、
以前用いられていたヒンドゥー太陰暦の
代わりに、パル・シン・ピュアウォルに
より考案されたもので、各月が毎年同じ
季節にあたるよう調整され、したがって
回帰年に一致している（⇒暦の天文学的基
準）。シク暦の紀元はシク教の初代グル、
ナーナク・デヴの誕生年であり、グレゴ
リオ暦の1469年にあたる。元日はシク
教の祭りホーラ・モハッラだが、詳細は

インドの項で論ずる（⇒インド）。

　シク暦の月の名称およびその月の構成
日数、またその月に相当するグレゴリオ
暦の月は、順に次の通りである。チェト
（31日、3月～4月）、バイサク（31日、4
月～5月）、ジェス（31日、5月～6月）、
ハル（31日、6月～7月）、サワン（31日、
7月～8月）、バドン（30日、8月～9月）、
アス（30日、9月～10月）、カタク（30日、
10月～11月）、マガル（30日、11月～12
月）、ポー（30日、12月～1月）、マグ（30日、
1月～2月）、パグン（30日［閏年は31日］、
2月～3月）。

暦・ジャワ
Calendar, Javanese

　インドネシアのジャワ島に住む人々は
3つの暦を用いている。世俗の行事や政
治・経済などにはグレゴリオ暦を、また
ジャワ島人口の大多数をイスラーム教徒
が占めているためイスラーム暦を、さら
に文化・社会・祝祭行事にはジャワ島固
有の複数の周期を非常に複雑に組み合わ
せたものを、それぞれ用いてきた。本項
では、このジャワ島固有の暦に焦点を絞
ることとする。

　古代のパサラン（「市場」）周期は、五
曜「週」をもとに運用される農産物市場
ネットワークの循環に焦点を当ててい
た。また5つの異なる市日（曜日）に生
まれた人々には、ある程度共通の特徴が
あるものとみなされた。

　またウェトン（「合致」）周期はパサラ
ンと呼ばれる5曜週を西洋の7曜週と組

み合わせたもので、35 日をひと巡りとする周期が繰り返されている。だがそれ以外にはこの「月」に決まった基準点はなく、年のようなものを構成することはない。ウェトン周期は、主として日常的な活動を行うのにとくに縁起の良い日を定めるために用いられる。

パウコン（「週」）制度は、田植えや稲刈りなどの稲作周期から生まれた。それぞれ異なる期間からなる 10 種類の「週」によって構成され、その 10 種が（順次ではなく）同時に進行する。すなわち、1 日のみの週から 10 日からなる週までが存在し、数秘学的に結び付いた非常に複雑な周期を形成している。1「年」ないし満了周期は、35 日からなる 6 の月、計 210 日で構成される。しかしこの制度は時の移り変わりを認識するためではなく、日の吉凶を定めるために用いられる。3 日週、5 日週、7 日週、さらに特定の週の組み合わせは、特定の儀礼や祝祭を行うのにとくに縁起が良いとされている。

プラノトモンソ（「季節」）周期は、かつてさまざまな農産物の植え付けと収穫の時期を定めていた。365 日からなるこの周期は夏至の頃に始まり、降雨・乾季・果樹の結実などの要素に従って 12 の季節に分けられていた。現在ではこの周期は農事暦としてよりも、占星術の 1 種として、あるいは個人の吉凶を占う根拠として用いられる傾向が強い。

時の移り変わりを認識するために用いられるのはシャカ（サカ）太陰暦であり、

この暦では西暦 78 年を元年とするインドのシャカ紀元から年を通算している（⇒暦・インド）。シャカ太陰暦はイスラーム暦とほぼ一致し、12 のウラン（月）からなる。各月は交互に 30 日あるいは 29 日で構成され、月の名称は順に次の通りである。スラ、サファル、ムルド、バクダムルド、ジュマディルアワル、ジュマディルアキル、ルジュブ、ルワー、ポーサ、サワァル、ソロ、ベサル。また 8 年をひと巡りとする、ウィンドゥという周期も存在し、この周期の各年は平年が 354 日、閏年が 355 日からなる。ウィンドゥに含まれる 8 つの年の名称はアリフ、エへ（閏年）、ジマワル、ジエ（閏年）、ダル、ブ、ウアウェ、ジマキル（閏年）であり、閏年にはベサルの月に閏日が置かれる。これは 30 年に 11 度の割合で第 12 月に 1 日の閏日を置くイスラーム暦とは対照的である（⇒暦・イスラーム）。ウィンドゥの 1 周期は 2,835 日、あるいは 35 日からなるウェトン周期の 81 回分に相当する。ジャワ島の新年はスラ月の第 1 日に始まる。

⇒インドネシア、暦・バリ

暦・シンハラ

Calendar, Sinhalese
⇒暦・スリランカ

暦・スリランカ

Calendar, Sri Lankan
島国のスリランカでは、現在世俗的な社会生活のためにグレゴリオ暦が採用さ

れているが、その一方で古くから農事暦
として、また新年を確認するために、占
星術上の太陽暦が用いられてきた。スリ
ランカのおもな民族集団であるシンハラ
人、タミール人は、この太陽暦が変化し
たものを用いている。

　古代スリランカの天文学者たちは、地
球が天球の中心にあり、太陽やほかの天
体は地球の周りを真円軌道に沿って回っ
ているものと考えていた。天球上にある
太陽の真円軌道は30度単位で12等分さ
れ、その1区切りはラーシ（rasi）と呼
ばれた。各ラーシには象徴が付与され、
それぞれの象徴に応じた名前が付けられ
た。これがスリランカ版の黄道十二宮で
ある。各ラーシの名称は次の通りである
が、それに相当する西洋の黄道十二宮も
丸括弧内に示した。メーシャ（牡羊座 /
白羊座）、ヴリシャバ（牡牛座 / 金牛宮）、
ミトゥナ（双子座 / 双子宮）、カルカ（蟹座 /
巨蟹宮）、シンハ（獅子座 / 獅子宮）、カニ
ヤー（乙女座 / 処女宮）、トゥラ（天秤座 /
天秤宮）、ヴリシュチカ（蠍座 / 天蠍宮）、
ダヌス（射手座 / 人馬宮）、マカラ（山羊座 /
磨羯宮）、クンバ（水瓶座 / 宝瓶宮）、ミー
ナ（魚座 / 双魚宮）。暦上の1か月は、太
陽が同じラーシの端から端まで移動する
期間とされた。シンハラ人はすべてのラ
ーシは等しい距離だと考えていたため、
各月は計算上30.43太陽日と定められた。
また太陽年は太陽があるラーシの初めか
ら、1つ手前のラーシの終端まで移動す
る期間、すなわち365.25太陽日とされた。
新しい年の始まる時期としては、花が咲

いたり樹木が実を結んだりと、自然環境
が豊穣の兆しを見せ、最も生き生きとし
た時が恣意的に選ばれた。こういった自
然現象は、太陽が初めてメーシャラーシ
に入った時に見られたため、これが新し
い年の始まりとされた。同じ一年は、太
陽がミーナラーシの終端に到達したとき
に終わった。

　タミール暦も同様に黄道十二宮に基づ
く12の月で構成されたが、各月の構成
日数は固定されておらず、なかには32
日からなる月もあった。同暦の年は木星
周期（木星が太陽の周りを巡るのに要する
期間、すなわち12年）の5倍に基づく60
年の周期で把握され、各周期における年
には一年ごとに名称がつけられ、次の周
期に入ると、同じ名称の年が繰り返され
た。

　伝統的なスリランカの新年は、天文学
上の厳密な計算によって定められ、シン
ハラ暦においてはバクの月の第1日、タ
ミール暦においてはチッティライの月の
第1日に始まるが、どちらもグレゴリオ
暦の4月半ば頃にあたる。だが2,000年
前には、太陽がメーシャ（牡羊座）ラー
シに入る時は春分（3月21日）と一致し、
その時期に新年が祝われた。ところが地
球の自転軸の回転方向が徐々にぶれるに
つれて春分点における黄道上の太陽の視
位置は次第に後退し、「春分点歳差」と
いう現象が起こるため、春分における太
陽の視位置は移動し続け、現在では、牡
羊座ではなく魚座のラーシ上に見られる
ようになった。それにもかかわらず、占

星術上の新年は、太陽が牡羊座のラーシに入った日と定められているため、3月ではなく、4月半ばに祝われている。

シンハラ暦の各月の名称は順に次の通りである。バク、ウェサック、ポソン、エサラ、ニキニ、ビナラ、ワープ、イル、ウンドゥワプ、ドゥルトゥ、ナワム、メディン。

これに相当するタミール暦の月の名称は次に挙げた通りである。チッティライ、ワイガーシ、アーニ、アーディ、アーワニ、プラッターシ、アイッパシ、カールティガイ、マールガリ、タイ、マーシ、パングニ。

⇒暦の天文学的基準、スリランカ

暦・ゾロアスター
Calendar, Zoroastrian

ゾロアスター教徒は、古代ペルシアの預言者、ゾロアスター（ザラスシュトラ）の教理に従う人々であり、アフガニスタン、インド、イラン、パキスタンをはじめ、世界中に約20万人が存在する。現在ゾロアスター教徒は、前5世紀中葉にペルシアで成立した太陽暦の変形である、3種の暦のうちのいずれかを用いている。もとの太陽暦はバビロニア暦を基にしており、一年が30日からなる12の月によって構成される点（一年が360日である点）、また暦を季節と一致させるために、定期的に13番目の月を置く点が特徴であった。ゾロアスター教の聖職者は即位紀元による年の通算を好んで用い、セレウコス朝（前312〜前248）が制定したセ

レウコス紀元の採用を拒んで、ゾロアスター教の紀年法を創始した。だがセレウコス朝の後を継いだパルティア王国がセレウコス紀元を継承したため、その後、即位紀元が再開されたのは、ササン朝ペルシアの創始者アルダシール1世の治世になってからだった。アルダシール1世（226〜241）はゾロアスター暦の閏月を廃し、代わりに12番目の月に5日のガーサ（「賛歌」）を追加し、一年を365日とする改暦を行った。これは、エジプトの太陽暦をもとにして前46年に施行されたユリウス暦を改良したものだった。

だがゾロアスター暦は適切な置閏法を欠いていたため、時の経過とともに季節との間に著しい不整合が生じ、ペルシアの新年ノウルーズが必ずしも期待通り春分に到来するとは限らなくなった（⇒暦・ペルシア、ノウルーズ）。伝えられるところによると、再びノウルーズが春分に戻された1006年には、当時シェンシャーイ暦（Shenshai）ないし皇帝暦と呼ばれていた暦を季節と一致させるために、120年に1度の割合で13番目の月が追加されることになっていたという。

イスラーム教徒の迫害から逃れるためにインドへ移住し、パールシー教徒と呼ばれるようになった一部のゾロアスター教徒は、1129年まで閏月を置き、その後は置閏を廃した。一方イランに留まった信徒は閏月を置くことはなく、その結果、イランにおけるゾロアスター暦はパールシー暦より1か月早く進むこととなった。1720年頃イランのゾロアスター

教聖職者ジャマスプ・ペショタン・ベラ
ティが、インドのパールシー教の聖職者
たちに、2つの暦が一致しない事実を指
摘し、1745年までにはスラト周辺に住
むパールシー教のカディーミ（もしくは
カドミ）派教徒がイランの暦を採用した。
そのため、この暦はカドミ暦と呼ばれる
ようになった。一方、シェンシャーイ暦
とカドミ暦の両者が継承してきた季節と
のずれのために、ゾロアスター教のノウ
ルーズはグレゴリオ暦上で年々早まって
おり、現在ではグレゴリオ暦の7月から
8月に到来する。

　3つ目の暦は、1906年にボンベイのパ
ールシー教徒、カルシェートジー・カー
マーが考案した暦である。これはセルジ
ューク朝のスルタン、ジャラル・アッデ
ィーン・マリク・シャー1世が1079年
に考案した暦を基にしたもので、ゾロ
アスター季節年協会暦（Zarthosti Fasili Sal
Mandal）もしくは、ファスリ暦として知
られる。シェンシャーイ暦、カドミ暦と
類似しているが、ファスリ暦では4年ご
とに、年末の5日のガーサのあと、閏日
（アベルドサルガ）が置かれ、季節と一致
しているため、ノウルーズは春分に到来
する。

　現在、イラン在住およびインド以外の
国に住むゾロアスター教徒は、おもにフ
ァスリ暦（季節暦）の変形版を支持し、
春分の日にのみノウルーズを祝う。イン
ドのゾロアスター教徒はシェンシャーイ
暦とカドミ暦それぞれの変形版を支持し
ており、彼らは7月から8月に2度目の

ノウルーズを祝う（上記参照）。ゾロアス
ター暦では、イスラーム教徒によるペル
シア征服以前の、ゾロアスター教徒最後
の皇帝であるササン朝ヤズギルド3世の
即位年、すなわち632年を紀元として年
を通算する。また、この紀年法で年代を
記す場合は末尾に「Y.Z.」（ヤズガルド紀元）
を付記する。

　各月および各日の名称は、それぞれゾ
ロアスター教の神々ないし霊的象徴に捧
げられている。12の月の名称（現代ペル
シア語）は順に次の通りで、神々や霊的
なシンボルの中でも最も重要なものを反
映している。

　1. ファルヴァルディーン（守護の霊）、
2. オルディーベヘシュト（真実・秩序）、
3. ホルダード（完全）、4. ティール（シリ
ウス星）、5. モルダード（不滅）、6. シャ
フリーヴァル（力）、7. メフル（友情・愛）、
8. アーバーン（水）、9. アーザル（火）、
10. デイ（内的ビジョン）、11. バフマン（善
き心）、12. エスファンド（献身）。

　30の日の名称は、順に次の通り。

　1. ホルモズ（創造神アフラ・マズダ）、
2. バフマン（善なる意思）、3. オルディー
ベヘシュト（真実・秩序）、4. シャフリー
ヴァル（力）5. エスファンド（献身）、6.
ホルダード（完全）、7. モルダード（不
滅）、8. デイベアーザル（創造神アフラ・
マズダ）、9. アーザル（火）、10. アーバー
ン（水）、11. フール（太陽）、12. マーフ
（月）、13. ティール（シリウス星）、14. グ
ーシュ（存在）、15. デイベフメル（創造
神アフラ・マズダ）16. メフル（友情・愛）、

17. ソルーシュ（傾聴）、18. ラシュン（正義）、19. ファルヴァルディーン（守護の霊）、20. バフラーム（勝利）、21. ラーム（平和・幸福）、22. バーズ（風）、23. デイベディーン（アフラ・マズダ）、24. ディーン、25. アルド・アシ（返礼）、26. アシュターズ（真実）、27. アースーマーン（空）、28. ザームヤーズ（大地）、29. マーラスパンド（聖なる言葉）、30. アニーラーン（終わり無き光）。

5 つのガーサの日はゾロアスター教の経典アベスターの賛歌の名称を反映しており、順に次の通りである。

1. アフナヴァド、2. アシュナヴァド 3. エスファンドモズ、4. ヴァフシャト、5. ヴァフシャトシール。

暦・タイ
Calendar, Thai

タイではおもに 2 種類の暦が用いられている。

太陰太陽暦 1888 年以前のタイでは、何世紀にもわたってパティティン・チャントラカティ暦（Patitin Chantarakati）が用いられていたが、そのもととなったのは上座仏教の太陰太陽暦（⇒暦・仏教）であり、さらに、この太陰太陽暦は、インドのヒンドゥー暦から派生したものであった（⇒暦・インド）。パティティン・チャントラカティ暦の平年（プロカティマス）は 12 の太陰月からなり、白分の新月に始まる各月は、交互に 29 日ないし 30 日で構成され、一年は 354 日で構成された。また、各月には 1 から 12 までの番号が

配された。暦を季節と一致させるため、定期的に第 7 の月（通常は 29 日からなる）に「閏日」を追加して一年が 355 日からなるアティカワラの年を設けるか、あるいは 30 日の「閏月」を追加する必要から、30 日からなる第 8 の月を繰り返して一年が 384 日となるアティカマスの年を設けた。だが閏月を置く年に閏日を置くことはなかった。次に挙げる 4 つの日、すなわち上弦、満月、下弦、新月の日は、仏教徒にとっての聖なる日であり、ワン・プラ（仏日）と呼ばれている。農耕の季節を中心に巡るこの暦では、稲刈りの時期である第 1 の月に新しい年が始まったが、第 1 の月はグレゴリオ暦の 11 月後半から 12 月初めまでの期間に相当した。だが時の経過とともに、またタイにインドから仏教が伝来したこともあり、元日は春分、すなわち春の最初の日に移された（⇒暦の天文学的基準）。占星術上の計算によると、当時、春分（3 月 21 日頃）点に達した太陽は黄道十二宮の牡羊座（白羊宮）の区分に位置しており、このことから、太陽が黄道上のある区分から別の区分へ移動するという意味のサンスクリット語に由来する、ソンクラーンという言葉が生まれたが、これは伝統的なタイの新年を表す名称である。だが、地球の自転軸の回転方向が徐々にぶれるにつれ、春分点に達した太陽の黄道上の視位置が徐々に後退していく、いわゆる「春分点歳差」と呼ばれる現象が起こるため、春分における太陽の視位置は移動し続け、現在では、牡羊座ではなく魚座の区

分上に見られるようになった。それにもかかわらず、占星術上の新年は、太陽が黄道十二宮の白羊宮に入る時に始まり、現在ではソンクラーンは3月ではなく4月中旬の13日から15日までの間に固定されている。

タイには中国の十二支の変化形があり、各年に動物の名前がついた12年周期で年を数える。12の年は順に次の通りである。1. ピーチュアット（鼠の年）、2. ピーチャルー（牡牛の年）、3. ピーカーン（虎の年）、4. ピートッ（同様に兎）、5. ピーマロン（蛇ないし大蛇）、6. ピーマセン（小さな蛇）、7. ピーマミヤ（馬）、8. ピーマメー（山羊）、9. ピーウォック（猿）、10. ピーラガー（雄鶏）、11. ピージョー（犬）、12. ピークン（豚）（⇒暦・中国）。

伝統的なパティティン・チャントラカティ暦は、現在もなお、仏教の祭日や宗教上の祝祭を定めるために用いられている。

太陽暦 1888年、タイはチュラーロンコーン王（ラーマ5世）の宣言により、暦を太陽暦であるパティティン・スリヤカティ暦（Patitin Suriyakati）に改めた。新暦のスリヤカティは実質的にグレゴリオ暦と同一であるが、元日を4月1日に定めた点、またバンコクの創建年1781年を紀元として年を通算する点が、グレゴリオ暦と異なる。その後スリヤカティには修正が加えられた。1度目は1912年のワチラウト王（ラーマ6世）によるもので、仏滅紀元（B.E.）（⇒暦・仏教）を起点として年を通算することとなった。

2度目は1940年のピブーンソンクラーム首相によるもので、元日が1月1日に変更された。1月1日は現在、ソンクラーンと同様に公休日となっている。この太陽暦は、公式な用途に使われている。

太陽暦の各月は、それぞれグレゴリオ暦の月と同じ日数からなるが、タイ語の名称を持ち、次に挙げた通り、30日からなる月は末尾に「─ヨン」が付き、31日からなる月は末尾に「─コム」が付く。マカラーコム（1月）、クンパーパン（2月）、ミーナーコム（3月）、メーサーヨン（4月）、プルサパーコム（5月）、ミトゥナーヨン（6月）、カラカダーコム（7月）、シンンハーコム（8月）、カニヤーヨン（9月）、トゥラーコム（10月）、プルッサチカーヨン（11月）、タンワーコム（12月）。

⇒タイ

暦・タミール
Calendar, Tamil

⇒暦・スリランカ

暦・チベット
Calendar, Tibetan

中国暦を改変した暦。チベット国王ソンツェン・ガンポ（617〜698）の妃となった文成公主によって、チベットに中国暦がもたらされた。チベット暦は、30日からなる12の太陰月で構成される太陰太陽暦で、各月は新月に始まる。したがって暦を太陽年や季節と一致させるために、およそ3年に1度の閏月を置くことが必要となり、また、月の初日を新

月に合わせるために欠日（ツィ・チェーパ）と余日（ツィ・ハクパ）が必要となる。各月に名称はなく、1から12までの番号が付される。元日は第1の月の第1日目で、第1の月はグレゴリオ暦の2月ないし3月頃にあたる。

　チベット暦では中国暦と同様に十二支で年を数えるが、その順番が異なり、兎（卯）、龍（辰）、蛇（巳）、馬（午）、羊（未）、猿（申）、鶏（酉）、犬（戌）、豚（亥）、鼠（子）、牛（丑）、虎（寅）の順となる。さらにこれらの干支は自然の5つの元素（五行）、すなわち火、土、金、水、木と組み合わされる。五行は連続した2つの年を象徴し、2つの年には順に男、女の要素が加えられる。十二支と五行、そして男・女の要素の組み合わせにより、ラプチュンと呼ばれる60年の周期が繰り返されるが、この概念は、10世紀に初めてチベットにもたらされた。第1のラプチュンは、仏教経典スリ・カーラチャクラ・タントラ（時輪タントラ）がサンスクリット語からチベット語に翻訳された1027年に始まった。第1周期の最初の年が女・火・卯の年であったことから、翌年は男・土・辰の年、その翌年は女・土・巳の年、そのまた翌年は男・金・午の年、さらに次の年は女・金・未の年という要領で続いた。1987年から第17ラプチュンが開始されている。

　　⇒暦・中国、チベット

暦・中国

Calendar, Chinese

　中国人だけでなく、韓国、モンゴル、チベット、ベトナム系の人々に用いられる暦法、あるいはそれを改良した暦。

　中国では数千年間幾度となく改暦が行われてきた。最古の暦は太陰暦で、夏王朝（前21世紀）時代に成立した。この暦では新月を太陰月の第1日目とし、一年は冬至に最も近い新月に始まった。太陰太陽暦が用いられるようになったのは商王朝時代（前16世紀〜前11世紀）で、この暦の一年は12の月からなり、各月は交互に29日ないし30日で構成された。主として農耕のために用いられ、暦年がどの月から始まるかは、時と場所により異なった。前8世紀から前3世紀まで用いられた暦は、365.25日からなる回帰年と29.53025日からなる朔望月を基準とした（⇒暦の天文学的基準）。354日の太陰年は回帰年より11日少ないため、前6世紀の中国の天文学者は19回帰年ごとに7回閏月を挿入することで、暦を季節と一致させる置閏法を設けた（この原則は前5世紀にメトン周期と呼ばれるようになった）。元王朝時代の科学者、郭守敬（1231〜1316）は、授時暦（官暦）において1回帰年を365.2425日と定めたが、これにはグレゴリオ暦で用いられる基準との間に26秒の誤差があった。

　前3世紀以降、伝統的な太陰太陽暦では一年を24節気に分割するようになった。節気は一年を通じて太陽の黄道上の位置を示すもので、農耕の基準となる正

確な季節を示してきた。グレゴリオ暦に当てはめた場合、各節気はおおむね決まった日に始まる。例えば、節気の1つである立春（春の始まり）は2月4日頃、春分は3月21日頃、立夏（夏の始まり）は5月6日頃、夏至は6月22日頃、立秋（秋の始まり）は8月8日頃、秋分は9月23日頃、立冬（冬の始まり）は11月8日頃、冬至は12月22日頃にそれぞれ始まる。各月には1から12までの番号があてられており、前2世紀には改暦により冬至が11月に置かれるようになった。

漢代（西漢：前206～後8、東漢：後25～220）以前、年を数える方法は国によって異なっていた。紀元前後に漢王朝が年の順序を表す方法として干支（10の天の幹と12の地の枝）を採用して以降、この方法は継続して用いられ、後140年には歴代皇帝の即位紀元と組み合わされた。干（天の幹）はそれぞれ10の漢字で表され、支（地の枝）は12の動物で表される。後者は1日を2時間ごとの12の時刻に分割した場合の1区切りを表す用語ともなった。また十二支の動物については伝説があり、昔、仏陀が地上の動物を招待したところ、12種の動物だけがやって来たため、動物はその到着順（下記参照）に十二支となったという。

干（左列）と支（右列）を、下に示した順に組み合わせることによって、各年の名前を表した。

1. 甲	1. 子	（鼠）
2. 乙	2. 丑	（牛）
3. 丙	3. 寅	（虎）
4. 丁	4. 卯	（兎）
5. 戊	5. 辰	（龍）
6. 己	6. 巳	（蛇）
7. 庚	7. 午	（馬）
8. 辛	8. 未	（羊）
9. 壬	9. 申	（猿）
10. 癸	10. 酉	（鶏）
	11. 戌	（犬）
	12. 亥	（豚）

干と支を組み合わせると60年の周期となり、60年間に干は6巡、支は5巡して、1つの周期が終わると次の周期が始まる。60年周期の最初の年は甲子（鼠の年）となり、2年目は乙丑（牛の年）、12年目は乙亥（豚の年）、13年目は丙子（鼠の年）、60年目は癸亥（豚の年）というように巡っていく。現在の周期は1984年2月2日に始まり2043年に完了することとなる。

1912年に初めて中華民国がグレゴリオ暦を受容し、1929年には軍閥が一時的に独自の暦を用い始めた。1949年に成立した中華人民共和国は、各月に番号を配したグレゴリオ暦と、西暦とを使い続けた。だが伝統的な暦は、伝統的祝祭を行うために、また農事暦としても全世界の中華系社会で今なお用いられている。太陰年は、新月の時期に応じて353日、354日、ないし355日からなり、閏年（閏月を置く年）は1年が383日、384

日ないし385日からなる。中国の正月（春節）は、1月21日から2月19日までの日のうち、「立春」に最も近い新月の日から始まる。この日は通常、冬至後2度目の新月にあたる。新年の始まりや閏年を要する時期を定めるための複雑な計算は、南京にある中央研究院の紫金山天文台で行われる。

　⇒中国、その他の各暦の項

暦・ネパール
Calendar, Nepali

　ネパールでは3種類の暦が用いられている。まずビクラム・サンバットの名で知られる公式のヒンドゥー教の太陽暦、次に欧米社会に対応するためのグレゴリオ暦、そして文化行事や祝日を定めるためのネパール・サンバットと呼ばれる太陰暦の3種で、ネパール・サンバットは、数世紀にわたってネパールで広く用いられてきた唯一の暦である。

　ネパール・サンバット（ネパール紀元）はグレゴリオ暦879年に、カトマンズ盆地出身の一般信徒、サンカダル・サクワが考案した。言い伝えによるとサンカダルは、聖なる川ラクー・ティルタの砂を奇跡によって黄金に変え、負債に苦しむネパールの貧しい人々を貧困から解放したとされる。ネパール・サンバットの一年は、29日ないし30日からなる12の月で構成され、およそ3年に1度の割合で13番目の月が加えられる。新月の翌日から始まる各月は、月が満ち欠けする位相によって、白分（tho）と黒分（ga）

の2つに分けられる。各月の名称と、それにほぼ相当するグレゴリオ暦の月は順に次の通りである。カッチャ（10月～11月）、ティン（11月～12月）、ポヘー（12月～1月）、シル（1月～2月）、チル（2月～3月）、チャウ（3月～4月）、バッチャー（4月～5月）、タッチャー（5月～6月）、ディル（6月～7月）、グーン（7月～8月）、イェン（8月～9月）、カウ（9月～10月）。カトマンズ盆地のおもな居住者であるネワール人は、このネパール・サンバットを公式の国暦とするよう繰り返し政府に働きかけている。

　ビクラム・サンバット（ヴィクラム紀）がネパールの公式の暦として採用されたのは、1901年にネパール首相に就任したチャンドラ・シャムシェルの力による。太陽暦ビクラム・サンバットは、インドのヒンドゥー教の伝統に則った暦で、前58年を紀元として年を通算する（⇒暦・インド）。同暦の一年はグレゴリオ暦の4月半ばに始まり、各月の名称とその月を構成する太陽日数は、順に次の通りである。バイサク（31日）、ジェト（31～32日）、アサアル（31日）、サアウン（32日）、バドウ（31～32日）、アソジ（30～31日）、カールティク（29日～30日）、マングシル（29～30日）、プス（29～30日）、マアグ（29～30日）、ファアグン（29日～30日）、カイト（30～31日）。ビクラム・サンバットは、インド北部および西ベンガル州でも用いられており、バングラデシュのバングラ暦と類似している（⇒暦・バングラ）。

⇒インド、ネパール

暦の天文学的基準
Calendar, Astronomical Bases of

　人類は長きにわたり、時の移り変わりを認識するために、天文学上の3要素に基づいて暦法を発展させてきた。1つ目は、地軸を中心とする地球の自転であり、これをもとに「日」という区切りが生まれた。2つ目は地球が太陽の周囲を回る公転であり、これをもとに「年」という区切りが生まれた。3つ目は地球の周囲を回る月の運行であり、これをもとに「月」という区切りが生まれた。暦は、月の運行のみを基準とする太陰暦、地球から見た太陽の運行のみを基準とする太陽暦、あるいは月と太陽の運行を基準とする太陰太陽暦（太陰暦と太陽暦双方の要素に基づく暦法）の3つに大別できる。地球の公転周期と月の運行周期には差異があるため、また、どちらの周期も1日の整数倍ではないために、太陽暦と太陰暦の周期が完全に一致することはない。これらの物理学的現象について余すところなく論じることは、明らかに本書の意図する範疇を超えているが、暦に適用されるいくつかの基本的な用語について、適切な範囲で論じることとしたい。

至点および分点　至点とは天文学上の定点であり、地球から見て太陽が一年に1周する大きな円、すなわち黄道の上に存在する。北半球から見た場合、太陽はこの至点において、天の赤道の南側の最も低い位置に達するように見える。天をひとつの大きな球体（天球）として捉えた場合、地球の赤道面をこの天球まで延長したときに天球上にできる大円を天の赤道というが、地球の地軸は傾いているため、黄道と天の赤道は23.27度傾斜して交わっており、その結果一年に2度の至（夏至、冬至）と2度の昼夜平分時、すなわち分（春分、秋分）のある四季が生じる。北半球において冬至は12月21日ないし22日頃にあたり、この日は一年のうちで昼間が最も短く夜が最も長くなる。一方、これの昼夜が逆転するのが夏至で、6月21日ないし22日頃にあたる。夏至には、太陽の視位置が天の赤道の北側の最も高い地点に達する。夏至および冬至前後の数日間は太陽が地平の同じ位置から上り、徐々に反対方向へ戻っていくように見える。このように、見た目には太陽が停止していることから、「太陽が立ち止まる」という意味の「solstice（至）」という言葉が生まれた。黄道は年に2度分点において天の赤道と交差するが、これが春分と秋分（分点を表す英語のequinoxは「等しい夜」を意味する）であり、それぞれ3月21日頃、9月21日頃にあたる。また春分および秋分には、昼夜の長さがほぼ等しくなる。南半球では、季節および至点と分点はすべて逆となる。

恒星年　地球の軌道周期を指す。つまり、地球から見て、太陽が天球上の他の恒星（夜明けに東の空で観測される恒星）に相対して再び同じ位置に戻ってくるまでに要する時間を意味する。古代エジプ

トをはじめとするいくつかの文化においては、上記の要領でシリウスの運行を観測し、一年の始まりを定めた。恒星年は365.25636042平均太陽日からなり、太陽年（下項参照）より20分24秒長い。すなわち太陽年の約1.000039倍の期間である。

回帰年（かいきねん）　「太陽年」ともいわれる。太陽が至点から至点まで、あるいは分点から分点までの運行に要する平均期間で、この間に四季が完全に一巡する。所要時間は約365.2422日であるが、年ごとに異なる。例えば、冬至点から次に冬至点に戻るまでには、年によって数分のずれがある。これは他の惑星の引力の影響を受けること、また地球の公転軌道が円ではなく楕円であること、さらに地球の運行速度が軌道上のさまざまな点において変わることなど、いくつかの要素に起因する。また回帰年は黄道上の特定の点を基にして定義されるが、とくに基点とされるのは春分点である。春分年は、春分点を起点として太陽が次に春分点に達するまでの期間であり、およそ365.2424日となる。これに対して暦上の一年は整数の日の集合であるため、厳密には回帰年とは一致しない。仮に暦上の一年を常に365日とすれば、回帰年に毎年およそ0.2422日ずつ遅れていくことになり、1世紀後には、暦と季節の間に24日間のずれが生じることになる。そのため4年に1度「閏日」（うるうび）を挿入して「閏年」（うるうとし）をもうけることで、一年の平均期間をおよそ365.2425日としている。閏日と閏年

は、ユリウス・カエサルの暦（ユリウス暦）で実施され、これにより暦上の一年は回帰年を0.0078日上回ることとなった。このため、カエサルの時代（前46年）から紀元16世紀までの間に、春分が3月23日から3月11日にずれてしまい、この誤差はグレゴリオ暦によって修正された（⇒暦・グレゴリオ、暦・ローマ〔ユリウス暦〕）。

朔望月（さくぼうげつ）　月の位相の一巡に相当する期間。例えば、新月から次の新月までの期間で、およそ29.5306日となる。太陽の引力や月軌道の傾斜の影響により、その期間には最大で7時間ほどの変動がある。太陰暦では、月相と各月をほぼ同期させるために、29日の月と30日の月が必要となり、便宜上一年は12の朔望月、すなわち354.3671日によって構成される。

メトン周期（前5世紀のアテネの天文学者、メトンに由来する）　19回帰年、すなわちおよそ235（235.997）朔望月に相当する期間。ある日付の月の位相が、この期間を経ると再び同じになる。周期に含まれる閏年の数により、1日分のずれが生じる。

これらの天文学的基準をもとにして、今までに以下の3種の暦が考案されている。

太陽暦　太陽暦では、閏年を置いて暦上の一年の平均期間を長くすることにより、一年を回帰年と同じ期間とする。おもな例として、グレゴリオ暦が挙げられる。

太陰暦　回帰年に関わりなく、月の周期に従う。したがって、グレゴリオ暦における月の進行との間にずれが生じる。おもな例として、イスラーム暦が挙げられる。

太陰太陽暦　おもに月の位相周期を基準とするが、一年の平均期間が回帰年と同期するよう、一定の期間内に閏月を置くことが必要となる。おもな例として、ユダヤ暦および中国暦が挙げられる。

　⇒個々の暦の項を参照

暦・バハーイー
Calendar, Bahá'í

　バディ暦とも呼ばれる。イランにおいてバーブ（アラビア語で「門」の意）の名で知られる預言者、セイエド・アリー・モハンマド（1819～1850）が考案した太陽暦。ミールザー・ホセイン・アリー・ヌーリー（アラビア語名はバハー・アッラーフで「神の栄光」の意。1817～1892）の始めたバハーイー教は、バーブが創始したバーブ教から転化した宗教で、バハーイー教の教えによると、バハー・アッラーフもバーブも、救世主的な預言者ないし神が現し給う者である。バハー・アッラーフは独自のバディ暦を採用し、春分の日にあたるペルシアの新年ノウルーズ（ナウルーズともいわれる）（⇒ノウルーズ、暦・ペルシア）をバハーイー暦の元日と定めた。このためイランに住むペルシア系のバハーイー教徒は、グレゴリオ暦の3月20日、21日ないし22日に該当する春分の日にノウルーズを祝う。これに反

して、イラン以外の国に住むバハーイー教徒は、実際の春分の日の日付がいつになろうと、毎年定められた3月21日（この日は3月20日の日没から始まる）にノウルーズを祝う。

　365日の平年と366年の閏年からなるバハーイー暦は、現在グレゴリオ暦と並行して進行している。また、グレゴリオ暦の1844年3月21日を起点として年を通算するが、この1844年はバーブが自らを「約束された者」と宣言した年であり、バハーイー紀元（B.E. と省略される）が始まった年である。バハーイー暦の1年は、19日からなる19の月と、バハー・アッラーフがアヤミ・ハ（「ハすなわち〔5〕の日」）と呼んだ4日間の閏日（閏年には閏日が5日間となる）によって構成される。アヤミ・ハは、バハーイー暦の最終月、すなわち断食月の前に置かれ、断食への霊的な備えに当てられて、歓待や慈善、贈り物、祝宴などが行われる。

　バーブは、断食月の祈りにも引用される神の19の性質に基づいてバディ暦の19の月および19の日の名を定めた。したがって、ひと月を構成する各日の名称は、一年を構成する各月の名称と同じである。バハーイー暦の月の名称は順に下記の通りであり、丸括弧の中に月名それぞれの意味とグレゴリオ暦のどの月に相当するかを示した。

　バハ（光輝、3月21日～4月8日）、ジャラル（栄光、4月9日～4月27日）、ジャマル（美、4月28日～5月16日）、アズマト（壮大、5月17日～6月4日）、ヌ

ア（光、6月5日〜6月23日）、ラマト（慈悲、6月24日〜7月12日）、カリマト（言葉、7月13日〜7月31日）、カマル（完全、8月1日〜8月19日）、アスマ（御名、8月20日〜9月7日）、イザト（強大、9月8日〜9月26日）、マシアト（意志、9月27日〜10月15日）、イルム（英知、10月16日〜11月3日）、クドラト（威力、11月4日〜11月22日）、クアル（発言、11月23日〜12月11日）、マサイル（探求、12月12日〜12月30日）、シャラフ（栄誉、12月31日〜1月18日）、サルタン（主権、1月19日〜2月6日）、ムルク（支配、2月7日〜2月25日）、アヤミ・ハ（閏日、2月26日〜3月1日）、アラ（高尚、3月2日〜3月20日〔断食月〕）

1週間は土曜日に始まり、金曜日に終わる。金曜日はイスラーム教の場合と同様に安息日とされ、1日は前太陽日の日没とともに始まる。1週間の各曜日の名も、次の通り神の7つの特性に由来する。

ジャラル（栄光、土曜日）、ジャマル（美、日曜日）、カマル（完全、月曜日）、フィダル（恩寵、火曜日）、イダル（正義、水曜日）、イスティジラル（威厳、木曜日）、イスティクラル（独立、金曜日）。

さらに19年をひとまとまりとしてワヒードと呼び、19のワヒードからなる361年の期間をコルエシェイと称する。ワヒードの各年とその意味を順に並べると、次の通りである。

アリフ（『A』）、バー（『B』）、アブ（父）、ダール（『D』）、バーブ（門）、ワーウ（『V』）、アバド（永遠）、ジャド（寛大）、バハ（光輝）、

フブ（愛）、バハジュ（喜び）、ジャワブ（答え）、アハド（唯一）、ワハブ（度量）、ビダド（慈愛）、バディ（始まり）、バヒ（輝き）、アブハ（最上の輝き）、ワヒード（単一）。

バハーイー暦の時間枠を示すと、2007年3月21日から2008年3月20日までがB.E.164年であり、第1コルエシェイの第9ワヒードのジャワブ年にあたる。この第9ワヒードは1996年3月21日に始まり、第10ワヒードは2015年に始まる。

⇒バハーイー教

暦・バビロニア

Calendar, Babylonian

古代メソポタミアで発展した暦法。この地域に栄えた最も重要な文明としては、シュメール文明（前5000年頃に成立）、バビロニア文明（最盛期は前2800〜前1750）、アッシリア文明（最盛期は前750〜前612）が挙げられる。農耕経済を基盤とするこれらの文明は、一年を基本的に2つの「季節」に分け、農耕年の始まりと終わりを明確にした。それが春分（グレゴリオ暦の3月末ないし4月の初めにあたり、春の最初の新月によって示される）と秋分（グレゴリオ暦の9月末ないし10月の初めにあたり、秋の最初の新月によって示される）である。

バビロニア暦は太陰太陽暦であり、一年は平均360日で、29日ないし30日からなる12の月で構成された。したがって、暦を季節に一致させるためには一定間隔ごとに閏月を挿入する必要があり、

コヨミハリ　171

この閏月は前21世紀までにはイティ・ディリグ (iti dirig) と呼ばれるようになった。これらの暦が用いられた初期の時代には、月の名前は地域ごとに異なっていた。またこの時期、閏月をいつ何度挿入するかの決定権は王だけが有していたという説もあれば、各都市がそれぞれ決定していたという説もある。前18世紀頃には、12の月からなる統一された暦が出現した。各月を（おおむね該当するグレゴリオ暦の月とともに）順に並べると、ニサンヌ（3月～4月）アヤル（4月～5月）、シマーヌ（5月～6月）、ドゥーズ（6月～7月）、アブ（7月～8月）、ウルール（8月～9月）、タシュリートゥ（9月～10月）、アラフサムナ（10月～11月）、キスリム（11月～12月）、テベートゥ（12月～1月）、シャバートゥ（1月～2月）、アドダルゥ（2月～3月）となる。

　現在メトン周期（⇒暦の天文学的基準）と呼ばれる周期は、ナボナッサル王の治世（前747年）に、バビロニアの天文学者によって発見されていたと言われるが、この基準を十分に生かして置閏規則が改善されたのは、前4世紀のことである。太陰太陽暦の19年ないし235の月からなるこの周期においては、3・6・8・11・14・19の年に2度目のアドダルゥ月が挿入され、17の年に2度目のウルール月が挿入された。元日は、春分の頃にあたるニサンヌ月の第1日だった。前539年にバビロニアを征服したペルシアや、次いで現れたセレウコス朝やパルティアもバビロニア暦を継承し、ニサン

ヌを一年の最初の月とした。ただし、セレウコス朝の西部では一年の最初の月が秋のタシュリートゥに改められた（⇒暦・ペルシア）。

　前312年にバビロニアを征服したアレクサンドロス大王の将軍で、セレウコス朝シリアの王となったセレウコス1世の治世（前280年没）までは、年号として各統治者の名が用いられた。同王以降、年代は一貫して「セレウコス紀元」（S.E）（前312～前64）と記録され、セレウコス1世の死後も同様に記され続けた。S.E.1年は、西暦の前312年にあたる。

　前7世紀中には7日間の周期が用いられるようになっていたが、この「週」に新月前の数日間（各月末の数日）を含めなかったことから、不整合が生じた。

暦・バリ
Calendar, Balinese

　インドネシアのバリ島に住む人々は、政治的・経済的理由によりグレゴリオ暦を用いている。一方、社会的な風習、宗教儀礼、その他の祝典は、ウク暦とサカ暦の2つの暦に従って行われる。

ウク暦（「週」の意を表すウク wuku に由来）
14世紀にジャワ島からバリ島にもたらされた暦で、田植えから収穫までの稲作周期に根ざしている。ウク暦は、10種類ものそれぞれ期間の異なる週によって構成されるが、これらの週は順々に進行するのではなく同時進行する。つまり1日しかない週から10日ある週までが並存し、数秘学的に結び付いた非常に複雑

な周期の上に成り立っている暦である。一年は 35 日からなる 6 つの月で構成され、計 210 日間となる。そのため、グレゴリオ暦の 7 か月ごとに新年を祝う。10 種類ある週の中でも、儀礼や祝典のために最も重要視されているのは 3 日週、5 日週、7 日週であり、とくにこれらの週の組み合わせが重要と考えられている。

サカ（シャカ）暦（「月」の意） サカ暦はインドで成立したもので、シャカ紀（⇒暦・インド）の始まった西暦 78 年を元年として年を通算する。また一年は 29 日ないし 30 日からなる 12 の太陰月によって構成される。各月は新月の翌日から始まり新月に終わる。新年は第 10 の太陰月、春分の新月の翌日に始まる。

⇒インドネシア、暦・ジャワ、暦の天文学的基準

暦・バングラ
Calendar, Bangla

　バングラデシュと、インドのベンガル語圏で用いられる、修正された太陽暦。旧式の太陽暦は、バングラデシュに隣接するインドの西ベンガル州で用いられている。

　16 世紀以前、現在のバングラデシュにあたる地域を統治していたムガル帝国は、税の取り立てにヒジュラ太陰暦ともいわれるイスラーム暦を用いていた。だが、農耕年と国の会計年の間にずれがあったため、時宜に外れた税の支払いを強要される農民社会にとって、この方法は問題が多かった。ムガル皇帝アクバル大帝は、問題を是正するため、1584 年に天文学者で科学者のアミール・ファーザラ・シュラージに命じて、季節に一致する一年 365 日の太陽暦を考案させた。アクバルがインドの玉座に就いた 1556 年を紀元とする新しい暦はターリキ・イラーヒーと呼ばれ、それぞれに日数の異なる 12 の月で構成された。各月の名称は、現在ベンガル地方で用いられる暦、シャカ紀の月名に基づき、イスラーム暦（A.H.）（⇒暦・イスラーム）963 年には、元日がムハッラムの第 1 日に固定された。この日は当時ベンガル暦の第 1 の月だったチョイットロ月ではなく、ボイシャク（4 月半ば）月の第 1 日であった。

　バングラ暦の月は順に、ボイシャク、ジョイスト、アシャル、スラボン、バットロ、アシン、カルティック、オグロハヨン、ポウシュ、マグ、ファルグン、チョイットロとなる。

　ターリキ・イラーヒーないしバングラ暦は、最初閏年を用いなかったため、この新たな暦も結局は季節との間にずれが生じ、さらなる改良が必要となった。1996 年、バングラ・アカデミーの後援による改暦委員会が、ボイシャクからバットロまでの各月の構成日数を 31 日とし、他の月を 30 日と定めた。また、グレゴリオ暦との同期を図るため、4 年に 1 度、チョイットロ月に閏日を加えることとなった。

　現在のバングラデシュで用いられる改良暦は、ボンゴブトあるいはベンガル・ソン暦と呼ばれている。元日であるポヘ

ラ・ボイシャクは、グレゴリオ暦の4月14日にあたる。なお、1966年の改良暦を支持していないインドの西ベンガル州では、4月15日にあたる。

⇒暦・インド、暦の天文学的基準、バングラデシュ

暦・ヒンドゥー
Calendar, Hindu
⇒暦・インド

暦・仏教
Calendar, Buddhist

世界共通の仏教徒の暦というものは存在せず、仏教のおもな宗派によって、さらには国や地域によって用いる暦が決まる。中国、日本、韓国、チベット、モンゴルのように大乗仏教を信奉する国々（北伝仏教）の暦は、もとは中国暦に基づく暦を用いていた（⇒暦・中国、個々の国々の項）。カンボジア、ラオス、ミャンマー、スリランカ、タイなどの各国は、上座仏教（南伝仏教）を信奉している。

上座仏教国の暦は中国暦に似た太陰太陽暦であり、29.54日の太陰周期をもとに、ひと月が交互に29ないし30日からなる12の月で構成される。この暦は一年が常に1太陽年より11日少なくなるため、およそ3年に1度の割合で30日からなる閏月を挿入することで、暦が季節に合うよう調整している。また、時に閏日を要することもあるが、タイ、ラオス、カンボジアの暦では、閏月を挿入した閏年に閏日を挿入することはできない

のに対して、ミャンマー（ビルマ）の暦の場合は、閏月のある年にしか閏日を挿入できない。そのため、それぞれ一年が354日、355日、384日、あるいは385日で構成される4種類の暦が存在し、月の名称、祝日、年の周期なども、国の伝統によって異なる。各月は新月に始まり、満月に向かう半月（白分）と新月に向かう半月（黒分）の半月ごとに分けられる。どちらの半月にも、該当する月の合計日数に応じて、1から14ないし15までの日付が割り振られる。最初の四半月と満月、最後の四半月と新月は、多くの宗教儀礼にあてられ、寺院への特別参拝や瞑想が行われる。また、上座仏教の暦法では一年を4か月ごとに3分割し、季節は雨季（Vassana）、冬季（Hemanta）、暑い乾季（Gimha）の3季のみである（⇒元日の日付については各国の項を参照）。

上座仏教では、これまでに多くの暦法が用いられてきたが、紀年法については、仏陀（「悟った者」の意）とも称されるゴータマ・シッダールタの没年を紀元とした伝統的な仏滅紀元（B.E.）が用いられる。仏陀の入滅は前543年だとする説が多い。

暦・ベトナム
Calendar, Vietnamese

中国の太陰太陽暦に由来するベトナムの伝統的な暦は、かつて歴代の統治王朝によって統制された（⇒暦・中国）。グエン朝時代（1802～1945）にはフエの都にある帝国天文台が暦の調整の責務を果た

したが、1945 年にグエン朝が消滅すると、この天文台も閉鎖された。ベトナム民主共和国新政府はグレゴリオ暦を採用し、その結果、太陰太陽暦の使用が停止された。だがその後も伝統的祝祭や市場の開催、稲作周期などは依然として太陰周期に従っていたため、太陰太陽暦が私的に発行されたが、発行者によって暦の期日に差異が生じ、混乱を招いた。この事態を収拾するため、1967 年に政府は伝統行事用の太陰太陽暦を発行するようになり、その一方で、社会生活のためにグレゴリオ暦の発行も継続した。2 つの暦は現在のベトナム社会主義共和国政府においても依然として有効である。

　ベトナムの太陰太陽暦は 29 日ないし 30 日からなる 12 の太陰月によって構成され、太陰年の構成日数は 355 日となる。この暦を一年 365 日の太陽暦や季節と一致させるためには、3 年から 4 年に 1 度の割合で、第 3 の月と第 4 の月の間に閏月を置く必要がある。新年は春に始まるが、元日はグレゴリオ暦の元日と比較すると、年によってかなり時期にばらつきがある。各月は新月に始まる。

　伝統的なベトナム暦は中国暦と似ており、ヴァン・ニエン・ルク・ザップと呼ばれる 60 年周期を繰り返している。この周期はタップカン（自然の 5 つの元素を 2 倍した 10 年の周期〔十干〕）とタップニチー（それぞれの年が十二支の動物に象徴される 12 年の周期〔十二支〕）の繰り返しに基づいており、一年ごとに下記の順に従って十干十二支を組み合わせた名称で呼ばれる。

1. ザップ（水）
2. アト（排水）
3. ビン（火）
4. ディン（埋火）
5. マウ（木）
6. キー（薪）
7. カン（金属）
8. タン（鍛金）
9. ニャム（土）
10. クイ（耕土）

1. ティー（鼠）
2. スー（牛）
3. ザン（虎）
4. マーオ（猫）
5. ティン（龍）
6. ティ（蛇）
7. ゴ（馬）
8. ムーイ（山羊）
9. タン（猿）
10. ザウ（鶏）
11. トゥアッ（犬）
12. ホイ（豚）

　したがって、60 年周期の最初の年はザップ・ティー（鼠の年）となり、翌年はアト・スー（牛の年）、その翌年はビン・ザン（虎の年）という要領で年が進行することになる。10 年周期（十干）が 6 巡、12 年周期（十二支）が 5 巡すると、60 年周期が再び繰り返される。中国における太陰太陽暦の十二支とベトナム太陰太陽暦の十二支に選ばれた動物は、4 番目の動物が中国では兎なのに対し、ベトナムでは猫となるが、それ以外は同一である。

　⇒ベトナム

暦・ヘブライ

Calendar, Hebrew

　ユダヤ暦とも呼ばれる。イスラエル国の公式な暦であると同時にユダヤ教の宗教暦でもある。旧約聖書の記録には、

古代ヘブライ人すなわちイスラエルの民がエジプトを脱出した月（ニサン）がユダヤ暦の第1の月とされた（『出エジプト記』12章2節）とある。だが『レビ記』23章24節では、第7の月（ティシュレー）の第1日にショーファー（ラッパ）を吹き鳴らし神に捧げ物をして祝うよう命じている。「ユダヤ教の新年」すなわち「ローシュ・ハッシャーナー（Rosh Hashanah）」となったのは、この第7の月の第1日であり、ニサン月の第1日ではない。『ミシュナ』（200年頃に口伝律法を成文化した聖典。タルムードの基礎となった）集成の時代には、新年はすでに第7の月の第1日に変更されていた。ミシュナでは、ローシュ・ハッシャーナーは暦年の始まる元日と定められており、同様に安息年（7年に1度）やヨベルの年（50年に1度）についても定められている。また、新年の期日が変更された根拠は、聖典タルムードの次のような記述にある。タルムードでは、神がアダムを創造したのは、天地創造の6日目、すなわちローシュ・ハッシャーナーであり、したがってこの日が年の始まりであるとしている。だとすれば、天地創造から年が通算されていたことになるが、やはりユダヤの伝承によると、天地創造が行われたのはグレゴリオ暦の前3760年だとされる。天地創造を紀元とする年代の表記には「A.M.」、すなわちアンノ・ムンディ（Anno Mundi：ラテン語で「世界の年」の意）が付記される。

　現在のユダヤ暦は太陰太陽暦（⇒ 暦の天文学的基準）であり、おもな祝祭が適切な季節にあたるよう調整されている。これは359年頃にサンヘドリン（最高法院）の議長ヒレル2世が考案したとされる。ユダヤ暦の1日は日没に始まり、祝祭もまた同様である。週のうち最初の6日は番号で呼ばれるが、第7日目はシャバット（安息日）、すなわち安息の日と呼ばれる。1年は29日ないし30日からなる12の月で構成され、19年間（235朔望月）に7度の割合で、つまり19年のうち3、6、8、11、14、17、19年目には13番目の「閏月」が挿入される（メトン周期）。一年を構成する日数に応じて、「平年」はさらに「不足する年」（353日）、「通常の年」（354日）、「完全な年」（355日）の3通りに分類され、「閏年」もさらに、不足する年（383日）、通常の年（384日）、完全な年（385日）に分かれる。

　ユダヤ暦の月の名称は（ひと月は、新月と算定された日から始まる）バビロニア捕囚（前586～前538）以降に初めて導入されたもので、バビロニア語から変化した。30日からなる月と29日からなる月が、以下の通り交互に続く。ニサン（グレゴリオ暦の3月～4月）、イッヤール、スィヴァン、タンムーズ、アヴ、エルール、ティシュレー、ヘシュヴァン、キスレヴ、テヴェート、シュヴァート、アダールとなる。平年の完全な年には、ヘシュヴァン月とキスレヴ月がどちらも30日となり、不足する年にはどちらも29日となる。通常の年にはヘシュヴァン月が29日、キスレヴ月が30日となる。閏年

にはアダール月は30日となり、続いて第2のアダール月が置かれる。ティシュレー月の第1日（ローシュ・ハッシャーナー）がいつになるかと、ローシュ・ハッシャーナーと安息日との関係、さらにティシュレー月の第1日の延期（デヒヤー）を決定する複雑な規則とによって、各年の長さと分類が定められる。この規則については、ドゲットの著書でさらに詳しく言及されている。

トーラーで祝いの期間が1日と定められた祝祭日を、現在のイスラエルではその通り祝っているが、離散（ディアスポラ）中のユダヤ人は伝統的に2日間祝う。例外はローシュ・ハッシャーナーとヨーム・キップールで、イスラエル国内外を問わず祝祭期間が共通である。ローシュ・ハッシャーナーの祝祭期間は世界じゅう2日間であり、ヨーム・キップールは世界のどこでも1日だけの祝いである。祭日が2日間祝われるようになったのは神殿時代であり、聖職者の新月観測を受けて、国じゅうに遅滞無く祭日の始まりを伝達するのが困難であったことに起因する。祝祭期間を2日間とすることで、本来の祝祭日を確実に祝うことができた。19世紀に改革派ユダヤ教徒が祝祭日を1日限りとすることを主張したが、より近年になって、全世界的ではないものの、伝統的な祝祭期間に回帰する風潮が強まっている。

タルムードによれば、ローシュ・ハッシャーナーと呼ばれる日はほかにも3通りあるが、これは単に次の3つの年中行事を示したものである。まずニサン月の第1日で、王の治世の通算が始まる（即位紀元）新年。次にエルール月の第1日で、家畜の十分の一税の課税年度が始まる新年。最後はシュヴァート月の第1日で、樹木の新年である（初めて果実を口にする日と定められている）。だが、一般的にローシュ・ハッシャーナーとして知られているのは、ティシュレー月の第1日のみである。

暦・ペルシア
Calendar, Persian

現イランがある地域では、主として前539年にバビロニアがペルシアを征服して以降、多くの異なる暦が用いられてきた。古代ペルシアでは、バビロニア暦を基にした暦法が採用され、続くセレウコス朝時代、パルティア時代も同様だった。前5世紀の半ば以降、ゾロアスター教が浸透したペルシア北部では、30日からなる12の月と年末の追加日5日で構成される、一年が365日のゾロアスター教の太陽暦を用いていた（⇒暦・ゾロアスター）。伝説によれば、ペルシアのペーシュダード王朝における神話上の王ジャムシードが、約3,000年前にペルシアの暦法に太陽暦の算出法を導入したとされている。ササン朝ペルシア（226～651年）でもゾロアスター暦が採用されたが、7世紀にアラブ人がペルシアを征服したあとはイスラーム暦が施行され、その後再びゾロアスター暦が用いられた。

イスラーム暦は預言者ムハンマドがメ

コヨミヘン 177

ッカからメディナに移住した 622 年を紀元とする太陰暦であるが、ペルシアはこれを太陽暦に改変した上で、同じ 622 年を紀元として年を通算した。1079 年、セルジューク朝のスルタン、ジャラル・アッディーン・マリク・シャー 1 世が改暦を命じたことから、詩人のウマル・ハイヤームをはじめ改暦に携わった天文学者が、ジャラーリー（Jalali）暦を考案した。ハイヤームは君主であり後援者でもあった前述のマリク・シャーにちなんで暦の名をつけた。その後、数世紀にわたりさらなる改良が行われたこの太陽暦は、1925 年にイランで、1957 年にはアフガニスタンで採用された。ただしアフガニスタンでは、1999 年から 2002 年にかけてイスラーム暦が用いられている。また、ペルシア暦の年代には「A.P.」（アンノ・ペルサルム Anno Persarum、ラテン語で「ペルシアの年」の略）が付される。

ペルシアの新年ノウルーズは、天体観測で春分が確認されると始まる。春分の到来が正午（テヘラン時間）の前であれば、その日が元日となり、春分の確認が正午を過ぎれば、元日はその翌日となる。ゾロアスター暦の月名を反映したペルシア暦の各月のファールシー語（現代ペルシア語）名と、それに相当するアフガニスタンのダリー語名は、順に次の通りである。ファルヴァルディーン（ダリー語：ハマル）、オルディーベヘシュト（サウル）、ホルダード（ジャウザー）、ティール（サラターン）、モルダード（アサド）、シャフリーヴァル（ソンブラ）、メフル（メザ

ーン）、アーバーン（アクラブ）、アーザル（カウス）、デイ（ジャッディ）、バフマン（ダルウ）、エスファンド（フート）。最初の 6 つの月はそれぞれ 31 日からなり、次の 5 つの月は 30 日、最終月のエスファンド月は平年の場合は 29 日、閏年は 30 日からなる。ペルシア暦は一年が 365.2422 日である回帰年とほぼ一致しているが、一年につき 6 時間足りないため、閏年を用いた調整を要する。

閏年は一般的に 4 年に 1 度の割合で置かれるが、4 年に 1 度の閏年が 6 ないし 7 巡したところで閏年を 5 年に 1 度とし、過剰分を相殺する。これを成し遂げるため、ジャラーリー暦を考案した天文学者たちは、2820 年周期を基に計算を行った。この周期は、太陽が回帰年のある時刻に春分点に到達したあと、次に全く同じ時刻に春分点に到達するまでに要する期間である。回帰年を基にしたこの暦には 128 年間に 31 回閏年を置くことが必要となり、この置閏調整の方法は、非常に複雑な計算の結果得られたものである。この暦では 14 万 1,000 年の間に 1 日分の誤差が生じる。

⇒イラン、暦・イスラーム、暦の天文学的基準、暦・バビロニア

暦・ベンガル
Calendar, Bengali
⇒暦・バングラ

暦・マヤ
Calendar, Mayan

　メキシコ南部と現在のベリーズ、グアテマラ、ホンジュラス、またエルサルバドルの一部にかけて居住した古代マヤ族は、極めて高度な天文学の知識を有し、太陽年や太陰年、さらにはさまざまな惑星の会合周期などに沿った、少なくとも17種類の暦を用いていた（⇒暦の天文学的基準）。それらの非常に実用的な暦は、前6世紀のメソアメリカの暦法に起源を持つ。マヤのツォルキン暦（「日を数える」の意）は宗教的、また儀礼的行事の時期を定めるため、また占いのために用いられた。ツォルキン暦の一年はわずか260日からなるが、これは20という数（人間の両手両足の指の数）と13という数（神々が住む霊界の階層の数）に基づく演算に関係があるといわれ、この20と13を乗じると260という数が導き出される。また、ツォルキン暦は元をたどれば、マヤの産婆が赤ん坊の出生日を予測するために考案したという説もあるが、これは母親の最終月経から出産までを数える平均40週ないし280日の妊娠期間ではなく、母親の最初の月経停止から出産までの期間をもとにしたものとされている。ツォルキン暦を構成する各日には吉凶が定められていた。また、それぞれの日が何らかの出来事の前兆とされ、特定の日に生まれた者には特定の特徴があるとされたが、そういったものを判断できるのは村のシャーマンだけだった。

　ツォルキン暦では、週を構成する各日に1から13までの番号を付した13日週と、曜日がそれぞれ異なる名称を有する20日週との、2種類の「週」の組み合わせが用いられていた。20日週の各日の名称は順に、イミシュ（ワニ）、イック（風）、アクバル（家）、カン（トカゲ）、チクチャン（蛇）、キミ（死）、マニック（鹿）、ラマット（ウサギ）、ムルック（水）、オック（犬）、チュエン（猿）、エッブ（草）、ベン（葦）、イシュ（ジャガー）、メン（鷲）、キッブ（ハゲワシ）、カーバン（動き）、エツナップ（火打ち石）、カワック（雨）、アハウ（花）である。2つの週は同時進行しつつ繰り返し、暦日は1イミシュ、2イック、3アクバル……13ベン、次いで1イシュ、2メン、3キッブ……7アハウ、次に8イミシュ、9イック、10アクバル、という要領で名称を与えられた。2つの週が同時に完了するには260日を要した。

　前550年頃には、一年が365日という概念を取り入れた、冬至から一年が始まる農事暦としてのハアブ太陽暦が成立した。ハアブ暦は20日からなる18の月によって構成され、これらとは別に、年末には「名の無い日」の意を表す「ワイェブ」ないし「ワヤッブ」と呼ばれる5日間の「月」が置かれた。月を構成する各日には0から19の順に番号が付され、18の月には季節や他の農事を示す名称が付けられた。月の名称は順に、ポープ、ウォ、シップ、ソッツ、セック、シュル、ヤシュキン、モル、チェン、ヤシュ、サック、ケフ、マック、カンキン、ムアン、パシ

ュ、カヤァブ、クムクである。したがっ
て、暦日の名称は0ポープ、1ポープ、
2ポープ……19ポープ、0ウォ、1ウォ、
2ウォという順番になる。各日の番号は、
名前のついた月「の着座」、あるいはそ
の月の第「0」日を意味する象形文字な
いし図像とともに始まるが、なかには「の
着座」にあたる象形文字を、前の月の第
20日だとする説もある。この解釈にお
いては、ポープの着座はワイェブの第5
日目にあたる。マヤ暦では、太陽年との
誤差である4分の1日を補うために閏年
を置くという通常の手段を用いることが
許容されなかったため、数世紀の間に各
月と季節の間にずれが生じた。だがなか
には、マヤ族が太陽年との誤差である4
分の1日を認識し、誤差を補っていたと
する説もある。またマヤ族は、ワイェブ
の月には霊界と人間界をつなぐ入口が開
き、悪霊が現世に入り込んで、その気に
なれば人間に復讐できると信じていたた
め、ワイェブは不吉な期間とされた。こ
の期間にはすべての火が消され、温かい
食事を取ることができなかった上、人々
は屋内に留まり、身なりを整えることも
禁じられた。さらに52年に1度ツォル
キン暦とハアブ暦の周期は同時に完了し
たが、この52年間は「カレンダー・ラ
ウンド」と呼ばれ、その最後の時期は、
同様に不吉とされた。また、この最後の
時期に、マヤ族はライフサイクルの再生
を神々に懇願した。

　マヤ古典期（250〜900/1000）には、
ハアブ暦の仕組み上、一年の最初の日な

いし各月の最初の日が、必ずアクバル、
ラマット、ベン、エツナップの4つの日
のどれかに当たるようになっていた。そ
のため、この4つの日は「年の運び手」
と呼ばれた。だがスペイン征服時代には、
この4つの日は、カン、ムルック、イシ
ュ、カワックに替わっていた。

　ツォルキン暦にもハアブ暦にも紀年法
の機能は無かったため、「長期暦」とし
て知られる第3の暦が並存し、マヤ紀の
紀元からの経過日数を明らかにした。長
期暦は、歴代の王の治世に起きた出来事
の年代を特定するために考案され、先古
典期（前1500頃〜後250頃）後期に用い
られるようになったが、古典期（250頃
〜900/1100頃）末には姿を消した。長期
暦には（現在西洋で用いられている10進
法とは異なる）18進法と20進法を組み
合わせた計算法が用いられていた。長期
暦の単位、また各単位の関係は次の通り
である。1日＝1キン、20キン＝1ウィ
ナル、18ウィナル＝360日ないし約1
年＝1トゥン、20トゥン＝7200日ない
し約20年＝1カトゥン、20カトゥン＝
14万4000日ないし約395年＝1バクト
ゥン。さらに大きな単位も存在したが、
用いられることは稀だった。バクトゥン
には1から13までの番号が付されたが、
順序は13から始まって、1、2、3……12
という要領で数えられた。ウィナルには
0から17までの番号が付され、0から順
に数えられた。また、キン、トゥン、カ
トゥンには0から19までの番号が付さ
れ、やはり0から順に数えられた。長期

暦はそれぞれ別個の5つの数で表され、左から右にバクトゥン、カトゥン、トゥン、ウィナル、キンの順に記された。例えば12.18.16.2.6. という風に、あるいは12バクトゥン.18カトゥン.16トゥン.2ウィナル.6キン.という具合に記した。これらの数をすべて合計したものが、マヤ紀の紀元からの経過日数となる。

マヤ長期暦のマヤ紀元は、マヤ神話において現世が創造された時が起点であるとされ、始まりの日は0.0.0.0.0. ではなく13.0.0.0.0 と記される。マヤの聖なる書物『ポポル・ブフ』によれば、神々は、現在の世界と人間を満足のいくよう作り上げる前に、3度失敗を重ね、その都度洪水によって前の世界を滅ぼしてきたという。だが神話では、現在の世界もまた、最終的には洪水によって滅ぶとされている。前の世界は長期暦の13.0.0.0.0. の日に滅亡し、同時に4番目の世界である現世が始まったといわれ、直近では、13バクトゥンが完了したのは2012年12月21日であった。長期暦の13.0.0.0.0. に相当するグレゴリオ暦の日付については、研究者の間で異論もあるが、グッドマン、マルティネス、トンプソンによって打ち立てられた、マヤ神話の世界創造が前3114年8月11日であるという説が最も広く受け入れられている。カレンダー・ラウンドに換算すると、マヤ紀は4アハウ（ツォルキン暦）の日かつ8クムクの日に始まった。したがって、マヤ暦における創世の日付の完全な表記は、13.0.0.0.0. 4アハウ8クムクとなる。

古典期のマヤの暦法では、毎年太陽年との間に生じる4分の1日のずれが顧みられなかったため、ハアブ暦の新年は4年ごとに、グレゴリオ暦の新年よりも1日早くなっていった。太陽暦であるマヤハアブ暦の元日、0ポープは、もともと冬至にあたり、前550年には12月21日だったが、現在は4月の初めにあたる。そのため、メキシコや中米におけるマヤ族の子孫は、マヤの新年をこの時期に祝う。またツォルキン暦に従って260日ごとの8バッツ（キチェ族のマヤ語で「8の猿」の意）の日、すなわち8チュエン（ユカテコ族のマヤ語で「8の猿」の意）の日に新年を祝う人々や、さらには、スペイン征服時代が始まった直後の1540年代初期のマヤの元日にあたると推測される、グレゴリオ暦の7月26日に新年を祝う人々もいる。

⇒暦・アステカ、暦・インカ、マヤ帝国

暦・ユダヤ

Calendar, Jewish
　⇒暦・ヘブライ

暦・ユリウス

Calendar, Julian
　⇒暦・ローマ〔ユリウス暦〕

暦・ローマ

Calendar, Roman

初期の暦　ローマで用いられた最初の暦は、ローマの建設者ロムルス（前750頃）が考案したと考えられている。この暦は

30 日ないし 31 日からなる 10 の太陰月で構成され、1 年は計 304 日だった。残りの 61 日は冬にあたるため、基本的に無視された。月の名称は順に次の通りである。マルティウス（英語名：March、戦いの神マルスに由来する）、アプリリス（英語名：April、語源不明。ヴィーナスのギリシア名アフロディーテが転訛した「Aphrilis」の語に由来するともいわれる）、マイユス（英語名：May、アトラスの娘である女神マイアに由来する）、ユニウス（英語名：June、誕生の女神ユーノーに由来する）、クインティリス（「5 番目」の意）、セクスティリス（「6 番目」の意）、セプテンベル（「7 番目」の意）、オクトベル（「8 番目」の意）、ノウェンベル（「9 番目」の意）、デケンベル（「10 番目」の意）。その後 61 日の空白を置いて、新年はマルティウスの新月に始まった。

ローマの第 2 代の王ヌマ・ポンピリウス（前 715 頃〜前 673 頃）は、この暦に 2 つの月を追加した。つまり、ヤヌアリウス（英語名：January、双面神である空の神ヤヌスの名に由来する）を年頭に置き、フェブルアリウス（英語名：February）を年末に挿入した（最終的にはフェブルアリウスがヤヌアリウスの後に移された）。「フェブルアリウス」は、この月に行われた豊穣を願う儀式で使われる山羊革のひも、フェブルア（februa）に由来するか、あるいはラテン語で「浄化する」を意味するフェブルアレ（februare）に由来するといわれる。この 2 つの月が追加されたことで、一年は 355 日になった。ポンピ

リウスの計算によれば一年は 354 日となるはずだったが、ローマ人は偶数を不吉としていたため、ヤヌアリウスに 1 日が追加された。この 12 か月の暦を季節と一致させるため、ポンピリウスは 2 年に 1 度、13 番目の月、すなわちメルケドニウス（労働者は 1 年のこの時期に賃金を得ていたため、「賃金」の意であるメルケス merces の語から派生した）と呼ばれる閏月を挿入した。22 日ないし 23 日からなるメルケドニウスは、一年おきにフェブルアリウスの 23 日のあとに置かれ、この月が終わると、その後にフェブルアリウスの残りの 5 日ないし 6 日が続いた。またこの置閏により一年の構成日数が平均 366.25 日となったため、24 年ごとにメルケドニウスを除いて暦を調整した。ポンピリウスは神官団の長である最高神祇官ポンティフェクス・マクシムスに、閏月の期間や置閏時期などを決定する役割を任せた。これが政治的な悪用を招いたため、暦の秩序が損なわれてしまい、ユリウス・カエサルの時代には、暦上の春分と実際の春分との間に 3 か月ものずれが生じていた。

さらには、各月を縁起の良いものとするため、すべての月の構成日数を奇数に変えたことも、355 日暦の秩序を損なう原因となったが、この改悪は前 300 年頃に施行された。唯一の例外はフェブルアリウスで、この月は当初、年の終わりに置かれたために不吉な月とみなされ、その構成日数は、不吉な偶数の 28 日と定められた。また前 153 年には、さらなる

政治的な介入があり、元日がヤヌアリウスの第1日に変更されたが、これは新たに選出された執政官を就任させるために行われたものだった。ヤヌアリウスとフェブルアリウスが年頭に加わったため、数にちなむ名称を与えられた月も2か月分後ろにずれることとなったが、皮肉にも、当初の名称が変更されることはなかった。そのためクインティリス(「5番目」の意)は7番目の月、セクスティリス(「6番目」の意)は8番目の月となり、他の月も同様の齟齬が生じた。のちのローマ皇帝たちは、数にちなむ月名を恣意的に変更して楽しんだ。例えば、セプテンベル(September)はゲルマニクス、アントニヌス、タキトゥスの月名で、ノウェンベル(November)はドミティアヌス、ファウスティヌス、ロマーヌスの月名でも知られた。

ユリウス暦　前63年にローマのポンティフェクス・マクシムスに選出されたユリウス・カエサル(前100〜前44)は、エジプトの数学者で天文学者の、アレクサンドリアのソシゲネスに対し、より精度の高い太陽暦、すなわちカエサル自身がエジプト遠征中によく知ることとなった制度の作成に尽力するよう命じた。一年は365.25日と定められたが、便宜上は365日で運用され、4年に1度366日に増やすことで誤差が相殺された。「閏日」は2月、すなわちフェブルアリウス月23日のあとに挿入され(暦に生じた不整合は通常、浄化の月であるこの月に調整された)、2月の構成日数が増えて29日

となり、これに該当する年が「閏年」とされた。このように閏年には2月24日が2度連続して置かれたが、2月24日は3月1日から遡って数えた場合に第6日目にあたったため、閏年に繰り返される第6の日が「ダブルシックス(ビスセクスト)」と呼ばれるようになり、これが転訛して「閏年の日」の意を表す「ビスクスタス bissextus」の語が生まれた。さらに暦と春分を一致させるため、1度きりではあるが再びメルケドニウスの月が用いられたばかりでなく、やはり1度きりではあるが33日からなるウンデケンベルと34日からなるドゥオデケンベルの2つの月が加えられ、11月(ノウェンベル)と12月(デケンベル)の間に挿入された。これによりこの年は445日となり、「混乱の年」と呼ばれた。翌年以降はこれらの追加月が削除され、前46年からユリウス暦が施行された。太陽暦の作成にあたり、カエサルは355日からなる古い暦に、新たに10日を加え、次の各月の構成日数を31日と定めた。1月(ヤヌアリウス)、3月(マルティウス)、5月(マイウス)、7月(クインティリスの月名は、元老院によりユリウス・カエサルを称えて前44年にユリウスと改名された)、8月(セクスティリスの月名は、元老院によりアウグストゥス・カエサルにちなんで前8年にアウグストゥスと改名された)、10月(オクトベル)、12月(デケンベル)。また、次の各月の構成日数は30日と定められた。4月(アプリリス)、6月(ユニウス)、9月(セプテンベル)、11月(ノウェンベル)。

2月（フェブルアリウス）の構成日数は28日のままとされた。また元日は1月（ヤヌアリウス）の第1日のままとされ、各月中の区切りもそのまま用いられた（下記参照）。

　伝えられるところによると、ユリウスの後継者アウグストゥスが、虚栄心からセクスティリス（8月、アウグストゥス）をユリウス（7月）と同等の31日と定めて暦の日数配分を変更したとされるが、真偽のほどは疑わしい。当初神官団は誤って3年ごとに閏年を置いたが、アウグストゥスは誤りを是正するため、前8年から後8年まで置閏を取りやめて暦を調整し、その後4年ごとの置閏を再開した。

　ユリウス暦は、128年に1日の割合で回帰年との間にずれを生じさせたが、これは暦の1年が回帰年より1日遅れることを意味した（回帰年についての詳細⇒暦の天文学的基準）。この暦は16世紀まで施行されたが、同世紀中に改暦が行われ、グレゴリオ暦が考案された。ただし現在もキリスト教の多くの正教会が、教会暦としてユリウス暦を守っている。

日と年　12の月における各日は、月の区切れ目から数えられた。誕生の神ユーノーとヤヌス神に捧げられた「カレンダエ（Kalendae）」（古英語でカレンズ calends、ラテン語で「厳かに告げる」の意であるカラレ calare の語に由来する）は月の第1日目を表し、ここから暦を意味する「カレンダー」の語が派生した。初期の太陰暦が用いられた間、最高神祇官ポンティフェクス・マクシムスは、月の位相を告知

する必要があった。新月は、新しい月が始まりカレンダエが到来したことを示した。4分の1まで満ちた月は、通常各月の5日目ないし7日目にあたる「ノーナエ」の到来を示した。満月は各月の中間日である「イードゥース」（「分ける」の意を表すラテン語イドゥス idus に由来する）を示し、この日はユピテルに捧げられた。こういった各月中の区切りは、次のような憶え歌に要約された。

3月、7月、10月、5月の、
イードゥースは15日目。
ノーナエは7日目。他の月はみな、
ノーナエもイードゥースも2日前。

　紀年法としては、皇帝が即位するたびに即位年を元年として年を数え直す方法（即位紀元）と、ローマ建国年を元年として年を数え、従って年代にアブ・ウルベ・コンディタ（Ab Urbe Condita：A.U.C.）を付記する方法の2つが用いられた。
　⇒暦・グレゴリオ、ローマ帝国

コロンビア
Colombia
　⇒中南米とカリブ海諸島

コンゴ民主共和国
Congo, Democratic Republic of
　多数の民族が居住する中央アフリカの国。独裁政権によって統治される。かつてはベルギー領コンゴおよびザイールと呼ばれた。元日は1月1日。これはベル

184 コンコミン

ギー植民地時代（1885〜1960）に定められた。

コンゴでは新年を迎えるために次のような準備をする。衣服を繕うか、新しい服を購入する。お祝いの料理のために肉（牛肉、山羊肉ないし鶏肉）を買う。中流層は地元の女性が醸造した強いビール、富裕層は輸入ワインやリキュールを飲む習慣がある。

元日はどこの村でも村全体の宴会が催される。食事は午前の中頃から始まり、アルコールを飲んだり、ドラムやギター、フルート、マラカス、ベル、カサンジ（「親指ピアノ」）などの音楽に合わせて歌ったり踊ったりする。カサンジとは、木材の端に金属の棒を並べて配し、棒の部分を親指で弾く楽器である。

祝日の料理は肉とでんぷん食品、そして付け合せだが、付け合せの種類は地域や民族によって異なる。でんぷん食品には、ンシマ（トウモロコシ粉とキャッサバ粉で作ったペースト。ルバ・カサイ族の居住地域で食され、キンシャサ州、コンゴ中央州、バンドゥンドゥ州ではフフ、スワ

ヒリ語諸州ではウガリと呼ばれる）、クワンガ（コンゴ中央州、バンドゥドゥ州、赤道州で食される発酵させたキャッサバのパン）、リトゥーマ（キンシャサ州やキサンガニで見られるバナナ料理）、ロッソ・ナ・マデス（テテラ族やバシ族が食す豆ごはん。キンシャサでも食される）、ムバラ（サツマイモ）、ビトト（バナナ、キャッサバ、豆、トウモロコシ、スクワッシュ、魚、玉ねぎ、トマトなどを混ぜたもので、ヨンベ族風の料理）、チムク（煎ったピーナツ入りのサツマイモのケーキ。ルバ族の村で食される）などがある。付け合わせとしては、キャッサバの葉、ビテクテク（ほうれん草の一種）、フンブワ（中央コンゴ州で採れる野生の青物野菜）、キノコ類、多種の蟻、コオロギ、直翅類、イモムシなどが挙げられる。通常、男性と女性は別々に食事をとる。祝宴は午後遅くまで続き、アルコール飲料が無くなると間もなくお開きとなる。

新年の挨拶には次の言い方がある。
・「ボナネ（Bonne Année）」フランス語（公用語）

さ行

サウィン
Samhain
　⇒ケルト

サウジアラビア
Saudi Arabia

　ほぼ全人口がイスラーム教徒で、90％はスンニー派、10％がシーア派。イスラーム年はムハッラムの第1日から始まる（→暦・イスラーム）。習慣的に新年をそれほど祝わないスンニー派は、シーア派が新年にアーシューラーを祝うのを大幅に制限している（⇒イスラーム教）。シーア派は東部の都市カティーフとナジュラーンの南部のみで、大規模な公的な行進への参加や自傷行為を行わない限りにおいて、この祝祭を祝うことができる。こうした祝典については、警察が厳しく監視している。上記以外の地域ではアーシューラーの祝祭は厳しく禁じられているため、多くのシーア派教徒は隣国バーレーンを訪ねる。
　⇒バーレーン

サグムク
Zagmuk
　⇒メソポタミア

「サー・サイモン・スチュワードに捧ぐ新年の贈り物」*
"A New-yeares gift sent to Sir Simeon Steward"

　イングランドの詩人ロバート・ヘリック（1591〜1674）の詩。詩集『ヘスペリデス』（Hesperides、1648年）に収められている。もともとはヘリックが1624年にロンドンで年の近い友人サー・サイモン・スチュワードに贈った詩であった。題名に新年と書いてあるものの、古き時代にみられたクリスマスの12日間（クリスマスから公現祭まで）の伝統とゲームがテーマとなっている。新年はその中間にあたる。

「サー・サイモン・スチュワードに捧ぐ新年の贈り物」

［長い1連からなる］
海軍が海上で炎をあげた知らせもなく
先ごろ生まれたティテュルス団も大人しく
議会を憂う人々を脅かす
陰謀も公然たる非難もなく
星占いは、諸国が仕掛ける
新たな謀も近ごろ発覚した企みも示さず
議会をはめたり、自由に生まれついた
国王の鼻孔をゆがめたりする策略もない

だが、われらは汝に贈る
蔦と柊の冠を載せた陽気な詩を
冬の物語と浮かれ騒ぎの詩
乳しぼりの女たちが炉端で詠む詩
クリスマスの楽しみの詩
たとえば〈穴の狐〉の遊戯の後の祝い酒や
〈目隠し鬼〉の楽しみ
雌馬を撃つ若者たちの務めも楽しみのうち
たとえば十二日節のケーキの楽しみ
ケーキの中のエンドウ豆やインゲン豆で
王と女王を選び、
「ほら、町の緑地のために」と叫ぶのだ
それから、灰の山の占いの詩
灰に引いた筋で夫と妻を決める
それに音をたてて燃えながら
豊作を約束する月桂樹の詩
こうした、あれやこれやの詩を
新年の贈り物にかえて贈ろう
さあ、読んでくれ
楽しい食事と大騒ぎの酒盛りに顔を輝かせ
なみなみとつがれた杯に我らを思い出し、
我らの都市に健全な営みをもたらしてくれ
若い男女を思い出し
10とはいわぬ9人目までは
火中で栗が喜びにはぜ
実りの収穫が見届けられるまで
なみなみとつがれた杯を見て思い出せ
杯は飲み干すまで我らを誘い続ける
そして熾火を囲みながら
去りゆきし過去の12月は忘れ
まだ見ぬ年を思えと呼びかけよ
娘たちがこの年に対してするように
バラの蕾の冠を頭にのせて、浮かれ騒げ、
やがてリーベル・パテルが耳の周りで家を

まわしたら
去りゆきし年（おまえの心配）の
上に横たわれ
素朴な若者たちに
鋤とまぐわを持つ手を休ませ
バグパイプに興じさせよ
疲れて寝入ってしまうまで
かように、クリスマスの楽しみにふけり
12の聖なる日を浮かれ騒ぐのだ

　ロバート・ヘリックは「乙女らよ、咲き出た薔薇を摘むのです。相も変わらず駆けていく『時』の奴」で始まる「乙女たちに」という詩でよく知られている（『ヘリック詩鈔』森亮訳、岩波文庫より）。また、「ホワイトホールにおいて王の崩御で披露された、新年の贈り物、あるいは割礼の歌」と「新年のもうひとつの贈り物、あるいは割礼の歌」の2篇はそれぞれ別に発表された。（⇒それぞれの詩の項を参照）

「サッピー・ニュー・イヤー」*
"Sappy New Year"
アニメ（1961年）
　劇場版アニメ〈ヘッケル・アンド・ジャッケル〉（Heckle and Jeckle）シリーズの1作。テリー・トゥーンズ・スタジオのポール・テリー作。1946年から1966年まで続いたシリーズで、ヘッケル（ブルックリンなまり）とジャッケル（英国なまり）という、うりふたつのいたずら好きなカササギが主人公。2羽の名前は、ロバート・ルイス・スティーブンソンの小

説『ジキル博士とハイド氏の奇妙な事件』をもじっている。このアニメは『ヘッケルとジャッケル・ショー』という30分番組としてCBS（1956〜1966）、NBC（1969〜1971）でも放送されたほか、マイティ・マウスなどの昔ながらのアニメキャラクターとの組み合わせで何度も登場している。

「サッピー・ニュー・イヤー」では、2羽のカササギがいたずらや悪ふざけをやめて心を入れ替えようという新年の誓いを立てる。ところが人助けをしようという熱意はかえって混乱を招くばかりで、2羽は怒った町の人々に追い出されてしまう。

声優：デイトン・アレン、ロイ・ハリー、シド・レイモンド、ネド・スパークス、フランク・ウェルカー／脚本：トム・モリソン／製作：ビル・ウェイス／監督：マニー・デイヴィス／テリー・トゥーンズ、CBSテレビ、NBCテレビ／DVD：「サッピー・ニュー・イヤー」を含む「ヘッケルとジャッケル」49作を収録した2枚組

サンダンス

Sun Dance

北アメリカの大平原に住むアメリカ先住民が毎年行っていた儀式。以下の部族が該当する。アラパホ、アリカラ、アシニボイン、ブラックフット、シャイアン、コマンチ、クロウ、東ダコタ、グローバント、ヒダーツァ、アイオワ、コー（カンサ）、カイオワ、ラコタ（スー）、リパン、マンダン、オマハ、オセージ、オト、ポーニー、平原アパッチ（カイオワ・ア

パッチ）、平原クリー、平原オジブワ（ソートー）、ポンカ、サルシ、ショショーニ、トンカワ、ユト、ウィチタ。19世紀には、サンダンスはこれらの部族にとって最も重要な宗教儀式で、その時期はもともとは自然の変化によって決まっていた。例えば、チョークベリーが熟した時、バッファローが肥えた時といった具合である。現在は、夏至に最も近い満月の時に行われる。感謝を捧げ、全参加者の魂の再生と地球上のすべての生き物の再生循環を祈る儀式であるため、サンダンスは新年の祝祭の一種だった。ただし、「サンダンス」の名は、ラコタ語で「太陽を見つめるダンス」を意味するWiwanyang wacipiの英訳からきており、誤った呼称である。

サンダンスの起源は謎めいていて、部族によって異なる。例えばシャイアン族は、一部族であるスタイオ族の予言者で、部族の文化英雄であるエレクト・ホーンズ（トムシヴシ Tomsivsi）から儀式を授けられたという。ラコタ族は、聖なる7儀式の1つとして、聖女である白いバッファローの子牛の女（プテヒンカラサンウィン）がサンダンスをもたらしたとしている。

祭り自体は通常4日から8日間続き、会場には中央の円形のダンス場を囲むようにさまざまな部族がティピーを立てる。そうでなければ、すべての儀式を行う大きなサンダンス・ロッジかティピーが建てられる。すべての儀式に共通するのは、豊穣の象徴である男根を模した高

い木の柱で、それを崇めて参加者がまわりを踊る。スー族など、柱がワカン・タンカ（大いなる精霊）を表す部族もある。柱は資格のある戦士か、性体験のない男女によって儀式的に切断され、それぞれ太陽、稲妻、光、夜、空を象徴する赤、黄、白、黒、青で塗られ、囲いの中心に立てられる。参加者も自らをこの色に染め、ダンスの間は禁欲し、断食をして、スウェットロッジで身を清める。ほかにもいくつか共通の特徴があるが、バッファロー狩り、模擬戦、バッファローの舌の料理、子どもの耳に穴をあける、太陽を見つめるダンスなどは行わない部族もある。

バッファローは食料、衣類、そのほかの必需品としてその身を人間に捧げていると信じられているため、平原の部族はサンダンスで捧げものと生贄を捧げてバッファローを崇める。バッファローの頭蓋骨にセージ（癒しの象徴）をつけたものが、聖なる柱のてっぺんの飾りに使われることが多く、また、バッファローの頭蓋骨は祭壇の役割を果たすこともあり、目と鼻孔に捧げものとして草やセージが詰められる。

多くの部族の間で行われている最も悪名高い儀式は、大地とバッファローへの生贄として、人が自傷行為を行うことであった。「人質」と呼ばれる男たちが、部族の呪医に胸か肩の下の肉に骨かタカの爪でできた鋭い串を刺してもらう。これらの串は聖なる柱に固定されたロープに結び付けられており、人質は手を使わ

ずに後ずさりしてロープを引っぱり、串を抜こうとする。あるいは、串刺しにされた人質を柱から宙づりにして、やがて重みで串がはずれる。串からバッファローの頭蓋骨がぶらさがっていて、人質が踊り回るうちに、頭蓋骨の重みで串が抜けるという方法もある。このような拷問を通して、人質は霊的な想像力を受けとれると信じていた。コマンチ、カイオワ、ショショーニ、ユトなど、自傷行為が行われてこなかった部族もある。

アメリカ政府は当初、1883年に設立されたインディアン違反裁判所において、処罰に値する行為としてサンダンスなどの儀礼的なダンスを禁止した。これによって、多くの部族のサンダンスは迫害を逃れるため秘密裡に、あるいは別の名前のダンスとして行われるようになった。例えば、シャイアン族のサンダンスはウィローダンスになり、ブラックフット族はサンダンスの日程を7月4日に変更した。ほかの部族の間では、サンダンスは絶滅した。だが20世紀に入り、1934年にインディアン局の局長ジョン・コリアが、アメリカ政府は今後アメリカ先住民の儀式に介入しない旨を記した通達No.2970を発行すると、儀式が復活した。カナダも19世紀にサンダンスを禁止していたが、1951年に禁止を撤回した。カナダのサンダンスは現在、平原クリー族ではスラスト・ダンス、平原オジブワ族ではレイン・ダンス、ブラックフット族ではメディスン・ダンスと称されている。

新年の挨拶には次の言い方がある。

- 「アーエ・エモナエ（Aa'e Emona'e）」シャイアン族
- 「オマカ・テカ・オイヨキピ（Omaka Teca Oiyokipi）」ラコタ族
- 「アービタ・ビブーン（Aabita Biboon）」オジブワまたはチプワ族

サンフランシスコ旧正月フェスティバル＆パレード
San Francisco Chinese New Year Festival and Parade

　この種のフェスティバルとしては世界最大規模で、合衆国、カナダ、アジアからの訪問客やテレビ視聴者が 300 万人にのぼる。カリフォルニア州サンフランシスコのチャイナタウンで 2 週間にわたって行われ、中国の正月の伝統行事を合衆国の文化に合わせて採り入れている。スポンサーはサウスウエスト航空である。
　フェスティバルが始まったのは、金鉱や鉄道の仕事を求めて中国人がサンフランシスコに移民してきた 1860 年代のことである。初期は、中国文化を披露するパレードが行われ、参加者は色とりどりの旗や幕、提灯、太鼓を持って現在のグラント・アベニューからカーニー・ストリートを練り歩き、爆竹を鳴らして悪霊を追い払った。1948 年から 1952 年まで 7 月 4 日に行われていた「ミス・チャイナタウン」美人コンテストにヒントを得て、サンフランシスコ中国人商工会議所はこの出し物を 1953 年の旧正月フェスティバルに加えることを決定した。その

年の「ミス・チャイナタウン」にはパット・カーンが選ばれ、爆竹のネックレスをつけた写真が撮影された。1958 年には、商工会議所がこの出し物を全国レベルの「ミス・チャイナタウン USA コンテスト」に拡大してジューン・ゴングを選出しただけでなく、フェスティバル＆パレード全体の指揮をとるようになった。1987 年以来、パレードは地元局を通じて中国語でテレビ放送されており、この時期から旧正月の祝祭は 2 週間のフェスティバルに拡大された。
　現在、「ミス・チャイナタウン USA コンテスト」には、合衆国じゅうから賞金や奨学金を求める若い中華系の女性が集まってくる。参加者は美しさ、身のこなし、才能、ファッション、中国語の受け答えで審査され、優勝者は中国コミュニティの親善大使となる。コンテストとそれに続く戴冠パーティのほかに、毎年のフェスティバルでは伝統的な花や植物、果物を購入できるフラワーマーケット・フェア、中華街ストリート・フェア、旧正月カーニバル、米国内最大規模で人気の高い旧正月トレジャーハントなどが行われる。ハントはすべて徒歩で行われ、目立たないランドマーク、変わった建築物、あまり知られていないサンフランシスコの遺跡などを探す。トレジャーハントによる収益は地域の慈善活動に寄付される。フェスティバルの目玉はパレードで、典型的なアメリカのマーチング・パレード（飾り付けたフロート、マーチングバンド、舞踏団、鐘と太鼓隊、中国雑技団

など100以上のグループがその年の中国風テーマで登場する）と伝統的な中国の提灯祭り（⇒中国）とが融合している。とくに後者は、パレードのフィナーレを飾るゴールデンドラゴンを通して表現される。ゴールデンドラゴンは6mを超える「生き物」で、60万個以上の爆竹とともに踊る。武道グループ白鶴の100人以上の男女がドラゴンを掲げてサンフランシスコの通りを練り歩く。

　そのほかの伝統的な旧正月の風習が、変更を加えられて今も続いている。例えば、多くの中国系アメリカ人の家では儀式として掃除を行う、中国系の企業は祝祭の間も1週間まるまる休業することはない、などである。春聯があちこちに貼られ、その収益がチャイニーズホスピタル（東華醫院）に利益をもたらす。獅子舞の収益も同様である。1920年代に獅子舞団は資金集めのプログラムをはじめ、店から店をまわって踊りを披露し、福を与える。見返りとして、経営者たちはライシー袋（金の入った赤い封筒）を渡し、その金がチャイニーズホスピタルに寄付される。初期の移民法では、一族全員で米国に移住することが実質的に禁じられていたため、最初に中華街に居を構えた中国系アメリカ人労働者の多数を占めていた男性たちは、大晦日に家族で伝統的な中国の食事を楽しむことができなかった。こうした労働者たちを滞在させるために、「家族組合」として知られる種々の社交クラブや宿が氏ごとに組織された。そのサービスの一環として、家

族料理の代わりにさまざまな中華料理店で「スプリング・バンケット（春の宴）」が供された。スプリング・バンケットは現在も伝統行事として残っている。

　中国の旧正月の慣習について、詳しくは中国の項を参照のこと。
　　⇒暦・中国、中国

ジェド・マロース
Ded Moroz
　⇒霜おじいさん

時間帯
Time Zones
　地球上で同じ標準時を採用している地域。時間は時間帯ごとに異なる。各時間帯の時刻は世界時との固定された時差（世界基準から何時間進んでいるか遅れているか）で決まる。季節によって時差の変動はあるが、同じ時間帯の領域内では常に同じ時刻となる。政治環境によって不規則な形の時間帯が形成されたり、時間帯が夏時間によって季節的に変動したりすることもある。

　標準時間帯は、地球の球体表面を24の月形といわれるくさび型の部分に分けることでできる。それぞれの部分が経度15度ずつ、子午線といわれる境界線で区切られている。連続した時間帯内の地方時は、きっかり1時間ずつ異なる。

　最初の世界時はグリニッジ平均時（GMT）で、1675年にイングランドの王立グリニッジ天文台によって定められた。海軍が海上での経度を判断する手

助けをするためである。GMTは経度0度、つまり本初子午線として知られる位置の平均太陽時と定義された。イギリスが1847年12月1日に世界で初めての時間帯を定めたのも驚くにはあたらない。1855年までには、イギリスの公共の時計の大部分がGMTに合わせられ、1880年8月2日にGMTがイギリスの法定時となったが、アイルランドだけは独自の地方時を採用していた。

カナダのサー・サンドフォード・フレミングは、1876年に初めて世界標準時を提言し、1879年には世界共通の1日を「グリニッチの反対子午線」つまり現在の180番目の子午線、国際日付変更線から始めるようにと提言した。フレミングは時間帯の限定的な利用を考えていたが、1884年の国際子午線会議では同意が得られず、世界共通の1日がグリニッチの真夜中から始まる方式が採用され、地方時の利用が望まれる場合にはこの概念と抵触しないという条件が付けられた。1863年頃にチャールズ・F・ダウドが初めて、鉄道網と合わせてアメリカ国内に1時間ずつ異なる時間帯を置くことを提言したが、米国議会が正式に標準時間帯を採用したのは1918年3月19日のことであった。1929年には、世界じゅうの大半の国々が時間帯を採用している。

現在、すべての国が商用に標準時を使用しているが、本来の概念が世界的に適用されているわけではない。イスラエルは1日の始まりを深夜ではなく午後6時としている。アフガニスタン、オーストラリアの一部、インド、イラン、マルケサス諸島、ミャンマー、ニューファンドランドは標準時から30分ずれた時間帯を使う。チャタム諸島とネパールは15分ずれている。

平均太陽時であるGMTは地球の自転によって決まるが、その速度は一定ではない。このため、年に一度原子時計をGMTに合わせる調整が必要になる。1972年1月1日、協定世界時（UTC）と呼ばれる時刻システムが採用された。このシステムでは、原子時計を一定の速度に保つために既定の閏秒を周期的に挿入し、UTCとGMTの誤差はつねに0.9秒以内に保たれる。

時差が端数となる地域があること、国際日付変更線付近には時差が12時間以上となる地域があることから、実際には24ではなく37の時間帯ができている。

海外の領土まで入れると、フランスは世界で最多の12以上の時間帯を有する。オーストラリアは10、アメリカは9、イギリスが8以上である。

1大陸内の領土だけで最多の時間帯を有するのは11のロシアで、以下、7のオーストラリア、6ずつのアメリカとカナダが続く。

中国は単一時間帯の最大国家である。1949年の国共内戦以前は、5つの時間帯があった。

時間帯は世界的には、UTCとの差をプラスあるいはマイナスで書き示す。最初と最後の時間帯では26時間の差があ

るため、どの日付も地球上で50時間は存在することになる。世界じゅうの国際的な新年の始まりと終わりについては、1月1日は国際日付変更線、つまりUTC + 14の時間帯の深夜に始まる。これはロンドンでは12月31日の午前10時、ニューヨークでは同日の午前5時にあたる。1月1日はUTC-12で終わり、これはロンドンでは1月2日の正午、ニューヨークでは同日の午前7時となる。

世界中の時間帯と新年　国々と地域をアルファベット順に並べた下記のリストには、それぞれの国際時間帯の名称と新年を迎える順番が書かれている。例えば、UTC+14、UTC+13:45（+13時間45分）、UTC+13の時間帯にある国々は、この順番で最初に新年を迎えることになる。

アフガニスタン：UTC+4:30、18番目。アルジェリア：UTC+1、23番目。アメリカ領サモア：UTC-11、37番目。アンゴラ：UTC+1、23番目。南極：UTC+13、3番目。アンティグアバーブーダ：UTC-4、29番目。アルゼンチン：UTC-3、27番目。アルメニア：UTC+4、19番目。オーストラリア：アデレードUTC + 10:30、7番目；ブリスベーンUTC+10、8番目；キャンベラ、ホバート、メルボルン、シドニーUTC+11、6番目；クリスマス諸島UTC+7、12番目；ダーウィンUTC+9:30、9番目；ノーフォーク島UTC+11:30、5番目；パースUTC+8、11番目。アゼルバイジャン：UTC+4、19番目。バハマ諸島：UTC-5、30番目。バーレーン：UTC+3、

21番目。バングラデシュ：UTC+6、14番目。バルバドス：UTC − 4、29番目。ベラルーシ：UTC+2、22番目。ベルギー：UTC+1、23番目。ベリーズ：UTC-6、31番目。バミューダ：UTC-4、29番目。ブータン：UTC+6、14番目。ボリビア：UTC-4、29番目。ブラジル：ブラジリア、リオデジャネイロ、サンパウロUTC-2、26番目；サルバドルUTC-3、27番目。ブルネイ：UTC+8、11番目。ブルガリア：UTC+2、22番目。カンボジア：UTC+7、12番目。カメルーン：UTC+1、23番目。カナダ：カルガリー、エドモントンUTC − 7、32番目；ニューファンドランドUTC-3、28番目；ニューブランズウィック、ノバ・スコシア、プリンス・エドワード島UTC-4、29番目；モントリオール、オタワ、ケベック、トロントUTC-5、30番目；バンクーバーUTC-8、33番目；ウィニペグUTC-6、31番目。カナリア諸島：UTC、24番目。ケープ・ベルデ：UTC − 3、25番目。チャド：UTC+1、23番目。チリ：UTC − 3、27番目。中国：UTC+8、11番目。コロンビア：UTC-5、30番目。コモロ：UTC+3、21番目。コンゴ：UTC+1、23番目。クック諸島：UTC-10、36番目。コスタリカ：UTC-6、31番目。コートジボアール：UTC、24番目。クロアチア：UTC+1、23番目。キューバ：UTC-4、29番目。キプロス：UTC+2、22番目。チェコ共和国：UTC+1、23番目。デンマーク：UTC+1、23番目。ドミニカ国およびドミニカ共和国：UTC-4、29番目。

エクアドル：UTC−5、30番目。エルサルバドル：UTC−6、31番目。エストニア：UTC+2、22番目。エチオピア：UTC+3、21番目。フォークランド諸島：UTC−3、27番目。フィジー：UTC+12、4番目。フランス：パリUTC+1、23番目；フランス領ギアナ：UTC−3、27番目。フランス領ポリネシア：ガンビエ諸島UTC−9、34番目；マルキーズ諸島UTC−9:30、35番目；タヒチUTC−10、36番目。ガンビア：UTC、24番目。ガザ地区：UTC+2、22番目。ジョージア共和国：UTC+4、19番目。ドイツ：UTC+1、23番目。ガーナ：UTC、24番目。ジブラルタル：UTC+1、23番目。ギリシア：UTC + 2、22番目。グリーンランド：イットコルトールミートUTC−1、25番目；ヌークUTC−3、27番目。グレナダ：UTC−4、29番目。グアム：UTC+10、8番目。グアテマラ：UTC−6、31番目。ギニアおよびギニア・ビサウ：UTC、24番目。ホンジュラス：UTC−6、31番目。ハンガリー：UTC+1、23番目。アイスランド：UTC、24番目。インド：バンガロール、ニューデリーUTC+5:30、16番目。インドネシア：バリUTC+8、11番目；ジャワおよびスマトラUTC+7、12番目；ジャヤプラUTC+9、10番目。イラン：UTC+3:30、20番目。イラク：：UTC+3、21番目。アイルランド：UTC、24番目。イスラエル：UTC+2、22番目。イタリア：UTC+1、23番目。ジャマイカ：UTC − 5、30番目。日本：UTC+9、10番目。ヨルダン：UTC+2、22番目。

カザフスタン：アクタウUTC+5、17番目；アスタナUTC+6、14番目。ケニア：UTC+3、21番目。キリバス：クリスマス島、ライン諸島UTC+14、1番目；フェニックス諸島UTC+13、3番目；タラワUTC+12、4番目。韓国：UTC+9、10番目。クウェート：UTC+3、21番目。キルギスタン：UTC+6、14番目。ラオス：UTC+7、12番目。ラトビア：UTC+2、22番目。レバノン：UTC+2、22番目。リベリア：UTC、24番目。リビア：UTC+2、22番目。リヒテンシュタイン：UTC+1、23番目。リトアニア：UTC+2、22番目。ルクセンブルク：UTC+1、23番目。マダガスカル：UTC+3、21番目。マラウィ：UTC+2、22番目。マレーシア：UTC+8、11番目。モルディブ諸島：UTC+5、17番目。マリ：UTC、24番目。マルタ：UTC+1、23番目。マーシャル諸島：UTC+12、4番目。モーリタニア：UTC、24番目。モーリシャス：UTC+4、19番目。メキシコ：アカプルコ、メキシコシティ、ベラクルーズUTC − 6、31番目；チワワUTC−7、32番目；ティファナUTC−8、33番目。ミクロネシア：UTC+11、6番目。ミッドウェー諸島：UTC−11、37番目。モルドバ：UTC+2、22番目。モナコ：UTC+1、23番目。モンゴル：UTC+8、11番目、モロッコ：UTC、24番目。モザンビーク：UTC+2、22番目。ミャンマー：UTC+6:30、13番目。ナミビア：UTC+2、22番目。ネパール：UTC+5:45、15番目、オランダ：UTC+1、23番目。オランダ領アン

ティル：UTC-4、29番目。ニューカレドニア：UTC+11、6番目。ニュージーランド：チャタム諸島 UTC+13:45、2番目；ウェリントン UTC+13、3番目。ニカラグア：UTC-6、31番目。ナイジェリア：UTC+1、23番目。北マリアナ諸島：UTC+10、8番目。ノルウェー：UTC+1、23番目。オマーン：UTC+4、19番目。パゴパゴ：UTC-11、37番目。パキスタン：UTC+5、17番目。パナマ：UTC-5、30番目。パプアニューギニア：UTC+10、8番目。パラグアイ：UTC-3、27番目。ペルー：UTC-5、30番目。フィリピン：UTC+8、11番目。ポーランド：UTC+1、23番目。ポルトガル：UTC、24番目。プエルトリコ：UTC-4、29番目。カタール：UTC+3、21番目。ルーマニア：UTC+2、22番目。ロシア：イルクーツク UTC+8、11番目；カリーニングラード UTC+2、22番目；カムチャツカ UTC+12、4番目；クラスノヤルスク UTC+7、12番目；マガダン UTC+11、6番目；モスクワおよびサンクトペテルブルク UTC+3、21番目；ノボシビルスク UTC+6、14番目；サマラ UTC+4、19番目；ウラジオストック UTC+10、8番目；ヤクーツク UTC+9、10番目；エカテリングルク UTC+5、17番目。ルワンダ：UTC+2、22番目。セント・キッツ・ネビス：UTC-4、29番目。セントルシア：UTC-4、29番目。サモア：UTC-11、37番目。サウジアラビア：UTC+3、21番目。Senegal：UTC、24番目。セルビア：UTC+1、23番目。セーシェル：UTC+4、

19番目。シェラレオネ Leone：UTC、24番目。シンガポール：UTC+8、11番目。スロバキア共和国：UTC+1、23番目。スロベニア：UTC+1、23番目。ソロモン諸島：UTC+11、6番目。ソマリア：UTC+3、21番目。南アフリカ：UTC+2、22番目。南サンドウィッチ諸島：UTC-2、26番目。スペイン：UTC+1、23番目。スーダン：UTC+3、21番目。スリナム：UTC-3、27番目。スウェーデン：UTC+1、23番目。スイス：UTC+1、23番目。シリア：UTC+2、22番目。タジキスタン：UTC+5、17番目。タンザニア：UTC+3、21番目。タイ：UTC+7、12番目。トンガ：UTC+13、3番目。トリニダード・トバゴ：UTC-4、29番目。チュニジア：UTC+1、23番目。トルコ：UTC+2、22番目。トルクメニスタン：UTC+5、17番目。ツバル：UTC+12、4番目。ウガンダ：UTC+3、21番目。ウクライナ：UTC+2、22番目。アラブ首長国連邦：UTC+4、19番目。英国：ロンドン UTC、24番目；ピトケアン島 UTC-8、33番目。米国：東部標準時 UTC-5、30番目；中央標準時 UTC-6、31番目；山地標準時 UTC-7、32番目；太平洋標準時 UTC-8、33番目；アラスカ UTC-9、34番目；ハワイ UTC-10、36番目。ウルグアイ：UTC-2、26番目。ウズベキスタン：UTC+5、17番目。バチカン市国：UTC+1、23番目。ベネズエラ：UTC-4、29番目。ベトナム：UTC+7、12番目。イエメン：UTC+3、21番目。ザンビア：UTC+2、22番目。ジンバブエ：UTC+2、

22番目。

「じきに白き古き年は去りゆく」

"Soon the Hoar Old Year Will Leave Us"
("Oer yw'r gwr sy'n methu caru")

ウェールズの伝統的な舞踏曲で、起源は16世紀かそれ以前といわれている。ハープ奏者のエドワード・ジョーンズによる『ウェールズの吟遊詩人の音楽と詩』*（*Musical and Poetical Relicks of the Welsh Bards*、ロンドン、1784年および1794年）の2つの版に登場し、題名は「ノス・ガラン」（Nos Galan：ウェールズ語で「大晦日」の意）であった。「ヒイラギかざろう」（Deck the Halls）として人気の曲は、もともとは冬の祝祭とは関係のない、さまざまなお祭り騒ぎやロマンティックな歌詞につけられたものだった。人々がハープ奏者を囲んで輪になって踊りながら順番に曲に詩をつけていくが、できなければはずされるというのが伝統的なやり方である。現在は「ファラララ」で歌われる「答え」の部分は、もともとはハープ奏者がひとりで演奏していた。ハープがないときに意味のない音節を使うようになり、それが最終的には中世のウェールズにとどまらず、いたるところの民謡で繰り返されるようになった。「ファララ」の間に、輪の中の踊り手が新しい詩を考えることもある。ウェールズでは長い間に、この曲が作者不明の「ノスガラン」の詩と結び付き、「"Oer yw'r gwr sy'n methu caru"（Soon the Hoar Old Year Will Leave Us）」の題がついた。

アメリカでなじみの祝歌キャロル「ヒイラギかざろう」についている作者不詳の歌詞は、J・P・マッカスキー編纂の『フランクリン広場歌集』*（*The Franklin Square Song Collection*、ニューヨーク、1881年）にウェールズの伝統曲の歌詞として初めて登場した。このことから、19世紀のアメリカで生まれた歌詞とされているが、その事実を裏づける文書はない。歌詞は、ヒイラギで館を飾り付けてクリスマスの季節と新年を祝う、キリスト教以前の伝統を連想させる。こうした詩はさまざまに形を変えて存在し、なかには祝日の酒宴と密接に関わるものもある。1番の歌詞の第3行は「さあきれいな着物に着替えよう」。2番の1行目は「クリスマスの浮かれ騒ぎを見よ」「なみなみと注がれた杯を見よ」3番の3行目「みんなで楽しくうたおう」「みんなで笑って飲もう」これらの歌詞をうたうときには各行につづいて「ファラララ……」とうたう。

「じきに白き古き年は去りゆく」

1　じきに白き古き年は去りゆく
　　されど別れに悲しむなかれ
　　明日来る新しき年に
　　悲しみの跡を見せてはならぬ

2　彼は喜びを二倍にし
　　多くの厄災をもたらさん
　　良き楽しみが彼を迎えんことを

3　彼の誕生がわれらに喜びをもたらす
　　未来の悲しみを思い煩うなかれ
　　いまの憂いは愚かなだけ
　　蜂蜜酒の杯を満たし、ひいらぎを飾ろう

シク暦
Nanakshahi Calendar
　⇒暦・シク

霜おじいさん
Grandfather Frost

　旧ソビエト連邦の構成国であったスラブ諸国では、新年にロシア民話の登場人物、ジェド・マロース（Ded / D'yed Moroz）が子どもたちに贈り物を配る。その手伝いをするのは美しい孫娘、スネグーラチカ（ロシア語で「雪娘」の意）である。霜おじいさんと雪娘は、ソ連時代の名残で現在も広く親しまれている。詳細についてはロシアの項で述べる（⇒雪娘、ロシア）。

　ロシア民話によると、ある女が実の娘を溺愛し、継娘に辛くあたっていた。そして、あるとき女は、そんなことをすれば継娘が死ぬと承知の上で、とうとう継娘を冬の野山へ追いやってしまった。だが継娘は死なずにすみ、霜の王と呼ばれる霜おじいさんに出遭う。霜の王は、継娘がどれほど寒さに耐えられるかを試みたが、娘はひどく苦しみつつも、ひとことも不平をもらさなかった。これを見た霜の王は、継娘に褒美として豪華な宝箱と立派な服を与えた。一方、家で母親が継娘の葬儀の支度をしていたところ、この家の飼い犬が、継娘は幸せになり、死ぬのは実の娘だと予言し、叩かれてもパンケーキでなだめられても、繰り返し同じことを告げた。そのとき突然、美しい服を着た継娘が飛び込んできて、宝箱を差し出してみせた。これを見て、強欲な継母は我が子も同じ幸運に恵まれると信じ、実の娘を野原へ送り出した。この娘も同様に霜の王の試練を受けるが、王をあざけり罵倒したため、ついに凍死させられてしまった。家では飼い犬が再び実の娘の破滅を予言していたが、そのとき家の扉が開く。実の娘が首尾よく宝を手に入れて帰ってきたと思い込んで、外に飛び出した継母は、我が子の凍りついた亡骸を目の当たりにして、死んでしまった。

ジャマイカ
Jamaica
　⇒中南米とカリブ海諸島

シャラコ
Shalako
「家を祝福する儀式」

　アメリカ先住民のズニ・プエブロ族が行うシャラコは、プエブロ族の新年の儀式として最も重要なものである。プエブロ族はおもにニューメキシコ州の保留地に居住している。儀式は11月下旬か12月初旬に始まり、その時期はアシワンニ（ズニ族の雨ごい僧）が定め、北の雨の精霊でズニ族の儀式暦の守り手であるサヤタシャ（「長い角」）が先導して行う。ア

シワンニは 12 の部門に分かれ、その半数は基本 6 方位（北、西、南、東、天頂、天底）と結び付いている。新年に先駆けて、この基本 6 部門のチーフが翌年のシャラコの儀式に参加するカチナ（精霊）役を指名する。カチナの全容については、ウウチムの項を参照（⇒ウウチム）。ハーシュフェルダーとモーリンの『アメリカ先住民の宗教百科事典』*（*Encyclopedia of Native American Religions*）によると、精霊役は「年間を通して集まり、祈祷し、踊り、儀式の捧げものをし、瞑想し、巡礼に出て、月々の祈祷杖（羽、種など神聖な物が結び付けられた杖）を捧げ、徒競走（持久力の試験）をし、断食をし、禁欲生活を送る」。

シャラコの配役

神々の議会　このグループのおもな役は以下の通り。炎の精のシュラウィツィは、黒に赤、黄、青、白のまだら模様に塗られた少年が扮し、「儀式上の父」に付き添われる。サヤタシャ（「長い角」）は北の雨の精で、北のキヴァの雨ごい僧が扮する（キヴァの全容については、ウウチムの項を参照）。フドゥドゥは南の雨の精で、南のキヴァの雨ごい僧が扮する。

コエムシ（koyemshi：「泥頭」）　10 人の聖なる道化師は、父と近親相姦から生まれた 9 人の愚かな息子を表しており、彼らはおどけた振る舞いをする。道化師一人ひとりには個性があり、仮面と名前に反映されている。ピンクの綿でできた仮面には生綿、種、七面鳥の羽の飾り、目と口にはさまざまな形の輪が付いている。

黒いスカーフ、黒いキルトを身に着け、首回りにトウモロコシの種の袋をさげる。体と仮面には近隣の聖なる湖からとったピンクの泥が塗り付けてあり、このために「泥頭：マッドヘッド」のあだなが付いた。年間を通して瞑想やさまざまな儀式に参加する。

シャラコ・ダンサー　雨の精の 6 人の使いは巨大な鳥に似た衣装をつけている。仮面には円筒形の青緑色の顔、まわったり突き出たりする目、ぱくっと食いつく木製の長いくちばし、頭の両側のさかさまの角、カラスの羽でできたひだ襟、黒い翼、黒と白のワシの羽でできた扇型の羽飾りが付いている。

シャラコの儀式　儀式に先がけて、おもな役の宿泊用に少なくとも 8 軒の家を建てるか改装する必要がある。6 人のシャラコ・ダンサー一人ひとりに 1 軒ずつ、神々の議会に 1 軒、マッドヘッドに 1 軒が使われる。集落内のさまざまな家々が参加者を支援し、責任をもって特別な家を用意する。シャラコの前日には、神々の議会がズニ族の 6 つの聖なるキヴァで儀式を行い、その後に滞在先の家に入る。午後には 6 人のシャラコ・ダンサーが近隣のヘバディナで儀式を始める。ヘバディナとは何枚かの石板でつくった神殿で、世界の真ん中、地球の中心を示す。ズニの神話によると、ヘバディナは宇宙の回転、すべての生命活動の中心である。そのため、儀式は一年の「中間点」、つまり冬至と夏至に行われる。シャラコは冬至を導く祭りである。ヘバディナでの

儀式は日没とともに完結する。シャラコ・ダンサーは祈祷杖を神殿に置き、ズニ川を渡ってズニのプエブロに入り、自分たちのために建てられた家々を祝福し、豊穣と長寿と繁栄のために祈りを捧げる。神々の議会とマッドヘッドが同様の祝福を行うと、盛大な宴が催され、深夜から朝まで儀式の舞踏が続く。当日は神々の議会とシャラコ・ダンサーが雨を求める人々の祈りを背負い、再びズニ川を渡り、儀式的な競技をひと通りすませて西の精霊の家に向かう。翌週1週間、キヴァでは夜のカチナの舞が催され、その最後に一族のメンバーはマッドヘッドの一年の奉仕に報酬を与え、マッドヘッドの旅立ちとともにシャラコの儀式は終了する。その後は、10日間の瞑想テシュクウィ（Teshkwi:「禁止」）が続く。人々は新年の祝福を創造主に祈り、精霊に捧げものをする。屋外でのかがり火や発煙、車の運転、営業、特定の食物の摂取は禁止される。テシュクウィは「中間点」つまり冬至で終わり、ここから新年が始まる。

ジャワ暦
Javanese Calendar
　⇒暦・ジャワ

シャンパン
Champagne
　発泡性ないし起泡性のワイン。名前はフランスのシャンパーニュ地方に由来する。西欧社会で新年の乾杯に用いられる伝統的なアルコール飲料。最初に発泡性ワインが造られた詳しい経緯は不明だが、シャンパーニュ地方産のワインは中世以前から世に知られていた。商品としての発泡性ワインは、1531年に南仏リムーのサンティレール修道院で初めて醸造され、18世紀初頭にはシャンパーニュ地方に醸造法が伝えられて、シャンパーニュ産の発泡ワインが生まれた。広く伝えられるところによれば、オーヴィリエ修道院のワイン醸造責任者だった盲目のフランス人修道士、ドン・ペリニョン（1640生）がヴァン・ソテ・ブション（「コルクの跳ねるワイン」の意で、シャンパンは当時そう呼ばれた）を発明したとされる。ドン・ペリニョンが初めてこのワインを飲んだ際、その飲み口を「星を飲んだ」心地に例えたという。かつてシャンパンは王侯貴族の飲料であり、シャンパンの主要製造者は自分自身と製品が貴族や王族とつながりを得るために、相当な時間と労力を費やした。また、シャンパンはヨーロッパで祝い事のワインとして選ばれ、社会的地位を強調するための重要な要素となった。

　現在、発泡ワインは世界じゅうで生産されているが、マドリード条約（1891年）で取り決められ、第一次世界大戦後のベルサイユ条約でも再確認された通り、フランスのシャンパーニュ地方産のものだけが、シャンパンと表記される法的な権利を持つ。同地方のワインは、コミュニティの経済的利益を守るために、コミテ・アンテルプロフェッショネル・デ ヴァン・ドゥ・シャンパーニュ（1941年に創

設され、現在はフランス農務省の管轄下にある)の管理の下、厳格な規則や規定に従って製造される必要がある。規定には、ブドウ畑の適切な用地条件や、そこで栽培されて収穫されるブドウの種類、ブドウの分枝方法、さらには消費者向けシャンパンの市場出荷量調整による価格統制などが含まれる。そのため大多数の国には、シャンパーニュ地方産以外のワインに「シャンパン」の表記が使用されるのを防ぐ表示法が存在する。だが、アメリカ上院がベルサイユ条約を批准しなかったため、アメリカではワイン製造者が半ば一般商品名として「シャンパン」の表記を使用することが認められている。結果として、アメリカのワイン製造業者は消費者の誤解を防ぐために、実際の生産地を明記したラベルに限り「シャンパン」の表記を用いている。

　発泡ワインを製造するほかの国々では、発泡ワインを識別するために特定の呼称を用いている。例えばスペインのカヴァやイタリアのスプマンテ(マスカット種のブドウでできたものはアスティ)、南アフリカのカップ・クラシック、ドイツのゼクト、フランスのブルゴーニュ地方およびアルザス地方のクレマン、フランスの他地方のヴァン・ムスーなどがある。

　フランスのシャンパンは、ピノ・ノワール、ピノ・ブラン、ピノ・ムニエないしシャルドネという高品質ブドウ品種をブレンドし、メトード・シャンプノワーズと呼ばれる方法で瓶内醗酵させる。醗酵の間、瓶を水平に保存することによっ

て、発生した二酸化炭素がワインに閉じ込められ、その結果、抜栓時に気泡が吹き出すことになる。こうやってワインを1年半～3年間熟成させたあと、瓶を毎日少しずつ回して「ルミアージュ(動瓶)」という過程を踏み、徐々に瓶口が下を向くよう瓶を倒立させる。このルミアージュによって「澱」(沈澱物)を瓶口に集めたあと、瓶口のワインのわずかな部分を凍らせて栓を抜き、「デゴルジュマン」という過程を経て澱を含む小片を除去する。この時点でコルク栓を打ち、針金の枠で固定する。フランスのシャンパンは、澱の除去前に最低でも15か月間、またヴィンテージ・シャンパン(下記参照)の場合は最低3年間、澱とともに寝かせなければ、合法的に販売することはできない。ただし最高級のワイン醸造所では、澱の除去前に6年から8年の間、ワインを澱とともに寝かせている。

　シャンパンは一般的に白ワインであり、たとえ原料に赤ブドウ品種が用いられたとしても、搾汁を抽出する際に赤ブドウの皮に触れる時間を最小限に抑えた製造工程を経るため、白ワインの例に洩れない。だが、圧搾時に搾汁が赤ブドウの皮に触れる時間を増やすか、あるいは、ブレンドの過程で少量の赤ワインを加えることにより、ロゼ(ピンク)ワインも製造されている。

　大半の発泡ワインは、その年にできた新しいワインとそれ以前の年に製造されたものとを慎重に調整した比率でブレンドして造られ、すべての瓶のワインが醸

造所独自のスタイルに仕上がる。醸造年の異なるワインをブレンドして造ったものは「ノン・ヴィンテージ」、一方、同じ収穫年のブドウから造られたシャンパンを「ヴィンテージ」という。ただし、カリフォルニア産シャンパンの場合は、同収穫年のワインが95%以上使われていれば、ヴィンテージと呼ばれる。「プレスティージ」と呼ばれる希少な種類のヴィンテージ・シャンパンは、通例、その年に収穫されたブドウのうち質の高いものを最初に圧搾した搾汁で製造され、平均より長く熟成される。いうまでもなく、ヴィンテージ・シャンパンは非常に高価である。

　製造過程で加えられる糖の量によってシャンパンの「辛さ」が決まるが、辛口や甘口という情報は、次の要領でラベルに示される。エクストラ・ブリュットないしブリュット・ナチュールないしブリュット・ゼロ（糖分添加無しの極辛口）、ブリュット（糖分1〜1.5%の辛口）、エクストラ・セック（糖分1.2〜2%の中辛口）、セック（糖分1.7〜3.5%の甘口）、ドゥミ・セック（糖分3.3〜5%のデザートワイン）、ドゥー（糖分5%以上の極甘口）。

　シャンパン特有の泡は、乾いたグラスにこの液体を注いだ際の発泡によって生じる。ガラスの自然な凹凸が核形成ポイントとなって泡を生成し、時間とともに、液体の表面張力がこのような凹凸を平らにする。なるべく長く泡を生成するためには、製造者ないし消費者が、酸やレーザー、あるいは研磨具で、グラスに細か

い傷をつける必要がある。または、グラスを拭きあげる過程で残ったセルロース繊維が核形成ポイントとなって、長く泡を生成することもある。二酸化炭素の泡は相当な圧力を生み出すため、未開栓の瓶が突然暴発することもあるが、昔は醸造所でこのような出来事が起こると悪魔の仕業とされた。

　シャンパンは、通常2通りのサイズの瓶で醸酵される。標準的な瓶は750ml（グラス6杯分）で、マグナム瓶が1.5リットル（グラス12杯分）である。他のサイズの瓶は、次の通り聖書の登場人物にちなんだ名前で呼ばれ、標準瓶ないしマグナム瓶から充填される。ベンジャミン（187ml、グラス2杯分）、スプリット（375ml、グラス3杯分）、ジェロボアム（3リットル、グラス24杯分）、レオボアム（4.5リットル、グラス36杯分）、メトセラ（6リットル、グラス48杯分）、サルマナザール（9リットル、グラス72杯分）、バルサザール（12リットル、グラス96杯分）、ネブカドネザル（15リットル、グラス120杯分）、ソロモン（18リットル、グラス144杯分）、ソブリン（27リットル、グラス216杯分。船の命名式用サイズ）。

　興味深いのは、船の命名式にシャンパンを使う伝統が18世紀のフランスに始まったという事実であり、かつては人間の血を象徴する赤ワインが使われていた。この慣習は、古代バイキングが船の舳先で生贄を屠り、生贄の魂が船を守ると考えた風習を想起させる。また豆知識として紹介するが、発泡ワイン1本には

平均およそ4千900万の泡が含まれる。さらに、シャンパンの20液量オンス瓶は、イングランドの首相サー・ウィンストン・チャーチルのために、ポルロジェ社が造ったものである。

シャンパンの瓶に圧力がかかることから、コルクは自発的に弾け飛び、射出される。（ギネスブックによると、コルクは177フィートの距離まで弾け飛ぶことがある）したがって、抜栓の際には人に向けないように配慮すべきである。最初にコルクを包んだフォイルを切り取り、針金の輪をゆるめると、栓が開く。タオルを瓶に掛け、片手でコルクを押え、もう片方の手で、針金の枠を瓶口から外さないようにしてゆるめていく。片手で針金の枠とコルクを握り、もう片方の手で瓶の底を掴んで、コルクではなく瓶の方を回していく。シャンパンの栓を抜く光景は、しばしば「ポン」という大きな音と、圧力でシャンパンが噴き出す様子で表現されるが、ワインの専門家の大部分は、「ポン」という音がほとんど聞こえず、中味もこぼれないように慎重にそっと抜栓するよう勧めている。

シャンパンは、その発泡性を保つために、伝統的に摂氏6度から9度程度に冷やしてから供される。そのため氷の入ったシャンパンクーラーで冷やされることが多い。また、伝統的に「フルート」（背が高く細長いグラスで、縁がまっすぐ立ち上がっている）や「チューリップ」（細身のグラスで、縁が内側に反っている）、「トランペット」（細身で縁が外側に広がって

いる）、「クープ」（受け皿のような形状で、気泡や香りを保つのが難しい）などの脚付きグラスに注がれる。ガラスより目の粗いクリスタルの脚付きグラスを使うと、より多くの泡が立ち、脚の部分を持つことで、シャンパンをできるだけ冷たいままにしておける。

フランスのシャンパーニュ地方は100以上のシャンパンハウスと、15,000の小規模ワイン醸造所を有し、全体で年間に瓶にして3億本ものシャンパンを生産する。60％近くがフランス国内で消費され、残りはおもにイギリス、ドイツ、アメリカなどへ輸出される。また、全体で約10億本が貯蔵され、熟成の過程を踏む。

フランスのシャンパンのラベルには、製品を生産した醸造所の種類について特定の情報を示す略語が記載されるが、略語は次の通りである。CM（コーペラティヴ・ド・マニピュラシヨン Coopérative de manipulation）すなわち、シャンパン生産者もシャンパンの原料を栽培したブドウ生産者も同じ協同組合の会員であり、すべてのブドウがまとめて貯蔵されたということを示す。MA（マルク・オクシリエール Marque auxiliaire）すなわち、シャンパン生産者ないしブドウ栽培農家以外のブランド名で頒布される商品を示す。ND（ネゴシアン・ディストゥリビュトゥール Négociant distributeur）すなわち、シャンパン生産者が自社名で販売する商品を示す。NM（ネゴシアン・マニュピュラン Négociant manipulant）すなわち、シャンパン生産者が独立したブドウ栽培農家

から購入したブドウで造った商品を示す。RC（レコルタン・コーペラトゥール Récoltant coopérateur）すなわち、協同組合の会員であり、協同組合の製造したシャンパンに自社名を付けるブドウ栽培農家を示す。RM（レコルタン・マニュピュラン Récoltant manipulant）すなわち、自社で栽培したブドウを使って自社ワインを造る生産者を示す。SR（ソシエテ・ド・レコルタン Société de récoltants）すなわち、栽培農家協会（協同組合ではない）の協会員が栽培したブドウで生産され、分配されるシャンパンを示す。

⇒飲酒

『12月32日』*

December 32nd
TV（2004年）

　ロシアで製作されたテレビ用コメディドラマ。原題は『トゥリーツァチ・フタローィ・ディカーブリ』（*32oe dekabrya*）で、1月1日、すなわち元日の少々変わった言い換えである。かつて共産党政権時代にクリスマスに代わって冬の主要な祝日となった新年は、老人療養院に住む3人の老人、すなわちロシアの首相補佐官の父親であるセルゲイ・ペトロビッチ（アンドレイ・ミャグコフ）、引退した催眠術師、カレン・ザベノビッチ（アルメン・ジガルハニアン）、そしてマルガリタ・ニコラエブナ（アダ・ロゴフツェヴァ）にとって、最も魅力的な季節である。互いに親しい3人は、それぞれがこの祝日に秘密の願いを抱いており、自分の願い事を、

新年に贈り物をもたらすジェド・マロース（霜おじいさん）ではなく、サンタクロースに手紙で伝える。というのも、ジェド・マロースと違ってサンタならばこの時期にも素面でいるだろうという理由からだ。やがて大晦日の真夜中の鐘が鳴ると、3人の願いがかなえられ、実は全く同じ願い事をしていた3人は、ひと晩だけ再び若者に戻ってしまう。

監督：アレクサンドル・ムラトフ／セントラル・パートナーシップ・アンド・トリアーダ／DVD：CPデジタル、ロシア語（英語字幕）／104分

⇒霜おじいさん、ロシア

「12の月たち」

"The Twelve Months"

　「シンデレラ」的テーマのスラブのおとぎ話。最も有名なのは、ロシアの民俗学者アレクサンダー・コズコ（1804～1891）の脚色によるもの。

　マルーシカという娘は、未亡人となった意地悪な継母と醜い義姉ヘレンにいじめられていた。二人とも、マルーシカの美貌と天使のような性格をねたんでいるのだ。ヘレンはマルーシカの人生をもっと悲惨なものにしようとして、山からスミレをとってこいと命じる。マルーシカが真冬だからスミレは咲いていないと抵抗すると、ヘレンはいうことをきかなければ殺してやると脅す。何時間も雪の中を歩きまわったマルーシカが、山の頂にあかりがともっているのに気づいて行ってみると、炎を囲んで12人の見知らぬ

男たちが石に腰かけていた。彼らは12の月で、現在の月である、年老いた白髪頭の1月がほかの者より高いところにいた。マルーシカは近づいてもいいという許可をもらい、男たちに問われて、悩みを打ち明けた。すると1月が、一番若い月の3月を高座につかせ、魔法の杖を手渡した。杖が炎の上で手渡されたとたん、周囲が春に変わり草地は一面スミレに覆われた。マルーシカはスミレをたっぷりつんで花束にして、急いでヘレンのもとに帰った。ヘレンは無理な命令が実現したのを見て驚いた。

翌日ヘレンはまた無理難題を思いつき、マルーシカに、冬の山からイチゴを摘んでこなければ殺すといった。娘は再び、前と同じようにすわっている12の月を見つけた。1月が今度は6月に高座と魔法の杖を譲ると、6月はまたたく間に夏とたくさんのイチゴを呼びよせた。マルーシカはエプロンいっぱいにイチゴをつんで帰り、またしてもヘレンを驚かせた。

3日目にもまた、マルーシカは山から赤いリンゴを持ってこないと殺すと脅され、前と同じようなことが繰り返されて、9月がリンゴの実った秋の場面を作り出した。ただし、マルーシカはリンゴ2個しか持ち帰ることを許されなかったため、ヘレンはひどく叱りつけ、自分でリンゴをとりに出かけることにした。

ヘレンは12の月を見つけると、招かれもしないのに割り込んで、年老いた1月になぜ来たかと問われると、ひどく失礼な態度をとった。これに対して1月は猛吹雪を起こし、ヘレンを倒した。何時間たってもヘレンが戻ってこないので、母親が探しに出かけたが、彼女もまた吹雪のために姿を消した。マルーシカは小さな家と畑と1頭の牛を手に入れ、やがて正直な農夫といっしょになり、いつまでも幸せに暮らした。

受胎告知日

Annunciation Day
　⇒お告げの祝日

シュメール

Sumer
　⇒メソポタミア

春節

Chinese New Year / Spring Festival
　⇒旧正月、中国

正月にまつわる地名

New Year's Place Names

さまざまな形で正月と関係のあるアメリカ国内と領地内の町や場所、地名を以下に挙げる。

アルコール　「アルコール・アンド・ドラッグ・アビューズ・レイク（酒・薬物乱用湖）」（カリフォルニア州南部の貯水湖、「アルコール・クレイター」（カリフォルニア州）、「アルコール・クリーク」（ミネソタ州、ウィスコンシン州）、「アルコール・ドロー」（ワイオミング州の渓谷）、「アルコール・ジャックス・リザボワール」（カ

リフォルニア州）、「アルコール・スプリング」（アーカンソー州）、「アルコホリック・パス（アルコール中毒峠）」（カリフォルニア州の山路）。

イヤー　「イヤー・ロング・タンク」（ニューメキシコの貯水池）。

オールド・ラング・ザイン（遥か遠き昔）
ネバダ州には「オールド・ラング・ザイン（遥か遠き昔）」という面白い名の渓谷、工場、鉱山、山がある。

ガンパウダー（火薬）　「ガンパウダー」（メリーランド州の町）、「ガンパウダー・クリーク」（ケンタッキー州の川、ノースカロライナ州の川）、「ガンパウダー・フォールズ」（メリーランド州の川、ペンシルバニア州の川）、「ガンパウダー・ファームズ」（メリーランド州の施設）、「ガンパウダー・レイク」（ミシガン州）、「ガンパウダー・ネック」（メリーランド州の岬）、「ガンパウダー・ポイント」（カリフォルニア州の岬）、「ガンパウダー・ポイント・パーク」（メリーランド州）、「ガンパウダー・クワリー」（メリーランド州の鉱山）、「ガンパウダー・リッジ」（メリーランド州の町、ウエストバージニア州の尾根）、「ガンパウダー・リッジ・オーバールック」（ウエストバージニア州の施設・場所）、「ガンパウダー・リバー」（メリーランド州）、「ガンパウダー・サイディング」（バージニア州の史跡）。

キス、キサー、キシング　「キス・ヒル」（アラスカ州）、「キス・レイク」（ウィスコンシン州の２つの湖と貯水池）、「キサー・ブランチ（支流）」（ケンタッキー州の川）、「キ

シング・バウアー・レイク」（ジョージア州の貯水池）、「キシング・ブリッジ」（ケンタッキー州）、「キシング・カップル」（コロラド州の岩柱）、「キシング・カウズ」（ユタ州のアーチ）、「ザ・キシング・ロック」（コネチカット州の岩柱）、「テレルヒルズのキス AM ラジオ塔とサンアントニオのキス FM ラジオ塔」（共にテキサス州）。

グッドラック（幸運）　「グッドラック」（メリーランド州の町、テネシー州の町、バージニア州の町）、「グッドラック・ベイ」（カリフォルニア州北部の沼）、「グッドラック・バイユー」（ミシシッピ州の川）、「グッドラック・クリーク」（モンタナ州の川）、「グッドラック・ディッチ」（アイダホ州の水路）、「グッドラック・レイク」（ニューヨーク州の湖）、「グッドラック・マイン」（カリフォルニア州の鉱山、コロラド州の鉱山、モンタナ州の鉱山、ネバダ州の鉱山、ニューメキシコ州の鉱山、サウスダコタ州の鉱山）、「グッドラック・マウンテン」（ニューヨーク州の山）、「グッドラック・オイル・フィールド」（テキサス州）、「グッドラック・ポイント」（カリフォルニア州の岬）、「グッドラック・プロスペクト」（カリフォルニア州の鉱山）、「グッドラック・スキー・トレイル」（モンタナ州）、「グッドラック・スプリング」（アリゾナ州の泉）、「グッドラック・ウェル」（アリゾナ州の井、ニューメキシコ州の井）、「タウンシップ・オブ・グッドラック」（ノースダコタ州）。

シャンパン　「シャンパン」（カリフォルニア州の町。ルイジアナ州の町）、「シャンパン・クリーク」（アイダホ州の川、ミシ

ガン州の川、オレゴン州の川）、「シャンパ
ン・クリーク・バレー」（オレゴン州の渓
谷）、「シャンパン・フォールズ」（モン
タナ州の滝）、「シャンパン・ファウンテ
ン」（カリフォルニア州の町）、「シャンパン・
ガルチ」（アラスカ州の渓谷）、「シャ
ンパン・アイランド」（ニュージャージー
州の岬）、「シャンパン・レイク」（ウィス
コンシン州の湖）、「シャンパン・マイン」
（コロラド州の鉱山）、「シャンパン・ラン
チ（牧場）」（モンタナ州の施設）、「シャン
パン・スプリング」（カリフォルニア州の
泉、コロラド州の泉）、「レイク・シャン
パン」（ペンシルバニア州の湖）。

**シュート/シューターズ/シューティン
グ**　「シュート・クリーク」（アイダホ州）、
「シュート・ヒル」（アイダホ州の山）、「シ
ュート・ホロー」（ケンタッキー州の渓谷、
テネシー州の渓谷、ウエストバージニア州
の渓谷）、「シューター・クリーク」（テキ
サス州）、「シューター・ディッチ」（イン
ディアナ州の水路）、「シューターズ・ヒル」
（インディアナ州の町、ペンシルバニア州の
山、バージニア州の山）、「シューターズ・
アイランド」（マサチューセッツ州の町、
ニュージャージー州の島、ニューヨーク州
の島）、「シュートフライ・アイランド」
（ニューヨーク州）、「シュートフライング・
ヒル」（マサチューセッツ州の山）、「シュ
ート＝イン・ブラフ（断崖）」（ミズーリ州）、
「シューティング・クリーク」（アーカン
ソー州の川、ノースカロライナ州の川、バ
ージニア州の川、ノースカロライナ州の町）、
「シューティング・クリーク・ボールド」

（ジョージア州の山）、「シューティング・
グラウンド・ホロー」（アラバマ州の渓谷）、
「シューティング・ハンモック」（ノース
カロライナ州の島）、「シューティング・
ハーダーズ・スプリング」（モンタナ州）、
「シューティング・アイランズ」（ニュー
ジャージー州）、「シューティング・レッ
ジ」（メイン州の砂州）、「シューティング・
ポイント」（バージニア州の岬）、「シュー
ティング・レインジ・カウンティ・パー
ク」（ウィスコンシン州）、「シューティン
グ・レインジ・ステイト・パーク」（ニ
ューメキシコ）、「シューティング・リッ
ジ」（ノースカロライナ州の尾根）、「シュ
ーティング・ロック」（メイン州の砂州）、
「シューティング・スター・クリーク」（ユ
タ州）、「シューティング・スター・アイル」
（カリフォルニア州の島）、「シューティン
グ・スター・レイク」（モンタナ州）、「シ
ューティング・スター・メドウ」（カリ
フォルニア州の平原）、「シューティング・
スター・マウンテン」（モンタナ州）、「シ
ューティング・スター・リッジ」（ユタ州）、
「シューティング・ソロフェア」（ニュー
ジャージー州の水路）、「シューティング・
ツリー・ブランチ（支流）」（ジョージア
州の川）、「シューティング・ツリー・リ
ッジ」（サイスカロライナ州の尾根）、「シ
ューティング・クリーク」（ミズーリ州）、
「シューツ・ガルチ」（アイダホ州の渓谷）。

スカイロケット（ロケット花火）　「スカイ
ロケット・クリーク」（コロラド州）、「ス
カイロケット・ヒルズ」（ワシントン州の
山脈）、「スカイロケット・マイン（鉱山）」

（カリフォルニア州、コロラド州）。

スーパースティション（迷信）「スーパースティシャン・キャニオン」（ネバダ州）、「スーパースティシャン・カントリー・サブディビジョン」（アリゾナ州の居住地）、「スーパースティシャン・クリーク」、「スーパースティシャン・レイク」（ミネソタ州）、「スーパースティシャン・ヒルズ」（カリフォルニア州の尾根）、「スーパースティシャン・マウンテン」（アリゾナ州、カリフォルニア州）、「スーパースティシャン・パーク」（アリゾナ州）、「スーパースティシャン・ウィルダネス（アリゾナ州の保護区）。

センチュリー「センチュリー」（フロリダ州の町、ジョージア州の町、ペンシルベニア州の町、ウエストバージニア州の町、テネシー州の施設）、「センチュリー001-071・ダム」（カリフォルニア州）、「センチュリー・ボグズ」（マサチューセッツ州の沼）、「センチュリー・キャンプグラウンド」（ユタ州の施設）、「センチュリー・シティ」（カリフォルニア州の都市）、「センチュリー・クリーク」（アイダホ州）、「センチュリー・ヒル」（ニューメキシコ州の山）、「センチュリー・ホロー」（ユタ州の渓谷）、「センチュリー・ジャンクション」（ウエストバージニア州の町）、「センチュリー・レイク」（テキサス州のダムと貯水池）、「センチュリー・マイン」（アリゾナ州、コロラド州、サウスダコタ州、ユタ州）、「センチュリー・ナンバー・ワン・コミュニティ・スプリング」（ウエストバージニア州）、「センチュリー・ナンバー・ツー」（ウ

エストバージニア州の施設）、「センチュリー・オークス・パーク」（カリフォルニア州）、「センチュリー・パーク」（カリフォルニア州、イリノイ州、オハイオ州、オレゴン州、カリフォルニア州南部）、「センチュリー・ピーク」（ネバダ州の山）、「センチュリー・ランチ（牧場）」（カリフォルニア州の施設、オレゴン州の施設）、「センチュリー・ウィンドミル」（ワイオミング州の地域）。

タイム／タイムズ「タイム」（イリノイ州の町、ペンシルバニア州の施設）、「タイム・アンド・ハーフ・キャンプグラウンド・アンド・スプリング」（オレゴン州の史跡と泉）、「タイム・チェック・マイン（鉱山）」（ネバダ州）、「タイム・レイク」（ミネソタ州）、「タイム・O・デイ・スプリング」（オクラホマ州）、「タイム・ポストオフィス」（オレゴン州の史跡）、「タイム・リザボワー」（モンタナ州）、「タイム・スプリング」（アイダホ州）、「タイム・マイン（鉱山）」（ネバダ州）、「タイムズ・ビーチ」（ミズーリ州の古い町）、「タイムズ・ビルディング・ロック」（オレゴン州の山）、「タイムズ・コーナー」（インディアナ州の町）、「タイムズ・ガルチ」（アリゾナ州の渓谷）、「タイムズ・マイン」（コロラド州）、「タイムズ・スクエア」（フロリダ州の施設、メイン州の施設、ネバダ州の施設、ニューヨーク州の施設）、「タイムズビル」（テネシー州の町、テキサス州の町）。

トウスト（乾杯）「トウスト」（ノースカロライナ州の町）、「トウスト・ブルック」（インディアナ州）、「トウスト・キャンプ」

（オレゴン州の施設）。

ニュー・イヤー 「ニュー・イヤー」（モンタナ州の町）、「ニュー・イヤー・バー」（ユタ州の砂州）、「ニュー・イヤー・ピーク」（テキサス州の川）、「ニュー・イヤー・ガルチ」（アラスカ州の渓谷、モンタナ州の渓谷）、「ニュー・イヤー・アイランズ」（アラスカ州）、「ニュー・イヤー・レイク」（ネバダ州の湖）、「ニュー・イヤー・マイン（鉱山）（アリゾナ、カリフォルニア州、コロラド州、モンタナ州、ネバダ州、ニューメキシコ州の一連の鉱山）、「ニュー・イヤー・ピーク」（モンタナ州の山）。

ニュー・イヤーズ 「ニュー・イヤーズ・キャビン・スプリング」（アリゾナ州の泉）、「ニュー・イヤーズ・キャニオン」（ネバダ州）、「ニュー・イヤーズ・クリーク」（ノースカロライナ州の川、オハイオ州の川）、「ニュー・イヤーズ・レイク（アイダホ州の湖）。

ノイジー（騒音） 「ノイジー・インレット」（ニューヨーク州の湾）、「ノイジー・リッジ」（ニューヨーク州の尾根）、「ノイジー・ブランチ」（ケンタッキー州の川）、「ノイジー・ブルック」（メイン州、ニューメキシコ州、ニューヨーク州）、「ノイジー・ケープ」（アラスカ州）、「ノイジー・クリーク」（カリフォルニア州の川、モンタナ州の川、オレゴン州の川、テネシー州の川、ワシントン州の川、ウィスコンシン州の川）、「ノイジー・クリーク・キャンプグラウンド」（ワシントン州の施設）、「ノイジー・クリーク・フォレスト・キャンプ」（オレゴン州の施設）、「ノイジー・クリー

ク・ノッチ・トレイル」（モンタナ州）、「ノイジー＝ディオブサッド・ウィルダネス」（ワシントン州の保護区）、「ノイジー・アイランズ」（アラスカ州）、「ノイジー・レイク」（アイダホ州）、「ノイジー・マウンテン」（アラスカ州）、「ノイジー・パセージ」（アラスカ州の水路）、「ノイジー・ポイント」（マサチューセッツ州の岬）。

ハッピー・ニュー・イヤー 「ハッピー・ニュー・イヤー・クリーク」（アラスカ州の川）。

パーティ 「パーティ・ケープ」（アラスカ州の岬）、「パーティ・レイク」（ミネソタ州の湖）、「パーティ・ヒル」（ニューヨーク州の丘）、「パーティ・トレイル」（ニューヨーク州のトレイル）。

ファイアクラッカー（爆竹） 「ファイアクラッカー・マイン」（カリフォルニア州の鉱山）。

ファイアワーク（花火） 「ファイアワークス」（マサチューセッツ州の町）。

ブラックパウダー（火薬） 「ブラックパウダー・ホロー」（イリノイ州の渓谷）、「ブラックパウダー・マインズ（鉱山）」（ワイオミング州）、「ブラックパウダー・パス」（コロラド州）、「ブラックパウダー・スキートレイル」（モンタナ州）。

ベイビー 「ベイビー・アンテロープ・リザボワー」（ワイオミング州）、「ベイビー・ベア・ベイ（湾）」（アラスカ州）、「ベイビー・ベア・スキー・トレイル」（ニューメキシコ州）、「ベイビー・ブルー・ダム」（モンタナ州）、「ベイビー・ブルック（小川）」（ニューヨーク州）、「ベイビー・

キャニオン」(アリゾナ州)、「ベイビー・キャピュリン」(ニューメキシコ州の鉱山と山頂)、「ベイビー・クレイムズ」(ニューメキシコ州の鉱山)、「ベイビー・クリーク」(アラスカ州、アイダホ州、インディアナ州、ミシガン州)、「ベイビー・クリーク・スプリング」(アイダホ州)、「ベイビー・ドウ(メスのシカ、ヤギ、ウサギなど)・キャンプグラウンド」(コロラド州の施設)、「ベイビー・エディー・トンネル」(コロラド州の鉱山)、「ベイビー・フード・ダム」(モンタナ州)、「ベイビー・フォーマイル・アイランド」(ウィスコンシン州)、「ベイビー・グレイシャー(氷河)」(アラスカ州、モンタナ州、ワイオミング州)、「ベイビー・グランド・レイク」(ミネソタ州)「ベイビー・グランド・マウンテン」(アイダホ州)、「ベイビー・ヘッド」(テキサス州の古い町)、「ベイビー・ホロー」(イリノイ州の谷、ウエストバージニア州の谷)、「ベイビー・アイランド」(ワシントン州の島)、「ベイビー・アイランズ(諸島)」(アラスカ州)、「ベイビー・ジーザス・リッジ」(アリゾナ州)、「ベイビー・ジョー・ガルチ」(アイダホ州の谷)、「ベイビー・キング・キャニオン」(カリフォルニア州)、「ベイビー・キング・クリーク」(カリフォルニア州)、「ベイビー・レイク」(カリフォルニア州、ミシガン州、ミネソタ州、ニューヨーク州、ワシントン州、ワイオミング州)、「ベイビー・レイク・クリーク」(ワイオミング州)、「ベイビー・マッキー・マイン(鉱山)」(コロラド州、オレゴン州、ユタ州)、「ベイビー・マイン」(オレゴン州の鉱山)、「ベイビー・マウンテン」(インディアナ州)、「ベイビー・ナンバー・ワン・マイン(鉱山)」(ワイオミング州)、「ベイビー・パス」(アラスカ州の水路)、「ベイビー・ピーク」(カリフォルニア州)、「ベイビー・リザボワー」(ワイオミング州)、「ベイビー・ロック」(オレゴン州の岩柱)、「ベイビー・ロックス」(アリゾナ州の崖と町)、「ベイビー・ロックス・メサ」(アリゾナ州の台地の頂)、「ベイビー・ラン」(インディアナ州の川、ペンシルバニア州の川)、「ベイビー・ラッシュ・アイランド」(アイオワ州)、「ベイビー・スナグルトゥース(反っ歯)」(アリゾナ州の急流)、「ベイビー・スプリングス・ドロー」(ワイオミング州の渓谷)、「ベイビー・スターク・マウンテン」(バーモント州)、「ベイビー・ストッキング・リッジ」(ケンタッキー州)、「ベイビー・ツイン・トレイル」(ニューハンプシャー州)、「ベイビー・ワゴン・クリーク」(ワイオミング州)、「ベイビー・ウィロー・ダム」(モンタナ州)、「ベイビーバスケット・ヒル」(アラスカ州の山)、「ベイビーフット」(オレゴン州の小川、湖、鉱山、公園の名称)、「ベイビーヘッド・クリーク」と「ベイビーヘッド・マウンテン」(共にテキサス州)、「ベイビーシュー・リッジ」(ワシントン州)。

ミッドナイト 「ミッドナイト」(アイダホ州の町、ミシシッピ州の町、ニューメキシコの古い町)、「ミッドナイト・ベイシン・スキー・トレイル」(モンタナ州)、「ミッドナイト・ブルック」(メイン州の川)、「ミッドナイト・キャビン」(ニューメキシコ

州の施設)、「ミッドナイト・キャニオン」（アリゾナ州、モンタナ州、ニューメキシコ州）、「ミッドナイト・コーブ」（アラスカ州の湾）、「ミッドナイト・クリーク」（アラスカ州の川、アリゾナ州の川、アイダホ州の川、モンタナ州の川、ニューメキシコ州の川、ワイオミング州の川）、「ミッドナイト・ダム」（アリゾナ州）、「ミッドナイト・デポジット」（ニューメキシコの鉱山）、「ミッドナイト・ドーム」（アラスカ州の山）、「ミッドナイト・ガルチ」（オレゴン州の渓谷）、「ミッドナイト・ヒル」（アラスカ州の山、モンタナ州の山）、「ミッドナイト・ホロー」（ミズーリ州の渓谷、テネシー州の渓谷）、「ミッドナイト・レイク（カリフォルニア州の湖、アイダホ州の湖、オレゴン州の湖）、「ミッドナイト・リード・ディギング」（ミズーリ州の鉱山）、「ミッドナイト・ロウド（鉱脈）」（ニューメキシコ州の鉱山）、「ミッドナイト・メサ」（アリゾナ州の山）、「ミッドナイト・マイン（鉱山）（アリゾナ州の鉱山、カリフォルニア州の鉱山、コロラド州の鉱山、モンタナ州の鉱山、ネバダ州の鉱山、ニューメキシコ州の鉱山、ワシントン州の鉱山、ワイオミング州の鉱山）、「ミッドナイト・マウンテン」（アラスカ州の山、アイダホ州の山、ワシントン州の山）、「ミッドナイト・パス」（フロリダ州の2つの水路）、「ミッドナイト・ポイント」（オレゴン州の山）、「ミッドナイト・ポンド」（メイン州の湖）、「ミッドナイト・ショウル（浅瀬）」（ノースカロライナ州の砂州）、「ミッドナイト・スプリング」（アイダホ州の泉、ニューメ

キシコ州の泉、オレゴン州の泉）、「ミッドナイト・タンク」（アリゾナ州の貯水池）、「ミッドナイト・シケット（藪）」（デラウェア州の町）、「ミッドナイト・ウォッシュ」（ネバダ州の川）、「ミッドナイト・ウェル」（ニューメキシコ州の泉）。

ミレニアム 「ミレニアム」（ノースカロライナ州の町）、「ミレニアム・パーク」（イリノイ州の公園）。

ラッキー 「ラッキー」（アラバマ州の施設、アーカンソー州の町、ケンタッキー州の町、ルイジアナ州の町、ペンシルバニア州の町、テネシー州の町、ウエストバージニア州の古い町及び郵便局）、「ラッキー・アニー・クレイムズ・マイン（鉱山）」（ワイオミング州）、「ラッキー・B・マイン（鉱山）」（コロラド州）、「ラッキー・バー・マイン（鉱山）」（ネバダ州）、「ラッキー・ベイ」（アラスカ州の湾、ニューヨーク州の湾、ミシガン州の鉱山）、「ラッキー・ビー・プロスペクト・マイン（鉱山）」（カリフォルニア州）、「ラッキー・ビル・キャニオン」（ニューメキシコ州）、「ラッキー・ビル・マイン（鉱山）」（ネバダ州、ニューメキシコ州、ユタ州）、「ラッキー・バード・ロウド（鉱脈）・マイン」（サウスダコタ州）、「ラッキー・ブルー・マイン」（モンタナ州）、「ラッキー・ボウルダー・マイン」（コロラド州）、「ラッキー・ボックス・マイン」（カリフォルニア州）、「ラッキー・ボーイ」（ネバダ州の古い町）、「ラッキー・ボーイ・キャニオン」（ネバダ州）、「ラッキー・ボーイ・ガルチ」（コロラド州の渓谷。モンタナ州の渓谷）、「ラッキー・

ボーイ・マイン」（アリゾナ州、カリフォルニア州、コロラド州、アイダホ州、モンタナ州、ネバダ州、オレゴン州、サウスダコタ州、ユタ州、ワシントン州）、「ラッキー・ボーイ・パス」（ネバダ州の山路）、「ラッキー・ボーイ・ランチ（牧場）」（ネバダ州の施設）、「ラッキー・ボーイ・スプリング」（アリゾナ州。ネバダ州）、「ラッキーボーイ・ポストオフィス」（ネバダ州の史跡、オレゴン州の史跡）、「ラッキー・ブランチ（支流）」（ケンタッキー州の川、ノースカロライナ州の川、テキサス州の川、バージニア州の川）、「ラッキー・ブルック（小川）」（メイン州の川）、「ラッキー・ビュレット・マイン（鉱山）」（ニューメキシコ州）、「ラッキー・ビュート（切り立った丘）」（オレゴン州の山）、「ラッキー・カルメット（先住民の長いパイプ）・マイン（鉱山）」（アイダホ州）、「ラッキー・キャンプ」（オレゴン州の施設）、「ラッキー・キャンプ・ホロー」（ケンタッキー州の渓谷）、「ラッキー・キャンプ・トレイル」（オレゴン州）、「ラッキー・キャニオン」（アリゾナ州、カリフォルニア州、オレゴン州）、「ラッキー・キャニオン・ウィンドミル」（アリゾナ州）、「ラッキー・チャンス・レイクズ」（アラスカ州）、「ラッキー・チャンス・マイン（鉱山）」（カリフォルニア州）、「ラッキー・チャンス・マウンテン」（アラスカ州）、「ラッキー・チーフ・マイン（鉱山）」（ネバダ州）、「ラッキー・コーナー・マイン」（コロラド州）、「ラッキー・コーブ」（アラスカ州の湾）、「ラッキー・クリーク」（アラスカ州の川、アイダホ州の川、

カンサス州の川、ノースカロライナ州の川、オレゴン州の川）、「ラッキー・クリーク・バー」（アイダホ州の砂州）、「ラッキー・カス・マイン」（アリゾナ州、ニューメキシコ州、サウスダコタ州）、「ラッキー・ダム」（アリゾナ州）、「ラッキー・ダム・マイン（鉱山）」（ニューメキシコ州）、「ラッキー・デイ・ノブ」（ユタ州の山）、「ラッキー・デイ・マイン（鉱山）」（アリゾナ州、カリフォルニア州、コロラド州）、「ラッキー・ディア（鹿）・マイン」（カリフォルニア州）、「ラッキー・デポジット・マイン（鉱山）」（ネバダ州）、「ラッキー・ディッチ」（インディアナ州の水路）、「ラッキー・ディッチ・クリーク」（アラスカ州）、「ラッキー・ドッグ・クリーク」（アラスカ州、カリフォルニア州。アイダホ州）、「ラッキー・ドッグ・マイン（鉱山）」（カリフォルニア州、コロラド州）、「ラッキー・ダラー・マイン（鉱山）」（モンタナ州）、「ラッキー・ドロー」（ニューメキシコ州の渓谷、ワイオミング州の渓谷）、「ラッキー・ダッチマン・マインズ（鉱山）」（ネバダ州）、「ラッキー・エイト・マイン（鉱山）（ワイオミング州）、「ラッキー・ファインド・ダム」、「ラッキー・ファインド・マイン（鉱山）」、「ラッキー・ファインド・リザボワー」（コロラド州、ユタ州の鉱山）、「ラッキー・フィン・レイク」（ミネソタ州）、「ラッキー・ファイブ・ランチ（牧場）」（カリフォルニア州の施設）、「ラッキー・フラッツ」、「ラッキー・フラッツ・スプリング」、「ラッキー・フラッツ・ウォッシュ」（それぞれユタ州の平原、泉、渓谷）、

「ラッキー・フォード・フェリー」（イリ
ノイ州）、「ラッキー・フォーク」（ケンタ
ッキー州の川と町）、「ラッキー・フォー
ト（砦）」（ミネソタ州の施設）、「ラッキ
ー・フォー・マイン（鉱山）」（コロラド州、
ネバダ州）、「ラッキー・フライデー・ダ
ム」、「ラッキー・フライデー・マイン（鉱
山）（アイダホ州、ミネソタ州）、「ラッキー・
ギャップ」（アーカンソー州の渓谷、オレ
ゴン州の川）、「ラッキー・ガス・フィー
ルド」（ルイジアナ州の油田）、「ラッキー・
ガール・グループ・マイン（鉱山）」（ネ
バダ州）、「ラッキー・ゴールド・マイン（鉱
山）」（コロラド州）、「ラッキー・ガルチ」
（アラスカ州の渓谷、コロラド州の渓谷、ア
イダホ州の渓谷、モンタナ州の渓谷、ワイ
オミング州の渓谷、アイダホ州の鉱山）、「ラ
ッキー・ガス・マイン（鉱山）」（コロラ
ド州）、「ラッキー・ヒル」（アラスカ州の山、
モンタナ州の山、ニューヨーク州の山、バ
ージニア州の山、カリフォルニア州の鉱山、
ネバダ州の鉱山）、「ラッキー・ヒル・ラ
ビーン（渓谷）」（カリフォルニア州の渓谷）、
「ラッキー・ヒルズ・ストック・ランチ
（牧場）」（アリゾナ州の施設）、「ラッキー・
ヒット・ポストオフィス」（アラバマ州）、
「ラッキー・ホボ・マイン（鉱山）」（ネバ
ダ州）、「ラッキー・ホロー」（アーカンソ
ー州の渓谷、ケンタッキー州の渓谷、オレ
ゴン州の渓谷）、「ラッキー・アイランド」
（ケンタッキー州、ミシガン州）、「ラッキー・
ジャック」（アリゾナ州の尾根、カリフォ
ルニア州の鉱山、コロラド州の鉱山、ネバ
ダ州の鉱山）、「ラッキー・ジム・ブラフ」

（ワシントン州の崖）、「ラッキー・ジム・
キャンプ」（ネバダ州の町）、「ラッキー・
ジム・マイン（鉱山）」（カリフォルニア州、
コロラド州）、「ラッキー・ジム・ウォッ
シュ」（カリフォルニア州の川）、「ラッキ
ー・ジョー・マイン（鉱山）」（モンタナ州、
ワシントン州）、「ラッキー・ジョン・マ
イン（鉱山）」（ニューメキシコ州）、「ラッ
キー・ジョセフィン・ナンバー10・プ
ロスペクト・マイン（鉱山）」（カリフォ
ルニア州）、「ラッキー・ノブ」、「ラッキ
ー・ノブ・キャンプ」、「ラッキー・ノブ・
ウィンドミル」（それぞれテキサス州の山
と2つの施設）、「ラッキー・ノック・マ
イン（鉱山）」（ワシントン州）、「ラッキー・
L・ランチ（牧場）」（フロリダ州の施設）、
「ラッキー・ラッド／ラディ（若者）・マ
イン（鉱山）」（カリフォルニア州、アイダ
ホ州）、「ラッキー・レディ・マイン（鉱山）」
（コロラド州。ワイオミング州）、「ラッキ
ー・ラガー・ランチ（牧場）」（ネバダ州
の施設）、「ラッキー・レイク」（テキサス
州のダム、カリフォルニア州の湖、フロリ
ダ州の湖、ミシガン州の湖、ミネソタ州の
湖、ニューメキシコ州の湖、オレゴン州の湖、
ウィスコンシン州の湖、イリノイ州の貯水
池、テキサス州の貯水池）、「ラッキー・レ
イク・トレイル」（オレゴン州）、「ラッキ
ー・レイク・ストランド」（フロリダ州の
沼地）、「ラッキー・レイクス」（アラバマ
州の貯水池、ニューヨーク州の湖）、「ラッ
キー・ランディング」（ルイジアナ州の施
設、メイン州の町）、「ラッキー・ラリー・
グループ・プロスペクト」（カリフォルニ

ア州の鉱山)、「ラッキー・ラス（若い娘）・マイン（鉱山）」（オレゴン州）、「ラッキー・レッジ（岩棚）・マイン（鉱山）（アリゾナ州）、「ラッキー・リンダ・マイン（鉱山）」（モンタナ州）、「ラッキー・ルーク・マイン（鉱山）」（モンタナ州）、「ラッキー・マック・キャンプ」、「ラッキー・マック・マイン（鉱山）」、「ラッキー・マック・ウラニウム・ミル」（ワイオミング州の2つの施設と鉱山）、「ラッキー・モード・マイン（鉱山）」（モンタナ州）、「ラッキー・マクノーブル・マイン（鉱山）」（ワイオミング州）、「ラッキー・メドーズ（草原）」（オレゴン州の平原）、「ラッキー・マイン（鉱山）」（アリゾナ州、コロラド州、ネバダ州、ニューメキシコ州）、「ラッキー・マウンド・クリーク・ベイ」（ノースダコタ州の湾）、「ラッキー・マウンテン」（テキサス州）、「ラッキー・ネル・マイン」（アラスカ州）、「ラッキー・ナゲット・レイク・ダム」（ミズーリ州）、「ラッキー・ワン・マイン（鉱山）」（コロラド州）、「ラッキー・パートナー（相棒）・マイン（鉱山）」（カリフォルニア州）、「ラッキー・パス」（ワイオミング州の山路）、「ラッキー・ペイ・レイク」（ミネソタ州）、「ラッキー・ピーク」、「ラッキー・ピーク・ダム」、「ラッキー・ピーク・フォレスト・ナーサリー」。「ラッキー・ピーク・レイク」、「ラッキー・ピーク・ステイと・レクリエーション・エリア」（全てアイダホ州）、「ラッキー・ペニー・ディッチ」（コロラド州の水路）、「ラッキー・ペニー・マイン（鉱山）」（ワイオミング州）、「ラッキー・パイン・

マイン（鉱山）」（コロラド州）、「ラッキー・プランテーション」（ルイジアナ州の施設）、「ラッキー・ポイント」（アラスカ州の岬、メイン州の岬、インディアナ州の断崖、カリフォルニア州の山、モンタナ州の山）、「ラッキー・ポンド」（メイン州のダムと貯水池）、「ラッキー・ポストオフィス」（ジョージア州、ルイジアナ州）、「ラッキー・クォーツ・マイン（鉱山）」（カリフォルニア州）、「ラッキー・クィーン」（オレゴン州の施設、鉱山、郵便局）、「ラッキー・リザボワー」（オレゴン州）、「ラッキー・リッジ（尾根）」（アイダホ州の尾根、ニューメキシコ州の鉱山、テキサス州の町）、「ラッキー・ラン」（インディアナ州の川、ペンシルバニア州の川、バージニア州の川）、「ラッキー・S・マイン（鉱山）（カリフォルニア州）、「ラッキー・サドル・タンク」（ニューメキシコ州の貯水池）、「ラッキー・セブン・カウ・キャンプ」（オレゴン州の施設）、「ラッキー・セブン・マイン」（モンタナ州、ワイオミング州）、「ラッキー・セブン・ランチ（牧場）」（ネバダ州の施設）、「ラッキー・セブン・リザボワー」（オレゴン州）、「ラッキー・ショウルズ（浅瀬）・クリーク」、「ラッキー・ショウルズ（浅瀬）・パーク」（ジョージア州）、「ラッキー・ショット・ランディング」（アラスカ州の町）、「ラッキー・ショット・マイン（鉱山）」（アラスカ州）、「ラッキー・シックス・クリーク」（アラスカ州）、「ラッキー・シックス・スプリング」（オレゴン州）、「ラッキー・スパー・ロウド・マイン（鉱山）」（サウスダコタ州）、「ラッキー・スプリング」

（アリゾナ州、カリフォルニア州、オレゴン州、ユタ州）、「ラッキー・スプリング・キャニオン」（アリゾナ州）、「ラッキー・スプリングズ」（ネバダ州）、「ラッキー・スター・レイク」（ニューヨーク州の貯水池）、「ラッキー・スター・マイン（鉱山）」（コロラド州、モンタナ州、ネバダ州、オレゴン州、サウスダコタ州。ユタ州）、「ラッキー・ストーン・マイン（鉱山）」（ワシントン州）、「ラッキー・ストップ」（ケンタッキー州の町）、「ラッキー・ストライク・キャニオン」（モンタナ州、ネバダ州）、「ラッキー・ストライク・クリーク」（アラスカ州）、「ラッキー・ストライク・マイン（鉱山）」（アリゾナ州、カリフォルニア州、コロラド州、イリノイ州、モンタナ州、ネバダ州、ミューメキシコ州、オレゴン州、サウスダコタ州、ユタ州、ワシントン州、ワイオミング州）、「ラッキー・ストライク・ウェル」（ニューメキシコ州の施設、ニューメキシコ州の泉、テキサス州の泉）、「ラッキー・ストライク・ウィンドミル」（テキサス州の施設）、「ラッキー・サンデイ・マイン」（カリフォルニア州）、「ラッキー・スウィード・ガルチ」、「ラッキー・スウィード・マイン（鉱山）」（アイダホ州）、「ラッキー・タンク」（アリゾナ州の貯水池、ニューメキシコ州の貯水池、テキサス州の貯水池、ニューメキシコ州の泉）、「ラッキー・テン・マイン（鉱山）」（コロラド州）、「ラッキー・サーティーン・マイン（鉱山）」（ワイオミング州）、「ラッキー・スリー・クレーム」（ニューメキシコ州の鉱山）、「ラッキー・トンネル・マイン（鉱山）」（コロラド州）、「ラッキー・ターク・マイン」（ワイオミング州）、「ラッキー・ツー・マイン（鉱山）」、「ラッキー・トゥエンティ・マイン（鉱山）」（コロラド州）、「ラッキー・バレー」（アイオワ州の町）、「ラッキー・バレー・ポストオフィス」（アイオワ州、ネブラスカ州）、「ラッキー・ウェル」（アリゾナ州の泉、ニューメキシコ州の泉）、「ラッキー・ウィンドミル」（ニューメキシコ州の施設、テキサス州の施設）。

リカー　「リカー・スプリング」（アリゾナ州の泉）。

レゾリューション　「マウント・レゾリューション」（ニューハンプシャー州の山）、「レゾリューション」（バージン諸島の町）、「レゾリューション・ブランチ（支流）」（ノースカロライナ州の川）、「レゾリューション・クリーク」（コロラド州の川）、「レゾリューション・ファーム」（メリーランド州の施設）、「レゾリューション・アイランド」（メイン州の島、ペンシルバニア州の島）、「レゾリューション・マイン（鉱山）」（アリゾナ州の歴史的鉱山）、「レゾリューション・マウンテン」（コロラド州）、「レゾリューション・パーク」（アラスカ州の公園）。

ジョージア（グルジア）共和国

Georgia, Republic of

　旧ソビエト連邦の構成国であったジョージアは、ソビエト崩壊を受けて1991年に独立し、現在は共和国となっている。国土は黒海東岸に接する。住民はおもに正教会のキリスト教徒（84％）、イ

スラーム教徒（10%）、ごく少数のローマ・カトリックおよびアルメニア正教会のキリスト教徒からなる。

ジョージアでは社会生活にグレゴリオ暦を用いているが、ジョージア正教会は宗教的な行事の大部分に関してユリウス暦に従っている。したがって正教会の元日は「旧式の新年」と呼ばれ、1月14日に祝われる（⇒暦・ローマ〔ユリウス暦〕）。一方、イスラーム教徒はイスラーム暦を用いている（⇒イスラーム教、暦・イスラーム）。

ソビエト時代（1921～1991）にはクリスマスが否定され、1月1日に新年を祝うことに重きが置かれた。人々はニューイヤーツリーを飾り付け、子どもたちは、サンタではなく、霜おじいさんとその美しい孫娘である雪娘から贈り物を受け取った（⇒ロシア）。ジョージア独立以降も、厳しい経済・社会情勢にもかかわらず、依然として新年は世俗的な祝日のうちで最も盛大に祝われてきた。この日には、おもに各家庭で大勢の家族が集まって食事を取る。食卓には七面鳥や他の肉料理、ゴジナキ（炒ったクルミを蜂蜜で固めたもの）、ワインなど伝統的な料理が並ぶ。正教会のキリスト教徒は、1月1日に正教会の創始者である聖バシリウス（大バシリウス）の死を悼む（⇒聖バシリウスの日）。

新年の挨拶には次の言い方がある。
・「ギロツァヴ・アハル・ツェルツ（Gilotsavt Aral Tsels）」ジョージア語（公用語）

除夜の礼拝
Watch Night

12月31日の大晦日に行われるキリスト教の礼拝。初期キリスト教会で宗教的祝日前夜に行われていた寝ずの行ヴィジル（vigil：ラテン語でvigilia、「勤行、徹夜」の意）にならう。こうして寝ずの行、徹夜を意味する「Watch Night」が「大晦日」と同義語になった。除夜の礼拝に多くの人が集まる宗派には、モラビア教会、メソジスト教会、アフリカン・アメリカンの教会がある。

モラビア教会 福音主義のプロテスタントの一派で、1457年に現在のチェコ共和国で始まった。1720年代初頭、この初期教会の子孫が迫害を受けて、ドイツのザクセンのニコラス・ルードウィヒ・フォン・ツィンツェンドルフ伯爵の領地に避難した。この地で、1720年代後半には現在モラビア教会として知られる一派が再生した。モラビア派（正式名称はユニタス・フラトルム、兄弟団）は1735年にアメリカに到着し、ジョージア州サバンナに暫定的な植民地を、1740年にペンシルバニア（ベツレヘムとリティッツなど）、1753年にノースカロライナのセーラム（現在のウィンストン・セーラム）に恒久植民地を建設した。

当時、大晦日の礼拝は、教会の視点から一年の出来事を振り返る時間だった。各信徒団の牧師は礼拝で「メモラビリア」と呼ばれる出来事のまとめを読み上げ、書類を保管庫の書類入れに入れた。この習慣は、いまは残っていない。

現在、大晦日の行事は信徒団ごとに異なり、「愛餐会」から除夜の礼拝までさまざまである。愛餐会は、初期の使徒教会の友愛の会食アガペにならったもので、モラビア教会に入ってきたのは1727年である。愛餐会は基本的には歌の礼拝で、正式な説教はない。礼拝中に、質素で象徴的な食事をとる。たいていはかすかに甘みのあるパンとコーヒー、お茶、レモネードなどの飲み物である。愛餐会で食事を配る人々はディーナー（奉仕者）と呼ばれる。白いドレスにハウブ（レース帽）の女性がパンを配り、そのかたわらで男女が飲み物を配る習慣である。食前の祈りの後、特別な器楽曲か聖歌が披露されるなかで、会衆は愛餐をともに食す。愛餐会は、信徒団の愛と静かな交わりをたたえる礼拝でとくに神聖な意味はない。消滅しつつある除夜の礼拝を続けている信徒団では、深夜の鐘とともに、まだ途中の説教を終わらせて教会の楽隊が演奏を始める。この中断は、キリストがいつでも予期せぬときに戻って来られることを象徴している。その後、会衆はドイツ語の聖歌「いざもろともに」を歌って新年の到来を告げる。

メソジスト教会　将来イギリスのメソジスト運動を創始することになるジョン・ウェスレー（1703〜1791）が、アメリカ植民地のモラビア派の除夜の礼拝について知ったのは、彼が1730年代半ばに英国国教会の牧師としてジョージア州に短期間滞在していたときのことだった。初期のメソジスト派の除夜の礼拝は、自然発生的な祈祷の礼拝だった。これは、1742年4月、イングランドのキングズウッドで、改宗した鉱山労働者がパブでの浮かれ騒ぎのかわりに教会に集ったことから始まった。のちにこれらの礼拝がブリストル、ロンドン、ニューカッスルで毎月、満月に近い金曜日に開かれるようになり、参加者は深夜の礼拝後、月明かりに守られて家路についた。1770年11月、フィラデルフィアのセントジョージ教区とニューヨークシティのウェスレー礼拝堂でアメリカ初の除夜の礼拝が行われた。19世紀になる頃には、イギリスと合衆国でのこうした礼拝が大晦日に移り、新年に向けて宗教的な振り返りとキリストへの忠誠を新たにする機会となった。

大晦日の除夜の礼拝は20世紀に入りかなり消滅しているが、まだ行っているメソジスト信徒団もある。真夜中になると終わる礼拝には、祈祷、聖書の朗読、瞑想、讃美歌や、『統一メソジスト信仰書』（*The United Methodist Book of Worship*）に規定された「誓約再生の礼拝」がある。説教、聖餐式、礼拝後教会からロウソクを灯しての行進などが行われる場合もある。その後、会衆の食事が供される。

アフリカ系アメリカ人　アフリカ系アメリカ人にとって除夜の礼拝が特別な意味をもつようになったのは、1862年の大晦日、その後「自由の前夜」と称されるようになった夜のことである。その日、黒人奴隷は自分たちの教会に集い、まもなく奴隷解放宣言によって与えられる自

由を祝った。奴隷たちは真夜中に祝ったが、エイブラハム・リンカーン大統領が書類に署名したのは1863年1月1日の午後で、その日はアフリカン・アメリカンの間で「解放の日」として知られる。当時解放宣言は南部連合の奴隷を解放するだけで、北部の奴隷は解放せず、奴隷制が完全に撤廃されるのは1865年の憲法修正第13条が通過してからのことであった。

⇒ファーストナイト

ジョンカヌー
Jonkonnu

　アフリカからきた黒人奴隷がカリブ海諸島、アメリカ南部、ベリーズ、ホンジュラスなどの中米の一部に自分たちの伝統文化を広め、根付かせ、その子孫であるカリブの黒人、ガリフナが伝統を守り続けた。仮面をつけて踊るこの伝統のダンスの起源は古く、ギニア湾岸で知られていた長ジョン・カヌーを偲ぶものとして18世紀に始まったといわれている。そのため、ジョンカヌーという言葉はカヌーの名にちなむという説がある。ほかにも「ジョンカンクス」「ジョンクーナー」「ジョン・クナー」「ジュンカノー」「ジョンカノー」「ジョン・カノエ」とさまざまな呼び名がある。一方、フランス語のジャン・アンコヌ（gens inconnu：「知らない人たち」の意）の変形という説もある。これはダンスで使う、多くは皮でできていて角のある動物を模した仮面のために踊り手が誰だかわからないことから

この名が付いたとする説である。衣装は黒いガンニー（黄麻で織った布で袋に使われる）を着て、色とりどりの紙や布を細く切った頭飾りをつける。グームベイ（山羊の皮のドラム）、ファイフ（横笛）、トライアングルの生演奏（ワナラグアという様式の音楽）に合わせ、大半が男性である踊り手がユーモラスでときに風刺の利いた歌を歌いながらダンスをしてパレードする。もともとはボクシング・ディの12月26日と元日に行われ、この2日間は奴隷が仕事から解放された。踊り手は、金銭や酒の寄付を求めアフリカ・ヨーロッパ折衷のダンスステップと、賑やかな仮装ダンスの要素を備えた踊りを披露する。1800年代中頃に奴隷制度が廃止されると、カリブの多くの地域でこの祭りは基本的には消滅した。現在ではおもにジャマイカ、バハマ、ベリーズに残っているが、その他の地域で見られることもある。現在でもクリスマスや新年などのさまざまな時期にこのダンスを見ることができる。現在はグームベイ、カウベル、ホイッスル、自転車のホーン、タイヤのホイール、ホラガイ、管楽器などが伴奏の楽器として使われている。

⇒中南米とカリブ海諸島

ジョン・カヌー
John Canoe

⇒ジョンカヌー、中南米とカリブ海諸島

シリア
Syria

　地中海に臨む中東の国。レバノンとトルコの間に位置する。アラブ人（90％以上）がおもな民族で、少数派のクルド人（3～9％）とわずかな数のアルメニア人とトルコ人がいる。主要な宗教グループはスンニー派のイスラーム教徒（74％）、アラウィー派、ドルーズ派などのイスラーム教の分派（16％）、シリア、ギリシア、アルメニアの正教会に属する正教徒（10％）、それ少数のユダヤ教徒が存在する。

　スンニー派はイスラーム教の新年を祝うのに特別な儀式は行わない（⇒イスラーム教、暦・イスラーム）。過去の時代には、クルド人がペルシアの新年であるノウルーズを春分（3月21日頃）に祝っていた（⇒暦・ペルシア）。しかし、長年にわたってこの時期にシリア政府とクルド人が衝突を繰り返してきて多くの死者を出したため、シリア政府は1995年にノウルーズの祝祭の永久禁止令を出した。シリアは社会的にはグレゴリオ暦に従っており、新年は国際的に主流の1月1日に祝う。

　新年の挨拶には次の言い方がある。
・「クッル・アーミン・ワ・アントゥム・ビハイル（Kullu ʻAamin Wa Antum Bikhair）」アラビア語（公用語）
　⇒イラン、ノウルーズ

シンガポール
Singapore

　マレーシアとインドネシアに挟まれた東南アジアの諸島。文化的に多様で、中国人（77％）、マレー人（14％）、インド人（8％）という人口構成である。主要な宗教は仏教（43％）、イスラーム教（15％）、キリスト教（15％）、道教（9％）、ヒンドゥー教（4％）。新年の祝祭はそれぞれの民族、宗教の暦によって異なる。

　中国人の正月は、中国の旧暦によって祝われ、習慣は中国のそれに類似している。目玉は、1973年から毎年行われている、チンゲイ・パレードで、シンガポールの国際的な活気が反映されている。色とりどりの山車、現代的な音楽の演奏、伝統的な獅子や龍の舞、国際的なアトラクションが特徴である。1987年以降、エスプラネード・パークで行われているリバー・ホンバオは、台湾雑技団、伝統的な民族舞踊、歌謡舞踏団によるパフォーマンスなど、中国旧正月期間中の中国文化の粋を集めた催しである（⇒暦・中国、中国）。

　イスラーム教徒はイスラーム暦に従って、ムハッラムの第1日を祝う（⇒暦・イスラーム、イスラーム教）。

　タミール民族グループのヒンドゥー教徒は、タミールのチッティライの月の第1日に、太陽が牡羊座に入ったときに新年を祝う。これについては、スリランカの暦の項で詳述する。占星術師は、さまざまな仕事を行うのに最適な時間を明示したその年の暦を発行する。暦には、寺

院や各家庭の祭壇での太陽神スーリヤ礼拝、新年初の入浴、初の食事、家族や友人への訪問などを含む新年の儀式が並んでいる。スリランカのタミール族の慣習と似ている。（⇒暦・スリランカ、スリランカ）

ヒンドゥー教徒とシク教徒は10月半ばにディパバリまたはディワリという光の祭典を祝う。北インド出身の祖先をもつ者にとってはこれが新年にあたり、この習慣や伝説はインドのそれと類似している（⇒インド）。

グレゴリオ暦の公式な正月は1月1日で、祝祭はおもに大晦日に行われる。金融コンベンションセンターのサンテック・シティは、ニューヨークのタイムズスクエアに匹敵する人気スポットで、大勢の人が集まり、にぎやかな音楽やレーザー光線のネオン、大晦日深夜の年越しの光のショーを楽しむ。サンテック・シティでは、世界最大の人工噴水も見どころで、富と成功の源と信じられている。

新年の挨拶には次の言い方がある。
・「シン・ニェン・クァイ・ラ（新年快樂）」北京語
・「サンニンファーイロック（新年快樂）」広東語
・「ゴンヘイファチョイ（恭喜發財）」広東語（「おめでとう、栄あれ」）
・「エニヤ・プルハンドゥ・ナルバズスッカル（Eniya Purhandu Nalvazhthukkal）」タミール語

「新年」*

"The New Year"

イギリス生まれのアメリカの詩人、エドガー・A・ゲスト（1881～1959）の詩。1918年発表の詩集『こちらへ』（Over Here）に収められている。11,000編もの感傷的で楽観的な詩を新聞300紙に発表し20冊を超える詩集に収めた。ミシガン州で唯一無二の桂冠詩人となった。「新年」は第一次世界大戦に焦点をあて、来る年に向かってすべてのアメリカ人が勇気を奮い立たせると宣言している。

「新年」

1. おまえは危険とともに訪れわれらを脅威にさらすのか、あるいは困難をもたらしわれらの魂をためすのか
   ならば、われらが固き心でひるむことなく目的にむかう姿をみるだろう
   おまえがくれる白きページに、われらは自らの物語を記す
   願わくは、われらが信念をもちて人生の務めをなしとげることを

2. ああ、まだ幼き年よ、この先なにが待ちうけるのかと、おまえは首をかしげるだろう
   国民が同じ決意のもと心ひとつとなる姿を、アメリカはおまえにみせる
   おまえがどんな危険をもたらそうとも、どんなにわれらを恐れさせようとも
   願わくは、われらが真理と権利の基準をけっして下げぬことを

3.　おまえは、われらがひとつであること
　　を、世界の務めを果たすと固く誓う
　　ことを知る
　　圧政を、暴君を追放すべく、われらは
　　軍旗を掲げる
　　おまえは、血を流し衰弱し悲嘆にくれ
　　る世界を訪れる
　　おまえがどんな任務を課そうとも、わ
　　れらはおまえの太鼓の合図に応える

4.　われらは悲しみに打ちひしがれ涙し、
　　激しい一撃に屈するだろう
　　だが、われらは常に勇ましく、決して
　　敵に背を見せぬ
　　この先、道はどれだけ険しいか、どん
　　な困難が待ちうけるかわからない
　　だが願わくは、われらが人としての誉
　　を保ち、大義を忘れぬことを

　　⇒「古き年、新しき年」

『新年おめでとう！』*

Happy New Year!
書籍

　チャールズ・M・シュルツの漫画『ピ
ーナッツ』（Peanuts）をもとに、1998 年
に出版されたシュルツの小型絵本シリ
ーズ〈ピーナッツの特別な日〉（Festive
Peanuts）のうちの 1 冊。従来の漫画と同
様、各ページはセリフ入りの吹き出しと
イラストで構成されている。内容は次の
通り。ウッドストックは、大晦日に大勢
の客を呼んで「ブラックイヤー（黒い耳）」
（礼装のブラックタイに対抗する）パーテ

ィで盛りあがることを思いつくが、スヌ
ーピーは問題点が多いと考える。シュロ
ーダーの新年の決意にルーシーは面食ら
うが、彼女自身は去年の自分の決意をま
だ実行に移していない。ルーシーは歳月
とキャンディバーについて達観するよう
になり、話はしめくくられる。
　〈ピーナッツの特別な日〉シリーズの
ほかの本の題名：『ふん、ばかみたい！』*
（Bah, Humbug!、1996 年）、『たんじょうび
は、たいへんだ』*（Birthdays Are No Piece of
Cake、1996 年）、『たんじょうび、おめで
とう！いつまでもずっと、きらきらの、
きみ』*（Happy Birthday! /And One to Glow On、
1996 年）、『ハロウィーンは楽しいな！』*
（Happy Halloween!、1998 年）、『クリスマ
スがやってきた！』*（It's Christmas!、1996
年）、『クリスマスだよ、明るくいこう！』*
（Lighten Up, It's Christmas!、1998 年）、『おめ
でとう！』*（Season's Greetings!、1996 年）、『ご
きげんななめな季節です』*（Tis the Season
to Be Crabby、1996 年）、『きみって、すてき、
バレンタイン！』*（You're Divine, Valentine!、
1997 年）

『「新年おめでとう」作戦』*

Operation "Happy New Year"
映画（1996 年）

　ロシアのコメディ映画、『ペキュリア
リティズ・オブ・ザ・ナショナル・ハン
ト』（Peculiarities of the National Hunt）の続き
となるテレビドラマ。ロシア語の原題は
Operatsya "Snovym godom"。前作は「ウォ
ッカ・コメディ」というキャッチコピー

とともに、1996年のベスト・コメディとして売り出された、ロシアにおける狩猟の歴史と慣習についての論文の調査をしているフィンランド人にまつわる話。フィンランドの研究者は、ロシア軍のイボルギン・ミハリッチ将軍が集まる狩猟の会に参加するが、狩りは瞬時にただの酔っぱらいの大騒ぎとなる。『「新年おめでとう」作戦』でもまた将軍と仲間たちはウォッカに飲まれ、病院の救急治療室で大晦日を祝う大騒ぎが始まる。
出演：アレクセイ・ブルダコフ（将軍）／脚本・監督：アレクサンドル・ロゴツキン／製作：インコバンク、キノコンパニアCTB、ニコラ・フィルム、TV-6モスクワ／DVD：Ruscico（ロシア語）／110分

「新年来たり」*
"The New Year's Come"

　1839年にニューヨークでC・E・ホルンが発表した、ボーカルとピアノのための曲。作詞はジョナス・B・フィリプス、作曲はジョゼフ・フィリップ・ナイト。新年を祝う歌ではあるが、若き楽しき日々がはかなく消えるまえに楽しめという教えが隠されている。また、若い娘を亡くした悲しみで、もはや新年のにぎわいを楽しめなくなった孤独な老人を描くことで、時の残酷さを訴えている。

「新年来たり」

1.　なぜかくも陽気に鐘は鳴り
　　なぜだれもがかくも浮き足立つのか？

新年来たりて
古い年が去りゆくゆえか？
ああ！　去りゆく年を見送りながら
心痛まずいられるとは
それゆえ歌声はかくも喜びに満ち
誰もが輝く笑みを浮かべるのか
ああ！　ならば陽気にはしゃげ！
楽しげな歌声は響く
だが、新たな年の枷が来たりて
古い年は去る
だが、新たな年の枷が来たりて
古い年は去る

2.　老人は笑いさざめく者たちをみる
　　その顔にみなと同じ笑いはない
　　炉端でおしだまり
　　悲しみに沈む
　　浮かれ騒ぎのそのなかに
　　自慢の娘はいない
　　その子の楽しき歌声をもとめても
　　かたわらにその姿はない
　　娘を失い1年もたたず
　　いま老人はひとり
　　それでも人は新年を祝い
　　去りゆく年を見送る
　　それでも人は新年を祝い
　　去りゆく年を見送る

3.　踊れ！　踊れ！　陽気に楽しく
　　立ちどまり考える間もなく
　　この年は過ぎていき
　　笑みは消える
　　やがて抗えない時の流れの中
　　悲しみと憂鬱が変化をもたらす

輝く若き希望は照らす
毎年訪れる年を
今のうちに楽しめ
踊りをやめるな
陽気に歌え、新年来たり
古い年は去った
楽しく歌え、新年来たり
古い年は去った

「新年くん」*
“The Little New Year”

　アメリカの児童書作家エレン・ロベナ・フィールドによるモラルを描いた短編。代表作であるアンソロジー『キンポウゲの金とその他の物語』（*Buttercup Gold and Other Stories*、1894 年）に収録されている。元日の早朝、小さなモーリスは、「新年」が男の子の姿で家にやってくる夢をみる。新年くんは大きな荷車を引いていて、その側面にはそれぞれ「愛」「親切」と書いてある。荷車にはみんなに配る贈り物が積んであり、新年くんはモーリスに配って回る手伝いを命じる。お年寄りには温かな服、薪、食事を、病人には花を。じきに、配っても配っても荷車が満載のままだとモーリスがいう。すると新年くんは「愛して親切にすべき人がいるかぎり、この荷車はいつも満載で空にはならない。もう助けるべき人が見つからなくなったら空になるんだ」。それから、新年くんはモーリスに毎日贈り物を配る手伝いをするよう命じる。そこでモーリスは目を覚まし、新年くんが自分の家に弟を届けてくれたと知る。その後、モー

リスがみた夢のおかげでたくさんの人がつぎつぎと喜びを得ることになる。

新年最初の客
First-Footing

　古来の迷信によると、元日に玄関の敷居をまたぐ初めての来客は、その年その家に幸運あるいは悪運をもたらす。かつてはヨーロッパ全域でこの迷信にもとづく風習が見られたが、現在この風習は、限定的ではないものの、おもにイギリスにおいて見られ、とくにイングランド北部およびスコットランドでは細かい決まり事に沿って儀式が行われる。さらにこの風習はイランなどの中近東諸国、中央アジア諸国、ならびにベトナムなどの東南アジア諸国にも残っている。

　訪問先の家に幸運をもたらすためには、新年最初の客はある決まった特徴を備えていなければならず、その特徴は地域によって異なる。定められた特徴を持たない来客は災いの種であることから、なかにはあらかじめ条件に適う者を雇って、あるいは家族の中の条件に適う者に、大晦日の真夜中過ぎ、すなわち年の変わり目に最初の客を演じさせる家庭もある。この来客は、象徴的な贈り物を携え、その地域の仕来りに従ってさまざまな儀礼を行う。世界中のどの地域でも歓迎される新年最初の客は、目に見える身体障害のない頑強で男らしい男性である。イギリスでは来客の髪の色、すなわち黒に近い茶色か、金髪、赤毛かどうかも新年の運不運を決定する要素となるが、これ

についてはイギリスの項で詳述する（⇒イギリス）。新年最初の来客として、一般的に女性は歓迎されないが、前述のイギリスでは例外もある。アジアの一部の国々では、新年最初の来客は裕福で親切な者でなければならない。

⇒各国の項を参照

「新年だよ、チャーリー・ブラウン」*

Happy New Year, Charlie Brown
TV（1986 年）

テレビ放映用アニメーション番組。チャールズ・M・シュルツ作の漫画『ピーナッツ』（*Peanuts*）の登場人物たちをもとにしている。

学校の宿題として、休暇中にトルストイの『戦争と平和』を読むはめになったチャーリー・ブラウンは、どこに行くにもこの分厚い本を引きずっていかなければならず、マーシーとペパーミント・パティが開いた大晦日のパーティへも、やはり件の本を持っていった。彼は前もって「赤毛の小さな女の子」ヘザーをパーティに誘ってあったが、ついに返事をもらえなかったため、パーティ会場でひとりぼっちになってしまう。そして、宿題の本を読んでいるうちに眠り込んでしまう。そのあいだにヘザーがパーティにやってきて、かわりにライナスと踊る。チャーリー・ブラウンが目覚めたときには、真夜中のお祭り騒ぎは終わり、ヘザーも帰ったあとだった。彼は学校が再び始まる数時間前にようやく読書感想文の宿題を終えたが、その努力への評価はＤマイナスだった。次の宿題として、ドストエフスキーの『罪と罰』を読まなければならないと知り、チャーリー・ブラウンは気絶する。

このアニメーションは 1987 年にヤング・アーティスト賞アニメーション部門最優秀若手女優賞（クリスティ・ベイカー）を獲得し、ヤング・アーティスト賞アニメーション部門最優秀若手男優賞候補（チャド・アレン）に選ばれた。

声優：チャド・アレン、クリスティ・ベイカー、メリッサ・グッツィ、ジェレミー・ミラー、エリザベス・リン・フレイザー、アーロン・マンデルバウム、ジェイソン・メンデルソン、ビル・メレンデス／歌手：ショーン・コリンズ、ティファニー・ビリングズ、デザイア・ゴイエット／脚本：チャールズ・M・シュルツ／製作：ビル・メレンデス／監督：ビル・メレンデス、サム・ジェイムズ／リー・メンデルソン - ビル・メレンデス・プロダクション、チャールズ・M・シュルツ・クリエイティブ・エンタープライズ、ユナイテッド・フィーチャー・シンジケートの共同製作／VHS：パラマウント・スタジオ／24 分

「新年に新しい指輪を」*

"A New Year, A New Ring"

アメリカのポップミュージックのデュオ、ポールとポーラことレイ・「ポール」・ヒルデブランドとジル・「ポーラ」・ジャクソンが書いた歌。アルバム『ホリデー・フォー・ティーンズ』（フィリップス、1963 年）に収録された。このアルバムはその年のトップ・クリスマス／ホリデー・アルバムの 13 位となった。歌詞の内容

は、大晦日の真夜中に二人のティーンエイジャーが婚約する。文無し同然だけれど、若きふたりはこの愛が新年になってもそのあともずっと変わらないと信じている。

テキサス出身のレイ・ヒルデブランドとジル・ジャクソンは、シェルビー・シングルトン・オブ・マーキュリーからのデビュー当初はジルとレイという芸名だった。しかし1962年にマーキュリー傘下のレーベルからリリースし初めてのヒットとなったシングル曲「ヘイ、ポーラ」の成功にあわせてレコード会社が二人の芸名を変更し、それが定着した。ディック・クラークのツアー、キャラバン・オブ・スターズに参加したのち、1965年に解散したが、いまでも折々にポールとポーラとしてレコーディングやライブを行っている。

新年にまつわる歌
Songs about the New Year

下記の新年の歌については別々の項目で論じる：「遥か遠き昔」("Auld Lang Syne")、「鐘のキャロル」("Carol of the Bells")、「ハッピー・ニューイヤー」("Happy New Year")、「ハッピー・ニューイヤー、ベイビー」("Happy New Year, Baby")、「ハッピー・ニューイヤー・マーチ」("Happy New Year March")、「ハッピー・ニューイヤー・ポルカ」("Happy New Year Polka")、「ハッピー・ニューイヤー・カードリール」("Happy New Year Quadrille")「ハッピー・ニューイヤー・トゥ・オール」("Happy New Year to All")、「ハッピー・ニューイヤー・ワルツ」("Happy New Year Waltz")、「また新年前夜がきただけさ」("It's Just Another New Year's Eve")、「レッツ・スタート・ザ・ニュー・イヤー・ライト」("Let's Start the New Year Right")、「新年に新しい指輪を」("A New Year, A New Ring")、「ニューイヤーズ・ベイビー（最初の子守歌）」("New Year's Baby（First Lullaby)")、「ニューイヤーズ・ベルズ」("New Year's Bells")、「新年来たり」("The New Year's Come")、「ニュー・イヤーズ・デイ」("New Year's Day")、「ニュー・イヤーズ・イブ 1999」("New Year's Eve 1999")、「新年の挨拶」("New Year's Greeting")、「ニューイヤーズワルツ」("New Year's Waltz")、「古き年は過ぎ去った」("The Old Yare Now Away is Fled")、「鳴り飛ばせ、鳴り狂ふ鐘の音よ」("Ring Out, Wild Bells")、"Soon the Hoar Old Year Will Leave Us"、「ホワット・アー・ユー・ドゥーイング・ニュー・イヤーズ・イヴ？」("What Are You Doing New Year's Eve?")

新年にまつわる詩
Poems about the New Year

以下に挙げる詩についてはそれぞれの項目で詳細に述べる。
「新年のもうひとつの贈り物、あるいは割礼の歌」（ロバート・ヘリック）、「新年を迎える方式」（トーマス・ハーディ）、「闇の中のツグミ」（トーマス・ハーディ）、「旧き年の死」（ロード・アルフレッド・テニスン）、「新年」（エドガー・A・ゲスト）、「サ

ー・サイモン・スチュワードに捧ぐ新年の贈り物」（ロバート・ヘリック）、「新年の朝」（ヘレン・ジャクソン）、「ホワイトホールにおいて王の御前で披露された、新年の贈り物、あるいは割礼の歌」（ロバート・ヘリック）、「古き年、新しき年」（エドガー・A・ゲスト）、「逝く年」（ロバート・W・サービス）、「ガウェイン卿と緑の騎士」（14世紀のロマンス詩）、「大晦日の歌」（ウィリアム・カレン・ブライアント）、「ボヘミアンの乾杯」（ギレルモ・アギーレ・イ・フィエロ）。

「新年の挨拶」

"New Year's Greeting"

ピアノまたはオルガンのソロで演奏される、アメリカのクイックダンスステップ用の曲のタイトル。T・B・ボイヤー作曲。1883年フィラデルフィアにてJ・W・ペッパー社から発表。

新年の挨拶カード

Cards

世界の人々は非常に古くから、祝日の挨拶として、相手が新年に幸せと繁栄に恵まれるよう願う気持ちを表わしてきた。このような挨拶の交換は、エジプトやローマなど古代文明の時代に始まり、その頃から、友人や親戚や権力のある者に対し、新年の幸福を願う言葉とともに贈り物が贈られた（⇒贈り物）。時が経つにつれ、これらは書き言葉で表されるようになり、当初は装飾をほどこした粘土板が用いられ、のちの中世ヨーロッパで

は木版印刷へと形を変えていった。古代中国では元日の訪問を行う際、メッセージの代わりに、訪問者の名前、住所、誕生日を記した正式な挨拶状が相手に提示され、訪問者が辞去する際に回収された。西欧世界で最初とされる新年の挨拶カードが贈られたのは1450年頃のドイツであり、しばしば祝福を授ける子ども時代のキリストを描いた木版画が用いられた。18世紀後期にリトグラフが発明されると、新年のカードは色付きの紙の端に聖書の情景ないし他の喜ばしい図を配したものとなった。キリスト教の影響によって、西欧社会では、より重要な季節とされているクリスマスの挨拶と、それに続く新年の挨拶とが組み合わされるようになり、とくに、現代のクリスマスカードの原型が生まれたイングランドでは、その傾向が顕著となった。したがって、現代の新年挨拶カードは、現代のクリスマスカードと同様の変遷をたどってきた。

19世紀には印刷技術が進歩し、また1840年にイギリスの郵便制度「1ペニー郵便」が誕生したため、比較的安価な祝日の挨拶カードが大量生産されるようになった。印刷された紋切り型のクリスマスおよび新年挨拶カードが生まれる少し前、イングランドの男子生徒は両親に対し、装飾をほどこした用紙にできるだけ美しい筆跡で季節の挨拶をしたためたもの、すなわち「クリスマス・ピース」を贈っていた。1844年には、W・A・ドブソンが手描きのカードを友人に送り、エ

ドワード・ブラッドリー師がリトグラフのカードを知人らに送った。その後、かなり高価なリトグラフ印刷のカードに代えて、時に、印刷した名刺に適切な挨拶の言葉を書き添え、色つきの布片や紙片で飾ったものが用いられるようになった。

　一般的に、世界初の印刷版クリスマスカードは1843年頃に誕生し、その下絵を描いたのはイングランドの画家ジョン・C・ホーズリーだとされている。だが、世界初の栄誉にあずかるのは、ホーズリーではなくウィリアム・エグリーという可能性もある。エグリーが下絵を描いたカードの日付の年代が不明瞭であったため、これまで「1849年」と判読されてきたが、実は「1842年」であった可能性が高い。ホーズリー作のカードは、イングランドの紳士、サー・ヘンリー・コールの依頼で製作されたものであった。当時の礼儀では多くの友人に対し季節の挨拶の言葉を送ることになっていたが、その代わりにサー・ヘンリーはこのカードを送ることを選んだのである。ホーズリーのカードは約8×13cmの大きさで、中央の枠内には、アルコール飲料を口にする幸せそうな家族の様子が大きく描かれていた。絵の下には「A Merry Christmas and a Happy New Year to You（楽しいクリスマスと幸せな新年を）」の文字が配され、家族の絵の左右の枠内には聖書の教えにもある「Clothing the Naked（裸の人々に着物を）」と「Feeding the Hangry（飢えている人々に食物を）」の場面が描か

れている。宗教的な左右の枠の絵にもかかわらず、敬虔な人々の中には、中央の枠の絵が酩酊することを奨励していると主張して激しく非難する者もあった。このカードは1,000枚のみ印刷され、1枚1シリングで販売された。ホーズリーのカードが世に出たあとは、さまざまなカード製作者がクリスマスカードを商品の1つに加えるようになり、1867年には季節の挨拶カードの出版でマーカス・ウォード社が業界のトップに登りつめた。1870年代には、イングランドはクリスマスおよび新年のカードをアメリカに大量に輸出するようになっていた。

　ニューヨーク州オールバニーの印刷会社R・H・ピーズは、1850年代にアメリカ初の国内製クリスマスカードを販売した。このカードには、サンタクロースとトナカイ、贈り物、豪勢なお祝いの料理に彩られた祝日を喜ぶ家族の様子が描かれている。ほぼ同時期に、ドイツからの移民ルイス・プラングがアメリカに入国し、マサチューセッツ州のロクスベリーで印刷会社を興し、クリスマスカード産業をこれまでにない次元まで高めた。多色刷りの技法を進歩させてきたプラングは、最初、祝日の挨拶を添えた有名な絵画のカード・シリーズをデザインし、1874年にそれらをイングランドへ輸出した。このカード・シリーズは大好評を博したため、翌年アメリカ国内でも販売された。プラングの成功には2つの要因があった。1つは1863年に確立された無料郵便制度であり、これが祝日の挨拶

カードを送る強力な誘因となった。もう
1つは、プラングが後援した、多額の賞
金が与えられる毎年恒例のデザインコン
テストで、これを通じてプラングは、自
社のカードをデザインする優れた挿絵画
家を獲得した。さらに、こういった画家
の作品をニューヨークのアメリカン・ア
ートギャラリーに展示し、1枚1ドルで
販売される約 18 × 25cm のカードに世
間の関心が集まるよう仕向けた。だが
1890 年までには、ドイツの競合各社が
製作する安価なカードが出まわり、プラ
ングはクリスマスカード市場から締め出
されてしまった。

　現在アメリカにはカード製作会社が
3,000 社ほどあり、アメリカの消費者は
毎年、計約 70 億枚のカードを購入して
いるが、このうち季節の挨拶カードと日
用のカードの販売数は、ほぼ均等である。
驚くにはあたらないが、クリスマスおよ
び新年の挨拶カードは、季節の挨拶カー
ドの販売数のうちおよそ 60％すなわち
約 20 億枚を占めている。電子工学技術
が進歩し、インターネットへの接続数が
飛躍的に伸びたことにより、1990 年代
後半には電子グリーティングカード、す
なわち「E カード」と呼ばれるものが出
現した。また、小型コンピューターチッ
プを内蔵し、カードを開くと予め記録さ
れたメッセージや人気の曲が再生される
タイプのものも生まれた。21 世紀に入
ってアメリカの第 1 種郵便料金が値上げ
され、E メールが普及したにもかかわら
ず、アメリカの 90％の家庭が今なお紙

の挨拶カードを購入している。

　現在では、暦上の元日がいつであろう
と、ほぼすべての文化・宗教の新年、例
えば春節やローシュ・ハッシャーナー、
ディワリなどに際しても、必要なカード
を入手することが可能である。

「新年の朝」*
"New Year's Morning"

　米国の作家ヘレン・ハント・ジャクソ
ン（1830 ～ 1885）の詩。カリフォルニア
南部で政府により虐げられる先住民を擁
護する活動をしていた。その信念に基づ
いて書いた有名な 2 作が詩「不名誉な世
紀」（"A Century of Dishonor"、1881 年）と
小説『ラモーナ』（*Ramona*、1884 年）。

　「新年の朝」では擬人化された「旧年」
が己の運命を呪い、「新年」が享受する
ことになるすべての変化を妬む。新たに
昇る太陽は我々を勇気づけ、新たな始ま
りと清々しい幕開けをもたらしてくれ
る。

「新年の朝」

1.　一夜にして古きが新まるとは！
　　わずか一夜の仕事とは！
　　旧年の心臓は弱まりつつあった
　　だがひとりごつ
　　「新年が安息をもたらした」
　　旧年は心の休息を求め
　　墓に入ったが、ひとり信ずる
　　「新年の冠を飾る花は
　　死の灰から生まれしもの」

旧年の心は欲に満ちていた
己のために狂おしく求め
ひとり叫んだ
「求めた半分も満たされていない。
癒えることのない激しきこの渇き
だが一方、物惜しみせぬ新年の手には
あり余る贈り物が返されるだろう
新年は真の愛を知るだろう
俺の過ちによりやつは学ぶ
俺は破天荒だったが
やつの人生は静謐で平穏で汚れがない
俺は奴隷。やつは自由。
俺の波風の後を心地よく進む」

2.　一夜にして古きが新まるとは！
こんな変化をもたらす夜はない
旧年には旧年の仕事があり
新年のような奇跡は起きなかった

3.　かならず一夜で古きが新まる
夜と癒しの眠りよ！
どの朝も新年の朝の願いし姿
祝祭の朝はつづく
夜はすべからく聖なる夜となり
罪を告げ心改め祈る
日々はすべからく聖なる朝で始まる
あふれる陽光に新たな喜びが宿る
一夜にして古きが新まる
夜に眠りて朝に目覚めただけで
だが新しきは古きの願いし姿
日が昇ればかならず新年が生まれる

『新年の大掃除』*

New Year's Clean-Up
TV（2001 年）

　アメリカ / カナダの公共放送局のアニメシリーズ〈中国のシャムネコ、サグワ〉（*Sagwa, the Chinese Siamese Cat*、2001 〜 2002 年）の 1 話。1 話 11 分の 30 分番組が 40 回放映され、全 79 話となった。中国の文化を垣間見つつ、人生において重要な家族への義務と忠誠について学ぶことができるアニメで、原作はアメリカ人のエイミ・タンによる児童文学作品『中国のシャム猫』*（*The Chinese Siamese Cat*、1994 年）。

　1900 年頃、清朝の中国を舞台に雌の子どものシャム猫サグワ（Sagwa：中国語の Sha Gua「物言わぬメロン」が由来）の冒険を描く。サグワは地方の村の「愚かな行政官」の宮殿に親・兄弟とほかの猫とともに住んでいる。2001 年 9 月 4 日に初めて放映された『新年の大掃除』では、春節を迎えるために行政官が宮殿の大掃除を命じる。ところが鼠の足跡が見つかり、行政官は鼠の駆除を大々的に始める。サグワは鼠の巣を見つけて猫としての務めを果たそうとするが、ずるがしこい鼠はサグワと協定を結ぶことで難を逃れる。ところがその後、鼠が行政官の好物の餃子をだいなしにしてしまったため、サグワはだまされたと悔やんで鼠を追う決意をする。最後はサグワの父親のパーパ・マオ（中国語で「父親猫」の意）が教訓を述べて物語を締めくくる。

　このアニメシリーズは以下の賞を受賞している。シカゴ国際映画祭シルバー

プラーク（2001年）、デイタイム・エミー賞アニメーション番組個人部門（2002年）、ヒューストン国際映画祭ファミリー・チルドレン・テレビシリーズ部門銀賞（2002年）。

声優：ホーリー・ゴーサー・フランケル（サグワ）／監督：ジョゼフ・ジャック／CINARアニメーション、シネグループ・カナダ、インダストリアルFXプロダクション、アメリカ公共放送、セサミ・ワークショップ／DVD：『新年の大掃除』はPBSホームビデオのアニメシリーズ〈サグワ：ネコの話とおいわい〉（*Sagwa: Cat Tales and Celebrations*）に収録／105分

新年の贈り物

New Year's Gifts
　⇒ 贈り物

新年の決意

Resolutions

　新年の初めに、個人やグループが自分たちの生活の状況改善、欠点修正を目指して立てる約束で、理想を掲げることもある。大晦日の年が変わる直前か変わった瞬間に立てるのが慣例だが、新年になったとたんに破る慣例もある。マーク・トウェインは次のように記している。「元日：恒例の、年に一度の良き決意を新たにする時。翌週にはいつもどおり、その決意を地獄に敷き詰めていくのだろう」。とはいえ、新年の決意は多くの者に、より良い明るい未来のための希望や肯定的な自尊心を与える。

　広義では、新年の決意は何千年も前から世界の文化や文明のあるところに必ず存在してきた。古くは古代メソポタミアの人々が、新年になる前に物事を整理し、家の掃除をし、借りた物を返し、借金を返済し、壊れた関係を修復する決意をしている。こうした義務や決意を果たすことが、来るべき年に幸運と繁栄をもたらし、神の恵みを得るとされていた。このような習慣は、現在も多くの文化に見られる（⇒各国の項参照）。

　宗教改革から誕生した急進派としての英国のピューリタンは、西洋の近代における新年の決意の下地をつくったとされる。中世のクリスマスや新年は、古代ローマのサトゥルナリア祭に似て、かなりのお祭り騒ぎや不摂生が見られた。こうした宴会、飲酒、賭け事、仮装パーティをピューリタンは禁止した。1559年にエリザベス1世（在位1558〜1603）が英国国教会内での旧教と新教改革との折衷案を確立して以来、聖書に前例のないキリスト教徒の祝日を非難していたピューリタンは、より根源的な教義への転換を求めるようになった。1642年、クリスマスを完全に排除することを含めた改革を求め、ピューリタンは当時の国王チャールズ1世に対して反乱を起こした。1644年、議会の支配権を獲得し、1649年に国王を反逆罪で処刑、1653年に、革命において軍事的に活躍したオリバー・クロムウェルの指揮のもと護国卿政治を開始した。

　ピューリタンの統治期、祝日にはお祭り騒ぎをするものと考える者、祝日に教

会の特別礼拝に参列した者や仕事を休んだ者は、厳しい処罰を受けた。必要とあらば武力も行使して祝日の浮かれ騒ぎを排除しようとする一方で、ピューリタンは新年を迎える時を、神に捧げる礼拝によって自省、祈り、改悛、魂の再生をする時とみなしていた。1658年にクロムウェルが死亡して護国卿政治は崩壊するが、その後長い年月が経過した18、19世紀にも、福音主義のプロテスタントグループは、祝日の不摂生を非難し続けた。この頃には、祝日は基本的に大晦日に移り、宗教グループは礼拝を行い敬虔な決意をするようになった。当時の典型的な決意は、1896年に発表されたパーマー・ハートリー（1844〜1932）による讃美歌「私は心に決めた」（I am Resolved）の歌詞に表れている。

われは救世主の元に赴こう
わが罪と争いをあとに残して
彼は真の者、ただ一人の者
彼は命のことばを持つ

　プリンストン大学宗教学助教授のリー・エリック・シュミット博士によると、新年の決意は20世紀に入る頃から幅広く世俗的な範囲にまで広がったという。もはや霊性の高まり、信心のためだけに捧げられたものではなく、個人の健康や財政状態、ひいては生活全般の向上を目指すものとなった。米国政府によると、現在は、体重減少、個人の負債の削減、貯金、よりよい職探し、健康、正しい食生活、よりよい教育、節酒、禁煙、ストレス軽減、休暇をとる、地域活動への参加などを新年の決意とする者が多い。

　しかし、新年の決意を新たにする人のうち、実際に実現に至るのは1割以下である。ライフコーチやカウンセラーは、そうした挫折を克服するためのさまざまな助言をする。たとえば、決意のリストを作り、家や職場の目に触れやすい場所に貼って、常に注意を促す。決意が理想を描いたただの夢ではなく、実行すれば配偶者や友人や雇用主を喜ばせるだけではなく、本人にとって有益であることを確認する。決められた目標に到達するための段階的な計画を立てる、などである。

　⇒除夜の礼拝、ファーストナイト

新年の祝砲
Shooting in the New Year

　ヨーロッパや南北アメリカ各地で見られる古くからの慣習。年明けをたたえて、銃などの火砲器を手当たりしだいに発砲する。クリスマスの到来を知らせるためにも、しばしば繰り返される慣習でもある。かつて古代の異教徒が、めでたいときに大きな音で悪霊を脅して追い払おうとしたことに由来する。

　ヨーロッパからの移民が祝砲の慣習をもたらしたアメリカ植民地では、初期に広まったのは田舎だったため、さしたる問題は起こらなかった。しかし、ニューヨークのような都会で人気が出てくると、1675年に新年の祝砲が禁止され、1785年にはさらに州法によってクリス

マスの祝砲も禁止となった。ペンシルバニアでも1774年に同様の法律が議会を通過している。そうした法律にもかかわらず、祝祭中に手当たりしだいに発砲する慣習は19世紀に入るまで続き、うろつきまわる酔っ払いや仮装して通りや居酒屋でけんか騒ぎを起こす人々がつくり出す都会の騒ぎに祝砲が加わった（⇒カリサンピアンズ）。興隆してきた中流階級は祝祭の社会的、家庭的、宗教的側面を支持する傾向にあり、19世紀後半のアメリカの都会での発砲の抑制に一役買った。

　⇒中南米とカリブ海諸島、ヨーロッパ諸国の項

新年の吹奏
Blowing in the New Year

　ドイツおよびオーストリア、またスカンジナビア半島の一部で見られる大晦日の伝統で、金管楽器のアンサンブルが教会の塔の上で讃美歌を合奏し、新年を告げる行事。この慣習は、冬至から年末の祝祭にかけて、大きな音を立てて闇の霊を追い払うという、異教信仰に由来する。

「新年のネッド」
"New Year's Ned"
TV（1998年）

　カナダ／ドイツのテレビアニメシリーズ〈ネッズニュート〉（Ned's Newt）の中の1話。〈ネッズニュート〉は、1998年から1999年までテレトゥーンとフォックス・ネットワークで放映され、1話の

長さは11分。フレンドリーフォールズという町で、ネッド・フレムキンという少年とそのペットのイモリ、ニュートンが繰り広げる物語。ニュートンは、ネッドからジッポーというヤモリの餌をあたえられすぎて230kgのモンスターに成長する。いたずら好きで食いしん坊のニュートンは、体の形を変えて追跡の手を逃れたり、ちびのネッドをいじめっ子から守ったりする。こうしてネッドとニュートンの間には永遠の友情が芽生える。

　1998年から1999年の間にこのシリーズはカナダのジェミニ賞で最優秀アニメ番組・アニメシリーズ賞と最優秀子どもと若者のための番組脚本賞の候補となっている。1999年にはシリーズがカナダ脚本家組合賞を受賞した。

　「新年のネッド」（1998年11月4日放送）では、町で毎年恒例となっている新年の野外劇で、ネッドが元日生まれの子の役に選ばれてしまった。ネッドは恥ずかしいと嫌がるが、もし誕生日がネッドより元日に近い子が生まれれば、忌まわしい役目を逃れられる可能性もある。こうしてニュートンが一肌脱ぐこととなる。
主な声優：ハーランド・ウィリアムズ、ロン・パルド、トレイシー・ムーア、キャロリン・スコット、ピーター・ケレガン、トレイシー・ライアン／脚本：アラン・ダニエルズ、ヒュー・ダフィー他／製作：ビンス・コミッソ／監督：リック・マーシャル／製作：ネルバナ社／VHS：全3巻各45分／販売：パラマウントビデオ

新年の場面がでてくるが、タイトルには現れていない映画

Movies with New Year's Scenes but without New Year's Titles

意図なくして新年の場面がでてくる映画は数多い。以下の注目すべき作品は別に項目立てして扱っている。

『アバウト・ア・ボーイ』(*About a Boy*、2002年)、『ぼくらのママに近づくな!』(*Are We There Yet?*、2005年)、『アサルト13 要塞警察』(*Assault on Precinct 13*、2005年)、『ワンナイト・オブ・ブロードウェイ』(*Bloodhounds of Broadway*、1989年)、『ブック・オブ・ライフ』(*The Book of Life*、1998年)、『ブリジット・ジョーンズの日記』(*Bridget Jones's Diary*、2001年)、『ディナー・フォー・ワン』*(*Dinner for One*、1963年)、『エンド・オブ・デイズ』(*End of Days*、1999年)、『フューチュラマ』(*Futurama*、1999年)、『ハヴ・プレンティ』*(*Hav Plenty*、1997年)、『スイング・ホテル』(*Holiday Inn*、1942年)、『軽率』*(*Indiscreet*、1931年)、『汝の隣人を愛せよ』*(*Love Thy Neighbor*、1940年)、『パリ行き夜行列車』*(*Night Train to Paris*、1964年)、『1999』(*1999*、1998年)、『最も困難な道』*(*The Path of Most Resistance*、2006年)、『ピーターズ・フレンズ』*(*Peter's Friends*、1992年)、『第二案』*(*Plan B*、1997年)、『ポセイドン・アドベンチャー』(*The Poseidon Adventure*、1972年)、『恐怖の一年』*(*Repeat Performance*、1947年)、『病気の家』*(*Sickness House*、2006年)、『ストレンジ・デイズ/1999年12月31日』(*Strange Days*、1995年)、『ストレンジ・プラネット』*(*Strange Planet*、1999年)、『王様の剣』(*The Sword in the Stone*、1963年)、『200本のタバコ』(*200 Cigarettes*、1999年)、『恋人たちの予感』(*When Harry Met Sally*、1989年)

⇒タイトルに「新年」が出てくる映画

新年のパレード

New Year's Day Parades

⇒パレード

新年の抱負

New Year's Resolutions

⇒新年の決意

「新年の抱負」*

"The New Year's Resolution"

TV（1983年）

イギリスのテレビアニメシリーズ〈ヘンリーズ・キャット〉(*Henry's Cat*、1982～1985年)の中の1話で、5分間の作品。番組は全5「シリーズ」で51話が放映された。「イエローキャット」と呼ばれるだけで名前のない、ののほほんとした大食いの黄色いネコと、その仲間と敵が繰り広げる騒動が描かれる。ネコの飼い主「ヘンリー」は画面には登場しない。このネコの顔は上から順に猫の鳴き声を表す「MIIOW」という文字でできている。「M」がふたつの耳、「II」が目、鼻は大きな「O」、横長の「W」が口。はじめは白い背景にフェルトペンで描かれた絵が動く5分間の話だったが、それが一般的なセル画の15分アニメーションに発展した。1984年、このシリーズは英国

アカデミー賞のショートアニメーション部門で最優秀賞を受賞した。「新年の抱負」（シリーズ2）では、いつでもたらふく食べて飲むと決め込んでいたヘンリーズ・キャットが、テレビの健康番組を観て努力すれば健康になれると気づく。そして、仲間と一緒にチャリティ・イベントとして後ろ向きジョギングを始めようと決心する。
製作、脚本：スタン・ヘイワード／ナレーター、製作、監督：ボブ・ゴッドフリー／ボブ・ゴッドフリー・フィルムズ社。51話すべてを収録したDVDはイギリスのみで発売。

「新年のもうひとつの贈り物、あるいは割礼の歌」＊

"Another New-yeeres Gift, or Song for the Circumcision"

　イングランドの詩人ロバート・ヘリック（1591～1674）作の詩のタイトルで、宗教的な作品を編んだ詩集、『聖なる詩集』＊（Noble Numbers、1648年）の一篇として出版された。前述の詩集で「新年のもうひとつの贈り物」は「ホワイトホールにおいて王の御前で披露された、新年の贈り物、あるいは割礼の歌」＊に続く形で掲載されている。後者の注釈には、イングランドの作曲家ヘンリー・ロウズ（1595～1662）がこの詩に曲をつけたと記されているため、「新年のもうひとつの贈り物」のためにも曲が作られた可能性がある。「新年のもうひとつの贈り物」は元日だけでなく、キリストの割礼にも焦点を当てた作品である。1月1日

は伝統的にキリストが割礼を受けた日とされ、キリスト教の多数の宗派がこの日にキリストの割礼を祝う。

「新年のもうひとつの贈り物」

1.　去れよ、去れ、神を汚す者。不浄な何
　　物をも
　　この場に持ち込んではならぬ
　　この聖なる〈地〉に
　　みじんの〈パン種〉も潜んではならぬ

2.　穢れたものや、罪で腐り果てたものを
　　全て捨て去ってから、入ってくるがよい

コーラス：
　　だが、降誕節の祝宴を始めてはならぬ
　　汝らがその心、手、唇、耳、そして目を
　　包む皮を切り捨てて、浄めを受けぬう
　　ちは。

3.　しかる後、心せよ、芳香に満ちた〈祭壇〉
　　のごとく、
　　全てのものが、うるわしく清くなるように
　　なぜならば、ここに〈幼子〉がましま
　　すから、
　　もし少しでも悪臭を放つもの、穢れた
　　ものが見つかれば
　　（花嫁のごとく）死ぬほどに顔赤らめて
　　恥じ入ろう。

コーラス：
　　部屋には香が焚きこめられている。助
　　けよ、助けよ、

御国よ来たれと祈れ、我らが煙の雲で
〈神殿〉を満たす間に。

4.　さあ、来るがいい、そしてやさしく触れよ
　　〈降誕〉された〈彼の方〉に、〈天〉と〈地〉
　　の〈主〉なる方に。

5.　そして、やさしく抱け、〈彼の方〉を、
　　愛らしき〈御子〉は血を流されている
　　　がゆえに。
　　哀れ、いたわしき〈幼子〉よ。〈厩〉から
　　〈血潮〉のなかに〈乳香〉をもたらされ
　　　し方。全ての者にとり、
　　最上の新年の〈贈り物〉である方よ

6.　ともに〈幼子〉に祝福あれと祈ろう、
　　そして、賛美の歌を捧げ、〈王〉に祝福
　　　あれと祈ろう

コーラス：
　　〈彼の方〉の命が長くあるように。その
　　　新しき年が
　　古き年の三倍にも増し加えられたと、
　　　〈彼の方〉ご自身がお告げになるまで。
　　そして、それが成就されたとき、〈彼
　　　の方〉の穢れなき炎より
　　よみがえった〈不死鳥〉が再び高く舞
　　　い上がろう

　　ロバート・ヘリックは「乙女らよ、咲
き出た薔薇を摘むのです。相も変わらず
駆けていく『時』の奴」（『ヘリック詩鈔』
森亮訳、岩波文庫）の句で始まる「乙女
たちに」の詩でとくに有名。ヘリックの

詩「ホワイトホールにおいて王の御前で
披露された、新年の贈り物、あるいは割
礼の歌」と「サー・サイモン・スチュワ
ードに捧ぐ新年の贈り物」については、
それぞれ別に立項した。

新年坊や
Baby New Year

　来るべき新年の若々しさや新しい命
を、神話風に擬人化した存在。半裸の赤
ん坊、あるいはよちよち歩きの幼子が、
新しい年の年代を示す飾り帯を肩にかけ
た姿で描かれる。時の流れの速さを示す
ために、翼を生やした姿で表されること
もある。また、老いた相方である時の翁
と対で描かれることもある（⇒時の翁）。

　新年を象徴する幼児像の間接的な起源
は、古代ギリシアの毎年の祭典、大ディ
オニュシア祭にまで遡る。この祭典は厳
密な意味で新年の祝いとはいえないが、
葡萄酒と豊穣の神ディオニュソスの、冬
の死と春の復活を記念して祝うもので、
ディオニュソスの誕生は脱穀籠（箕）の
中に寝かされた幼子の姿で描かれる（⇒
ギリシア）。また、イギリス諸島の秋の収
穫祭においても、赤ん坊のような像が見
られたが、これは畑から最後に刈り入れ
た麦束に特別な意義を与えるものだっ
た。最後の麦束で作られ、白いドレス
を着せられた人形は「カーン（コーン）・
ベイビー（小麦の赤ん坊）」と呼ばれ、大
地の女神コーン・マザーの魂が備わって
いると信じられていた。この像は、ギリ
シア神話の農業の女神デメテルから生ま

れたとされる。

　ガスターによれば、新年のシンボルである
この赤ん坊をアメリカに持ち込んだ
のはドイツ系移民であり、彼らの音楽の
中に、こういったシンボルを歌った世に
知られていない 14 世紀の民衆のキャロ
ルがあったという。

「新年を迎える方式」

"At the Entering of the New Year"

　イギリスの作家トーマス・ハーディ
（1840 〜 1928）の詩。ハーディは、『テス』
（*Tess of the D'Urbervilles*、1891 年）や『日陰
者ジュード』（*Jude the Obscure*、1895 年）な
どの古典小説で知られる。「新年を迎え
る方式」では、若者の新年と年配者のそ
れとを対比している。前者は陽気に浮か
れてお祭り騒ぎをするが、それに反して
後者は年ごとに近づいてくる死に思いを
いたす。

新年を迎える方式

Ⅰ　（旧方式）
1.　私たちの歌声は、煙突をのぼって流れ
　　出し、
　　家へ帰った農夫たちの胸を高鳴らせた
　　私たちのアルマンド、輪踊り、ブーセ
　　　ットが、
　　私たちが手を交差させ、その手を戻す
　　　動きが、
　　開き窓からリズミカルな振動を送り出
　　　して、
　　雪のつもる街道まで響かせた

　　夜に道行く旅人たちは、足を止めて、
　　　つぶやいた
　　「あいつら、いつまでもにぎやかにやっ
　　　てるな！」

2.　コントラバスの規則正しい低音は、
　　柵を越えるたびに速さを増して、教区
　　　じゅうに広がり、
　　羊に出産をさせる羊飼いにも、
　　こそこそと猟場を巡る密猟者にも届き、
　　私たちの歓びの楽の音が
　　誰の耳にもたっぷりと注ぎこまれ、
　　〈時〉は、私たちの陽気な様子に迎えら
　　　れた
　　〈末頼もしい若者〉の外衣を脱がせた。

Ⅱ　（新方式）
3.　私たちは、松の木かげの暗がりに佇む
　　そよめく風の気まぐれのため、耳に届
　　　いてはかき消される、
　　くぐもった鐘の音に聴き入るかのように、
　　だが、私たちが本当に耳を傾けていた
　　　のは、ひそひそと洩れてくる言葉
　　薄暮の中におぼろげに現れ、私たちの
　　　目には
　　失われた〈人間らしい心〉を形にした
　　　ように見える
　　外套をまとった亡霊が、
　　間近に迫る年に向かって、ため息まじ
　　　りに語る言葉、

4.　「ああ、入ってこないでくれ、入ってこ
　　　ないでくれ
　　苦労を知らず、疲れも知らぬ、穏やか

で麗しい〈若者〉よ、

星くずがおまえの周りにきらめいてい
るが、

おまえがここへ入ってくることなど、
望んでいない。

神秘の者よ、門を開けてはならない、

私たちがひた隠しにするものを、告
白せねばならぬのか？

良き友よ、おまえに咎のあるわけで
はないが、

おまえと語ることなど何もない。

⇒闇の中のツグミ

シンハラ暦

Sinhalese Calendar

⇒暦・スリランカ

新ヤムイモ祭り

New Yam Festival

⇒ナイジェリア

スイス

Switzerland

　元日は1月1日。フランス、ドイツ、イタリアの3文化が主流で、住民もその3系統が融合している。それぞれが母国の伝統とよく似た方法で新年を祝う。州と準州によっては、国内でもひじょうに珍しい新年の伝統を守っているところがあり、ここではそれについて述べる。こうした風習の多くはその起源や意味が古くに失われているが、古代の異教の儀式から始まっていると信じられている。か

つては冬至に、厄払いの儀式と春の到来を望む豊穣の祭りが行われていた。こうした風習はいまでは迷信的な意味合いを失ったものの、地域の新年の重要な伝統として残っている。

ジルヴェスターアーベント(Silvesterabend:「ジルヴェスターの夜」、大晦日)　聖シルウェステルの日から派生した呼び名で、12月31日にあたる(⇒聖シルウェステルの日)。子どもたちはこの日にはとりわけ早起きをする。というのは、寝坊をすると不名誉な「シルヴェスター」というあだ名をつけられるからである。ジュネーブでは人々がサンピエール大聖堂の前に集まり、真夜中に鐘の音に耳を傾ける。その鐘のなかには、ヨーロッパ最古で最も美しいとしてスイス人の間で評判の「ラ・クレメンス」がある。鐘が鳴り響くなか、人々は通りで踊り、友人たちと新年の祝福の言葉をかけ合う。

　以下、さらに風変りなジルヴェスターアーベントの風習について述べる。

アヘトリンゲレ (Achetringele:「Ringing Down」)　ベルン州ラウペンの伝統で、冬至に邪悪なものを追討した古代ケルトの儀式に由来する。2つに分かれた少年グループからなる儀式で、1つのグループは長いほうきとふくらませることができる動物の膀胱を身に着けた「ほうき男」の扮装をし、もう1つは白い寝間着にとんがり帽子で腰にカウベルをぶらさげた「鐘の鳴らし手」になる。両グループとも地元の丘にある城に集まり、新年の願い事を口にしながら大きな音で鐘を鳴ら

して街中へと入っていく。広場を通るごとに立ち寄って、リーダーが伝統的な新年の挨拶をして人々に窓を開けるようにすすめる。悪い気を送り出し、良い運を入れ、娘たちには恋人ができるようにするためである。このとき、少年たちは娘たちを追いかけてその背中を膀胱でたたく。これは、いまでは忘れられている豊穣の儀式である。

アルトヤールセセル（Altjahrsesel：「古い年のロバ」） ベルン州シュワルツェンブルクの伝統。邪悪なものを一掃する贖罪のヤギのテーマの変形例。ロバ（古い年の邪悪なものの象徴）に扮した人物と、それを「鞭で打ったり」「たたいたり」する人々が登場し、ロバは「死」に導かれて消えていく。ほかの登場人物には、新郎新婦（新年の喜びの象徴）、悪魔、聖職者とヒンネフルフラウエリという美しい表の顔と醜い後ろの顔（それぞれが新年と旧年の象徴）を持つ女性がいる。

グルュメラス（Glümeras） 下エンガディン地方シュクオルの伝統。村人たちは、手作りのロウソクを樹皮かくるみの殻にのせて小舟を作り、村の泉に流す。

ノイヤールスドレッシェン（Neujahrsdreshen：新年の脱穀） アールガウ州ハルウィルの風習。20世紀に入って、新年の「脱穀」が広まったが、ハルウィル以外の都市では衰退している。午後11時50分までに、村人たちは街の上の丘で焚いた大きなかがり火の周りに集まり、8人の脱穀者が火の前でリズミカルに脱穀板をたたき始める。日付が変わる直前にたたくのをや

めるが、新年の到来とともに、もっと激しくたたき始めて、悪い霊を「たたき出す」。儀式のあと、脱穀者は地元のパブでドロシェルズヌミ（「脱穀者の軽食」）を楽しむ。

ジルヴェスタークロイゼ（Silvester-kläuse） アッペンツェル・アウターローデン準州で行われている風習。ふつうは12月31日に行われるが、この地の新教徒の多くは伝統的にユリウス暦の「旧暦の大晦日」にあたる1月13日に行う。ユリウス暦は現在、グレゴリオ暦の13日遅れになっている（⇒暦・ローマ〔ユリウス〕、暦・グレゴリオ）。ユリウス暦に従った祝祭は、1582年にローマ・カトリック教会がグレゴリオ暦を採用したときに、新教徒が当初拒絶したことを連想させる。ジルヴェスタークロイゼは風変りなクロイゼ（仮装）を身に着けて大騒ぎをして、冬の暗闇に潜む悪い霊を追い払うという異教の信仰に由来する。クロイゼが最初に話題になったのは、18世紀半ばのウルネッシュで、それが凝った物乞いの儀式へと発展し、当初は教会が禁止したものの、結局大晦日だけ許されるようになった。

　もっとも複雑なジルヴェスタークロイゼの儀式は、ウルネッシュ市内と周辺で執り行われる。3種のクロイゼに扮するのは男性だけで、シエーネ（Schöne：「美」、アッペンツェルの暮らしを3次元のミニチュアで表した大きな頭飾りをつけた男性か女性）、ウーシュティ（「醜い」の意。森の植物に身をつつみ、動物の牙や角のついた

仮面をかぶる）、シュー・ウーシュティ（「それほど醜くない」の意。マツの枝と葉に身を包みマツカサのウロコのような仮面をつける）である。腰まわりにロルスシェレン（大きな丸い鐘）をつけるか、胸と背中にセントムシェーレ（牧夫用の大きな鐘）をくくりつけている。クロイゼは数人でかたまって家から家へと訪ね歩き、ヨーデルを歌ったり大きな音で鐘を鳴らしたりしながら新年の祝福を伝える。見返りに、砂糖や香辛料を入れたホットワインをもらいストローを使って仮面の口からすする。金を受け取ることもある。

ジルヴェスターウムツク (Silesterumzug)
ザンクト・ガレン州ヴィルの伝統で、始まりは1818年に遡る。当時、市当局はすべての家々に対して、安全ランプを手元に置き、緊急時には表に並べるように命じた。法を守っていることを示すため、家々は大晦日の午後6時から7時まで、外に火のついたランプを並べることになっていた。こうして伝統が生まれ、子どもたちが凝ったランタンをつくり、大晦日の同じ時間に通りを練り歩くようになった。太鼓の音に合わせて、参加者は新年のキャロルを歌い、ジルヴェスターマン（人の形をしたお菓子）をもらう。元日には審査員が、いちばんよくできたランタンを選んで表彰する。

トリチェルン (Tricheln：「鐘を鳴らす」)
ブリエンツ湖の東端にある村々で、大晦日だけでなく、クリスマスと新年の間に行われている伝統である。人々は鐘や太鼓を使って、邪悪なものを追い払う。

ノイヤールスターク (Neujahrstag：「元日」)
地域によって伝統は異なるが、一般的には、アマチュア劇と友人の訪問で明け暮れる。子どもたちはグループで家から家をまわり、新年のお祝いや歌を披露してごほうびをもらう。ガチョウの首、レーズンパン、ビルウェゲ（洋ナシのパイ、洋ナシとレーズンをたっぷりつめたパン）が人気のメニュー。田舎ではいまも、新年最初の客など（女性だと悪運を、男性か子どもだと幸運をもたらす）の新年の迷信を守っているところがある。

　以下は元日以降の奇妙な習慣について論じる。

ベルトルドスターク (Berchtoldstag：「ベルトルトの日」)　1191年にツェーリンゲン大公ベルトルト5世によってベルンが創設されたことを記念する日で、1月2日にあたる。伝説によると、大公は狩りに出かけ、新しい都市に最初の獲物だった熊（ドイツ語で Bär）の名をつけたという。この日は多くの地域で、木の実のご馳走を食べ、木の実でゲームをし、伝統的な歌や踊りを楽しむ。子どもたちは、4つの木の実を組み合わせた上に5つめの木の実をのせるホックスという遊びをする。木の実が重要視されるようになった起源ははっきりしていない。同じく起源は不明だが、ハルウィルではこの日にバルチェリターク（Bärzelitag）という風習がある。この日には、15人の未婚の大人がいたずらや悪ふざけをする。5人は「グリーン」（春と命の象徴）の仮面を、5人は「乾いた茶色」（冬と死の象徴）

の仮装をする。『スイスのクリスマス』*（*Christmas in Switzland*）によると、残りの5人はラクダとその乗り手に扮するという。

ペルツマルティガ（Pelzmartiga：「毛皮市」のようなもの） ベルン州カンデルシュテグでクリスマスと元日に行われている伝統。この山間の村は長年にわたって、自然災害、飢饉、子どもの死亡率の高さ、野生動物の攻撃などに悩まされてきた。村人たちは恐ろしい存在に扮して、災害や災難を避けるように大きな音を立てたり、通りを練り歩いて怯えている子どもたちを楽しませたりする。扮装はマツの緑、物乞い、戦争で負傷した者、「子どもを食べる者」「くず屋」だったり、毛の生えた野生動物だったりする。こうした人々を集める男は、上品な衣装に身を包みながら鞭を振るう。男は、すべての人々を見守り守ってくださっていると人々が信じている神を象徴している。

ツヴァイト・イエナ・ブルッフ（Zweit Jenner Bruch：「1月2日の習慣」） シュワンデンの伝統で、起源を19世紀半ばに遡る。大晦日に人の家の前で歌う物乞いがよく行われていた厳しい時代を思い起こさせる。伝統的な歌が「ソーセージのために歌う」であるため、物乞いたちはヴルストベッテルン（「ソーセージを乞う人々」）として知られるようになった。第二次世界大戦で物乞いの習慣はなくなったが、1月2日の夕方に村の未婚男性たち（ひき続きヴルストベッテルンと呼ばれる）がまとまって地域のすべての家（評判のよくない家は除く）を訪ね歩く伝統が生まれた。男たちはアコーディオン弾き二人を引き連れて、独身女性の顔に雪を塗り付けたり、彼女たちを雪の吹きだまりに投げ込んだり、前年の出来事を皮肉ったりといった、さまざまないたずらをする。家々は男たちに硬貨や棒にかけたソーセージの輪を与え、ヴルストベッテルンはこの戦利品を使って次の土曜日に独身女性を呼んでダンスパーティやソーセージの食事会を催す。

新年の挨拶には次の言い方があり、以下の言語はすべて公用語である。

- 「ボナネ（Bonne Année）」フランス語
- 「アイン・グーテス・ノイエス・ヤー（Ein gutes neues Jahr）」ドイツ語
- 「フェリーチェ・アンノ・ヌオーヴォ（Felice Anno Nuovo）」イタリア語
- 「アレゲール・ブマウン（Allegher Bumaun）」ロマンシュ語
  ⇒イタリア、ドイツ、フランス

『スイング・ホテル』

Holiday Inn
映画（1942年）

大晦日のシーンがあるミュージカル映画。ビング・クロスビー、フレッド・アステアが、歌って踊るショーチームの一員として主演を務めるクリスマス映画の古典。二人が地方で経営する、祝日のみ営業のまさに「ホリデー・イン」（映画の原題）を舞台に、アメリカの作詞・作曲家アーヴィング・バーリンの曲にのせてアメリカの主要な祝日を描く。新年の

シーンの曲は「レッツ・スタート・ザ・ニュー・イヤー・ライト」。この曲は別に項目立てしてある。

アカデミー歌曲賞「ホワイトクリスマス」（1943年）、アカデミーミュージカル部門作曲賞候補（1143年）、アカデミー原案賞候補（バーリン、1943年）。
原案：アーヴィング・バーリン／脚本：クロード・ビニヨン、エルマー・ライス／プロデューサー兼監督：マーク・サンドリッチ／パラマント・ピクチャー／DVD（ユニバーサルスタジオ）／B&W/101分

スウェーデン
Sweden

元日は1月1日。スウェーデンのクリスマスの祝祭は親族だけで祝うのに対して、ニューオシアフトン（Nyårsafton：大晦日）は家かレストランやクラブでにぎやかなパーティを開いて友人と祝う。伝統的なメニューは、ロブスター、甲殻類、スパークリングワインで、このパーティのために購入した新しい服に身を包んだ人々が集う。夕食では、行く年と来る年について語り合うのが習慣である。12時ちょうどに乾杯をして、新年の決意を新たにし、紙テープを投げたり、鳴り物を鳴らしたりして、新年に晴れやかに鳴り響く大聖堂の鐘を聞きながら、公共の場や個人であげた花火を見る。テレビでは寸劇や特集映画を放送し、伝統的にストックホルムのスカンセン野外博物館からのライブ映像を放送する局もある。スカンセンでは、有名な舞台俳優がアルフ

レッド・テニスンの詩、「鳴り飛ばせ、鳴り狂ふ鐘の音よ」の朗読を行う。ほかに、英国の喜劇『ディナー・フォー・ワン』の放送もある。いまだに、溶かした鉛を水に注ぎ込んで、できた形から未来を占う、昔ながらの占いに興じる人々もいる。元日自体は通常の休日である。

新年の挨拶には次の言い方がある。
・「ゴット・ニット・オール（Gott Nytt År）」スウェーデン語（公用語）
⇒『ディナー・フォー・ワン』、「鳴り飛ばせ、鳴り狂ふ鐘の音よ」

スコットランド
Scotland
⇒イギリス

『ストレンジ・デイズ／1999年12月31日』
Strange Days
映画（1995年）

大晦日のシーンがあるSFスリラー映画。1999年の最後の2日間に、ロサンゼルスが犯罪と混乱に悩まされる設定である。元刑事のレニー・ネロ（レイフ・ファインズ）は今は「ジャッキング・イン」に取り組んでいる。人々の体験を大脳皮質から直接記録するバーチャル・リアリティ記録である。彼は死と殺人を扱った「ブラックジャック」ディスクは拒否しているが、友人のアイリス（ブリジット・バーコ）がレイプを受けて殺される経緯を殺人者の目から記録したディスクを受け取る。ネロと友人のメイシー（アンジ

ェラ・バセット）がこの事件を調査する
うちに、アイリス、ネロの元恋人フェイ
ス（ジュリエット・ルイス）、ロサンゼル
ス警察、人気のラップ・スターの殺人事
件との関係が浮かんでくる。

1996 年に、この映画は下記の賞を受
賞した。サターン賞主演女優賞（バセッ
ト）、監督賞、サターン賞主演男優賞ノ
ミネート（ファインズ）、SF 映画賞ノミ
ネート、脚本賞ノミネート。

原案：ジェームズ・キャメロン / 脚本：ジェー
ムズ・キャメロン、ジェイ・コックス / 製作：
ジェームズ・キャメロン、スティーブン゠チャ
ールズ・ジャッフェ / 監督：キャスリン・ビグ
ロウ / ライトストーム・エンターテインメント /
R 指定 /DVD：21 世紀フォックス /145 分

『ストレンジ・プラネット』*

Strange Planet
映画（1999 年）

大晦日のシーンがあるオーストラリア
のロマンティック・コメディ映画。大晦
日に始まり、一年後の同じ日に終わるス
トーリーで、シドニーで共同生活を送る
3 人の女性の恋愛模様を描いている。3
人とも満たされない関係を終わりにし、
新たに望ましい男性と出合い、新しい関
係を築いたところで終わっている。

1999 年にストックホルム国際映画祭
でブロンズ・ホース賞にノミネートされ
た。

出演：クローディア・カーヴァン、ナオミ・ワ
ッツ、アリス・ガーナー、フェリックス・ウィ
リアムソン、トム・ロング、アーロン・ジェフ

リー / 脚本：エマ゠ケイト・クローガン、スタ
ブロス・カザンツィディス / 製作：スタブロス・
カザンツィディス、アナスタシア・シデリス /
監督：エマ゠ケイト・クローガン / ニュー・サ
ウス・ウェールズ・フィルム・アンド・テレビ
ジョン・オフィス、プレミアム・ムービー・パ
ートナーシップ、ショータイム・オーストラリア、
ストレンジ・プラネット / 指定なし /DVD：フ
ォックス・ローバー /96 分

スネグーラチカ

Snegurochka
⇒雪娘、ロシア

スペイン

Spain

元日は 1 月 1 日。ノチェ・ビエホ（Noche
Viejo）の深夜（大晦日）前、家族は家に
とどまり、エビ、子羊、七面鳥のご馳走
で祝う。大晦日の準備として、天井の梁
からブドウを何房も吊り下げる。だがマ
ドリードでは、中心の広場であるプエル
タ・デル・ソルに多数集まり、広場のカ
サ・デ・コレオズ（旧郵便局）の上の時
計で新年のカウントダウンを待ち受け、
家で過ごす人々もそのようすをテレビで
見守る。時計が深夜を告げ始めると、鐘
が 1 つ鳴るごとに国じゅうの人々がブド
ウを食べて新年の幸運を祈るのが慣習で
ある。世界じゅうのスペイン語圏に広ま
ったこの慣習は 1909 年、アリカンテの
ブドウ畑の持ち主がその年の豊作で大量
に余ったブドウを処理するために思いつ
いたことがきっかけである。その後人々

はカヴァ、シャンパンなどのスパークリングワインやサイダーで乾杯し、コティジョーネス・デ・ノチェビエハ（cotillones de nochevieja）といわれる夜通しのパーティがクラブやパブ、ディスコで始まる。深夜までは家で過ごす習慣のため、こうした店が開くのは通例深夜過ぎである。パーティ後の伝統的な朝食はショコラテ・コン・チュロス（ホットチョコレートと揚げ菓子）である。アニョ・ヌエボ（Año Nuevo：元日）は家族で集まったり、訪問したり、ご馳走を食べたり、カードや贈り物の交換をして過ごす。

人気の縁起かつぎ

だれかが買ってくれた赤い下着を身に着けると幸運が訪れる。

金持ちに会うと幸運が、物乞いに会うと不運が訪れる。

一年の計は元旦にあり。

ポケットに金貨を入れておくと、一年間現金に困らない。ポケットが空だと収穫の少ない一年になる。

元日にたっぷり食べて飲むと、一年を豊かに過ごせる。

新年の挨拶には次の言い方がある。
・「フェリス・アニョ・ヌエボ（Feliz Año Nuevo）」スペイン語（公用語）

スリナム
Suriname
⇒中南米とカリブ海諸島

スリランカ
Sri Lanka

インドの南東海岸沖にある島国で、1972年まではセイロンと呼ばれていた。民族的には大多数がシンハラ人（74%）で、その大部分が仏教徒である。次にヒンドゥー教徒のタミール人（18%）が続き、キリスト教とイスラーム教徒はぐっと少ない。

シンハラ人がアルス・アブルッダ（Aluth Avurudda）、タミール人がプスサンドゥ（Puththandu）と呼ぶ新年の祝祭は、シンハラ暦のバクの月、タミール暦のチッティライの月の第1日で、すべての人種と宗教の人々が参加する国民の祝日である。祝祭の時期は古くからの太陽暦に基づき、黄道上の太陽の視位置がうお座を離れて牡羊座に移るときを占星術師が計算し、そこから天文学的な新年が決まる（⇒暦・スリランカ）。その日時は、グレゴリオ暦の4月13日から14日の間にあたる。

新年にまつわる迷信は多々ある。神話によると、（シンハラ人にとっては）インドラデーヴァ、（タミール人にとっては）サクラデーヴァと呼ばれる、自然の支配者であり平和の王子がこの時期に地上に降りてきて、平和と繁栄をもたらすといわれている。王子は巨大な白い乗り物に乗って登場し、白い花の冠をかぶり、キルムフダという乳の海につかっている。

新年を迎える伝統の儀式は、占星術師が毎年の暦に発表する吉兆の時間帯に行われる。不吉な時間帯には、さまざまな

活動が延期される。準備には、家の大掃除、食事の支度、暦で指定された縁起のよい色の衣類の購入、借金の返済、床や玄関に新しい牛の糞をまく、床に吉兆の模様を描くなどが含まれる。新年が始まるのは、実際にはノナガタヤ（nonagate：「中立期間」）といわれる不吉な時間帯で、何時間か続く。この時間帯は、太陽面がうお座の終端から牡羊座の端へ完全に「移行」するのに必要な時間である。神話によると、この時間帯に太陽神の力が最も弱くなるため、移行が完了するまで世界が混乱状態に陥る。現在では迷信というよりも習慣になっているが、人々はこの時間帯、寺院に「避難」して宗教儀式や断食を行い、新たなことは始めないようにしている。とくに禁じられているのが、ノナガタヤ中に水、炎、乳に触れること、仕事をすることである。これは、豊穣の四要素を汚さないためである。暦には、さらなる活動を始めていい時が指定されている。

　家族は吉兆の儀式を始めるにあたって、水を入れた桶を家に運び込み、そこにジャスミンの花と木炭を加える。井戸には水と引き換えに硬貨を入れる。家の女主人は暦に記された方角を向いて炉に火をおこし、オイルランプをつけ、最初の食事には必ず乳を入れる。この食事が仕事の開始となり、農家であれば伝統的な鋤の儀式を行うなど、それぞれの職業に従って新しい活動をする。正確な時間には、年配の僧が人々を祝福し、ナヌ（儀式を行う曜日によって薬草を調合したもの）を頭にすり込み、その後人々は新年の最初の入浴をする。また、マンゴーの葉の鉢に盛った甘い米、ココナッツ、線香、花、キンマの葉、果物、木の実を入れた鍋とともに神々に捧げる。

　新年の食事には一家が集まるため、人々は先祖伝来の家に戻る。食事はミルクライス（ココナッツミルクで調理した新米）、アルワ（はちみつで作ったオイルケーキ）、カシューカレー、バナナ、マンゴー、そのほかの果実などの伝統的な料理が並ぶ。子どもたちは、キンマの葉などの感謝の贈り物をして年長者をたたえ、年長者は子どもたちに祝福を与える。

　そのほかには、4〜5人の女子が集まってラバーナ（直径3フィートほどの片面の太鼓）をたたいたり、友人や親戚を訪ねたり、大勢で伝統的なゲームを楽しんだりする。ゲームには、ベロとカジュ（それぞれ貝殻やカシューを使うゲーム）、かつら隠し、コッタ・ポラ（枕さがし）、アンケリヤ（角を使って村じゅうで遊ぶゲーム）などがある。ノナガタヤに寺院を訪ねるかわりに、こうしたゲームをする人々もいる。

　新年の挨拶には次の言い方がある。
・「スッバ・アルス・アヴルッダ・ヴェワ（Subha Aluth Avurudda Vewa）」シンハラ語（公用語）
・「エニヤ・プスサンドゥ・アルバスカル（Eniya Puththandu N alvazhthukkal）」タミール語（公用語）

スリランカ暦

Sri Lankan Calendar

　⇒暦・スリランカ

スロバキア共和国

Slovak Republic

　元日は1月1日。チェコとスロバキアは第一次世界大戦後の1918年に統合してチェコスロバキアとなり、第二次世界大戦後から1991年のソビエト軍の撤退までソビエト共産党の支配を受けた。約50年間の共産主義体制下で、クリスマスは否定され、冬至の祝祭日は非宗教的行事として1月1日に移されて、子どもたちに贈り物を届ける聖ニコラスやキリストの赤ん坊が、「霜おじいさん」として知られるソビエトの「サンタ」に置き換えられた（⇒ロシア）。霜おじいさんは、ソビエト連邦崩壊後、この地域では事実上姿を消した。ソビエトの占領停止後の1993年1月1日に、チェコスロバキアはチェコ共和国とスロバキア共和国に分離した。現在、スロバキア共和国で最も信者が多いのはローマ・カトリックである。

　おもな祝祭は大晦日に行われる。大晦日はシルヴェステル（Silvester）と呼ばれ、教皇聖シルウェステル1世をたたえる日でもあり、この聖人にちなんだ聖名祝日でもある（⇒聖シルウェステルの日）。公の場所に多くの人々が集い、音楽や踊りを楽しみ、酒を飲む。最も有名な祝祭は首都のブラチスラバで行われる。1998年以降、首都では実質的に終日屋外で、ポップコンサート、ディスコパーティ、アイススケート、さまざまな音楽ジャンルの演奏などのストリートパフォーマンスが、メイン広場、フヴィエズドスラヴォヴォ広場、リュドヴィード・シュトゥール広場などの場所で行われている。深夜にはドナウ川のはしけからめくるめくような花火があがり、人々はシャンパンでの乾杯とともに新年を迎え、祝祭は1月1日の朝まで続く。おとなしい人々は家や地元のパブで家族や親しい友人とともに新年を祝う。年配の世代は家でテレビを見るのを好む場合が多い。

　元日は静かにくつろいで過ごす。子どもたちは伝統の歌や詩を歌ったり唱えたりしながら家々を訪ね歩き、住人を祝福し、ごほうびに硬貨やお菓子をもらう。幸運を祈り、豊穣と繁栄の象徴である豚肉、レンズ豆、パスタの料理が供される。新年の迷信は、チェコ共和国と類似している。

　新年の挨拶には次の言い方がある。

・「シュチャスニー・ノヴィー・ロック（Stastlivy Novy Rok）」スロバキア語（公用語）

　⇒チェコ共和国

スワジランド

Swaziland

　アフリカ南東部の内陸国で、北、西、南は南アフリカと、東はモザンビークと接する。[2018年より国名をエスワティニ王国と改めた]

新年の祝祭　インクワラ（Incwala：「初の

実の祝祭」の意）またはンクワラ（Ncwala:
「王の船の儀式」の意）は、占星術師が定
めたとおりに、12月下旬か1月初旬の
夏至に最も近い新月のときに行われる。
「小インクワラ」と「大インクワラ」で
構成される祭りは、新しい年の王の統治
を認め、収穫期に入るためのもので、在
位中の王のためにのみ行われる。

　準備の儀式は11月の新月の日に始ま
り、ベマンティ（「水の人」）といわれる
若者たちが皇太后の宮殿からインド洋と
川に送られて、謎の力を持つとされる水
をくむ。このとき、王はインハランベロ
と呼ばれる聖域に入り、大インクワラの
4日目まで隔離される。12月の新月の日
に、王は運ばれてきた水で調理された聖
なる食事をかみ、東と西に吐き出す。こ
れが小インクワラの始まりになる。2日
間、王は隔離されたままで、伝統的な衣
装に身を包んだ王の家臣が聖なる歌を歌
う。

　2週間の中断ののち、満月の日に6日
間の大インクワラが始まる。王は新月に
「最弱」になるため、満月は王の統治力
の強まりを象徴する。大インクワラの初
日、王は未婚の若者たちに約50kmの道
を行かせ、満月の光のもとで聖なるルセ
クワネ（シックルブッシュ）の林から枝
を切ってこさせる。男たちは「純潔」で
なくてはならない。なぜなら、ルセクワ
ネの葉は穢れた者の手が触れるとしおれ
てしまうと信じられており、穢れは避け
なければならないのである。枝を集めた
若者たちが真夜中に戻ってくると、年長

者がルセクワネを編んで聖域の柱をつく
る。

　3日目、インクワラの伝統的な雄牛の
皮とヒョウの皮に身を包んだ戦士たちが
儀式の歌を歌い、穢れのない男たちが黒
い雄牛（豊穣の象徴）をほふって王の聖
域に引き入れる。そこで王を強化するた
めの儀式用の薬が準備される（雄牛が最
初に聖域に追い込まれて、それから殺され
るという説もある）。雄牛の残骸は死んだ
祖先たちに捧げられる。

　4日目はとくに重要な日で、王が隔離
されていた場所から恐ろしいいでたちで
姿を現す。緑の草と動物の皮でできた衣
装で、肌には黒い軟膏が塗られている。
そのあとに王が敵の戦士の王子たちを
「打ち負かす」儀式の踊りが続く。王は
初めて収穫したカボチャを食べ、皮を放
り投げる。これは、家臣が収穫したての
作物を食べてもいいという許可が出たこ
とを意味する。王はほかに緑のルセルワ
（聖なるヒョウタン）を投げ、これを地面
に落とさないように、穢れのない男の一
人がひっくり返した黒い盾で受けとめ
る。この「エンボ（Embo）のヒョウタン」、
すなわち、最初のスワジ族がやってきた
方角である「北」が、王国の未来の幸福
のために象徴的に捨て去られた過去との
つながりを表す。王は再び聖域に入り、
次の満月まで隔離される。満月が来ると、
ルセクワネの枝は聖域から取り除かれて
燃やされる。

　5日目には完全な禁欲が求められ、性
行為、水に触れること、飾りを身に着け

ること、イスやマットに座ること、握手、ひっかくこと、歌や踊り、軽々しい言動はすべて禁じられる。「水の人」が禁忌を徹底するために王都を巡回する。

最終日となる6日目は、古い年の終わりを象徴する物を大きなかがり火で燃やして祝う。雨でかがり火を消してもらうように祖先の霊に呼びかけるだけでなく、王もこのときに水を浴びる。これは、王から滴り落ちる水が雨を呼び寄せると信じられているためである。

インクワラの儀式は観光客を締め出してはいないが、儀式の神聖な部分の写真撮影や録画は厳しく制限されている。写真撮影を希望する訪問客は書面にて、ムババネの政府情報サービスに申請しなければならない。

新年の挨拶には次の言い方がある。

・「ウムニヤカ・ロムシャ・ロミュレ（Umnyaka Lomusha Lomuhle）」スワジ語（公用語）

聖シルウェステルの日

Saint Sylvester's Day

教皇聖シルウェステル1世（在位314～335）をたたえたローマ・カトリック教会の祝日で、埋葬の日であるグレゴリオ暦の12月31日、大晦日にあたる。教皇グレゴリウス9世が1227年に祝日を定めた。シルウェステル1世の在位期間は、キリスト教を公認したコンスタンティヌス大帝の統治中だった。コンスタンティヌスをシルウェステルがキリスト教に改宗させたというのは伝説にすぎな

い。シルウェステルは教皇として、最終的にはニケーア公会議で否定された、アリウス主義に関する交渉に参加した。教皇在位中には、コンスタンティヌス帝によって帝国内にラテラノ大聖堂、セッソリウム宮（サンタクローチェ・イン・ジェルサレンメ聖堂）、バチカンのサンピエトロ寺院などの有名な教会や殉教者の墓を有する教会などがいくつも建立された。ローマの殉教者録が初めて編纂されたのも、シルウェステル1世の在位中であるといわれる。聖シルウェステルの日は、教会の行事以外でも、ヨーロッパでは特殊な慣習で祝われ続けている。

オーストリア ジルヴェスターまたはジルヴェスターアーベント（Silvesterabend：「シルヴェスターの夜」）として知られる。男性は異教由来の年取ったおぞましい生き物、ヤドリギに覆われたジルヴェスターに扮し、常緑樹の小枝の下を通りかかった若い娘に口づけをしようとする。真夜中、新年の訪れとともにジルヴェスターは追い出される。このジルヴェスターはシルヴァ（silva：ラテン語の「森」）に由来する森の精である。もう1つ、新年の幸運と富のシンボルとして口に金片を入れたマジパンの豚を吊るす習慣もある。ウィーンでは、幸運のシンボルとして、豚に引綱をつけて通りを歩く。

スイス ジルヴェスターアーベント（Silvesterabend：「ジルヴェスターの夜」）として知られる。子どもたちはこの日はとくに早起きする。寝坊すると「ジルヴェスター！」とあだ名をつけられればかにさ

れるからである。ほかにも、アペンツェ
ル州のジルヴェスタークロイゼ、ザンク
ト・ガレン州ヴィルのジルヴェスターウ
ムツック、ベルン州ラウペンのアヘトリン
ゲレ、シュワンデンのヴルストベッテレ
ン、ハルウィルのノイヤールスドレッシ
ェン、シュワルツェンブルクのアルトヤー
ルセセルなどの習慣がある。（詳細に
ついては⇒スイス）

チェコ共和国　デン・スヴァテーホ・ス
ィルヴェストラ（Den svatého Silvestra：「聖
シルウェステル祭」）として知られ、略し
てシィルヴェストル（Silvestr）ともいわ
れる。この聖人の聖名祝日としても祝わ
れる。

ベルギー　その日の朝、最後に寝床を出
た子どもは「ジルヴェスター」とあだ名
をつけられ、きょうだいに罰金を支払わ
なければならない。日没になっても仕事
が終わっていない娘は、翌年中に結婚で
きないという迷信もある。

聖バシリウスの日
Saint Basil's Day

　カエサレアの司教で正教会の教父だっ
た聖大バシリウス（バジリオ、329～379）
をたたえる正教会の祝日。聖バシリウス
が死去した1月1日、グレゴリオ暦の元
日にあたる。ローマ・カトリック教会で
は、祝日は1月2日とされている。聖バ
シリウスは慈善活動と貧しい人々への施
し、バシリウスの修道規則の執筆、バシ
リウスの聖体礼儀の構築、キリストの神
性を否定する異端のアリウス主義への反

論などで知られる。パリのサン・ジェル
マン・デュプレ修道院のベネディクト派
の修道士だったウズアルドゥス（875没）
がウィーンの聖アド（800頃～875）と同
様に、初めて聖バシリウスをたたえる祝
日に触れているが、両者ともにバシリウ
スの主教職授任の日と思われる6月14
日としていた。ビザンツの儀式の固定祝
日をまとめた12冊の全集、ギリシアの
『メナイオン』では、バシリウスの儀式
は1月1日にされたとある。ブルガリア
とギリシアでは、聖バシリウスの日の特
別な慣習がある。

ギリシア　ギリシア正教会でこの聖人の
祝日を祝うのに加えて、聖バシリウス（ギ
リシアでは聖ヴァシリオス）にちなんだ名
前、ヴァシル、ヴァシリイ、ヴァシリア
などの聖名祝日を祝う。以前子どもたち
は、聖バシリウスの日にだけ祝日の贈り
物をもらっていたが、西洋の影響を受け
て、いまではアギオス・ヴァシリオス（聖
バシリウス）がクリスマスに贈り物を持
ってくる。その姿はアメリカのサンタク
ロースによく似ている。聖バシリウスの
日の前夜の真夜中に、家族でヴァシロピ
タ（聖バシリウスのケーキ）を切り分ける。
このケーキには硬貨が隠してあり、その
部分を取り分けた者には幸運が訪れる。
誰が最初のひと切れを受け取るかには諸
説あり、聖バシリウスだという説もあれ
ば、キリストや聖母マリアだという説も
ある。それから家長から順番に受けとっ
ていき、貧しい人や不在の家族の分は取
り置かれる。キリストや聖バシリウスに

取り分けた分から硬貨が見つかると、教会に寄付される。ギリシアのキプロス島でも同様の習慣が見られる（⇒キプロス）。

ヴァシロピタに硬貨を隠すのは、さまざまな伝説に由来している。その１つは次のような伝説である。憎むべき市の役人がカエサリア人に大量の貢ぎ物を要求していたが、あとになってその命令を撤回した。貢ぎ物には指輪、宝石、硬貨などがあり、正当な持ち主に返還されるべきものだった。聖バシリウスはそうした宝物を大きなケーキに焼き込むように命じた。人々がひと切れずつ受けとると、中に宝物が入っていた。聖バシリウスが小さなケーキを大量に焼き、それぞれに宝石や硬貨を入れたという説もある。聖バシリウスがケーキを配ると、奇跡的に誰もが自分の宝を見つけたという。

ブルガリア　ブルガリア正教会では、この日はヴァシリョブデン（Vasilovden：「聖ヴァシリーの日」）と呼ばれる。この聖人の聖名祝日で、「ヴァシリー」やそれに由来する名（例えば、ヴァシリー、ヴァシーラ、ヴァシルカ、ヴェセリナ、ヴェセルカ）をもつすべての人が、家族や友人の突然の訪問を受ける。

世界再生儀式のサイクル
World Renewal Ceremonial Cycle

北太平洋岸（カリフォルニア北部とオレゴン南部）のアメリカ先住民の部族によって春と秋に行われている、儀式の年間サイクルを指す。とくに、チルラ、フーパ、カロク、トロワ、ワイヨット、ユロ

ク族である。主要な漁場に近い各部族は詳細が異なる独自の儀式を行うが、その目的は、その部族が居住する自然界の恵みを再生・維持し、ドングリやサーモンのような地球の資源を持続させ、精霊の助けを確実に得て、自然災害を避けることにある。共通の神話によると、再生の儀式を決めたのは、大地が創造された時に最初にこの地に住んだ不死の存在キリウンナイであるという。人類がやって来たとき、これらの不死の者たちは海を渡った。彼らの行動が、その後に続いた人類の習慣や行動を決定づけたと信じられており、決められた時期と場所で一定の儀式を正しく繰り返すことによってのみ、地球の資源が持続するとされる。

各地の部族には、儀式を司る司祭がいる。司祭は（清めの小屋である）スウェットロッジで事前に身を清め、精霊が住まう聖なる場所を移動して回り、長い儀式の口上を述べ、古代からの神話を語る。部族によっては、創造主アバーブ・オールド・マン、美しい娘の見返りにその国の自然を改善した変革者ダウン・トゥワード・オーシャン・ヒー・ウェント、怪物を倒した英雄ポインテッド・バトック、トリックスターのコヨーテなどが中心の物語になる。司祭はまた、再び聖なる火をおこし、ドングリとサーモンを食べる儀式を行う。

世界再生儀式では、秋に主要なダンスであるホワイト・ディアスキン・ダンスまたはジャンプ・ダンス、あるいはその両方を行う。おもに、フーパ、カロク、

ユロク族が10日間以上にわたって実施している。ワイヨット族はホワイト・ディアスキン・ダンスを行わないが、このダンスはイール川沿いのワイヨット族の村で起こり、ユロク族に伝わったという伝説がある。ホワイト・ディアスキン・ダンスの正装は、シカ革かジャコウネコのキルト、ツノガイをふんだんに用いたネックレス、オオカミの毛皮の頭飾りにキツツキの頭皮、シカの角の先端（衣装の持ち主があまり豊かでないことを示す）、装飾をしていないアシカの歯（中程度に豊か）、あるいは色をつけたアシカの歯（かなり豊か）を使ってさまざまに飾り付けたものである。踊り手は全員男性で、柄にアルビノまたは色素の薄いシカの革をつけた、長い黒曜石の刃と棒を携える。衣装は部族で所有している者から借りなければならない。所有者が富を見せる機会になる。ジャンプ・ダンスの正装であるツノガイのネックレスと長い白羽をつけたキツツキの頭皮の頭飾りも貸し借りされる。踊り手は装飾を施した円筒形のダンスバスケットを持って、ダンスのなかで決められた時点で跳びあがる。そのため、「ジャンプ・ダンス」の名がついた。

　フーパ族は、秋にドングリの宴を、春に初サーモンの儀式を行い、部族の二大食糧であるドングリとサーモンの初収穫を祝う。サーモンは、自らを人類のために捧げた不死の存在と信じられているため、サーモンに適切な敬意を払えば、毎年十分な収穫を与えられるといわれる。決められた儀式後、最初のサーモンの頭と骨は、それがとれた川に返し、海の底の故郷に帰して再生できるようにする。北大西洋岸のほかの部族も、ニシンやウナギなど旬のものに対して似たような儀式を行っている。

　1860年2月26日の早朝、世界再生の儀式後に、80〜100人ほどのワイヨット族が3つの村で襲撃を受けて虐殺された。現在、ハンボルト湾の「インディアン島」として知られている場所にある聖なる儀式の村トルワートと、イール川沿いとサウススピット川ぞいにあった村である。ワイヨット族を襲ったのは、近くのユーレカの町の者で、地域から土着の部族を追い出したいという動機だけだった。ハンボルト湾のワイヨットの族長「キャプテン・ジム」の幼い息子ジェリー・ジェームズは、虐殺でただ一人生き残った。この虐殺と、その後のワイヨット族の保留地への移住によって、トルワートでは世界再生儀式が行われなくなったが、1992年以来、虐殺の犠牲者の名誉をたたえ、毎年2月にインディアン島で追悼のロウソクを灯す徹夜の儀式が行われている。2006年、ユーレカ市議会がインディアン島の60エーカーの土地をワイヨット族に返還した。ワイヨット族はトルワートの聖なる村を再建し、将来的には世界再生の儀式を再開する計画を立てている。

世界平和の日
World Day of Peace

　世界平和を祈る日。1月1日にあたる。

1968 年に法王パウロ 6 世が始めた。聖母マリアの聖なる母性を祝福する神の母聖マリアの祝日とあわせて祝われる。法王は一年に 1 度元日に、世界に向けてメッセージを発し、すべての国家が世界平和を目指して協力し合うようにと訴えるのがならわしである。20 世紀最後で 21 世紀最初の法王ヨハネ・パウロ 2 世（在位 1978 ～ 2005）は任期中ずっと、「平和に手を伸ばし、平和を説く」というテーマを強調し続けた。ヨハネ・パウロ 2 世の後継者ベネディクト 16 世は、2006 年、就任後初の世界平和の日のメッセージに、「平和は真理のうちに」というテーマを選んだ。これは、「人は真理の輝きに照らされれば、いつでもどこでも、おのずと平和への道を歩み始める」という信念を表明している。

⇒割礼の祝日、神の母聖マリアの祝日

接見会
Levée

元日に市長や評議会が市民に対して行っていた公式な接見の式典。カナダの総督、各州の副総督、カナダの軍用基地も行っていた。ホワイトハウスでは 1801 年から 1932 年まで元日の接見が行われていた（⇒ホワイトハウス）。

英語の levée は、フランス語で「（特にベッドから）起き上がる」という意味の lever からきていて、フランスのルイ 14 世（1643 ～ 1715）が早朝に男性の家臣を寝室で迎えた習慣「ルヴェ・ドゥ・ソレイ」（Levee du Soleil：日の出）が起源とされる。

この習慣がヨーロッパにひろまった 18 世紀、イギリスでは男性のみが出席する公式な午後の接見という形に変貌を遂げた。イギリス領では、総督による年に一度の接見には主たる高官の出席が求められた。

カナダでは、初期の毛皮商人が毎年元日に交易所長に表敬したことから、接見はより強く元日と結び付いている。記録に残るカナダで初めての接見は、1646 年 1 月 1 日にシャトー・セント・ルイーズでヌーベルフランス（のちのケベック州）の総督シャルル・ウアル・ドゥ・モンマニーによって行われた。総督はただ民衆と会うだけではなく、国の内外務事情の概要を述べ、それをきいた民衆は王への忠誠心を新たにした。通常は接見に参加できるのは男性のみで、手に入るだけの酒を飲んで騒いだ。フランス植民地時代は、酸の強いワインの風味をよくするために、アルコールと香辛料を加えて温め、ル・サン・ドゥ・カリブー（「ヘラジカの血」）という混合飲料を作っていた。その後のイギリス植民地時代は、加える材料をウィスキー、山羊の乳、ナツメグ、シナモンに変えた「ヘラジカの乳」となった。

今日のカナダの元日の接見は、当時よりも静かで形式ばらず、主権者、軍、市政の代表を訪ねる場となった。現在は「ヘラジカの乳」は、基本的にエッグノッグとアイスクリームにアルコールを加えたものとなった。カナダ軍の接見では「ヘラジカの乳」、モントリールのロイア

ル・カナディアン・フッサー（王室カナ
ダ軽騎兵）の間で名高い「強烈なパンチ」、
バンクーバーの「シーフォース・ハイラ
ンダーズ」の間で名高いアソルブローズ
（オートミール、ウィスキー、蜂蜜）が供
される。第二次世界大戦中にカナダ軍の
女性司令官が接見に出席し、それ以来、
どの接見でも男女共の出席が習わしとな
った。

⇒カナダ

節分

Setsubun

⇒日本

セネガル共和国

Senegal, Republic of

西アフリカ沿岸の国。人口の 96％は
イスラーム教徒である。1月1日は公式
の祝日だが、セネガルではイスラーム
暦（⇒暦・イスラーム）に従ってタマハリ
（Tamkharit：新年）を祝う。タマハリは、
イスラームの第1月ムッハラムの第 10
日であるアーシューラーにあたる（⇒イ
スラーム教）。この日は家族、孤児、相続
権を奪われた者に慈悲と寛容を向ける特
別な日である。

タマハリはムハッラムの第9日の日没
とともに始まり、チェレ・バッシ・セル
トという特別な料理が供される。メイン
ディッシュはクスクスで、これはヒエ、
トウモロコシ、白インゲンとブドウを混
ぜたものをトマトソース、野菜、儀式で
処理した雄牛、羊、または鶏肉とともに

食す。友人、隣人、恵まれない人々（こ
の時期は誰も飢えていてはならない）とと
もに分け合うだけでなく、新年の繁栄を
確かなものとするためにできるだけ多く
食べる。タバスキ（Tabaski：イード・アル
＝アドハー Eid-al-Adha にあたる）の祭で取
っておいた肉もこのときに食される。食
事のあとには、罪の許しを求めてコーラ
ンの一説が 1,111 回朗読され、家族が順
番に新年の願い事をしながらクスクスの
入った鉢を落とす。すると鉢がひっくり
返り、その上にクスクスの一部がのる。
朝、このクスクスを水と銀の指輪と黒石
と混ぜたもので体を洗う。迷信では、こ
の行為によって翌年の結膜炎を防ぐとい
われている。ただし、生まれたばかりの
赤ん坊は、発疹ができるといけないので、
この儀式をしてはならない。

アメリカのハロウィーンのトリック・
オア・トリートに似た新年の伝統が、タ
ージェボン（tadiabone）である。これは
男の子と女の子が異性装をして家々を訪
ね歩き、歌ったり踊ったりしながら新年
の贈り物を求める。一般的な贈り物はヒ
エ、米、砂糖で、お金のこともある。

新年の挨拶には次の言い方がある。
・「ボナネ（Bonne Année）」フランス語（公
用語）

『1999』*

1999

映画（1998 年）

大晦日の場面が出てくる映画。自己陶
酔した 20 代のニューヨーカーたちが、

新千年紀を目前にした 1999 年の大晦日
にそれぞれの危機に立ち向かう。
出演：マッド・マクグラス、バック・ヘンリー、
ダン・ファターマン / 製作：ティム・デイヴィス、
ジジ・ドゥ・ブーテイル、メリッサ・シフ / セ
イクリッド・ブールズ・アンド・ビネガー・フ
ィルムズ /R 指定 /DVD/ ヨーク・ホーム・ビデ
オ /92 分

「1999」*
"1999"
（歌）

　終末的だがパーティ向けのアップビー
トな讃美歌となっている。アフリカ系ア
メリカ人でさまざまなジャンルを手掛け
たシンガーソングライター「プリンス」
の（プリンス・ロジャーズ・ネルソン）作
詞作曲。このリズム・アンド・ブルース
のシングル（ワーナー・ブラザース、1982
年）は R&B チャート 4 位、「ビルボード・
ホット 100」12 位、イギリスで 25 位を
記録した。プリンスのアルバム「1999」
（ワーナー・ブラザース、1982 年）のタイ
トル曲ともなった。このアルバムは「ビ
ルボード・ホット 100」9 位、イギリス
では 30 位となった。

　20 世紀末を先見する歌詞では、世界
戦争が勃発し、2000 年についに核によ
る大量殺りくが起きると想定している。
人生はもうわずかしかないのだから、み
なできるうちに好きなことをして楽し
み、現世的願いを叶える時だ。アルバム
バージョンではこの終末的感情が強調さ
れ、冒瀆的神が描かれる。しかしプリン

スはリスナーに心の平安を訴え、神は
人々を傷つけない、神はみんなに楽しん
でほしいだけだと呼びかける。

　1999 年にプリンス自前の防音スタジ
オ、ペイズリー・パーク・スタジオで行
われた大晦日コンサートで、プリンスは
真夜中に「1999」を歌うと、この歌はも
う 2 度と歌わないことを誓った。だが、
その後「ベイビー・アイム・ア・スター」
のオープニング・リフに「1999」を使用
した。

　プリンスはミネソタ州ミネアポリス出
身。1993 年から 2000 年まで自称を発音
できない記号で表し、非公式では「元プ
リンス」と呼ばれていた。彼の音楽は当
初はリズム・アンド・ブルース、ファン
ク、ソウルのジャンルに相当し、やがて
そこにポップ、ロック、ジャズ、ヒップ
ホップといった新しい波が加わり広がり
を見せた。すべての曲を自分で作詞作曲
し、製作もほとんど自分で行ったほか、
アルバムで使用した楽器もほとんど自ら
が演奏した。

先住民族の正月 （南アメリカ）
Indigenous Peoples New Year

　冬至の時期の祝祭がこれにあたる。何
世紀にもわたり南アメリカの多くの国の
先住民は冬至を新年の始まりとした。6
月 21 日の週に行われていた儀式では、
太陽の帰還に敬意を払い、供物、音楽、
舞踊、行列により民族共通の祖先と世界
とに新たな祈願をした。収穫期が終わる
この時期に回復と清めを待ちのぞむ多く

の人々が、祭りを各国の祝日とすべきだと政府に働きかけた。こうしてチリの祝日は6月24日となり、アルゼンチンは2005年に6月21日を先住民の祝日とすると決めた。

この祭りを祝うおもな民族を挙げる。コラ族はインカの子孫でチリとアルゼンチンに住んでいる。ケチュア族はインカをはじめ複数の民族を祖先にもち、アルゼンチン、ボリビア、コロンビア、エクアドル、ペルーに住む。アイマラ族はアルゼンチン北東部のアンデス地方とアルティプラノ地域、チリ北部、ボリビア、ペルーに住む。マープチェ族はアルゼンチン南部と中部、およびチリ南部に住む。チリ南部のカウスカル族とヤガン族にはこの祭りを祝う習慣はない。

インカ文明を築いた人々の祖先はボリビアの古都ティワナクに住んでいた。この地にアイマラ、ケチュアなどの人々が、6月21日の最初の日光を浴びるために集い、「太陽の回帰」（Wilka Kuti）の祭りをする。2006年にはボリビアのエボ・モラレス大統領が「アイマラの神に仕える長老」（aumawta）による伝統的な大地への奉納の儀式に参加した。

コラの人々も6月21日に冬至（Huata Mosoj）の祭りに集まり、コラの霊的指導者（yariti）が執り行う日の出の儀式に参加する。

6月24日にはインティ・ライミ（「太陽の祭り」）といわれる古代のインカで行われていた複雑な儀式が、現在のペルーのクスコに住むケチュアの人々の間で行われている。この祭りの前にはコイヨリッティ（「雪の星」）という祭りが行われる。これらについてはペルーの項で詳しく述べる（⇒中南米とカリブ海諸島〔ペルー〕）。マープチェはこの時期にウィ・トゥリパントゥ（We Tripantu：「新しい日の出」）を祝う。温泉につかり、集いを開き、そこで若者と老人が自分たちの歴史を語る。また、子どもの耳に穴をあけるなど家族の儀式を行い、ソパイピーヤ（ペーストリーを揚げたもの、または即席パン）を食べ舞踊を行う。

⇒アメリカ先住民

セントクリストファー・ネイビス

Saint Christopher and Nevis
　⇒中南米とカリブ海諸島

千年紀 （ミレニアム）

Millennium

（期間）すべての暦における1000年という期間を示す。この項では西洋の暦であるグレゴリオ暦について述べる。グレゴリオ暦の「千年紀」はキリスト誕生からの千年ごとの積み重ねのこと。キリスト教では期日を定めない黙示録的な未来にキリストが再臨し、千年間この世を支配するという至福千年紀を指すが、これは本書の範疇にはない事柄であるため説明は神学書に譲る。

千年紀の起源　グレゴリオ暦には0年は存在しないため、紀元は1年から始まる。これが、キリストが誕生したといわれる年である。そのため初めの千年紀は紀元

1年から1000年の最後までとなる。同様に最初の世紀は1年から始まり、100年の最後までとなる。2千年紀は1001年から2000年の最後まで、3千年紀は2001年の最初の日から始まる。

正式なグレゴリオ暦では以上の決まりがあったが、3千年紀を前にすでに世の中が、0が3つ並んだ年こそが、千年紀の変わり目だという認識で動いてしまっていた。つまり1999年12月31日が2千年紀の最後の日で、2000年1月1日には3千年紀が始まると思われていた。この概念を確立した人たちによると、グレゴリオ暦には初めから0年があったが、西暦ではその年の呼称が存在しない。そのため呼称のない0年がキリスト教の最初の千年紀の起源となり、1000年が2千年紀、2000年が3千年紀のそれぞれ起源となっている。いずれにせよ、キリストの誕生は前3年から前4年にかけてという仮定がすでにあるため（⇒暦・グレゴリオ）、千年紀の始まりの日付を特定する根拠はない。こうして1999年の大晦日から2000年の初めにかけて、世界じゅうで3千年紀の始まりを祝う祭典が開始した。2000年を新たな千年紀の始まりとみなすもう1つの理由は、マスコミと大衆がいわゆる「2000年問題」に注目したためである。

世界の千年紀祭事　世界じゅうで多くの国がグレゴリオ暦を使用しており（民間レベルや商用のみの場合もある）、新しい千年紀を迎えるための芸術的、文化的催事を含む多くの祭事や催しが行われた。多くは1999年に始まり2000年から2001年まで続いた。以下におもな催しを行った国のリストを順に挙げる。

アイスランド　アイスランド・2000ミレニアム・オブ・クリスチャニティ、レイフ・エリクソン・ミレニアム・コミッション、ユナイテッド・ステイツ・ライブラリー・オブ・コングレス・イグジビット・オン・アイスランディック・サーガズ（アイスランドのサーガにかかわるアメリカ議会図書館展示）、ミレニアム・コミティ・オブ・アイスランド、ピース2000・プロジェクト、レイキャビク：ユーロピアン・シティ・オブ・カルチャー・イン・ジ・イヤー2000、ウイメン・アンド・デモクラシー・アット・ザ・ドーン・オブ・ニュー・ミレニアム。

アイルランド　2000アイルランド・ナショナル・ミレニアム・コミティ、コーラル・シンギング・フォー・ピース・アンド・ジャスティス、セレブレーションズ・イン・シティ・オブ・コーク、ダブリン2000、ボヤッジ・オブ・ザ・ジーニー・ジョンストン（1858年に沈没したアイルランド移民船を再建し大西洋を横断する）、ジュビリー2000・アイルランド、キラーニー・ミレニアム・ユース・センター、ミレニアム・コテージ・フォー・チルドレン、ミレニアム・フェスティバルズ、ミレニアム・フォレスト・ツリー・スポンサーシップ、ナショナル・フィールド・スタディ・センター、セレブレーションズ・イン・ザ・ニューリー・アンド・モーン・ディストリクト・カウンシル（ニ

ューリー州、モーン州議会における祭典）。

アゼルバイジャン　ワン・デイ・イン・ピース・キャンペーン（世界の 2000 か所でコンサートを開催するという国際的計画）。

アフガニスタン　アフガニスタン、カンダハルでカシミールの活動家が、インド航空ハイジャックで人質となった 155 人を解放した数時間後に新千年紀を迎えた。

アメリカ合衆国　合衆国の小項目を参照（⇒アメリカ合衆国）。

アルジェリア　オン・ザ・ライン（オックスファム、世界自然保護基金などが、0 度の子午線（グリニッジ）が通る国の学生の繋がりを設けた。関係国は、イギリス、フランス、スペイン、アルジェリア、マリ、トーゴ、ブルキナファソ、ガーナ）。

アルゼンチン　アコンカグアの頂（西半球最高頂の 7,010m）への冒険、ピース・エコロジー・アンド・アート・ファウンデーション、ワールド・マーチ・オブ・ウイメン（2000 年 3 月 8 日の国際女性デイに 89 か国の女性が、世界じゅうの貧困と女性への暴力の撲滅を訴えて行進した）。

アルバ　アリコック国立公園のプロジェクト。

アルバニア　ウイメンズ・ネットウィーク・ミレニアム。

アルメニア　アルメニアのキリスト教導入 1700 周年記念（1997 年から 4 年間行われた）。

アンゴラ　ジュビリー 2000 デット・レリーフ・キャンペーン（2000 年債務免除

キャンペーン）。

イギリス　バタフライズ・フォー・ザ・ニュー・ミレニアム、クリスチャン・エコロジー・リンク・ミレニアム・サーティフィケイツ、チャーチズ・トゥギャザー・イン・イングランド、コベントリー 2000、コベントリー・キャセドラル・ミレニアム・チャペル、アース・センター、エデン・プロジェクト・コーンウェル、エセックス・ミレニアム・フェスティバル、グリニッジ 2000、ハンプシャー 2000、インターナショナル・センター・フォー・ライフ、JC（ジーザス・クライスト）2000、ミレニアム・アーツ・フェスティバル・フォー・スクールズ、ジュビリー 2000（最貧困国の返済不可能な負債をなくすことを目的とする運動）、ロンドン・ストリング・オブ・パールズ・ミレニアム・フェスティバル、メリディアン・ウェイ / ジュビリー 2000・ウォーク、マイル・エンド・パーク・ロンドン、ミレニアム・チャレンジ・ハダースフィールド、ミレニアム・コミッション、ミレニアム・ドーム・アンド・イグジビジョン、グリニッジ・ペニンシュラ、ミレニアム・フェリス・ホイール・ロンドン（直径約 150m）、ミレニアム・フェスティバル・ファンド、ミレニアム・マセマティクス・プロジェクト、ミレニアム・メモリー・バンク、ミレニアム・マイルズ、ナショナル・サイクル・ネットワーク、ミレニアム・オークス、ミレニアム・シード・バンク、ミレニアム・ユニット、ミリオン・フォー・ザ・ミレニアム・デボン・カウ

ンティ（2001年までに100万本の木を植えるプロジェクト）、ナショナル・ワイルド・フラワー・センター、ニュー・ミレニアム・エクスペリアンス・カンパニー、ニュー・テクスチャル・セクシュアル・パセプションズ、ザ・ポートレイヤル・オブ・ジェンダー・アット・ザ・ドーン・オブ・ザ・サード・ミレニアム（ジェンダーの役割についての会議）、ワンダー・イン・ピース・キャンペーン、オラクル・ミレニアム・プロジェクツ・スタフォードシャー・ミレニアム・プロジェクツ、ツリーズ・オブ・タイム・アンド・プレイス、トライデント・オブ・プラウシェアズ2000（イギリスの原子力推進弾道ミサイル潜水艦武装解除計画）、ウォルソール・ミレニアム・プロジェクト、ワールド・リニューアブル・エネジー・コングレス・アンド・ネットワーク、ヨークシャー・デイルズ・ミレニアム・トラスト。

　イギリスではグリニッジのミレニアム・ドームで女王エリザベス2世が主催する、レーザー光線と花火に彩られたパーティで新千年紀を祝った（⇒ミレニアム・ドーム）。グリニッジは本初子午線のある場所。2000年1月1日の正午にはイギリスじゅうの教会が鐘を5分間響かせた。（⇒『ローワン・アトキンソンのブラックアダー：タイムマシンで行ったり来たり』）

イギリス領バージン諸島　ミレニアム・セクレタリアート。

イスラエル　アルマゲドンコン（SF、文化、神話における黙示録研究会議）、アルメニアン・チャーチ・アニバーサリー・セレブレーション・イン・エルサレム（2001年にアルメニアでキリスト教が公認された1700周年を祝う）、セレブレイト・メサイア2000、ミレニアム・セレブレーション・イン・エルサレム、ギフト・フォー・ヒューチャー・デイ（世界じゅうの子どもたちが新千年紀に向けての希望を書く）、ハイファ・フィルム・フェスティバル、ホーリー・ランド2000、インターナショナル・クリスチャン・エンバシー、インターナショナル・シアター・フェスティバル・フォー・チルドレン・アンド・ユース、インターナショナル・ユース・コングレス・オブ・ザ・バチカン、イスラエル2000、エルサレム2000・インターリリージャス・ギャザリング、ジーザス・アズ・ア・ジュー・カンファレンス・イン・ガラリー、ジャーニー・オブ・ザ・マギ、ジュビレニアム（子どもと平和のための国際組織）、メディア・アンド・ディシジョン・メーカーズ／テル・アビブ、メギド（善と悪の最後の戦いの場になるといわれている古戦場での祝祭）、ミレニアム・イベンツ・アンド・プロセッション（ローマカトリック教会の記念祭の一環である2000年の教皇ヨハネ・パウロ2世の訪問を含む）、ナザレ2000、ザ・プロミスド・チャイルドフッド、エルサレム2000・コングレス、ファースト・ワールド・バイブル・チャンピオンシップ・イン・エルサレム（キリスト教徒が聖書に関する知識を競う大会）。

　ベツレヘムのマンガー広場では、真夜中に2,000羽の鳩を放って新千年紀を迎

えた。しかし、この年の元日はユダヤ教の安息日だったためイスラエルじゅうのラビはすべての祝祭を禁じた。

イタリア アッシジのフランチェスコ聖堂の修復、ボローニャ（2000年の欧州文化首都の1つ）、2000年の大聖年（⇒バチカン）、ニュー・ミレニアム・ベニス・カーニバル、ピサの斜塔の修復、ローマン・エージェンシー・フォー・ザ・ジュビリー、セレブレーション・イン・ローマ・チュリン（トリノ）・アンド・ベニス、ヴィア・フランチジェナの修復（8～14世紀にフランスから北イタリアに通じていた巡礼と通商のための道）、ワールド・ユース・デイ。

イラク ジャーニー・オブ・ザ・マギ——ア・ピルグリム・フォー・ピース（99日にわたり中東を移動して聖書のマギの旅を再現し、2000年のクリスマスにベツレヘムに到着する）。しかし1999年12月31日には新千年紀に先駆けた行事はなかった。

イラン ジャーニー・オブ・ザ・マギ、ナショナル・コミッション・フォー・ザ・ワールド・マセマティカル・イヤー・イン・イラン。新千年紀前夜にはイスラエルのエルサレム制圧に抗議する数百万人が通りをうめた。イスラーム教徒は預言者ムハンマドがエルサレムから昇天したと信じている。

インド ブック・フェア・オブ・コルカタ2000、ゴア2000：ミレニアム・ウォーク・トゥ・インディア（アイルランドで始まったインドのゴアに病院を建設する

ための基金調達プロジェクト）、インターナショナル・カンファレンス・オン・マネージング・リソーシーズ、カジュラーホー・ミレニアム・セレブレーション（古代チャンデラ朝の宗教、政治に関するサイト）、セレブレーションズ・イン・バンガロール・コルカタ・チェンナイ・デリー・アンド・ムンバイ、ワン・デイ・イン・ピース・キャンペーン、ワールド・マーチ・オブ・ウイメン。

インドネシア バリ2000ミレニアム・パーティ（音楽、文化イベント、舞踊）、ボロブドゥール2000（世界平和を祈願する仏教儀礼）、ジャワ2000・ミレニアム・パーティ：「アンシャント・ジャワニーズ・カルチュラル・ジャーニー」。

ジャカルタのアンコール・アミューズメント・パークで新千年紀を迎える祭典が行われた。2000年になると、重量約3トンの鐘が鳴らされ、何千人もが通りで紙笛をならし太鼓を叩いた。

ウガンダ ピース・ユニティ・リコンシレーション・カンファレンス、ウガンダ・デット・ネットワーク、ウガンダ2000。

ウルグアイ エル・ミル・ミレナリオ（ザ・ミレニアム1000）。

エクアドル コスモビジョン・アンド・インターリリージャス・ダイアローグ、ジュビレオ2000グアヤキル、モヴィミエント・ミ・コメタ。

エジプト アレクサンドリア・ライブラリー・リバイバル・プロジェクト、アレクサンドリア・オベリスク（世界七不思議の1つであるアレクサンドリア港の灯台

のあった場所に 145m のオベリスクを建て
た)、マセマティクス・イン・ザ・トゥ
エンティファースト・センチュリー、ミ
レニアム・シンポジウム。

1999 年 12 月 6 日に「ドラミング・イ
ン・ザ・ミレニアム」が開始した。これ
はカイロ郊外のギザ台地でピラミッドを
背景に行われた、グローバル・アライア
ンス・フォー・インテリジェント・アー
トによる 2 日間のイベント。各大陸から
ドラマーが集結し、古代、伝統、現代文
化の演奏をリズミカルに披露した。

1999 年 12 月 31 日の日没には、ヘリ
コプターを使ってギザ台地の大ピラミッ
ドの頂近くまで金で覆われた冠石を降ろ
した。このピラミッドを元の高さに修復
したイベントのあと、ギザ台地は特別企
画である、フランスのミュージシャン、
ジャン・ミッシェル・ジャールが手掛け
た 12 時間のミレニアム・エクストラバ
ガンザ (コミックオペラ)、『太陽の 12 の
夢』の舞台となった。

エストニア ミレニアム・フェスティバ
ル、タリン・クロック。

エチオピア ピース・モニュメント・イ
ノギュレーション・セレモニー (アジス
アベバでのモニュメント除幕式)。

エルサルバドル ハビタット・フォー・
ヒューマニティ (人間の生息地)、ビルデ
ィング・オン・フェイス 2000。

オーストラリア 72 アワーズ・イン・ピ
ース (宗教連合イニシアチブのプロジェク
ト)、セレブレーション・イン・アデレー
ド、オーストラリアン・ユース・エネ

ジー・プロジェクト──ナショナル・ユー
ス・ラウンドテーブル 2000、アウェ
イキング 2000 (オーストラリア全土にわ
たるアボリジニと繋がるためのキリスト教
徒の行進)、連邦 100 年記念祭 (2001 年に
行われた連邦民主国創立 100 周年記念)、コ
ロボリー 2000 (アボリジニの言葉で、ダ
ルク語族の一連の伝統的儀式を表す)、エ
デュケイション 2000 カンファレンス、
ファースト・ドーン・マラコータ 2000
(ビクトリア州マラコータのクロアジンゴロ
ング国立公園の動植物を紹介するウェブサイ
ト)、グローバル・エデュケイション・
イン・オーストラリア、グリーン・ゲー
ムズ (2000 年のオリンピックのこと。オリ
ンピックの聖火がオーストラリアの保護下
にある生態系を通ったためこう呼ばれた)、
グリーンズ・グローバル 2001 カンファ
レンス (「グリーン」、つまり社会経済と環
境に関する国際的な集会)、ヒーリング・
サミット 2000、マセマティクス 2000 フ
ェスティバル、メルボルン・フェスティ
バル、バッハ 2000 (J・S・バッハ没後 250
年記念祭)、メルボルン 2000:ザ・リア
ル・ピープルズ・ゲームズ (メルボルン
版のオリンピック)、ミレニウム委員会、
ミレニアム・メッセージズ (市の指導者
の多様な夢や大志を捉えようというメルボ
ルン委員会のプロジェクト)、ミレニアム・
ソーラー・プロジェクト (ニュージーラ
ンドの太陽熱技術を探るシンポジウムとワ
ークショップ)、2000 年シドニー・オリ
ンピック、パース・ミレニアム・セレ
ブレーション・フェスティバル 2000 〜

2003、シトロエン・レース（シトロエンのRR車によるオーストラリア横断レース）、ソーシャル・トランスフォメーション・イン・ジ・アジア・パシフィック・リージョン、スチューデント・レプレゼンタティブ・カウンシル・アシャリング・イン・ザ・ニュー・ミレニアム（次のミレニアムに先駆けた学生代表会議）、ワールド・フォーラム 2000（子ども福祉局主催のフォーラム）。

オーストリア　グラーツ・インターナショナル・ガーデン・ショー 2000、オーストリア・ミレニアム祭（クロスターノイブルク修道院博物館）、ウィーン・カルチャー 2000、ウィーン 2000 インターナショナル・スカウト・キャンプ。

オランダ　ユーロピアン・スクールズ・ミレニアム・プロジェクト、ハーグ・ミレニアム・プロジェクト、マインド・ユア・ワールド / プラネットワーク、ワン・デイ・イン・ピース・キャンペーン、パノラマ 2000（ユトレヒトにある複数の建築物の屋根に制作したインスタレーション）、スティヒティング・ミレニアム（環境問題への気付き）、サスティナブル・ビルディング 2000、サード・ミレニアム・チャレンジ、ワールド・ピース・カンファレンス・ザ・ハーグ。

オランダ領アンティル　ネイチャー・コンサベーション・ポリシー・デクラレーション。

ガイアナ　ジュビリー 2000・デット・リリーフ・キャンペーン（債務救済キャンペーン）。

カザフスタン　ユーラシア 2000（初めてのユーラシア経済サミット）、グレート・ワールドワイド・ミレニアム・フォーラム。

ガーナ　ガーナ・ミレニアム・コミッション（アート、文化、宗教プロジェクトの計画と概観）、ジュビリー 2000・アフリカ・キャンペーン、オン・ザ・ライン、ワン・デイ・イン・ピース・キャンペーン、クエスト 2000（平和、希望、調和の探求のためテキサス州ヒューストンで創設された地域サービス組織）、ワールド・マーチ・オブ・ウイメン。

カナダ　⇒カナダ

カリブ海　トゥエンティファースト・センチュリー・リーダーシップ・サミット・アット・シー、カリビアン・インターナショナル・イヤー・オブ・ボランティアズ、エル・ミル・ミレナリオ（ザ・ミレニアム 1000）（ヤング・アメリカン・ビジネス・トラストが始め米州機構が提携する。2000 年に雇用の創出で国に非常に貢献した若い起業家トップ 1000 を公表）。

韓国　アジア＝ヨーロッパ・ミーティング、カルチャー・タイム・カプセル、フェイス・オブ・コリア（2000 人の小学 1 年生の写真）、ミレニアム・フェスティバル・プラザ、ミレニアム・コリア、ミレニアム・プサン・フォーラム、パンムンジョム（板門店）（非武装地帯）文化地域、プレジデンシャル・コミッション・フォー・ザ・ニュー・ミレニアム、ザ・ソウル・ミレニアム・オブ NGO：アチービング・アワー・ビジョン、ワールド・コングレ

ス・オン・エンバイロメンタル・デザイン・フォー・ザ・ニュー・ミレニアム。

　非武装地帯のすぐ南で全長約3.8m、重さ21トンの鐘を鳴らし新千年紀を祝った。ロシアのヘルメット、イスラエルのナイフ、合衆国の軍艦の一部を使って製作された象徴的な鐘である。

ギニア　ワールド・マーチ・オブ・ウイメン。

キプロス　キプロス2000、ワールド・マーチ・オブ・ウイメン。

キューバ　クラブ・キューバ21、ミレニアム・ソサエティ・チャリティ・ボール、タイム・ワープ・ミレニアム、TURNAT2000：エコツーリズムに関する初めての国際会議。

　新千年紀である2000年の初日には1959年にフィデル・カルテロが先導し、覇権を手にした革命の記念行事が行われた。政府は特別の晩餐会を開き花火を打ち上げた。

ギリシャ　バイオ・エンバイロメント・アンド・ニュー・ミレニアム・プロジェクト、グローバル・エコノミー・カンファレンス。

　アテネでは新千年紀を祝う花火大会のために5000個のスポットライトがアクロポリスを照らした。

キリバス　1995年に日付変更線を東の端の諸島まで取り込むよう移動したため、ミレニアムが最初に訪れる国となったと主張した。通常は無人島であるミレニアム島では、ミクロネシアの舞踏で初日の出を祝った。⇒ミレニアム島

グアテマラ　HOPEワールドワイド、グローバル・アウトリーチ2000。

クック諸島　パンパシフィックおよび東南アジア・ウイメンズ・アソシエーション・カンファレンス、イグナイト・ザ・パワー・オブ・ピース、イヤー2000・シンフォニー・オブ・ドラムズ。

グリーンランド　プロジェクト・レイフ2000。

グレナダ　カリコム（カリブ共同体）・ユース・パーラメント、ミレニアム・フレイム・アット・オーシャンビュー・ホテル。

クロアチア　ワン・デイ・イン・ピース・キャンペーン、プログラム2000、ユース・フォー・パスウェイズ・トゥー・ピース。

ケニア　フィニッシュ・ザ・タスク2000（教会の奉仕プログラム）、ジュビリー2000、ワン・デイ・イン・ピース・キャンペーン。

コスタ・リカ　ミレニオ－－セレブレーティング・アワー・ヒューマニティ、2000年に軍事費を人材開発費に転換させるキャンペーン。

コロンビア　ジュビリー・デット・キャンペーン（ジュビリー負債キャンペーン）、ワールド・マーチ・オブ・ウイメン。

コンゴ　ブラザビル：ワールド・マーチ・オブ・ウイメン。

コンゴ民主共和国　ワールド・マーチ・オブ・ウイメン。

サウジアラビア　インターナショナル・カンファレンス・オン・マセマティクス、ワールド・ムスリム・カンファレンス（1997年にパキスタンのイスラマバード

で開催された、グレゴリオ暦での千年紀におけるイスラーム教国の利益について考える会議）。しかし、イスラーム教の教えにより公式には認められないとして新千年紀の祝祭はすべて禁止された。

サモア　ファースト・グローバル・ミレニアム・ピープルズ・アセンブリー、Saウォーズ・カンファレンス（Saはサモア語で禁止を意味する。3000年紀に世界の国々の戦争を禁止するための集会）。

　サモアは最後に新千年紀を迎えた国。1999年の大晦日の祝祭はウポル島の伝統的な火のナイフの舞踊で始まり、首都アピアの官公庁舎前でのカウントダウンで幕を閉じた。

ザンビア　ジュビリー2000、ワールド・マーチ・オブ・ウイメン。

ジャマイカ　ミレニアム・スカラシップ・アンド・スクールズ・オブ・エクセレンス。

シリア　ジャーニー・オブ・ザ・マギ。

シンガポール　ミレニアム2000。

ジンバブエ　アフリカ・エンバイロメント2000、インディペンデンス・デイ（2000年で20周年）、マイクロクレジット・サミット（2005年までに世界で最も貧しい1億世帯に手を差し伸べる世界的キャンペーン）、ジンバブエ2000（イギリスのベンチャースカウトとレンジャーガイドの合同プロジェクト）。

スイス　ワン・デイ・イン・ピース・キャンペーン、ピープルズ・ウォーク・フォー・ピース、シグネ2000（2000年を祝うジュネーブの委員会）。

スウェーデン　チャレンジズ・フォー・サイエンス・アンド・エンジニアリング・イン・ザ・トゥエンティファースト・センチュリー、ヨーテボリ2000、ミレニアム・コミティ、ミレニアム・スウェーデン、ライト・ライブリフッド（正しい暮らし）・ミレニアム・アワード、ストックホルム2000、トランジット2000（現代の映画製作者の文化会議）、ウルスコグ2000（2000年までにスウェーデンに残る原生林を購入して保存しようと、スウェーデン自然保護協会 Faltbiologerna が始めた基金）。

スコットランド　グラスゴー・サイエンス・センター、ミレニアム・フォレスツ・フォー・スコットランド、ミレニアム・リンク（フォース・アンド・クライド運河とユニオン運河への水路を復活させるプロジェクト）、ミレニアム・パイピング（1万人のパイプバンドがマリー・キュリー癌基金のために50万ポンドを集めた）、スコティッシュ・ミレニアム・フェスティバル、スモール・アイランズ・イン・ザ・ザード・ミレニアム：シャリング・ソリューションズ・トゥ・コモン・プロブレムズ。

スペイン　テレビジョン・カタロニア制作のミレニアム・ショーシリーズ、バルセロナ2000、デスティネーション・セビル（セビーリャ）：フェイシング・ザ・サード・ミレニアム、エスパーニャ・ヌエボ・ミレニオ（全イベリア半島で行われたミレニアムの文化イベント）、ストリートチルドレンと孤児救済プロジェクト、ワールド・マーチ・オブ・ウイメン。

スリナム エル・ミル・ミレナリオ（ザ・ミレニアム 1000）。

スリランカ コール・フォー・ピース・フォー・ザ・チルドレン・オブ・スリランカ（平和のためのコンサート）、ワン・デイ・イン・ピース・キャンペーン。

スロベニア インターナショナル・ミレニアム・カンファレンス。

スワジランド ミレニアム・プロジェクト（ツーリズムと商業にてこ入れをする一連のプロジェクト）。

セイシェル ミレニアム・プログラム・アンド Expo2001。

セネガル グレート・ミレニアム・ピース・ライド、ミレニアム・カンファランシーズ（1998 年と 1999 年に「ザ・ニュー・ミレニアム：ステイクス・アンド・チャレンジズ」をテーマに開催された）。

セントクリストファー・ネイビス カリフェスタ 7：セブンス・カリビアン・フェスティバル・オブ・アーツ。

タイ アメイジング・ランパン 2000（古都ランパンの年間イベントカレンダー）、カンファレンス・オブ・アクアカルチャー・イン・ザ・サード・ミレニアム。

台湾 Taiwan2000（中国文化と台湾の精神を振興する英語のウェブサイト）。

タスマニア テン・デイズ・オン・ジ・アイランド（国際芸術祭）。

タンザニア ワン・デイ・イン・ピース・キャンペーン、ルーツ・アンド・シューツ（世界的な環境教育の提案）。

チェコ共和国 カルチュアル・キャピタル・オブ・イヤー 2000、フォーラム 2000。

チベット ミレニアム・セブン・サミッツ・エキスペディション（7 人のイギリス人登山家が 2000 年最初のエベレスト山登頂を試み、さらにマッキンリー山をはじめとする世界の最高峰 6 山の登頂を試みる）。

中国 2000 年全国国勢調査、香港ドラゴンズ・スピリット・ニュー・ミレニアム・プロジェクツ（2000 年の文化事業「イヤー・オブ・ザ・ドラゴン」主催）、マカオ 2000、マセマティクス・アンド・イッツ・ロール・イン・シビラゼーション（文化生活における数学とその役割）、マン・アンド・ネイチャー・イン・ザ・ニュー・ミレニアム、ワールド・コンピューター・コングレス、ワールド・マーチ・オブ・ウイメン、ユース・カンファレンス・オン・ミーティング・ザ・チャレンジ・オブ・ミレニアム。

北京のチャイニーズ・センチュリー・アルターでは新たな千年紀を祝い、歌、ダンス、アイススケートが行われたほか、江沢民主席が真夜中に大かがり火に点火した。香港では俳優のジャッキー・チェンが司会を務めるミレニアム祭で新千年紀初の競馬、ミレニアムカップが行われた。

チュニジア メダタレニアン・ゲームズ（地中海競技大会：2001 年に 50 周年を迎えた）。

チリ ワールド・マーチ・オブ・ウイメン。

デンマーク メディカル・エシックス・アンド・ヒューマン・ライツ・イン・ザ・ニュー・ミレニアム（新千年紀の医療倫

理と人権）、ミレニアム・プロジェクト・オブ・ユーロピアン・スクール・プロジェクト。

ドイツ ベルリーナ・フェスティピレ、ユーロシャン2000（海洋科学と海洋技術に関するヨーロッパ会議）、ユーロピアン・リトラチャー・トレイン2000、Expo 2000ハノーバー、Expo 2000コンペティション・ゲーテ・インスティチュート、フランクフルト・ミレニアム・タワー、グーテンベルグ・2000フェスティバル・マインツ。ミュンヘン2000、オーバーアマーガウ・パッション・プレイ、ザールブリュッケン・フェスティバル、SOSマザー・センター2000：ビジョンズ・ニード・ルーム・ザルツギッター、シュツットガルト21、ワイマール・フェスティバル。

ベルリンではブランデンブルク門周辺に200万人以上が集い新千年紀を祝った。ドイツ史上例のない大規模なパーティとなった。

トーゴ オン・ザ・ライン、ワールド・マーチ・オブ・ウイメン。

ドミニカ ドミニカ・ミレニアム。

トリニダード カリビアン・ユース・エンバイロメンタル・イクスプローション、ヘルス・サイエンシーズ・イン・ザ・ニュー・ミレニアム。

トルクメニスタン トルクメニスタン・オン・ザ・スレッショルド（入口）・オブ・ザ・サード・ミレニアム（2000年のエキスポ）。

トルコ ブリテン・ターキー2000（イス

タンブールのイギリス総領事館でイギリスとトルコの友好を祝う祭り）、インターナショナル・アソシエーション・フォー・フェミニスト・エコノミクス。

トンガ ラロトンガン（ラロトンガ島）・ドラミング・サークル、トンガ2000、ニュー・ドーン・オブ・タイム・フェスティバル（トンガの伝統的楽団から世界的なバンドまでが出演する音楽祭）。

ナイジェリア ビジョン2020（2010年までにナイジェリアを先進国に変貌させようという、未来を明確に見越した政府のプロジェクト）、ワールド・マーチ・オブ・ウイメン。

南極大陸 アンタークティカ2000、アンタークティカ2000ミレニアム、ビッグ・シグナル・プロジェクト、カナディアン・アンタークティック・ミレニアム・エクスペディション、クラブ・ポーラー・オデュッセイ、ポール・トゥー・ポール2000、トランス・アークティック・エクスペディション2000。

ディブル氷河とビクトリア湾は地球上の陸地で新しい千年紀の日の出を最初に見ることのできた場所。

ニカラグア ジュビリー2000。

日本 広島2000/2001、インターフィール2000：ア・グローバリー・コネクテッド・ミュージック・アンド・アート・フェスティバル、インターネット・フェア2001、ジャパン2000（「新千年紀の日本人」に焦点を当てたサイト）、ジャパン2001（イギリスで日本文化を紹介する一連のイベント）、ジャパン＝ユーロ・ミレニ

アム・パートナーシップ（日本とヨーロッパの連携の提案）、ミレニアム・ブリッジ・プロジェクト（サンディエゴとティファアナの日本人会が日本と合衆国の関係を強めようと立ち上げた）、ミレニアム・プロジェクト（新技術開発のために産業、政府、学術という主たる分野の提携を促進することを目的とする）、長崎＝オランダ・イヤー（日本とオランダの400年にわたる交流を記念する）、北海道根室市（花火大会）、ニッケイ・ニュー・ミレニアム・プロジェクト、岡山県（後楽園の日本庭園300周年記念）、オキナワ・ユース・オン・ザ・グローバル・エンバイロメント、リーチ・フォー・ザ・フーチャー（日本の社会および経済発展を進めるプロジェクト）、サイエンス／テクノロジー・アウェアネス・プログラム、フェスティバル・オブ・ニュー・ツーリズム（静岡県後援）、サイエンス・アンド・テクノロジー：スピーキング・オブ・ドリームズ・アンド・ホープス（学生の最優秀エッセイに与えられる賞）、センテニアル・セレブレーション・オブ・タカサキ・イン 2000、トーキョー・フェスティバル 2000、ミレニアム・カンファレンス・アット・ユナイテッド・ネイションズ・ユニバーシティ（国連大学でのミレニアム会議）、ワールド・ダンス：セレブレイティング・ザ・ミレニアム、ユース・アット・ザ・ミレニアム。

　新千年紀を迎えるにあたり東京の増上寺では真夜中に鐘を鳴らして厄払いをした。

ニュージーランド　チルドレン 2000（子どもたちのためのさまざまな感覚に訴える体験プロジェクト）、Eco2000（環境プロジェクト）、ギズボーン 2000、グローバル・ネット・サミット（インターネットを介してニュージーランドの子どもたちを世界の子どもたちとつなげるプロジェクト）、ミレニアム・マラソン（ハミルトン市主催）、ミレニアム・ソーラー・プロジェクト、ネーピア・シティ・カウンシル・ミレニアム・プロジェクト、ンガ・ワカ・ロア（2000 年に ンガティ・ワンの人々が主催する祖先の大移動の再現が行われた）、パシフィカ・フェスティバル 2001（オークランドで行われたポリネシア文化を称えるイベント）、プラネット・アース・ピース・デイ、サーバント 2000（世界じゅうから2 万人近くのキリスト教徒が集まって行った礼拝）、ターニング・ポイント 2000（クライストチャーチをはじめとするカンタベリー地方の都市が行った環境と文化に関わるプロジェクト）。

　世界で初めて新千年紀を迎える有人の島となるチャタム諸島ではマオリ族の人々が集まり新千年紀の初日の出をみた。オークランドは主たる大都市の中で初めて新千年紀を迎えた。南極にあるニュージーランドのスコット基地ではマイナス 30 度の戸外で上着なしで祝祭を行った。

ネパール　ネパール・トラスト・ミレニアム・トレック・アンド・プログラムズ（フムラ郡の診療所のネットワーク）、ワールド・マーチ・オブ・ウイメン、ユース・ミレニアム・チルドレンズ・パーク。

ノルウェー ファウンデーション・ベルゲン 2000、インターナショナル・コングレス・オブ・ヒストリカル・サイエンシーズ、モーメンタム 2000（ノルウェーで 2 年に 1 度行われる現代アートの祭典）、ノルウェージャン・ミレニアム・コミッション、オットー・スヴェルドルップ・エクスペディション（スヴェルドルップが 19 世紀末に行った探検を再現する）、ピルグラミージュ（巡礼）2000、ソルトラン・ブルー・ミレニアム・プロジェクト（ソルトランの街を 5 万リットルの青いペンキで塗るプロジェクト）。

ハイチ ジュビリー・デット・キャンセレーション（債務取り消し）。

パキスタン マーチ・オブ・ピース（他の宗教への寛容性を育み平和を広げるための 2,400km の行進）、ワールド・ムスリム・コングレス。

パナマ 1999 年 12 月 31 日にパナマ運河の主権を引き継いだ。

バハマ コミュニティ・ポリシング（警察が地域に根差した活動をするという方針）、ザ・ウェイ・スルー・ザ・ニュー・ミレニアム、ミレニアム・ガーデン・ハウジング・プロジェクト。

パプアニューギニア メラネシア・アンド・ビヨンド、エンパワリング・ビレッジ・アンド・ルーラル・デベロップメント（村と地方の発展促進）。

パラグアイ エル・ミル・ミレナリオ（ザ・ミレニアム 1000）。

バルバドス ヒューチャー・センター・トラスト。

パレスティナ自治政府 A.D. 2000 アンド・ビヨンド（2000 年以降）・カンファレンス、ベツレヘム 2000、ホーリー・ランド 2000、インターナショナル・ユース・ギャザリング、エルサレム 2000、ジャーニー・オブ・ザ・マギ、ジュビレニウム、パレスタイン・インターナショナル・フェスティバル・フォー・ミュージック・アンド・ダンス、ユース 21 インターナショナル・クリスチャン・ユース・フェスティバル。

バーレーン インターナショナル・イヤー・オブ・ボランティアズ・プログラム。

ハンガリー 1000 アニバーサリー・オブ・コロネーション・オブ・セント・ステファノス（聖ステファノ戴冠 1000 周年記念）、1000 アニバーサリー・オブ・ハンガリアン・ステイトフッド（ハンガリー・ミレニアム委員会）、1999 年シオーフォク・セレブレーション（1900 年代最後の日食を見る）、ステイト・セレモニー、ソルノク・ミレニアム・フィルム・フェスティバル、ミレニアム・アワーグラス（直径 8m、砂の総重量 7 トンで落ちるのに 1 年かかる）。

バングラディシュ ジュビリー 2000、ワン・デイ・イン・ピース・キャンペーン、ワールド・マーチ・オブ・ウイメン

フィジー ⇒フィジー諸島

フィリピン ミリオン・マングローブ・フォー・ザ・ミレニアム（マングローブの森の再生）、ワールド・マーチ・オブ・ウイメン。

フィンランド チャレンジズ・フォー・

ピース・リサーチ・イン・ザ・トゥエンティファースト・センチュリー、チルドレンズ・ミレニアム、ヘルシンキ・アレナ2000（ヘルシンキの円形闘技場）、ヘルシンキ「シティ・オブ・ユーロピアン・カルチャー」、ミレニアム2000：イヤー・オブ・ホープ。

プエルトリコ　約250万ドルをかけ、ミュージカルや花火が彩るパーティでミレニアムを祝った。

ブラジル　ブラジル500周年記念、アース・ミーティング・ブラジル2000、インディジャナス（土着の）・マーチ2000、インターナショナル・カンファレンス・オン・テクノロジー・ポリシー、インターナショナル・ルーラル・ソシオロジー・アソシエーション（国際地域社会学協会）、インターナショナル・シンポジウム・オン・エンバイロメンタル・ジオテクノロジー（環境地質工学国際シンポジウム）、マナウス2000、インターナショナル・エンバイロメント・フェスティバル、リオ2000・アンド・サンバ、リオ2000、リオ・デ・ジャネイロ──シチズンシップ・フォー・ピース、ジ・アザー・500イヤーズ、トランスレーティング・ザ・ニュー・ミレニアム、ワールド・マーチ・オブ・ウイメン。

　1999年の大晦日にはコパカバーナビーチに300万人が集い、ミレニアムを祝って多くのパフォーマンス、花火を楽しみ、海の女神イエマンジャを称えた（⇒中南米とカリブ海諸島〔ブラジル〕）。

フランス　エクス2000、ミュージック・オブ・ザ・ミレニアム、ミレニアム・フェスティバル・イン・アミアン・アビニョン・ブロワ・カーン、リヨン（『ミレネール3』）、「ブレイク・ダウン・オール・ボーダーズ」コンサート、エッフェル塔：ワールドワイド・オブザバトリー・オブ・ジ・イヤー2000、フラタナティ2000（慈善組織）、ゲート・トゥー・ジ・イヤー2000、グリーン・メリディアン（パリの子午線にそって国を縦断するように木を植える計画）、KEOスペース・カプセル（2001年にタイムカプセルを宇宙に打ち上げる）、リール：アフリカン・プレゼンス（現代のアフリカに関する展示）、ミレニアム・ミッドナイト・プロジェクト（世界じゅうが協力するインターネットのアートワーク）、ミッシオーネ・プール・ラ・セレブラティオン・ドゥ・ラン（2000年を祝うフランスの公式委員会）、ミッション2000（2000年に20歳のフランス人2,000人で行うツアー）、ニューロピアン2000（パリで行われた学生フォーラム「ニュー・ヨーロップ、ニュー・チャレンジズ、ニュー・ジェネレーションズ」のキーワード）、パリ・クロックズ、パリ・ミッション2000、ワーキング・カルチャーズ2000（フォルバックの展示会）、ワールド・マーチ・オブ・ウイメン。

　パリではエッフェル塔のミレニアム・クロックが誤って数時間早く新千年紀を告げたが、シャンゼリゼ通りでは何千人もがそのまま祝い続けた。色とりどりのライトで飾られた11の観覧車が、アクロバットダンスやミュージシャンたちを

照らした。

ブルガリア　ブルガリア 2000、ミレニアム・クロック 2000、コアリシャン 2000（連立 2000）。

ブルキナファソ　オン・ザ・ライン。

ブルンジ　インターナショナル・マーティン・ルーサー・キング・ユース・ミーティング、ワールド・マーチ・オブ・ウイメン。

ベトナム　ミッション・ピース 2000（ベトナムの病院と孤児院を支援するアメリカのプロジェクト）。

ベネズエラ　エル・ミル・ミレナリオ（ザ・ミレニアム 1000）。

　花火大会がわずかに開催されたものの、洪水と土砂災害からの復興を遂げていなかったため公的にミレニアムを祝うことはしなかった。

ベラルーシ　ミレニアム・イヤー・プロジェクト（救済活動のための教会基金）。

ペルー　2001 アヤワスカ・オデッセイ、ジュビリー・デット・レリーフ・キャンペーン、ワン・デイ・イン・ピース・キャンペーン、ワールド・マーチ・オブ・ウイメン。

　古代インカの都市マチュピチュではインカの儀式と習慣に則り新千年紀を迎えた。

ベルギー　ブリュッセル 2000、ヘント 1500 〜 2000、ヨーロッパ連合 2000 〜 2020、ミレニアム・テーマ。

ボスニア　プログレッシブ・ユース・オーガニゼーション。

ポーランド　グダニスク・ミレニアム・

セレブレーションズ（997 〜 1997）、イメージズ・アンド・リコンストラクションズ・オブ・ウェザー・アンド・クライメット、クラクフ 2000 フェスティバル、イナギュレーション・オブ・ア・チャーチ・イン・リヘン（52 の扉と 365 の窓のある暦をモチーフにした教会の落成式）。

ポルトガル　ミレニアム・オデッセイ・カナリアズ（ヨットの一団が 2000 年に 22 か月にわたる平和と親善の旅から帰還した）。ザ・ニュー・ミレニアム・カンファレンス、ワールド・マーチ・オブ・ウイメン。

マダガスカル　マダガスカル 2000（「新千年紀を迎えて：アフリカのジェンダー、アフリカのディアスポラ、回顧、展望」に焦点を当てて）。

マラウィ　ジュビリー 2000、ユニバーシティ・オブ・マラウィ／ユニバーサリー・オブ・ストラスクライド・ユナイテッドキングダム（マラウィ大学とイギリスのストラスクライド大学が協力してマラウィの生活環境を向上させる）。

マリ　ジュビリー 2000、オン・ザ・ライン、ワールド・マーチ・オブ・ウイメン。

マルキーズ諸島　フェスティバル・フォー・イヤー 2000（現地人の考古学的、民族的ルーツを探る）。

マルタ　ビルキルカラ・パリッシュ・バシリカ（聖堂がローマ法王により小バシリカの位を付与された 50 周年記念）、セレブレーション・オン・ゴゾ・アイランド、マルタ・アソシエーション・オブ・ウイメン・イン・ビジネス、マルタ・メディ

ア・ミレニアム・ウェブキャスツ、ミレニアム・ミス（神話）・アンド・ドリーム・ツアー、タワーズ・ア・ヘルシー・ミレニアム。

マレーシア ハリ・ラヤ・イド・アル＝フィトル（イスラーム教徒のラマダン明けの饗宴。2000年には1月9日と12月28日の2回行われた）、16th インターナショナル・カンファレンス・オブ・ジ・インターナショナル・アソシエーション・オブ・ヒストリアンズ・オブ・アジア、サステナブル・アーバン・ディベロップメント・イン・ザ・ニュー・ミレニアム。

南アフリカ サイクル・ザ・ワールド（HIV感染患者の子どもたちのために2人の自転車乗りが募金運動をした）、ドラミレニアム（世界じゅうのドラマーが、それぞれの世界時間帯で新年を迎えるごとに演奏した）、ジュビリー2000、ミレニアム・ルーツ・プロジェクト（賛美グループが馬車で平和ツアーを行った）、ミレニアム2000・トラスト、パーラメント・オブ・ザ・ワールズ・リリージョンズ、サウス・アフリカ・2000BBC・エジュケイション・プロジェクト、サウス・アフリカ2000・トランス・フォー・ザ・ニュー・ミレニアム（トランス状態に誘う幻想的なバンドのフェス）、サウス・アフリカ・ミレニアム（さまざまなイベントとプロジェクト）、ワールド・カンファレンス・アゲンスト・レイシズム・レイシャル・ディスクリミネーション・ゼノフォビア・アンド・リレイテッド・イントレランス（人種差別、外国人排斥等のヘイト感情に反対する会議）。

ネルソン・マンデラ元大統領が27年間投獄されていたロベン島で新千年紀前夜の公式な祝祭が行われた。

ミャンマー ティンバー・イン2000。

メキシコ コンボカトリア・ナシオナル・フォー・ザ・セレブレーション・オブ・ザ・サード・ミレニアム、ミレニアム・ソーラー・フォーラム。

1999年12月31日には、ラテンアメリカ最大の広場、メキシコシティのソカロ広場に何千人もが集い、メキシコ音楽の楽団マリアッチ、パレード、花火とともに、総額30億ドルをかけた新千年紀の祝祭を行った。テオティワカンでは、人々がいくつものアステカのピラミッドの上で1999年最後の日没をみた。

モザンビーク ジュビリー2000、ワールド・マーチ・オブ・ウイメン。

モロッコ モロッコ2000、ワールド・マーチ・オブ・ウイメン。

ムハンマド王は新千年紀を迎えるにあたり地方長官の半数を解任し、内務省の役人を新たに指名した。

モンゴル ジャパン＝モンゴリア・ミレニアム・フェスティバル・フレンドシップ・アンド・カルチャー、モンゴリアズ・ユース：エンパワード・シチズン・フォー・ザ・ニュー・ミレニアム。

ユーゴスラビア ワールド・マーチ・オブ・ウイメン。

（注：2006年、セルビアとモンテネグロがそれぞれに独立を宣言し、残存していた旧ユーゴ連合が完全に消滅した）。

ヨルダン ヨルダン・ツーリズム・ボード（旧約聖書および新約聖書縁の地にまつわる一連のイベント）、ジャーニー・オブ・ザ・マギ、ワールド・マーチ・オブ・ウイメン。

ラトビア バルテック・シー・ユース・フェスティバル、リガ 1998 ～ 2001（リガ 800 周年記念）。

リトアニア ウイメン・アンド・デモクラシー・アット・ザ・ドーン・オブ・ア・ニュー・ミレニアム、ワールド・バイシクル・ライド・フォー・ピース。

リヒテンシュタイン ミリオンズ 2000（2000 人の億万長者を生み出す宝くじ）、ザ・ミレニアム・ファンド。

ルクセンブルク インターナショナル・スカウト・キャンプ 2000、ミシオン・ダンピュルシオン 2000 ～ 2001、モニュメント・オブ・ザ・ミレニアム。

ルーマニア フォーカシング・オン・ルーマニア（ブラショブで伝道活動を行うアイルランド人プロテスタントのプロジェクト）、ブカレスト（1999 年に 1990 年代最後の日食を見る）、ミレニアム・ドリーマーズ（マクドナルド社による国際的なミレニアム・ドリーマーズキャンペーンの一環）、ミレニアム・ルーマニア、ワールド・マーチ・オブ・ウイメン。

ルワンダ ワールド・マーチ・オブ・ウイメン。

レバノン インターナショナル・イヤー・オブ・ボランティアズ 2001、トランスカルチャー・インターディシプナリー・メディスン・コングレス（異文化間学際

医学会）。

ロシア連邦 コミティ 2000・ウクライナ（キエフでのマラソン。新千年紀を迎えるにあたり世界じゅうの国旗をたてた「ミレニアム・ツリー」を飾った）、ディケイド・オブ・ボランティアリング・フォー・ピース、インターナショナル・カンファレンス・オン・エコロジカル・エジュケイション、ノボシビルスク・ステイト・ユニバーシティ（1999 年で創立 40 周年）、ワン・デイ・イン・ピース・キャンペーン、ルシアン・オーガニゼーション・コミティ・トゥ・セレブレイト・ザ・サード・ミレニアム・アンド・ザ・200th アニバーサリー・オブ・クリスチャニティ、ルシアン・ピース・ファンデーション、タワード・ザ・サード・ミレニアム。

1999 年 12 月 31 日、モスクワではボリス・エリツィン大統領が辞任しウラジミール・プーチンを暫定的に大統領に指名した。

ソマリア

Somalia

「アフリカの角」の北東に位置する半島国家。人口の大半は、イスラーム暦を使用するスンニー派イスラーム教徒である（⇒暦・イスラーム）。だが、ソマリアのスンニー派には新年を祝う習慣はない。過去何年もさまざまなホテルがグレゴリオ暦の 1 月 1 日に新年を祝うパーティやコンサートを開催してきたが、2004 年 12 月、モガディシュのイスラーム法廷最高会議はこうした祝祭を禁止した。議

長のシェイク・シャリフ・シェイク・ア
フマドによると、この禁止条例を破った
者は厳しく罰せられるという。

　新年の挨拶には次の言い方がある。
・「イヨ・サナド・クスブ・オー・フィ
　カン（Iyo Sanad Cusub Oo Fican）」ソマリ
　語（公用語）
　⇒イスラーム教

ソーヤル
Soyal

　ホピ語で「祈りと捧げものの儀式」の
意、ソーヤルナ（Soyaluna）、ソーヤラ
（Soyala）、ソルヤランゲウ（Solyalangeu）
ともいわれる。おもにアリゾナ州の保留
地に住むアメリカ先住民、ホピ族の冬至
祭り。村によっては、宗教的儀式の一年
の始まりを12月のソーヤルからとする
ところもあるが、11月のウウチムとと
もに始める村もある（⇒ウウチムの項で、
カチナ、キヴァに関するホピとプエブロの
宗教観の概略を紹介している）。

　ホピ族は、冬至のときに邪悪な力が太
陽を追い払おうとするために、冬のあい
だ日が短くなると信じている。20日間
のソーヤルの祝祭は、太陽が戻るのを助
け、寒さで不作にならないよう、村が絶
滅しないようにするために不可欠な儀式
と考えられている。村によっては、カ
チナが冬至に戻ってくると信じている
ため、ソーヤル・カチナ（Soyal Katchina）
の扮装をした男が年の最初に戻ってきた
カチナとなり、ほかのカチナが戻ってこ
られるようにキヴァを開く儀式を執り行

う。主要な儀式はチーフのキヴァで行わ
れ、そこが太陽対邪悪な力の戦いを模し
た芝居が行われる劇場となる。ソーヤル
のチーフは太陽をあらわす頭飾りと盾を
つけ、ほかのキヴァの男たちが太陽に対
する自然の力を象徴する盾をつける。キ
ヴァ内の祭壇には、リュウゼツランの茎
を刻んで作った、羽根をつけたミズヘビ、
パルルコン（Palulukon / Palulukonuh）の黒
い彫像がまつられている。ホピ神話によ
ると、現在の世界は宇宙の海に暮らす2
頭のパルルコンの背中にのっていて、自
然災害が起こるのは彼らが怒ったときだ
という。そのためソーヤルの期間中、パ
ルルコンが太陽を「飲み込んで」皆既日
食を起こさないよう、穀物の捧げものが
される。

　ほかに、羽根、貝殻、松葉などを結び
付けた棒からなる「祈祷杖」パホを多数
つくり、コーンミールやタバコの煙など
の聖なる物を聖別する伝統もある。パホ
は村によって、捧げる精霊によって異な
る。人々はパホに息を吹きかけて祈りを
込め、神殿や泉、野原、木々の下、洞窟、
家の下、梁の中、キヴァの中など、つま
りは精霊が見つけてくれて、そこに込め
られた願いを聞き届けてくれる場所にパ
ホを置く。家族や友人どうしでパホを交
換し、新年の幸福を祈り合うこともある。
ウサギ狩り、ご馳走、祝福の儀式でソー
ヤルを締めくくる。

ソルナル

Sollal

 ⇒韓国

ゾロアスター暦

Zoroastrian Calendar

 ⇒暦・ゾロアスター

ソンクラーン

Songkran

 ⇒カンボジア、タイ

た行

タイ

Thailand

1946年までシャムとして知られていた。この国では西洋のグレゴリオ暦にあたる太陽暦（元日は1月1日）を公式に使用しているが、旧来の太陰暦によって仏教の祭りや祝日が決定される（⇒暦・タイ）。マハ・ソンクラーン（Maha Songkran：大ソンクラーン、あるいはただのソンクラーン）は伝統的な新年の祭りで、従来の暦で固定されており、4月13日から15日にかけて行われる。「水かけ祭り」ともいわれるソンクラーンは儀式の水かけによる清め、伝統的な水のかけ合いでのお祭り騒ぎ、功徳を積む行為、家族の再会、感謝を表す行為から構成される。

多くの祝祭の習慣はインドに起源があるため、ソンクラーンの起源も広く知られているヒンドゥー教の伝説によって説明される。一説には、タマバンクマンと呼ばれる学のある男がカビル・マハ・プロムという神に嫉妬され、3つの難しいなぞなぞを出された。もし答えられなければ、男は頭を失うが、正しく答えられれば神が頭を失う。男は自分の運命が決まったと確信したが、母ワシがヒナにもうすぐ男の死体を食べさせてやると約束しているのを耳にした。そのときにワシがヒナになぞなぞの正しい答えを明かしたので、男はそれを神に伝えた。男が勝ったので、神は自分の頭を切り落としたが、その頭をどうやって処理するかの問題が発生した。というのも、神の頭が大地に触れれば、火が噴き出す。もし海に落ちたら、すべての水が沸き上がって蒸発する。空中に放てば、干ばつが起きる。頭は天国の洞窟に封印され、神の7人の娘たち（娘たちのことをナン・ソンクラーンつまりソンクラーンの娘たちと呼ぶ）に与えられ、毎年順番にそのうちの一人が新年の第1日にその頭を抱えて、ギリシア神話のオリンポス山に匹敵する聖なるシュメール山の周りを練り歩く。ほかに、ソンクラーンには、ヒンドゥー教における霊界の王インドラが過去一年の人々の行いを調べるために、3日間地上に降り立つとする説もある。そのため、人々は罪を贖おうとして、下記のような功徳といわれる善行を行う。新年は、インドラが霊界に戻った時に始まる。

4月13日：マハ・ソンクラーンの日（旧年の最後の日）。この日に先駆けて、人々は家、寺院、公共の場所や建物を大掃除する。ゴミを燃やす（過去の厄災を燃やす象徴）。祝祭用の新しい衣服を購入する。4月13日になると、人々は新しい衣服を身に着けて地元のワット（寺院）

を訪れ、仏僧に捧げ物をする。捧げ物は炊いた米、果物、甘い菓子である。それから、タンブン（功徳）と呼ばれる善行の儀式が始まる。このときには祖先をたたえなければならない。別のタンブンの儀式はソン・ナム・プラ・プタ・ラプ（「仏陀の水浴」）で、崇拝と尊敬のしるしに村中の仏陀像に香りをつけた水をかける。参拝者は像の前で次のような方法で3度礼をする。ひざまずき、合わせた手のひらを額の高さに掲げる。ひざ、手のひら、額を床につけてひれ伏す。このときに離した手のひらの間に額をつける。その後、香りのついた水を像の両手にかける。バンコクのような都市では信者が清めの儀式に参加できるよう、仏陀像の行進が行われる。バンコクでお清めされる有名な仏陀像は国立博物館のプラ・ブッタシヒンで、王宮前の広場サナム・ルアンに移されて展示される。同様に、一族の年長者はこの日かこれ以降の日に、一族の年下の者たちからの尊敬の印としてお清めされる。年下の者は年長者の両手に香りのついた水を注ぎ、続いてタオルやハンカチ、石鹸、香りのついた水のビンなどの贈り物を渡す。年長者はそれに応えて新年の祝福を与える。かつては、年下の者が年長者の全身を清め、新しい衣類を一式用意していた。ほかに、年長者の手首にひもを結んで幸運を祈る方法もある。各僧院の院長も、信者を参列させて清めの儀式を行い、その後に新年を祝う説教をする。この日には、火葬による灰を埋めた場所で僧がバンサクン

（bangsakun：死者を尊ぶ宗教儀式）を執り行う。地域によっては、家族が遺骨を村のワット（寺院）に持っていき、合同の追悼式を行うところもある。

ソンクラーンの日に行われるパレードにはソンクラーンの娘が登場する。父の頭を委ねられ、縁の深い動物の背に乗る、プロムの7人の娘の一人に扮している。その年の担当の娘の姿勢が重要で、（占星術師による）新年の到来する時間を示す。朝の場合、娘は動物の背に立つ。午後の場合、動物の背にまたがる。夜の場合、目を開いて横たわる。深夜過ぎの場合、目を閉じて横たわる。ソンクラーンの娘たちには曜日の名がついていて、その年の新年が来る日の曜日によってどの娘がソンクラーンの娘になるかが決まる。娘たちは次のような特徴をもつ。日曜の娘はトゥゴットデヴィといわれ、ザクロの花とルビーを身に着け、イチジクを食べ、右手に円盤、左手にほら貝をそれぞれ持ち、ワシに乗る。月曜の娘コーラークデヴィはインドのコルクガシの木の花と月長石を身に着け、油を食し、剣と杖をそれぞれ持ち、トラに乗る。火曜の娘ラークソットデヴィはハスのつぼみとメノウを身に着け、血を飲み、三叉と弓を持ち、豚に乗る。水曜の娘マンターデヴィはキンコウボクの花と猫目石を身に着け、乳とバターを食し、針と杖を持ち、ロバに乗る。木曜の娘キリニーデヴィはマグノリアの花とエメラルドを身に着け、木の実とゴマを食し、鉤と弓を持ち、ゾウに乗る。金曜の娘キミターデヴ

ィはスイレンとトパーズを身に着け、バナナを食べ、剣とリュートを持ち、水牛に乗る。土曜の娘マホトーンデヴィはホテイアオイの花とブルーサファイアを身に着け、ホッグジカの肉を食べ、円盤と三叉を持ち、クジャクに乗る。都市では毎年ミス・ソンクラーンを選ぶ美人コンテストが開催され、選ばれた女性がその日のパレードでソンクラーンの娘を務める。

ソンクラーンで最も楽しい風習は、地元の人と観光客が一緒になっての水のかけ合いである。人々は水の入った袋やバケツ、ホースを用意して通りに並び、通りすぎた人に誰彼構わず水をかけたり、粉を塗り付けたりする。信号待ちのバスの乗客がいちばん狙われやすく、水かけで大騒ぎになることもある。水かけが喜ばれるのは、冷たい水が4月の暑さをやわらげてくれるばかりでなく、悪運を洗い流す象徴である清めの儀式に由来するものだからである。娘たちが徒党を組んで、少年の顔にべたべたした煤や黒いものを塗り付けることも多い。

4月14日：ワン・ナオ（翌日）。タンブンと水かけの儀式は前日同様に続く。午後には家族が砂を持ってきてプラ・チェディ・サイ（ピラミッド型の砂の塔）をワット前の開けた場所につくる。僧侶は飾りとして特別な旗やのぼりをつくり、家族はロウソク、花、線香などとともにこうした旗を購入してさらにタンブンを積む。完成した塔の中に硬貨と聖なるイチジクの葉を埋め、上から香りのついた水を振りかけて、先に購入した飾りを付ける。ふつうは旗にお金を付け、大きめの塔には小さな格子の柵を立てる。ほかには、ワットでの芝居や、いちばんよくできた砂の塔に賞を与えるなどの催しもある。最後には、子どもたちが塔を攻撃し、お金を回収することが多い。砂の塔をつくるのは、人々がワットから立ち去るときに、無意識のうちにサンダルに砂を付けてもち去ってしまうと古くから信じられてきたためで、塔をつくることで砂を補い、同時に地面を高くして洪水の季節にワットを守る意味合いもある。

4月15日：ワン・タルーンソック（新年の始まり）。タンブンと水かけの儀式はそれまで同様に続く。新年に命が再生されることの象徴として、飼っていた鳥はかごから解き放たれ、魚は川や小川に返される。

新年の挨拶には次の言い方がある。
・「サワディ・ピーマイ（Sawadee Pee Mai）」タイ語（公用語）
⇒ミャンマー

タイトルに「新年」が出てくる映画
Movies with New Year's Titles

以下に挙げるのは新年にかかわる映画でタイトルに「New year（新年）」が入っているもの。それぞれの作品は別に項目立てして扱っている。

『男と女の詩』（*Happy New Year*、1973年）、『新年だよ、チャーリー・ブラウン』*（*Happy New Year, Charlie Brown*、1986年）、『ハッピー・ニューイヤー、パパ』*（*Happy New*

Year, Daddy、2004 年）、『ニューイヤー・イズ・キャンセルド』*（*The New Year Is Cancelled*、2004 年）、『ニュー・イヤーズ・デイ』*（*New Year's Day*、1989 年）、『ニュー・イヤーズ・デイ　約束の日』（*New Year's Day*、2001 年）、『ニュー・イヤーズ・イービル』*（*New Year's Evil*、1980 年）、『「新年おめでとう」作戦』*（*Operation "Happy New Year"*、1996 年）、『赤鼻のトナカイ　ルドルフ物語』（*Rudolph's Shiny New Year*、1976 年）。

⇒「12 月 32 日」、新年の場面がでてくるが、タイトルには現れていない映画、『Y2K』、『メルトダウンクライシス』

『第二案』*

Plan B
映画（1997 年）

　大晦日の場面が出てくるロマンティックコメディ映画。ハロウィーンから大晦日にかけてのホリデーシーズンに、ロサンゼルスに 20 代から 30 代の 5 人の友人が集まった。みな期待していたのとは程遠い人生を歩んでいる。アメリカの偉大な作家を目指すアルバイトのウエイター、役がまわってこない役者、子どもができない夫婦、過去に捕らわれる女性。映画『再会の時』（*The Big Chill*）を連想させる設定だ。

　1997 年にこの映画はオースティン映画祭でヒューチャーフィルム賞の候補となったほか、ブレッケンリッジ映画祭の最優秀コメディ賞、ワイン・カントリー映画祭の監督賞を受賞した。
出演：ジョン・クライヤー、リサ・ダー、ランス・ゲスト、マーク・マティセン、サラ・モーネル／脚本・監督：ゲイリー・レバ／製作：ルル・バスキンズ＝レバ、ナンシー・ジョスリン、ゲイリー・レバ／ブニー・バット・ラウド・プロダクション社 /R 指定 /VHS：モナーキ・ホーム・ビデオ /102 分

タイムズスクエア

Times Square

　ニューヨークシティ、マンハッタンのミッドタウンにある商業地区の西側の一角。東西は 6 〜 9 番街、南北は 39 〜 52 丁目にまたがる地域である。42 丁目とブロードウェイが中心で、ニューヨークタイムズ社があった場所にちなんでその名がついた。毎年大晦日に、世界で最も多くの人が集まり新年を祝う場所である。

　1896 年、『ニューヨークタイムズ』を買収して発行人になったアドルフ・オックスは、その後新聞社をロングエーカー・スクエアに面した 42 丁目沿いの敷地に建てた新しいタワービルに移した。1904 年、オックスは市当局を説得してこの場所の名称をタイムズスクエアに変更させた。同年 12 月 31 日にタイムズ・タワーのオープニング式典が行われ、オックスは丸 1 日かけたストリート・フェスティバルを開催し、真夜中のフィナーレにはタワーの屋上から見事な花火を打ち上げた。この出し物が大当たりとなり、長年ニューヨーカーが年越しに集まっていた近隣のトリニティ教会から 20 万人ほどがタイムズスクエアを訪れた。こうして

大晦日をタイムズスクエアで祝う伝統が生まれた。

　オックスは年に一度の花火を続けたが、1907年に火災の危険があるとして市から禁止された。オックスは新たな見世物を求め、その要望に応えたのがタイムズ社で働いていた電気技師のウォルター・パーマーだった。パーマーは100個の25ワット電球をつなげた重さ700ポンド、直径1.5mの鉄と木のボールを製作し、タイムズ・タワー屋上のボールに吊るした。そして、1907年の大晦日の真夜中、新年の到来の合図として、この光るボールを屋上まで落としたのである。このアイデアを踏襲して、その後ニューヨークシティのウェスタンユニオン・ビルの上から毎日正午に金属のボールが落とされるようになった。大晦日にタイムズ・タワー（1914年にタイムズ社は移転し、現在はワン・タイムズスクエアと呼ばれる）から光るボールを落とすのは、花火と同等に効果的で、以来、毎年行われている。1942年と1943年だけは、第二次世界大戦の「灯火管制」でボールは点灯されず、集まった人々が深夜前の1分間の黙祷を捧げたあと、録音の鐘の音によって新年の到来が告げられた。

　ラジオは1929年に初めてボールの落下を中継し、毎年のテレビ中継は1943年に始まった。

　長年の間にタイムズスクエアの大晦日のボールは、周知のとおり、次々と変更が加えられている。

・1920年：ボールが400ポンドの鉄球に替わる。

・1955年：ボールが180個の電球をつけた150ポンドのアルミニウム製に替わる。

・1981〜1988年：「アイ・ラブ・ニューヨーク」キャンペーンに合わせ、リンゴ（「ビッグ・アップル」）を模して、赤いライトと緑色の茎をつけたボールに替わる。

・1995年：ラインストーン、ストロボライトをつけたコンピュータ制御のボールに替わる。

　1999年12月31日に開催されたタイムズスクエアのミレニアムの祝祭では、ウォーターフォード・クリスタルによってボールのデザインが一新され、次のような仕様になった。アルミニウム製ジオデシック球体、直径1.8m、重さ1,070ポンド；432個のフィリップス社製電球（透明208、赤青緑黄各56）と96の高輝度ストロボライトの入った中身を504個のクリスタル製の三角形で強化；表面は168個のフィリップス社製ハロゲナ・ブリリアント・クリスタル電球と90枚の回転ミラーで覆う。

　ボールの初落下から100周年にあたる2007年12月31日、フィリップス・ライティング社の発光ダイオード（LED）のソリッドステート技術が使われ、それまでの白熱灯はすべて交換された。フィリップス社は電球のオークションを行い、アメリカ赤十字災害基金に寄付した。

　毎年大晦日にはタイムズスクエアに100万人もの観客が集まり、その年最後

の 60 秒間にボールがゆっくりと落ちていくのを見守る。ボールが下まで落ちたところで、新しい年の数字が点灯する。新千年紀を迎えたときには、群衆は 200 万人以上にふくれあがり、1945 年 8 月に第二次世界大戦終結を記念した祝祭以来最大の人出となった。

　タイムズスクエアの大晦日の祝祭の運営は、以下の 3 団体、すなわちジェイムズタウン・ワン・タイムズスクエア（ボールとワン・タイムズスクエア・ビルの所有者）、タイムズスクエア・アライアンス（1992 年まではタイムズスクエア・ビジネス・インプルーブメント・ディストリクト）、カウントダウン・エンターテインメント LLC によって行われ、ニューヨーク市の支援を受けている。この項の執筆時点では、以下がスポンサーに名を連ねている。ゼネラル・モータース、フィリップス・ライトニング、パナソニック、ウォーターフォード・クリスタル。イベントはテレビで放送され、アメリカ国内で約 1 億 2 千万人、世界では 10 億人以上が視聴しており、国内外 275 局以上が中継する。

　タイムズスクエアでは、大晦日に有名なイベントが行われてきた。1972 年には、エンターテイナーのディック・クラークが司会する『ディック・クラーク・ニュー・イヤーズ・ロッキン・イブ』というライブ放送が ABC ネットワークで始まった。ボールの落下とともに、国内各地の人気バンドが次々と紹介される。1999 年のミレニアム祝祭では、ABC テレビのニュースキャスターだった故ピーター・ジェニングズが司会を務めた、『ABC2000 トゥデイ』がタイムズスクエアから放送された。

　⇒『ディック・クラーク・ニュー・イヤーズ・ロッキン・イブ』、大晦日に上る物、落ちる物、報時球（タイムボール）

タイ暦
Thai Calendar
　⇒暦・タイ

台湾 (中華民国)
Taiwan（Republic of China）
　⇒中国

タジキスタン
Tajikistan

　中央アジアにある共和国で、かつてはソ連の構成国の 1 つだった。中国の西に位置する。何世紀にもわたって、ギリシア、ペルシア、モンゴル、アラブ、最後はロシアと数々の国に征服されて文化的な影響を受けてきた。ロシアがこの地を征服したのは 1860 年代と 1870 年代のことである。タジキスタンがソビエト共和国になったのは 1925 年で、1991 年のソ連の崩壊後に独立を勝ちとった。おもな民族グループはタジク人（80%）とウズベク人（15%）で、少数民族としてロシア人とキルギス人がいる。主要な宗教グループはスンニー派のイスラーム教徒（85%）とシーア派のイスラーム教徒（5%）で、少数民族のロシア人はおもに東

方正教会(ロシア正教会)を信仰している。

新年の祝祭には多様な文化の歴史が反映されている。第一にあげられるのは、前10世紀以降祝われているペルシアの新年ノウルーズ(「新しい日」)だが、ソビエト時代には禁止されていた。現在はペルシア暦(⇒暦・ペルシア)のファルヴァルディーンの月の第1日、つまり春分の日と一致する日(グレゴリオ暦の3月21日頃)に祝われている。タジキスタンのノウルーズは、宴会、馬上試合、レスリングの試合、鶏闘、語り聞かせ、音楽、ダンス、露天市などが行われる3日間の祭りで、典型的なイランの13日の祭りと対照的である(⇒イラン)。家庭では家の掃除や修理、借金の返済、不和の解決などをして備える。完璧にイラン(ペルシア)の風習に従おうとした場合には、ハフト・スィーンというテーブルを準備する。これは、古代ペルシアのゾロアスター教の教義を反映した7つの象徴的な品を置いたテーブルである(⇒イラン)。品々は名前のはじめがペルシア語の文字スィーン(sin:「s」)から始まり、(限定されているわけではないが)次のようなものを含む。サマヌ(samanu:小麦のプディング、甘さと豊穣の象徴)、セッケ(sekeh:金貨、富と繁栄の象徴)、サブゼ(sabzeh:穀物かレンズ豆の芽、再生の象徴)、ソンボル(sonbol:ヒヤシンスの花、命と美の象徴)、シール(seer / sir:ニンニク、薬の象徴)、センジェド(senjed:ロータスの甘い果実、愛の象徴)、セルケ(serkeh:白ビネガー、年齢と忍耐の象徴)。ほかに選ば

れる物については、イランの項で述べている。タジク人家庭では、男たちが揚げたシシ・ケバブや米などの穀物の甘いプロウを料理する。すべての料理は甘く幸せな新年を願う気持ちを象徴している。

新年に幸運に恵まれるには、最初の訪問客は親切でやさしく、機知に富み、敬虔で、評判のいい人物がふさわしい。新年最初の13日間が一年の先触れとなる。

ほかには、男性だけがするブズカーシ(「ヤギをつかまえろ」)というスポーツがある。ブズカーシは、騎乗の1,000人ほどが2手に分かれて争う。選手がつくった円の真ん中には、首のないヤギか子牛の死骸がある。合図とともに乗り手は突進し、自分の馬に死骸を載せようとする。成功した乗り手は数キロ離れた指定の場所まで駆けていってからスタート地点に戻り、死骸を落として「ゴール」する。全速力で駆けている間に、ほかの乗り手は死骸を持っている乗り手から奪おうとする。ノウルーズにはほかに次のような習慣がある。学生は学校の掃除をし、花や木を植え、女は幸運を招くために家の玄関の外に赤いほうきを置く。多くの都市で、ノウルーズの女王が選ばれる。

社会的にはグレゴリオ暦に従っており、国際的な新年である1月1日も祝う。1月1日には、ソビエト支配の時代からの伝統である霜おじいさんと孫娘の雪娘が登場し、ニューイヤーツリーを飾り付けたり、贈り物を贈ったりする(⇒ロシア)。ロシア正教会はユリウス暦に従っており、1月14日に「旧正月」を祝う。

スンニー派イスラーム教徒はイスラーム暦の新年を特別に祝うことはないが、シーア派はイスラーム暦の新年の10日間を、預言者ムハンマドの孫フサインの喪に服して過ごす。フサインは680年に殉教した。10日目にあたるアーシューラーに服喪は最高潮に達する（⇒イスラーム教、暦・イスラーム）。

公用語はタジク語とロシア語だが、新年の挨拶は習慣的にファルシー語（ペルシア語）で交わされる。
・「エイド・ショマ・モバラク（Eid-I Shoma Mobarak）」
・「ノウルーズ・モバラク（No Ruz Mobarak）」
⇒ノウルーズ

タマハリ
Tamkharit
⇒セネガル共和国

タミール暦
Tamil Calendar
⇒暦・スリランカ

チェコ共和国
Czech Republic
元日は1月1日。第一次世界大戦後の1918年、チェコとスロバキアが統合されてチェコスロバキアとなり、第二次世界大戦後からソビエト軍が撤退する1991年まで、ソビエト共産党政権の統治下におかれた。宗教を否定する共産党体制の支配を受けた約50年間、クリ

スマスは認められず、冬至の祝日は宗教と関わりのない元日に移され、クリスマスに子どもたちへ贈り物をもたらしてくれる聖ニコラウス、あるいは幼子イエスは、大晦日に贈り物をもたらすソビエト版「サンタ」である「霜おじいさん」に取って代わられた（⇒ロシア）。だが、ソビエト連邦崩壊後は「霜おじいさん」は実質的に姿を消した。ソビエト支配ののち、1993年1月1日に、チェコスロバキアは2つの独立国家、すなわちチェコ共和国とスロバキア共和国とに分割された。現在、チェコ共和国の主要な宗教はローマ・カトリックである。

おもな祝祭は大晦日に行われる。大晦日はローマ・カトリック教会にとって教皇聖シルウェステル1世と聖シルウェステルを記念する日、また聖シルウェステルの聖名祝日であり、聖シルウェステル祭（デン・スヴァテーホ・スィルヴェストラ Den Svatého Silvestra）、略してスィルヴェストル（Silvestr）とも呼ばれる（⇒聖シルウェステルの日）。現在は花火を制限する動きがあるものの、非宗教的な公の祭りでは、プラハの旧市街広場など人気スポットに集まった群衆に向かって、酩酊して騒ぐ者たちがしばしばロケット花火や違法の大型花火を打ち上げるなど、非常に騒々しい無秩序な状態となる。混雑した人ごみでは花火を避けるのが難しいため、多くの負傷者が出るが、場合によっては死亡事故が起こることもある。危険の少ない場所を好む者は、家族や親しい友人と家庭や地元のパブなどで祝い、

年配者の多くは家でテレビを観ることを好む。大晦日の伝統的な晩餐には、幸運を願って豚肉の燻製ないしロースト、そしてチョチュコヴァ・ポレーフカ（レンズ豆のスープ）が供される。真夜中になると、シャンパンで乾杯して新年を迎える。

ノヴィー・ロク（Nov'y rok：元日）にはゆったりと落ち着いて静かに過ごし、ラジオやテレビを通して大統領の年頭挨拶を視聴する。その一方で、子どもたちの集団が、家々をまわって住人に伝統的な歌や詩を披露し、返礼として硬貨や食べ物などを振る舞われる風習もある。

迷信　都市部ではあまり見られないが、地方には今なお、下に挙げるような新年の迷信を信じる人々もいる。

1月1日の出来事が、その年全体の良し悪しを決める。そのため、この日は誰もが満足して平和に過ごす。

豊作と富と安寧の象徴である豚は、前に向かって地面を掘り返すため、元日に豚の耳や頬肉を食べると幸運に恵まれる。

魚を食べると運が泳いで逃げてしまう。また、家禽を食べると、運が飛んで逃げてしまう（家禽は爪で後ろに向かって土を掘るため、悪運の象徴である）。

レンズ豆を食べると裕福になる。

濡れた服を干したまま年を越すと、家族の誰かが死んでしまう。

初日の出までにオーロラが見えると、その年は不作になる。元日の朝が晴れならば、その年の収穫期は晴れて豊作とな

る。元日の午後に晴れれば、山地も晴天に恵まれる。

1月が暖かければ、15束につき1ブッシェルの収穫に恵まれる。

新年の雨は、イースターに雪をもたらす。

元日の朝に鶏が卵を産むと、その後半年は多くの卵が採れる。元日の午後に鶏が卵を産むと、その年は1年じゅう多くの卵に恵まれる。

元日には、健康を願って、男の子が女の子の顔を洗う。これは、聖ステファノの日（12月26日）に女の子が男の子の顔を洗ったお返しである。

元日に硬貨の入った雨水で服を洗濯すると健康と富に恵まれる。

裕福になりたければ、テーブルクロスの下にお金を入れておくと良い。

リンゴを切り分けたときに種が切れていなければ、健康に恵まれる。

子どもに順調な人生を送ってほしいと願うなら、母親が子どもの額に蜂蜜で十字を描くと良い。

新年の挨拶には次の言い方がある。
・「シュチャストゥニー・ノヴィー・ロック（Šťastný nový rok）」チェコ語（公用語）
⇒スロバキア共和国

チベット
Tibet

元日はチベット暦の第1月の第1日で（⇒暦・チベット）、グレゴリオ暦の2月～3月にあたる。仏教が主流であり、新年

の祝祭はロサル（Losar：「新年」）と呼ばれる 5 日間の催しである。

ロサルの儀式は、ソンツェン・ガンポ王（617 ～ 698）の治世に仏教の草創期の教義が到来する以前からのものである。仏教以前にチベットで信奉されていたボン教では、冬に大量の香を焚いて土地の神々や霊をなだめる風習があった。こうした儀式が農民の収穫祭と組み合わされて、毎年の仏教徒のロサル祭へと発展したが、もともとはチベットの第 9 代の王、プデ・グンギャルの治世に始まったとされる。ロサルにはさまざまな伝統があり、祝祭の時期も伝統によって異なる。チベットに中国暦を採り入れた、ガンポの中国人の妃、文成公主によって、ロサルはチベット暦の 11 月の第 1 日になった。農民はチベット暦 12 月の第 1 日に収穫のロサルを祝う。13 世紀のラマ（チベット僧）のプロゴン・チェオギャル・パグパはロサルの日を暦年の第 1 日と定め、その日付がいまも残っている。

家庭では数日前から家の大掃除をし、かぐわしい花々で飾り付け、太陽、月、逆さ卍などの吉兆の印を小麦粉で壁に描き、香として燃やすヒマラヤスギ、シャクナゲやツツジ、ビャクシンの枝を用意する。借金は返済し、不和は解決し、新しい衣類を購入し、カプセ（揚げたねじり棒）などの特別な食べ物が用意される。飲み物はチャン（大麦のビール）が好まれ、温めて供される。チベット語では「ヒツジの頭」と「年のはじめ」が似た発音であるため、色をつけたバターでヒツジ

の頭を形作って飾りとする風習がある。ほかに伝統的な飾り付けとしては、よい収穫を象徴するフィマール（「五穀の桶」）がある。桶を 1 枚の木板で縦に 2 つに仕切り、いっぱいにツァンパ（炒った大麦粉）と大麦の種を入れ、大麦の穂と色つきバターで飾り付ける。

仏教徒の祝祭はロサルの 5 日前、旧年から邪悪な霊を追い払い新年の繁栄を確かなものとするドスモチェ（Dosmoche：「死にゆく年の祝祭」）とともに始まる。僧院のラマは糸で邪悪な霊をつかまえる十字を作り、高さ 8m ほどのドスモ（「魔法の柱」）を立てて糸でできた星や十字、五芒星で飾り付ける。儀式として、神への捧げ物、祈祷、吟唱、「黒帽舞踏団」による儀式的な芝居などが行われる。黒帽舞踏団は、つば広の黒い帽子をかぶり、悪魔の面や短剣、頭蓋骨の太鼓などを身に着けたラマで構成される。芝居は勧善懲悪を象徴しており、9 世紀に仏教徒を弾圧し、チベット僧のペルギドルジェに暗殺された王ラン・ダルマの物語を再現したものである。霊を鎮めるために、ピラミッド型のツァンパの菓子が捧げられ、厄除けの捧げ物として砂漠に運び出されて焼かれるか、岩にたたきつけられる。ドスモチェの終わりには、「魔法の柱」が人々に渡されて、敗れた悪の象徴として解体される。さらに人々は、爆竹を鳴らしたり、松明をつけたり、新しい祈祷の旗を作ったりして悪を駆逐する。祈祷の旗は、祈祷の文字の入った布片からなり、屋根や旗ざおに吊るした旗がひるが

えるごとに、祈りを「唱えた」ことになる。

ユ・ルグパ（Yu Lugpa：大晦日）には、家族が集まってグトゥク（「9番目の汁」）を食する。肉、小麦、米、サツマイモ、チーズ、豆、ピーマン、バーミセリ、ラディッシュなど9種以上の材料からなる、濃くて熱いだんご汁である。一人につき9杯おかわりをしなければならない。グトゥクのだんごには、一つ一つにサプライズの品が包まれていて、見つけた人の性格を示している。塩（価値ある人だという象徴）、羊毛（なまけ者）、炭（腹黒）、トウガラシ（口が悪い）、白石（長生き）、ヒツジの糞（賢い）、バター（やさしい）などが含まれる。ほかに、伝統的な占いクッキーのように、メッセージを書いた紙きれを入れておくこともある。食後に家族は、ルエ（lue）という、厄払いの他の儀式を行う。家族一人ひとりが髪の毛、爪と古い衣服の切れ端を差し出し、そこに煙突の埃と練り粉で作った過ぎ行く年の厄災を象徴する像を加える。これらの品を、大声を出したり鐘を鳴らしたり鍋をたたいたりして大騒ぎをしながら十字路に捨てるのである。大きな音が悪霊を4方向に追いやってくれる。

元日に起きたことは、なんであれその年の運命を決める。そのため人々は懸命に、極力よい振る舞いをしようとする。例えば、繁栄を確固たるものにするために賭け事をしたり、けんかを避けたりする。家で入浴する、新しい衣服を着用する、新年の収穫と動物の生産物が豊かで

あることを祈って、大麦粉、バター、砂糖、ヨーグルトを家族の祭壇の神々に捧げる。新年初めに井戸か泉からくんだ清い水は最も縁起がいいとされる。伝統的に行われている家族の儀式としては、ヤンドルブ（yangdrub：「幸運集め」）がある。年長者が「五穀の桶」をとり、すべての家族に「タシ・デレク！」（「幸運を！」の意）を与え、その後に全員でひと握りのツァンパを宙に投げ、一部をかんで、仏陀をたたえる。このようにしてばらまかれた粉の白さも吉兆で、幸せな新年を約束する。家族はデルカ（「額につけるバター」）、カプセの皿、バター茶を受け取り、贈り物の交換をする。それから一家で僧院を訪れ、香として芳香の出る枝を燃やし、僧と尼僧にカター（白いスカーフ）と食べ物を贈って敬意を表する。僧と尼僧も同様に香を焚き、ツァンパを放って神をたたえる。多くのチベット僧院では、ラマがヤクのバターとツァンパで精巧な像を形づくり、さまざまな神々や仏陀の一生の場面を表現する。小さな花のような円盤状の物から10m大の大作までさまざまな彫像が、新年最初の満月に開催されるバター彫刻祭に展示される。

新年のご馳走には、ドレシ（レーズンを入れた甘いバターライス）、ドロマ（ジャガイモとゆでた米）、肉、果物、パン、大麦のビール、バター茶が出る。ご馳走や家族や友人を訪問し合うほかに、ロサルの祝祭では、技を競うゲームやさまざまなスポーツ、芸術コンテストやコンサートも行われる。

新年の挨拶には次の言い方がある。
・「タシ・デレク (Tashi Delek)」(「幸運を」)
　チベット難民のロサルの習慣については インドの項を参照 (⇒インド)。

チベット暦
Tibetan Calendar
　　⇒暦・チベット

中国
China
　この項で論じる慣習や伝統は、おおむね台湾 (中華民国) においても受け継がれている。伝統的な中国暦は、伝統的祝祭や農作業の時期を決めるために、中国および世界中の中華系コミュニティで用いられている。中国の正月は春節 (春の祭り) とも呼ばれ、第1の太陰月 (グレゴリオ暦の1月21日から2月19日) の新月から15日間祝われる。この年初めての新月は二十四節気の「立春」に最も近い新月を指し、通常は冬至後の2度目の新月にあたる (⇒暦・中国)。

年の伝説　中国の正月にまつわる多くの慣習は、年 (ニェン) と呼ばれる怖ろしい怪物の古い伝説に由来する。年は、毎年元日に人里を襲っては人や家畜を貪って欲望を満たしていた。人々はなすすべもなかったが、ある時、年が赤い色と大きな音、そして火を大いに怖れていることを知った。そこで村人たちは、次の正月が近づくと家の扉に桃の木で作った赤い板を下げ、できる限り大きな声をあげ、大かがり火をたき、年を追い払った。そ

して怪物に打ち勝った村人たちは、夜を徹して喜び祝った。

春節の用意　第12の太陰月の半ばになると、各家庭では家じゅうを掃除し、春聯 (『春の対句』) や「門神」、さらに年画 (『新年の絵』) などで家を飾る。春聯は赤い紙に黒い装飾文字で書いた対となる二連の詩で、玄関扉に掛ける幸福の守り札でもある。この習慣は10世紀の孟昶帝の治世に始まり、明代 (1368〜1644) 以降に広く普及した。詩は新しい年にあたっての願い事を表し、企業や住居や学校など、それぞれに見合った内容のものが書かれる。かつては学識者の書が飾られ、とくに清代 (1644〜1911) にはその傾向が強かったが、現在は大量生産され小売されている。春聯に代わるものとして、漢字1字の「福」「富」「春」などを上下逆さまにして飾ることもある。到来の意を表わす「到」の字が、「逆さま」の意を表わす「倒」の字と同音であることから、漢字を上下逆さまに飾ることによって「すでに春が来た」ことを表わすわけである。また家庭では、新しい年に豊富な食べ物に恵まれるよう、「満」の文字を冷蔵庫に貼る。さらに、太陰年の終わりに、新年の挨拶カードを送る慣習もある。カードの色は伝統的に幸福の象徴とされる赤が主流であるが、飛び出す立体カードや音楽付きのカード、そしてコンピューターを介して電子的に送られる「Eカード」も好まれる。

　幸運を保障し悪霊を追い払うために、門神の人物画、すなわち家や人間を守護

してくれる神仙や伝説の人物の姿絵が、玄関ないし門に掲示される。よく描かれる人物は、2世紀に悪鬼を捕らえ虎の餌としたという「魔除けの神」神荼と郁塁、また唐代（618～907）に竜王の怨霊から太宗帝の眠りを守ったとされる2人の将軍、秦瓊と尉遅恭（秦叔宝と尉敬徳など、別名もある）、あるいは仏教寺院の守護神である韋駄と伽藍などである。こういった人物はみな鎧兜に身を固めた姿で描かれる。

新年の絵（年画）は、春聯に書き示した新年への願いを絵画的に表したものである。木版画や絵画、切り絵などで表現され、武将の姿絵、富、名誉（シンボルはボタンの花）長寿（シンボルは桃）を願う気持ち、また物語や京劇、民俗などを題材とする。春聯と同様、大量生産される。

色とりどりの花にはそれぞれ象徴的な意味があり、これらの花を家庭や公共の場に飾る風習がある。例えば、白水仙は幸運と繁栄を表し、梅の花は勇気と希望を、椿は春を、赤い花はいずれも幸運と幸せを象徴する。またちょうど元日に咲く花は、種類を問わず、とくに幸運の兆しとされる。さらに橘（幸運の象徴）や金柑（富の象徴）を飾ることもある。

12番目の太陰月の23日目（中国南部では24日目）は過小年と呼ばれる。中国の神話によると、家の台所とかまどの守り神である、竈神（竈王、竈君ともいわれる）は、毎年台所の祠を離れて天に昇り、家族の一年間の言行を玉皇大帝に報告する。各家庭では、竈神に良い報告をしてもらおうと、祭りの膳を用意し年糕（もち米と黒砂糖で作った正月の餅菓子）や果物を竈神に供えるが、この慣習は宋代（960～1279）に始まった。良い報告をしてもらうために、竈神の姿絵を酒に浸したり、竈神の唇に蜜をぬったりすることもある。食事のあと、竈神の姿絵は「紙の冥銭」や藁（竈神の馬となる）とともに祭壇で燃やされ、竈神は天へと送り出される。また、かつては火と爆発が魔を祓うと信じられていたため、過小年の儀式の終わりには爆竹を鳴らす。宋代に火薬が発明される以前は、青竹を燃やして大きな破裂音を立てていた。ただ現在は、火災や火傷、騒音公害などを防止するため、北京をはじめ各都市の市街地での爆竹は禁じられている。ちなみに、過小年には、寺院に祀られた他の神々も天に昇るとされている。

元日を迎える最後の準備として、人々は不名誉によって「面目を失う」ことのないよう負債を清算し、争いや諍いを解決し、すべての料理を完成させる。（迷信については下記参照）

大晦日　この時期には家を離れたすべての家族が、可能であれば家に戻り、囲炉（「炉を囲む」の意）に参加する。囲炉とは大晦日の晩餐を表す語である。晩餐の席に加われない家族がいれば、その家族を心にかけて、その分の席も設ける。献立は、燻製肉、鶏肉（富に恵まれる）、髪菜（髪の毛のような黒い海草。財を成すという意味の中国語「発財」と同じ発音）、魚

生（刺身のサラダ）、棗（赤いナツメ。繁栄に恵まれる）、金柑（富と繁栄に恵まれる）、麺（切らずに食べる。長寿に恵まれる）などである。餃子（肉や野菜の具を小麦粉で作った皮に包んだもの）も伝統的な料理で、具の中に硬貨やデーツを入れることもある。硬貨の入った餃子を取った者は新しい年に幸運に恵まれ、デーツの入った餃子を取った女性は、新年に子宝を授かるとされる。魚（yu）の音が「余剰」ないし「利益」を著す中国語と同音であるため、食卓には魚料理も並ぶが、「余剰や利益を食べ尽くしてしまう」ことのないよう、この魚には箸をつけない。大晦日の夜には家族団欒で起きたまま年を越し「新年を迎え入れる」習慣がある。真夜中になると、家族のうち若い者たちが年長者に叩頭し、年長者のための新年にふさわしい願い事を伝える儀礼を行う。また、爆竹を鳴らして新年を迎える。

元日　中国以外の国に住む中華系の人々の中には、この日に父祖を祀る儀礼を行う者がいるが、この慣習は現代の中国では徐々に廃れつつある。かつては先祖の祭壇に新年の餅を供え、祭壇の前で冥銭を燃やし、儀礼の最後に爆竹を鳴らす慣習があった。今も残る古くからの習慣に、利是（ライシー）ないし紅包（ホンパオ）がある。これは赤い紙袋に金を入れたもので、家族のうち未婚の者に与えられるお年玉である。もともとこの習慣は、相手が少なくとも100歳まで生きるようにと願って、それを象徴する100枚の硬貨を赤い糸でひとつなぎにして与える慣習

から生まれた。現在の慣習では、新婚夫婦の場合は夫からと妻から二人分のお年玉を贈るが、その後は夫婦から一人分のお年玉を贈る。紅包を贈る際は、相手にとって縁起の良い額が選ばれるが、贈る相手が未婚の訪問者の場合には小額となる。また、元日の行いがその年全体に影響するとされているため、人々は最善の行いをするようつとめ、罵ったり金を貸したりすることを控える。

中間日　元日からその月の15日までの期間には、友人や親戚を訪問する。踊る福の神に扮して「招福」と書かれた巻物を手に門付けを行い、縁起の良い言葉を唱えて謝礼を貰う一団もいる。既婚の女性が元日の翌日（第1月の2日）に、利是などの土産を携えて実家を訪問する習慣もあるが、民間信仰によれば、既婚女性が元日に里帰りすると、家が貧しくなるといわれる。同様に、他家を訪問する者は伝統的に、橘や金柑、利是などの土産を携え、迎える側は果物や菓子や飴などを詰め合わせた皿、すなわち全盒（「団欒の皿」）を用意する。第1の月の4日目には、旧年の終わりに天に昇って再びこの世に戻ってきた神々を迎えるために、人々は冥銭や姿絵を燃やし、果物や酒や香を供え、ロウソクを灯したり、爆竹を鳴らしたりする。5日目になると、新年の訪問はまだ続くものの、店や工場などが営業を再開する。新年の7日目は、中国ではすべての人の誕生日とみなされており、個々人の誕生日を祝うかわりに、すべての人がこの日に一つ歳をとる。

チユウコク 285

春節の間は、民間の娯楽だけでなく、公式な祭典として龍舞や獅子舞、竹馬など専門の芸人による公演も行われる。神話に登場する風と雨の神である龍は、勇猛さ、強さ、気高さ、幸運の象徴であり、ラクダの頭、鹿の角、兎の目、牛の耳、蛇の首、蛙の腹、鯉の鱗、鷹の鈎爪を持つとされている。このように多くの獣の特徴を持つため、龍の衣裳にはさまざまな色が使われ、素材はおもに竹、木材、紙、藤、布が用いられる。1体の龍は平均9から12の部位によって構成され、それを多数の操り手が下から棒で掲げ、動かすようになっている。なかには数十メートルに及ぶ龍の衣裳もある。この伝統は宋代に広く普及した。もともとは日照りの時に龍に雨を請うための儀式だったが、現在ではおもな国民の祝祭には龍舞が付き物となり、太鼓や銅鑼、シンバルの伴奏付きで演じられる。

獅子（ライオン）は中国に生息する動物ではないが、力や威厳、勇気の象徴とされ、魔を祓うといわれる。獅子舞の起源は少なくとも唐代に遡り、いくつかの伝説に由来すると思われる。伝説の1つは、獅子が龍の子孫であり、したがって最も信頼できる守護者だというもので、そのため、獅子像はしばしば、寺院や皇宮、また企業や住居の「守り神」とされる。ほかには、人里を荒らしまわっていた獅子を討ち果たせなかった功夫の達人が、村人に功夫の修行を積ませて獅子を倒したという伝説もある。村人たちは祝いの席で、獅子を倒した者たちの足さばきをまね、こうして功夫の動きを取り入れた獅子舞が生まれたという。太鼓や銅鑼、シンバルの伴奏に合わせ、頭と後部の2つの部位からなる獅子の体を、二人の演者がそれぞれの部位に隠れて動かす。三人目の演者は笑う仏陀の仮面をかぶり、棕櫚の葉のうちわを持ち、刺繍をほどこした球で獅子を誘う。

提灯祭り（ランターンフェスティバル）　年の初めの満月を祝って、第1の太陰月の15日目に催される提灯祭りは、中国の正月の最後を締めくくる。この祭りは元宵節とも呼ばれており、その名称は、この時期に供される、家族、平和、円満の象徴でもある餅米団子の名、元宵（湯円とも呼ばれる）に由来する。この団子には甘い餡（砂糖、胡桃、ゴマ、バラの花びら、柑橘類の皮、小豆ないしナツメのペーストを用いる）か、塩味の餡（肉や野菜を用いる）を入れる。中国南部では団子に空けた穴に餡を詰めるが、北部では肉の入っていない甘みの強い餡を餅米粉の中に入れて団子を作る。

無数の提灯を飾るこの祭りは、後漢の明帝（治世56～75）が始めたもので、同帝は年の初めの満月に皇宮と仏教寺院に提灯を灯すよう命じた。この行事は、提灯に謎かけを書いて家族や知人がそれを解くという民俗に発展した。また、提灯は多様な伝説の題材にもなっており、その1つは次の通りである。ある村が天の玉皇大帝の怒りを買い、火によって滅ぼされそうになったが、慈悲深い仙女に警告された村人たちは、数多くの提灯を

吊るした。玉皇大帝はこれに欺かれ、すでに村が燃えていると考えた。それからというもの、神の怒りを逃れた村人たちは、太陰年の最初の満月に、毎年提灯を飾って祝うようになった。

現在、提灯祭りでは、動物、鳥、昆虫、歴史上の人物や物語、龍をはじめとする神話上の生き物などを象った名匠の手による装飾提灯によって、辺りが鮮やかな色と光で彩られる。これらの提灯は、紙と竹で作られるが、中国北部では氷で作られることもある。電気の灯りで照らされた機械仕掛けの張子像を載せた、精緻な山車燈籠も披露され、提灯コンテストや提灯市も開催される。例えば四川省の成都文化公園で行われる提灯祭りは、金龍を象った勇壮な提灯が見物で、高い柱に巻き付いた龍の口から、花火が吹き出す仕掛けになっている。台湾の提灯祭りはとくに有名で、1990年から台北の中正紀念堂で開催されている提灯祭りでは、毎年干支にちなんだ新しいテーマの提灯が展示される。ほかに、台湾の塩水で催される提灯祭り、すなわち塩水蜂炮（花火大会）も有名である。1875年に塩水で悪疫が発生し、20年にわたって猛威をふるったため、村人たちは提灯祭りの日に関公（関帝聖君。戦いの神であり、非常に困窮した際にこの神に祈る風習があった）に救いを求めた。そして関公の巡回する道筋にかがり火を焚き、魔を祓う爆竹を用意すると、祭りが終わったあと、悪疫はおさまった。このときから塩水の提灯祭りでは、関公を称えて夥しい数の花火を上げるようになった。

提灯祭りの間は、上で述べた龍舞や獅子舞のような民族舞踊を見物したりするほか、提灯に貼った謎かけの書跡を観賞しつつ謎解きを楽しんだりすることも好まれる。より難しい謎かけは「提灯の虎」と呼ばれる。

春節の迷信　大抵の人はもはや迷信を信じていないが、それでも、迷信と関係する慣習が、伝統として今も守られている。

元日に掃除をすると、運まで掃き出してしまう。また、敷居の外にゴミを掃き出すと、家族を一人家から追い出してしまうことになり、玄関からゴミを掃き出すと、家族の運も掃き出してしまう。したがって、ゴミは裏口から掃き出すようにする。

大晦日の晩には、古い年を外へ送り出すために、家の戸と窓をすべて開け放つ。

元日には、否定的な言葉や、死について語ること、また怪談などは避ける。旧年の話をせず、「死」に通じる「4」という語も用いない。すべてが前向きであるようにする。

元日には子どもを叩かない。もし子どもが泣くと、その一年の間ずっと泣くことになる。

元日に髪を洗うと、運まで洗い流してしまうことになる。

正月には、幸運に恵まれる赤い服を身につける。

その年最初に会う人や、最初に人前で口に出す言葉が、その年全体を占う。また鳴禽やツバメ、赤い鳥を見かけたり、

あるいはその鳴き声をきくと、幸運に恵まれる。

　元日の訪問客は居間に通すようにする。たとえ客の具合が悪くても、寝室に通せば悪運を招く。

　元日に刃物やはさみを使うと、運も切りはなしてしまう。また、長い麺を切ってしまうと、寿命も切り落とされる。

ノウルーズ（ペルシア語で「新しい日」の意）
中国の西部の省ではチュルク族や中華系の人々が春分（3月21日頃）にペルシアの新年を祝う。春分はペルシア暦のファルヴァルディーン月の第1日目にあたる（⇒イラン、暦・ペルシア）。人々は非常に色鮮やかな服を身につけ、花や小さな陶製の水牛像を携えて寺院に集まる。寺院付近にも竹で水牛像が造られ、全面に赤、黒、白、緑、黄色に塗られた紙が貼られる。これらの色は、世界を形作る5つの要素、すなわち火、水、金、木、土を象徴している。新年の儀礼では、水牛の陶像を叩き壊したり、竹でできた水牛を燃やしたりするが、この行為には過ぎた年の厄を断ち切り燃やし尽くすという意味がある。

　新年の挨拶には次の言い方がある。
・「新年快楽（シンニェンクァイラ）」普通語
・「新年愉快（シンニェンユークァイ）」普通語
・「新年快楽（サンニン・ファーイロッ）」広東語
・「恭喜発財（ゴンヘイファッチョイ）」広東語（「おめでとう」および「経済的に豊かになりますように」）
　⇒サンフランシスコ旧正月フェスティバル＆パレード、中国正月記念切手

中国正月記念切手
Chinese New Year Stamps

　中国の太陰暦（⇒暦・中国）を用いる国や地域で発行される、新しい年を記念する郵便切手。香港で最初にこの種の切手が発行されたのは1960年代のことで、次いで台湾（1965年）、中華人民共和国（1980年）、オーストラリア（1994年）、アイルランド（1994年）、カナダ（1997年）、フランス（2005年）でも発行されてきた。

　アメリカ郵政公社は1992年に12枚シリーズ切手の1枚目を発行した。中国暦の十二支のうち、その年の干支にあたる動物を異なるデザインで表したもので、同年から2003年まで毎年新しいシリーズが発行され、順に酉年、戌年、亥（豚）年、子年、丑年、寅年、卯年、辰年、巳年、午年、未年、申年を記念したものである。デザインは、ハワイ、ホノルルのクラレンス・リーによるもので、干支となる動物の切り絵を配し、左端に毛筆により中国語でその年の干支の名称が記されている。右端には英語で「Happy New Year」「USA」と記され、切手の金額が表示されている。シリーズ切手12種のすべてを発行し終えた年には、12種類の切手にホノルルのラウ・ブン（Lau Bun）による書が添えられた、記念シートが発行された。シートの左端に毛筆により中国語で「恭賀新嬉」と記され、シートの

上端には英語で「Happy New Year」と記されている。

中国暦
Chinese Calendar

⇒暦・中国

中南米とカリブ海諸島
Latin America and the Caribbean Islands

　元日は1月1日。メキシコをはじめとする中南米とカリブ海諸島に共通する新年の風習がいくつかある。家庭・クラブハウス・スポーツクラブでの飲食とダンス、真夜中の乾杯、新年の決意、花火などでお馴染みの賑やかな大晦日のパーティはその1つである。ローマ・カトリック教会の影響が大きいため、多くの人が大晦日のミサに参席する。真夜中に多くの家庭で行われるのが、嫌いな人の人形や物を焼くラ・ケマ・デ・ロス・アニョス・ビエホス（La Quema de los Años Viejos：「古い年を焼く」）である。これは新年に向けての浄化を表している。人形はアニョビエホ（Año Viejo：「古い年」）といわれており、藁とぼろきれでできていて、火薬が仕込んである。燃やす前には家の外に飾ってほかの人たちにお披露目をする。各地域で人形のコンテストをする光景もよく見られる。カリブ海諸島中央アメリカでは、バハマ、ベリーズ、ジャマイカなどいくつかの地域で仮面舞踏のジョンカヌーの習慣が見られる（⇒ジョンカヌー）。ほかにラテンアメリカ全般で、真夜中にメキシコの詩人、ギレルモ・アギ

ーレ・イ・フィエロが書いた「エル・ブリンディス・デル・ボエミオ（ボヘミアンの乾杯）」という詩を朗読する習慣もある（⇒「ボヘミアンの乾杯」）。

共通の迷信　大晦日の真夜中にはブドウを12粒食べて、翌年の12か月すべてによいことがありますようにと12の願い事をするスペイン由来の風習では、時計の鐘が鳴るたびにブドウを1粒ずつ食べていく。

　また、元日に起きることがその一年を表すといわれる。同じく1月のはじめの12日間で起きることで、順に1月から12月までの天候を占うことができる。

　もっと旅行をしたければスーツケースを持って家の中か近所を走り回る。

　幸運を招きたければ、宝飾品をシャンパンで洗い、シャンパンの風呂に浸かり、その国や地域ごとに定められた下着を身につける。

　特別な例を除き、新年の挨拶には次の言い方がある。

・「フェリス・アニョ・ヌエボ（Feliz Año Nuevo）」スペイン語

　以下、国ごとに特有の風習をまとめた。

アルゼンチン　ほとんどの国際都市では大晦日に紙テープが舞うパレードを行うが、ブエノスアイレスでは企業が休みのため12月30日に行う。どの都市でもパレードの日には、会社員がカレンダーなどの紙類を高層ビルの窓から捨てる。通りを行く人は紙テープの端を窓や車やバスにねじ込む。あちこちで豆料理が出されるが、これは豆料理を食べると翌年に

も現在の仕事を続けられる、またはより
よい仕事がみつかるといわれているため
である。ほかにシチメンチョウ、トゥ
ロン（キャンディ）、パンドゥルセ（ドラ
イフルーツ入りの菓子パン）を食べる。夏
季なのでアイスクリームを食べる人も多
い。幸運を招くために新しいピンクの衣
服を身につける。とくに大晦日にピンク
の下着を、大晦日と元日の服は白を着な
くてはならないという迷信もある。自分
の星座のラッキーカラーの紙きれを靴に
入れておくと幸運が訪れるという迷信も
ある。

ウルグアイ 大晦日には古いカレンダー
を細く切って窓から紙吹雪のようにま
く。シャンパンをかけあい、窓から通行
人に水をかける楽しい習慣には、新年に
向けての清めという意味がある。多くの
人がビーチに集まりイエマンジャの祭り
を祝うが、これは多くのブラジルの都市
の習慣のように（⇒ブラジル参照）大晦日
ではなく２月２日に行われる。祭りの
料理はアサード・コン・クエロ（皮を剥
がずに調理した動物の丸焼き）、パリジャ
ーダ（網焼きにした肉）、モンシラ（血入
りソーセージ）、エンパナーダ（肉を詰め
て半分に折り返したパイ）、エストファー
ド（ビーフシチュー）、ジャガイモ、パン、
サラダ、果物、野菜、ピザ、魚介類、ド
ゥルセ・デ・レチェ（粘り気のある乳製
品のデザートで、果物やパンに塗る）、マ
テ（イェルバ・マテの葉のお茶）、ビール、
ワイン。

エクアドル アニョス・ビエホスの人形

は、死につつある旧年の不幸や問題の象
徴として、オサマ・ビン・ラディンなど
世界的に悪名高い人物や政治家をモデル
としている。旧年の死を見守りながら、
子どもや女性は旧年の「未亡人」として
黒い服を身につけ（男性が「未亡人」の
服装をすることもある）通りや近所を泣
きながら歩き、お金やキャンディを請う。
祝日の料理はその土地固有の民族によっ
て異なるが、一般的には揚げ物、ライス、
ジャガイモ、鶏肉、牛肉、ウミータ（ト
ウモロコシの粉にひき肉を混ぜトウモロコ
シの皮に包んで蒸したもの）、エンパナー
ダ（肉を詰めたペストリー）、チョクロ（脂
肪にひたして焼いたトウモロコシ）、レチ
ョン（仔豚）、クイ（モルモット）、コーヒー、
フルーツジュース、アグアルディエンテ
（サトウキビのアルコールから作られる「火
の水」）、ラム酒、ビール。

エルサルバドル 花火の最中に銃を発砲
して祝うことが普通に行われる。家族で
集まって食べる祭りの料理は、地方で
は豆、ライス、ププサ（ソーセージ、豆、
チーズのトルティーヤ）、都市部では肉、
鶏肉、果物、海鮮、野菜。タマル（トウ
モロコシの生地に辛いソースをかけた肉を
詰め、トウモロコシの皮に包んで蒸したも
の）はこのような特別なときにのみ出さ
れる。飲み物はコーヒー、ソーダ、フル
ーツジュースと、地ビール、ティク・タ
ク（サトウキビの強い酒）などのスピリ
ッツ類。家族や友達にその一年に犯した
過ちの許しを請う。こうして和解を求め
ると、相手もすぐに気持ちを切り替え許

290　チユウナン

しを与える。

ガイアナ　17 世紀にはオランダの植民地だったが、1815 年には南アメリカのイギリス領（以前はイギリス領ギアナ）となり、1966 年に独立した。人口の大半を占めるのは、東インド諸島からきた年季奉公人の子孫（50%）、そのほかはアフリカから連れて来られた黒人奴隷（36%）、アメリカ先住民（7%）、コーカソイド、中華系、混血（計 7%）となっている。人口の約 50% がキリスト教徒で、英国国教会とローマ・カトリックが半分ずつ。35% はヒンドゥー教徒、10% がイスラーム教徒。

　大晦日は「オールド・イヤーズ・ナイト」（「旧年の夜」）として知られている。内容は公的行事、パーティ、またナイトクラブ、娯楽施設、ホテルでのお祭り騒ぎで、多様な民族構成のわりには典型的なラテンアメリカ色に欠ける。ヒンドゥー教の祝祭、ディワリ（光の祭り）がヒンドゥーのカールゥティカの月（10 月〜11 月）に行われる。この祭りは北インド系の人々にとってはヒンドゥー教の新年でもある。それに対して、ホーリー祭（色の祭り）はファルグン月（3 月〜4 月）の満月に年が始まるヒンドゥー教徒に新年を告げる祭りである（⇒インド、暦・インド）。中国人の新年は太陰暦に従い、イスラーム教徒の新年はイスラーム暦に従う（⇒イスラーム教、中国）。

　祝日の料理は、民族によって異なる。辛くてスパイスのきいたカレーから、中国のチャーハン、ココナツと根菜を使う

アフリカ料理、ヨーロッパのガーリックポークまでさまざまである。アメリカ先住民の基本はキャッサバ料理、伝統的なイギリスの料理はローストビーフと野菜である。

　新年の挨拶には次の言い方がある。

・「ハッピー・ニュー・イヤー（Happy New Year）」英語（公用語）

キューバ　1899 年 1 月 1 日にキューバはスペインから独立した。また 1959 年 1 月 1 日に独裁者フルヘンシオ・バティスタがフィデル・カストロ率いる反乱軍により退陣させられ国を追われた日なので、1 月 1 日は解放日としても知られている。旧年を清めるための伝統として真夜中に人形を燃やすアニョス・ビエホスが行われるほか、バケツにくんだ水を通りにまく風習もある。旧年の「汚れた水」を捨てることで浄化するという意味がある。よく供される料理はモロス・イ・クリスティアーノス（「ムーア人とキリスト教徒」。黒豆と白いライスの料理にこの名がついた）、アロス・コン・ポーヨ（チキンの炊き込みご飯）、ピカディージョ（牛ひき肉をピーマン、タマネギ、トマト、オリーブ、レーズンとともに煮たもの）、コーヒー、ハーブティー、ラム酒、ビール。

グアテマラ　マヤ人の子孫である先住民が人口の 50% を占める。40% はスペイン人とマヤ人の子孫の混血、ラディノである。地方の先住民族の多くは今日でも（カトリックの要素が混じるものの）古代マヤ族の信仰と文化を守っている。代表的なのが、ワシャキブ・バッツ（Wajxaqib'

B'atz') といわれる清めの儀式である。マヤの神聖暦ツォルキンに基づき 260 日ごとに行われる（⇒暦・マヤ）。モモステナンゴ周辺の山中で行われるものがとくによく知られている。儀式の名は暦の日付、つまりマヤのキチェ族の言語で新年の 8 バツ（Batz：「8 猿」）の日を意味する。これはユカタン半島のマヤ人の言語であるユカテコ語の 8 チュエンにあたる。モモステナンゴの教会では礼拝が何時間にもわたって行われる。儀式は前日から始まり、新年になって夜が明けると、割れた陶器のかけらを持った信者が、ひと続きのトトニカパンに集まる。トトニカパンとは 90 〜 300cm の塚状の祭壇で、ロウソクや松の太い枝で飾られている。人々は旧年に割れた陶器をとっておき、この儀式で神への捧げ物として祭壇のシャーマンに届ける。シャーマンは香を焚くことで信者の祈願を神に伝える。

　宗教により祝日の料理は異なる。例を挙げると海鮮、ピカディージョ（牛肉にピーマン、タマネギ、トマト、オリーブ、レーズンを混ぜたもの）、カルネ・アサード（炭焼きの牛肉）、アロス・コン・ポーヨ・チャピーナ（タマネギ、コショウ、野菜を添えた鶏肉とライス）、ペピアン（チリ、カボチャの種、オオブドウホオズキの実、トマトで風味づけした鶏肉の煮込み）、トルティーヤ、タマル、料理用バナナ、カモーテ・エン・ドゥルセ・ティーナ（料理用バナナ、シナモン、蜂蜜、バニラ、レーズン入りのスイートポテト）、ブニュエロ（揚げパンを蜂蜜に浸したもの）などの

デザート、コーヒー、茶、ソフトドリンク、ココア、ビール、チチャ、ロンポポ（ラム酒入りエッグノッグ）、アグアルディエンテ（サトウキビの酒）などの飲み物。（⇒マヤ帝国）

コスタリカ　たいていの人がクリスマスと元日までをすべて休みとする。サンノゼなどの都市では行政が主催する青空市が立つ。移動遊園地、屋台、賑やかな音楽のほか、合衆国で見られるのと同じようなイベントが行われる。先住民のボルカ族がフィエスタ・デ・ロス・ディアブリートス（Fiesta de los dablitos：「悪魔の祭り」）を祝うため、新年の祭りは 12 月 30 日から始まる。ボルカ族のこの祭りは、16 世紀に遡るスペイン人侵略者と先住民の戦いの再現劇ではあるが、毎年ボルカ族が勝利するので、歴史に忠実とはいえない。多く行われるのは元日のミサ、仮装パレード、目隠しをした子どもがキャンディの詰まったカラフルなピニャータを割る慣習、家族でする野外の食事、ホースショー、ラス・コリーダス（闘牛）などである。ラス・コリーダスは闘牛場で行われ、最も向う見ずな男が雄牛に近づき、闘牛士のケープで牛に触れ怒らせたあと、安全な場所まで逃げる。成功した者はささやかな景品がもらえる。雄牛が傷つくことがない非暴力的なスポーツといえる。

　伝統的な料理はタマル（トウモロコシ粉の生地に肉をつめ香辛料のきいたソースとともに料理用バナナの葉で包み蒸したもの）、詰め物をしたシチメンチョウ、チ

チャ（ショウガをきかせた酒）、エスカベシュ（ニンジン、ピーマン、タマネギ、カリフラワー、サヤインゲンの甘酢漬け）、ロンポペ（ラム酒を加えたエッグノッグ）、アグア・ドゥルセ（湯に無漂泊の粗糖をくわえたもの）、果物、ワイン。

コロンビア　クリスマスと大晦日の間にはコンサート、闘牛、美人コンテスト、ホースショーが行われる。祝日の料理には牛肉が多く用いられ、アジャカ（豚肉、鶏肉、オリーブ、レーズンを入れたコーンミールパイをバナナの葉で包んで蒸したもの）、アヒアコ（ジャガイモ、鶏肉、トウモロコシ、アドカドのスープ）、ソパ・デ・パン（卵、チーズ、パンのスープ）、パパスチョリダス（ゆでたジャガイモにコリアンダー、クリーム、トマト、チーズ、ワケギのソースをからめたもの）、アレパ（コーンブレッド）、ロスコン（グアバジャム入りパン)がある。密林地帯では、ユッカ、トウモロコシ、豆、料理用バナナ、さまざまな野生動物、昆虫のフライなどを食べる。飲み物は、有名なコロンビアコーヒー、フルーツジュース、その他のソフトドリンク、ワイン、ビール、チチャ（トウモロコシの酒）。幸運を招くためにポケットにレンズ豆を入れ、黄色い下着をつける。

ジャマイカ　元はイギリスの植民地で、人口の90％以上がアフリカの黒人奴隷の子孫である。61％以上がプロテスタントで35％強がカルト宗教を信仰する。クリスマスと正月の間の週は、派手な衣装の仮面をつけたジョンカヌーの一団が

パレードをする。宗教によってキャラクター、衣装、パフォーマンスが異なる。例えば、イギリスの影響が強いグループでは「華麗な衣装」に身を包んだ「王」や「女王」が宮廷の取り巻きを従えて登場する。それ以外の仮装もイギリスの仮面舞踏会を模しているため、これらのグループには動物は登場しない。一方、中心となる伝統的グループは、アフリカの伝統に則り、より大衆的な仮装をする。「牛の頭」（キンマの葉かココナツの殻を半分にした物でできていて、角、頭飾り、尾、金網のふるいに色をつけた仮面がつく）、「馬の頭」（ラバの頭蓋骨を棒の先につけ、動く顎をつけたものに、白いテニスシューズ、パンツ、シャツを身につける）、「悪魔」（黒い服に干し草用フォークを持ち、背中にカウベルをつけ、ダンボールでつくった円柱の上に長方形のパーツをつけた頭飾りをつける）、「ふくらんだ女性」（妊婦に変装した男性）、「戦士」（胸にハート形の楯をつけ、銀の剣、羽根と鏡と新聞の写真で飾り立てた円筒形の頭飾りをつける）、「インディオ」（「戦士」と似ているが、こちらは杖と石弓を持つ）、「ピッツィー・パッツィー」（最も派手。かつて衣装は藁を重ねたものか、シュロの葉でつくっていたが、現在はカラフルな色の生地を重ねてつくる）。

新年の料理はアキーの実に塩漬けの魚を添えた物（国民的料理）、山羊肉のカレー、ローストビーフ、チキン、ライス、豆、アズキ、ココナツミルクの煮込み、パンノキの実、ヤムイモ、カボチャ、トロビ

カルフルーツの盛り合わせ、「ジョニー
ケーキ」（揚げパン）、「マトリモニー」（オ
レンジと砕いたリンゴをクリームであえた
もの）、コーヒー、ビール、ラム酒。

新年の挨拶には次の言い方がある。

・「ハッピー・ニュー・イヤー（Happy
New Year）」英語（公用語）

スリナム　以前はオランダの植民地でオ
ランダ領ギアナといわれていた。1975
年に独立。スリナムは南アメリカにあり
ながら、スペインの習慣もポルトガルの
習慣も普及せず、民族によりかなり異な
る風習をもつ。東インド人37%、クレ
オール人31%、ジャワ人15%、マルー
ン（アフリカの黒人奴隷の子孫）10%、ア
メリカインディアン3%、中国人2%。
宗教はヒンドゥー教徒27%、プロテス
タント25%、ローマ・カトリック23%、
イスラーム教徒20%、土着の信仰5%。

さまざまな文化でさまざまな新年を、
さまざまな日付で祝うが、12月中旬か
ら1月第1週にかけては首都のパラマリ
ボで国として年末の祝祭を行う。「スリ
フェスタ（Surifesta）」と銘打った祭りで
はそれぞれの文化の特色ある出し物、芸
術公演、通りでのパーティ、花とアート
の市などが催される。12月31日は、こ
とに人気のナイトクラブ Het Vat で祭り
が最高に盛り上がり、最後は花火が盛大
に打ち上げられる。

ヒンドゥー教徒はヒンドゥー暦のカー
ルッティカの月（10月〜11月）にディ
ワリ（光の祭り）を祝う。この祭りは北
インド系の人々にとってはヒンドゥーの

新年にもあたる。一方、ホーリー祭（色
の祭り）は、ファルグンの月（3月〜4月）
の満月で新年が始まるヒンドゥー教徒に
とって新年を呼ぶ祭りである（⇒インド、
暦・インド）。中国人は太陰暦の新年を祝
う。ジャワ人はインドネシアの伝統に従
い、イスラーム教徒はイスラームの暦に
従う。（⇒イスラーム教、インドネシア、中国）

料理は多種多様で、現地、アフリカ、
アジア、西洋の料理が混じり合う。米と
キャッサバが主食で、そのほかに鶏肉、
魚、レタス、トマト、ナス、キャベツ、
マンゴー、パパイヤ、スイカ、ココナツ
がよく供される。

新年の挨拶には次の言い方がある。

・「ヘルクフ・ニューヤー（Gelukkig
Nieuwjaar）」オランダ語（公用語）

・「ワン・ブン・ヌユン・ヤリ（Wan Bun
Nyun Yari）」スラナン語（スリナム語ま
たはタキタキ語ともいう）クレオールと
若い世代が元々使っていた言語。

セントクリストファー・ネイビス　1493
年にこの島に上陸したコロンブスは、島
に後援者のセントクリストファーの名を
付けた。以前はイギリスの植民地だった
が、現在は人口の大部分をヨーロッパ系
と西アフリカ系が占めている。ヨーロッ
パの風習のほかに、奴隷時代に遡るアフ
リカ系のクリスマスの風習が、クリスマ
スイブから元日までの、プランテーショ
ンが休みの時期に島じゅうで見られた。
その風習は、アフリカ系、ヨーロッパ系、
アメリカ先住民の要素がいい意味で混じ
り合った「クリスマス・スポーツ（クリ

スマスの楽しみ）」といわれた。

クリスマス・スポーツは一般の人々が通りで民族衣装に身を包んでドラム、ファイフ、トライアングル、クアトロ（バンジョー）、バハ（長い金属の管を吹いて音を出す）、シャック・シャック（豆を入れたブリキの缶）を演奏する。聖書の物語、日常の風景、古典劇、白人の主人を皮肉ったクリスマス時期にのみ（ある程度だけ）許されるひとこまなどを演じながら練り歩くことが多い。こういった内容なだけに、その年の初めの公演は適切に検閲を受けるために地元の警察署の前で行わなければならなかった。

クリスマス・スポーツが衰退した原因には移住、演者の死、系統だったプログラムがないこと、白人による弾圧などが挙げられてきた。元は多くの出し物があったが、現在は6つしか残っていない。「マスカレード（仮面舞踏会）」は、カラフルなシャツ、ズボン、リボン、ハンカチ、鏡、ビーズ、孔雀の頭飾りを身に付けた12〜15人を従えた主役が6つのダンスを踊る。「ブル（雄牛）」は、1917年にプランテーションで起きた傷ついた雄牛の再生にまつわる出来事をユーモラスに描いた劇。「モコ・ジャンビー」は丈の長いローブに円錐形のハットを被って竹馬に乗って踊る。「マミング（仮装無言劇の一種）」では、カラフルな短い上着、白い長ズボン、鏡、ハンカチで聖ジョージとドラゴンなどヨーロッパの伝説上の人物が演じられる。「アクター（役者）」はセントピーター・バセテールのアクロバ

ットで、先を上に向けたくまでの上で宙返りをしたり、胸で大岩を割ったりするような危険なパフォーマンスをする。「クラウン（道化）」は通常は50人が、ゆったりとした2色の衣装にたくさんの鈴を付け、鞭を振って踊る。現在、これらはカーニバルに吸収されており、12月と元日が最も盛り上がりをみせる時間に行われるが、地域によっては四旬節前までそのまま続く。現時点で事実上消滅した出し物は「ニエガビジネス」、「サグワ」、「ソルジャーズ（兵士たち）」、「カウボーイとインディアン」、「セラッシエ」、「ジャパニーズ」、「ミリオナーズ（百万長者）」。

新年の挨拶には次の言い方がある。
・「ハッピー・ニュー・イヤー（Happy New Year）」英語（公用語）

チリ 年の終わりの祝日にはたいていの人が、バルパライソ、ビニャ・デル・マールなどの有名なビーチに集まる。国が主催するカルナバル・デ・バルパライソ（Carnaval de Valparaíso）が12月の第3週に文化の中心であるバルパライソで開催される。イベントは生演奏、芸術的舞踊、文学、舞台、映画、花火で、大晦日まで続く。年に一度のバルパライソ湾の壮大な花火大会は世界中から賞賛を浴びている。アレグレの丘、コンセプシオンの丘といった小高い場所や、湾のクルージングボートが格好の鑑賞場所となっている。カルナバルの参加者は平均100万人にのぼる。祝日の典型的な料理はマチャ（マテガイ）、エリソス（ウニ）、カマロネ

ス（エビ）、ランゴスティーノ（イセエビ）、コングリオ（アナゴ）などの さまざまな海鮮料理のほかに、ポロトグラナード（クランベリービーン、トウモロコシ、カボチャ、タマネギ、ニンニクの煮込み）、エンパナーダ（肉、チーズ、海鮮などを詰めたペストリー）、ワイン、ピスコ（ブドウを発酵させた酒）、チチャ（トウモロコシの酒）、果物などがある。

ドミニカ共和国　スペイン系の混血とアフリカ系が人口の大半を占める。家庭でのパーティ以外は基本的に正装をする。赤が幸運の色。サントドミンゴでは海岸にあるマレコン通りで伝統的に行われている祭りが有名で、これは世界一大規模なディスコとしてギネスブックに載っている。人々はこの通りで地元のバンドの生演奏を聞きながら歌い、踊り、酒を飲んで夜を明かす。真夜中には、サントドミンゴの歴史的な要塞にある大砲が新年の祝砲をあげ、教会の鐘が時を告げ、恒例の花火が打ち上げられて祭りをさらに盛り上げる。伝統的な祭りの料理はライスと豆、肉か魚、サンコーチョ（肉、キャッサバ、食用バナナをコショウ、コリアンダー、酢とともに煮込んだもの）、モンドンゴ（トライプ）、ビール、ラム酒。

トリニダード・トバゴ　カリブの多民族諸島（東インド人40%、アフリカ系38%、混血21%）で、宗教も多様（キリスト教徒58%のうち半分近くがローマ・カトリック、ヒンドゥー教徒23%、イスラーム教徒6%、その他11%）。多様ではあるが、公式な元日である1月1日に伝統的に行わ

れる祭りはとくにない。むしろ合衆国のように新年は公休日という扱いで、大晦日にパーティや花火を楽しむ。列島じゅうのヒンドゥー教徒がヒンドゥー暦のカールゥティカの月（10月～11月）ディワリ（光の祭り）を祝う。この祭りは北インド系の人々にとってはヒンドゥーの新年にもあたる。一方、ホーリー祭（色の祭り）は、ファルグンの月（3月～4月）の満月で新年が始まるヒンドゥー教徒にとって新年を呼ぶ祭りである（⇒インド、暦・インド）。イスラーム教のシーア派は、イスラームの暦に従い、ムハッラムの月の最初の4日間（グレゴリオ暦では不特定の日となる）にホーセイ（Hosay）を祝う（⇒イスラーム教、暦・イスラーム）。ペルシアのカルバラの戦い（680年）の殉職者を追悼するこの習慣は1845年に島に導入された。荘厳な太鼓の音に合わせてタジャ（モスクのレプリカ）を運ぶ行列が通りを練り歩く。

　新年の挨拶には次の言い方がある。
・「ハッピー・ニュー・イヤー（Happy New Year）」英語（公用語）

ニカラグア　祭りでは、最も伝統的で日常的に食されるガジョ・ピント（「色を塗った雄鶏」黒豆、ライス、タマネギ、ニンニク、香辛料の炒め物）も食べるが、それ以外には、チチャロン（豚皮を揚げた物。生のキャベツと調理したユッカとともに供されるとヴィグロンといわれる）、野菜を入れた肉の煮込み、ブニュエロ（キャッサバ、チーズ、卵の生地を揚げて熱い砂糖シロップをかけた物）、砂糖漬けの果物

(almivar)、アルファフォール（ひきトウモロコシ、ショウガ、砂糖のバー）、アヨテ・エン・ミエル（カボチャを蜂蜜で煮た物）、エスプミージャ（メレンゲ）、レフレスコ（フルーツジュース）、ピノール（焦がしたひきトウモロコシ、水またはココナツミルク、シナモンまたはショウガで作った飲み物）、コーヒーがある。

ハイチ 人口に占める割合は、16世紀にプランテーションで働かせるためにアフリカから連れて来られた黒人奴隷の子孫が圧倒的に多い。1月1日は、1804年にフランスから独立したことを祝う独立記念日でもある。首都ポルトープランスのナショナルパレスと、黒人奴隷解放を記念したマルーン像の前にリースや花が置かれ、行進で祭りを祝う。名付け親は子どもたちに贈り物をし、家族は新しい服を着て集い、ご馳走を食べる。伝統的料理はスープ・ジューム（肉、野菜、コショウの入った栄養価の高いカボチャスープ）。300年にわたる奴隷制の間、黒人奴隷は1日に28gの塩漬け肉か魚、レモネード1本しか与えられなかったといわれている。滋養のあるスープ・ジュームは与えられなかった。だが、ハイチが独立を果たすと、奴隷には湯気の上がるスープ・ジュームが振る舞われ、それ以来、合衆国でササゲがそうであるように、このスープが正月の伝統料理となり、幸運の象徴となった。貧しい人たちは、普通はほかにライスと豆、モロコシ、トロピカルフルーツ、たまに山羊肉か鶏肉を食べる。都市部のエリートはエビ、キジ、

アオウミガメのステーキ、カモ、ライスジョンジョン（ライスと豆のシイタケ添え）、カラロウ（塩漬け肉、カニ、コショウ、タマネギ、ホウレンソウ、オクラ、チリの和え物）、タソ（焼いた肉）、パン・パタトゥ（ジャガイモ、イチジク、バナナ、砂糖のプディング）、コーヒー、ソフトドリンク、酒で祝う。

1月2日も国民の休日で、この日によく行われるスポーツは油を塗った垂直のポールをのぼり、てっぺんに置いてある現金と景品をとるというものである。

新年の挨拶には次の言い方がある。
・「ボナネ（Bònn Ané）」ハイチのクレオール（公用語）
・「ボナネ（Bonne Année）」フランス語（公用語）人口の10%以下が使用。

パナマ 大晦日は1999年に合衆国がパナマ運河の主権をパナマに返還した記念日となっている。1903年にコロンビアから独立したパナマは、1904年2月には独立の後ろ盾となった合衆国にパナマ運河地帯の管理を委ねた。しかし1914年にパナマ運河が開通すると、合衆国の介入が国を分裂させているという民族主義者の主張により両国間の緊張が高まった。1977年、パナマの軍事独裁者オマール・トリホス・エレーラ将軍と合衆国のジミー・カーター大統領が、1979年にパナマ運河地帯を廃止し、パナマ運河の主権を1999年12月31日にパナマに返還すると定めるトリホス・カーター条約に署名した。

祭りの料理はセビチェ（スズキの刺

身、タマネギ、コショウをレモン汁でマリネした前菜）、フィッシュボールのフライ（bolitas depescado）、エビ、ロブスター、ウミガメの卵、ロパビエハ（細切れ牛肉にコショウ、香辛料、食用バナナ、ライスを混ぜたもの）、エンパナーダ（ミートパイの揚げ物）、ロモ・レジェノ（香辛料とハーブを詰めたステーキ）、サンコーチョ（鶏肉、トウモロコシ、食用バナナ、ユッカ、コリアンダー、ジャガイモのスープ）、イグアナ、トロピカルフルーツ、ソパボラチャ（シロップ、ラム酒またはブランデー、シナモン、レーズン、クローブをのせたパウンドケーキ）、アロス・コン・カカオ（チョコレート味のライスプディング）、ビール、ラム酒、チチャ（トウモロコシの酒）。

新年の挨拶には次の言い方がある。
・「ハッピー・ニュー・イヤー（Happy New Year）」英語
・「フェリス・アニョ・ヌエボ（Feliz Año Nuevo）」スペイン語（公用語）

バハマ　祝日にはジョンカヌーが行われる。これはアフリカの黒人文化を起源とする、通りで行われる賑やかで煌びやかな仮面祭りである。奇抜で凝った衣装を身につけた参加者の大半はバハマ・ジョンカヌー委員会公認の競技グループに属している。委員会はその年の最高の衣装と音楽を選び、賞を授与する。各グループは街の目抜き通りをパレードし、指定場所では「脱走」し、伝統的なダンスのパフォーマンスを行う。観客もその後ろで一緒に踊るのが通例となっている。「ラッシュズ」といわれるパレードは12月

26日と1月1日の夜明け前から日の出まで行われる。ナッソーのパレードは最も規模が大きい。スタニエル・ケイ島のスタニエル・ケイ・ヨットクラブはクルーザーを対象とした元日のレガッタを開催する。その後、ハッピー・ピープル・マリーナで受賞式の晩餐会が開かれる。祝日の料理は巻貝、蟹、ザリガニ、ソトイワシ、ブリ、フエダイなど多種多様な海鮮料理、キマメとライス、ひき割りトウモロコシ、「ジョニーケーキ」（フライパンで焼いたパン）、ソース（スパイスと塩水でゆでた肉にライム果汁とコショウで味付けしたもの）、ダフ（果物を詰めて煮たプディングにソースをかけて食べる。果物はグアバが多い）、ソーダ水、コーヒー、紅茶、フルーツジュース、ラムベースのカクテルなどである。

新年の挨拶には次の言い方がある。
・「ハッピー・ニュー・イヤー（Happy New Year）」英語（公用語）

パラグアイ　花火と祝砲とで騒然としている。元日には暴力的でない品格ある闘牛が行われる。闘牛では雄牛が紙の吹き流しと花で飾られ、闘牛士は危険を冒して雄牛の尾に括られた紙幣を掴もうとする。休日の料理はトウモロコシ、マニオク（根菜）などの普段の主食とほぼ変わらないが、正月をはじめとする祝祭では肉がふんだんに供される。おもな料理はソパ パラグアージャ（コーンブレッドにタマネギとチーズを加えた国民的料理）、マサモラ（ひき割りトウモロコシを煮たもの）、トウモロコシのプディングに肉を

入れたもの（mbaipy）、ボリボリ（コーンミールのだんご入りチキンスープ）、トウモロコシ、乳、糖蜜のデザート（mbaipy he-e）、キャッサバ粉のトルティーヤ（mbeyu）、チーパ（卵、チーズ、ときには乳を練り込んだキャッサバのパン）、アルボンディガ（ミートボールスープ）、魚、ソーダ、フルーツジュース、モスト（サトウキビのジュース）、イェルバ・マテの茶、カーニャ（サトウキビの酒）、チチャ（トウモロコシまたはパイナップルの酒）。

新年の挨拶には次の言い方がある。

・「フェリス・アニョ・ヌエボ（Feliz Año Nuevo）」スペイン語（公用語）
・「ロゲロホリー・アノ・ヌエボ・レ（Roguerohory Ano Nuevo-Re）」グワラニ語（公用語）先住民の言語で人口の90％以上が使用。

バルバドス　1月1日、2日は国の祝日。大晦日は「旧年の夜」といわれ、基本的には家族や友人と過ごす。島全体で多くの催しがあるが、とくに夜の歓楽地と観光客街として人気があるセント・ローレンス・ギャップ（「ギャップ」）が賑わう。これはクライストチャーチ行政教区にある1.5kmほどのビーチで、異国情緒あふれるレストランやクラブでシャンパン、バルバドス産ラム酒、ビールが存分に楽しめる。元日には多くの教会が野外での食事やバーベキューなどの家族で参加できる催しを企画している。国立公園やビーチで過ごすこともできる。ビーチでは毎年、「初泳ぎ」が恒例となっている。祝いの料理は、カウカウ（コーン

ミールとオクラ）のトビウオのフライ添え、さまざまな海鮮、「プディング」（すりつぶしたサツマイモと豚の腸を煮込んでから蒸したもの）、豚肉、果物と野菜の盛り合わせ、ジュギュウグ（アズキモロコシ、グリンピース、塩漬け肉）、ロティ（肉やチキン＆ポテトを巻いた平たいパン）、コンキ（コーンミール、ココナツ、カボチャ、レーズン、サツマイモ、スパイスを料理用バナナの葉で包んで蒸したもの）、ココナツブレッド。ラム酒、バンクス（島の地ビール）、フルーツジュース、モウビー（苦い樹皮をスパイスといっしょに煮だしたもの）などの飲み物がある。

新年の挨拶には次の言い方がある。

・「ハッピー・ニュー・イヤー（Happy New Year）」英語（公用語）

プエルトリコ　米国の自治連邦区では大晦日の真夜中にラジオで「エル・ブリンディス・デル・ボエミオ（ボヘミアンの乾杯）」の朗読か、テレビドラマを放映する。人気のあるパーティ料理はバカライート（タラのフリッター）とシドラ（サイダー）。祭りのテーブルには他にレチョン・アサド（串刺しにして焼いた豚）、スパニッシュライス、キマメ、調理した緑の野菜、ヤムイモ、パテレ（料理用バナナをつぶして肉、野菜とともに料理用バナナの葉で包んで煮たもの）、アロス・コン・ドゥルセ（香辛料とココナツミルクで炊いたライス）、テンブレケ（コーンスターチ、砂糖、ココナツミルクのカスタード）、トゥロン（ヌガー）、ナッツ、コキト（ココナツミルクとラム酒のエッグノッグ）が

並ぶ。家から邪悪なものを追い出すために、バケツの水を通りに捨てたり家の周りに砂糖を撒いたりする。

新年の挨拶には次の言い方がある。

・「ハッピー・ニュー・イヤー（Happy New Year）」英語（公用語）

・「フェリス・アニョ・ヌエボ（Feliz Año Nuevo）」スペイン語（公用語）

ブラジル　地方、とくに北東部では伝統的な祝祭が見られる。歌と舞踊のほか、野外劇やポルトガルに古くから伝わるフォークドラマが教会の広場で行われる。こういった劇はクリスマスイブから始まり、新年を経て、（キリスト降誕の際に東方の三博士がベツレヘムを訪れたのを記念する）1月6日の公現日に終わる（地域によっては1か月続くこともある）。なかでも最も興味深いといわれているのがブンバ・メウ・ボイ（Bumba-Meu-Boi：「どうどう、雄牛」）で、雄牛の死と復活を辛辣に描いている。この劇のテーマにはアフリカ系の文化（黒人奴隷は16世紀にブラジルに連れて来られた）の影響が見られる。今や廃れつつあるものの、ほかにも同様のテーマの劇がある。パストリス（Pastoris）またはパストリーニャス（pastorinhas）はもともとは演者が羊飼いの扮装をする聖なるキリスト降誕劇だったが、次第に下品なコメディーになってしまった。その最後の幕では、舞台でプレスピオ（Presépio：降誕シーン）を設置するようになった。今日ではパストリスは純粋にカーニバル的な様相を呈している。パストリスはまた、降誕シーンで、タンバリン、ギター、管楽器を伴奏に歌われるクリスマスキャロルのことでもある。パストリル（pastoril）はパストラス（pastoras：女性の羊飼い）を描いた伝承劇のことである。地方で演じられる同様の劇には、フォーリア・ジ・ヘイス（Folia de Reis：「王たちの宴会」）がある。これは3人の王を中心とした劇で、レイザードス（reisados）という衣装を着た歌手と踊り手の一団が慈善金を募りながら家々をまわる。都市で行われるものと同様に3人の王を称える祭りは、コンガーダ（congada）といわれる。この時期にはファンダンゴ（Fandango）と、シェガンサ（Chegançao/Changaca）のダンスフェスティバルがある。両者とも海の劇がその起源である。1930年頃からアラゴアス州で始まったゲレイロ（Guerreiro：「戦士」）は、コトドリと踊る雄牛の死と再生を描く、ブンバ・メウ・ボイに通じる劇である。

大晦日はル・レヴェイヨン（フランス語の「目覚め」）といわれており、贅沢な衣装で集うホテルやクラブでの舞踏会から、各家庭でのくつろいだパーティまで夜を徹して行われる。幸運を招くために人々は白い服を着て、真夜中に異性3人に会ってから、同性3人に挨拶し、レンズ豆を食べる。リオデジャネイロの祭りは、戸外で行われるものとしては世界一盛大で華麗な催しといえる。コパカバーナビーチだけで200万人が、市内のイベント会場を合わせると400万人が飲んで騒ぐ。

ビーチでのイベントのほかに10組を

超えるバンド、豊富なアルコール、真夜中には150トンを超える花火で盛り上がる。リオにはイエマンジャの祭りもある。これは海の女神イエマンジャを称えるアフリカの霊媒師の儀式で、1950年代までは禁じられていた。この祭りを行うのはほとんどが、ブラジル中部および南部で信仰されているローマ・カトリックと古来のアフリカの土着宗教が混じり合ったウンバンダ教徒である。ブラジルに奴隷として連れて来られたアフリカ人は、迫害を逃れるため、異教であるウンバンダの神々の代わりに、それをカトリック化した神をつくりだした。これはバイア州でおもに信仰されているカンドンブレの神が「生粋」つまりアフリカ系なのと対照的である。イエマンジャの祭りは、大晦日に聖母マリアを奉るのと軌を一にしている。白い服をまとい国じゅうから信者がコパカパーナビーチなどの海岸に集い、舞踊の儀式でイエマンジャの祝福を受けようとする。踊りながら痙攣を起こすと、イエマンジャが乗り移ったとみなされる。信者はビーチでロウソクを灯し、海に捧げ物や花を投げ入れ、真夜中に小さな木船で見送り、女神を慰める。自分の捧げ物が海まで流れていけば、よい年となるという迷信がある。また信者は海に駆けていって波を浴びることを7回繰り返し、そのたびにイエマンジャに願い事を唱える。

サンパウロでは大晦日の午後には、15kmの国際マラソン「聖シルウェステル・マラソン」（Corrida de São Silvestre）が行われ1万人を超えるランナーが参加している。1924年に始まり、1945年には国際レースとなった。このレース名は、12月31日に亡くなったローマ教皇シルウェステル1世の名に由来する（⇒聖シルウェステルの日）。はじめは真夜中に行われていたが、国営テレビで放送するために昼間の午後の開催となった。

元日には国じゅうで何百もの船が川や海岸に浮かび聖母マリアである「船乗りの貴婦人（Nossa Senhora dos Navegantes）」に、一年間海を守ってくれたことへの感謝を捧げる。続いて、花、旗、バナー、カラフルな電飾で飾られた船のパレードが海岸通りで行われ、船乗りの貴婦人の像を指定された教会まで運び、カトリックの儀式で聖別する。

新年の挨拶には次の言い方がある。
・「フェリース・アノ・ノーボ（Feliz Ano Novo）」ポルトガル語（公用語）
　（⇒ポルトガル）

ベネズエラ　小さな町ではしばしばパランダ（parrandas）が見られる。大晦日の夜にドラムとバイオリンなどの楽器を演奏しながら伝統的な歌を歌い、通りを練り歩き、家々によってセレナーデを歌い、引き換えに食べ物や飲み物をもらう習慣である。パランダは都市部でよく見られたが、20世紀後半からは治安の問題もあり、廃れてきている。

祝日の料理はパベジョンクリオージョ（黒豆、ライス、ステーキにバナナをそえたもの）、キャビア・クリオロ（「ネイティブキャビア」ともいう黒豆、タマネギ、赤

トウガラシ、ニンニク、クミンが材料の添え物）、アジャカ（肉と野菜を詰めたトウモロコシのパイをバナナの皮で包み蒸したもの）、アレパ（厚いトルティーヤのようなものに牛ひき肉、チーズ、アボカド、ツナ、ハム、卵、豆、エビ、さらにサメまで詰めたもの）、ココナツキャンディ、フラン（カラメルののったカスタードプリン）、トロピカルフルーツ、コーヒー、酒。

その他の大晦日の迷信は、黄色い下着をつけてレンズ豆を食べると幸運をもたらす、願いを叶えるためには願い事を手紙に書き、それを焼く、結婚したい者は真夜中に椅子の上に立って鈴を鳴らすなどがある。

ベリーズ　1973 年までは英国領ホンジュラスだった。クレオール人、先住民（カリブ人とマヤ人）、メスティーソ、アフリカ系カリブ人（ガリフナ）、ヨーロッパ人（イギリス人、スペイン人）など混血の人が多い。60％ 近くがローマ・カトリック教徒である。アフリカ系カリブ人は 12 月 26 日にジョンカヌーを行うのが恒例となっている。元日にはクロスカントリー・ロードレース、「クレム・サイクリング・クラシック」が開催される。コロサルタウンを出発して 3 時間半から 4 時間でベリーズシティのゴールに到着する。参加者はおもにベリーズの人々だが、グアテマラやメキシコのチームが参加することもある。同日にバレル・ボーンでは馬のトラックレースも行われる。

新年の挨拶には次の言い方がある。
・「ハッピー・ニュー・イヤー（Happy New Year)」英語（公用語）

ペルー　幸運のために 12 粒のブドウではなく、13 粒のブドウを食べる。2003 年の大晦日、ペルーの人々はラ・ケマ・デ・ロス・アニョス・ビエホス（「古い年を焼く」）で、打ち上げ花火と爆竹に写真をつけて、アレハンドロ・トレド大統領の人形を燃やした。スキャンダルと不況から、当時のトレド大統領の支持率は 9％ だった。

コイヨリッティとインティ・ライミ　古代のペルーのインカ帝国は夏至と冬至を盛大に祝った。16 世紀のスペインの支配下では、カトリック教会がこれらの祭りを禁止したものの、ケチュア族が行っていたインティ・ライミ（Inti Raymi：「太陽の祭り」）は 1940 年代にクスコで復活し、植民地時代の記録に基づき冬至と新年を祝うようになった。その前に行われるのがコイヨリッティ（Qoyllor Rit'i：「雪の星」）で、これはラテンアメリカ固有の儀式の中で最も重要とされており、伝統的に 6 月の最初の満月の日に行われる。土地の豊饒、アプス（アンデス山脈の精霊）信仰、キリスト伝説が混じったもの、つまりカトリックと先住民の信仰の融合といえる。伝説によると、子どものときに羊飼いの恰好をしたキリストがマリアニート・マイタという地元の青年の前に現れ、2 人は友人になった。すると 2 人の服は立派なチュニックに変わった。教区教会の司祭、ペドロ・デ・ランダがその立派な服に気づきキリストを捕まえようとしたができなかった。キリス

トは消えたが、キリスト像の描かれた石が残った。マリアニートはその出来事の間に亡くなった。キリストはコイヨリッティの神となった。現在では、雪の星といわれる石が、ペルーのオコンガテにあるアウサンガテ山の頂に埋まっていると信じられている。コイヨリッティでは何千人という巡礼者と観光者がこの山の麓にあるシナカラのカトリック神殿を訪れる。そこでミサが行われる。人々は列となり何時間もかけて雪線まで登りアプスを詣でる。カラフルな衣装をまとった多数のダンサーが同伴するが、これは伝説にでてくる者たちを表す。例えば、ウク（熊）はコイヨリッティの神（キリスト像）、アプス、アパチェタ（罪を購うために巡礼者が積む石のケルン）の守り神で、秩序を保つために鞭を持つ。パブルチャは神と民との仲介をするだけでなく頂上に伝説の雪の星を探しに行き、下山時には聖なる水として大きな氷の塊を手に入れる。豊穣を願う儀式ではこの氷が土地に水をもたらす象徴として使われる。

　その後にインティ・ライミが行われる。今日では6月の1週間にわたる祝祭で、南アメリカ各地と世界から何十万人もが集まり、通りの市、歴史博、音楽と舞踊、コンサートと6月24日のインティ・ライミの日のグランドフィナーレを楽しむ。植民地時代はローマ・カトリック教会がインカの祭りを、聖人の祭りをはじめとする教会の行事に差し替えてキリスト教化した。インティ・ライミは6月24日の洗礼者ヨハネの祭りに差し替え

られたが、20世紀中頃に復活した。前年にサパ・インカ（皇帝）、その妻、司祭、女司祭、貴族、廷臣を演じる役者が選ばれ、それぞれにふさわしい衣装をまとう。衛兵の役は華やかで色鮮やかな当時の制服を着たペルーの兵士が務める。何千人もが参加するこの祭りのフィナーレはクスコの聖ドミニカ教会前のコリカンチャ広場で行われる。聖ドミニカ教会は太陽の寺院だった場所に建立された。ここでサパ・インカが太陽の恵みを祈り、その後、妻や取り巻きたちとともに音楽とダンスの行列に移動し、黄金の玉座に座る。行列はクスコを見おろす丘にある昔のサクサイワマン城砦を目指す。行列の前では娘たちが悪霊を追い払うため通りを掃き清め花で飾る。サクサイワマンでは数時間の演説と儀式がある。ラマの生贄を模した儀式があり、その心臓をサパ・インカがパチャママ（大地の母の神）に捧げ豊作を約束してもらう。また、ラマの血痕の形で将来を占う。日没には焚き火をし、そこで貧困を根絶することを願って古い服を燃やす。その後側近の人たちはクスコに戻る。（⇒インカ帝国）

　祝日の料理は地方によって異なるが、トウモロコシ、ジャガイモ、トウガラシを使ったものが多い。伝統的な前菜は、パパス・アレキペーニャ（ゆでてスライスしたジャガイモにピーナツ、チーズ、トウガラシのソースをかけたもの）。高地の料理で有名なのはロコト・レジェーノ（ピーマンの牛ひき肉、野菜詰め）、チチャロン（豚皮揚げ）、チョクロ・コン・ケソ（軸

付きトウモロコシにチーズをのせたもの）、タマル、アマゾン川流域ではファリナ（ユッカ揚げ、またはレモネードと和えたもの）、パン・デ・アロス（米粉パン）、フアネ（魚か鶏肉を、米かユッカとともにバナナの皮に包んで蒸したもの）、海鮮盛り合わせ、チョカン（コリアンダー風味の魚のスープ）、海岸地域ではセビチェ（白身魚のマリネ）、鶏肉、子山羊をチチャ（トウモロコシの酒）につけて焼いて豆とライスを添えたもの。飲み物はコーヒー、茶、ソフトドリンク、チチャ。

ボリビア　一般的に大晦日は1つの家に親せきと集まって祝う。よく供される料理はピカナ（チキン、ポーク、ビーフ、野菜の煮込み）、ワイン、ビール。大晦日の真夜中を過ぎると成人した若者はナイトクラブに繰り出し、年配者は家で過ごす。元日の朝によく出されるのはフリカッセ（ポークスープ）。これを食べれば飲酒の際に悪酔いしないといわれている。

ホンジュラス　新年のために新しい服を買い、大晦日のミサに着ていく。その後、真夜中に地域ごとに通りに出て互いの良き年を祈る。1月1日が日曜日にあたったとしても、有給の休日となる。祭りの料理はナカタマル（肉と野菜を詰めた大きなトウモロコシのケーキ）、タパド（肉か魚、野菜、キャッサバの根の煮込み）、ソパ・デ・モンドンゴ（刻んだトライプの煮込み）、バレアーダ（インゲン豆類を柔らかく煮て味つけしてつぶし油で炒めたものと、チーズとサワークリームを巻いたトルティーヤ）、料理用バナナ、アズキ、

トウモロコシ、ライス、コーヒー、クリー（甘いフルーツジュース）、ギフィティ（薬草酒）、ソーダ、リクアド（フルーツ牛乳）、酒。

メキシコ　モスクワの赤の広場に次いで世界で2番目に大きな公共広場、メキシコシティのソカロ広場では、大晦日に伝統的な参加自由の卵投げ大会が行われる。これはパパキといわれ、たくさんのカスカローネという空の卵の殻を互いに（とくに異性に向かって）投げ合う。カスカローネは洗って外側に色を塗り、中に紙吹雪か色付けした液体を入れてある。元々はヨーロッパの宮廷で行われていた儀式で、皇后シャルロッテが19世紀にメキシコに導入した。カスカローネは新年に限らず、四旬節前のカルナバルをはじめ全国または地方のフィエスタを一年をとおして楽しく盛りあげている。この卵は簡単に作れるが、1ダース数ペソで通りの物売りから買う人が多い。

　この国で多くの料理の基本となるのがトウモロコシと豆だが、祝日の料理も例外ではない。トウモロコシのトルティーヤを使った料理は多く、タコス（肉とトルティーヤ）、エンチラーダ（チリソースをかけたり中に入れたりした柔らかなトルティーヤ）、ケサディーヤ（チーズを入れて油焼したトルティーヤ）、パヌーチョ（豆を入れて油焼したトルティーヤ）などがある。ほかにタマル、フリホレス・レフリトス（乾燥豆を煮てつぶしラードで炒めたもの）、コーヒー、ホットチョコレート、フルーツジュース、プルケ、メスカル（リ

ュウゼツランからつくった酒）がある。豊かな家庭では焼いた肉が供されることが多い。

恋の成就には赤い下着をつける。（⇒アステカ帝国）

⇒アメリカ先住民、先住民族の正月

チュニジア

Tunisia

北アフリカの共和国。地中海と接し、アルジェリアとリビアの間に位置する。かつてはフランス領だったが、1956年に独立を勝ちとった。人口の大部分はイスラーム教スンニー派のアラブ人である。キリスト教とユダヤ人はそれぞれ1%程度である。スンニー派はイスラームの新年をムハッラムの月の第1日に祝うが、特別な儀式は行わない（⇒イスラーム教、暦・イスラーム）。

新年の挨拶には次の言い方がある。

・「クッル・アーミン・ワ・アントゥム・ビハイル（Kullu 'Aamin Wa Antum Bikhair）」アラビア語（公用語）
・「ボナネ（Bonne Année）」フランス語

提灯祭り（ランターンフェスティバル）

Lantern Festival

⇒中国

チョール・チュナム・トメイ

Chaul Chnam Thmey

⇒カンボジア

チリ

Chile

⇒中南米とカリブ海諸島

ツァガーンサル

Tsagaan Sar

⇒モンゴル

ディオニュシア祭

Dionysia

⇒ギリシア

『ディック・クラーク・ニュー・イヤーズ・ロッキン・イブ』

Dick Clark's New Year's Rockin' Eve

大晦日にABCネットワークで放映される、アメリカのテレビ特別番組。テレビタレントで司会者の故ディック・クラークが、2004年まで制作および司会を務めた。1972年に始まったこの番組では、ニューヨーク市のタイムズスクエア・ニューイヤーズ・イブ・ボールの降下に合わせたカウントダウンイベントが、実況中継される。またニューヨーク市をはじめ、ラスベガスやロサンゼルス、さらには世界各所から、人気バンドやアーティストの演奏を中継するコーナーもある。特筆すべきは、東部標準時地域の真夜中の生中継と、アメリカの他の標準時地域における真夜中の様子をあとから放映する録画中継である。

リチャード・ワグスタッフ・「ディック」・クラーク（1929〜2012）はニューヨーク市のブロンクスに生まれ、ニュー

ヨーク州マウントバーノンで育った。人気テレビ番組『アメリカン・バンドスタンド』（American Bandstand）、『フェア・ジ・アクション・イズ』（Where the Action Is）、『ティービーズ・ブルーパーズ』（TV's Bloopers）などの司会で知られ、その他多くの番組を制作した。親しみを込めて「アメリカで最年長のティーンエイジャー」と呼ばれ、エミー賞を何度も受賞し、ミレニアムの報道番組でピーボディ賞を獲得した。また、ハリウッドのウォーク・オブ・フェーム（1976年）、ラジオ・ホール・オブ・フェーム（1990年）、ブロードキャスティング・マガジン・ホール・オブ・フェーム（1992年）、ロックンロール・ホール・オブ・フェーム（1993年）、アカデミー・テレビジョン・アート・アンド・サイエンス・ホール・オブ・フェーム（1993年）にそれぞれ殿堂入りを果たした。エンターテイメント業界の経営者としても成功を収めたディック・クラークは、ディック・クラーク・プロダクションの社長兼CEOを務めた。
　⇒タイムズスクエア

『ディナー・フォー・ワン』*

Dinner for One

　ローリ・ワイリー（モリス・ローレンス・サミュエルソンの筆名）によるイギリスのショートコメディ。初めは1920年代にイギリスのキャバレーで上演され、1948年にはロンドンの舞台で初演され、さらに1953年にはブロードウェイでも初めて上演された。1963年にドイツの

ハンブルグにおいて、『デア・ノインツィヒ・ギブルツターク・オーダー・ディナー・フォー・ワン』（Der 90. Geburtstag oder Dinner for One、『90歳の誕生日もしくはお一人様の晩餐』The Ninetieth Birthday or Dinner for One）という題名で、テレビ用にモノクローム映像が撮影されたが、出演はイギリス人俳優で、言語も英語のままだった。この18分間のテレビ映像は、オーストラリア、オーストリア、デンマーク、フィンランド、ドイツ、スウェーデン、スイスなど世界の多くの国において大晦日恒例の番組とされ、ノルウェーにおいては大晦日ではなく12月23日に放映されている。

　1963年版の映像では、ミス・ソフィー（メイ・ウォールデン）が、自分の90歳の誕生日を4人の友人、すなわちサー・トビー、フォン・シュナイダー提督、ポメロイ氏、ウィンターボトム氏とともに祝っている。実はこの4人は全員すでにこの世を去っているのだが、ミス・ソフィーを満足させるために、執事のジェームズ（フレディ・フリントン）が4人の友人の役割を演じている。ジェームズは晩餐のひと皿ごとに供される4人分の乾杯用飲み物をひとりで飲み干すが、その次第は、スープにはシェリー酒、魚料理には白ワイン、鶏料理にはシャンパン、果物にはポートワインという具合である。こうしてジェームズは乾杯を重ねるたびに酩酊していき、床に敷かれた虎皮の敷物に繰り返しつまずく。さらに決まり文句「昨年と同じようにいたしますか、ミ

ス・ソフィー？」を連発し、それに対する
ミス・ソフィーの返事も、決まって「例
年と同じようにしてちょうだい、ジェー
ムズ」である。

監督：ハインツ・ドゥンクハーゼ／制作会社：
北ドイツ放送（NDR）、シュヴァイツァー・フ
ェルンゼーエン DRS／ドイツおよびイギリスの
PAL方式でリージョンコード2のDVDが発売
されている。

　第二次世界大戦で敵対したドイツへの
敵意から、フリントンはこの寸劇がドイ
ツ語によって撮影されることを拒否し
た。それにもかかわらず、ドイツでは毎
年、英語によるこの番組がそのまま国じ
ゅうで放映されており、その一方で、ほ
かの国々ではそれぞれの国の言語に吹き
替えられている。1999年には一時的に
カラー版も登場したが、多くの視聴者
はオリジナルのモノクローム版の方を
好み、ドイツの航空会社LTUでも、12
月28日から1月2日までのフライト中、
モノクローム版を上映している。なお、
皮肉なことに、この英語による寸劇は、
英語を母語とする国々においては、ほと
んど知られていない。

ディパバリ

Deepawali
　⇒インド

ティハール

Tihar
　⇒ネパール

ディワリ

Diwali
　⇒インド

ティンジャン

Thingyan
　⇒ミャンマー

テト

Tet
　⇒ベトナム

『TVファンハウス』

TV Funhouse
TV

　NBCの『サタデーナイトライブ』
（*Saturday Night Live*、SNL）で繰り返し放送
されているテレビコント、および2000
年から2001年にコメディ・セントラル
で放送されたスピンオフの8エピソー
ド。

　SNLのコントは異なる話題を取り上
げて風刺したロバート・スミゲルによる
5編の短編アニメで構成され、それぞれ
「元大統領たち」、「あいまいなゲイコン
ビ」、「Mr.Tの新たな冒険」、「マイケル・
ジャクソン・ショー」、「リアル・オー
ディオの楽しみ」というタイトルがついて
いた。「リアル・オーディオの楽しみ」
は実際の出来事の録音を編集し、おかし
なアニメをつけてコメディ効果を出して
いるのが特徴である。これまでのところ、
「リアル・オーディオの楽しみ」だけに、
新年にまつわるアニメ「フレンズ黙示録」

が含まれている。これは、ジェニファー・アニストン、コートニー・コックス・アークエッタ、リサ・クドロー、マット・ルブラン、マシュー・ペリー、デヴィッド・シュワイマーが出演した NBC の人気シリーズ、『フレンズ』（Friends）のパロディである。1999 年 12 月 4 日に放送された 4 分間の「フレンズ黙示録」は、ニューヨークシティの家の外で黙示録的なミレニアムが訪れているなか、『フレンズ』の登場人物たちがいつものコーヒーショップで、外のようすを気にもとめずにおしゃべりをしているようすを描いている。

コメディ・セントラルの『TV ファンハウス』は、大人向け「お子さまショー」の体裁をとった。司会のダグ・デイルが、動物のパペット「アニパル」の群れを従えていた。アニパルは侮辱犬のトライアンフなど、公人やテレビ番組、企業などを風刺したものだった。25 分間の 8 エピソードは異なるテーマだったが、アニパルはいつもくだらない方向に脱線しようとしていた。ロバート・スミゲルのアニメやにせの教育映画もあった。

新年をテーマにしたエピソードは 2 編。「洞窟男の日」（2001 年 1 月 3 日放送）では、アニパルが新年の決意を比較する。例えば、ホジョはサクソフォンのレッスンを受けるといい、フォージーは身を削っていやな習慣を抑えようとする。脚本はロバート・スミゲル、グレッグ・コーエン、トミー・ブラッカ、ディーノ・スタマトプーロス。監督はビル・バーナー。

「中国の正月」（2000 年 1 月 24 日放送）は、年に動物の名前をつける中国の太陰暦を風刺している（⇒暦・中国）。アニパルは、実入りのいい実験用動物飼育の世界を模索する。脚本はロバート・スミゲル。監督はビル・バーナーとテッド・メイ。
アニパルの声優：ダグ・デイル、ロバート・スミゲル、ジョン・グレイザー、ディーノ・スタマトプーロス、デイヴィッド・ジャスコウ、トミー・ブラッカ／コメディ・セントラル・アンド・プーチー・ドゥーチー・プロダクション／DVD：サタデーナイトライブ：ザ・ベスト・オブ・サタデー・TV ファンハウス／ユニバーサル・スタジオ／84 分

デンマーク
Denmark

元日は 1 月 1 日。デンマークではクリスマスは家族で過ごすものの、大晦日は家庭をはなれ、おもに友人とパーティなどで過ごす。また古い皿を割るとより多くの友人に恵まれるとされていることから、友人の家めがけて皿を投げる。家の主は外へ飛び出していき、もし犯人を捕まえられたら相手にさまざまな菓子を振る舞うのが伝統である。祝いの食卓には、ローストビーフ、ロブスター、ステーキ、鱈、じゃがいも、ゆで卵、ビート、ケーパー、グレイビーなどが供される。大晦日は午後 6 時に行われる女王による国民への挨拶、またイギリスの喜劇映画『ディナー・フォー・ワン』のテレビ放映を見るのが伝統となっている（⇒『ディナー・フォー・ワン』）。真夜中にコペンハー

ゲン市庁舎の鐘が鳴る模様もテレビ中継されるが、これは新年の到来を告げる正式な合図で、この鐘が鳴ると、祝祭に臨んだ国じゅうの人々が、デンマーク国家を歌い、シャンパンで乾杯し、花火を打ち上げ、マジパンのリングケーキを食べる。その後、人々は花火大会に参加したり、その様子をテレビで見たり、パーティを続けたりして過ごす。さらに、子どもたちが罪のないいたずらをする風習もある。元日は休息をとって体力を回復するための日であり、親戚や友人を訪ねる日でもある。1月2日から企業や店舗などが営業を再開し、子どもたちも数日後には学校へ戻る。

新年の挨拶には次の言い方がある。
・「ゴット・ニュット・オー（Godt Nytår）」デンマーク語（公用語）

ドイツ

Germany

元日は1月1日。クリスマス（第0日）から公現日（1月6日）までの12日間は「十二の煙の夜」（ディ・ツヴェルフ・ラウフネヒテ Die zwölf Rauchnächte）と呼ばれるが、この名称は、古代ゲルマン民族の祭りであるユールの名残であり、香やかがり火を焚いた煙でこの期間の悪霊を祓うという習慣に由来する。

大晦日はジルヴェスターないしジルヴェスターアーベント（ジルヴェスターの夜）として知られ、この日に教皇シルウェステル1世の死を悼む（⇒聖シルウェステルの日）。花火を上げたり、礼砲と

して「新年の祝砲」を行ったりと、大きな音を立てる行為が慣例として広く行われるが、とくに新年の祝砲はバイエリシェーアルペン地方において盛大に行われる（⇒新年の祝砲）。また、この地方では、藁束を身にまといグロテスクな仮面をつけたブトゥンマンドラウフ（リドル・ラドル・マン）が、魔除けの象徴としてカウベルその他の鳴り物を鳴らし騒音を立てながら谷を走りぬける行事があるが、これは冬の悪霊を祓うために火だけでなく騒音も用いた、古代の異教信仰を想起させる。なお、魔除けの騒音はクリスマスにも同様の役割を果たす。また教会の塔の上では、トゥルムブラーゼン（金管アンサンブル）のコラール演奏が新年を告げる。これは「新年の吹奏」と呼ばれ、クリスマスイブにもトゥルムブラーゼンの演奏は行われる（⇒新年の吹奏）。

大晦日には、通常、人々は集まってパーティを開き、ダンスや飲食を楽しむ。パーティの食卓には鯉料理や乾し豆のスープ（どちらも幸運を招く）、ニシンのサラダ、ノイヤースプレッツェル（生地をねじってリースの形に焼いたイースト入りのクッキー）、そしてバルボイシェン（レーズンやカランツ入りの生地を揚げたケーキ）などの料理が並ぶ。また、赤ワインとラム酒に、オレンジ、レモン、シナモン、クローブを混ぜて火を点けた、フォイヤーツァンゲンボウレ（「火ばさみのパンチ」の意）と呼ばれる飲み物がよく飲まれる。これが好まれるのは、ハインリヒ・シュペルル（1887～1955）の小説、『デ

ィ・フォイヤーツァンゲンボウレ』（*Die Feuerzangenbowle*）と、同名の喜劇映画の影響もある。映画は1944年に製作された。主演はハインツ・リューマン、監督はヘルムート・ヴァイスである。また、毎年恒例の大晦日の伝統番組『ディナー・フォー・ワン』は1963年に制作されたイギリスの喜劇短編映画で、かつては『デア・ノインツィヒ・ギブルツターク・オーダー・ディナー・フォー・ワン』（*Der 90. Geburtstag oder Dinner for One*、『90歳の誕生日もしくはお一人様の晩餐』*The Ninetieth Birthday or Dinner for One*）のタイトルで知られていた。主演はフレディ・フリントンとメイ・ウォールデン（⇒『ディナー・フォー・ワン』）。

真夜中には、教会の鐘の音が花火の音に混じって喧騒はいや増し、人々は互いと新しい年のためにシャンパンで乾杯する。バイエルン地方の人々は真夜中の直前に灯りを消し、その後、新しい年を歓迎して灯りを点ける。また、子どもたちの一団が歌いながら家々をまわり、新年の挨拶をして心づけやもてなしを受ける地域もあれば、夜警が公式の布告者として新年の到来を知らせる地域もある。

元日は、家族や友人を訪問する日である。この日には挨拶カードを交換したり、郵便配達員や管理人や家政婦など、家のために労をとる人々へ新年を祝ってお年玉が贈られたりする。

迷信 新年の祝日、とくに大晦日は、占いや民間信仰に関心が寄せられる時節であるが、今日では下に挙げるような迷信

的行為は、パーティゲームや娯楽として行われている。

新しい年に多くの恵みがもたらされるよう、大晦日にはすべての料理を少しずつ自分の皿に残し、真夜中までそのままにしておかなければならない。

ブライギーセン（鉛占い）は、溶かした鉛を水に入れて冷やしたときにどのような形で固まるかで、鉛を扱った人物の未来を占う慣習であり、最も一般的には未婚女性の未来の夫について占われることが多い。

幸運を呼び寄せるため、パーティに生きた豚を連れてきてかわいがったり、プロの煙突掃除夫を招いたりする。

未婚女性が床に寝転んで、自分の靴の片方を頭の後ろへ放ると、落ちた靴の爪先が、未来の夫の来る方角を示す。これとは別に、落ちた靴のつま先がドアの方を指し示していればその女性は来るべき年に結婚できるが、爪先がほかの方向を指していれば結婚はまだ先だとする占いもある。

憧れの男性と結婚したいと願う未婚女性は、クリスマスの12日間に自分の靴の片方を12回まで梨の木に投げ、もし靴が1度でも木に引っかかれば願いがかなう。

元日に起こったことは何であれ翌年の運勢を決めることになるため、良い行いをしたり、幸運を招くために硬貨を鳴らしたり、争いを慎んだりする。

クリスマスの12日間のそれぞれの日に起こったことは、その後の12か月の

各月に起こることの前兆となる。

　クリスマスと元日の間に見る夢はすべて正夢となる。

　元日に聖書の1か所を無作為にピンで刺すと、ピンの刺さった聖句は、刺した人物にとってその年に特別な意味を持つことになる。

　新年の挨拶には次の言い方がある。

・「プロージット・ノイヤール（Prosit Neujahr）」ドイツ語（公用語）

　⇒煙突掃除夫、オーストリア、豚

時の翁 （おきな）

Father Time

　暮れゆく年、あるいは去りゆく年を擬人化した架空の人物像。白く長い顎鬚をたくわえた、やせ衰えた老人の姿で描かれ、砂時計と大鎌を携えている。時の過ぎゆく速さを示すため、翼の生えた姿で描かれることもある。また、幼い相方であり後継者でもある、新年坊やと対で描かれることもある。

　何千年にもわたり、時の翁はギリシアの神クロノス（ローマ神話の収穫の神サトゥルヌスにあたる）と同一視されてきたが、これは単にクロノス（Cronus）の名がギリシア語で「時間」を表わす語、クロノス（chromos）と混同されたためである。クロノス（Cronus）の神話は、大鎌と赤ん坊が登場するとはいえ、時間や新年とはほとんど無縁である。クロノスはティタン神族の末子であり、ウラノス（天）とガイア（大地）の息子だった。クロノスは、父ウラノスのわが子らへの憎しみを断ち切り、父の手で無理やり子宮に戻されてしまった兄や姉たちを救うために、大鎌で父ウラノスを去勢した。その後クロノスは姉であり妻であるレアとの間に5人の子（ヘスティア、デメテル、ヘラ、ハデス、ポセイドン）をなしたが、いつか我が子に王権を奪われることを知り、子らが生まれるたびに飲み込んでしまった。レアが6人目の子ゼウスを産んだとき、ガイアがゼウスを隠し、代わりに襁褓（むつき）でくるんだ石を見せてクロノスを欺くと、クロノスはこれを飲み込んだ。ゼウスは成長すると、父クロノスに兄や姉を吐き出させ、最後にはクロノスの王位を剥奪して幽閉した。

　クロノスを描いた最も有名な絵画は、マドリードのプラド美術館に収蔵されているフランシスコ・ゴヤの作品『我が子を喰らうサトゥルヌス』（1821〜1822年頃）である。この絵の中でクロノスは醜い老人の姿で描かれている。

　⇒新年坊や

ドスモチェ

Dosmoche

　⇒チベット

「とっとこ新春！　たこあげ大会」

"The New Year's Kite Adventure"

TV（2003年）

　日本 / カナダの子どもテレビアニメシリーズ〈とっとこハム太郎〉の中の1話。

　日本の漫画家、河井リツ子の漫画を基にしたアニメシリーズで、2000〜2006

年にテレビ東京系列で、2004年までカートゥーン・ネットワークで放映されたほか、世界各国で放映。ここから多くの劇場版アニメ、ゲームソフト、オリジナルビデオが生まれた。テレビシリーズは子どもの日常によりそうハム太郎の活躍を描く30分番組。ハム太郎は、英語バージョンではローラ・ハルナ（日本語では春名ヒロ子）のペット。その他のキャラクターはたくさんのハムスター仲間「ハムちゃんず」。

この話のテーマは正月と「凧騒動」（初放映は2003年5月13日カートゥーンネットワーク）。古来から伝わる日本の手作り凧と元日の凧あげ大会を描く。ハムちゃんずは大会に出ようとはりきっている。そこで仲間の中で大工になる夢をもつパンダが凧の作り方をみんなに指導する。勝手に自分をリーダーと思っているタイショーは、かわいいリボンの隣で恋敵のハム太郎が凧をあげているのを見て嫉妬する。タイショーは自分の凧を二人の凧のあいだに割り込ませるが、糸がからまり切れたため、凧は風に飛ばされ消えてしまう。タイショーは謝りもせずに帰ってしまった。次にハムちゃんずは力を合わせて大凧を作るが、凧は風にあおられ、最年少のちび丸をぶら下げたまま上がっていく。みんなはへそを曲げているタイショーをなだめて、力ずくで凧を引き戻してもらいちび丸を助けた。
声優：（日本語版）間宮くるみ、斉藤祐子、村井かずさ、伊藤健太郎：（英語版）キアラ・ザニ、シャンタル・ストランド、テッド・コール、ジリアン・マイケルズ、キャシー・ウェスラック／脚本：島田満、丸尾みほ、菅良幸／監督：鍋島修／小学館ミュージック＆デジタル エンタテイメント、小学館集英社プロダクション、テレビ東京／DVD：Viz Videoより英語／日本語版5枚セット／各75分

ドミニカ共和国
Dominican Republic
　⇒中南米とカリブ海諸島

トリニダード・トバゴ
Trinidad and Tobago
　⇒中南米とカリブ海諸島

トルクメニスタン
Turkmenistan

中央アジアの共和国で、かつてはソ連の構成国の1つだった。カスピ海に臨み、イランとカザフスタンの間に位置する。何世紀にもわたり、ギリシア、ペルシア、モンゴル、アラブ、そしてロシアと多くの国々に征服されて文化的にも影響を受けてきた。ロシアは1865年から1885年までこの地域を併合していた。1924年にソビエトの共和国となり、1991年のソ連崩壊に伴い独立を獲得した。主要な民族はトルクメン人（85％）で、少数民族としてウズベク人とロシア人がいる。人口の90％はスンニー派のイスラーム教徒で、9％は東方正教を信奉している。

この国の文化的歴史の多様性が新年の祝祭にも反映されている。最も有名なのはペルシアの正月、ノウルーズ（『新し

い日」）で、キリスト誕生の何世紀も前から祝われているが、ソビエト時代には禁止されていた。現在は、ペルシア暦のファルヴァルディーンの月の第1日に祝われる（⇒暦・ペルシア）。これは春分の日にあたる（グレゴリオ暦の3月21日頃になる）。トルクメニスタンのノウルーズでは、宴会、馬上試合、レスリングの試合、闘鶏、語り聞かせ、音楽、踊り、露店市などでにぎわう祭りが3日間続く。13日間続く典型的なイランの祝祭とは対照的である（⇒イラン）。家族は家や地所の掃除や修繕をし、借金を返済し、不和を解決する。より徹底的にイラン（ペルシア）の風習に従うならば、ハフト・スィーンを用意する。これは、古代ペルシア（イラン）のゾロアスター教の教義を反映する7つの象徴的な品をのせたテーブルである。7つの品はすべてペルシア文字のシィーン（sin：「s」）で始まる物で、限定されているわけではないが、次のものを含む。サマヌ（samanu：小麦のプディング、甘さと豊穣の象徴）、セッケ（sekeh：金貨、富と繁栄の象徴）、サブゼ（sabzeh：穀物かレンズ豆の芽、再生の象徴）、ソンボル（sonbol：ヒヤシンスの花、命と美の象徴）、シール（seer / sir：ニンニク、薬の象徴）、センジェド（senjed：ロータスの甘い果実、愛の象徴）、セルケ（serkeh：白ビネガー、年齢と忍耐の象徴）。ほかに選ばれる物については、イランの項で述べている（⇒イラン）。中央アジアの祝祭特有の人気料理には、スマラク（小麦の芽を挽いて調理したもの）、プロウ（肉

と野菜を入れた炊き込み飯）、シュルパ（野菜入りのマトンのシチュー）、サムサ（野菜を詰めたミートパイ）がある。

新年に幸運をつかむには、家への最初の来訪者がやさしく機知に富み敬虔で評判のいい人でなければならず、新年の最初の13日間が一年の前兆になる。

社会的にはグレゴリオ暦に従っているトルクメニスタンは、国際的な正月にあたる1月1日も祝う。大晦日に花火をあげ、ソビエト占領時代からの伝統の名残として、ニューイヤーツリーを飾り付けて贈り物を贈る（⇒ロシア）。ロシア正教会はユリウス暦に従い、1月14日に「旧正月」を祝う。スンニー派のイスラーム教徒はイスラームの新年に特別な祝典は行わない（⇒イスラーム教、暦・イスラーム）。

トルクメニスタンの主要言語はトルクメン語、ロシア語、ウズベク語だが、ノウルーズの挨拶は習慣的にペルシア語で交わされる。新年の挨拶には次の言い方がある。

- 「エイド・ショマ・モバラク（Eid-i Shoma Mobarak）」
- 「ノウルーズ・モバラク（No Ruz Mobarak）」
  ⇒ノウルーズ

トルコ
Turkey

南東ヨーロッパと南西アジアにまたがる国。黒海、エーゲ海、地中海に接する。2大民族はトルコ人（80％）とクルド人（20％）。人口の大半はスンニー派のイス

トルコ 313

ラーム教徒である。イスラームの新年はムハッラムの月の第1日だが、特別な儀式は行わない（⇒イスラーム教、暦・イスラーム）。

一方で、クルド人の新年、ノウルーズ（「新しい日」の意、クルド語の発音はネウロズ Newroz）は、春分の日、つまりペルシアのファルヴァルディーンの月の第1日に祝われる（⇒暦・ペルシア）。これはグレゴリオ暦の3月21日頃にあたる。祝祭の期間は通常3月18日から24日である。クルド人は都市の広場、とくにトルコ系クルド人が多く居住する南東部最大の都市ディヤルバクルで祭典を行う。女性は明るい色彩のドレスをまとい、ヘッドスカーフにきらきらした飾りを付ける。男はクルド人の色である緑、黄、赤の旗を振る。花火があがり、人々は踊ったり歌ったり、かがり火を飛び越えたりする。かがり火を飛び越える儀式は、古代ペルシアの神話でも語られており、ペルシアの詩人フェルドウスィーの『シャー・ナーメ（王の書）』で初めて文献に登場した。『シャー・ナーメ』はイランの国家的叙事詩で、1010年に完成した。それによると、ザッハーク王は残忍な専制君主で、肩から2匹の蛇を生やしていた。この蛇をなだめるために、毎日国民二人の脳が与えられていた。ところが、執行者が犠牲者を哀れに思い、毎日一人分を羊で代用することで一人の命を助け、結果的に人口の半分を救った。一人また一人と生き残った人間が山へと逃げ込み、やがてそこに国をつくり、自ら

をクルドと呼ぶようになった。彼らのなかから鍛冶屋のカーヴェが立ちあがり、金床でザッハークの頭をたたき割って殺害し、自由になったことを人々に知らせるために、大きなかがり火を焚いた。火は国じゅうで焚かれ、この朗報と新しい時代の到来を次々に伝えた。この神話から、ネウロズにかがり火を焚く慣習が生まれたのである。だが、ザッハーク王を、ペルシアのゾロアスター教を拒絶したメディアの最後の王アステュアゲスとみなし、鍛冶屋のカーヴェにまつわる神話はメディアに対抗したゾロアスター教が伝えたものだと説く学者もいる。

ネウロズはトルコにおけるクルド人のアイデンティティと民族主義の強力な象徴である。だが、ときには祝祭が政治的な発火点になることもある。祭りが、自治を求めるクルド人の国民感情を抑圧してきたトルコ政府に対抗する、暴力的な集会へと発展してしまうのである。1992年のネウロズ中に80人以上が殺されてから、トルコは祝日を禁止したが、2000年に復活させた。現在も祝祭では、クルド人開放運動（KLM）を支持する行進、デモ、政治演説が行われている。かつてクルディスタン労働党（PKK）と呼ばれていた KLM は、トルコ南東部におけるクルド人の自治と、1998年以来獄中にある指導者アブドゥッラー・オジャランの解放を求めて、15年にわたって内戦を戦った。

新年の挨拶には次の言い方がある。
・「イェニ・ユルヌズ・クツル・オルス

ン（Yeni Yiliniz Kutlu Olsun）」トルコ語（公用語）（「新年おめでとう」）

・「ネウロズ・ピロズ・ベ（Newroz Piroz Be）」クルド語（「ネウロズおめでとう」）

・「ビジ・ネウロズ（Biji Newroz）」クルド語（「ネウロズよ永遠に」）

⇒イラン、ノウルーズ

な行

ナイジェリア

Nigeria

　西アフリカの元イギリス植民地だった国。1960年に独立。人口の約40％がキリスト教徒、50％がイスラーム教徒、10％は土着の宗教を信仰する。1月1日の元日は公的祝日だが、国としてとくに祝祭を行うことはない。キリスト教徒は大晦日の礼拝に参加する。各家庭で新年の抱負を定め、家庭内でパーティをしたり、花火を打ち上げたりする。国内のほとんどのイスラーム教徒はスンニー派なので、ムハッラムの月の1日にイスラーム教の新年を迎えるが儀式などはない（⇒イスラーム教、暦・イスラーム）。

新ヤムイモ祭り　イボ人がイリ・ジ・オフル・ナ・イグバ・ンタ（Iri ji Ohuru na Igba Nta）と呼ぶ土着の祭りで、7～8月のヤムイモと穀物の収穫の最後に行われ、感謝祭と正月を合わせた意味を持つ。古い伝説に基づく祭りで、伝説によるとある飢饉のときに、イボという男が息子のアヒアジョクと娘のアダを生贄にして、自分の別の子どもたちを救った。二人の体は手足を切り離され、いくつかの塚に埋められたが、その数日後に塚からヤムイモが芽を出し、それで一家は食いつなぐことができた。こうしてアヒアジョクの霊はヤムイモの神となった。祭りの前日には村人たちは前年に取れたヤムイモの残りをすべて廃棄する。新しく収穫したヤムイモは奉納が終わるまで食べてはいけない。村の最年長者か長が地の神々と先祖に生贄を差し出し、奉納の儀式を行い、その後生贄にした動物のスープと、新しいヤムイモを叩き潰してゆでたフーフーを食べる。山芋が奉納されると饗宴（食べてもいいのはヤムイモだけ）とお祭り騒ぎが始まる。また、次のようにしてアヒアジョクの伝説を再現する。神殿に新しいヤムイモを供えて祈りを捧げ、アヒアジョクの生贄の象徴としてヤムイモの先を切り落とし、そのあとにヤムイモと鶏肉を料理する。鶏肉はアヒアジョクの血肉を表す。

　ヨルバ人もエジェ（Eje）という同様の新ヤムイモ祭りを行い、そのなかで新しい年の収穫を占う儀式をする。新しく収穫したヤムイモを半分に切って宙に投げる。片方が切り口を上にして、もう片方が下にして落ちれば豊作となるが、切り口がどちらも上になるかどちらも下になれば豊作は望めない。

　新年の挨拶には次の言い方がある。
・「ハッピー・ニュー・イヤー（Happy New Year）」英語（公用語）

『ナイン・テイラーズ』

The Nine Tailors

イギリスの作家ドロシー・L・セイヤーズによるミステリー小説。1934年に発表された。第一次世界大戦から第二次世界大戦にかけてを描いた小説と短編によるシリーズで、主人公はイギリスの貴族である素人探偵ピーター・ウィムジイ卿。タイトルはイギリスの諺「仕立て屋は9人で一人前」からきているが、この諺自体の起源は昔の転調鳴鐘法にある。転調鳴鐘とは「転調」といわれる数学的な型に従い調律された教会の鐘を次々と鳴らすことで、教区で死者が出ると1つの鐘を決められた数だけ鳴らした。死者が子どもなら3回、女性なら6回、男性なら9回（9テイラーズ：tailorは弔鐘の意）ということで、タイトルに繋がる。

ピーター・ウィムジイ卿は大晦日に吹雪のため立ち往生し、イングランド東部の人里離れた村フェンチャーチ・セント・ポールの聖職者のもとに厄介になる。この教区長は転調鳴鐘に熱狂しており、新年を迎えるにあたりひと晩で1万8,000回鐘をならす計画を立てていたが、都合が悪くなった鳴らし手に代わり、鐘を鳴らす役を務めてほしいとウィムジイ卿を説得する。それから数か月後、ウィムジイ卿は教会の墓で見つかった真新しい謎の死体を調べるために村に戻る。そして転調鳴鐘の知識をもとに20年前の宝石盗難事件を解決する。

1973年、この小説は短編連続ドラマ化された。ウィムジイ卿役はイアン・カーマイケル。

ドロシー・L・セイヤーズ（1893～1957）は作家のほかに翻訳家、古典・現代言語の学生、キリスト教人道主義者としてもよく知られている。代表作はピーター・ウィムジイ卿が活躍するミステリー小説。

脚色：アンソニー・スティーブン／製作：リチャード・バイノン／監督：レイモンド・メンミューア／BBC／DVD：エイコーン・メディア／210分

ナヴァサルド

Navasard

⇒アルメニア

ナバ・バルサ

Naba Barsha

⇒インド、ネパール

「鳴り飛ばせ、鳴り狂ふ鐘の音よ」

"Ring Out, Wild Bells"

新年の祝歌。英国のヴィクトリア時代の著名な詩人アルフレッド・テニスン卿（1809～1892）の詩が歌詞になっている。テニスンの有名な作品には「アーサー王の死」や「軽騎兵隊の突撃」などがある。

歌詞は、テニスンが妹の婚約者だった親友アーサー・ヘンリー・ハラムに捧げた『イン・メモリアム』（*In Memoriam*）という哀歌の第106編からとられている。ハラムは1833年に22歳で亡くなった。精神的憂鬱状態に陥ったテニスンは16年（1833～1849）かけて哀歌を書き、

1850年に発表し、同年桂冠詩人に選ばれた。『イン・メモリアム』は独立した思いをうたった131編からなり、全体でハラムの人生を祝福し、テニスンの喪失を嘆き、自暴自棄や憂鬱などの感情と折り合う方法を模索し、当時英国を悩ませていた信仰の喪失（科学革命と世俗化がキリスト教の原理と対立し始めたために、精神的危機が生まれていた）を乗り越えて人類が永遠であることを正当化しようとしている。

　「鳴り飛ばせ、鳴り狂ふ鐘の音よ」は、すみやかに去りゆく古い年とともに、まやかしの虚栄心、中傷、恨みを送り出し、新たに善、真実、正義を愛する共通の気持ちと、来るべきキリストを招き入れようと呼びかけている。人気のある曲だが作曲者は不明（曲と詩を組み合わせたのが誰かも不明）だが、かつてはW・A・モーツァルトによるとされていた。カール・ツーレーナーとヴェンツェル・ミュラーの曲ともいわれてきたが、どちらもはっきりしていない。アン・F・ブートが独唱とピアノのための「ニューイヤーズ・ベルズ」（The New Year's Bells、ボストン、1881年）という曲を作曲した。

「鳴り飛ばせ、鳴り狂ふ鐘の音よ」（『イン・メモリアム』より）

鳴り飛ばせ、鳴り狂ふ鐘の音よ、荒れる空へと
翔けてゆく雲を、冷めたい光を
一年は今夜死んで行くのだ

鳴り飛ばせ、鳴り狂ふ鐘の音よ、一年を死なしめよ

鳴り飛ばせ、古きものを、鳴って迎へよ、新たなものを
鐘よ　うれしい鐘の音よ、雪の野原を越え越えて
一年はもう暮れるのだ。この一年を去らしめよ
鳴り飛ばせ、偽りを、鳴って迎へよ、真のものを

鳴り飛ばせ、心を蝕む悲しみを
亡き人を偲んでは泣く悲しみを
鳴り飛ばせ　貧富の不和を
鳴って迎へよ　衆生の救ひを

鳴り飛ばせ　だんだん廃れるならはしを
昔ながらの党と党との闘争を
鳴って迎へよ　生活のもっと高貴な様式を
もっと立派な習慣を、もっと清らかな法則を

鳴り飛ばせ　現代の世の窮乏と
懺悔と罪業と　不信の冷酷
鳴って鳴って鳴りつくせ　私の哀悼の韻律を
鳴ってくれ　迎へてくれ　もっと立派な旋律を

鳴り飛ばせ　地位と氏族の虚ろな誇りを
市民の誹謗と　憎悪の心を
鳴って迎へよ　審議と正義を愛する心を
鳴って迎へよ　善を愛する衆生の心を

鳴り飛ばせ　昔ながらの汚れた罪科を、
鳴り飛ばせ　心を焦す黄金欲を

鳴り飛ばせ　今までの数限りなき戦争を
鳴って迎えよ　久遠につづく平和な年を

鳴って迎えよ　勇敢にして自由な者を
もっと巨大な心の者を、もっと優しい手を
　持つ者を
鳴り飛ばせ、地上の暗闇
鳴って迎えよ　やがて来るべき耶蘇基督を
　（入江直祐訳『イン・メモリアム』岩波文庫
より）
　⇒「旧き年の死」

『汝の隣人を愛せよ』*

Love Thy Neighbor
映画（1940年）

　大晦日のシーンがあるコメディタッチ
のミュージカル映画。

　実際にそれぞれの番組で不仲を演じて
いたラジオの人気パーソナリティ、ジャ
ック・ベニーとフレッド・アレンが、映
画でも不仲ぶりを見せつける。大晦日の
番組の準備をしているジャックだが、フ
レッドと顔を合わせるたびに諍いとな
る。フレッドがジョンの車を大破させた
り、ジャックが、フレッドの番組に出演
するはずだったメリー・マックスという
カルテットグループを横取りしたり、フ
レッドがジャックの付き人ロチェスター
（エディ・アンダーソン）を引きぬいたり。
しかし、やがて口論が原因で二人はそろ
って刑務所に入れられてしまう。
その他の出演者：ベリー・ティーズデール、メ
アリー・マーティン／脚本：エドモンド・ベロ
イン、ウィリアム・モロー、ザイオン・マイヤ

ーズ、アーネスト・パガーノ／製作・監督：マ
ーク・サンドリッチ／パラマウント映画／白黒／
R指定なし／ビデオ N/A/82分。

ニカラグア

Nicaragua
　⇒中南米とカリブ海諸島

『200本のタバコ』

200 Cigarettes
映画（1999年）

　大晦日のシーンがあるコメディ映画。
1981年の大晦日にニューヨークシティ
のロウワー・イーストビレッジで開かれ
るロフトパーティに向かう途中で、12
人の20代の喫煙者が人間関係、さびし
さ、欲望、個々の神経症に対処しようと
する。
出演：ベン・アフレック、ケイシー・アフレック、
マーサ・プリンプトン、デイヴ・チャペル、ク
リスティナ・リッチ／脚本：シャナ・ラーセン／
製作：ベッツィ・ビアーズ、デヴィッド・ゲイル、
ヴァン・トフラー／監督：リサ・ブラモン・ガ
ルシア／ドッグスター・フィルム、レイクショア・
エンターテインメント、MTVフィルム／R指定／
DVD：パラマウント・スタジオ／101分

日本

Japan

　日本では事実上中国の太陰太陽暦を使
用していたが、1873年1月1日にグレ
ゴリオ暦が採用された。しかし地方では
1950年代まで、非公式の祝祭には太陰
太陽暦が使われていた。今日における日

本の元日は1月1日である。

12月中に企業などの大半の組織では、尽くしてくれた社員への感謝の意を込めて年末のボーナスを支給し、忘年会（この年を忘れる宴会）を開く。お歳暮はこの一年にお世話になった人に物（酒、海苔、缶詰、果物など）を贈る習慣である（年の中頃にも同じようなお中元という習慣がある）。直接家を訪ねて届けるのが礼儀とされていた。

正月（一年の最初の日の意であり新年の祝日も表す。正式には1月1日から1月3日まで、慣習的には7日まで）は現在でも日本の国民の祝日で最も重要とされている。年末が近づくと、大掃除をして、しめ縄（神聖な藁の綱）と垂（細く切って吊るした白い紙）を玄関に下げ、年神（新しい年の五穀豊饒の神）を迎え厄を払う。年神は門松（長寿を象徴する松の枝と竹を組み合わせた飾り）に宿るとされる。門松は玄関の左右に置かれる。家の中心の部屋には年棚を設える。年棚には鏡餅（餅、酒、果物を組み合わせたお供え）を供える。紅白は縁起がよいとされる。赤は太陽の力、白は清浄を表す。

大晦日には家族揃って、『紅白歌合戦』などのお馴染のテレビ番組を見る。紅白歌合戦は、その年に活躍した歌手を集めた番組である。地方ではいまだに家庭で餅つきをする。餅つきはもち米をついて餅にする古くから伝わる技術である。餅のほかに、大晦日には年越しそば、新年には雑煮、屠蘇が供される。長いそばは一族の末永い繁栄を願う気持ちの表れ

である。また、お節料理（新年のご馳走）は、公式の祝祭である三が日に料理をすることのないように、大晦日までに作り終えておく。お節料理は重箱（漆塗りの箱）に納められる。中身は数の子、焼き魚、田作り、かまぼこ、黒豆、栗きんとん、カブ、ゴボウ、レンコン、シイタケ、銀杏など。これらは伝統的に健康と幸運をもたらすとされている。これらの重はまとめて百貨店で購入することもある。仏陀は108の煩悩が人間を苦しめると考えていたため、夜中には除夜の鐘を108回鳴らし、新年に向けてそのような悪いものを払い身を清める。真夜中には多くの人が初詣でに行き健康や繁栄、豊作を祈り、賽銭をおさめ、巫女からおみくじを買い運を占う。

元日には、家族が集まって祝いの膳を食べる。昔は伝統的に全員が自分の誕生日にかかわりなくこの日に1つ年を取った。この日に起きたことのすべてでこの一年が決まるとされているため、みなできるだけ行いを善くする。またこの日は天皇が国の安寧と国民の幸せを祈る。この時期に親や親せきは、子どもたちにお年玉をあげる。初日の出は多くの人が海や山に集い、日の出を見てよい年になるよう祈る習慣である。

前年に家族に亡くなった人がいなければ、親せき、友人、仕事相手に年賀状を出す。年賀状はすべてクリスマスまでには投函され、日本郵便が回収するが、配達は元旦となる。年賀状は1月15日までは送っても失礼に当たらない。

年明けの三が日は役所も企業も学校も休みとなる。しかし門松は7日間玄関に飾っておく。かつて仕事始めには従業員は正装で雇い主に新年の挨拶をした。

昔から伝わる新年の遊びは双六、羽根つき、凧あげ、かるたなど。最も正月らしいのは百人一首で、これは13世紀に集められた100首の短歌がそれぞれ上の句と下の句の札に分かれており、2つを合わせて元の歌にするかるたである。皇室では新年の句を詠む。また国民の代表が新年の祝賀を受ける。地方では衣装に身を包んだ踊り手が春駒舞や獅子舞で厄払いをする。

節分（「季節を分ける」の意）　豆撒きをする日としても知られている。グレゴリオ暦採用以前は冬と春を分ける節分が新年であった。今日の節分は太陰暦での1年の最後の日にあたり、毎年2月3日に行われる。伝説によると仏僧が大豆を投げつけて鬼を追い払ったという。このため節分の日には厄除けのために家じゅうに節分豆（煎った大豆）を撒きながら「鬼は外！福は内！」と唱える。さらに厄を寄せ付けないために各家庭では玄関にイワシの頭とヒイラギを飾り、自分の年の数に幸運のための1を足した数の節分豆を食べる。また陰陽道による縁起のいい方角を向いて巻きずし（恵方巻）を食べる。神社や寺院では神主や僧侶、有名人、力士が集まった人々に向かって節分豆、小さな贈り物、祝儀袋を投げ、参拝者がそれを取り合う。

『ニューイヤー・イズ・キャンセルド』*
The New Year Is Cancelled
TV（2004年）

ロシアのテレビ向けコメディドラマ『ノヴィー・ゴド・オトメニャエツァ』（Novyy god otmenyaetsya）の英訳。大晦日に刑事巡査に起きた間違いから繰り広げられる喜劇。この巡査が追う二人の犯罪者が、モスクワで数名の市民とともに閉店後のデパートに閉じ込められる騒動を描く。

出演：パヴェル・マイコフ、タチアナ・アルントゴルツ、ダルヤ・ベロウソヴァ、アンチェフ・マズノフ、アレクセイ・リーン／脚本：セルゲイ・セルゲイエフ／製作：セルゲイ・クチョフ／監督：ワディム・シメリェフ／シネブリズ映画会社／ビデオ（N/A）/85分

『ニュー・イヤーズ・イービル』*
New Year's Evil
映画（1980年）

ホラー映画。大晦日に全国生放映されているパンクロックバンドの特集番組の最中に、カリスマメンバーのダイアン・サリバン（ロズ・ケリー）がその年のパンクバンドで1位の曲を決める投票を電話で受け付けている。すると、投票者の一人が脅迫を始めた。アメリカの4つの標準時間帯（ハワイとアラスカは除く）のそれぞれの真夜中の鐘が鳴るごとに「悪い女」を一人ずつ殺していき、最後はダイアンが犠牲になるというのだ。

その他の出演：キップ・ニヴェン／脚本：エミット・オールストン、レナード・ノイバウアー／

製作：メナヘム・ゴーラン、ヨーラム・グローバス／監督：エミット・オールストン／R指定／VHS：ワーナーホームビデオ／90分

「ニュー・イヤーズ・イブ 1999」
"New Year's Eve 1999"

グレッチャン・ピーターズ作詞作曲の楽曲。アメリカのカントリーミュージックバンド、アラバマのアルバム『クリスマス 2』（*Christmas, Vol. 2*、RCA、1996年）に収録されている。1996年の「トップ・カントリー・アルバム」18位、「トップ・クリスマス／ホリデー・アルバム」12位、「ビルボード200」117位。夫婦が20世紀の締めくくりに「この町で」どんな甘い大晦日を過ごすかを語り合う曲。ピンク・シャンパンを飲み、夜明けまでダンスをして、たぶんロマンティックな幕間を過ごしたあと、現実に向き合い眠っている子どもたちのもとに帰る。

グレッチャン・ピーターズはナシュビルで一番のシンガーソングライターと評される。多数の賞を受賞した「インディペンデンス・デイ」はカントリーミュージック・テレビの「カントリーミュージック・グレイティスト・ソング100」の1つに選ばれている。アラバマは長年にわたりカントリーミュージックのヒット曲を生み出してきた（1980年の初めてのヒット曲から2003年のさよならツアーまで）。通算グループ別売り上げベスト9位。メンバーはランディー・オーウェン（リードボーカル、ギター、作詞作曲）、テディ・ジェントリー（ベース、作曲、ボーカル）、ジェフ・クック（作詞作曲、演奏およびボーカル）、マーク・ハーンドン（ドラム）。ハーンドン以外はいとこ同士。アルバム売上2,000万枚、アメリカン・ミュージック・アワード23回受賞、「ビルボード」1位32回、そのほか150の受賞歴がある。

『ニュー・イヤーズ・デイ』*
New Year's Day
映画（1989年）

ヒューマンドラマを描いたコメディ映画。ドリュー（ヘンリー・ジャグロム）は、元日に人生の新たなスタートをきるために、それまで暮らしていたロサンゼルスからニューヨークのアパートに戻った。ところが契約に不備があり過去4年間、彼の部屋に3人の女性が住んでいたことが発覚する。ウィノナ（メラニー・ウィンター）は写真家で妊娠している。アニー（グウェン・ウェルズ）は強迫観念が強く人見知りする。ルーシー（マギー・ホイーラー）は仕事でイルカにかかわり、チンパンジーに手話を教え、声優もしている。4人は各々の立場に共感を持つ。みな未来に向かいたいのだが、そのまえに今と向き合う必要があるのだ。ご多分に漏れずルーシーとドリューを中心に男女関係への進展があり、さらにはルーシーの恋人で節操がないビリー（デイヴィッド・ドゥカヴニー）も絡む騒動となる。脚本・監督：ヘンリー・ジャグロム／製作：ジュディス・ウォーリンスキー／インターナショナル・レインボー・ピクチャーズ、ジャグフィ

ルム /R 指定 /VHS：パラマウントスタジオ /90
分

「ニュー・イヤーズ・デイ」*
"New Year's Day"
（短編小説）

　米国の作家キャサリン・マリア・セジウィックの短編小説。1836 年に年刊誌『ザ・トークン・アンド・アトランティック・スーベニア：ア・クリスマス・アンド・ニュー・イヤーズ・プレゼント』（*The Token and Atlantic Souvenir：A Christmas and New Year's Present*）で初めて発表された。これは 19 世紀にホリデーシーズンの贈り物として人気があったいわゆる「ギフト・ブック」の 1 つ（⇒贈り物）。

　この小説は、おおむね作者自身が元日に家に迎えた紳士たちを素材として描いたフィクションである。1835 年の冬をニューヨークにある兄ロバート・セジウィックと妻のエリザベスの家で過ごしたセジウィックは、元日に 70 〜 80 人の訪問を受けた。凡庸な言葉で挨拶し、洒落ているけれど新鮮味のない会話をし、アルコールを所望する客に食傷したセジウィックが、ホリデーシーズンの作法を風刺小説に仕立てた。

　「ニュー・イヤーズ・デイ」はニューヨークに住む裕福な一家のティーンエイジャーの娘リジー・パーシバルを主人公にした小説。リジーはセジウィック自身ともいえる。セジウィック同様、リジーも何時間にもわたり想像力に欠ける何人もの紳士の訪問に耐えている。だれもが「陳腐な時候の挨拶」を口にし、なけなしの「聡明さ」を誇示しようとする。当時の習慣に従いウィスキーのパンチを所望する客に、リジーは、アルコールは「洗練された社会では禁止されています」と注意する。ここには明らかにこの社会的慣習に対するセジウィックの侮蔑が表れている。

　当時の米国では、贈答はクリスマスよりも元日に多く行われていた。セジウィックは奥のリビングでリジーの弟たちが元日の贈り物で遊ぶ様子にこの慣習を取り入れている。本来なら家族で祝うべき元日のあり方を伝える子どもたちの様子は、紳士たちが訪問の慣習であざとく立ち回る様子と対照的に描かれる。スケッチブック、人形、兵隊、パズル、チェスの駒などのおもちゃはすべてリジーの手作りか、自分で最後の仕上げを行ったもので（ニッセンバウムによると、それらはセジウィックの「クリスマスプレゼントは過熱ぎみの一般市場とは切り離しておくべきだ」という考えの表れである）、リジーはそれらをテーブルの上のクリスマスツリーに下げておいた。このツリーはドイツ人のお手伝いであるマドレーヌのたっての願いでその場に置いたものである。このクリスマスツリーは小説の中であまり重要な役割を担っていないが、この場面には子ども、そして他人が立ち入れない家庭内の儀礼といった、訪問の習慣に欠けているものすべてが詰まっている。また、これはクリスマスツリーを飾る習慣が初めて登場した小説でもある。

家庭小説の書き手としてよく知られるキャサリン・マリア・セジウィック（1789〜1867）は当時の女性の判で押したような振る舞いを良しとしない活発な主人公を作り出した。『ニューイングランド物語』*（*A New-England Tale*、1822年）、『ホープ・レスリー』*（*Hope Leslie*、1827年）、『結婚か独身か』*（*Married or Single?*、1857年）などの作品がある。

「ニュー・イヤーズ・デイ」
"New Year's Day"
(楽曲)

アイルランドのロックグループU2（ポール・「ボノ」・ヒューソン、デイヴ・「ジ・エッジ」・エヴァンス、アダム・クレイトン、ラリー・マレン）の楽曲。アルバム『WAR（闘）』（アイランド、1983）に収録されている。「ニュー・イヤーズ・デイ」はポーランドのレフ・ワレサが主導した「連帯」をテーマに戦火に愛を求める苦悩がうたわれた。1982年にこの曲の録音が終わり、偶然にも1983年元日にポーランドの戒厳令が解除された。

「ニュー・イヤーズ・デイ」でU2は初めてイギリスのチャートでトップテン入りし、アメリカのチャートに初登場した。「ビルボード・メインストリーム・ロック・トラックス」チャート2位（1983年）、「ビルボード・ダンス/ディスコ・クラブ・パーティ」チャート38位（1983年）、「ビルボード・ホット100」53位（1983年）。

「WAR（闘）」はU2が政治的問題を公然と訴えた最初のアルバムだが、アイルランドのプロテスタントとカトリックの闘争などに対する反戦のみでなく、核武装や売春もテーマとしている。タイトルは1982年の世界的紛争に由来する。

『ニュー・イヤーズ・デイ　約束の日』
New Year's Day
映画（2001年）

ヒューマンドラマを描いたイギリスの映画。スキー場での雪崩により高校のクラスメイトを多数亡くしたジェイク（アンドリュー・リー＝ポッツ）とスティーブン（ボビー・バリー）は、一年後の元日に死のうと誓い合う。二人は血の盟約「生命の書」を交わし、亡くなったクラスメイトの「夢」をかなえようと反体制的行動に走る。それは例えば、銀行強盗、学校への放火、ティンブクトゥでアイスクリームを食べる、外科手術をする、警官に暴行するなどの行為だった。

2001年にフランダース国際映画祭、若き審査員による特別賞とレインダンス映画祭審査員賞を受賞した。

出演：ジャクリーン・ビセット／脚本：ラルフ・ブラウン／製作：サイモン・チャニング・ウィリアムズ、ステファン・クリアリー／監督：スリ・クリシュナマ／イギリスでは18歳指定／DVD：ストランド・ホーム・ビデオ／101分

ニューイヤーズ・ベイビー
New Year's Babies
元日生まれの子

元日に生まれた赤ん坊のこと。ある条

件下で真夜中過ぎに最初に生まれること
が尊ばれる風習がもとになっており、例
えば、地域の病院、またはその市やその
州でその年最初に生まれた子などをこう
呼ぶ。一般的には地域の商人の潤沢な寄
付により、祝いの品として調合乳、毛布、
おむつ、ベビー用品店で贈り物と交換で
きる券、晴れがましい両親へのフルーツ
バスケット、賞金などが入った小さな包
みがもらえる。新聞をはじめとするマス
コミが、子どもと両親の写真入りで紹介
し、それが贈り物をした商売人の宣伝と
もなる。

　元日生まれの子は一生幸運のもとにあ
ると信じられている。世紀や千年紀の
最初の元日に生まれればその幸運は100
倍、1000倍になる。生まれた日が世紀
のみならず千年紀の最初の元日だった場
合、その幸運は天文学的な大きさとなる。
その報道規模も天文学的に大きくなるだ
ろう。

**千年紀の元日生まれの子（ミレニアム・ベ
イビー）**　グレゴリオ暦では「0年」が存
在しないため、多くの機関が3千年紀は
2001年1月1日に始まると公言したが、
グレゴリオ暦を使用している世界じゅう
の大多数が2000年1月1日を千年紀の
始めとみなしてしまった。そのため、多
くの人がこの日に最初の「千年紀の元日
生まれの子」の親になろうとした。1月
1日生まれになるには、1999年4月9日
に受精するのが最適だという見解がでて
いたため、この日はさまざまな名で呼ば
れることとなった。カナダでは「公的性

交の日」とされ、ノルウェーの町では「エ
ロティック・ウィーク」と銘打ち複数の
ホテルでポルノ映画が無料上映され、イ
ギリスでは「英国性交の夜」とされ、「ブ
リティッシュ・レース2000」という番
組では、選ばれた幸運な10組の夫婦が
2000年の出産をめざす様子を追った。

　2000年1月1日には、日付変更線に
近い南太平洋の諸島で、千年紀生まれ最
初の子どもを巡る論争が起きた。トアタ
ヒ・マナーキツンガ・エドワーズという
男児が日付変更線の西に位置するニュー
ジーランド、オークランドのワイタケレ
病院で12：01に生まれた。ところが、
同じく日付変更線の西だがさらに近い場
所に位置するトンガ諸島のヌクアロファ
のバイオラ病院で12：06にカラ・ソセ
フィナ・ミレニウメ・カウバカという女
児が生まれたためニュージーランドの男
児の栄光に影がさした。ふつうならニュ
ージーランドとトンガは同じ時間帯に入
っているのだが、トンガは1999年が終
わるとともに夏時間に入ったため、ニュ
ージーランドより1時間早く千年紀に入
っていた。さらに180度の子午線が通る
フィジー諸島では複雑さが増す。子午線
を基準にすれば実質はフィジーが新たな
千年紀を最初に迎える国だった。しかし
トンガ諸島やツッバル諸島を含める関係
で日付変更線が東にずれているため、本
来なら自分たちが最初に千年紀を迎えた
とトンガ諸島やツッバル諸島が主張し
た。フィジーの千年紀の元日生まれの子、
タニエラは12：18に生まれた。

その他の千年紀の元日生まれの子　合衆国では 12：14 生まれのローレン・エリザベス・マシューズがそれにあたる。生まれは日本の沖縄にある嘉手納基地。また特殊な例として、双子のうち一方が 20 世紀生まれで、一方が 21 世紀生まれという組がいくつかある。インディアナ州のインディアナポリスでは男女の双子の一方が 12 月 31 日の 23：59 に、もう一方が 1 月 1 日の 12：01 に生まれた。シアトルの男児の双子はそれぞれ 22：06 と 12：16、オクラホマ州イーニッドでは男児の双子が真夜中をはさんで数秒差で生まれた。バージニア州フェアファックスでは、男女の双子がそれぞれ 23：52 と 12：01 に生まれた。ドイツのベルリンではブルガリア人の母親が 23：56 と 12：01 に双子の男児を産んでいる。

　⇒ フィジー諸島、ミレニアム島

「ニューイヤーズ・ベイビー（最初の子守歌）」

"New Year's Baby（First Lullaby）"

　アメリカのミュージシャン、シンディ・ローパーが手掛け、アルバム『メリークリスマス　ハブ・ア・ナイス・ライフ』（エピック、1998）で発表した。このアルバムはチャート入りは逃している。内容は新生児を見る母親の視点で、その顔を「エイリアン」に似たおじいさんのようだが、ポパイのしかめっ面ではないと表現。将来この子の目をとおして自分は何を見るのだろうと歌う。ベイビーが「歯のない口を大きく開けて笑えば」、母親として

の感情が一気にあふれだす。この 2 連のあいだにコーラスが入り、母子は人生という新たな旅に乗り出し、それは新年に似ているという。

　シンシア・アン・ステファニー・ローパーはニューヨーク生まれ。1980 年代のニューウェーブを象徴するミュージシャンであり、MTV 時代のビッグスターの一人。デビューアルバムの『シーズ・ソー・アンユージュアル』（ソニー、1983）は、合衆国のポップチャートであるビルボードで最高4位を記録した。「ガールズ・ジャスト・ワナ・ハヴ・ファン」と「タイム・アフター・タイム」が大ヒットとなる。

「ニューイヤーズ・ベルズ」

"The New Year's Bells"

　合衆国でつくられたピアノとソロボーカルのための曲のタイトル。アルフレッド・テニスンの、「鳴り飛ばせ、鳴り狂ふ鐘の音よ」の一部に曲をつけたもの。アン・F・ブート作曲、ボストンのオリバー・ディットソン社が 1881 年にリリースした。

　⇒「鳴り飛ばせ、鳴り狂ふ鐘の音よ」

「ニューイヤーズワルツ」

"New Year's Waltz"

　アメリカで作曲された歌詞のないピアノソロ曲。ウィリアム・H・ヒットが 1879 年に作曲し、ボストンのホワイト・スミス・アンド・カンパニーから発売となった。ジャケットの扉に「寛げる美し

い」作品と謳われている。

『ニューイヤー・プロミス』*

New Year Promise
TV（1967 年）

　教会の協賛によるテレビアニメシリーズ〈デイビー＆ゴライアス〉（Davey and Goliath、1960 〜 1964 年。このスペシャルは 1975 年まで続いた）のホリデースペシャル。デイビー少年としゃべる犬（デイビーと視聴者だけが声をきくことができる）のゴライアス、そしてデイビーの家族と友だちが物語を通して神の愛を学ぶ毎回 15 分放映のクレーアニメ。ホリデースペシャルはいつも 30 分の放映となる。ホリデースペシャルのタイトルは『クリスマス・ロスト・アンド・ファウンド』（Christmas Lost and Found、1965 年）、『ハッピー・イースター』（Happy Easter、1967 年）、『ハロウィーン・フーダニット』（Halloween Who-Dun-It?、1968 年）、『スクール：フーニーズ イット？』（School：Who Needs It?、1972 年）、『トゥー・ザ・レスキュー』（To the Rescue、1975 年）。2004 年には 45 分スペシャルの『デイビー＆ゴライアスズ・スノーボード・クリスマス』（Davey and Goliath's Snowboard Christmas）が放映された。

　『ニューイヤー・プロミス』では、デイビーが妹のサリーの子どもっぽいおふざけを厳しくしかったあと、もう妹を怒鳴りつけないと新年の決意を固める。ところがサリーと話をするのを避けようとしたことから、サリーは大好きな兄に嫌われたと誤解する。そのため、大晦日に

サリーは家出を決行し、デイビーは軽率だったと後悔する。両親が出かけていたため、自分でサリーを探しにいって仲直りするはめになったデイビーだが、新年の鐘をならす係だったため、真夜中までには家に帰らなければならなかった。

声優：ディック・ビールス、ノルマ・マクミラン、ハル・スミス、ナンシー・ウィブル、ジニー・タイラー／製作・監督：アート・クローキー（〈ガンビー〉Gumby シリーズも手掛けた）／脚本：ナンシー・ムーア／製作：米国ルーテル教会、クローキープロダクション、プレマビジョン社／『ニューイヤー・プロミス』はスターライトビデオの DVD『デイビー＆ゴライアスズ・ホリデー・スペクタクュラー』（Davey and Goliath's Holiday Spectacular）に収録。この DVD には通常版が 18 話、スペシャル版から『ハロウィーン・フーダニット』（Halloween Who-Dun-It?）と『クリスマス・ロスト・アンド・ファウンド』（Christmas Lost and Found）が収録されている／360 分

ニュージーランド

New Zealand

　元イギリスの植民地だったこの国は人口の約 80％がヨーロッパ系で、新年を夏の 1 月 1 日に祝う。国民の祝日であるこの日、人々は野外で食事をしたり海岸で過ごしたり、水中の遊びに興じたりする。1 月 2 日も祝日。人口の 7％を占めるアジア系は中国の太陰太陽暦に従い旧正月を中国式に祝う（⇒暦・中国、中国）。

　人口の 15％は主要少数民族であるマオリ族である。マオリ族はポリネシア系

の先住民で、晩秋にアオテアロア・パシフィックの新年であるマタリキを祝う。1千年紀にポリネシアから移住してきて以来、マオリ族はマタリキを祝っていたが、1814年にキリスト教の伝道師が到来し、植民地化されてからはこの習慣が廃れていった。しかし20世紀末から、マタリキをはじめとするマオリ族の習慣の復興が見られるようになった。2001年にはマオリ語委員会が、ウェリントンのニュージーランド国立博物館と教育省との提携により、マオリ語復興の要としてマタリキを再興させる取り組みを始めた。

マタリキの語源はマタ・リキ（mata riki：「小さい目」）およびマタ・アリキ（mata ariki：「神の目」）で、どちらもプレアデス星団（牡牛座の7つの星団）を指す。古代のマオリ族の新年は、現在のグレゴリオ暦の5月末（ニュージーランドでは晩秋になる）の数日の期間で、夜明け前にマタリキが昇るとともにやって来た。また、そこに月相との兼ね合いが考慮されることもある。イゥイ（マオリ部族。イゥイは「族」の意）の一部では月に関係なく最初のマタリキが現れれば新年となったが、マタリキが現れてから最初の新月まで待ったイゥイもあった。また最初の満月まで待つ場合もあった。さらに、オリオン座の一等星プアンガ（リゲル）を目印にするイゥイもあった。従って、マオリの新年は、現在考えられているような年間の定まった日を指すのではなかった。

マタリキは収穫の時期にあたるため、マタリキにまつわるさまざまな神話や迷信が生まれた。例えば、マタリキが明るくはっきり見えると、その年は暖かく豊作になるが、霞んでいると寒い冬となる。マタリキが見えると、人々は儀式用の食物を捧げる。神を崇めることで来る年の豊穣が約束される。多くの人がマタリキをツプアヌカ、ツプアランギ、ワイティ、ワイタ、ワイプナランギ、ウルランギという6人の娘に囲まれた母と考えている。マタリキの時期にはさまざまなイゥイがハカリ（饗宴）と何週間もにわたるンガマヒ・ア・テ・レヒア（お祭り騒ぎや「娯楽術」）のために集う。「娯楽術」とは歌、舞踊、織物、彫刻、演説、問題解決、ストーリーテリングなどであり、なかでも凧（マヌ・ツクツク）あげ大会は注目度が高く、多くの場所で開催される。

凧は大きさや形もさまざまなら、作る目的もさまざま。目的は社会性の実践から、部族の伝承、芸術作品の制作、空中試合、詠唱を介した神々との交わりまで幅広く、マタリキの祝祭にはそのすべてが詰まっている。一般的に凧はトエトエ（パンパスグラス）、マヌカ（ティーツリー）、ハラケケ（亜麻）、ラウポ（沼沢植物）、桑の樹皮で作られ、羽根、葉、貝殻で飾られる。しっぽはつけない。

今日に蘇り全国で祝われるマタリキでは、凧あげ大会、ラマラマの木でできた独楽回し、さらに難易度の高い独楽を唸らせたり戦わせたりジャンプさせたりす

るといったマオリ族の伝統的な競技、あやとり、手遊び、棒遊び、ダーツ、竹馬競争などが行われる。伝統的な歌、舞踊、手工芸品や芸術品、ハーブや根菜を使った鶏や魚料理の展示もある。よく使われる調理法は熱した石にのせた食材をハンギ（地面に掘った穴）に入れて土をかけるもの。その他の食品としては タエワ（紫芋）、レウェナ・パラロア（ポテトパン）、ウナギ、コウラ（イセエビ）、ピコピコ（ワラビ）、カワカワの木の葉、ホロピト（コショウボク）の葉、コレンゴ（海藻）、プハ（クレソン）、マヌカ（ギョリュウバイ）の樹皮、蜂蜜がある。

　マタリキは、6月の第1月曜日であるイギリス女王エリザベス2世の誕生日の祝日と日付が近いので、マオリ族は女王の誕生日の祝日をマタリキの祝日に替える法律の制定を目指してきた。

　新年の挨拶には次の言い方がある。
・「キア・ハリ・タウ・ホウ（Kia Hari Te Tau Hou）」マオリ語（公用語）
・「ハッピー・ニュー・イヤー（Happy New Year）」英語（公用語）
　⇒オーストラリア

ニュピ

Nyepi
　⇒インドネシア

ネパール

Nepal
　公式な宗教はヒンドゥー教で、人口の約81％が信仰する。仏教徒は11％。新年はおもに、公式なビクラム・サンバット（Bikram Sambat）とネパール・サンバット（Nepal Sambat）の2つの暦によって決まる。前者はヒンドゥーの太陽暦で新年はバイサクの月（グレゴリオ暦の4月中旬）の初日となる。後者は祝祭用の太陰暦で新年はカッチャの月（グレゴリオ暦の10月〜11月）の初日となる（⇒暦・ネパール）。さらにネパール在住のチベット人仏教徒はチベットの暦に従い新年の祝祭を行う（⇒暦・チベット、チベット）。

ナバ・バルサ（Naba Barsha）　ビクラム・サンバットの「新年」。ヒンドゥー教徒はカトマンズにあるヒンドゥー教で最も重要なバシュパテイナタ寺院のそばのバグマティ川など、聖なる川で体を清め、神々にお供えをする習慣がある。最も有名な祭りはカトマンズの東にあるバクタプルで行われるビスケット・ジャトラ（Bisket Jatra：「蛇の死祭り」）。これはサンスクリット語で書かれたインドの二大叙事詩の1つ、『マハーバーラタ』（もう1つは『ラーマーヤナ』）に描かれる大戦争を偲ぶ祭りである。『マハーバーラタ』はクル王朝が支配するハスティナプラの王の苦悩を描く。一族の2大勢力であるカウラヴァとパーンダヴァが覇権を争う中、クルクシェートラで18日間の戦いがあり、パーンダヴァが勝利を収めた。叙事詩の最後にはヒンドゥー教の神クリシュナが死に、王朝は終わりを迎えた。パーンダヴァの子孫は天国にのぼり、人類の最後の時代である、現在のヒンドゥーのカリ・ユガ（Kali Yuga）が始まった。

ビスケット・ジャトラの起源は明確ではなく、謎めいた伝説に彩られている。4世紀に始まったという説も、マッラ朝初期の12世紀に始まったという説もある。最もよく知られる伝説によると、バクタプルの王の娘の婿が、結婚後に次々と死んでいった。式の翌朝に寝室で死んでいるのが発見されるのだ。この話をきいた次の婿候補は、結婚を申し込むと、婚礼の夜に秘密をさぐるべく一晩じゅう起きていた。すると花嫁が眠ったあとに、その鼻から2匹の大蛇が出てきたため、婿は大蛇を殺し呪いをといた。こうして人々はこの英雄への尽きせぬ感謝の印として、新年に蛇の祭りで英雄を称えるようになった。

祭りはナバ・バルサ5日前、バクタプルの高地と低地の住民に分かれての綱引きで始まる。美しく飾られた3段の祭壇に納められたバイラブナートとバドラカーリー（それぞれ蛇の守護神と守護女神）の像を載せた戦車をそれぞれの住民が引く。勝った方にその年の運が向くといわれている。4日目の大晦日、町の広場には長い木の柱に横棒のついたヨシンが立てられる。ヨシンには蛇の神と女神が描かれた旗がつけられる。柱は8本の綱で支えられるが、これはほかの8人の守護女神を表す。つまり、ヨシンは、動物の生贄が捧げられた初期の原始的な神々を象徴する。ヨシンはナバ・バルサ当日の午後まで立てられ、その後、今度はこの柱を競い合って倒す。柱が倒れると正式に新年の到来となる。ビスケット・ジ

ャトラはその後4日間続き、担いかごに乗った女神たちの色とりどりの行列、界隈で最古となる15世紀のヒンドゥー教の寺院があるダタトレーヤ広場までのキャンドル行列、町じゅうに配された女神像、蛇の神をめぐる最後の戦車の戦い等が見られる。

ティハール（Tihar） 5日間にわたる「光の祭り」で、インドのディワリに非常によく似ている。10月の満月がかけはじめてからの13日目に始まる。カトマンズ渓谷のネワール族では、ネパール・サンバット暦によりティハールの4日目が新年となる。ディワリと同様に富の女神ラクシュミーと地下世界の神ヤマが崇められる。花とオイルランプで家を飾り、祝いの食事を作り、贈り物を交換する（⇒インド、共通点を参照のこと）。

インドのディワリには起源に関する独自の伝説があるが、ネパールにもティハールに関するラクシュミーとヤマ信仰の伝説がある。ある伝説では、おかかえの占星術師から、まもなく蛇に命を奪われるであろうと予言された王が、占星術師の助言により定めを逃れようと宮殿を照らしたが、とくにラクシュミー・プジャ（女神ラクシュミーを称える儀式）の日には何千というランプで明るくしたという。女神は王の信仰心への報いとして王の命を救うよう蛇を説得した。蛇はヤマ神に王の最期の日はまだだと伝え、寿命の台帳に「70」と書き込む工作をしたため、王の寿命が70年延びた。

ティハールでは、人々が歌い踊りなが

ら家々をまわり、物をもらったりチャリ
ティの寄付を募ったりする習慣もある。
演目は新年の願い事を伝える伝統的なデ
ウシー / バイロとなっている。しかし、
近年はネパール共産党（毛沢東主義者）
の蜂起を極力妨げようと厳戒態勢がとら
れているため、花火など限られた行事が
行われるのみとなった。

　ティハールの5日間は日によって異な
る女神を称えそれぞれの儀式を行う。

　1日目はカーグ・ティハール（「カラス
の日」）。死の使いとされるカラスにお供
え物をして崇める。カラスが泣くと悲し
いことが起きる、鳴くカラスをなだめる
とあまり鳴かなくなるという迷信があ
る。

　2日目はククル・ティハール（「犬の
日」）。犬は家の守り神として、また地下
世界の門番として崇められる。さらに破
壊の蛇神バイラブナートの仲介者として
も崇められている。犬は食べ物をふんだ
んに与えられ、額にティカ（幸運の印）
を付けられ、首にマーラ（花輪）をかけ
られる。

　3日目は最も重要なラクシュミー・プ
ジャ（「ラクシュミーを崇める日」）。ヒン
ドゥー教で最も聖なる動物とされ、国の
動物ともされる雌牛をその年初めて崇め
る日である。雄牛の額にティカ、首にマー
ラを付け、食べ物をふんだんに供える。
家は牛の糞で飾り、雌牛の尿を少量味わ
い身を清め、細長い草の葉で互いにかけ
あう。宵にはラクシュミーを崇める。ラ
クシュミーはフクロウに乗るとされ、ま

たハスの花の上に立ったり、ハスの花を
抱えたりする姿が描かれる。ラクシュミ
ーに訪問してもらうために家も企業も扉
やまぐさにラクシュミーの絵を飾り、入
口に赤い泥を塗り付け、オイルランプで
建物を明るく照らす。入口からプジャ（祈
り）の部屋まで道がつくられ、そこに厳
しく非常用と限られた基金の箱が置かれ
る。毎年この箱に追加金を納めるのもラ
クシュミーを崇める行為となる。この日
はふだん禁止されている賭け事や運にま
かせたゲームも行われる。

　4日目はさまざまなものを崇める。ゴ
ル・プジャ（「雄牛を崇める」）は犬や雌
牛と同じ様式で雄牛を崇めること。また、
ゴーバルダナ・プジャ（伝説と儀式につ
いてはインドの項を参照。⇒インド）やマ
ハ・プジャ（「自分を崇める」）も行われる。
後者では新年の健康と幸運を祈って自身
の霊を崇める。ネパール・サンバット暦
に従い、ネワール人の新年も祝う。

　5日目はバーイ・ティカ（「兄弟のティ
カの日」）。女性が兄弟を崇め、長寿と繁
栄を祈って額にティカを付けてやる。最
初にペースト状の飯を付けて、そのうえ
に7色（黄、橙、青、白、緑、赤、黒など）
を配する。色と並べる順番はその家の伝
統に従う。また、兄弟に油を塗り、首に
マーラをかけ、サグーン（ドライフルーツ、
ナッツ、キャンディの入った包み）を贈る。
兄弟は伝統に従いお返しに服や金銭を贈
る。その後、姉妹は兄弟にロティ（米粉
と砂糖でできた平たくてぱりぱりした揚げ
パン）を主とした特別な料理を供する。

料理はほかにダル（レンズ豆のスープ）、バート（ご飯）、タルカリ（野菜）、ブトゥワ（肉や野菜の炒め物）、セクワ（焼いた肉や野菜）、チョエラ（焼いた肉をマスタードオイルにつけたもの）、モモ（餃子）、トゥクパとチャウチャウ（煮込んだうどんと炒めたうどん）、スクティ（燻製）、クワンテー（肉や野菜をもやしと煮たもの）、アチャール（チャツネ）、ラッシー（ヨーグルトドリンク）、酒、チヤ（茶）がある。姉妹や兄弟のいない者は親せきや友人に代理を頼んで儀式を行う。

ロサル（Losar）　ネパールに住むシェルパ族とチベット仏教徒の新年の祭り（⇒チベット）。

　新年の挨拶には次の言い方がある。

・「ナヤ・バルサ・コ・スバカーマ（Naba Barsha Ko Shuvakamana）」ネパール語（公用語）

ネパール暦
Nepali Calendar

⇒ 暦・ネパール

ノウルーズ
No Ruz

　ペルシャ語で「新しい日」を意味する。英語では Nauroz、Navroz、Nav-roze、Nawroz、Naw-Ruz、Nevruz、Newroz、Noe-Rooz、Noh Ruz、Norooz、Norouz、Novruz など多くの表記がある。ノウルーズはペルシャの新年で春の始まりでもある。地域によって毎年 3 月 21 日に祝われることもあれば、天文学的基準で春

分（3 月 20 日か 21 日か 22 日）に祝われることもある（⇒暦の天文学的基準）。

　ノウルーズを祝うのは、以下の、かつて古代ペルシャ帝国の領土だった国々、もしくは、その影響下にあった国々である。アフガニスタン、アルバニア、アゼルバイジャン、イラン、イラク、カザフスタン、キルギスタン、パキスタン、タジキスタン、トルクメニスタン、ウズベキスタン。

　さらにはインドのゾロアスター教徒であるパールシー教徒、バハーイー教徒、イラン、イラク、シリア。またトルコのクルド人も新年の初めにノウルーズを祝う。ノウルーズについてのおもな説明はイランの項を参照のこと（⇒イラン）。

⇒他の各国の項

ノウルーズ・バイラム
Novruz Bayram

⇒ アゼルバイジャン

ノルウェー
Norway

　元日は 1 月 1 日。クリスマス休暇には子どもたちは風変わりな衣装を身に着け、キャロルを歌って家々をまわり、キャンディ、ナッツ、オレンジなどをもらう。これはアメリカのハロウィーンの「トリック・オア・トリート」を真似たものだが、いたずらはしない。各地でクリスマスや新年の頃に行われるが、クリスマス時期ならヨールブッキ（Julebukk：「クリスマスのヤギ」）と呼ばれ、ニットォー

ルサフテン（Nyttårsaften：大晦日）ならニットォールブッキ（Nyttårsbukk：「新年のヤギ」）と呼ばれる。この名の由来はキリスト教以前、ヤギが神々への捧げものとされていたユール祭りにある。この祭りでは、家々をまわる際に雄ヤギを引いていく習慣もあったという。冬至にはトール神がナシェルとクラッカーという2頭の雄ヤギが引く二輪戦車で空を駆けながら、バイキングに贈り物を届けた。その間に父のオーディンは脚が8本の白い駿馬スレイプナー（Sleipner）を駆って、殺された英雄たちの魂をバルハラまで先導したといわれている。この伝説さながら、ユールのパーティの最中には、ヤギの衣装を着た男たちが突然押し入ったという。男たちは踊り回ったあとに「死に」、また生き返った。中世のスカンジナビアではクリスマスの楽しい祝祭の場において、ヤギは悪魔の象徴だった。ヤギの皮と仮面をつけた男たちが浮かれて騒ぎ回り、教会を不安に陥れた。16世紀に教会はそのような行為を禁止したが、現在のヨールブッキと「新年のヤギ」には比較的穏やかなその痕跡が見られる。大人たちは昔と同じような衣装を着け、それぞれに家々をまわって、休日の飲み物や酒の振る舞いを受ける。

以上の事柄をのぞけば、大晦日、人々は家族や友だちと家で過ごすか街でパーティやダンスを楽しむ。また花火、シャンパンでの乾杯、抱擁などで新年を迎える。

ニットォールスタグ（Nyttårsdag：元日）

には、教会の礼拝に行ったあと家庭で御馳走を食べる。初めに出るのはカールプア（冷たい食事）といわれる前菜。ニシンのサラダ、スモークサーモンなどの魚料理とさまざまな肉、チーズ、オードブル。メインはふつう豚かガチョウのロースト、野菜、ビール、デザートにケーキとペイストリーの盛り合わせ。国旗が掲げられ、首相が恒例の演説をする。かつては元日には収穫、健康、結婚、天気に関して験を担いだ。例えば、元日の天気でその一年の雨の量を占おうとした。同様にこの日に起きることは、その一年の予兆とされた。

新年の挨拶には次の言い方がある。
・「ゴット・ニットォール（Godt Nyttår）」
　ノルウェー語（公用語）

『呪われた大晦日』*

Haunted Hogmanay
TV（2006年）

2006年12月31日にテレビ放映されたスコットランド製作のコマ落とし人形劇。スコットランドの新年の祭り、ホグマネイでの出来事を描いており、一部ではスコットランド版『ナイトメア・ビフォー・クリスマス』（*The Nightmare Before Christmas*）ともいわれている。

新年のどんちゃん騒ぎの中、「不審な知り合い」として登場するサーストン・マコンドリーという男が、素人ゴーストハンターのジェフ・ワイリーに、モラグ・ラックラン・マクラクランの幽霊探しの手伝いを請う。かつてウィスキーの密輸

をしていたマクラクランは死後に残忍な
ポルターガイストとしてよみがえり、エ
ディンバラのオールドタウンの地下に発
見された通りにとりついている。さらに
いえばこの通りは最高裁判所の下に位置
しており、ワイリーとマコンドリーが発
掘を始めるや、ほかにも多くの霊が住ん
でいることが発覚する。

声優：アレックス・ノートン、ピーター・カパ
ルディ / 脚本：キャメロン・フレイシャー、ニ
ール・ジャック / プロデューサー：キャメロン・
フレイザー / 監督：ネイル・ジャック / コリッ
ク・フィルム /BBC スコットランド / ビデオ(N/
A) /30 分

　⇒イギリス〔ホグマネイ〕

は行

ハイチ
Haiti
　⇒ 中南米とカリブ海諸島

『ハヴ・プレンティ』*
Hav Plenty
映画（1997年）

　大晦日の出来事を描いたコメディ映画。アフリカ系アメリカ人が多く登場するこの作品のタイトルは、二人の主役ハヴィランド・サベージ（チェノア・マクスウェル）とリー・プレンティ（クリストファー・シェロン）の名前をもじったものである。大晦日、金持ちで高慢なハヴィランドは、文無しだが自分にとって気のおけない相手、リーとともに年を越そうと、ニューヨークからワシントンD.C.に一緒に車で向かう。こうしてこの不釣り合いな二人の間に恋が芽生える。

　この作品は、以下の賞を受賞している。アカプルコ黒人映画祭脚本賞（1999年）、最優秀賞（1997年）を受賞。またサンダンス映画祭審査員大賞「ドラマ部門」の候補となった。
脚本・監督：クリストファー・スコット・シャロット／プロデューサー：クリストファー・スコット・シャロット、ロビン・M・グリーン／エドモンズ・エンタテインメント、ワンダーラスト・ピクチャーズ、e2フィルムワークス／Rレイト／DVD（ミラマックスフィルム）／92分

パキスタン
Pakistan

　アラビア海に面し、アフガニスタンとインドに挟まれた南アジアの国。以前はイギリス領インドであったが、1947年にパキスタンとして独立。当時は東西に分かれていた。現在のパキスタンは元の西パキスタンにあたり、東パキスタンは1971年にバングラディシュとして独立した。民族は非常に多様だが、人口の約97％はイスラーム教徒（77％がスンニー派、20％がシーア派）で、新年はイスラーム暦のムハッラム月の1日に始まる（⇒暦・イスラーム）。スンニー派は新年に特別な儀式を行わないが、シーア派はムハッラム月の初めの10日間は、680年にカルバラで殉教した預言者ムハンマドの孫フサインを悼んで過ごす。最も重要なのがアーシューラーといわれる10日目。これについての詳細はイスラーム教の項を参照のこと（⇒イスラーム教）。

　ヒンドゥー教優位のインドだが、多くのイスラーム王朝の支配を経験してきた。なかでも影響力が強かったのは、ペルシアやアフガニスタンの一部にまで領土を広げたムガル帝国（1526〜1701）で

あった。なかにはアクバル（在位1556〜
1605）をはじめ、宗教に寛容で、ペルシ
アのゾロアスター教やヒンドゥー教の習
慣をイスラーム教に取り入れた皇帝もい
た。そのためパキスタンではディワリ、
ホーリー、ペルシアの新年であるノウル
ーズ（新しい年）の習慣も見られる。ノ
ウルーズはパキスタンではアラム・アフ
ローズ（Alam Afrouz）といわれる。

アラム・アフローズは3月21日頃の
春分に3日間祝われる。家を掃除し、新
しい服を用意し、負債をなくし、喧嘩の
和解をする。イラン（ペルシア）の習慣
をもつ家ではハフト・スィーンを備える。
これは、テーブルに古代ペルシアのゾロ
アスター教の教義に基づく7つの象徴を
並べたもの（⇒イラン）。これらの象徴と
なる物の名前はペルシア語の文字スィー
ン（sin:「s」）で始まらなくてはならない。
使用される物を以下に挙げるが、これ
に限定されない。サマヌ（samanu：小麦
のプディングで甘さと豊穣を表す）、セッ
ケ（sekeh：金貨で富と財産を表す）、サブ
ゼ（sabzeh：穀物かレンズ豆の新芽で再生
を表す）、ソンボル（sonbol：ヒヤシンスの
花で生命と美を表す）、シール（seer：ニン
ニクで薬を表す）、センジェド（senjed、ナ
ツメの木になる甘い実で愛を表す）、セル
ケ（serkeh：ホワイトビネガーで年と忍耐を
表す）。そのほかに使われそうな物はイ
ランの項に挙げた（⇒イラン）。お祝いの
菓子は種類が多く、ラドゥ、グラブ・ジ
ャマン、ラスマライ（ナッツをまぶした3
種類の生地の丸い菓子）、バルフィー（マ

ンゴーの果肉と乳の菓子）、ソーハンハル
ワ（ナッツを使った小麦粉のケーキ）など
がある。ほかの習慣としては、旧年の厄
を払うかがり火、贈り物の交換、歌会、
歌と踊り、運動競技がある。ノウルーズ
に善い行いをして、人に優しい言葉をか
けるとよい年となるといわれている。

新年の挨拶には次のような言い方があ
る。

・「ナベッサール・ディ・ムバラク（Nave
Saal Di Mubarak）」パンジャブ語（人口
の48%が使用）
・「ナヨウ・サル・ムバラク・ホエ（Nayou
Saal Mubarak Hoje）」シンド語（12%が使
用）
・「ナワイ・カル・モ・ムバラク・シャ
（Nawai Kall Mo Mubarak Shah）」パシュト
ー語（8% が使用）
・「ナヤ・サール・ムバラク・ホ（Naya
Saal Mubarak Ho）」ウルドゥー語（8% が
使用）
・「アラム・アフローズ（Alam Afrouz）」
現代ペルシア語
・「エディ・ショマ・モバラク（Eid-i
Shoma Mobarak）」「ノウルーズ・モバラ
ク（No Ruz Mobarak）」（「新年おめでとう」）
⇒インド、ノウルーズ

バチカン
The Vatican

イタリア、ローマ内にある独立都市国
家。ローマ・カトリック教会の教皇庁、
教皇宮殿の所在地である。長く複雑な歴
史を有するバチカンの起源は、使徒聖ペ

テロ（初代教皇といわれている）と1世紀に皇帝ネロによって殉教したキリスト教徒たちの埋葬地に建てられた質素な記念礼拝堂だった。4世紀にコンスタンティヌス大帝がこの礼拝堂を大きなバシリカ聖堂に建て替え、隣接する教皇宮の建築が6世紀初頭に進められた。コンスタンティヌスの建てた聖堂が現在のサン・ピエトロ大聖堂になったのはルネサンス期で、教皇がフランスのアビニョン幽閉（1309〜1377）と大シスマ（1378〜1417）から帰還したのちの15世紀に、バチカンは恒久的な教皇宮殿となった。

クリスマスと元日の間には一連の礼拝が行われる。聖ステファノ（12月26日）、洗礼者聖ヨハネ（12月27日）、無辜聖嬰児（12月28日）、聖家族（クリスマス後の最初の日曜）、テ・デウム・ラウダムス（Te Deum Laudamus：讃歌「われら神であるあなたを讃えん」）と神の母聖マリア前晩の祈り（12月31日）の礼拝を含む。12月31日の礼拝は、その年の神の恵みに感謝を捧げる夕べの祈りである。新年最初の日曜日の礼拝もある。

第2回バチカン公会議（1962〜1965）後の1969年、元日の割礼の祝日にかわって、聖母をたたえる神の母聖マリアの祝日がもうけられた。1月1日は、神の母聖マリアの日とともに世界平和の日でもある。これは1968年に教皇パウロ6世が世界の平和を祈る日としてもうけた。

聖年 『レビ記』25章10節によると、50年ごとの「聖年」は恩赦と普遍的な許しの年だった。教皇ボニファティウス8世在任中の1300年以降、ローマ・カトリック教会は一定の間隔で聖年を定めた。その期間はクリスマスイブから始まり、たいていは丸一年よりあとの公現日で終わる。当初、聖年は100年間隔で実施されていたが、しだいに間隔が短くなり、1450年に現在の25年間隔に落ち着いた。聖年中、信者は懺悔、聖餐、教皇に求められた忠誠や慈悲の行為によって罪の贖宥を受ける（罰の軽減であって、罪がなくなるわけではない）。初期の聖年では、ローマの四大バシリカ聖堂、サン・ピエトロ、サン・ジョバンニ・イン・ラテラノ、サン・パオロ・フォーリ・レムーラ、サンタ・マリア・マッジョーレへの巡礼も求められた。救済への扉であるキリストを象徴して（『ヨハネによる福音書』10章9節）、各バシリカ聖堂は特別な「聖なる扉」とされ、クリスマスに儀式的に開かれた扉を通ることで巡礼者は恩赦を受けた。扉を閉める儀式で聖年が終わった。聖年の歴史上、聖なる扉が開かれたことが初めて記録されたのは、1423年のサン・ジョバンニ・イン・ラテラノ聖堂で、閉じられたことが初めて記録されたのは、1501年公現日のサン・ピエトロ大聖堂である。

近年の「2000年の大聖年」の準備として、1998年の降臨節最初の日曜日に、教皇ヨハネ・パウロ2世が教皇大勅書、『受肉の秘儀』（Incarnationis Mysterium）を読みあげた。恩赦を得るための規定の儀式を示したものである。過去には教皇が

伝統的にサン・ピエトロ大聖堂の聖なる
扉を開け、枢機卿教皇特使 がローマの
ほかの3聖堂の扉を開けていたが、ヨハ
ネ・パウロ2世は初めて、1999年から
始まった2000年の大聖年に、4聖堂の
聖なる扉をすべて——クリスマスイブ
にサン・ピエトロ、クリスマスにサン・
ジョバンニ・イン・ラテラノ、2000年
1月1日にサンタ・マリア・マッジョー
レ、1月18日にサン・パオロを開いた。
2001年の公現日前夜に、枢機卿教皇特
使がサン・ピエトロ以外の扉をすべて閉
じ、サン・ピエトロは教皇が公現日に
閉じて、2000年の大聖年を終わらせた。
聖なる扉の開閉の儀式のすべては、バ
チカンの公式ウェブサイト www.vatican.
va. で視聴できる。

　⇒割礼の祝日、神の母聖マリアの祝日、
世界平和の日

「ハッピー・オールド・イヤー」
"Happy Old Year"
TV（2000年）

　1998〜2004年にTVチャンネル、ニ
コロデオンで放映され、複数の賞に輝
いたテレビアニメシリーズ〈ワイルド・
ソーンベリーズ〉（The Wild Thornberrys）の
エピソードタイトル。2002年には同タ
イトルのアニメ映画が製作された。1話
30分のエピソード91話からなるこのシ
リーズは、人間が野生生物の生態にあた
える影響をテーマとする。世界をまわっ
て野生生物のドキュメンタリーを撮る夫
婦、ナイジェルとマリリン・ソーンベリ

ーズの刺激的な毎日が描かれる。夫婦の
間にはデビーとイライザという二人の娘
がいる。歯に矯正器具をつけている妹の
イライザは、シャーマンから動物と話を
する力をさずけられた、いわゆる「オタ
ク」だ。ほかに、養子として一家にやっ
てきた男の子、ドニーがいる。彼はオラ
ンウータンに育てられた野生児だ。一家
のペットであるチンパンジーの名は「ダ
ーウィン」という。

　「ハッピー・オールド・イヤー」（2000
年12月27日初放映）の舞台はエクアド
ルの首都キト。タイトルは、ラテンアメ
リカで大晦日に広く行われている、アニ
ョビエホ（Año Viejo：「古い年」の意）と
いう人形を焼いて新年のための清めをす
る行事にちなむ。一家が野営地で大晦日
の準備をしていると、アルバレスおじさ
んがラマのサンツサを連れてやって来
る。デビーはサンツサを連れて家出をし、
二人の飛行機スタントマンと出会う。イ
ライザは姉の行方を追うが、火山が噴火
し、ともに溶岩にのみ込まれそうになる。
一方、ナイジェルは娘を助けに向かう。
声優：レイシー・シャベール、トム・ケイン、
ダニエル・ハリス、ティム・カリー、ジョディ・
カーライル、「フレア」、ルネ・オーベルジョノ
ワ、バーナデット・サリバン、ロベルト・クルス、
ティア・テクサーダ / 脚本：ケイト・ブティラー /
製作：ガボア・クスポ、アーレン・クラスキー /
監督：ベッキー・ブリストウ、フランク・マリ
ノ / クラスキー - クスポ・アンド・ニコルデン・
ネットワーク / ビデオ（N/A）/30分

「ハッピー・ニューイヤー」*

"Happy New Year"

楽曲名

　ジーン・フォクトの作曲した歌詞のないピアノ独奏曲のタイトル。1873 年にニューヨーク市でカール・ハウザーによって出版された。副題は「ノイヤールス－グリュース」（ドイツ語で「新年のご挨拶を申し上げます」の意）で、標題紙には「牧歌」と記されており、これはロマンティックな、あるいは田園的な情緒を表現する曲を指す。

「ハッピー・ニューイヤー・カードリール」*

"Happy New Year Quadrille"

　アメリカで作曲されたオーケストラの楽曲。「オーグ・ダム」の作曲で、1881 年にボストンのダム・アンド・ゲイ社により出版された。カードリールとはスクエアダンスの一種で、19 世紀初期のナポレオン 1 世の宮廷で流行した。この曲は独立した 5 つの楽節で構成され、それぞれ 32 小節からなる最初の 4 楽節と、終結部ないしコーダからなる。ポピュラー曲やオペラのアリア、また部分的に賛美歌から選ばれた旋律が用いられている。

「ハッピー・ニューイヤー・トゥ・オール」

"Happy New Year to All"

　アメリカのクイックステップ・ダンス曲。歌詞はなく、ピアノないしオルガン

の独奏曲である。作曲は T・B・ボイヤーで、1882 年に J・W・ペッパーによりフィラデルフィアで出版された。

『ハッピー・ニューイヤー、パパ』*

Happy New Year, Daddy

映画（2004 年）

　ロシアのコメディ映画の英語版タイトルで、原題は『ス・ノーヴィム・ゴードム、パパ』（*S novym godom papa*）。俳優のディミトリは、子どもたちの新年パーティでサンタクロースの役を演じているとき、8 歳の男の子、リョーシャから非常に変わった贈り物のリクエストをされる。リョーシャの新年の願いは、プレゼントに父親がほしいというものだったが、あまりに切実な願いのため無下に断れない。やがてディミトリは、自分がリョーシャとその母親の人生に深入りしていること、そして恋が芽生えていることに気づく。状況的には、ディミトリがリョーシャの本当の父親になって新年の願いをかなえてやることができるのだ。

出演：オルガ・ボニャゾヴァ、ディミトリ・オルロフ、セルゲイ・ユシュケビッチ、タチアナ・イサエヴァ、イーゴリ・アルタショーノフ、パーヴェル・ミリエンチューク、アンナ・アントネンコ‐ルカニナ / 脚本・監督オルガ・ペルノフスカヤ /Siv/DVD:CP デジタル、ロシア語（英語字幕）/90 分

「ハッピー・ニューイヤー、ベイビー」

"Happy New Year, Baby"

　アメリカのポップソングライターのニ

ール・セダカおよびハワード・グリーンフィールドによる恋のバラード。1958年にジョー・アン・キャンベルが、また1960年にコニー・フランシスがレコーディングした。この曲は、2枚組CDによるニール・セダカのクリスマス愛唱歌集『ミラクル・オブ・クリスマス』（Miracle of Christmas、ニール・セダカ・ミュージック、2005年）にも収録されている。恋人二人が大晦日に抱き合っているという歌詞で、抱擁した二人は、真夜中まで時計が時を刻むのを見守りながら、過ぎ行く年に一緒に味わった幸福を思い巡らし、これまでずっとそうしてきたように一年後も二人で抱き合っていられるようにと祈る。

　ニール・セダカとハワード・グリーンフィールドによるニューヨーク市生まれのチームは、1952年から活動を共にしており、「間抜けなキューピッド」（Stupid Cupid）、「おお！キャロル」（Oh! Carol）、「カレンダー・ガール」（Calendar Girl）、「小さい悪魔」（Little Devil）、などのヒット曲を生み出したうえ、「悲しき慕情」（Breaking Up Is Hard to Do）ではヒットチャートの1位に輝き、1975年に『キャプテン・アンド・テニール』（The Captain and Tennille）のために書いた「愛ある限り」（Love Will Keep Us Together）でグラミー賞を受賞した。

「ハッピー・ニューイヤー・ポルカ」*
"Happy New Year Polka"
　アメリカの2つの異なるピアノ独奏曲

のタイトル。1つはC・F・エッシャーの作曲で、1871年にC・F・エッシャー・アンド・サン社によりフィラデルフィアで出版された。エッシャーの作品集『クリスマス・チャイムズ』（Christmas Chimes）に収録された3曲のうちの1曲であり、他の収録作2曲は「クリスマス・チャイムズ・ワルツ」（Christmas Chimes Waltz）および「メリー・クリスマス・ショティッシュ」（Merry Christmas Schottisch）。

　もう1つのポルカは、A・E・ウィマーステットの作曲で、1876年にニューヨーク市でJ・L・ピーターズにより出版された。

「ハッピー・ニューイヤー・マーチ」*
"Happy New Year March"
　アメリカの2つの異なるピアノ曲のタイトル。どちらも歌詞はついていない。1つは1884年にC・A・フラーが作曲し、W・F・ショウにより出版された。もう1つはJ・ジェイ・ワトソンが作曲し、初めは1876年にJ・L・ピーターズによりニューヨーク市で出版され、その後1890年にもボストンのオリバー・ディットソン社により出版された。ワトソンの曲は独奏のみでなく、二人による連弾も可能であり、連弾曲はW・ドレスラーの編曲による。

「ハッピー・ニューイヤー・ワルツ」
"Happy New Year Waltz"
　アメリカで作曲された異なる2つの独奏器楽曲のタイトル。1つはウィリア

ム・ウィリングの作曲で、1877年にオハイオ州トレドでW・W・ホイットニーにより出版された。この曲には一部、すべての人に幸せな新年を願う旨の歌詞がついている。ウィリングのシリーズ『ピアノとリードオルガンのための楽しい楽曲集』*(Pleasing Compositions for the Piano Forte and Cabinet Organ) に収められた4曲のうちの1曲であり、ほかの3曲は「屋内競技場のポルカマズルカ」*(Gymnasium Polka Mazurka)、「ピクウィック・ワルツ」*(Pickwick Waltz)、「カスター将軍の葬送行進曲」*(Gen'l Custer's [ママ] Funeral March) である。

　もう1つのワルツは、グスタフ・クレブス作のピアノ曲で、1882年にフィラデルフィアでW・H・ボナーにより出版された。

「ハッピー・ニューギア」
"Happy New Gear"
TV (2002年)

　アメリカとカナダで同時放映された、CGテレビアニメシリーズ、『アニメ ヘビーギア』*(Heavy Gear: The Animated Series、2001〜2002年) のエピソードタイトル。「ハッピー・ニューギア」の本放送は2002年1月5日に行われた。1話30分、計40話からなるこのテレビアニメシリーズは、ドリームポッド9社が1994年に発売を開始したコンピューター戦闘ゲームシリーズ、ヘビーギアをもとに作られた。物語の舞台は西暦4千年紀頃の、地球の植民地である辺境の星、テラ・ノ

ヴァである。ヘビーギアのゲームは、この植民地惑星における超大国間の戦いを中心にストーリーが展開し、軍隊が使用する巨大な人型戦闘マシンでよく知られている。

　一方、テレビアニメシリーズは、戦争ではなく、バッドランズの若きギア・パイロットで南部軍デュエル部隊を代表するシャドウ・ドラゴンズの一員、マーカス・ローバーの冒険に焦点を当てている。ローバーのチームは長く続くトーナメント戦を戦い抜き、テラ・ノヴァのヘビーギア選手権優勝を賭けて、北部軍代表の邪悪なチーム、バンガーズ・オブ・ジャスティスと対戦する。

　アニメシリーズは2002年にゴールデンリール賞テレビアニメーション音響効果賞にノミネートされた。

声優：ジム・ワイズ、デヴィット・デルイーズ、トム・ケイン、サラ・ダグラス、マイケル・チクリス、ルーカス・ハース、ヴァネッサ・ウィリアムズ／制作：スティーブン・ウェンドランド、バーバラ・ゼリンスキー／制作会社：ソニー・ピクチャーズ・エンターテイメント／制作協力：メインフレーム・エンターテイメントおよびアデレード・プロダクション／DVD：2巻（各5話収録）ソニー・ピクチャーズ／計197分

花火
Fireworks

　花火は特別な行事のために大きな音を立てる手段として世界じゅうで最も親しまれ、新年やクリスマスや他の祝日ないし行事において、洋の東西を問わず広く

用いられている。花火の種類は、単純な爆竹から、大音響とともに眩く盛大な色彩の妙を見せる複雑な火薬を詰めた大きな花火玉まで、さまざまである。だが花火がこれだけ広く普及しているにもかかわらず、大きな音を立てるための単純な手段、すなわち鍋を叩いたり、ホーンを吹き鳴らしたり、大声を出したり、銃を撃ったりという方法も今なお用いられている（⇒新年の祝砲）。

小史　世界で初めて「爆竹」を造り出したのは中国（前206～後220年の漢代）人だとされ、当時の爆竹は、竹の枝を燃やして破裂音を出すというものであった。そのあとに世界で最初に火薬（硝石〔硝酸カリウム〕、炭、硫黄を混ぜたもの）の製法を見出した中国人は、火薬を隙間なく詰め込んだ紙筒ないし竹筒に点火して爆発させる、世界で初めての本物の花火を造り出した。花火が発明された正確な年代は不明であり、歴史研究者によって隋代（581～618年）、唐代（618～907年）、宋代（960～1279年）と見解が異なる。初め火薬は、雑技や演劇の舞台で効果音や照明効果のために用いられたが、爆竹が立てる突然の大きな破裂音は驚くべきものだったため、太陰年の正月や、子どもの誕生、誕生日、結婚式や葬儀など、縁起の良いあるいは特別な行事の際に悪霊や魔物を追い払う効果があると信じられるようになった。火薬が軍需品として用いられるようになったのは、唐代の後半である。「地ねずみ」の名で知られる花火は1200年頃に発明された。これは

片方の口を開放した紙の爆竹であり、点火口から噴出する火花が推進力となって「ねずみ」が地面の上を猛烈な勢いで動き回る仕組みであり、敵軍の乗馬を怯えさせたり敵陣を攪乱したりするために生み出された。武器設計者はこの「ねずみ」に誘導舵を取り付けてロケットを生み出し、これに割火薬を充填して空に放ったことから、打上花火が生まれた。

火薬の知識は中国からアラブ世界に伝えられ、その後13世紀に聖地から帰還した十字軍やキリスト教の修道士によって、アラブからヨーロッパに伝播した。1292年にイタリアの探検家マルコ・ポーロが東方からイタリアに爆竹を持ち帰ったが、このイタリアにおいてルネッサンス期（1400～1500年）に花火が芸術の域まで進化を遂げ、新たにさまざまな種類が生み出された。イタリア人は、割火薬を詰めて空中で展開させる「花火玉」を開発しただけでなく、噴出花火、回転花火、コーン型花火、風車花火、吹き出し筒物、スパークラー花火など、地上で楽しむ花火も生み出した。続いてこれらの花火を、いわゆる「神殿」に用いるようになった。「神殿」とは精巧に組み立てられた神殿や城の模型から火花や輝く火の粉が降り注ぐ大仕掛けの装置であり、観衆を大いに楽しませるものとなった。

ヨーロッパでは、初め火薬は中国と同様に武器として用いられたが、15世紀までには、花火は宗教的な祝祭、あるいは大衆的な娯楽のために用いられるよう

になった。イングランドでは、1486年に国王ヘンリー7世の婚儀において花火が初めて用いられ、その後女王エリザベス1世（在位1558〜1603）の時代に最も広く用いられるようになり、女王は宮廷花火職人のために「イングランドの花火師」という特別な地位を設けた。またイングランド、アイルランドおよびスコットランド国王ジェイムズ2世（在位1685〜1688）は自らの戴冠式で、お抱えの花火師にナイト爵を与えた。1530年代には、花火師たちは顔を黒く塗り、身体を緑の葉で覆うことが習慣になっていたが、これは彼らが群集の目の前で走りまわって導火線に火をつける間、極力目立たないようにするためだけでなく、火花から身を守るためでもあった。この木の葉で飾り立てた姿から、花火師たちは「グリーンメン（緑の人々）」と呼ばれていた。1500年から1700年の間には「ドラゴン」と呼ばれる巨大な構造物が群集に非常に親しまれていた。木製の枠を張子のウロコで覆ったこの「生き物」の内部には、種々様々な花火が詰め込まれ、点火すると、火を吐く怖ろしいドラゴンの幻想的な姿が浮かびあがった。ドラゴン同士が戦っているかのように、複数のドラゴンが向き合った形で配置されることもあった。

18世紀までには、ヨーロッパの花火製造分野において、イタリアだけでなくドイツも突出した地位を築き、1749年にはロンドンのグリーンパークにおける花火大会で、ドイツ製の優れた花火が打ち上げられた。これは、1748年にオーストリア継承戦争を終結させたアーヘンの和約締結記念に行われた祝賀行事であった。この記念祝典のために、ドイツの作曲家ゲオルク・フリードリヒ・ヘンデル（1685〜1759）が、8楽章からなる管楽のための組曲、『王宮の花火の音楽』を作曲し、花火が打ち上げられる間、この曲が演奏された。この時代には、切れ目のない小さな紙の管に入った「クイックマッチ」すなわち速火線により、多数の花火に同時点火して「仕掛け花火」を次々展開させることが可能となった。仕掛け花火は何百もの小さな焔管からなり、この焔管をしかるべく配置して、観客に好まれる図像を、火花によって大きく浮かびあがらせるものである。またこの時代の花火職人は、花火の標準的な教科書である『花火考』（*A Treatise on Fireworks*）を利用することができた。これは、フランスの数学者であり工兵士官また探検家でもあったアメデ－フランソワ・フレジエが1706年に著したもので、軍事的な目的よりも、むしろ式典や娯楽のために用いられる花火についての詳しい研究書であった。

その後花火は、旧世界からの移住者とともにアメリカへ渡った。1777年の第1回アメリカ独立記念日式典で、また1789年のジョージ・ワシントン大統領就任式でも花火大会が行われたが、花火はアメリカ独立革命のだいぶ前から重要な行事において用いられてきた。

18世紀から19世紀にかけて、花火は

アメリカでクリスマスや新年を祝うために盛んに用いられるようになっただけでなく、無法行為や乱行を好む者たちに利用されるようになる（⇒カリサンビアンズ）。行政当局は折にふれて花火の不適切な利用への対策を講じ、例えば、ニューヨーク市では1675年および1785年に、ロードアイランドでは1731年に、フィラデルフィアでは1774年に、シンシナティでは1844年に禁止令が制定された。他の地域でも一般大衆への花火の販売が規制されるか、販売自体が禁止された（下記参照）。

従来、打上花火は、発射筒を用い、発射用の火薬を爆発させることにより打ち上げられてきたが、2004年にカリフォルニア州アナハイムのディズニーランドにおいて、世界初となる圧縮空気を用いた全く新しい発射システムによる花火の打ち上げが行われた。圧縮された空気で花火玉を空へ発射し、花火玉は電子タイマーによって破裂する。これにより煙の量が減り、花火の上昇高度とタイミングの制御精度が高まった。

現在、花火の製造量および輸出量が世界で最も多いのは中国であり、アメリカ国勢調査局によると、2005年には対アメリカだけで約6百万箱、すなわち12万トンの花火を輸出しており、輸出額は合計2億190万ドルに相当する。一方、2003年にアメリカは中国から1億5,720万ドル相当の花火を輸入している。2003年のアメリカの花火輸出高は1,440万ドルであり、主要な輸出先は日本（530万

ドル）だった。2005年のアメリカの花火輸出高は1,490万ドルであり、主要な輸出先はオーストラリア（440万ドル）だった。

花火産業において世界的に知られた花火大会企画制作企業としては、次のような企業が挙げられる。ザンベッリ・ファイアワークス・インターナショナル有限会社（ペンシルバニア州ニューカッスル）、パイロ・スペクタクラー有限会社（カリフォルニア州リアルト）、ファイアワークス・バイ・グルッチ（ニューヨーク州ロングアイランドおよびバージニア州ラドフォード）、フォッティ・インターナショナル・ファイアワークス（オーストラリア）。

アメリカ国内で販売される合法花火の種類　アメリカでは一般的に、市販用（一般消費者用）と展示用（商業用）の2種類の花火が、法律の許可と2つの連邦政府機関、すなわちアルコール・タバコ・火器局（BAFTE）および消費者製品安全委員会（CPSC）の規制に基づいて販売されている。

市販用花火　火薬等級1.4G（この数字はアメリカ運輸省の「危険物区分表」の区分に準じる）つまり、以前クラスCの一般花火と呼ばれていた花火を指すもので、各州の州法に応じて一般消費者が無許可で購入でき、1つの商品に含まれる爆発性物質はわずか50mg以下に制限される。全米花火協会（アメリカ花火産業の職業組合）によれば、この量は、通常のアスピリン1錠に含まれる粉末の約半量

だという。消費者用花火としては、次のようなものが挙げられる。再装填可能な直径4.5cm以下の打上花火玉12個以内の1箱および発射筒1本、単発打ち上げ筒型花火ないし連発打ち上げ「箱型」花火、ロケット花火、回転花火およびピンホイールおよび「ヘリコプター」、吹出し筒物および台付き噴出花火、スモークボールないし煙幕、内筒打上、爆竹。

展示用花火 火薬等級1.3G、すなわち以前はクラスBの特殊花火と呼ばれていた花火を意味する。1つの装置に含まれる爆発性物質の量が50mg以上のもので、BAFTEのライセンスを保持する花火の専門技能者のみが取り扱いできる。無免許でこの花火を所有ないし販売することは重罪であり、10年以下の懲役刑が課される可能性がある。展示用花火には、打上花火玉および接地装置があるが、おもな例としては次のものが挙げられる。かんしゃく玉（鉄道で使われる爆発音停止信号装置とは別のもの）、火薬量500g以上で筒の間隔が1.3cm未満の多筒装置ないし噴出花火。再装填可能な直径4.5cmより大きい打上花火玉、60g以上の火薬を含んだ単発ないし再装填可能な打上装置、火薬量20g以上の吹き出し筒物およびロケット花火、火薬量130mg以上を含む打上用サルート。

連邦法で禁止された爆発性物質 次に挙げる装置は、1966年以降、消費者への販売が禁じられている。「M-80」（0.12オンス、すなわち約7gの爆発物を含む）、

「M-100 シルバーサルート」（0.33オンスの爆発性物質の混合物）、「M-250」（0.48オンス）、「M-1000」（0.97オンス）、「チェリー・ボム（サクランボ大の赤い球形の爆竹）」および「スパークラー・ボム」。

成分と色 本小項目では、花火に用いられる爆発性成分と、色の生成法について概説する。ただし花火の化学について詳述することは本書の意図する範疇を超えるため、この論題をより広範に扱うコンクリングの著書『花火の化学』（*Chemistry of Pyrotechnics*）を参照されたい。

花火には燃焼の原理に基づいて、6つの必須成分、すなわち燃料、酸化剤、還元剤、制御剤、バインダー、炎色剤が含まれる。燃料とは基本的爆発成分である黒色火薬を指す。酸化剤とは燃焼のための酸素を供給する薬剤で、通常、硝酸、塩素酸ないし過塩素酸が用いられるが、このうち塩素酸は最も多量の酸素を発生するため、最も爆発的な反応を引き起こす。還元剤とは、酸化剤の供出する酸素を燃やして二酸化硫黄や二酸化炭素といったガスを発生させ、爆発の反応速度を調節する役割を果たすもので、硫黄や木炭などが用いられる。制御剤とは、同じく爆発反応の速度を調節する役割を果たすもので、さまざまな金属が用いられる。バインダーとは花火の成分を糊状にまとめるもので、でんぷんから作られるデキストリンなどが用いられる。

1830年代にイタリアの花火師が、特定の金属塩を燃やすと多様な色を生み出すことを発見して以来、多色花火が打ち

上げられるようになった。それ以前は花
火製造に黒色火薬（木炭）と銅粉が用い
られたため、閃光および火の粉はオレン
ジ色と白色のみだった。当時の発色の原
理は単純な白熱光、すなわち熱による発
光だった。物質が燃焼して熱くなると、
温度の上昇につれて、赤外線、赤色光、
橙色光、黄色光、白色光を発するように
なり、温度が高ければ高いほど、発する
光の波長は短くなる。また、加えられる
金属塩の種類によって色が決まることも
発見された。温度による発光色の例とし
ては、物質の燃焼温度が摂氏 480 度であ
れば（参考までに、水は摂氏 100 度で沸騰
する）ほのかな赤色、580 度では濃い赤色、
930 度では明るいオレンジ色、1400 度で
は白色を発する。

　熱によらない発光現象も花火の発色の
ために応用されている。一般に、熱によ
るかよらないかに関わらず、光の発生原
理とは次のようなものである。まず物
質の有する電子が（熱あるいは熱以外の）
何らかのエネルギーを吸収して励起され
エネルギーレベルの高い電子の軌道に遷
移する。この励起された電子が低いエネ
ルギーレベルの軌道に落ちる時、その差
分のエネルギーがある特定の波長をもっ
た光子として放出され、特定の波長の光
が発生する。

　熱による発光に加えて熱以外のエネル
ギーによる発光現象も含めて、現代では、
花火に特定の色を着けるために加えられ
る物質は、次の通りである。炭酸リチウ
ムおよび炭酸ストロンチウム（赤色相）。

塩化カルシウムおよび硫酸カルシウム
（オレンジ色）。白熱状態にある鉄および
木炭（金色）。硝酸ナトリウムおよび氷
晶石（黄色）。白熱状態にあるマグネシ
ウム、アルミニウム、酸化バリウムなど
の金属（「放電のような白」）。塩化バリウ
ム（緑色）。酢酸亜ヒ酸銅および塩化銅（青
色）。ストロンチウムおよび銅の混合物
（紫色）。アルミニウムないしチタニウム
ないしマグネシウムの粉を燃焼させたも
の（銀色）。

花火の構造

爆竹　爆竹は、小さな紙筒をいくつも並
べてつないだもので、それぞれの筒の内
側に火薬を圧縮して詰め、筒口と筒底を
粘土の栓で塞いである。導火線を 1 つな
ぎ、あるいは並行に配し、これを用いて
火薬に点火すると、紙筒は大きな音を立
てて破裂する。

噴出花火　木製ないしプラスチック製の
土台の上に垂直に立てた、ボール紙の筒
型ないし円錐型の花火。花火先端の導火
線は、粘土の「閉塞部」に空いた小さな
穴を通って内側に通じており、これを用
いて点火すると花火内部の圧力が高まっ
て勢い良く火花が噴き出し、多層構造に
なった火薬混合物が次々と効果を現す。
つまり火薬の 1 つの層の底部から次の層
の表面まで導火線が配置されているた
め、連接した成分層に次々と点火されて
噴出が続き、絶えず火花が噴き上がるよ
うに見えるわけである。また、一連の噴
流の終わりに、複数の成分層に同時点火
されるよう導火線を配置して、華々しく

最後を飾るタイプの花火もある。

ヘリコプター花火　⇒下記の小項目「回転花火」

打上花火　⇒下記の小項目「花火玉」

パラシュート　高さのある台付き打上筒の底部に仕込んだ打上火薬により、パラシュートの入った筒が空中に打ち上げられる。パラシュート入りの筒が適切な高度に達すると、筒内部の延時用導火線が微量の割火薬に点火し、薄葉紙におもりを取り付けたパラシュートが1つ、あるいは複数放出される。このおもりには発煙成分が詰められ、煙をたなびかせたパラシュートが、また夜用の花火の場合は燃える「星」（球体または立方体ないし円柱状の、火花のようにきらめく物質）が降下する。

パーティポッパー　⇒下記の小項目「クラッカー」

ロケット花火　頭部が円錐状になった厚いボール紙の筒に、安定用の誘導舵ないし棒を取り付けた花火。花火背面の導火線により、筒内部の円錐腔の周囲に詰めた推進剤に点火する。推進剤が燃焼すると、高温のガスが排出されて推力が生まれ、ロケットを逆の方向に飛ばす。推進剤が燃焼する際の火焔が、さらに延時用導火線を通じて筒先端に詰めた割火薬に点火し、この割火薬が爆発すると、「星」が飛び散るか、あるいは爆発音を立てる。

吹き出し筒物　打上火薬（黒色火薬）、「星」、延時薬（ゆっくりと燃焼する火薬）を順番に繰り返して詰めた、ボール紙の長い筒。導火線に火をつけると延時薬に点火され、延時薬が燃焼して打上火薬の最初の層と最初の星に同時に火がつく。打上火薬によって筒から放たれた星が爆発すると、色付きの「球体」か、あるいはシャワー状の輝く火花が飛び散る。延時薬は燃焼し続け、筒内の火薬がすべて燃え尽きるまで、順次、次の打上火薬と星に点火していく。

花火玉　花火玉は打ち上げ花火の元であり、円柱状ないし球状の玉皮の中心に「星」と割火薬を詰め、延時導火線を配した物である。打上火薬として用いられる黒色火薬の爆発により、打上筒から空中に高くに放出される（圧縮空気を用いて花火玉を放出する新しい打ち上げ方法もある）。この打上火薬の爆発の際に花火玉の延時用導火線に点火され、花火玉が最高点に達した頃、導火線から割火薬に着火される。花火玉の玉皮が爆発して、星が四方に放出されると、分散した星は燃焼しながら輝く火花のシャワーとなり、星に用いられる薬品の成分に応じた色とりどりの巨大な球状の模様を描く。「連発打上花火」に用いられる小型の花火玉の構造も原理は同じである。連発打上花火とは、小型花火玉ないし小型の「円筒形花火」を、まとめて同じ打上筒に入れるかわりに1つ1つ別の打上管に入れ、何本もの打上管をひとまとめにして長い導火線でつなぎ、連続して点火する打上げ方法である。打上管それぞれの底に打上火薬が充填されている。華やかな効果を生み出すために、最後の方は、複数の花火玉に同時に点火されるように設定し

ておくこともある。一方、「マイン」は基本的に地上に設置した花火玉が上へ発射されるもので、打上火薬が地上に設置された多数の星に同時に点火し、打上管からVの字を描くように星を放出する。連発打上花火と同様、マインもまとめて点火されることがある。

スモークボールおよびスモーク・ボム　粘土でできた玉の内部の空洞に塩素酸カリウム、乳糖、粉末染料の混合物を詰めたもので、点火すると、この混合物が低温で燃焼する。染料は火の粒子中に気化し、色付きの煙となって速やかに粘土玉から放出される。これらの仕掛けは通常花火店で販売されているが、それ自体では厳密には花火とみなされない。そのため、他の花火の販売が禁止されている州で販売しても違法とならない場合がある。

スナッパー　⇒下記の小項目「クラッカー」

スパークラー花火　針金を緩燃性の発光剤（金属性の花火成分）で覆った花火で、針金に沿って発光剤が燃焼する間、輝く火の粉が放出される。

回転花火　接地回転花火は、両端を閉鎖した筒に速燃性の花火成分を詰めたものである。筒の片端付近の側面に付けた導火線を通じて内部の花火成分に着火すると、導火線の穴からガスが噴出され、筒の中央を軸として、花火が地上で激しく回転する。空中回転花火、すなわち「ヘリコプター」は、片側に揚力を発生する羽根が取り付けられているため、花火が空中に上昇するが、なかには、内部に割

火薬を充填し、「星」または爆発音を放出するものもある。

ストロボ花火　花火の外殻には次の2つの花火成分が充填されている。1つは点火すると高い熱を発する成分、もう1つは、点火温度に達すると、繰り返し多数の眩しい閃光を生み出す成分である。

クラッカー　日本でクラッカーと呼ばれるこの花火は、アメリカで「パーティポッパー」「ポピット」「スナップ」「スナッパー」などさまざまな名前で呼ばれている。アメリカには花火の販売を禁じる州もあるが、クラッカーは法律上花火とみなされないため、ほぼ全国的に販売されている。プラスチックないしボール紙の容器の片端を薄紙の蓋で塞ぎ、中に紙吹雪や紙テープを詰めてある。また、内部に充填された少量の爆薬と、容器の外に伸びた糸がつながっている。この糸を引くと爆薬に点火されてポンという音が鳴り、蓋が吹き飛んで紙テープや紙吹雪を放出する（イギリスの「クラッカー」は、中に安価な装身具などを入れたボール紙の筒で、両端を引っぱると、同じ原理で中身が放出される）。ほかには、雷酸銀で覆われた砂粒を詰めた豆粒大のクラッカー、かんしゃく玉がある。この花火は固い地面に投げ付けたり勢いよく潰したりすると、砂の摩擦により爆薬に点火され、大きな爆発音を立てる。

風車花火　安定舵や安定棒が付いていない、あるいは頭部が円錐状になっていない複数の小さなロケット花火を可動円盤に円状に取り付けたもの。各ロケット花

火は導火線で繋がれ、最初のロケットの火薬に点火すると推力が生まれ、円盤が軸を中心にして風車のように勢い良く回転する。順々に導火線を伝って次のロケットに着火するため、円盤は回り続け、その間に色付きの火花のシャワーが放出される。

市販用花火に関するアメリカの法律 花火からは相当量の煙が排出され、また重金属や硫黄などの有毒物質を含む塵埃が飛散する。そのため、1990年の大気清浄法に則り、アメリカ環境保護庁の管理のもと、花火の利用を制限している州や自治体もある。だが、重金属による環境汚染規模を相対的に比較すると、石炭などの化石燃料を燃やして行う火力発電の方が、花火に比べてはるかに大きいという点には留意する必要がある。

　花火の販売を許可している州では、法律上認められる花火の種類、販売期間、花火販売者および購入者の最低年齢、花火の使用時期などを規定している。例えばノースカロライナ州では、スパークラー花火、噴出花火、スモークボール類、「ヘビ花火」、クラッカー、玩具ピストル用火薬に限り、通年販売が許可されている。だがその一方で、爆発性の花火や飛翔する花火、吹き出し筒物、ロケット花火ないしミサイル型花火は明確に禁止されている。ネバダ州ではほぼすべての市販用花火が許可されているが、同州の都市ラスベガスでは爆発性の花火は禁止され、7月4日のみ非爆発性花火の使用が許可されている。市販用花火のうち「安全で危険がない」種類の花火、すなわち爆発せず飛翔しない花火（スパークラー花火、噴出花火、接地回転花火、クラッカーなど）のみ販売するよう指導、あるいは許可する州もある。デラウェア、マサチューセッツ、ニュージャージー、ニューヨーク、ロードアイランドの各州では、すべての市販用花火の販売および使用が禁止されている。全米花火協会のウェブサイトには、花火に関する各州法の詳細が掲載されている。http://www.americanpyro.com/

花火の安全性 アメリカ消費者製品安全委員会は、1976年に市販用花火についての国家規格を定めた。この規定が採用されて以来、アメリカ花火協会の統計によると、アメリカにおける花火の消費量は、1976年に1万3,150トンだったものが2005年には12万7,500トンとなり、激増した。一方で、花火による負傷事故は、1976年には消費量約45トンにつき38.3件だったものが、2005年には消費量約45トンにつき3.8件となり、90.1％減少した。花火の負傷事故で最も多いのは爆竹によるもので（負傷事故のうち32％を占め、うち42％が違法爆竹によるもの）次いでロケット花火（負傷事故のうち15％）、スパークラー花火（10％）、噴出花火（7％）、回転花火および内筒打上（5％）、吹き出し筒物（4％）、再装填可能な打上装置および花火大会における事故（それぞれ3％）となる。市販用花火抑止連合によれば、2004年における花火負傷事故の62％が火傷によるものであり、負傷部位の42％が頭部、53％が四肢、21

％が目であった。また最も負傷者の割合
が多かった年齢層は、5歳から9歳まで
の児童であった。

　アメリカで起こった火災のうち、花火
を原因とするものは、通年で見れば毎年
1％以下であるが、独立記念日の祝日だ
けを見ると、花火を原因とする火災は、
ほかの原因による火災すべてを合わせた
よりも多い。

　個々の国々における花火の伝統につい
ては、各国の項を参照のこと。

パナマ

Panama
　⇒中南米とカリブ海諸島

『ハネムーナーズ』*

The Honeymooners
TV（1950 ～ 1970 年）

　アメリカで大ヒットとなりエミー賞
も受賞したシットコムドラマシリーズ。
1950 年にデュモント・ネットワークで
初放映され、その後 CBS の人気番組と
なった。ニューヨーク市のバス運転手ラ
ルフ・クラムデン役としてジャッキー・
グリーソン、下水道工事職に就く友人エ
ド・ノートン役にアート・カーニーを起
用。グリーソンの意欲作であるこのシリ
ーズは、ホラ吹きのクラムデンと豪快な
妻アリス（オードリー・メドーズ 1952 ～
1957、シェイラ・マクレイ 1966 ～ 1970）、
そしてエド・ノートンの妻トリクシー（ジ
ョイス・ランドルフ 1952 ～ 1957、ジェーン・
キーン 1966 ～ 1970）の口論の絶えない日

常を描く。打ち切りになっては復活し最
終的に 1970 年まで続いた。

　新年のシーンは「大晦日のパーティ」
（1953 年 12 月 26 日放映）1 話のみ。大晦
日に外出したくないラルフは、おそらく
外出したがる妻をひどく不愉快なやり口
で思いとどまらせようとする。しかし、
そこにドーシー楽団を運営するジミーと
トミー・ドーシーがやってくる。電話ボ
ックスに楽譜を忘れてしまったが、それ
をアリスが見つけて連絡したのだった。
お礼に二人がクラムデン夫妻とノートン
夫妻をスタットラーホテルに大晦日のゲ
ストとして招待すると、ラルフは手のひ
らを返したように大晦日の外出に乗り気
になる。当日、ラルフは上司に仮病を使
い仕事を休む。ところがその上司は大晦
日の晩を義母と過ごすのがいやで、義母
に嘘をつきスタットラーホテルに出かけ
る。ホテルでラルフと鉢合わせした上司は
嘘をついたと首を言いわたすが、妻に自
らの嘘を指摘されて考え直す。最後はみ
なが許し合い、ドーシー楽団の演奏に合
わせてダンスを楽しむ。36 分。

脚本：マービン・マルクス、ウォルター・スト
ーン、シド・ゼリンカ、レナード・スターン、
アンディ・ラッセル、ハーブ・フィン / エグゼ
クティブ・プロデューサー：ジャック・フィル
ビン / プロデューサー：ジャック・ハードル /
監督：フランク・サテンステイン /DVD：「大晦
日のパーティ」は「ハネムーナーズ・ホリディ・
クラシック」（*The Honeymooners Holiday
Classics*、MPI ホームビデオ）に収録されてい
る。ほかに「ハネムーナーズのクリスマスパー

ティ」「2台の所有車」「登録忘れ」を収録。110分。

バハーイー教

Bahá'í Fath

　バハーイー教は、19世紀の中葉にミールザー・ホセイン・アリー・ヌーリー（1817〜1892）が創始した宗教であり、この人物はアラビア語の名バハー・アッラーフ（アラビア語で「神の栄光」の意）を名乗った。バハー・アッラーフならびにその先人、バーブ（アラビア語で「門」の意）の名で知られる預言者セイエド・アリー・モハンマド（1819〜1850）は、救世主的預言者あるいは神が現し給う者とされていた。信徒数は世界で600万に上り、バハーイー教徒は、すべての宗教の根源は本質的に1つであり、人類は統一されるべきだと信じている。

　バハーイー教ではバーブの考案した太陽暦を用いており、ペルシア暦の新年で、春分の日周辺にあたるノウルーズ（あるいはナウルーズ）を祝う（⇒暦・バハーイー）。イランに住むペルシア系バハーイー教徒は、イランの非バハーイー教徒と同様に、ノウルーズをグレゴリオ暦の3月20日か21日あるいは22日にあたる春分の日に祝う。一方、イラン以外の国に住む信徒は、実際の春分の日がいつであろうと、ノウルーズを3月21日（この日は3月20日の日没とともに始まる）に祝う。バハーイー教では、春の訪れとともに生命がよみがえるため、春分は神の現し身を象徴するもので、イエス・キリストや預言者モハンマドと同様、バーブやバハー・ア

ッラーフも神の現し身だと固く信じている。この教義のため、ノウルーズは霊的な春を記念して祝うものとされる。

　ノウルーズはバハーイー教の9つの祝日の1つで、この日、信徒は仕事や学校を休み、祈りを捧げ、バハーイー経典を読み、音楽を奏で、ダンスをする。また、19日間の断食月がノウルーズの日に終わるため、住んでいる地域の習慣に従い、伝統的なお祝いの料理が供される。ペルシア系のバハーイー教徒は、ハフト・スィーンを用意するなど、イランの伝統に従うが、一般的には祝う方法に一定の規則はない。

　⇒イラン、暦・ペルシア、ノウルーズ

バハーイー暦

Bahá'í Calendar

　⇒暦・バハーイー

バハマ

Bahamas

　⇒中南米とカリブ海諸島

バビロニア

Babylonia

　⇒メソポタミア

バビロニア暦

Babylonian Calendar

　⇒暦・バビロニア

パラグアイ

Paraguay

　⇒中南米とカリブ海諸島

バリの暦

Balinese Calender

　⇒暦・バリ

パリ・パレード祭

The Paris Parade Festival

　⇒フランス

『パリ行き夜行列車』*

Night Train to Paris

映画（1964 年）

　大晦日の場面が出てくるイギリスの映画。大晦日に元戦略諜報局の職員で、今はロンドンに住むアラン・ホリデー（ラズリー・ニルゼン）を美しい女（アリツィア・ガル）が訪ねてくる。女は、ホリデーが第二次世界大戦のときの上官ジュール・レモワヌ（ヒュー・ラティマー）の使いできたという。ホリデーは、レモワヌのために防衛に関する最高機密を記録したテープをパリに秘密裏に持ち込むことに同意する。しかしレモワヌは殺され、ホリデーはいつのまにか危険な策略に巻き込まれていることに気づく。

脚本：ハリー・スポルディング（ヘンリー・クロス名で）/製作：ロバート・L・リペット、ジャック・パーソンズ/監督：ロバート・ダグラス/ジャック・パーソンズ・プロダクション、リッパート・フィルムズ社、Parroch/レイティングなし/白黒/DVD：20 世紀フォックス/65 分

「遥か遠き昔」

（オールド・ラング・ザイン）

"Auld Lang Syne"（「Old Long Ago」）

　別離を歌ったスコットランド民謡。哀愁を帯びたこの調べは、現在新年を迎える歌として広く用いられているが、スコットランドの国民詩人とされるロバート・バーンズ（1759 ～ 1796）によって世に広まった。バーンズはある老人がこの民謡を歌うのを聴いて、初めて「遥か遠き昔」を見いだし、この民謡がそれまで楽譜や活字にされたことがないことを知ったという。そして、もともとあった 3 節の歌詩に、同様のスコットランド方言による自作の 2 節を加えたが、そのうち 1 節は「We twa hae run about the braes（ともに丘を駆けめぐり）」から始まるそれであり、もう 1 つは「We twa hae paid'd in the burn（ともに小川で遊んだものだな）」から始まる節である。バーンズはこの歌を、スコットランド民謡の収集家でもあるエディンバラの音楽出版者ジェイムズ・ジョンソンへ送った。ジョンソンは民謡の収集にバーンズの協力を請いつつ、1787 年から 1803 年の間に 6 巻からなる『スコットランド音楽博物館』*（*The Scots Musical Museum*）を出版する。バーンズも 1796 年に死去するまで『スコットランド音楽博物館』の編集に携わり、これに 160 の自作の歌詞を提供した。バーンズ版の「遥か遠き昔」は彼の死後半年ほどあとに、『スコットランド音楽博物館』の第 5 巻に収められ初めて世に出た。初めジョンソンはこの民謡の発表を躊躇

したが、それは同じ歌謡集の中に、別の詩人アラン・ラムジー（1686～1758）による歌詞の付いたその旋律（現在親しまれている旋律ではない）がすでに収められていたからである。ラムジーの歌詞は「Should auld acquaintance be forgot（昔からの友を忘れられようか）/Tho' they return with scars?（傷を負って帰ってきたが？）」で始まる。この旋律は、最初はラムジーの歌詞に用いられ、バーンズの歌詞は別の民謡集『スコットランド歌曲集』*（*Original Scotch Tunes*、1700 年）で最初に発表されていたものだった。

「遥か遠き昔」の歌詞には複数の原形がある。その1つは 1568 年に書かれた民間伝承の物語詩「Auld Kyndnes Foryett」である。第2の出処として『スコットランド詩選』*（*Choice Collection of Scots Poems*、1711 年）に掲載、発表された、サー・ロバート・エートン（1570～1638）作の詩が挙げられる。後者の始まりは以下の通り。「Should auld acquaintance be forgot（昔からの友を忘れられようか）/And never thought upon（心に思い起こすこともなく）」第3の出処と考えられるのは、17 世紀末のストリートソングで、次の繰り返しを伴う。「On old long syne（遠い昔のことを）/On old long syne, my jo（愛しい人よ、遠い昔を）/On old long syne（遠い昔を）/That thou canst never once reflect（あんたは、いちども思い出すことはないんだね）/On old long syne（遠い昔のことをさ）」このような具合に元になった詩はほかにも存在する。

今日、一般的には第1節ならびに最初のコーラス部のみが歌われる。また第1節の最終行は、バーンズ作の歌詞「and auld lang syne（遥か遠き昔を）」から「and days of auld lang syne（遥か遠き昔の日々を）」に変わっている。

現在「遥か遠き昔」の曲として親しまれている旋律は、バーンズと同時代の音楽愛好家ジョージ・トムソンによって選ばれた。トムソンは当時、スコットランド民謡詩にふさわしい節を探す活動に従事していた。現在の旋律は、スコットランドで広く用いられたカントリーダンス音楽の1つと考えられている。ダンスの名称は複数あり、『スコットランドのリール』*（*Scots Reels*、1759 年）中の「粉屋の結婚式」、あるいは『ストラスペイ・リール』（*Strathspey Reels*、1780 年）中の「粉屋の娘」をはじめ、さまざまな名前で呼ばれている。トムソンは、『スコットランド精選歌謡集』*（*Select Scottish Airs*、1799 年）の中で、現在の節にバーンズの歌詞を付けて発表している。（その頃までに、バーンズは繰り返しの歌詞の「my jo（愛しい人よ）」の語を「my dear（友よ）」に置き換えていた。

アメリカでは、1929 年にガイ・ロンバルド・アンド・ヒズ・ロイヤル・カナディアンズと呼ばれるバンドが大晦日の夜のラジオ放送で「遥か遠き昔」を演奏し、この曲が世間に知られるようになった。これにより、「遥か遠き昔」はロンバルドの代表曲として認められ、新年を迎える祝いのテーマ曲として大いに広ま

った。

　世界のほかの国々を見ると、「遥か遠き昔」は日本、フィリピン、台湾で卒業の歌として用いられている。なお台湾では葬式の際にも、また日本では買い物客に閉店時間を知らせる際にも流される。さらに、ヨーロッパの多くの国々では別れの歌とされている。韓国国歌エグッカ（*Aegukga*）の歌詞は、安益泰（アンイッテ）により新しい旋律が作曲されるまで、「遥か遠き昔」の旋律に合わせて歌われていた。バージニア大学の校歌「ザ・グッド・オールド・ソング」や、ビジネス専門友愛会アルファ・カッパ・プサイの会歌も、この伝統的な旋律に、独自の歌詞を付けたものである。オランダのフットボールソング「我らオレンジを愛す ウェイ・ハウデン・ファン・オランイェ」、学生の苦労を歌った日本の歌「蛍の光」、フランスの別れの歌「ただの別れにすぎない」（Ce n'est qu'un au revoir）などもこの節で歌われる。

「遥か遠き昔」

1.　昔からの友を忘れられようか、
　　心に思い起こすこともなく。
　　昔からの友を忘れられようか、
　　遥か遠き昔の日々を！

コーラス：
　　友よ、遠き昔のために、
　　遥か遠き昔のために、
　　友情の杯を酌み交わそう、

　　遥か遠き昔のために。

2.　その一杯をきっと飲みほしてくれ！
　　わたしも必ず飲みほすから！
　　ともに友情の杯を酌み交わそう、
　　遥か遠き昔のために。

コーラス

3.　ともに丘を駆けめぐり、
　　雛菊をつんだあの頃、
　　けれどあれから、あの遥か遠き昔から、
　　互いに方々さまよい歩き、もう疲れ果ててしまった。

コーラス

4.　ともに小川で遊んだものだな、
　　朝日の頃から晩飯時まで。
　　けれどあれから、あの遥か遠き昔から、
　　我らの間を、轟く海原が隔ててしまった。

コーラス

5.　信ずる友よ、私の手がここにある！
　　友よその手を差しだしてくれ！
　　そして、ともに親愛の杯を飲みほそう、
　　遥か遠き昔のために。

コーラス

　1960年、フランク・ミリタリーとマン・カーティスが、この旋律をクリスマスと新年の思いを込めた独自の詩と組み合わ

せて「クリスマス・オールド・ラング・ザイン（遥か遠き昔のクリスマス）」を生み出し、同年この曲のレコードが、ティーンのアイドル、ボビー・ダーリンの歌でアトコ・レコード社からリリースされ、成功を収めた。ミリタリーは、かつてディーン・マーティンやフランク・シナトラの曲にもかかわったが、これ以外の大ヒットは知られていない。その一方、カーティスは「ザ・ストーリー・オブ・スターリー・ナイト（星降る夜の物語）」（1941年）や「レット・イット・ビー・ミー（わたしのままでいさせて）」（1955年）などの歌詞でも成功を収めた。

⇒ イギリス、ガイ・ロンバルド・アンド・ヒズ・ロイヤル・カナディアンズ

春の最初の新月祭り

First New Moon of Spring Festival

アメリカ先住民チェロキー族がアメリカ南東部からオクラホマ州の指定保留地へ強制移住させられる前、この部族は一年に13回の新月が巡ってくるたびに、季節行事としての祝祭を地域ごとに行った。このうち最初の新月祭りは、毎年行われる6つの主要な宗教的祝祭の1つにあたり、ほかの5つの祭りと同様、テネシー州のシティコ・クリークの下流に位置する古代の都チョータ、すなわちグレート・エチョータにおいて執り行われた。また一時的に、部族の首都であったジョージア州ニュー・エチョータにおいても行われたことがある。6つの主要な祭りのほかの5つは、グリーンコーンの前祭り、グリーンコーン祭り、大新月祭り、セメントレーション（リコンシリエイション）フェスティバル、イグゾルティング（バウンディング・ブッシュ）フェスティバルである。

春の最初の新月祭りは「草の萌える頃」すなわち3月の4日間にわたって行われ、新たな農耕周期の始まりを告げるものであった。主祭司と7氏族の族長の差配の下、次のような催しが行われた。すなわち、親睦のダンスや宗教的なダンス、鹿肉など猟鳥獣の肉による祝宴、水浴による浄化の儀式、祭りの第3日目の断食、すべての火を消したあと「四角い土地」あるいは集落の中心に聖なる火を新たにおこす儀式、主祭司に白い鹿革を贈呈する儀式などである。また、チェロキー族ならびに他の南東部の部族の間で健康に寄与するとされていた、「掻き傷の儀式」も行われた。この儀式では、男性や女性の四肢ないし胴体に、特定の数の深い掻き傷をつけたが、時には子どもにも浅い掻き傷をつけることがあった。

新年の挨拶には次の言い方がある。
・「アリヒリスディ・イツェ・ウデティヴサディシ（Aliheli'sdi Itse Udetiyvsadisv）」（チェロキー語）

バルバドス

Barbados
⇒中南米とカリブ海諸島

パレード

Parades

　古くから新年に行列やパレードをする例が世界各地で見られた。古代文明では、司祭がふだん奉納している神殿から神の像を運び出し、台に載せて通りを、または御座船で川を移動させながら民衆にお披露目した。人々が畏敬の念をもって見守る中、像はたいていほかの場所に移され、生贄を捧げられる。その後は新年を迎えるためのさまざまな儀式が執り行われる。最後に神を神殿に戻すための行列が行われた。また、新年の儀式で生贄に選ばれた者を祭壇まで連れて行くための壮麗なパレードを行った古代文明もあった。これらの儀式に関しては、それぞれの文明の項で詳しく述べている。

　今日でも、元日のパレードは古今東西多くの都市で広く行われている。文化や主要な宗教の習慣により異なるが、パレードを構成するのは、総指揮者またはパレード・クイーンとその側近、マーチングバンド、地域のグループ、クラブ、市民組織の念入りに装飾された色鮮やかな山車、アーティスト、芸能人、演技する芸人、地方および州の行政や政府の代表と有力政治家、地域で崇められている聖人、神、女神の像、国旗や愛国心を示す印を掲げる軍隊など。以下に現在行われているおもな新年のパレードを挙げる。

- ジョンカヌーのパレード⇒ジョンカヌー、中南米とカリブ海諸島
- ロンドン・ニューイヤー・パレード⇒イギリス
- パリ・パレード祭⇒フランス
- フィラデルフィア仮装パレード（項目参照）
- ローマの新年のパレード⇒イタリア
- ローズパレード（項目参照）
- サンフランシスコ旧正月フェスティバル＆パレード（項目参照）

　その他のパレードについては各国の項目を参照のこと。

バーレーン

Bahrain

　ペルシア湾の小さな島嶼国。サウジアラビアの東に位置する。人口の80%がイスラーム教徒で、うち70%がシーア派、30%がスンニー派である。少数ながらキリスト教徒、ユダヤ教徒、ヒンドゥー教徒、パールシー教徒も存在する。

　行政暦にはグレゴリオ暦が採用され、世俗的な元日は1月1日に祝う。一方、宗教的な祝祭はイスラーム暦に従って行われる（⇒暦・イスラーム）。第1の月ムハッラムの最初の10日間は、預言者ムハンマドの孫フサインの死を悼むシーア派教徒にとって重要である。祝祭は10日目に最高の山場を迎え、この祭礼はアーシューラーとして知られる。アーシューラーについては、イスラーム教の項で詳しく論じる（⇒イスラーム教）。一方、スンニー派イスラーム教徒には、このようにイスラーム暦の新年を祝う習慣はない。

　新年の挨拶には次の言い方がある。

- 「クッル・アーミン・ワ・アントゥ

ム・ビハイル（Kullu 'Aamin Wa Antum Bikhair）」アラビア語（公用語）

ハワイの正月
Hawaiian New Year

　かつてハワイ諸島をはじめとするポリネシアの先住民が信仰していた豊穣の神ロノを祝うマカヒキ（Makahiki：「目の動き」の意）が行われる。マカヒキという名称は、年に一度日没時に現れる、ハワイでナ・フイフイ・オ・マカリイ（Na Huihui o Makalii：マカリイ星団）といわれる星団にちなむ。この星団は西洋ではプレアデス（日本では昴）といわれる。伝説によるとハワイの人々の祖先はこの星団から地球にやってきた。そのためマカリイが見えたときがマカヒキつまり新年の始まりとなる。収穫期の終わりから始まるマカヒキの祝いは、夜の空にマカリイが見えなくなるまで、太陰暦で約4か月続く（10月～11月から2月～3月まで）。

　マカヒキは清めの時期であるから、政治抗争や戦争は休止し、ロノや他の神々へのホオプク（供物）を、島の各地域に建立したヘイアウ（神殿）と、各地の境界に置いたアフプアア（石の祭壇）に捧げる。司祭はアクアロア（タパ布と装飾品を長い棒につけたものでロノを表す）を携え、島を時計回りに練り歩き、各アフプアアでは土地の長がロノに供物を捧げ豊かな実りと多産を願う。領主に代わりコノヒキ（収税吏）も島をまわり、家畜、農産物、干し魚、ござを集めた。一方、祭りの楽しみとして、人々は心身を休め、神聖なフラダンス、歌、宴会、ボクシング、そりすべり、サーフィン、カヌー、リレー、水泳などの競技を楽しんだ。祭りが終わると、ロノはタヒチにある祖先の地に戻ると信じられていたので、ロノが次の年も島に来て実りをもたらしますようにと、供物をのせたワアウハウ（税のカヌー）を贈答品として海に流す習慣があった。そのあとに王が儀式に加わり、カヌーで一度沖に出て岸に戻る（ロノを模していると思われる）。岸にあがった王は、槍をもった「侵略者」の一群から身を守ることで次の一年も島を支配するにふさわしいことを証明しなくてはならない。

　伝説によると、ロノははるか昔に人間の姿をしてハワイを訪れている。一般に知られている18世紀のヨーロッパ人上陸よりはるか前のことである。事実、一部の歴史研究者は、マカヒキで行われるスポーツの形や徴税の方法は、かつてハワイを訪れたある旅人から伝わったと考えている。ロノ伝説には続きがある。いつかロノは「二層のカヌー」に乗って人間の姿で戻ってくるというものだ。「二層のカヌー」は立派な船舶と解釈される。じつはロノ伝説はジェームズ・クック船長（1728～1779）の死因ともされている。英国の探検家であり航海士であり地図製作者であったクック船長は、太平洋への3度目の航海（1776～1779）でヨーロッパ人として初めて訪れた島に、第4代サンドイッチ伯爵にちなんだ「サンドイッチ諸島」（ハワイ諸島）という名をつけた。1778年にこの諸島を初めて訪

れたクック船長が、たまたま 1779 年に再訪したのは、平和なマカヒキの期間だった。彼は数週間かけて諸島を時計回りに巡り最後にハワイの「大きな島」のケアラケクア湾から上陸した。この時計回りの航海にクック船長の帆船の帆、マスト、索具が神聖なるロノの装身具アクアロアに似ていたことが相まって、はじめ現地の人々はクックをロノの再来として神のように扱った。予言通りにロノが再来したと思われたのだ。マカヒキが終わるとクック船長は島を出ていった。しかしすぐに船の修理のために戻ってくると、人々の態度が急変した。ロノのはずのクック船長がマカヒキに続く戦いの時期に戻ってきたことがハワイの人々を怒らせたのだ。高まる緊張のなか口論がしだいに激化し、乗組員と現地人との戦いが勃発した。1779 年 2 月 14 日にクック船長はケアラケクア湾で殺害された。今では、英国所有となった約 1 平方 m の区画に白いオベリスクが記念碑として立っている。

1820 年にプロテスタントの宣教師が上陸し、多くの島民をキリスト教徒に改宗させてからはマカヒキをはじめとする伝統的な儀式はすたれていったが、途絶えたわけではない。今日はかつてほどの規模はないものの、島のあちこちで多くの土着のハワイ人が伝統を守ろうと努力している。例えば、11 月にはマウイ島のハレアカラ火山の麓に集い、ナ・フイ・フイ・オ・マカリイ（マカリイ星団）を見てからカホオクプ・ヘ・マカナケラ（Ka Ho'okupu He Makana Kela：贈り物を持ち込む）の儀式に入る。ハワイ固有の文化を守り伝える団体フイ・アイ・ポハク（文化伝承する者）がこの儀式を後援する。カウアイ島ではアロハ・インターナショナル後援のマカヒキ・フェスティバルが開催される。アメリカの感謝祭前の日曜日に始まり、次の日曜日まで続くこのフェスティバルでは、文化研究会、ハワイ式の宴会をはじめさまざまな催し物がある。モロカイ島では 1 月後半にカ・モロカイ・マカヒキ（Ka Molokai Makahiki）が、講演、水陸での諸活動、工芸品のワークショップ、スポーツ競技、伝統儀式などの終日続く一連の催しを開催する。

ハンガリー
Hungary

元日は 1 月 1 日。大晦日はシルヴェステルと呼ばれ、教皇シルウェステル 1 世（⇒聖シルウェステルの日）の名前の日。祭りムードの中、家族と友人が集い、夜を徹して家や街中でパーティをし、大きな音を立てて騒ぎ、音楽をならし、踊り、カードゲームで未来を占い、ボードゲームに興じ、ヴィルシュリといわれるウィンナーソーセージにホースラディッシュやマスタードをつけたものや、ベイグリといわれるクリスマスに作り置きしたクルミとケシの実の菓子パンといった伝統食を食べる。ブダペストのハンガリー国立歌劇場では、毎年、大晦日の舞踏会とコンサートが開催される。真夜中には全員が立ち上がって国歌を歌い、シャンパ

ンで乾杯し、さらに賑やかに新年を迎え
ようと通りに繰り出す。新年には豚肉、
レンズ豆、キャベツのスープを食べる伝
統がある。

広く信じられている迷信　前の年の最後
の日にどう過ごしたかで新しい年の出来
事が予測できる。

　新年にはじめてしたキスが互いに特別
な絆となって愛が進展する。

　祝福された新年が迎えられるように、
テーブルを祈祷書、財布、クリスマスに
あらかじめ種をまいておいた青麦の皿で
飾る（青麦は、農作物の豊作を願う豊穣の
儀式のなごり）。

　豊かで幸運でいられるように、元日に
はレンズ豆を食べる。

　甘いものを食べたときのような幸せな
気分で一年を過ごせるように、元日には
甘いものを食べる。

　幸運のために豚肉を食べるのは、豚が
前方を鼻で探るため。しっぽに一番御利
益がある。鶏肉と魚は食べてはいけない。
鶏は運を爪先でひっかき後ろに飛ばして
しまうし、魚は運をもって逃げてしまう
から。

　運をつかむために、誰よりも早くほか
の人に「よい年になりますように」とい
わなければいけない。

　元日に縫物をすると鶏卵に困らなくな
る。

　新年に煙突掃除夫に会うと運が開け
る。

　新年の挨拶には次の言い方がある。
・「ボルドグ・ウーイ・エーヴェト（Boldog

Új Évet)」ハンガリー語（公用語）
⇒煙突掃除夫、豚

バングラデシュ
Bangladesh

　かつては 1947 年にインドから分割さ
れ、東パキスタンと呼ばれたが、その後
1971 年に独立し、バングラデシュとな
った。国の宗教はイスラーム教で、人口
の 88% はイスラーム教徒である。大部
分がスンニー派で、宗教的な目的のため
にイスラーム暦を用いる。イスラーム暦
の元日は第 1 の月ムハッラムの第 1 日目
にあたる（⇒イスラーム教、暦・イスラーム）。
イスラーム教徒以外はおもにヒンドゥー
教徒であり、少数ながら仏教徒、キリス
ト教徒、その他の宗教も存在する。

　バングラデシュは修正されたバングラ
暦を用いているため、グレゴリオ暦の 4
月 14 にあたる第 1 の月ボイシャクの第
1 日目に、伝統的な新年ノボ・ボルショ
（Nabo Barsho）を祝う。元日はポヘラ・ボ
イシャク（ボイシャクの第 1 日）と呼ば
れている（⇒暦・バングラ）。新年の風習
や伝統については、隣接するインドの西
ベンガル州で見られるベンガル人と同様
のものを忠実に守っている。

　新年の挨拶には次の言い方がある。
・「シュボ・ノボ・ボルショ（Shubho
Nabo Barsho)」ベンガル語（公用語）
　⇒ インド

バングラ暦

Bangla Calendar

⇒暦・バングラ

『ピーターズ・フレンズ』*

Peter's Friends

映画（1992年）

　大晦日の場面が出てくるイギリスのコメディ映画。ケンブリッジ大学卒のピーター・モートン（スティーブン・フライ）と以前のクラスメイトたちが、ピーターが父から相続した豪邸で10年ぶりに集まり、新年を祝う。互いに変わっていったそれぞれの人生を振り返るうちに、ピーターが衝撃的な秘密を告白する。『再会の時』（The Big Chill、1983年）に通じる感傷を誘う映画。

　この映画は以下の賞を受賞している。イブニング・スタンダード・ブリティッシュフィルム最優秀女優賞（エマ・トンプソン、1993年）、ピーター・セラーズ賞コメディ部門（1993年）。またゴヤ賞ヨーロッパ映画賞部門（1994年）の候補となった。

脚本：マーティン・バーグマン、リタ・ラドナー／製作・監督：ケネス・ブラナー／BBC、チャンネル4フィルムズ、ルネサンス・フィルムズ、サミュエル・ゴールドウィン・カンパニー／R指定／DVD：PALフォーマット／101分

『病気の家』*

Sickness House

映画（2006年）

　大晦日のシーンがあるホラー映画。友人仲間が大晦日のパーティに集まるが、一人が致死的な病に感染していたために、パーティをしていた家に全員監禁されてしまう。

出演：ブルース・ボートライト、ヴァニカ・ブランドン、アマンダ・デッカー／製作：ニコール・アンドレス／監督：パトリック・ヒギンズ／オープン・インディペンデンス・プロダクションズ／ビデオ（N/A）

ヒンドゥー暦

Hindu Calendar

⇒暦・インド

ファーストナイト

First Night

　多くの都市において、市の後援で開催される公の祝祭の呼称。もともとアメリカで催されてきたが、他のいくつかの国々でも行われている。大晦日につきものの底抜けの大騒ぎの代わりとなる、アルコール抜きの家族向け行事であり、視覚芸術やパフォーマンスアートが公開される。

　ファーストナイトは、市民意識の高い芸術家らにより、ボストン市200周年祭のフィナーレとして1976年の大晦日に開催されたのが始まりである。こうして、年に1度、芸術の合同祝典を通じて近隣自治体が1つになるという新しい伝統が生まれ、この構想は多くの人々に歓迎され、他の都市や共同体にまで広がった。1993年には、世界じゅうでファーストナイトを認可し標準化する、民間非営利

組織、ファーストナイト・インターナショナルが設立された。

いずれのファーストナイトも、共同体、祝祭、新年、芸術の「4本の柱」で支えられており、博物館、劇場、教会、芸能センターなど屋内外の会場において、地元の芸術家、あるいは国際的に認められた芸術家を通して文化的また芸術的多様性が表現される催しである。大抵これらの芸術活動は都市の中心部で行われ、そのほかにも行列やパレード、花火大会などが行われる。ファーストナイト・ボタンというバッジを購入して身に付ければ、終日行われるすべての催しを観覧でき、これらの催しは新年が到来する真夜中に閉会する。

2005年には、アメリカ、カナダ、ニュージーランドの119の都市がファーストナイト・フェスティバルの開催を後援した。

フィジー諸島
Fiji Islands

南太平洋上のハワイとニュージーランドの間に位置する群島。旧イギリス植民地であり、1970年に独立を果たした。住民はおもにフィジー人（人口の51%、基本的にはメラネシア人でありポリネシア人とも混血した）、東インド系（44%）からなり、少数ではあるがヨーロッパ系、ポリネシア系、中国系の住民もいる。おもな宗教はキリスト教（人口の52%）、ヒンドゥー教（38%）、イスラーム教（8%）である。

国際日付変更線として知られる180度線（経度180度線）は、フィジー諸島内の3か所、すなわちバヌアレブ島のウドゥ・ポイント、タベウニ島のウルイガラウ山、そしてラビ島を通過している。だが実際には日付変更線がツバル諸島で東に方向を転じているため、フィジー諸島全体が日付変更線の西に位置し、線の東側の地域より時間が1日分遅れる。したがってフィジーは公式に、1月1日に地球上で最初に新年を迎える2つの国のうちの1つであり、もう1つの国はロシア（シベリア）である。それにもかかわらず、日付変更線が東に方向を転じているため、トンガおよびツバル諸島も日付変更線の西側に位置し、このことから、フィジーではなくトンガおよびツバルが世界で最初に新年を迎える国ではないかとの議論が生じている。一方これに対して、180度線との直接的な関係から、フィジーがこの地域で最初に新年を迎えるとの反論もある。

他の国に先駆けて21世紀と3千年紀を迎えたフィジーでは、1999年から一年にわたって数々の国際祝賀行事が行われた。一連の行事の最初に行われたのは、ウドゥ・ポイントのすぐ西にあるヴニコディ村での、経線の壁（ミレニアム・ウォールとも呼ばれる）の建設であった。日付変更線の位置を示すこの壁は、世界じゅうの人々が購入した石で造られ、それぞれの石には千年紀にふさわしいメッセージが書かれている。またウドゥ・ポイントには、7つの大陸の土を用いた丸

い陶芸品からなる、20エーカーに及ぶ国際ミレニアム平和像も建造された。像に用いられた陶芸品は、世界じゅうの学校の生徒や著名人、政府高官などによって装飾されたものだった。その収益は、土着の文化と民族の保護を目的とする団体（C.A.R.E and Cultural Survival）に寄附された。また、ナンディ国際空港にも、新たな千年紀を祝う恒久的記念像、ワールド・グローブが建てられた。このモニュメントは、平和のうちに共生する人々を表現したもので、2000年までの残り時間を知らせる計時表示でもあった。2001年の初めまで続いた、フィジーにおける他の祝祭には、次のようなものがある。「惑星地球と、その文化と環境を祝う」をテーマとして掲げた世界の音楽とダンス、芸術と文化の祭り。世界じゅうの宗教指導者を一堂に集めて「一致して、祈りつつ」祝う、宗教宗派を超えた世界賛美祭。フィジーの歌とエッセイコンテスト。

新千年紀を迎えた際、フィジーの首都スバではマルディグラ祭に似た祭りが開催され、ウドゥ・ポイントでも平和の灯火イベントが開催された。

フィジー絵画コンテストの受賞作品を使用した8枚のミレニアム郵便切手シリーズ「フィジー：新千年紀の始まるところ」が2000年1月1日に発行された。このうち4枚は5フィジー・ドル切手で、次の通りのデザインである。フィジーの主要3民族が手を伸ばしたデザイン（ジェーン・ボーグ作）、大型帆走

カヌーであるドゥルアの絵（ジョー・ナサウ作）、ブレ・カロウ（寺院）の横で儀式用のラリを叩く戦士のデザイン（ジョー・ナサウ作）、フィジー国旗と国際日付変更線のデザイン（マイロン・ウィリアムズ作）。ほかはすべてムニ・デオ・ラジ作のフィジー固有の動植物のデザインで、国の花であるタンギモウジア（学名 Medinilla waterhousei）、タテガミフィジーイグアナ（学名 Brachylophus vitiensis）、赤（あるいは「聖なる」）小エビ（学名 Parhippolyte uveae）、めったに見られないミズナギドリ（学名 Pseudobulweria macgillivrayi）の4種であり、切手の額面は10フィジー・ドルである。すべての切手に「Fiji」「Millennium 2000」の文字と額面が印刷されている。大きさはそれぞれ横35mm×縦27.22mmである。

毎年恒例の新年の祝祭としては、各リゾートホテルが1週間から1か月間までのさまざまな形の娯楽を提供している。フィジーの伝統的な火渡りが行われるのは主要島であるビティレブ島のリゾートホテルだけで、ここでは、熱い燠火ではなく熱した石の上を歩く。この行事に参加できるのは男性だけで、彼らは儀式の2週間前から性交とココナツを食すことを禁じられる。この行事では、伝統的なダンスや観光客のために行う短縮版のヤンゴーナの儀式も披露される。この儀式の完全なものは、高位の酋長のためにのみ行われる。カヴァの名でも知られるヤンゴーナは、胡椒科植物の根から作られた鎮静作用のある非アルコール系の飲み

物で、舌と唇を麻痺させる。ヤンゴーナの儀式はすべての社交および文化行事において行われ、共同体に属す人々が互いに親しくなるための仲立ちとなる。参加者は床の上に座り、タノア（ヤンゴーナを調合するための、手彫りの大きな木の鉢）に向かって車座になり、半分に割ったココナッツの殻にヤンゴーナを入れて飲む。見物人は、儀式中の定められた時に詠唱しつつ手拍子を取る。リゾートホテルでは、新年を祝ってアルコール飲料で乾杯することも可能だが、個々の村においてアルコール飲料は許されていない。さらに、この時期、村の女性たちが、ヴェイカケ・モリ（「オレンジ蹴り」）というゲームをする風習がある。このゲームに勝った者は、負けた者に新しい衣服を贈らなくてはならない。一方、敗者は返礼として勝者に対しヤンゴーナの儀式を行う。

　ヒンドゥー教徒の人々は新年の祝祭であるホーリーやディワリを祝い（⇒ インド、暦・インド）、イスラーム教徒はイスラーム暦の新年を祝う（⇒イスラーム教、暦・イスラーム）。

　新年の挨拶には次の言い方がある。
・「ハッピー・ニューイヤー（Happy New Year）」英語（公用語）
・「メ・ノムニ・ナ・マラウ・ニ・セガ・ニ・スク・デイ・ナ・ヤンバキ・ボウ（Me Nomuni na marau ni sega ni sucu dei na yabaki vou）」（「楽しいクリスマスと幸せな新年を」）フィジー語（公用語）
・「ナブ・バルシュ・キ・バダーイー（Nav

Varsh Ki Badhaai）」ヒンディー語（公用語）

フィラデルフィア仮装パレード
Philadelphia Mummers Parade

　アメリカのペンシルバニア州フィラデルフィアで毎年元日に行われる、趣向を凝らしたパレード。旧世界からの移民が、かつてヨーロッパで盛んだった仮装祭の伝統を新世界である北アメリカに持ち込み、そこから派生したもの（仮装の歴史の概要については⇒仮装祭）。

　1808年、市は公衆の迷惑になることを理由にクリスマスの仮装祭を禁止（1850年代に撤回）したが、労働者階級の人々はずっと、元日に住民が少ない郊外で仮装パーティを行っていた。この仮装パレードは「角笛の祭り」をはじめとするいくつかの古い伝統を起源とする。角笛の祭りはコスチュームをつけた何千もの人々が8番街と南通りで騒音を立てながら祝う祭りで、地区ごとに「新年の会」という地元の仮装クラブが結成され、祭りを運営していた。記録上最も古いのは1840年結成のチェイン・ギャング・クラブ、次が1876年のゴールデン・クラウン・クラブ、さらに1877年のシルバー・クラウン・クラブなど、多くのクラブが後を継いだ。そのようななか、劇場のプロデューサーであり広告代理業にも携わっていたバート・H・マクヒューが、それぞれの地区の祭りを統合しようと市にかけあい、毎年のパレードの後援を受けることになった。こうして1901年1月1日に公式な第1回仮装パレードが開催

され、これが合衆国最古の民衆参加型パレードとなった。市ははじめコミック（道化と滑稽者）とファンシー（意匠を凝らしたコスチューム）の2部門の最優秀クラブへの賞金を提供した。そのあとすぐに3つ目の弦楽団部門としてトリルビー・バンドが組織され、1902年に初めて行進した。しかし、この部門に賞ができたのは1906年のことだった。初期の名物は、顔を黒く塗り、大袈裟な面白い歩き方をするケーキウォークを真似るといったさまざまな民族のパロディだった。ケーキウォークは19世紀のアフリカ系アメリカ人のダンスで、当時はやっていた社交界のダンスをわざと誇張したものだった。伴奏もアフリカ系アメリカ人的で、1879年にジェイムズ・ブランドが書いた「オー！　デム・ゴールデン・スリッパズ」はその1つであり、パレードのテーマソングとして人気を博した。

今日では1万から1万5,000人のさまざまな世代の人々が次の4部門に参加している。コミック部門（道化と、政治や社会問題など日常を風刺の目で表現したフロート）、ファンシー部門（凝った衣装に身を包む、3人組、子ども、個人、キャプテンなどのカテゴリ別の人々と、ブラスバンドの伴奏がついた華やかなフロート）、弦楽団部門（衣装を着てバイオリン、コントラバス、サックス、バンジョー、アコーディオン、パーカッションを演奏する18団体。ファンシー部門と違い、この部門では管楽器は使用できない）。4番目は「ファンシー・ブリゲード」で、同じように凝った衣装

のキャプテンを中心に、35人を超える参加者がテーマ曲に合わせて波のうねりのような動きで行進したことを起源にする部門。1990年代後半、この部門の演技はフィラデルフィア・コンベンションセンター内で行われるようになり、観客の数が制限されたものの大規模な舞台装置を用いた目も眩むような演技ができるようになった。

それぞれのクラブは贅沢な衣装に必要な資金集めをする。例えば、平均64セット必要な弦楽団の衣装には3万〜8万ドルがかかり、キャプテンの衣装だけでも1万ドルを要する。それぞれの部門の優勝団体には、現金で35万ドルが贈られる。

1960年代に公民権運動が起こり、数十年の伝統をもつ顔を黒く塗る参加者がいなくなり、圧倒的な数だったアフリカ系アメリカ人の団体の参加がその時期には見られなかった。1987年にオクタヴィアス・V・ケイトー・ストリング・バンドが戻ってからは、アフリカ系アメリカ人の参加が増えていった。また1975年まではパレードへの女性の参加は禁じられていた。

フィラデルフィア仮装パレードは1日がかりで行われ、パレードの総距離は当初4kmであったが、観衆の減少により現在は10ブロックに短縮された。テレビで手軽にパレードが見られるようになったため、20世紀中頃には200万人だった観衆は21世紀を迎える頃には25万人に減少した。

フィリピン

Philippines

　元日は1月1日。最も盛り上がりを見せるのは大晦日で、人々はパーティで浮かれ騒ぎ、多くの花火が打ちならされる（国内では年間を通して花火の製造販売は違法とされている）。にぎやかな喧騒のなかでも花火はとくにやかましく危険である。最も出回る花火はスーパー・ロロ（タガログ語で「超人じいちゃん」の意）ブランドのもので、基本的に手榴弾のように使用される。爆音で一時的に耳が聞こえなくなるほか、毎年の大晦日には暴発によりマニラ市内だけで100人以上が指をなくす。この時期に国内の大都市で通りに出ることは危険をともなう。若者が面白がって地元民も外国人もお構いなしに爆竹を投げ付けるばかりか、警官、警備員、兵士が狙いをさだめず実弾で祝砲をあげるため、流れ弾に当たる人が珍しくない。公式な打ち上げ花火もあり、リサール公園からはマニラ湾からの打ち上げ花火を楽しむことができる。

　また、通りでタイヤを焼くのも大晦日の伝統で、どの都市も煤を含んだ真っ黒な煙で覆われる。

　街じゅうが危険なほどの祭り騒ぎになるなか、各家庭では万難を排し、大晦日の真夜中から始まる元日の丸1日を家族で過ごそうとする。これはこの時期に家族が揃うと残りの一年もずっと共にいられるという験担ぎである。また家の掃除をして、真夜中に食べ物がふんだんにあれば新年は食べ物に困らないとされ

ているためメディア・ノーチェ（Media Noche：スペイン語でおおまかにいうと「真夜中の軽食」の意）といわれる祭りの御馳走を食べる。メニューはレチョン（豚のロースト）、アドボ（酢と香辛料で煮た鶏肉か豚肉。地域によってレシピは多様）、カレカレ（すったピーナツと飯でとろみをつけた濃厚なソースで煮込んだ牛肉）のようなフィリピン料理に限らず、何世紀にもわたりフィリピンに影響をあたえているスペイン文化と中国文化を反映した料理もある。一般的にスペイン料理は祭りなどの特別な時のための高級料理と考えられている。そのためよく食べられるのはエンプティードとマルコン（2種の肉巻き）とレリエノン・マノック（ポークソーセージと卵を骨抜きの鶏肉に詰めたもの）。中国料理ではパンシット（こってりした麺料理）とルンピア（米粉の皮で巻いた野菜）がよく食べられている。デザートはレチェ・フラン（材料は卵とコンデンスミルク）やイエマ（卵黄のキャンディ）など、さらにスペインの影響が色濃く見られる。豊かでない階層はデザートに生の果物、ウベ（甘い山芋）、マカプノ（ココナツの甘い果肉）などの地元のものを食べる。中国と現地の料理では、デザートにさほど重きをおかない。

　メディア・ノーチェのほかに真夜中の習慣にはにぎやかな音がある。教会の鐘、サイレン、発砲、花火、港の船舶の汽笛などのほか、人々が鍋釜を叩き車に空き缶を結び付けて通りを走り回るなど、ありとあらゆる騒音が鳴り響く。また、家

族の真夜中のパーティでは、主が大人から小銭を集めて子どもたちを呼ぶ。主が小銭を投げると子どもたちはこぞって拾う。これはメキシコのピニャータを思わせる習慣である。

多くのフィリピン人がローマ・カトリック教徒なので、大晦日の真夜中や元日にはミサに行く習慣がある。中国人は中国の太陰暦に従って春節を祝う（⇒暦・中国、中国）。

そのほかの新年の迷信　よく知られる迷信に根差した習慣が多くある。スペインの伝統に則り真夜中に幸運を願ってブドウを12粒食べる。1粒ずつが新年のそれぞれの月にあたる。

メディア・ノーチェには果物や卵など丸い物をたくさん食べる。丸い物は富を象徴する硬貨を表す。

真夜中に家じゅうの電気をつけるとその一年が明るくなる。家じゅうの扉と窓を開けると幸運が入ってきて悪運が出ていく。

真夜中に子どもたちが何度かジャンプすると新しい年に背が伸びる。

真夜中に財布に金がある、またはポケットで硬貨がじゃらじゃら鳴っていると豊かな年となる。

大晦日に起きた出来事で新年の運勢が決まる。また元日に起きた事象で運勢を見ることもある。例えば元日が晴れていればよい年で、雨なら悪い年。

真夜中に最初に聞こえた動物の声で新年がどのような年になるかが決まる。例えば牡牛は草を食べるので豊かな年を約束する。鶏は脚で逆向きに地面を蹴るので貧しい年となる。

水玉模様の服を着ると新年に富を得ることができる。水玉は硬貨を表す。

元日に服を洗うのは、旧年に亡くなった家族の服を洗うことに等しい。

新年の挨拶には次の言い方がある。

・「マニゴング・バゴング・タオン（Manigong Bagong Taon）」タガログ語（「新年おめでとう」）
・「マサガナン・バゴン・タオン（Masaganang Bagong Taon）」タガログ語（「よい年になりますように」）

フィンランド
Finland

元日は1月1日。新年の祝いは大晦日にサウナへ行くことから始まるが、これはフィンランドのあらゆる祝い事に付き物の習慣である。サウナのあと、家族や友人が集まって大晦日の晩のパーティを行う。この際の伝統的なメニューは小ぶりのソーセージ、冷たいポテトサラダ、シャンパンである。こういったパーティでは、新年の誓いを立てたり、行く年や来る年について語ったり、新年の運勢を占うさまざまなゲームをしたりすることが、長年にわたる伝統として確立されている。水を張ったバケツに溶かした錫を注ぎ込んで冷やし、固まった錫を壁の前に掲げて、壁に映った影の形で占いをするという遊びが広く行われている。影が車や船や飛行機の形であれば旅の前兆とされるが、影が棺の形をしている場合は

変事が起こる。また大晦日の人気テレビ番組である、イギリスの短いコメディ映画『ディナー・フォー・ワン』が放映される（⇒『ディナー・フォー・ワン』）。

夜の祝祭行事の大部分は花火であり、個人的なものから都市をあげての花火大会までが開催される。多くの都市では趣向を凝らした集会が催され、音楽の演奏や、市の重要人物ないし聖職者のスピーチなどが行われる。教会では新年礼拝が執り行われ、真夜中に鐘が鳴らされる。ヘルシンキでは、元老院広場で行われる大晦日の国民的なパーティがテレビ放映される。

元日は、平穏にくつろいで過ごし、大統領の年頭挨拶のテレビ中継を観るのが習慣である。

新年の挨拶には次の言い方がある。
・「オンネリスタ・ウーッタ・ヴオッタ（Onnellista Uutta Vuotta）」フィンランド語（公用語）

プエルトリコ
Puerto Rico
⇒中南米とカリブ海諸島

豚
Pig

イギリス、北ヨーロッパ、イングランド系アメリカ人の間で新年の幸運、富、恵みの象徴とされる。これは複数の神話に起源をもつ。その神話の1つに出てくるフレイヤはゲルマン民族の豊穣の女神で、猪に乗って空を駆ける。ゲルマンの諸民族は彼女のために猪を生贄として捧げる。別の神話に登場するデメテルは、ギリシアの農耕の女神。その儀式では、豚の粘土像を奉納する。ギリシア神話のゼウスは豚の乳で育ち、ゼウスのために豚が生贄とされる。エジプトの天空の女神ヌートは第3中間期（第21～25王朝、前1070～前657）には子豚に授乳する雌豚の姿で描かれた。ケルトの海の神マナナンは魔法の豚の群れを飼っていた。人間に食べられても次の日にはまた現れるこの豚は、豊饒の象徴となった。アメリカ先住民は豚には雨をもたらす力があると信じていた。十分な雨は十分な穀物をもたらし、十分な穀物は繁栄をもたらす。こうして神話とともにその多産性、また比較的飼育に手間がかからないことから豚は富と幸運の象徴とされるようになった。年の初めは幸運を求めるのに絶好の時であり、幸運の元である豚肉を食べることが運を手にするための最良の手段である。

豚のお守りは以下に挙げるように多様である。ブレスレット、吹きガラスのクリスマスツリー飾り、マジパンやキャンディ、おもちゃ、貯金箱、カード。19世紀後半から20世紀前半にかけて、ヨーロッパの新年のカードには幸運の豚が、四葉のクローバー、財布、馬蹄、煙突掃除夫、ベニテングダケ（学名 Amanita muscaria）という毒キノコなどの幸運の印とともに描かれていた。ベニテングダケは幻覚作用があり、さまざまな文明において、シャーマンが神との交流のために

368　フタン

謎めいたトランス状態を引き出そうと少量を使用した。今日、ドイツ人などのゲルマン系の人々の間では、ついているときに「豚を持っている」という表現が使われる。

　　⇒煙突掃除夫

ブータン
Bhutan

　ヒマラヤ山脈中、中国とインドの間に位置するアジアの国。公式な宗教はチベット仏教に類似した、タントラ教の影響を受けた大乗仏教であり、人口の75％が信仰している。ほかには、おもに南部に居住するヒンドゥー教徒（ネパールからの移民の子孫）、そして、少数ではあるがボン教（ヒマラヤのアニミズム信仰）徒などがいる。

　ブータンでは2種類の暦が採用されており、行政暦にはグレゴリオ暦が、また宗教的祝祭や祭日の計算には、伝統的な暦が用いられる。この伝統的な暦は、30日からなる12の月によって一年が構成され、実質的にはチベット暦と同じであるが、各月の初日を新月に合わせるための欠日や余日の日付がチベット暦とは異なる（⇒暦・チベット）。さらに、暦上の日、月、年は、占星術的な計算に基づいて吉凶に分類されている。例えば各月の第4日は吉日であるが、これはおそらく仏陀がこの時に悟りを開いたからとされている。また各月の第2、第8、第14、第20、第26日は、旅には縁起の悪い日である。同様に、来るべき年における最も縁起の良い日も占星術によって決定されるが、翌年も同じ日に当たるとは限らない。

　ブータンの新年はロサル（Losar）と呼ばれ、グレゴリオ暦の2月ないし3月頃にあたる。弓が国技であるため、新年には村対抗の弓技大会を楽しむ慣習がある。大会の前夜には、各チームの雇った占星術師が、相手チームに呪いをかけたり、自チームに幸運を招く儀式を執り行ったりする。儀式の中には選手が納屋や森で眠るという習わしもあるが、情交は覇気を鈍らせるため、決して妻と寝てはならない。大会の間は各チームが多量のアルコールを摂取し、そのため敵同士が互いに卑猥な言葉をかけ合ったり、敵の射手の注意を逸らそうと的の前でダンスをしたりするようになる。弓技場の外側では、村の女性応援団が自チームを応援する歌を歌ったり、敵チームに野次を飛ばしたりする。

　仏教には食事に関する戒律があるにもかかわらず、ブータン人の完全な菜食主義者はごく僅かであり、祝日には主食である米や芋に加え、肉の入った料理も供される。祝日料理の例としては次のようなものが挙げられる。ブータンの代表的料理であるエマダツィ（青唐辛子のチーズ煮込み）、パクシャパー（干し豚脂と大根の唐辛子煮込み）、ゴンドマル（バターで炒めたスクランブルエッグ）、豚肉とほうれんそうの煮込み、豚肉入り米麺、ジャシャマル（ニンニクとバターをきかせた鶏の煮込み）、モモ（肉やチーズを詰めた

餃子）、ツァンパ（大麦ペーストのロースト）、ダルバート（米飯、レンズ豆、野菜の付け合せ、漬け物、カレー）、アルコール飲料、茶、まれにコーヒーなど。

　南部に居住するネパールからの移住者の子孫は、新年を4月に祝う（⇒暦・ネパール、ネパール）。

　新年の挨拶には次の言い方がある。
・「タシ・デレク（Tashi Delek）」ゾンカ語（公用語）

二日酔い
Hangover
　⇒飲酒

仏教の暦
Buddhist Calendar
　⇒暦・仏教

『ブック・オブ・ライフ』
The Book of Life
映画（1998年）

　アメリカおよびフランスのコメディ映画。大晦日のシーンがある。再臨を冒瀆的に描いたこの作品では、イエス・キリスト（マーティン・ドノヴァン）が1999年の大晦日、すなわち千年紀の変わり目に、なまめかしいマグダラのマリア（P・J・ハーヴェイ）を伴ってニューヨークに降臨する。二人はサタン（トーマス・ジェイ・ライアン）とこの世界の魂をめぐって議論し、その際、キリストが人類の魂は救うに足るのかと思い悩む。
脚本・監督：ハル・ハートリー／製作：シモン・アルナル、カロリーヌ・ベンジョー、ジェローム・ブラウンスタイン等／製作会社：オート・エクール、ラ・セット‐アフティ、トゥルー・フィクション・ピクチャーズ／指定なし／DVD：フォックス・ローバー／63分

『フューチュラマ』
Futurama
TV

　1999年にテレビ放映が開始されたSFアニメーション・シリーズ［現在は終了］。エミー賞を受賞した。ピザの配達人フィリップ・J・フライは1999年の大晦日に、たまたま極低温貯蔵室に落ちてしまい、ちょうど1,000年のあいだ冷凍されてしまう。解凍されて新しく生き直すチャンスを得たフィリップは、宇宙全域に荷物を輸送する未来の運送サービスの仕事を手に入れ、窃盗癖を持つロボット、ベンダーとも仲良くなる。
声優：ビリー・ウェスト、ケイティ・セイガル、ジョン・ディマジオ、フィル・ラマール、トレス・マクニール、デヴィッド・ハーマン、ディック・クラーク、レナード・ニモイ、ブライアン・オファット、キャス・スーシー／製作：マット・グローニング／脚本：マット・グローニング、デヴィッド・X・コーエン／監督：リッチ・ムーア、グレッグ・ヴァンゾ／グレーシー・フィルム、トゥエンティ・センチュリー・フォックス、キュリオシティ・カンパニー、ラフ・ドラフト・スタジオ、TMSエンターテイメント、東京ムービー新社／テレビPG指定／DVD：フォックス・ホーム・エンターテイメントより1～4巻（ディスク15枚に72話を収録）／1話30分

冬の儀礼

Winter Ceremonial
「ウィンターダンス」

　合衆国とカナダの北太平洋岸に住むアメリカ先住民が行う儀式。ベラクーラ、コモックス、クララム、ハイダ、クワキュートル、ルクンゲン、ヌートカ、パントラチ、クウィラユーテ、サーニッチ、トリンギット、ツィムシアンなどの部族である。これらの部族は一年を半分に分ける。さまざまな霊と楽に交流できると信じられている儀式的、霊的な冬と、現世的な夏である。これらの部族は季節に応じて異なる名前を使いわける。

　部族によって個々の儀式は異なるが、冬の儀礼のテーマは、古代の部族の祖先にまつわる半宗教的な物語や伝説を表したダンスで、祖先たちは多くの霊獣と出会って超自然的な力を得たとされる。こうした生き物から祖先たちが教わったことが、伝統的、儀礼的なダンスや歌として子孫に伝えられ、冬の儀礼で祖先や霊獣たちを演じる権利が受け継がれてきた。家系のそれぞれの祖先を演じるのは一度に一人ずつだが、同じ霊獣に出会った祖先をもつ人々は同じダンスの秘密結社に組み入れられ、同じダンスを踊る。秘密結社に欠員が生じた場合のみ、新しいメンバー（性別は演じる霊による）が冬の儀礼に加わることができる。メンバーの選出は一族の長によって決められる。イニシエーションの儀式では、それぞれの霊獣が自分を演じる入会者を「誘拐」し、一定期間隔離して、さまざまな儀式

の権利を授けてから帰すといわれている。霊は儀式のダンスと歌、それぞれの霊を模した仮面の正装を通して入会者に乗り移り、祖先が最初に体験した出会いを再現する。

　冬の儀礼に参加する人々は大きく2つのグループに分かれる。部族の観客とシャーマンである。部族の観客は秘密のダンス結社に入会していない人々なのに対し、シャーマンはかつて入会をすませた人たちで、さらに「アザラシ」と「スズメ」の2つのグループに分けられる。「アザラシ」たちは50以上の異なる霊に扮する者。「スズメ」たちは儀式を司る。スズメはすべて元はアザラシである。

　部族の中で、最も劇的な霊は人食いのパパカラノシワ（バフバクアラヌフスィウェという綴りもある）、つまり「河口の人食い」で、有名なクワキュートル族のダンス結社ハマツァ（「食べる」意の h'map から）が演じている。目に見えぬ生き物パパカラノシワ は、暗い、北の果てに生き、風のように速く、体にあいているたくさんの穴が口となって口笛を吹く。彼のしもべとなる霊には、生贄の目をつついてくりだす味見役のワタリガラス、クワカァクァラノシウィ、人食いが食べる人間の死体を手に入れてくる女で、ほかに食料がないときには自分の腕をかませようとするクエンカラトルル、生贄の頭蓋骨を砕く怪鳥ホフグ、生贄の肉を引き裂くハイイログマのナンスタリル、巨大な鳥カロキュツイスがいる。ハマツァに入会するのはふつう若い男で、ダンス

結社が秘密組織であるため、クワキュートル族がカニバリズムの儀式を行っているかどうかが論争になっている。

人食いの起源を説明する伝説はじつにさまざまだが、どれも村人が謎の失踪を遂げる話と関連している。ある一家の娘が姿を消し、三人の兄が捜索を始め、煙突から色のついた煙が出ている奇妙な家に行きついた。そこで娘は幼い子どもを揺らしていて、子どもは兄の一人が捜索中に負った脚の傷からしたたる血を求めて泣き叫ぶ。帰宅したこの家の主、人食いパパカラノシワを見て兄たちは逃げ出したが、人食いは追いかけた。一連の嘘やごまかしによって、兄たちは人食いと子どもを殺し、妹の命を守り、ツェツェカ（「秘密」または「策（tricks）」）について知る。これは人食いと随行者の仮面、ダンスの衣装、歌をまとめて指す言葉である。こうしてツェツェカはクワキュートル族の間で冬の儀礼と同義語になった。

ハマツァの入会者は、11月から4日間の清めの儀式を行い、その後人食いにされるように、ハマツァ結社のメンバーたちに象徴的に誘拐され、秘密の場所にある森の中に匿われて、結社の秘儀を教えられる。隔離される期間については、文献によって矛盾がある。4日という説もあれば、4か月という説もある。戻ってきた入会者は、人食いの粗暴で恐ろしい霊が「乗り移った」状態で、赤いシーダーの樹皮（トウヒの枝という説もある）でつくった輪で頭、首、手首、足首を飾り、自分の意志では誰もやらないような行動をとる。例えば、物を破壊したり、観客にかみついて「食べ」（たということになっている）たり脅したりする。人食いのしもべたちは森に待機して、風のように飛び回る人食いを象徴する口笛を吹いてから、ハマツァの新人を「つかまえ」て征服する。その後に長い清めの儀式が続く。ほかの霊に扮した人々も、「誘拐」されたり乗り移られたり（人食いにされるほど劇的ではないが）と、同様のイニシエーションを経験する。隔離の期間は霊により異なる。

冬の儀礼にはポトラッチ（potlatch）も含まれる。これは、主催者が観客にご馳走や贈り物を振る舞い、とくにハマツァのダンサーがかみついた観客には手厚いもてなしをして償う。ポトラッチはすべての儀式で行われ、地位の象徴として財産が分配され、受け取った者が自分でポトラッチを開くときに贈り物を返すことが多い。冬の儀礼ではそのほかに、結婚や儀式の借金を支払う、家を建てて落成式を行う、名前や称号を与える、トーテム・ポールを立てる、亡くなったメンバーを追悼して後継者を決める、などが行われる。

冬の儀礼のきわめて複雑な儀礼や神話、そのほかのアメリカ先住民の文化については、北アメリカ先住民の研究者カーティスが詳述している。

ブラジル
Brazil

　⇒中南米とカリブ海諸島

フランス
France

　元日は1月1日。フランスでは1582年にグレゴリオ暦が採用されたが、それ以前はユリウス暦が用いられていた。当時は公式にイースターから一年が始まるものとみなされており、イースターが移動祝日のため、これに近い4月1日に新年が祝われた。だが16世紀中、西ヨーロッパの多くの国々が、グレゴリオ暦を採用するよりも前に、まず通算年の最初の日を1月1日に移し、ユリウス暦と一致させた。シャルル9世の治世下にあったフランスでも、それに倣って1564年に元日を1月1日に移したが、なかには変更に反対して4月1日に悪戯をしたりふざけた贈り物を贈り合ったりする者もいた。この日は現在ポワソン・ダブリル（Poisson d'Avril：「4月の魚」の意）として祝われ、アメリカのエイプリルフールと同様のことが行われている。

　大晦日はフェット・ドゥ・サン・シルヴェストル（Fête de Saint-Sylvestre）と呼ばれ、教皇シルウェステル1世（⇒聖シルウェステルの日）の埋葬を記念する日である。クリスマスに集った家族や友人が再び集まり、ル・レヴェイヨン（le réveillon：「目覚め」）と呼ばれる豪華な祝宴を開く。この伝統的な食事は、地域によって大きく異なるが、15品もの料理が順に供されることもあり、しばしば明け方まで続く。食卓には牛肉、羊肉、家禽肉、鹿肉、さまざまな魚介類、果物、ペストリー、パテ、チーズ、パン、キャンディー、サトルティ（糖菓でミニチュアの城や聖書の場面、動物などを象ったもの）、ワインなど幅広い種類の料理が並ぶ。アルプス地方では、大晦日の夜スキーヤーの松明行列が山を滑り下りるのが一般的であり、ル・レヴェイヨンには牛肉やエスカルゴ（カタツムリ）添えのオムレツが供される。ブルターニュ地方ではそば粉のケーキとクリームが、ブルゴーニュ地方ではセイヨウトチの実を詰めた七面鳥が、定番の料理である。プロバンス地方ではロブスターや雄肉、羊肉に加えて、キリストと12弟子を象徴する13のデザートが並ぶ。パリおよびイル・ド・フランスではハーフシェルの生牡蠣、パテ・ド・フォアグラ（鵞鳥のレバーパテ）が好んで供される。祝宴のほかに、パリのクラブやキャバレーに出かけたり、セーヌ川のディナークルーズやパリ国立歌劇場での特別公演を楽しんだりして過ごすこともある。ミディピレネー地方では、夕拝に出席したあとに松明行列でブドウ畑まで赴いて真夜中にブドウを摘む慣習がある。ほかには山でスキーを楽しんだり、中世の城で催される行事に参加したりする人々もいる。

　大晦日の真夜中になると人々は花火で新年を迎え、シャンパンで乾杯し、自動車の警笛を鳴らし、新年の誓いを立て、ヤドリギの下でキスを交わす。ヤドリギ

の下でのキスは、クリスマスよりも新年に行われることが多い。

ル・ジュール・ドゥ・ラン（Le Jour de l'An：元日）には、人々はおもに家族を訪問する。また、商売人が顧客に無料の商品サンプルなどを贈り、その返礼としてワインや現金などの心づけを受け取る慣習がある。家庭内の使用人はこの日に季節の特別手当を受け取る。また子どもたちではなく大人たちがカードやエトレンヌ（étrennes：贈り物）を交換する。エトレンヌという語は、ラテン語のストレナエ（strenae）、すなわち古代ローマの農神祭（サトゥルナリア）期間中に女神ストレニアへ奉げられた供物を意味する語から生まれた。そのため元日はジュール・デ・エトレンヌ（Jour des Étrennes：「贈り物の日」）とも呼ばれる。家族や友人の間で交換される典型的な贈り物としては、菓子、花、果物などが挙げられる。

パリ・パレード祭　この祭りは1992年に始まって以来、毎年大晦日の1、2日前から元日までの間、おもにパリとシャンティイにおいて開催される。祭りの中心はシャンティイで行われるグラン・パラード・ド・シャンティイであるが、一方、フェスティヴァル・デ・ムジケ・デュ・ヌーヴェラン（旧名はグラン・パラード・ド・パリ）は、パリ・グラン・ブールバール、モンマルトル、パリ・ディズニーランドなど、パリ市内のいくつかの場所を会場とする。通常、この祭りはシャンティイのグラン・パラードに始まり、その後、元日にはパリに場所を変えて、エ

ッフェル塔の足下にあるトロカデロ広場でフェスティヴァル・デ・ムジケが開催され、アメリカ屈指のマーチングバンドをはじめとする世界的なパフォーマーを招いての公演が行われる。

新年の挨拶には次の言い方がある。

・「ボナネ（Bonne Année）」フランス語（公用語）

『ブリジット・ジョーンズの日記』

Bridget Jones's Diary
映画（2001年）

イギリスおよびフランスで製作されたロマンティック・コメディ映画。大晦日のシーンが出てくる。ロンドンで働く30代のぽっちゃりOLブリジット・ジョーンズ（レネー・ゼルウィガー）は、ヘビースモーカーな上に食べ過ぎ飲み過ぎという悪癖のせいで、すっかり「悲惨な独身女」となっている。自分の人生をコントロールしようという新年の誓いを立てた彼女は、断固として「ふしだらなセックスの女神」に変身するため、完全に嘘偽りなく綴った日記をつけ始める。そんな中、上司のダニエル・クリーヴァー（ヒュー・グラント）との関係が進展する一方で、ブリジットは幼馴染のマーク・ダーシー（コリン・ファース）にも目を向ける。

この作品は数々の栄誉に輝き、アカデミー賞主演女優賞にノミネート（ゼルウィガー、2002年）された。ほかに8つの賞を受賞し、29の賞にノミネートされた。

脚本：ヘレン・フィールディング、アンドリュー・デイヴィス、リチャード・カーティス。ヘレン・フィールディングの小説を原作とする /製作：ティム・ビーヴァン、ジョナサン・カヴェンディッシュ、エリック・フェルナー /監督：シャロン・マグアイア /製作会社：リトルバード・リミテッド、スタジオ・カナル、ワーキング・タイトル・フィルム /R 指定 /DVD：ミラマックス /97 分

ブルガリア
Bulgaria

　元日は 1 月 1 日。1916 年以降はグレゴリオ暦に基づいて新年を祝っているが、それ以前はユリウス暦（⇒暦・ローマ〔ユリウス〕）に従って新年を祝った。新年の祝日は 12 月 31 日から 1 月 2 日まで。大勢の家族が集まり、古代トラキアおよびスラブ信仰の名残とキリスト教とが混交した慣習に従って、繁栄の年を願う。これに加えて公共の祝祭も増加傾向にあり、このような行事においては街の広場に人々が集って社交的に活動し、大晦日の真夜中の花火大会を見物する。

　大晦日の晩は、大半の家庭で家族団らんの正餐を取るが、実質的にはクリスマスの食事が再現されるため、2 度目のクリスマスディナーと呼ばれる。伝統メニューとしては、さまざまな種類の肉料理、とりわけ豚肉料理がメインとなり（豚は前に向かって地面を鼻で掘り返していくため、幸運を意味する）、ラキア（ブドウのブランデー）や赤ワイン、ポガチャ（オーブンから直接供される丸いパン。家族の

最年長者がこのパンを割り、年齢に応じて家族に分け与える）、ドライフルーツのコンポート、小麦、クルミ、はちみつ、バニツァ（ブルガリアのチーズ入りペストリー）などが供される。バニツァには、ミズキの木の芽（健康と繁栄の象徴）とともに包まれた複数の御籤（みくじ）と、1 枚の銀貨（富の象徴）が入っている。バニツァを 3 度回したあと、食卓についためいめいが自分にいちばん近い目の前のひと切れを取り、中に入っている御籤を読む。また残ったバニツァは、聖母マリアのために取っておかれる。迷信を信じる若い女性や独身男性は、その晩未来の伴侶の夢を見るために、自分のバニツァから切り取った最初のひとかけらを取っておき、枕の下に入れて眠る。

　大晦日は縁起かつぎの時でもある。例を挙げれば、大きなクルミは家族の健康と頑健の前兆とされ、食事中のくしゃみは田園地方では縁起が良いものとされ、新年に初めて生まれた家畜の仔に、大晦日の家族の食卓でくしゃみをした者の名前がつけられる。また、1 つのタマネギをスライスして 12 切れに分け、それぞれに塩をかけ、新しい年の各月に見立てる。ひと晩そのまま置いておき、翌朝結果を見るが、塩が溶けていた 1 切れにあたる月は雨が多くなり、塩が溶けていない 1 切れにあたる月は雨が少ないとされる。

　ブルガリア正教では、1 月 1 日にヴァシリョブデン（Vasilovden：「聖ヴァシリーの日」）、すなわちカイサリアの司教だっ

た聖者大バシレイオスの死を記念する名前の日を祝う。この日には、「ヴァシリー」もしくは同じヴァシリーを由来とする名前（例：ヴァシリー、ヴァシーラ、ヴァシルカ、ヴェセリナ、ヴェセルカ）の者は、招待なしに家族や友人の訪問を受ける習わしがある（⇒聖バシリウスの日）。

　田園地方には現在いくつもの風習が見られるが、都市部にはそれほど残っていない。

ラドゥヴァネ（Laduvane：指輪の歌）　この儀式は大晦日に行われ、娘たちが、古代スラブ神話の愛と結婚の女神ラダ（Lada）に未来の伴侶を問うもの。娘たちはめいめい自分の指輪か腕輪を、あるいは指輪で束ねた花を、オーツ麦や大麦（豊穣の象徴）とともに水の入った大釜に入れる。大釜はひと晩星空の下に置かれ、朝になると、花嫁の衣装を身に着けた一人の娘が大釜から指輪と腕輪と花を取り出す。その間、ほかの娘たちもそこにいて、未来の結婚、結婚における幸福、花婿の社会的身分や性質などについてのさまざまな歌を歌う。それから、娘たちは大釜からオーツ麦と大麦を少しずつ取り出し、自分の枕の下に入れる。そうすることにより、夢の中に未来の伴侶が姿を現すのである。この儀式は、聖ゲオルギーの日（5月6日）、夏至（6月24日）、聖ラザルの日（イースターの8日前）にも行われる。

スルヴァカネ（Sourvakne：新年の幸福を祈る風習）　元日の朝早くから始まるこの儀式は、伝統的に10歳から21歳までの青少年によって行われるが、現在では性別や年齢には関わりなく子どもたちが参加する。この儀式ではスルヴァカーリ（参加者）の一団が、新年の健康と繁栄を祈りつつ家々をまわる。スルヴァカーリの一人ひとりが袋と、ポップコーンやドライフルーツや色とりどりの糸で飾り立てたスルヴァクニツァ（ミズキの小枝）を携え、この小枝で、訪問先の家の主人から順に、家の人々の背中を軽く叩いて幸運を祈る。それが終わると、スルヴァカーリは以下の伝統的な詩、あるいはこの詩が変化したものを唱える。

　　　めでたい、めでたい、新年よ！
　　　楽しく、実りの多い年、
　　　畑に小麦の大きな穂
　　　森に大きな黄色のコーン
　　　ブドウ畑に大きな房
　　　園には赤いリンゴの実
　　　ハチの巣箱にハチミツたっぷり
　　　どこもかしこも若鶏だらけ
　　　来年までは、祝福あれ
　　　来年までも、いつまでも！

　この骨折りに対し、スルヴァカーリはパンやフルーツ、クルミ、硬貨などをもらい、持ってきた袋に入れる。

クケリ（kukeri：仮装の娯楽）　被り物をした男性の一団が村の家々を訪れ、こっけいな身振りや踊りを披露し、豊穣を願う儀式を行い、さまざまな余興をみせて娯楽を提供する行事。一行は訪問先の家々で食べ物や飲み物を振る舞われ、謝礼を

もらう。さまざまな動物を模した被り物は、丈が高く大きく、鐘や鏡や色とりどりの布で飾られている。その装いと鳴り響く鐘の音が、魔を祓う役割を果たす。仮装者たちによる「ラクダ」という劇は、ラクダが死んでよみがえる様子を描いたもので、冬に自然が死に絶えて春に再び息を吹き返す様子を象徴しており、人々に好まれている。

　新年の挨拶には次の言い方がある。

・「チェスティタ・ノヴァ・ゴディナ（Chestita Nova Godina）」ブルガリア語（公用語）

　　⇒仮装祭

「古き年、新しき年」
"Old Years and New"

　イギリス生まれのアメリカの詩人エドガー・ゲスト（1881 〜 1959）の詩のタイトル。1921 年発表の『日が終わるとき』*（When Day Is Done）に収録されていた。感傷と楽観を織り交ぜた約 1 万 1,000 編の詩は新聞 300 紙に同時掲載され、20 作以上の詩集に収められた。ゲストはミシガン州で唯一無二の州の桂冠詩人となった。「古き年、新しき年」は過去の失敗を捨てて未来を築くためにできることをするという内容である。

「古き年、新しき年」

1.　古き年、新しき年がひとつに混じる
　　来るべき至上の物と、去りゆきし至上の物
　　過ちはすべて、かすんでちりと消えた

過去に埋めよう
親しい笑みと笑い声だけを永久に残そう

2.　古き年、新しき年、人生はこれからつくりあげられる
　　栄光の時はまだ来てはいないが、
　　いつかはきっとやってくる
　　不毛の古い年は 12 か月つづいたが
　　今やそこから解き放たれた
　　全ての年を思えば、1 年の良しあしなどとるに足らぬもの

3.　古き年、新しき年、だれにとっても無くてはならぬ
　　品性の高楼に行きつき、庇護の壁を築くために
　　過去の過ちはわれわれの魂を苦しめたが、その試練に耐えられれば
　　結果は良しとされるだろう

4.　古き年、新しき年、苦悩と争いの日々
　　だが、煉瓦と鋼鉄と石とで
　　われわれは人生を築く
　　罪と不名誉を捨て、良きことと真実を残そう
　　過去の栄光の上にさらなる栄光を築け

　　⇒「新年」

「旧き年の死」*
"The Death of the Old Year"

　ビクトリア時代のイングランドにおける最も重要な詩人のひとり、ロード・アルフレッド・テニスン（1809 〜 1892）の

詩。テニスンの代表作としては「アーサー王の死」（The Passing of Arthur）や「軽騎兵隊進撃の詩」（The Charge of the Light Brigade）、哀悼詩『イン・メモリアム』（In Memoriam）からの「鳴り飛ばせ、鳴り狂ふ鐘の音よ」（Ring Out, Wild Bells）などが挙げられる。最初に出版されたのは『シャロット姫、他』*（The Lady of Shalott, and Other Poems、1833 年）。「旧き年の死」は、死にゆく年に捧げる哀詩である。

「旧き年の死」

1.　冬の雪は、膝まで深く、
　　冬の風は、気だるげな吐息をもらす
　　鳴れよ、教会の鐘、悲しくゆるやかに
　　静かに歩み、小声で語れ
　　旧き年は死の床にあるがゆえに。
　　旧き年よ、死んではならない、
　　おまえは、いとも快くわれらのもとに
　　　来て、
　　倦まずたゆまず、われらとともに暮ら
　　　した
　　旧き年よ、おまえが死んだりするものか。

2.　彼はじっと横たわり、身じろぎもせず、
　　もう、夜明けを見ることはあるまい。
　　天の上で生きることもない。
　　彼はわたしに、友と愛する人をくれた。
　　新しき年は、その全てを持ち去るだろう。
　　旧き年よ、逝ってはならない、
　　おまえは長きにわたり、われらととも
　　　にあり、
　　われらにとって、無上の喜びであった、

旧き年よ、おまえが逝ったりするものか。

3.　彼は杯になみなみと注いだ
　　この先、これほど愉しい年を目にする
　　　ことはあるまい。
　　彼の目が、しだいにかすんでいこうとも、
　　その敵が、彼を悪しざまに言おうとも、
　　彼はわたしの友。
　　旧き年よ、おまえは死んだりしない、
　　おまえとともに、われらは大いに笑い、
　　　大いに泣いた、
　　おまえとともに、わたしも死にたいほ
　　　どだ、
　　旧き年よ、もしもおまえが死なねばな
　　　らないのなら。

4.　彼はしじゅうおどけ口をきいた、
　　けれど、その愉快な軽口を、もう聞く
　　　ことはない。
　　彼の最期をみとろうと、荒地をぬけ
　　彼の息子である嗣子が、急ぎ馬を駆っ
　　　てくるが
　　彼はその前に息絶えるだろう。
　　誰もが自分自身のものを求める。
　　わが友よ、夜は星多く、凍てついている、
　　わが友よ、新しき年は、快活で大胆だ、
　　自分自身のものを得ようと、やってくる。

5.　彼の息はなんと苦しげなことか! 雪の
　　　上に、
　　たった今、雄鶏の時をつくる声が響いた。
　　影が、ちらちらとおどり、
　　こおろぎが鳴き、炉の火が小さく燃え
　　　ている、
　　そろそろ 12 時になる。

握手をかわそう、おまえが死ぬ前に。
旧き年よ、われらは心からおまえを惜
　　しむ、
おまえのために、何をしてやれるだろう？
聞かせてほしい、おまえが死ぬ前に。

6.　彼の顔が、やつれ、こけていく。
　　ああ、われらの友は逝った、
　　彼の目を閉じよ、彼の下顎を括れ
　　亡骸からはなれて、あの者を招き入れよ
　　あそこに　ひとりで佇む者を、
　　戸口に立って、待っている者を。
　　新しき足が、床をふむ、わが友よ、
　　新しき顔が、戸口に見える、わが友よ、
　　新しき顔が、戸口に見える。

　　⇒「鳴り飛ばせ、鳴り狂ふ鐘の音よ」

「古き年は過ぎ去った」*
"The Old Yeare Now Away Is Fled"
　イギリスの伝統的なキャロル。古物収
集家のアンソニー・ウッドのバラッドコ
レクション『ニュー・クリスマス・キャ
ロルズ』（*New Christmas Carols*、ロンドン、
1642年）の中の一編。オックスフォード
のボドリアン図書館が1冊所蔵。冒頭に
「新年のためのキャロル。節はグリーン
スリーブスで」と書いてある。
　「グリーンスリーブス」は16世紀後半
に誕生したと考えられているが、さらに
古い可能性もある。この節に最初に言
及したのはリチャード・ジョーンズで、
1580年にいささか低俗な歌詞をつけた
ものが記録されている。ジョーンズの作

品かどうかはいまだ確証がない。また、
国王ヘンリー8世がこの曲の作曲者だと
いう説もあるがやはり確証はない。その
娘の女王エリザベス1世はこの曲に合わ
せて踊っている。この曲は1600年まで
には世に知られるようになっており、さ
まざまな形で広く使われてきた。 多く
のバラッドの節として、死刑執行の伴奏
として、ジョン・ゲイの『乞食オペラ』
（1728年）の一場面で、イングランド内
戦（1642～1648年）中は騎士党の歌とな
った。ウィリアム・シェイクスピアの『ウ
ィンザーの陽気な女房たち』では2度出
てくる。

「古き時は過ぎ去った」

1.　古き時は過ぎ去り
　　新しき年がきた
　　いざ罪を踏みつけ
　　みなで喜び
　　この休暇を朗らかに
　　楽しく戯れよう
　　悲しみを忘れ、心配を捨て去れ！
　　神が幸せな新年をくださった！

2.　この日をキリストの割礼のために
　　われらの罪に幾度も涙された方
　　手足に深い傷を負い
　　祝福された脇腹に槍が刺さり
　　頭には茨の冠を載せ
　　民の笑いと嘲りをうけ
　　我らの魂を救うために生まれた方
　　神が楽しい新年をくださった！

3. 今、友はたがいに
新年の贈り物を交わし
神のお許しで我らは改心し
真実が現れる！
さあ、蛇が脱皮するごとく脱ぎ捨てよ
邪悪な念と悪しき罪を
悔い改め新しき年を始めよ
神が楽しい新年をくださった！

4. さあ、うちとけ
心をひとつにしよう
みな知るだろう
だれもがこの喜びに招かれることを
主と女主に感謝する
同じものを創られたおふたり
遠慮なく食べて飲め
神が楽しい新年をくださった！

5. みな集え、若者も乙女も
ジャック、トム、ディック、ベス、マリー、
ジョン
肉を骨まで切り開こう
ためらうことなく、もてなしをうけよ
ここではよき酒が尽きることはない
酒で頭は冴え体に力がみなぎる
この心地よき喜びも必ずや崩れ去る！
神が楽しい新年をくださった！

6. さあ、呼んだらさらに酒を持て
この広間でひとりひとりと飲み交わす
大声を出したくはない
しかし、耳を貸してくれ
主によき運を授けたまえ
友たる女主にも

神よवれらに祝福を！
もう口をつぐもう
神が幸せな新年をくださった！

ブルネイ・ダルサラーム国

Brunei Darussalam

（しばしば「ブルネイ」と省略される）

　1888 年からイギリスの旧保護領となり、1984 年に独立を果たした小王国（サルタン国）。東南アジアのボルネオ島にあり、国境はマレーシアおよび南シナ海に接する。おもな民族はマレー系（67%）、華人（15%）、土着民族・その他（18%）となっている。公式な宗教はイスラーム教（67%）であるが、その他のおもな宗教としては仏教（13%）、キリスト教（10%）、土着信仰（10%）が挙げられる。

　イスラーム教徒はイスラーム暦を用いており、新年は第 1 の月ムハッラムの第 1 日となる（⇒暦・イスラーム）。イスラーム教の新年の祝祭については、イスラーム教の項で詳述する（⇒イスラーム教）。華人は中国の太陰暦（⇒暦・中国）に基づき中国正月（春節）を祝うが、詳しくは中国の項で論ずる（⇒中国）。行政暦にはグレゴリオ暦が用いられているため、1 月 1 日も元日と認められている。1 月 1 日が週末の休日にあたる場合は、公式には次の週日に新年を祝う。

　新年の挨拶には次の言い方がある。
・「スラマッ・タウン・バル（Selamat Tahun Baru）」マレー語（公用語）

ベトナム

Vietnam

　ベトナムの正月の祝祭：テト・ニューエン・ダン（Tet Nguyen Dan：短くはテトTet）という名称は、1つの年から次への移行を意味する。12番目の太陰月の最後の日から1番目の太陰月の3日目まで祝いが続くテトは、中国の正月と一致する（⇒暦・ベトナム、中国）。

　準備は1か月ほど前から始まる。人々は借金や争い事を片付け始め、家の掃除をし、新しい衣類を買い、宴の料理を準備する。家々は富と長寿への祈りを象徴する桃の花とキンカンの木ばかりでなく、歴史的に重要なことを伝える物語の木版画と、中国の春聯に似たテトの対聯で飾られる。カイ・ネウ（「テトの木」）といわれる竹でできた厄除けのお守りが玄関に立てられ、葉、金銀の紙、風鈴、鯉の絵で飾り付けられる。鯉は羽をはやして3人の台所の神を天国に運んでいくと信じられている（下記参照）。

　中国と同様に、12番目の太陰月の23日にレ・タオ・クアン（Le Tao Quan）の儀式を行い、各家の3人の台所の神をグォク・ホアン、つまり道教の玉皇のもとに送り出し、その家の一年の状況を報告する。この神々に取り入るために、生きた鯉を贈り物にする儀式が行われる。鯉はテトの木に描かれた絵が象徴するように、放たれて神々を天に運ぶ。また、ベトナムでは違法である爆竹が鳴らされる。神々は7日間留守にして、一年の最後の日に戻る。

　レ・タオ・クアンはさまざまなバリエーションの伝説に彩られている。寄せ集めの話によると、夫と妻がけんかをして、夫が妻をたたいたため、妻は家を飛び出して森をさまよい歩いた。何週間も過ぎてから、妻は別の男の家に逃げ込み、やがて結婚した。前の夫は何年も妻を探し歩いて、妻が住む家の戸口にたどり着いたが、妻は新しい夫に見つからないよう前夫を干し草の山に隠した。新しい夫はその状況に気づかぬまま、灰が必要になって干し草に火をつけたため、前夫は死んだ。妻は前夫とともに死ぬ道を選び、炎の中に身を投げた。これを見た新しい夫は、一人で生きるよりも焼死を選んだ。三人の強い思いに心打たれた玉皇は、三人を台所の神としてまとめてタオ・クアン、オン・タオ、またはマンダリン・タオと名付けた。神々は家庭の守り神として、田舎の台所で3つのかまどの台または脚でヤカンを支えている。

　大晦日には伝統的に家族が先祖代々の位牌の前に集まり、生者たちとともに祝祭を過ごすよう直近の先祖5代の霊を招くレ・ルオク・オン・バ（Le Ruoc Ong Ba）という儀式を行う。儀式では、香を焚き、お辞儀をし、食べ物や飲み物を供え、爆竹を鳴らし、「死者のための金」を燃やす。先祖は3日間滞在したのち、元の世界へと旅立つ。旅路を助けるために、さらに霊のための金が燃やされる。深夜には公共の場で花火をあげるなど大騒ぎをして新年を迎える。

　元日、家族は新年最初の家族以外の来

客が縁起のいい人になるよう手配する。この「新年最初の客」は富や健康など幸運を確かなものとする特性を持った人でなければならない。誰にしろ、元日に最初に家に入ってくる人が、その年の運をもたらすからである。不運な人が偶然入ってくるのを防ぐため、最初の客が到来するまでドアや窓に鍵をかけておく家もある。同様に、この日に起きたことがなんであれ、それがその年一年の運命を決する。そのため人々は、できるかぎりいい行いをしようとして、縫い物や掃除など縁起の悪い行動は避ける。このとき家族が集まり、祖先をまつり、若者から目上の人に正式に挨拶をする。若者は胸の前で両腕を組んでお辞儀をし、プク（幸運）、ロク（富）、トー（長寿）を祈ると同時に、従順で忠実で敬意を持ち続けることを約束する。この約束は新年の決意となる。年長者はお返しに、子どもたちに賢者の助言と、お金の入った赤い封筒（ティエン・ムン・ツオイ）を渡す。こうした儀式のあとに、家族は新年の食卓を囲み、祖先にもお供えをする。

新年の食事は地域によって異なるが、伝統的な料理には、チョンゾー・ニン・マン（豚足とタケノコの煮物）、カイン・ナウ・ボン（干した豚皮のスープ）、ソイ・ガック（ニガウリの一種モモルディカのおこわ）、ティット・ガー・グオック（ゆで鶏）、サオ・ハン・ニャン（アーモンド炒め）、ノム・ドゥ・ドゥ（パパイヤ・サラダ）、チェーコー（緑豆のプディング）、ヨートゥ（豚の鼻と耳のハム）、ゾールア（豚の

ハム）、バインチュン（もち米に豚肉と緑豆のペーストを混ぜたもちで、竹の皮で包む）、ティッドン（豚肉の煮こごり）、北部のネムザン、南部のチャーヨー（揚げ春巻き。地域によって名称が異なる）、ミエン（春雨料理）がある。客はふつう、ムット（砂糖漬けの果物と野菜）、お茶、キンマとビンロウの実でもてなしを受ける。

残りの2日は、それぞれ妻の実家と親しい友人の家、それから地域の知り合いの家への訪問にあてる。3日目には祖先の霊が霊界に帰っていき、仕事は通常太陰暦1月の4日から再開する。新年の初夢の解釈などで、占い師の助言を求める人もいる。テト後に行われる春牛たたきと呼ばれる過去の農耕儀礼では、農民が陶の雄牛像を棒でたたき割る。新年に向けて土地を開き、寒い冬を追いやる象徴である。

テトには、伝統的なゲームやスポーツも行われる。コンというゲームでは、収穫後のなにもない田んぼに柱を立てて輪をかけ、そこに砂かおがくずを詰めたボールを投げて通す。別バージョンのコンは、男女のチームに分かれ、「テトの木」をはさんで向き合い、歌を歌いながらボールを投げ合う。ボールを受けそこねた者は、投げた者に賞品を届ける。男の子と女の子が竹のブランコを高くこぐ遊びは、村の競争になる。レスリング、ハト飛ばしなどの競技もある。ハトが飛んでいる間、地上の水を入れた大きなたらいに映った姿を見て、審判団がハトの群れ

を評価する。

新年の挨拶には次の言い方がある。

・「チュク・ムン・ナム・モイ（Chuc Mung Nam Moi)」ベトナム語（公用語）

ベトナム暦

Vietnamese Calendar

⇒暦・ベトナム

ベネズエラ

Venezuela

⇒中南米とカリブ海諸島

ヘブライ暦

Hebrew Calendar

⇒暦・ヘブライ

ベラルーシ

Belarus

かつてはソビエト連邦の構成国で、1991年に独立を果たした。元日は1月1日。

ロシア正教の到来以前、現在のベラルーシにあたる地域に住んでいた異教の人々は、カリャードゥイ（Kaljady：冬至祭。ラテン語のカラレ calare「厳かに告げる」に由来し、カラレから、月の第1日・ついたちを意味する「カレンダエ」の語が派生した）を、年の変わり目として祝っていた。太陽神ヤリーラを信仰したクリヴィチ族などのスラブ人は、生贄を捧げ、祝宴を催して乱れ騒いだ。990年代にロシア正教が、また14世紀にローマ・カトリックが到来したあとも、異教信仰の伝統の多くがそのまま残り、カリャードゥイはクリスマスおよび新年の祝祭と混交した。そして、20世紀初期にソビエトがグレゴリオ暦を採用するまで、ユリウス暦の新年が祝われていた（⇒暦・グレゴリオ、暦・ローマ〔ユリウス〕）。現在、カリャードゥイはグレゴリオ暦の12月25日（同暦に基づくローマ・カトリックのクリスマス）からグレゴリオ暦の1月7日（ユリウス暦に基づくロシア正教のクリスマスにあたる）までの期間に祝われる。また、上記の2つのクリスマスの間に、グレゴリオ暦の新年を迎えることになる。カリャードゥイには異教の主導観念が色濃く残っており、今もこの祝祭では人々が野獣に扮し、山羊の頭部（豊穣のシンボル）や太陽像を携えて集団で近所の家々をまわる。そして特別なキャロルを歌ったり、踊ったり、また新年の幸福を祈ったりする。迎える家々では、この一行に食べ物や飲み物を振る舞う習わしがある。

1922年から1991年にわたるソビエト統治時代には、宗教やクリスマスは否定され、冬の祝日は元日に移行した。人々はクリスマスツリーの替わりにニューイヤーツリーを飾るようになり、贈り物をもたらしてくれる伝説上の人物も、ベラヴェジの森の街に住む、ジェド・マロース（ベラルーシ語は Dzied Maroz、「霜おじいさん」）と、そのお供の孫娘「雪娘」に替わった。これらの人物の起源と重要性については、ロシアの項で詳述する（⇒ロシア）。

ベラルーシ独立後は、クリスマスと新

年の両祝日が別のものだと認識されるようになったが、新年の方が依然として広く定着している。12月31日から1月7日までは会社や店舗は休みになる。贈り物の交換（真夜中の乾杯用シャンパンや、子どものためのおもちゃなど）、新年の挨拶カード、飾り立てたモミの木、霜おじいさんや雪娘は今なお広く親しまれ、大晦日の晩には騒音や花火がつきものである。かつては若者たちがさかんに（下記で述べる）占い遊びを行った。また、伝統料理である、リンゴを詰めたガチョウないし鶏のローストが供された。

グレゴリオ暦の1月14日にあたるユリウス暦の元日を祝う家庭も少なくない。

迷信に基づく以下の大衆的な慣習は、歴史的に興味深いことから挙げた。

大晦日の晩、家族の人数分のパンのかけらを用意し、それぞれのかけらを家族の一人ひとりに割り当て、全員のかけらを棚に載せておく。1月1日にこのかけらを調べ、消えているかけらがあれば、その持ち主は一年以内に死ぬ。

大晦日の晩、紙に願い事を書き、夜中の12時ちょうどの鐘を合図にその紙を燃やし、時計の12の鐘が鳴り終えるまでに紙が燃えつきれば、願い事がかなう。

元日の出来事は、その年を通して起こることを反映している。例えば、この日に人に悪態をついたり泣いたりしないようにすれば、残りの日々もそうせずにすむことになる。また、食卓に料理をたっぷり並べると、一年の富が約束される。

新年の正餐に食べる肉のひと切れひと切れが、同様に幸福を約束する。

夜中の12時の鐘が鳴ったとき、独身の女性が未来の夫を思い浮かべたあと、冷たい水で顔を洗うと、その年じゅうに結婚できる。

大晦日の晩までに寝室の床を掃除し、寝室の窓を開け放ってきれいな空気に入れ換えておくと、古い年がすべての災いを持ち去っていき、新しい年が幸福を運び入れてくれる。

来るべき年に富に恵まれるよう、大晦日にはポケットに硬貨を入れておく。

新年の挨拶には次の言い方がある。

・「ズ・ノーヴィム・ゴーダム（Z Novym Godam）」ベラルーシ語（公用語）
・「ス・ノーヴィム・ゴードム（S Novym Godom）」ロシア語（公用語）

ベリーズ

Belize

　⇒中南米とカリブ海諸島

ペルー

Peru

　⇒中南米とカリブ海諸島

ベルギー

Belgium

元日は1月1日。ベルギーにおいてはオランダ、フランス、ドイツの文化が広く行き渡っており、したがって風俗習慣もこの3か国のものを踏襲している。大晦日の夜には家族や友人がディナーパー

ティーに集まり、その食卓にはロブスターなどの魚介料理、パテ・ド・フォアグラ、ワイン、シャンパンなどが並び、音楽やダンスとともに供される。フランス文化圏では、このようなパーティはル・レヴェイヨン（「目覚め」）と呼ばれ、クリスマスイブの真夜中のミサのあとに行われるパーティと同様のものである。各地で全市的に花火大会が催されるのが通例となっており、大晦日の晩をオランダ語で「聖シルウェステルの前夜」（Sint Sylvester Vooravond）ということから、ウェステンデ、ミッデルケルケ、オーステンデの花火大会は「ジルヴェスターの夜祭」と呼ばれている。ローマ・カトリック教会では12月31日は聖シルウェステルの日と定められている（⇒聖シルウェステルの日）。大晦日の朝、最後に起き出してきた子は「ジルヴェスター」と呼ばれ、兄弟姉妹に罰金を払うという慣習がある。聖シルウェステルの日の日暮れまでに仕事を終えられなかった娘は、来るべき一年のあいだ結婚できないという迷信もある。大晦日の真夜中には、キスや乾杯が新年の到来を知らせる。

　元日になると、農家の人々は家畜の幸せを祈る。また、子どもたちは新年の祝福を願う伝統的なキャロルを歌いながら家々をまわる。地方によっては、子どもたちが魔除けの十字架の模様を付けた色とりどりのウェハース（nules）を配ってまわり、お返しにクッキーやキャンディ、硬貨や果物などを受け取る。新年の祝日に先立って、子どもたちは両親や教父母に愛と感謝を生き生きと伝える手紙を書き、元日になると、手紙を書いた相手に直接読んできかせる。儀式としては、子どもはそれぞれ手紙を送る相手の前に立ち、相手におじぎをして手紙を読み、またおじぎをする。この儀式のあと、子どもたちはちょっとしたご褒美をもらう。1月2日になると大人たちは仕事に戻り、同様に職場の上司たちの幸運を祈る。フランスの伝統を受け継いだ人々は、贈り物の交換をクリスマスでなく新年に行う。また新年は、海や湖などで冷水に浸かる、ノイヤールシュヴィメン（Neujahrsschwimmen：新年の水泳）の時期でもある。オーステンデのポーラーベア・クラブのメンバーは北海でこれを行い、観客を楽しませる。

　20世紀到来前後の1月1日および2日には、古い慣習が見られ、多数の都市では、御者のほかに乗り手のいない多くの貸し馬車が通りを行きかった。これらの馬車には、さまざまな市民の家庭に届けられる市内の名士の名を記した小さなカード（名刺）が積まれており、送り主自身が新年の挨拶を述べていることを強調するために、各カードの右隅は折りかえしてあった。

　新年の挨拶には次の言い方がある。
・「ヘルッキッヒ・ニウヤール（Gelukkig Nieujaar）」オランダ語（公用語）
・「ボナネ（Bonne Année）」フランス語（公用語）
・「アイン・グーテス・ノイエス・ヤール（Ein gutes neues Jahr）」ドイツ語（公

用語）（「良い新年を」）

ペルシアの暦
Persian Calendar
　⇒暦・ペルシア

ベンガル暦
Bengali Calendar
　⇒暦・バングラ

膀胱祭り
Bladder Festival

　アラスカのノートン湾以南に住む、アメリカ先住民イヌイットが、毎年冬至に祝う5日間の祭り。この祭りは、再生の象徴として行われるだけではなく、過去一年の間に狩猟で殺したアザラシ、セイウチ、クジラなどの海獣を追悼する祭典でもある。イヌイットは、海獣の中には人間のために狩られ犠牲となることを受け入れているものがいると信じている。人間はその返礼として、殺された海獣の魂がよみがえるか、あるいは転生し、次の猟の季節に新たな獲物として戻って来られるように、儀式を執り行わねばならない。もし人間が海獣の魂に対してしかるべき敬意を払わなければ、海獣は復讐として人間の食糧を減らすことができると信じられている。獲物となる海獣の魂はその膀胱に宿ると信じられているため、狩人は獲物の膀胱を取り出して保管し、膀胱祭りで魂を称える。

　この行事の準備のために、すべての村人は村の女性たちが作った新しい衣服を身に着ける。また男性は自分の家庭のために新しい皿をこしらえ、新しい儀式の歌を作る。

　膀胱祭りは、イヌピアト族がカリギ（karigi）と呼ぶ共同体の儀礼小屋で執り行われる。この儀礼小屋は、アラスカ南部のイヌイットにはカシム（kashim）、カナダ沿岸のイヌイットにはクァギ（quaggi）、グリーンランドのイヌイットにはクァシェ（qashe）、アラスカ西部のユピク族にはクァジキ（qasgiq）と呼ばれる。儀礼小屋にはトンネルや扉や屋根の煙出し穴など、さまざまな入口があり、これらは出入口として用いられるだけでなく、現世と聖なる世界の、あるいは狩人と獲物の、または生者と死者の交わりの象徴とされる。このカリギの中で、海獣の膀胱が膨らまされて彩色され、壁に吊るされる。またのちに儀礼用の仮面を被った踊り手が複雑な儀礼を執り行って、膀胱から獣の魂を引き出す。このような儀式では、太鼓の演奏、歌、踊りが行われ、食べ物や水の供え物が膀胱に捧げられ、参加者たちは発汗浴やセキショウモの煙浴で浄化される。祭りの最終夜には、村全体で贈り物を贈り合って楽しむ。儀式の最後には、膀胱をしぼませて煙出し穴からカリギの外に出し、指定された氷の穴から神聖なカリギの地下水に返す。儀式が正しく終えられれば、膀胱は新しい獲物としてよみがえるだけでなく、人間のために犠牲となるよう他の獣に働きかけ、新たな豊猟が約束されると信じられている。

報時球 (タイムボール)

Time Balls

　かつて港に停泊する船の航海士たちに、正午などの正時に正確で視覚的な時報を伝えていた仕掛け。港の経度はわかっているため、航海士はこの合図を利用して船のクロノメーターの誤差を割り出していた。報時球はのちに、より広く一般に一定の時刻を合図するのに使われるようになった。現在、最も有名な報時球はニューヨークシティのタイムズスクエアのもので、大晦日の真夜中前の最後の1分間に落下する。

　1818年に初めて視覚的な時報の必要性を訴えたのは英国海軍のロバート・ウォーコープ大佐（1790〜1862）で、最終的には海軍省を説得して1829年にイングランドのポーツマスに報時球を設置させた。この報時球の見た目や仕組みについての詳細はあまり知られていないが、水辺近くに設置され、柱に吊り上げられて、近隣の王立海軍兵学校から光で出された合図に応じて手作業で落とされていた。イギリスでは午後1時に合図する習慣だった。正時前の一定の時間、例えば5分前から、球を柱の半分ほどの高さまで引きあげて船に注意を促し、2分前になると柱の一番上まで上げて、球が落ち始めた瞬間が正時と記録された。最初のうちは、天文台の時計を見ていた者が事前に決めた通りに合図を出し、それに従って報時球が手動で落とされていたが、1850年代に電信線につながれて天文台の時計によって自動的に落とされるよう

になり、平均的な誤差は1秒以内という整合性であった。

　報時球の成功とウォーコープの影響により、イギリスの主要な港や世界じゅうの港に報時球が設置されるようになり、その数は第一次世界大戦まで増え続けた。この頃に設置された報時球の大半は航海のためだったが、1845年から1846年にワシントンD.C.の米国国立海軍天文台に初めて設置された報時球は、国内で初めて公共の時報の役割を果たした。ここでは、1.2mのゴム製の球が毎日正午きっかりに柱から落下して、天文台の時計との誤差1秒以内の整合性を誇った。1877年までには、ニューヨークシティのウェスタン・ユニオンの建物に報時球が設置され、電信を利用してワシントンからの制御で公式時刻を示すようになった。翌年、ボストンに180kgほどの銅製の球が設置され、ハーバード天文台から制御を受けた。1880年代末になると、海軍天文台がすべての政府の時報サービスを管理するようになり、国じゅうの天文台が人々の要望によって報時球を設置し始めた。

　報時球の仕様は、海軍天文台の技師W・F・ガードナーの設計によって標準化された。ガードナーは鉄線で球体の骨格を作ってキャンバス地で覆い90cmから1.2m大の球を作った。アメリカ内の報時球の多くは黒く塗られ、製作費用は400〜1,100ドルだった。

　1904年にラジオの時報が始まるとともに、報時球は徐々に時代遅れのものと

なり、1920年代に多くが解体されたり取り壊されたりした。現存する報時球は60余りで、現在も運用されているのは、イングランドのグリニッジ天文台（1833年設置以来、毎日午後1時に落下）、スコットランド、エディンバラのカルトン・ヒルにあるネルソン・モニュメント、イングランドのケント州ディールにあるタイムボール・タワー、ニュージーランドのリトルトンにあるタイムボール・ステーションなどである。

⇒大晦日に上る物、落ちる物、タイムズスクエア

ホグマネイ
Hogmanay
⇒イギリス

『ぼくらのママに近づくな！』
Are We There Yet?
映画（2005年）

　新年のシーンが出てくるコメディ映画。独身のニック・パーソンズ（アイス・キューブ）は、大の子ども嫌いにもかかわらず、ふたりの子持ちで離婚歴のあるスザンヌ・キングストン（ニア・ロング）との関係を築こうとしている。彼女の子どもたち（アレイシャ・アレン、フィリップ・ボールデン）は、とんでもない悪戯者で、両親の復縁を強く願っていた。これまで子どもたちはスザンヌの恋人候補をさんざんな目に遭わせてきたが、ニックも例外ではなかった。そんなある日、スザンヌが大晦日パーティの企画運営のために

バンクーバーに呼び出される。元夫が子どもたちを預かるのを拒んだせいで、ニックが二人をバンクーバーへ連れて行くはめになり、ニックにとって最悪の試練が始まった。

　本作は以下の栄誉に輝いた。BETコメディ賞映画主演男優賞（アイス・キューブ）ならびに映画作品賞（2005年）ノミネート、BMI映画音楽賞受賞（2005年）、黒人映画賞作品賞ノミネート（2005年）、ニコロデオン・キッズ・チョイス賞（ブリンプ賞）映画賞ならびに映画男優賞（アイス・キューブ、2006年）ノミネート、ティーン・チョイス賞コメディ映画賞（2006年）ノミネート、ヤング・アーティスト賞助演女優賞（アレイシャ・アレン）および10歳以下男優賞（フィリップ・ボールデン、2006年）ノミネート。原案：スティーブン・ゲイリー・バンクス、クロウディア・グラジオソ／脚本：スティーブン・ゲイリー・バンクス、クロウディア・グラジオソ、J・デイビッド・ステム、デイビッド・N・ワイス／製作：マット・アルバレス、アイス・キューブ、ダン・コルスラッド／監督：ブライアン・レバント／ボリューション・スタジオ、キューブ・ビジョン／PG指定／DVD：PSP専用UMD miniソニーピクチャーズ／95分

ボスニア・ヘルツェゴビナ
Bosnia-Herzegovina

　旧ユーゴスラビア連邦の構成国。1991年のソビエト連邦の崩壊を受け、1992年にボスニア・ヘルツェゴビナ（単にボスニアとも呼ばれる）は独立を宣言し、

その後、この国の主要3民族であるボシュニャク人、クロアチア人、セルビア人の間で3年にわたる内戦が続いた。1995年には、この3つの勢力が、2つの自治機能（ボシュニャク人およびクロアチア人によるボスニア・ヘルツェゴビナ連邦、ボスニアのセルビア人主導によるスルプスカ共和国（RS））からなる1つの国家連合を形成することに合意した。人口の48%を占めるボシュニャク人は大部分がイスラーム教徒であり、人口の37%を占めるセルビア人はギリシア正教を、人口の14%を占めるクロアチア人はローマ・カトリックを信仰している。

　共産主義の時代、宗教やクリスマスは否定され、冬の祝日はグレゴリオ暦の元日、すなわち1月1日に移行された。クリスマスツリーの代わりにニューイヤーツリーが飾られるようになり、贈り物をもたらしてくれる伝説上の人物は、ジェド・マロース（Djida Mraz:「霜おじいさん」）と、そのお供の孫娘「雪娘」に替わった。これらのキャラクターの起源と重要性については、ロシアの項で詳述する（⇒ロシア）。

　独立後は、クリスマスと元日が別のものだと認識されるようになった。夜中の12時に乾杯するためのシャンパン（イスラーム教徒は飲酒を行わない）や子どものためのおもちゃなどの贈り物を贈り合う風習、新年挨拶カード、装飾したモミの木、騒音、ナイトクラブやレストランでのパーティ、大晦日における花火は、今も広く普及している。また、霜おじいさんと雪娘が、3つの宗教すべての子どもたちに贈り物を届けてくれる。そして、昔のように若者たちが占い遊びに興じることもある。

　またボシュニク人はイスラーム教の新年であるムハッラムの第1日も祝い（⇒暦・イスラーム）、セルビア人は（正教会に従い）グレゴリオ暦の1月14日にあたるユリウス暦の新年も祝う（⇒暦・グレゴリオ、暦・ローマ〔ユリウス〕）。

　新年の挨拶には次の言い方がある。
・「スレトゥナ・ノヴァ・ゴディナ（Sretna Nova Godina）」ボスニア語およびクロアチア語（公用語）
・「スレチュナ・ノヴァ・ゴディナ（Srecna Nova Godina）」セルビア語（公用語）

『ポセイドン・アドベンチャー』

The Poseidon Adventure
映画（1972年）

　大晦日の場面が出てくる映画。大晦日にクルーズ客船ポセイドン号が大波で転覆した。生存者はひっくり返った船体からの脱出を迫られる。この作品は、「モーニング・アフター」（1973年）でアカデミー賞歌曲賞受賞、アカデミー賞助演女優賞（シェリー・ウィンタース）、美術監督・装置賞、撮影賞、衣装デザイン賞、編集賞、作曲賞、音響賞候補となるなど多くの栄誉に輝いた。

出演：ジーン・ハックマン、アーネスト・ボーグナイン、レッド・バトンズ、キャロル・リンレイ、ロディ・マクドウォール、ステラ・スティーブンス、シェリー・ウィンタース／脚本：

ウェンデル・メイズ、スターリング・シリファント（原作：ポール・ギャリコ）／製作：アーウィン・アレン、スティーブ・ブロイディー／監督：ロナルド・ニーム／21世紀FOX、アーウィン・アレン・プロダクション、ケント・プロダクション／PG指定／DVD：21世紀FOX/117分

　2005年に同じタイトルでテレビドラマ化された作品も大晦日に船が転覆するが、原因はテロとなっている。
出演：アダム・ボールドウィン／脚本：ブライス・ザベル／製作：メアリ・チャーチ、リンカーン・レージソン、ランディ・ポープ／監督：ジョン・パッチ／ラリー・レビンソン・プロダクション／R指定なし／DVD：プラチナム・ディスク／174分

　2006年には『ポセイドン』（Poseidon）のタイトルで、大晦日の嵐の設定の映画がリメイクされた。このリメイク版は2007年にアカデミー賞視覚効果賞、ラジー・ワーストリメイク・盗作賞、3部門の視覚効果協会賞、ワールド・スタント・アワードのトーラスアワードの候補となった。
出演：カート・ラッセル、リチャード・ドレイファス／脚本：マーク・プロトセビッチ／製作：マイク・フライス、アキヴァ・ゴールドマン、ダンカン・ヘンダーソン、ウォルフガング・ペーターゼン／監督：ウォルフガング・ペーターゼン／ワーナー・ブラザース、ラディアント・プロダクションズ、ネクスト・エンタテインメント、アーウィン・アレン・プロダクション、シンセシス・エンタテインメント、バーチュアル・スタジオ／PG-13指定／DVD：ワーナー・ホーム・ビデオ／99分

ホッピンジョン
Hoppin' John
　⇒黒目豆

「ポパイのダンスでブレイク」*
"Let's Celebrake"
ショートアニメ（1938年）

　劇場アニメ（1920～60年代のアメリカの映画館で本編の前にかかっていたショートアニメ）の〈ポパイ〉（Popeye the Sailor）シリーズ中の7分間のショートアニメの1つ。パラマウントピクチャー用にフライシャー・スタジオが製作した。エルジー・クリスラー・シーガーが創作したキャラクター、ポパイは1930年代に大いに人気を博したキング・フィーチャーズ・シンジケート社のコミック、『シンブル・シアター』（Thimble Theater）に初めて登場。1970年代にはコミックのタイトルを『ポパイ』（Popeye）と改めた。1933年から1942年にかけてフライシャー・スタジオは『シンブル・シアター』をショートアニメの〈ポパイ〉シリーズに仕立てた。パラマウント社はこのシリーズの管理を行い、1957年まで製作した。『ポパイ』のコミックはキング・フィーチャーズ・シンジケート社（1960～1962年）とハンナ・バーベラ・プロダクション（1978～1982年と1987～1988年）により何度もテレビ化された。窮地に陥ると缶詰のホウレンソウを食べてスーパーパワーを手に入れるポパイは、錨の刺青の入ったむきむきの上腕と、コーンパイプとダミ声、そして英語版では文法と発音が最悪（例

えば、文法は "I eats me spinach"、発音は "That's a myskery") なことで知られていた。ポパイは恋人のオリーブ・オイルを巡ってしょっちゅう最大のライバル、ブルート（キング・フィーチャーズ・シンジケート社のテレビシリーズではブルータス）と争っていた。

「ポパイのダンスでブレイク」でポパイとブルートは、どちらが大晦日の夜にハッピー・アワー・クラブのダンスパーティにオリーブをエスコートするかで争う。ポパイはオリーブの祖母がこの夜を独りで過ごすのを見すごすことができず、パーティに一緒に連れていく。そこで4人はクラブのダンスコンテストに出ることになり、オリーブはブルートと、ポパイは祖母とペアになる。ほかの出場者に差をつけるため、ポパイがオリーブの祖母にホウレンソウを食べさせると、祖母はのりがぴかいちのパートナーに変身し、コンテストに優勝する。

声優：ジャック・マーサー、メイ・ケステル、ガス・ウィキ、チャールズ・ローレンス／製作：マックス・フライシャー／監督：デイブ・フライシャー／フライシャー・スタジオ／白黒／DVD：「ポパイのダンスでブレイク」の英語版はワーナー・ホーム・ビデオのセレクション4枚組『ポパイ』(Popeye the Sailo1933-1938, Vol.1) に収録されている。これはフライシャー・スタジオによる初期の白黒の『ポパイ』60話のオリジナル版で、そのほかにカラーの『ポパイ』の古い映像が2作収録されている／550分

「ボヘミアンの乾杯」
"The Toast of the Bohemian"

メキシコの詩人ギレルモ・アギーレ・イ・フィエロ（1887〜1949年）の長編詩、「エル・ブリンディス・デル・ボエミオ」(El Brindis del Bohemio) の英語タイトル。1915年にテキサス州エルパソで書かれて、アギーレ・イ・フィエロ作品集『ソンリサス・イ・ラグリマス（微笑と涙)』(Sonrisas y Lagrimas) に発表された。この詩を大晦日の深夜に朗読するのが、中南米諸国とアメリカ国内のスペイン語社会では長年の伝統となっている。朗読は、ヒスパニック系ではないヨーロッパ系の人々が「遥か遠き昔」を歌うのと同様の情感を南アメリカ系の人々にもたらす。詩の舞台はカンティーナ（酒場）で、6組の客の「ボヘミアンたち」が大晦日に出会い、来るべき年に向けて乾杯し、過去の出来事を語るという内容である。香り高い巻きタバコと大量の酒のなかで、甘かったり苦かったりする恋を思い出しながら、新年が苦い嘆きではなく甘い夢をもたらしてくれるようにという希望を込めて、軽やかにロマンティックに乾杯が交わされる。最後に乾杯をした男は、今は亡き愛する母への深く感動的な感謝の念を語る。母は不滅の愛の真実の価値を教えてくれた。彼に息もつけないほどキスをして、腕に抱き、ゆりかごに寝かしつけてくれた。母の血が彼に命を与えてくれた、と。ほかの人々は黙り込む。なにか言葉にしたら、この「痛みとやさしさから生まれた」胸が痛くなるよ

うな情感を冒瀆してしまうのではないか
と恐れているのだ。
　⇒乾杯

ホモウォ祭り
Homowo Festival
　⇒ガーナ

ポーラーベア・クラブ
Polar Bear Clubs
　世界の寒中水泳の会に広く使われてい
る名称。会員は冬季に凍てつく海に入っ
て泳ぐ。シーズン中の集会の日程は会に
より異なるが、たいていの会が元日の1
月1日に年次集会を開く。低体温症の危
険を冒し、会員は体調を見極めたうえ、
数秒から数分間冷水に浸かる。たいてい
はそばにサウナがあって、水浴とサウナ
を交互に繰り返すようになっている。会
員によると激しい温度差による刺激で循
環系の機能がよくなり、流感への抵抗力
がつき、関節炎、うつ病などを緩和する。
これらのイベントはさまざまなチャリテ
ィを兼ねている。
　新年に集会を行う会に、合衆国の寒中
水泳の会で最も長い歴史をもつ、ニュー
ヨークのコニーアイランド・ポーラーベ
ア・クラブがある。1903年に健康促進
の提唱者ベルナール・マクファデンによ
って設立された。会長が吹き鳴らすほら
貝を合図に、会員がそろって厳しい大西
洋の水に挑む。イングリッシュ湾を拠点
とするカナダ、ブリティッシュコロンビ
ア州バンクーバーのポーラーベア・ク

ラブも世界的に古参といわれ、設立は
1920年。「ルーニー・ドゥーク」はスコ
ットランド、エディンバラ郊外にあるサ
ウス・クイーンズフェリーでフォース湾
に入る、一般参加型の寒中水泳。

ホーラ・モハッラ
Hola Mohalla
　⇒インド

ポーランド
Poland
　元日は1月1日。
古い習慣　20世紀以前の習慣はおもに
騒がしい音を立てる（音で厄払いができ
ると信じられていた）、訪問し合って新年
の幸福を祈り合う、大晦日にさまざまな
占いをして未来を知る（詳細は以下に述
べる）などであった。「聖シルウェステル
の日」（ローマ教皇シルウェステル1世
の名にちなむ）といわれる大晦日には、
複数の「発砲団」が果樹園に集い銃声を
響かせた。これは邪悪なものを追い払う
ためだけでなく、眠っている木を目覚め
させ、実りを促すためでもあった。大晦
日には悪ふざけや悪戯も見られ、例えば
地主や貴族などの富裕階級ではポドクラ
ダニアといわれる泥棒ゲームが行われて
いた。だれかが物を盗み、盗られた人は
それを探す。近所の家に置いてあるのを
見つけたら、その家の人は現金と引き換
えに物を返却し、その現金は仲間での宴
会に使われる。ほかにも、誰かの馬車を
解体したあとに屋根の上で組み立てる、

タールを窓に塗り付ける、といった悪戯もある。少年たちは悪魔や野生動物の格好をして田園を駆け回り、若い女性を脅したり、できる限りの騒音を出したりする。また上流階級の人々の間ではクリーク（そり遊び）が行われた。何台ものそりで各屋敷を回りながら盛りだくさんの余興、饗宴、ダンスを楽しんだ。

元日には挨拶を交わしたが、子どもは年長の者に、召使は主人にというように、階級や地位の低い者が先に挨拶するのが礼儀とされた。農民は豊作を願い穀物の粒を互いに向けて撒き合ったり、一年を通してパンがありますようにとテーブルの隅に撒いたりした。客とすべての物乞いには、神の慈悲を象徴する白い布に包んだパンが差し出された。元日に教区の聖職者はオルガン奏者と教区の学校の生徒らとともにコラジャ（聖歌の歌い）をして村をまわり、子どもたちに教理問答をして家々を祝福した。各家ではお返しに司祭に食べ物や硬貨を贈った。

大晦日には「ノウェ・ラトキ」（nowe latki：新年）という儀式用のパンを焼く。以前はこのパンが豊穣と富をもたらすと信じられていた。各家庭では焼く前のパン生地から少量をとり、動物、果実の木、男性、女性の形を作って焼き、たいていはゴッドペアレンツが自分のゴッドチルドレンへの贈り物にするか、どこかに一年じゅう掛けておき、家畜を病気から守る「護符」とした。また、生地で特定の動物や人の形を作り、生地の魔法円に置くと悪い敵から命を守ることができると信じられていた。

歴史的に興味深い占いとその他の迷信

温めた油を水に注いだときの形が未来を暗示する。

テーブルに指輪、土、硬貨、十字架、ロザリオなどの品物をいくつか置き、目隠しをして近づき、最初に触ったものがその人の未来を暗示する。指輪は婚約、土は葬式、硬貨は富、十字架は聖職への就任、ロザリオは敬虔を意味する。

独身の若い女性が鶏小屋の戸をたたき、雄鶏が鳴けばその年に結婚する。

独身女性が結婚を決めるために、若い男たちがそれぞれに女性の家の窓に幸運を呼ぶ動物を書く。求婚者を中に入れるために女性はその人の書いた絵を洗い流さなくてはいけない。

元日に立つ市は豊作を呼ぶ。「新年に天気がいいと納屋がいっぱいになる」。

元日に早起きすると一年じゅう早起きになる。

元日にベッドから降りるときに右足を先に床につけると一年じゅう運がいい。

富を呼ぶためにバッグに硬貨を何枚も入れて野原を走りまわりながらバッグをふってジャラジャラ音をさせる。

一年の富を確実にするためにポンチキ（ドーナツ）を焼いて出す。

現代の習慣　国際感覚を持ったポーランド人は、大晦日の晩には、主として正式な舞踏会に参加する（何週間も続く祭りの季節の幕開けでもある）。祭りの騒ぎは「灰の水曜日」の前の「懺悔の火曜日」に終わる。なかでも有名なのはワルシャ

ワ・フィルハーモニック・ソサエティ、スポーツメンズ・ソサエティ、ゴルプ＝ドブジン城、クラクフ旧市街の歴史地区の野外大広場の後援によるもので、ゴルプ＝ドブジン城が後援する舞踏会ではポーランドの「マン・オブ・ジ・イヤー」が決まる。どの舞踏会も始まりの曲はポロネーズとなっている。クリークは今もよく行われており、いつも焚火とビゴス（運を呼ぶために新年に作る牛肉、豚肉、ザワークラウト、野菜の煮込み）で終わる。罰せられない程度の悪戯が行われている地方もまだある。

　新年の挨拶には次の言い方がある。
・「シュチェンシリヴェゴ・ノヴェゴ・ロクゥ（Szczesliwego Nowego Roku）」ポーランド語（公用語）
　⇒聖シルウェステルの日

ホーリー祭
Holi Phagwah
　⇒インド

「ホリデー・ランド」＊
"Holiday Land"
アニメ（1934年）
　〈カラー・ラプソディーズ〉＊（*Color Rhapsodies*）シリーズから映画化されたショートアニメーション。

　朝に目を覚ました少年スクラッピーは、学校の支度をする気になれず毎日が祝日だったらなと願う。その後、二度寝に入ったスクラッピーは、夢の中で「時の翁」に終わりのない祝日の国に連れて行ってもらう。1日のうちにおもな祝日をすべて祝い、サンタクロース、イースター・バニー、ハロウィーンの魔女、七面鳥をかかえるピルグリム・ファーザーズなど、それぞれの祭りに彩を添える非宗教的なキャラクターに出会う。新年のパーティでは、それぞれの祝日を巧みに説明する歌が披露される。時の翁がスクラッピーのために乾杯しようと言ったところで、スクラッピーは目が覚め、母親から「もう遅刻よ」と小言をもらう。

　1935年にアカデミー賞の短編アニメ部門の候補となる。
配給：コロンビア・ピクチャーズ／製作スクリーン・ジェム・スタジオ／プロデューサー：チャールズ・ミンツ／8分／ビデオ（N/A）

ボリビア
Bolivia
　⇒中南米とカリブ海諸島

ポルトガル
Portugal
　元日は1月1日。ベスペラ・ジ・アノ・ノーボ（Vespera de Ano Novo：大晦日）にはどの地域でもパーティをして騒音を鳴らし花火をあげ、シャンパンで乾杯して新年を祝う。最もすばらしいのはマデイラ諸島の主要都市フンシャルの花火だが、ここでは花火のほかにも文化、民族、芸術関係の催しがある。リスボンの祝祭も名高く、テージョ川周辺でさまざまな無料のショーが催される。またアルガルベ地方の祝祭もよく知られている。各地

で真夜中にブドウを 12 粒食べる習慣がある。1 粒 1 粒が新しい年の月を表し、1 粒ごとに願い事をする。そのほかの習慣は、ベンチや椅子から飛び降り右足から先に床に着けば運がもたらされる、幸運を呼ぶために鍋の蓋どうしをぶつけて鳴らす（ぶつかる音は、大きな音が邪気を払うという迷信を連想させる）、元日に起きることはすべてこの一年に起きることの前兆なので品行方正に元日を過ごす、公現祭にも出てくるフルーツケーキのボーロ・レイ（王のケーキ）を食卓に出す。このケーキの中には小さな装身具と豆が 1 つ入っていて、自分の分に豆が入っていた人が次の年にこのケーキを準備する。大晦日から公現祭の頃まで、仮面をつけた子どもたちのグループが（ふつうはジャネイレイロといわれる）、ジャネイラ（伝統的な歌）を歌いながら家々をまわり、果物、お菓子、硬貨をもらう。

新年の挨拶には次の言い方がある。

・「フェリース・アノ・ノーボ（Feliz Ano Novo)」ポルトガル語（公用語）

ホワイトハウス
The White House

ワシントン D.C. にある大統領官邸、大統領一家の公邸。大統領官邸は 1791 年に芸術家で技師のピエール・シャルル・ランファンによって設計された。当初想定していたのは現在の 4 倍の規模の建築物だった。建築家のジェームズ・ホーバンが規模を縮小し、ジョージ・ワシントン大統領とともに公邸建設を監督し、ワ

シントンの任期終了後の 1800 年に公邸は完成した。1800 年 11 月に、ジョン・アダムズ大統領が最初の住人として公邸に入居した。1798 年の時点では石灰を使った水しっくいで白かったが、その後に白く塗装され、19 世紀初頭に「ホワイトハウス」という通称で呼ばれるようになり、1901 年 9 月にセオドア・ルーズベルト大統領がその名称を公式とした。

新年の接見会　1801 年 1 月 1 日、ジョン・アダムズ大統領夫妻はホワイトハウスで最初の「接見会」を主催し、直々に 135 名の訪問客と接見した。以降 1932 年まで、ホワイトハウスの毎年恒例の新年接見会は、外交官、官僚、軍人、一般人が楽しみにする社交行事となり、ワシントンの新聞は花の飾り付け、婦人たちのファッション、音楽まで詳細を記事にして発表した。大統領の病気、旅行や戦時などの事情で、何度か中止されたことはある。例えば、ジェームズ・マディソン大統領の任期中（1809 ～ 1817）は「1812 年戦争〔アメリカ・イギリス戦争〕」中で、1814 年にイギリス軍がホワイトハウスに火をつけたため、修復中の 3 年間閉鎖された。1818 年元日の再開とともに、ジェームズ・モンロー大統領（任期 1817 ～ 1825）が接見式を再開した。

アンドリュー・ジャクソン大統領（任期 1829 ～ 1837）以降、ホワイトハウスでは新年の接見会の参加者に対して平等主義をとっていたが、ジェームズ・ブキャナン（任期 1857 ～ 1861）は平等主義を

排し、接見会への参加を階級や地位によって定める公式規則を復活させた。

年々、新年接見会の参加者数は増え、1932年には9,000人以上にふくれあがった。大統領との握手を望む来訪者が並んだ列はホワイトハウスの外へと延び、門の外に出て、国務・陸軍・海軍ビル（現在のアイゼンハワー行政府ビル）を取り巻くほどだった。ハーバート・フーバー大統領（任期1929～1933）は、来訪者数が行き過ぎたことによるセキュリティ上の不安を表明して、1932年を最後に年に1度の新年接見会の伝統に終止符を打った。

その他の元日前後にホワイトハウスで起きた注目すべき出来事

・1849年：元日：ジェームズ・K・ポーク大統領（任期1845～1849）とサラ夫妻の結婚25周年記念日
・1863年：元日：エイブラハム・リンカーン大統領（任期1861～1865）が奴隷解放宣言に署名して発布、これにより南部連合国における奴隷制が禁止された。リンカーンはホワイトハウスの接見会で午前中いっぱい、腕がこわばり麻痺するまで握手し続けていた。大統領が署名する解放宣言が届くと、リンカーンはこういった。「この署名はじっくり見られることになるだろう。わたしの手が震えていたのがわかったら、見た人たちは『大統領は病気を抱えている』というだろう。とにかく、署名をしなければならない」
・1875年：元日：ユリシーズ・S・グラ

ント大統領（任期1869～1877）は娘のネリーと英国外交官アルジャーノン・サトリスとの婚約を発表した。1870年6月28日、議会法により、1月1日、12月25日、7月4日、感謝祭が、コロンビア特別区の連邦祝日となった。

・1877年：ラザフォード・B・ヘイズ大統領（任期1877～1881）とルーシー夫妻が結婚25周年を祝い、12月30日、大晦日のパーティと1878年元日の大接見会を主催した。このイベントの間、新聞では公邸中に咲き誇る真っ赤なクリスマスの植物のようすを伝えた。これがホワイトハウスのクリスマス・デコレーション——おそらくはポインセチア——に関する最初の記述と思われる。ヘイズ夫人は大統領の禁酒を推奨していたため、ホワイトハウスのどの行事でも強いアルコールが供されることはなかった。
・1942年：アメリカが第二次世界大戦に参戦したばかりの1941年12月に、イングランドのウィンストン・チャーチル首相がフランクリン・D・ルーズベルト大統領（任期1933～1945）のもとを訪れ、ホワイトハウスのクリスマスパーティに出席した。1942年元日、ルーズベルトとチャーチルはマウント・バーノンを訪れ、ジョージ・ワシントンの墓所に赤と白と青の花輪をささげた。
・1992年：元日：ジョージ・H・W・ブッシュ（任期1989～1993）は、合衆国の大統領として初めてオーストラリア

議会で演説した。

・1998年：ウィリアム・J・クリントン（任期1993～2001）とファーストレディのヒラリー・ローダム・クリントンがホワイトハウス・ミレニアム・カウンシルを開始した。「過去をたたえ──未来を想像しよう」というテーマで、アメリカのミレニアムの祝祭の方向性を定めようとしたものである。1998年から2001年まで、ヒラリー・クリントン主導で行われたカウンシルは、アメリカを文化、学問、科学研究の国家として定義するという実績を示した。進められたプロジェクトには、国内すべての教室と図書館を2000年までにインターネットに接続する。全米人文科学基金の支援を受けた全国ネットのテレビシリーズ「ミレニアム・ミニッツ」で過去1000年の著名な人々、出来事、業績を紹介する。国立公文書館を通して国家の歴史的文書を保管する。「ナショナル・ミレニアム・タイムカプセル」プロジェクトによって、ミレニアム当時の多彩なアメリカ文化の産物、記念品を収集し、タイムカプセルとして国立公文書館に保管。カプセルは22世紀のはじまりに開かれる。火星への新たなロボティクスミッションを推進する。全米科学財団のキャンペーンによって科学、工学、数学の重要性を示す。国立公園、史跡、国宝の保存。ナショナルサービス事業のアメリコー、平和部隊に参加するボランティアの増加。「ミレニアム・コミュニ

ティーズ」という名誉タイトルを与えることで、全米中の地域コミュニティのミレニアムプロジェクトを推進する。

ミレニアムを祝う 1999年12月31日、ウィリアム・クリントンとヒラリー・ローダム・クリントン、娘のチェルシーは、「アメリカン・クリエイターズ」祝祭を催して、ホワイトハウスに新世紀が訪れたことを告げた。祝祭はブラックタイ着用のディナーとダンスで、芸術やエンターテインメントをはじめとする業界から360人のセレブリティが出席した。イーストルームとステートダイニングルームは白いランとバラで飾り付けられ、銀のベルベットのテーブルクロスの上にはチョウザメのキャビア、ロブスター、フォアグラ、ラムのあばら肉のポレンタ添え、チョコレート、シャンパンなどの豪勢な食事が並んだ。クリントン一家とともにミレニアムを祝ったのは、モハメッド・アリ、エリザベス・テイラー、ソフィア・ローレン、ロバート・デニーロ、マーティン・スコセッシ、ジャック・ニコルソン、ウィル・スミス、シド・シーザー、ニール・サイモン、アーサー・シュレジンガー Jr.、ジュリー・ハリス、イツァーク・パールマン、ジョン・ウィリアムズ、メアリー・タイラー・ムーア、ジョン・グレン上院議員ほか多数。多くのゲストが子どもを同伴し、子どもたちはローズ・ガーデンのテントで食事をした。このセレブリティと交わる機会に、参加した企業の寄付は1,600万ドル以上にの

ぼり、ワシントン・モールでのミレニア
ム・プロダクションとスミソニアン研究
所での2日間にわたるパブリック・ファ
ミリー・アクティビティの資金源となっ
た。ディナー後、ゲストはバスでリンカ
ーン・メモリアルに移動し、全国放送さ
れた大晦日のショーと花火を楽しんだ。
その後600人以上のゲストは、朝食と夜
明けまでのダンスのためにホワイトハウ
スに戻った。このときのゲストミュージ
シャンは、元シュープリームズのメアリ
ー・ウィルソンだった。
　　⇒アメリカ合衆国、接見会

「ホワイトホールにおいて王の御前で披露された、新年の贈り物、あるいは割礼の歌」

"The New-yeeres Gift, or Circumcisions
Song, sung to the King in the Presence at
White-Hall"
　イギリスの詩人ロバート・ヘリック
（1591 ～ 1674）の詩の題名。ヘリック
の宗教的作品集『聖なる詩集』＊（Noble
Numbers、1648年）に収録されている。イ
ギリスの音楽家であり作曲家であるヘン
リー・ロウズ（1595 ～ 1662）の取り計ら
いで、1530年から1698年までイギリス
国王が居住したロンドンの宮殿ホワイト
ホールにおいてこの歌が披露された。こ
の歌では新年とともに、キリスト教の多
くの宗派が伝統的に1月1日に祝ってき
たキリストの割礼にも触れている（⇒割
礼の祝日）。

新年の贈り物

1.　歌の準備を　あの方がいらっしゃる
　　あの方がいらっしゃる
　　罪とせよ　この場で口を閉ざすことを
　　リュートの音でこの場を満たさぬことを

2.　聖水をあますところなく振りまけ
　　火を絶やさぬよう心を配れ
　　袖廊と教会の隅々に香をくゆらせよ

3.　どの祭壇にも火を灯し
　　蘇合香をあたため　汝は知る
　　みなが心をひとつにして
　　甘美な空気を醸さんとするを
　　（コーラス）
　　しかしあの方の甘美さには劣る

4.　あの方をお連れせよ
　　だれよりも敬虔な司祭を
　　おだやかにぐるりと動く
　　鳩のごとき目を見て
　　か細い泣き声が高まるのを聞くとき
　　どうしてこの幼子に割礼を施せよう？

5.　哀れむのではなく賢くあれ
　　あの方の血が流るるを見ざれば
　　洗礼を叶えるその血を見ざれば
　　この降誕は無益という定めなのだから
　　（コーラス）
　　そして神は事を成される

6.　優しく触れよ　優しく触れよ
　　チューリップは一年じゅう芽吹き

吹き出すその聖なる血から
薔薇が生まれ
そのいとしい御頭に冠を載せる
（コーラス）
収まれ　収まれ　すべて事は成された
始まりとかわらぬ熱をおびつつ
さあ歌え　家路につけ
幼子を母マリアの元へお連れしよう
幼子をその温かき胸にゆだねしとき
儀式は成し遂げられる

　ロバート・ヘリックは「乙女らよ、咲き出た薔薇を摘むのです。相も変わらず駆けていく『時』の奴」で始まる「乙女たちに」という詩でよく知られている（『ヘリック詩鈔』森亮訳、岩波文庫より）。またそれぞれ別に発表された「新年のもうひとつの贈り物、あるいは割礼の歌」と「サー・サイモン・スチュワードに捧ぐ新年の贈り物」という詩も書いている（それぞれの詩の項を参照）。

「ホワット・アー・ユー・ドゥーイング・ニュー・イヤーズ・イヴ？」

"What Are You Doing New Year's Eve?"

　ニューヨークシティ生まれの作詞家フランク・レッサー（1910 ～ 1969）が1947年に作詞作曲したアメリカで人気の歌。伝記『すばらしいやつ：フランク・レッサーとガイズ・アンド・ドールズ：娘による肖像』*（*A Most Remarkable Fella: Frank Loesser and the Guys and Dolls in His Life: A Portrait by His Daughter*）で、スーザン・レッサーはこの歌の舞台は早春であると説明している。歌詞は、恋に落ちた人が恋人との将来の約束を求める様子を歌っている。ライバルの存在に気づき、誰が選ばれて遠い先の夜を共にするのか思い悩み、歌い手は先走って大胆に尋ねる。「大晦日、あなたはなにをしているの？」と。フランク・レッサーはこの曲に祝日の特別な意味を結び付けてはおらず、ただ、ロマンティックなバラードを意図して軽い気持ちで大晦日を付けただけだったが、このタイトルのために、アメリカの大晦日のスタンダードソングとなった。皮肉ななりゆきで、「クリスマスシーズンにこの曲が歌われると、父はいつもいらだっていました」とスーザン・レッサーは述べている。

　長年の間に "What Are You Doing" はさまざまなバージョンで録音された。ジ・オリオールズ、フランク・シナトラ、カーペンターズ、ハリー・コニック・ジュニア、エラ・フィッツジェラルドほか多数のバージョンがある。だが、ヒットチャートに登場したのは3枚だけで、ジ・オリオールズ（ソニー・ティル、アレクサンダー・シャープ、ジョージ・ネルソン、ジョニー・リード、ギタリストのトミー・ゲイザー――ジュビリー・レーベル、1949年「ビルボード・ホットR＆Bシングル」チャート第9位）。ダンテ・アンド・ジ・エバーグリーンズ（ドナルド・ドロウティー、ビル・ヤング、トニー・ムーン、フランク・D・ローゼンタール――マディソン・レーベル、1960年「ビルボード・バブリング・アンダー・ザ・ホット100」チャート第107

位)。ナンシー・ウィルソン（キャピトル・レーベル、1965、1967年「ビルボード・クリスマスチャート」17位と24位）。この曲は、チャートに載ったアルバム『サウンド・オブ・クリスマス』（ラムゼイ・ルイス・トリオ（当初のトリオはエルディー・ヤングとアイザック「レッド」ホルト；クリーブランド・イートンとモーリス・ホタイトと再結成）、アルゴ・レーベル、1961年発売）で初登場した。このアルバムは1962年に「ビルボード200」チャートに初登場（129位）した。

　ブロードウェイの作曲家の中で最も多才だったといわれるフランク・レッサーは、流行歌を何十曲も書いただけでなく、30年間で60以上の映画音楽を手がけた。

「主を誉めたたえ、敵の攻撃をかわせ」（1942年）、「ブッシェル・アンド・ペック」、「レイディに幸福を」、「恋したことはない」（以上3曲はミュージカル『ガイズ・アンド・ドールズ』 *Guys and Dolls*、1950年より）、「みにくいアヒルの子」、「シャクトリムシ」、「親指姫」（以上3曲は映画『アンデルセン物語』 *Hans Christian Andersen*、1952年より）、舞台『努力しないで出世する方法』（*How to Succeed in Business without Really Trying*、1961年）はそのごく一部である。

ホンジュラス
Honduras
　⇒中南米とカリブ海諸島

ま行

マオリ族の正月

Maori New Year

　⇒ニュージーランド

マカヒキ

Makahiki

　⇒ハワイの正月

マダガスカル

Madagascar

　かつてはフランスの植民地だった島国。アフリカ南東のインド洋沖に位置する。人口の95％以上が先住民のマダガスカル人（マレー人、インドネシア人、アフリカ人との混血を含む）。約50％がキリスト教徒、5％がイスラーム教徒。その他の人々は祖先への敬意などを含む島の伝統的な宗教を信仰している。ただし、キリスト教徒であっても大半は土着の信仰を心に抱いている。

　元日はグレゴリオ暦の1月1日で国の祝日となっている。しかしマダガスカルの太陰暦による新年（アラハマディ・ベAlahamady Be）は3月の新月から始まる。アンタナナリボで行われる新年の祭りは、大晦日からの2日間にわたる。大晦日には人々は色鮮やかな服を着て、にぎやかな生演奏が鳴り響くなか、聖なるアンブヒマンガの丘に集う。そこにあるか

つて女王の宮殿だった建物のまわりで、靴を脱ぎ祖先を詣でる。この間は酒を慎む。ここでトランス状態になれば、祖先の霊と交流し祈りを届けることができるとされている。儀式が終わると家族が集まり食事となる。料理はマダガスカル料理のロマザバ（肉、ハーブ、葉野菜）のヴァリ（ライス）添え、スモークソーセージ、野菜、サトウキビと米のワイン。元日はキリスト教の讃美歌で始まり、赤い服（忠誠心と力の色）を着た役人が2頭のゼビュー（コブウシ）を生贄とする。この血を塗って聖別すると祈りの力が強まるといわれる。

　新年の挨拶には次の言い方がある。

・「アラバハ・トラトリ・ニ・タオナ（Arahaba Tratry Ny Taona）」マダガスカル語（公用語）

・「ボナネ（Bonne Année）」フランス語（公用語）

「また新年前夜がきただけさ」*

"It's Just Another New Year's Eve"

　アメリカのポップシンガー・ソング・ライターのバリー・マニロウのヒット曲。初めはシングルとしてレコーディングし（アリスタ、1977年）、アダルト・コンテンポラリー・ミュージックのチャートで33位となった。同年、マニロウは初め

て1位になったアルバム、『バリー・マニロウ・ライブ』（アリスタ、1977年）に同曲を収録した。このアルバムは1976年12月にニューヨークのユリス・シアター（現在のガーシュウィン・シアター）でのコンサートを録音したものである。LP2枚組のアルバムは売上400万枚を記録（クワドラプル・プラチナディスク）した。また、プラチナディスクとなった『ビコーズ・イッツ・クリスマス』（アリスタ、1990年）には「ウィー・ウィッシュ・ユー・ア・メリークリスマス」とととともに収録されている。1990年から2003年にかけてこのアルバムは7回チャートインした。まず1990年に『ビルボード200』で40位にチャートインし、同年の『トップ・クリスマス/ホリデー・アルバム』は、チャートでは1位に躍り出た。

この曲は新しい年を複雑な感情で迎える男女を描く。二人は過去の過ちを後悔し未来を案じている。それでもマニロウは二人にエールを送る。新年前夜とはいえほかの夜と変わらないし、いまこそ新しい一歩を踏み出すチャンスだと。

バリー・マニロウ（1946年、ニューヨーク、ブルックリン生まれ。本名はバリー・アラン・ピンカス）はジュリアード音楽院で学んだのち、作曲、制作を経て広告分野でステイト・ファーム保険、ケンタッキー・フライドチキン、バンドエイド、ドクターペッパー、マクドナルド、ストリデックス・フェイシャル・パッドなどのクライアントに曲を提供した。ほかに「マンディ」（1974年）、「アイ・ライト・ザ・

ソングズ」（1976年）などのヒット曲がある。

マタリキ
Matariki
⇒ニュージーランド

「マッチ売りの少女」
"The Little Match Girl"

デンマークの有名な詩人・童話作家のクリスチャン・アンデルセン（1805〜1875）による、非常に繊細で憂いに満ちた童話。雪の大晦日のひどい寒さの中、かわいそうなひとりの少女が通りでマッチ売りをさせられる。金を持って帰らないと酷い父親に殴られるのだ。成果のなかった1日の終わりに、ひもじい少女は通りのすみにうずくまり、暖をとろうという一心でマッチを1本ずつすっていく。その度にすばらしい情景が目の前に浮かぶ。1本目、ぴかぴかに磨かれた大きなストーブが出てきて、中では火が燃えさかっている。2本目、リンゴとプラムを詰めたガチョウの丸焼きがでてくる、そして3本目でロウソクと色とりどりの絵が飾られたみごとなクリスマスツリーが現れる。夜空を見上げた少女は流れ星を見つけ、流れ星は魂が神さまのところに召されるしるしという祖母の言葉を思い出す。マッチをもう1本すると、微笑む祖母が現れる。少女は祖母にすがりつき、残ったマッチをすべて燃やして、自分を連れていってほしいと願う。灯りがひときわ大きく燃えたち、祖母は少女

を胸に抱くと元日の空の高みに楽しげにのぼっていった。孫娘を永遠に神のおられる天に連れていったのだ。

映画やアニメのなかには、この憂いに満ちた物語に明るさやロマンチックな要素を加えたものもある。

- *La petite marchande d'allumettes*（1928年）：フランスのサイレント映画。
  出演：カトリーヌ・エスラン、マヌエル・ラービー、ジーン・ストーム、エイミー・ウェルズ、アン・ウェルズ／脚本：ジャン・ルノワール／監督：ジャン・ルノワールとジーン・テデスコ／白黒／ビデオ（N/A）／40分
- *Little Match Girl*（1937年）：スクリーン・ジェムズ／コロンビア映画によるショートアニメーションを集めたカラー・ラプソディシリーズの作品。1938年にアカデミー賞短編アニメ賞受賞。
  製作：チャールズ・ミンツ／監督：アーサー・デイビス／ビデオ（N/A）／8分
- *The Little Match Girl*（1983年）：ナンシー・ダンカン、ダン・ヘイズ、マット・マッキム、モニカ・マクスウェインらの出演による映画版。
  監督：ウォーリー・ブロードベント、マーク・ホイーガー／ビデオ（N/A）／54分
- *The Little Match Girl*（1987年）：少女が本当の美は友情と愛に宿ることを学ぶイギリスのミュージカル。
  出演：ツイッギー・ローソン、ロジャー・ダルトリー、ナタリー・モールス、ポール・デンマン、ニコラ・ドーン、ジェニー・リンデン、ジェマ・プライス／脚本：ジェレミー・ポールとレスリー・ステュワート／製作：ピ

ーター・ジェフェリーズ／監督：マイケル・カスタンス／Harlech Televisionとピクチャー・ベース・インターナショナル・プロダクションズ／VHS／イースト・テキサス・ディストリビューター／90分
- *The Little Match Girl*（1987年）：テレビの特別番組。あるクリスマスに、マッチ売りの少女のマッチの不思議な力が消えないうちにと、ある女が、夫と疎遠になった息子との間を取り持とうとする。
  出演：マリーエディス・バレル、ケシア・ナイト・プリアム、ルー・マクラナハン、ジョン・リス＝デイヴィス、ウィリアム・ダニエルズ／脚本：マリーエディス・バレル／製作：ロバート・ハーグローブ／監督：マイケル・リンジー＝ホッグ／ビデオ（N/A）／96分
- *The Little Match Girl*（1991年）：ビデオのために製作されたアニメーション。ホームレスのマッチ売りアンジェラが1999年の大晦日に新たな始まりを予感させる冒険に出る。
  ナレーター：F・マーリー・エイブラハム／他の声優：テレサ・スマイス、ペリー・キーファー、ハイディ・ストーリングス／脚本：マクシーン・フィッシャー／製作・監督：マイケル・スポーン／VHS：ファミリー・ホーム・エンタテインメント／30分
- 『人生はそんなもん』*（*Such Is Life*、1924）：サイレントのコメディ映画。
  出演／ベイビー・ペギー、ジョー・ボナー、トーマス・ワンダー、ジャック・ヘンダーソン、アーノルド・マクドナルド、ポール・スタンホープ／監督：アルフレッド・J・ゴールデ

ィング / センチュリー・フィルム・コーポレ
ーション / 白黒 / ビデオ（N/A）

・『リザレクション』（*Sungnyangpali sonyeoui jaerim*（マッチ売りの少女の再臨）、2002年）：韓国の奇想天外な SF 作品。中華料理の配達をする少年が、コンピューターゲームでマッチ売りの少女を再臨させる。少年は現実世界とサイバースペースを行き来する。マッチ売りの少女に安らかな死をもたらすというミッションに多くの邪魔が入る。マッチ売りの少女役はイム・ウンギョン。
（脚本：チャンソヌとインジンミ / 製作：ユインテク / 監督：チャンソヌ / 企画時代 / ビデオ（N/A）/123 分
⇒『郵便馬車で来た 12 人』

『幻の馬車』
Körkarlen

スウェーデンの作家、セルマ・ラーゲルレーヴによる 1912 年刊行の小説。大晦日の最後、真夜中を告げる鐘が鳴ったときに死んだ者がその後一年間、死神の馬車の御者となって死者の魂を集めなければならないという伝説を基にしている。主人公のダヴィッド・ホルムは酒浸りになった末、大晦日の真夜中に喧嘩をして命を落とす。死神の馬車が近づくと、その御者は生きているときに飲み仲間だった男だとわかる。新たな御者になったことを嘆くダヴィッドの前に彼の過去が次々と映し出され、その行いが周囲にどのような影響を与えたかを露わにする。チャールズ・ディケンズの『クリスマス

キャロル』の主人公スクルージと非常に似た感情を描き出す。

この小説をもとに 3 本の映画が製作されている。

・『霊魂の不滅』（*Körkarlen*、1921 年）スウェーデンのサイレント映画。
主演：ヴィクトル・シェストレム（ダヴィッド・ホルム役）/ 脚本・監督：ヴィクトル・シェストレム /Svensk Filmindustri 社（SF）AB/ 白黒 /93 分 / ビデオ（N/A）

・『幻の馬車』（*La charrette fantome*、1939 年）フランス映画。
主演：ピエール・フレネー / 脚本：ジュリアン・デュヴィヴィエ / 監督：ジュリアン・デュヴィヴィエ / コロムビア及びトランスコンチネンタル社 / 白黒 /93 分 / ビデオ（N/A）

・『幻の馬車』*（*Körkarlen*、1958 年）スウェーデン映画。
主演：イェーオリ・ファント / 脚本：ルーン・リンドストローム / 監督：アルネ・マットソン / ノルディスクフィルム / 白黒 /109 分 / ビデオ（N/A）

セルマ・ラーゲルレーヴ（1858 〜1940）は 1909 年に女性で初めてノーベル文学賞を受賞した。児童書である『ニルスのふしぎな旅』は、スウェーデンの歴史、地理、民間伝承を織りまぜた物語となっている。

マヤ帝国
Mayan Empire

現在のメキシコ東部、ユカタン半島、ベリーズ、グアテマラ、ホンジュラス、エルサルバドルの一部にあたる地域を支

配していた古代の帝国。前2000年頃から紀元1500年まで高度な社会を保持していたが、16世紀初期にスペイン人に征服されて帝国は終わりを迎えた。

古代マヤ帝国の新年に関する事柄は、征服時のスペイン人の記録からだけでなく、寺院の落書きや樹皮からできた紙に象形文字で書かれた3冊の本からも知ることができる。3冊の本は後古典期（900～1500年）以降に書かれたもので、まとめてマヤ・コデックスといわれている。スペイン征服以前は、歴史的事実や儀式についての情報が書かれたこのような文書が数多く存在していたが、スペイン人はこれらを悪魔との契約書と信じて、そのほとんどを焼き、3冊だけを本国に送った。それぞれの文書には、送られた先の地名からとった名前が付けられており、ドレスデン・コデックス、マドリー・コデックス、パリ・コデックスと呼ばれている。現在、メキシコシティには4番目のグロリア・コデックスが存在するが、信憑性を疑う専門家もいる。マヤ・コデックスの内容は、天文暦、暦の日付、作物の栽培・収穫、宗教儀式などの絵である。

新年の儀式は宗教的なもので、マヤ文明の太陽暦であるハアブの最終月ワイェブに属する名称のない5日間と、ポープの着座の日（太陽暦の最初の月の最初の日）に行われる（⇒暦・マヤ）。この儀式に先だって清めのための断食と禁欲があり、その後悪霊払いのために複数の偶像に香りが付けられる。新年の期間はそれらの偶像を中心として、コーパルの木の香を焚き、祈祷、食べ物のお供えと血の生贄、儀式的舞踊の儀式と宴会が行われた。儀式ではトウモロコシとリュウゼツランから作られるプルケ、発酵した蜂蜜とバルチェの樹皮から作られるバルチェなどの酒がよく使われた。供え物を燃やして神々に届けるため、司祭は帝国に多数造られたピラミッド神殿で新年の火を焚く。代表的なピラミッド神殿は、現在のグアテマラにあたるマヤ帝国の中心都市ティカルやユカタン半島のチチェンイツァにあった。神々は人間の血を要求したが、それは神々自身が生き延びるためだけでなく、豊作が約束されることで、人類が生命を維持するためでもあった。血を流す生贄では大型動物の心臓を燃やすが、それができない場合には、香りのいい松脂を心臓の形にして燃やした。王は性器にアカエイの刺や黒曜石のナイフで切れ目を入れて、出てきた血を鉢の中の紙で受けた。血の沁み込んだ紙は司祭に届けられ、司祭はその紙を燃やした。高貴な女性は舌か耳を切って血を出した。

マヤ帝国では（その後に勃興する悪名高いアステカ帝国ほどの規模でないにしろ）、人間の生贄も差し出した。斬首、矢で撃つ、生贄の泉に生贄を落とすなどの方法があった。なかでも最も劇的といえるのは、後古典期に行われた、生贄の脈打つ心臓を神殿中庭の祭壇またはピラミッド寺院の頂点に捧げる方法だった。生贄となるのはふつう完璧な肉体を誇る捕虜兵士で、裸の体に先のとがった頭飾りをつ

けられ、祭壇に仰向けに寝かされた。その後、4人の下級司祭が手足に杭を刺して体を固定した。祭壇と下級司祭に加え生贄となる者も、すべてが生贄の色である青で塗られていた。次にナコム（執行する司祭）が石斧で脈打つ心臓をえぐり出し、チラム（司式する司祭）に渡した。チラムは、その日の儀式の中心となる像、および自身と参列する他の司祭に血をなすりつけた。これが像に「食べさせる」行為となる。血を塗られた者たちの髪は乾いた血のりでごわごわした塊になった。屍は中庭に捨てられ、そこで皮を剥がれた。剥いだ皮をチラムが被り、死から分離された新しい年の新しい命を象徴する儀式的舞踊を行った。最も敬意を表すべき戦士の肉体は食された。ただし、人間を生贄にするのは最重要とされる儀式のときのみで、例えば、暦の52年の周期の変わり目の年などのときであった。

⇒インカ帝国、暦・アステカ

マヤ暦

Mayan Calendar

⇒暦・マヤ

マレーシア

Malaysia

インド洋と太平洋の間にある東南アジアの国。インドネシアのすぐ北に位置する。民族と宗教はかなり多様で、マレー人（50%）、中国人（24%）、先住民（11%）、インド人（7%）などからなる。主要な宗教はイスラーム教（60%）、仏教（19%）、キリスト教（9%）、ヒンドゥー教（6%）、中国の伝統的な信仰（3%）。元日にあたるのはおもに次の3日となっている。イスラーム暦ムハッラム月の1日目（⇒イスラーム教、暦・イスラーム）、中国太陰暦による春節（⇒暦・中国、中国）、グレゴリオ暦の1月1日。一般的にはグレゴリオ暦が使われている。

大晦日（12月31日）には、ホテル、レストラン、ナイトクラブ、家庭でのお祭り騒ぎが見られる。クアラルンプールのムルデカ・スクエアとペナン島のガーニー・ドライブが人気スポットで、真夜中には人々が集って叫び、ラッパを鳴らし、飲んで「遥か遠き昔」を歌う。パーティは1月1日の早朝まで続く。大晦日にはさまざまな教会、寺院、神殿でそれぞれの宗教の務めが行われる。元日は静かな休息の日となる。

新年の挨拶には次の言い方がある。
・「スラマット・タウン・バル（Selamat Tahun Baru）」マレー語（公用語）
⇒「遥か遠き昔」

水かけ祭り

Water Festival

⇒カンボジア、タイ、ミャンマー、ラオス

南アフリカ共和国

South Africa, Republic of

元日は1月1日。1657年以降、アンゴラ、インドネシア、インド、マダガス

カルの奴隷がヨーロッパからの白人定住者の農園で働くために輸入された。白人が喜望峰に到達したときから、オランダの、のちにはイギリスの植民地化が進んだ。奴隷は慣習的に元日に休暇を与えられ、歌ったり、踊ったり、ご馳走を食べたり、色鮮やかな服を着たり、家から家を訪ね歩いたりして過ごした。1834年12月1日に英国が喜望峰植民地で奴隷制を廃止すると、解放された奴隷たちはパレードやかがり火、花火などで祝った。こうした祝祭から生まれたのが、南アフリカで人気の高い、ケープタウンのケープクーン・ニューイヤーフェスティバルで、ケープタウン・ミンストレル・カーニバルとしてよく知られている。

カーニバルに多大な影響を与えたのは、19世紀半ばに喜望峰を回ったアメリカの巡行船の音楽家たちで、そろいの服を着て顔を黒くした演奏家とともに「クーン（ミンストレル）」曲を持ち込んだ。それらの音楽は地元のアフリカーンス語を話す「カラード」（南アフリカの表現で白人と黒人奴隷から生まれた混血の子孫を意味する）の人々の間で人気を博し、新年の祝祭に取り込まれていった。19世紀末にはさまざまなバンドやボーカルグループがカープス・クロプス（Kaapse Klopse：ケープ植民地のオランダ語で「ケープ・クラブズ」の意、個々のスポーツクラブを指すとともに、ミンストレルの集合名でもある）と結び付き、グループごとに独特の印を付けた衣装を身に着けてケープタウンでパレードをして新年のコンテストを行った。

1907年1月1日、グリーン・ポイント・クリケット・クラブがグリーン・ポイント・トラック・スタジアムでの大規模な競技会にすべての参加者を集めて、初めてカーニバルを組織した。何シーズンか過ぎてカーニバルは中止になったが、1920年にアフリカーン人民組織がグリーン・ポイント・トラックでのカーニバルを復活させ、現在はこのスタジアムで多くのカーニバルが開催されている。1994年のアパルトヘイトの崩壊とともに、それまでカーニバルの出し物やパレードを制限した隔離や差別がなくなった。元大統領のネルソン・マンデラは1986年にカーニバルを承認し、ケープタウン・ミンストレル・カーニバル協会を支援していた。

祝祭は現在も元日に始まり、手作り品の展示や大通りのパレード、歌や踊り、フィールド競技、仮装コンテストなどが行われ1月いっぱい続く。ミンストレルの曲目は文化的に多様で、大半は民謡だが、ブロードウェイのミュージカルナンバーやポップス、ラテンのリズム音楽、ゴスペル、ヨーロッパのクラシック音楽なども演奏される。

2004年まで、ヨハネスブルグ都市圏のインナーシティにある犯罪の巣窟といわれるヒルブロウでは、発砲したり、古い冷蔵庫や洗濯機を高層階の窓から投げたりするのが新年の慣習だった。そうした人々をまとめ、社会的な娯楽を提供するために、ヨハネスブルグは2004年に

ヒルブロウで第1回の仮装やアクロバット、ジャグラー、パレード、フロート、大道芸などで大晦日のカーニバルを開催するのに成功した。ヨハネスブルク・カーニバルは毎年恒例のイベントとなり、文化的多様性を祝うこと、ケープタウン・カーニバルの水準に達することを目標としている。

新年の挨拶には次の言い方がある。
・「ゲルックキーゲ・ヌウェヤール（Gelukkiege Nuwejaar）」アフリカーンス語（公用語）

ミャンマー
Myanmar

1989年まではビルマとして知られていたが、軍事政府がミャンマーと改称した。圧倒的に仏教徒が多い国で、社会生活ではグレゴリオ暦を採用しているが、伝統行事と宗教行事は太陰太陽暦の上座部仏教暦に従っている（⇒暦・仏教）。月は順にダグー（3月〜4月）、カソン（4月〜5月）、ナヨン（5月〜6月）、ワーゾー（6月〜7月）、ワーガウン（7月〜8月）、トータリン（8月〜9月）、ダディンジュッ（9月〜10月）、ダザウンモン（10月〜11月）、ナッドー（11月〜12月）、ピャードー（12月〜1月）、ダボードェ（1月〜2月）、タバウン（2月〜3月）。元日はダグーの初日で、グレゴリオ暦の4月中旬にあたる。

2000年以上前、新年は春の初めの日である春分から始まった（⇒暦・暦の天文学的基準）。当時の占星術の計算によると、春分の日に太陽は黄道十二宮の、現在でいう牡羊座（子羊）を含む宮に入った（白羊宮）。そのため伝統的なミャンマーの正月の呼び名マハ・ティンジャン（もしくは単にティンジャン）は太陽が黄道十二宮で「移動する」という意味のサンスクリット語に由来する。しかし、地軸のふらつきのために、春分の日の黄道十二宮における太陽の視位置は長い年月の間に徐々に後ろにずれていく。これは春分点歳差として知られる現象で、春分は年々早くなる。春分の日における位置のずれにより、現在太陽は牡羊座ではなく魚座（魚）にあるようにみえる。しかし太陽が牡羊座に入ったときに始まる新年が占星術的基準における新年であり、ティンジャンは3月ではなく4月中旬となっている。新年には儀式に則り沐浴することでお清めをし、伝統的な水かけ喧嘩でお祭り騒ぎをし、徳を積み、一家が集い、万物に感謝する。

カーストの最高位、ブラーマンは、占星術師として古代ビルマの王に仕えた。そこから新年の起源となるよく知られる伝説が始まった。ティンジャンの時期には、デーヴァ（輪廻する天上の存在）の王でありヒンドゥー教の女神インドラでもあるタグヤーミン（サッカラともいわれる）が数日間地上に降りてきて、人々に新しい年にあたり宗教的務めと魂の務めを思い出すよう諭し、ティンジャンの直前にまた天に昇っていく。タグヤーミンに見られているのを知ることで、人々は過ぎた年の罪を清め、過去の悪行を贖うために善行をする。これがいわゆる徳

を積むことである。子どもたちは、いい子ならタグヤーミンが黄金のパラバイ（帳面）に名前を記し、悪い子なら名前は犬の皮のパラバイに記されたうえ、あとで罰を受けると教えられている。別の伝説では、ブラーマンの王アルシはタグヤーミンとの賭けに負けて首を取られた。首を地に埋めると大地は火にのみ込まれる恐れがあるので、地に埋められなかった。海に沈めると水が干上がってしまう恐れがあるため、海に沈められなかった。天に投げると干ばつになる恐れがあるため、天に投げられなかった。かわりに7つの曜日の名を持つ天上の7人の女神が1年ずつ順に首を預かり、ティンジャンに役目を交代する。主要人物の名は異なっているが、同様の伝説はカンボジア、ラオス、タイにもある。

　ティンジャン前の4日間はタイと同じ「水の祭り」を行う。ラングーン、マンダレー等の都市では、人々ができるだけ多くの人に水をかけ、タルカムパウダーを塗り付けようとする。コップから水鉄砲、複雑なポンプ仕掛けまで道具はさまざまである。年長者、妊婦、任務中の公務員、仏教の儀を行っている者は祭りに巻き込まれないことになっている。パンダル（水の発射台）が街角や通り沿いに組まれ、人々はパンダルからパンダルへと移動しながらずぶぬれになるまで水をかけ合う。水をかけることで罪が流されるという意味もあるが、単に4月の暑さを和らげる楽しい行事という一面もある。美しく飾り付けた山車が、楽器演奏

や歌にあわせて街なかを練り歩き、踊りも披露される。山車に限らず、そここここで風刺のきいた押韻のある二行連句、サンギャトを唱え、水のかけ合いを盛り上げる。

　徳を積むというのは、仏塔や寺院の周りを掃除する、建物を水で洗う、年長者の役に立つ、仏像に聖水をかける、捕まった鳥や魚を放す、伝統的な菓子モローレーポー（サトウヤシの粗糖ジャッガリーが入った米の団子）を作り、僧に供したり通行人に配ったりすることで善行を積むことである。ほかには若い男子が1週間以上見習い僧になることで徳を積むことができる。男子が人生のある時期に見習い僧になるのは一般的であり、ティンジャンは寺院に入るのに最適の時期である。頭をそり、オレンジ色の僧衣を着て、黒い鉢を手に托鉢しながら、厳しく規律ある生活をする。女子は尼僧になる。見習いになる儀式では楽隊や行列が街を練り歩くことが多いが、こういった行列には水をかけない。

　マンダレーでは占星術師がその年の暦であるシンギャンサ（Thingyansa）を配布する。これには天候、耕作に適した時、月相、作物を襲う疫病などの新年の占いが書いてある。

その他の新年の祭り　ミャンマーではさまざまな民族が独自の祭りを行う。なかでもカイン族とナガ族の新年の祝祭はよく知られている。

カイン族の新年　人口の約7％を占めるカイン族（以前はカレン族という名で知

られていた）は、おもにエーヤワディデルタとカイン州の山岳地帯に住んでいる。カイン族はカイン・フニシク（Kayin Hnithiku：カインの新年）をピャートー（12月～1月）の月の新月のときに祝い、前740年にモンゴルからビルマに移住した年を紀元に年を数える。最大の祭りはミャンマーの首都ヤンゴン（ラングーン）のアーレインガーシン・パゴダで行われる。カインの文化を紹介するショーの上演、ドンダンスとバンブーダンス、カインの民族音楽と歌謡、民族衣装のコンテスト、カインの民族旗の掲揚セレモニー、高位の者や年長者の演説などがあり、蒸した粘り気のある伝統的なご飯が配られる。カイン州の州都パアンでも同じような祭りが催されるが、こちらはフロッグドラムやバッファローの角笛の音楽が特徴。

ナガ族の新年　ミャンマー北西部のインドとの国境に位置するサガイン州のなかでも、人里離れた山岳地域にすむ民族。カイング・ビ（Kaing Bi：新年の祝祭）は1月14、15日にバイソンとイノシシを食べて、米のワインを大いに飲み、色とりどりの衣装をつけた戦士による民族舞踊で祝う。民族舞踊では熊の毛皮を頭飾りとし、イノシシの牙と虎の爪、サイチョウの羽根と骨を身につける。またビーズや鮮やかな色の綿か毛にコヤスガイの貝殻で刺繍した衣装を着る。女性は額と顎に刺青をする。

新年の挨拶には次の言い方がある。
・「マハル・シンギャン（Mahar Thingyan）」

ビルマ語（公用語）
⇒カンボジア、タイ、ラオス

『ミレニアム』

Millennium

TV（1996～1999年）

クリス・カーター（Xファイル）による全67話におよぶサスペンス仕立てのSFドラマ。FOXチャンネルで放映された。時代設定は3000年紀の夜明け前。以前FBI捜査官としてプロファイリングをしていたフランク・ブラック（ランス・ヘンリクセン）は連続殺人犯の思考が「見える」という超人的能力のため精神に支障をきたし、妻のキャサリン（ミーガン・ギャラガー）と幼い娘のジョーダン（ブリタニー・ティップレディ）とともにワシントンD.C.から故郷のワシントン州シアトルに移ってくる。そこでフランクは地元の警察が取り組む難事件の捜査に協力する一方で、謎の集団「ミレニアム」から相談を受ける。ミレニアムは元FBI捜査官からなる組織で、対立する「アウル」と「ルースター」というグループに分かれている。アウルは2000年に発生する可能性があるとされる災害と2060年代に起きると予言されている天文事象への対策に取り組んでいる。ルースターは2000年を『ヨハネの黙示録』が予言するような聖書の「終焉のとき」ととらえている。エピソードを重ねるごとに捜査の対象は一般的な犯罪から超自然的犯罪へと変わっていく。ルースターは、人類は黙示録的滅亡を逃れることができな

いという信念をもち、巧妙な手段で支配力を強めていく（例えばマールブルクウィルスで疫病をはやらせておき、選ばれた者だけがその解毒剤を手にするなど）。本物のキリストの十字架の一部や、切断された聖セバスティアヌスの手といった宗教的遺物を集めることで、グループの力はさらに強まる。フランクは疫病を逃れ、キャサリンは死ぬ。ミレニアムのおぞましい目的を知って完全に覚醒したフランクは、ワシントン D.C. の FBI に復帰し、この邪悪な組織の解明と崩壊を目的とした作戦を開始する。3 シリーズを通して横暴なルーシー・バトラー（サラ・ジェーン・レドモンド）がフランクを苦しめる。彼女は、地獄からきた恐ろしい悪魔をはじめ、何にでも思いのままに姿を変える能力を持つ。

このシリーズはピープルズ・チョイス・アワードの新テレビドラマ賞（1996 年）、カナダ撮影監督協会賞の最優秀撮影技術テレビシリーズ（1997、1998、2000 年）、ジェネシス賞の動物の権利の広報に多大な貢献をしたテレビドラマシリーズ（1997 年）、ヤング・アーティスト賞のテレビドラマにおける最優秀子役（1998 年、ブリタニー・ティップレディ）など多くの賞に輝いた。このほか、20 以上の賞にノミネートされている。

脚本：グレン・モーガン、ジェームス・ウォン、チップ・ヨハンセンほか / 製作責任：クリス・カーター / 監督：トーマス・J・ライトほか /20 世紀フォックステレビジョンとテン・サーティーン・プロダクション /DVD：20 世紀フォック

ス、18 枚 /2,871 分

ミレニアム・ウォール
Millennium Wall
　⇒フィジー諸島

ミレニアム島
Millennium Island
　南太平洋のキリバス共和国の最東端にある島。以前はカロリン島として知られていた。33 の環礁からなる諸島が 3,219 km にわたりひろがっている。キリバス共和国はギルバート諸島、フェニックス諸島、ライン諸島からなる。以前はギルバート諸島と首都タラワ島が西側、残り部分が東側と日付変更線をまたいでいたため 1 国に日付が 2 つあった。1995 年 1 月 1 日キリバス共和国は東側のグループをギルバート諸島と同じ時間帯とすることを宣言し、極東のカロリン島までが西側に入るよう日付変更線を「曲げた」。これにより、カロリン島は 2000 年に新しい千年紀を最初に迎える陸地となり、名称をミレニアム島と変更した。ミレニアム島は無人島で上陸は不可だがキリバス共和国は新しい千年紀を最初に迎えた国だと主張する。日付変更線の改訂はさておき、規定の上では経度 180 度をまたぐフィジーが新しい千年紀を最初に迎えた国となる。
　⇒ フィジー諸島

ミレニアム・ドーム

Millennium Dome

　ロンドン南東のグリニッジ半島に建設されたドーム型の建物。3000年期の始まりを祝う催しのメイン会場として、1999年6月竣工。2000年1月1月に開業となり、一年を通して催しが行われた。1997年に発足した労働党のトニー・ブレア内閣が、一年間の来場者数に全く見合わない規模、範囲、資金の事業計画を立てていたため論議を呼んだ。現実的とはいえない年間1,200万人の集客見通しで予算が組まれたが、実際に訪れたのは約650万人だった。巷ではミレニアム・ドームは2000年のロンドンの観光地で最も人気のあるスポットといわれていたが、マスコミは事業の失敗を批判した。催しは2000年12月31日で終了し、ドームも閉館となった。2005年、O₂ PLCがデベロッパーのアンシュッツ・エンターテイメント・グループから命名権を買い取り、ドームは「The O₂」と改称した。今後はインドアスポーツ施設とする予定もある。

　ミレニアム催事中、ドーム内は14の展示ゾーンに分割されたが、目玉は中央ステージで行われた、ピーター・ガブリエルが音楽を担当する160人のキャストによるアクロバティックショーだった。2000年一年間の公演数は999回を数えた。

　1枚屋根の構造物としては世界一の大きさを誇るミレニアム・ドームは、巨大な白いテントと、屋根から突き出す100mの黄色い支柱12本からなっている。この支柱の塔が大きな時計の文字盤に配された形になっており、それぞれが1年の12の月を表す。建物全体は直径365 m（1mを1日として1年を表す）のスカラップ（縁取りに用いる扇形の連続模様）で縁取りされた円となっている。

ミレニアム・ベイビー

Millennium Babies

　⇒ニューイヤーズ・ベイビー

迷信

Superstitions

　新年を幸運と繁栄とともに始めるために、世界じゅうのあらゆる文化に数々の迷信ができた。その迷信の中には年の初めにすべきこと、すべきではないことにとどまらず、おめでたいときに未来をのぞく占いの儀式も含まれる。国際的な社会では、そうした迷信は伝統的な民間伝承として、占いの儀式はパーティの余興の1つとして残っている。しかし、アジアの多くの国々では、黄道十二宮と誕生時に基づいて運勢を読む占い師に助言を求めるのが新年の慣習になっている。到底網羅できているとはいいがたいが、以下に広く信じられている迷信や占いの儀式をあげる。多くが西洋で見られるものである。各国の項目にはさらに詳しい説明がある。厄払いについては個別の項目で論じる。

　元日に起きたことはなんであれ、その年に待ち受けていることの前兆である。

人々はけんかや争い事を避け、災難に遭わないよう、つとめてよい行いを心がける。これは世界共通の迷信である。

新年に新しい衣服を身に着けるのも世界共通の迷信で、新しい自分と新しい人生の始まりを象徴している。邪悪な霊をあざむくために大晦日に仮面をかぶり、年を越して邪悪な霊の脅威が消えてからはずすという一風変わった例もある。現在は、幸運を祈って特定の色の下着を身に着ける風習もある。色は文化によって異なる。

古い年から新しい年にはなにも持ち越してはならない。前もって借金はすべて返済し、借りたものはすべて返却し、終わっていない仕事は片づけて、新年に他者に依存しないようにする。

元日には、家から何も出さず、誰も出て行ってはならない。家族も、ごみ、排水、はきためた埃もである。その年に失うものがないようにするためである。

元日には、火種や光の元を絶やしたり、家から出してはならない。不幸を広げないためである。同様に、もし大晦日に一晩じゅう暖炉の火が燃えていたら繁栄がもたらされるが、もし消えていたら逆の結果になる。さらに、暖炉から燃えている炭がころがり出たら、それは死や別れの予兆である。

一年じゅう飢えや不足が出ないように、元日にはポケットや戸棚を空にしてはならない。これとは別に、この時期にたっぷり食べれば、豊かな一年が約束されるという迷信もある。

ガラスを割ることは死や損害の予兆となる。民事訴訟は避けなければならない。地域社会間での関係が修復できなくなるためである。

家に遺体を残してはならない。その年に別の死者を出さないためである。

未来の夫について知りたい娘は、鉛などの金属が溶けたものを水に注いでできた形から判断する。

元日に最初に見た動物は、なにかを予言している。もし動物の頭がこちらを向いていたら吉兆だが、しっぽが向いていたら凶兆となる。同様に、動物が立っているところを見たら幸運がやって来るが、寝ているところならば逆である。

年が明けて最初に敷居を越えた人物、動物、物が、その年の運を決定する。多くの社会では、これを「新年最初の客」といい、とくに北イングランドやスコットランドでよく見られる風習である（⇒新年最初の客、イギリス）。

元日に、適当に聖書を開いて1節を指さす。その1節がその人の未来の予兆となる。あるいは、未来を見通すために、その1節を含む章全体を読む。

元日の天気がその年の運命を予言する。例えば、朝の空に赤い雲がかかっていたら、その年は争いや盗みの多い年になる。これは、船乗りたちの間で昔から伝わる天気のことわざに似ている。朝赤ければ、船乗りは警告ととる。夜赤ければ、船乗りは喜ぶ。同様に、明るいうららかな新年は、5月まで冬の天気が続く予兆である。

クリスマスの 12 日間それぞれの天気
は、新しく来る年の呼応する月の天気を
決定する。

元日に食べると幸運をもたらす食べ物
がある。米国南部で人気の「ホッピンジ
ョン」と呼ばれる料理の黒目豆はその一
例である（⇒黒目豆）。

⇒厄払い、各国の項

メキシコ

Mexico
　⇒中南米とカリブ海諸島

メソポタミア

Mesopotamia

西アジア周辺にかつてあった地域。お
もにチグリス川とユーフラテス川に挟ま
れた部分で、現在のイラク周辺にあた
る。この地域ではシュメール（前 5000 年
確立）、バビロニア（最盛期は前 2800 ～前
1750 年）、アッシリア（最盛期は前 750 ～
前 612）の高度な文明が栄えた。農業経
済の観点から、これらの文明は、一年を
農期の始まりと終わりによる 2 つの基本
的「季節」に分けていた。それぞれ春分
（グレゴリオ暦の 3 月の終わりか 4 月の初め
の最初の新月が起点）と秋分（9 月の終わ
りか 10 月の初めの最初の新月が起点）で分
けられる。この 2 つの季節は新年の祝い
の日を決める基礎ともなる。新年の祝祭
には信仰的側面と再生を祝う側面があっ
た。

シュメール　サグムク（Zagmuk：「年の始
まり」）という祭りを、半年ごとに春分

と秋分に行った。記録に残る最古の例は
前 3000 年にウルで行われたもので、月
と豊穣の神ナンナ（ナンナ・シンまたは
シンともいわれる）にまつわる。ナンナ
は大気の神エンリルとその妻ニンリルの
第一子。ニンガルと交わることでナンナ
は太陽神ウツまたはシャマシュを造っ
た。周期の最初の祭りは最初の月である
ニサンヌまたはニサン（3 月～ 4 月）の
初めの 5 日間、2 度目の祭りは 7 番目の
月であるタシュリートゥまたはティシュ
レー（9 月～ 10 月）の初めの 11 ～ 12 日間。
秋分は月が太陽に勝ち夜が長くなる日で
あることから、後者の方が重要とされる
ため期間が長かった。この祭りのハイラ
イトは漸大月のナンナの降臨場面で、趣
向を凝らした行列とともに平底舟にのっ
てナンナが民の前に現れた。これは周囲
の市にとって主要な神と女神の降臨を身
近な場所に再現することができる機会で
あり、神は司祭を介して平和と恵みを民
に与えた。牧畜の神ドゥムジーを象徴す
る王と、愛と戦いの女神イナンナを象徴
する女司祭とのヒエロス・ガモス（聖な
る結婚）も同じく重要な祭りであった。
この儀式により、新年を迎えたシュメー
ルの人々に繁栄と多産がもたらされた。

バビロニアとアッシリア　これらの文明
ではアキトゥ（Akitu：「新年の祭り」）に
よく似た祭りを年に 1 度、12 日間にわ
たりニサンヌの月に行った。にぎやかな
祭りの側面もあったが、中心となったの
はバビロニアのマルドゥク、アッシリア
のアッシュールの儀式で、そのなかでは

創世の叙事詩『エヌマ・エリシュ（そのとき天で）』も唱えられた。この叙事詩によると、初めはアプスー（甘い水の神）とティアマト（塩水の神）からなる混沌（水の荒地）があった。二人からラクムとラカムが生まれ、そこからキシャルとアンシャル（空と大地の境界の象徴）が生まれた。アンシャルはアヌ（空の神）とエア（地、水、知、魔法の神）の父である。そしてエアは、美と力の偉大なる神、マルドゥク（バビロニアでは）/アッシュール（アッシリアでは）の父である。理由は明確ではないが、アプスーとティアマトは自分たちの後継者を殺そうとした。しかし、アプスーが殺戮される事態となりティアマトはキングーを長とする11匹の怪物をつくり、アプスーの仇打ちをさせる。アヌの力もエアの力もティアマトにかなわないとわかると、ほかのすべての神がマルドゥク/アッシュールに軍を率いてほしいと頼み、マルドゥク/アッシュールの方は神々が自分に完全に服従することを求めた。こうして権限を得たマルドゥク/アッシュールは混沌の怪物と戦い、ティアマトを網で捉え、体を斧で真っ二つにすると、片方を空に、片方を大地にした。すでに捉えられていたキングーは処刑された。その血を用いて神々を助ける人間をつくらなければならなかったからである。神々は、バビロニアではマルドゥクへの（アッシリアではアッシュールへの）のためにエサギラの寺院を建立しマルドゥク/アッシュールへの感謝を示した。

毎年のアキトゥでは、年の終わりにその死と、新しい年の到来による生命の再生を祝った。最高神は地下世界に降りていき混沌の怪物と戦うことで一度「死に」、翌年のための秩序を回復した。例えば、マルドゥク/アッシュールは、息子のナブー率いる神々の大軍の力を借り、地下世界での「捕らわれの身」から解放された。このため、アキトゥの12日間は、聖なる創世の叙事詩におけるマルドゥク/アッシュールの偉業だけでなく、地下世界の混沌への勝利の再現ともなっていた。平底舟にのせた神々の像がそれぞれの寺院を出て、ビト・アキトゥ（「新年の家」）まで壮大な行列を行った。ビト・アキトゥは市外にある寺院で、そこでこれらのさまざまな勝利を祝う宴が開かれた。不備があった場合、災いが起きるとされており、行列の準備は念入りに行われた。その後、すべての自然を再生するため、神の結合の儀式が執り行われた。儀式のなかで、愛と豊穣の神イシュタルと解放された神が結婚した（具体的には、王または最高司祭と最高女司祭の結婚という形がとられた）。これからの人類の運命を定めると、神々はそれぞれの寺院に帰っていった。

この祭りには、マルドゥク/アッシュールが王の忠誠を再確認し、再び支配するという目的もあった。アキトゥでは、まずはじめに王がマルドゥク/アッシュールの寺院に入り、恥ずかしめを受けるという儀式が行われた。最高司祭は王の正装を脱がせ、真正面から顔を何度か打

ったあとに耳を引っ張った。肉体的に虐
待することで涙を流させたが、これは謙
遜、悔恨、社会への償いを表す。そのあ
と王はひざまずき、マルドゥク／アッシ
ュールに対して潔白を宣言した。そこで
最高司祭がマルドゥク／アッシュールの
名のもとに王を祝福し、正装を返し、改
めて王位を授けた。また白い雄牛が生贄
に捧げられた。稀ではあるが、罪人の身
分から選ばれたものが偽の王となって、
混沌と戦うマルドゥク／アッシュールを
援護するという例も見られた。選ばれた
男は祭りのあいだ、王と全く同じ権限と
特権を持つが、最後には生贄となり役目
を終えた。また、指名された無法者が他
の罪人とともに1日の自由を与えられ、
神話の混沌をなぞらえて悪戯や犯罪行為
をしてまわることもあった。これが「エ
イプリルフール」の習慣の起源だといわ
れている。祭りの期間中に複数の木の彫
像を焼いたという記録もある。彫像は怪
物や混沌を表し、それらを焼くことでマ
ルドゥク／アッシュールの勝利を確実に
するという説がある。また一説には、そ
れがキリスト降誕祭の丸太の起源だとも
いわれている。
　⇒ 暦・バビロニア

『メルトダウンクライシス』

Y2K: The Movie
TV（1999年）

　テレビ用のスリラー映画で、『カウン
トダウン・トゥ・ケイオス』（*Countdown
to Chaos*）としても知られる。マーフィー

の法則のミレニアム版のごとく、さまざ
まな時間帯で2000年1月1日にミレニ
アムが到来したとたん、地球がコンピュ
ータの誤作動によって大規模な災害に見
舞われるさまを描いている。例えば、軍
事ジェット機がマーシャル諸島に墜落
し、ATM機の現金引き出し額が制限さ
れ、大都市が大停電に見舞われ、刑務所
の警備システムが故障して囚人が暴動を
起こし人質をとる、911の緊急通報シス
テムと地下鉄が故障する、そして、原子
力発電所でメルトダウンが起こりかけて
大規模な緊急避難を余儀なくされる。あ
る場面ではラジオのアナウンサーが、メ
イン州で実際に発生したコンピュータ障
害に言及している。2000年モデルの自
動車が、1916年以前の車に使われてい
た名称の「馬なし馬車」として登録され
たというエピソードである。
主演：ケン・オリン／脚本：トーマス・ハインズ、
ジョナサン・フェルナンデス／製作：マイケル・R・
ジョイス／監督：ディック・ロウリー／NBCテ
レビジョン／DVD（N/A）／90分

『最も困難な道』*

The Path of Most Resistance
映画（2006年）

　大晦日の場面が出てくるロマンス・コ
メディ映画。泥棒のトム・マッケナ（テ
ィム・ルーハナ）にとって大晦日は一番
の稼ぎ時。だが、この年は邪魔者が現れ
トムの人生まで変えてしまう。

　2006年にノーザンプトン映画祭「最
優秀賞」受賞。

脚本・監督：ピーター・ケリー（原作はマイケル・ナイトの短編）／製作：ピーター・ケリー、ティム・ルーハナ／ロウ・プロファイル・フィルムズ／DVD（N/A）／40分

モルジブ
Maldives

インド洋のサンゴ礁の島国。インドの南西に位置する。以前はイギリスの保護領だったが、1965年に独立、1968年に共和国となった。民族的には南インド人、シンハラ人、アラブ人などからなる。実質的にすべてがイスラーム教スンニー派で、イスラーム暦に従っている。イスラームの新年はムハッラム月の1日目に始まるが、スンニー派は元日に特別な儀式は行わない（⇒イスラーム教、暦・イスラーム）。

国際的に多くの国で元日として採用されているグレゴリオ暦の1月1日は、政府の祝日であるが個人で祝うことは少ない。

新年の挨拶には次の言い方がある。
・「ウファーベリ・アー・アハラカ・エドヘン（Ufaaveri Aa Aharakah Edhen）」ディベヒ語（公用語）

モルドバ
Moldova

ルーマニアとウクライナの間にある東ヨーロッパの国。以前はルーマニアの一部だったが、第二次世界大戦終了後にソビエト連邦に併合されたのち、1991年のソ連崩壊にともない独立した。人口の約98％が東方正教会の信者である。正教会信徒は宗教的にはユリウス暦に従っているため、正教会のクリスマスは1月7日、新年の始まりは1月14日となる（⇒暦・ローマ〔ユリウス〕）。しかしモルドバでは社会生活においてはグレゴリオ暦を採用しているため、1月1日に世界共通の正月を祝う。

共産党時代は宗教とクリスマスは認められておらず、冬季の祝日はグレゴリオ暦の1月1日にあたる元日に移行されていた。クリスマスツリーの代わりにニューイヤーツリーが飾られ、プレゼントを持ってきてくれるのは、孫の雪娘と共にやってくるジェド・マロース（霜おじいさん）だった。詳細はロシアの項を参照（⇒ロシア）。

西洋諸国ほど浮かれ騒ぐことはないが、ほぼ同様にパーティ、花火などで楽しく盛り上がり、新年を迎える。地域でにニューイヤーツリーを用意することも多い。伝統的な豊饒祭祀のプラグソルル（Plugusorul：小さな鍬）が、新年の豊作と繁栄を運んでくれる。大晦日に色紙や刺繍した布で飾った鍬を手にしたティーンエイジャーが各戸をまわり、趣向を凝らした詩の暗誦をすることで農夫の精に祝福と作物を請う。鈴を鳴らし、鞭をふりたて、バグパイプ（ブハイ）を鳴らす中、詩の暗誦が行われる。別の伝統的な豊饒祭祀にソルコヴァ（sorcova：「40」を意味するスラブ語の soroku より）がある。これは、子どもたちが色紙や造花で飾った枝、ソルコヴァをもって両親、友だち、

近所の人たちの末永い繁栄を願うものである。子どもの集団が伝統的な40行の詩を暗誦しながら、一人ひとり手にしたソルコヴァで大人に40回触れることで、祝福の言葉を相手に届けるとされる。見返りに子どもたちはお菓子や小銭をもらえる。新年に穀物を家の周囲にまくのも幸運を招くための伝統となっている。

祭りの料理はミティティ（豚か牛か子羊の肉団子を焼いた前菜）、ラチトゥラ（チキンのゼリー寄せ）、ブリンザ（羊のチーズ）、サルマーレ（肉、ライス、香草のキャベツ包み）、コラチ（パン）、プラチンテ（パイ）、バクラバ（ナッツのペストリーに濃いシロップをかけたもの）、コーヒー、茶、ワイン。

新年に未来を占うことはいまだによく行われている。ルーマニアのオビチェイウル・メセイ（『テーブルの習慣』）では、コイン、穀類、鏡、石炭を、テーブルクロスを掛けて覆ってあるテーブルの四隅に置く。それから4人の子どもが四隅から好きな一角を選び、自分の選んだ一角に置かれた物を見て未来を占う。コインは富、穀類は豊富な食料、鏡は魂の美しさと気高さ、石炭は悪運の到来を表す。オビチェイウル・プンティロル（『橋の習慣』）では、子どもが先の分かれた枝を持ち、別の小枝を枝の分かれ目に置く。これが旧年と新年の橋わたしを象徴する。この橋を持った子どもは、新年の夜に自分の運命を示す夢を見ることができる。

1月1日に正教会教徒は主教、大バシリウスを追悼する（⇒聖バシリウスの日）。

新年の挨拶には次の言い方がある。

・「ラ・ムルツィ・アニ（La Multi Ani）」モルドバ語（公用語）（基本はルーマニア語と同じ）

モロッコ
Morocco

アフリカ北西部に位置し、大西洋に臨む国。人口のほとんどをアラブ人とベルベル人の混血が占め、事実上すべてイスラーム教スンニー派。宗教上の目的ではイスラームの暦に従う。イスラームの新年はムハッラム月の初日に始まる（⇒暦・イスラーム）。スンニー派はイスラームの新年に特別な儀式を行わないが、少数派のシーア派は新年の10日間を預言者ムハンマドの孫で680年に殉教したフサインの死を悼んで過ごす（⇒イスラーム教）。モロッコでは、社会生活ではグレゴリオ暦を使用し、12月31日に西欧諸国と同じように大晦日を祝う。敬虔なイスラーム教徒はそのような席でも飲酒は禁じられているが、都市部では酒は容易に手に入る。

新年の挨拶には次の言い方がある。

・「クッル・アーミン・ワ・アントゥム・ビハイル（Kullu 'Aamin Wa Antum Bikhair）」アラビア語（公用語）

・「アスグワス・アメガス（Asgwas Amegas）」ベルベル語

・「ボナネ（Bonne Année）」フランス語

モンゴル

Mongolia

中国とロシアに挟まれた中央アジアの内陸国。主たる宗教はチベット仏教（ラマ教）。13世紀以前は太陰暦にそった新年の祭りツァガーンサル（「白い月」の意）が現在のグレゴリオ暦の9月頃にあたる夏の終わりに行われていた。武将だったテムジンが1206年に権力をにぎり、チンギス・ハンとなったときに、その記念としてツァガーンサルを1月末あるいは2月の初めに（新月の時期によって決まる）移したといわれている。孫のフビライ・ハンの治世から1921年に共産党が国を支配するまでは、仏教がモンゴルの国教であった。その後、チベット仏教はモンゴルからほぼ消滅したが、1990年に共産主義が崩壊すると徐々に復活した。共産党や、1644年から1911年までモンゴルを支配した中国の清朝による迫害のもとでもツァガーンサルは残った。1911年の清朝崩壊後、モンゴルは独立し、新政府は1080年分のツァガーンサルを記してある太陰暦、トグス・ブヤント暦（Togs Buyant）を採用。トグス・ブヤント暦ではツァガーンサルは新月後の初めの日とされ、1年の最後の新月がその年の最後の日となる。ツァガーンサルが行われるのは通常は1月末〜2月頭であるが、閏年の算定方法により3月にかかることもある。

伝統的にツァガーンサルは3日間の祭りで、「白い」食べ物か乳製品が供されること、および雪の時期であることから

この名で呼ばれている。事前に各家庭ではアパート（都市部）やゲル（遊牧民のテント）を入念に掃除し、新しいデール（民族衣装）を用意し、借金を清算し、争い事を解決し、贈り物とご馳走の準備をする。儀式はビツゥーン（「閉める」）といわれる旧年の最後の日（大晦日）に始まる。この夜は、仏のバルダン・ルクハムが馬に乗って各家を3度訪れるといわれているので、ゲルの出入口の上やアパートのベランダに氷を3かけら置いておき、馬の喉の渇きをいやしてもらう。その後、親せきがゲルやアパートに集まり、最後の食事をして年を締めくくる。伝統的な料理はボーズ（子羊の水餃子）、ウーツ（羊の背と尾）、ウルボーブ（ビスケット。幸運のために奇数を平積みにする）、アイラグ（馬乳酒）、シミンアルヒ（ウォッカミルク）、ミルクティ、ストレートのウォッカなど。家族の序列に従って座るが、食事のまえに主人が羊肉の脚を切り分け、家族に配る。それから骨を折って髄を取り出す。これは新年が明けることを象徴する。食事は歌や民話とともに夜まで続く。

ツァガーンサルの早朝には一家の長が新しいデールを着て、各自の干支ごとに決められた方角に向かって歩く（同じ服装をした他の家族も混じることがある）ムルガルガフ（「足跡初め」）という習慣がある。家族かその代表が正しい方角に歩み始めれば、一家に福が訪れるとされている。また男性は地元の人気のない場所や山の上に建っている、石をピラミッド

のように積みあげたシャーマン風の社、オボーを訪れ、神にウォッカ、菓子、タバコ、色のついた布、賽銭を供える。ゾルゴ（Zolgoh）という儀式では若者が年長者にきちんと挨拶をする。若者が手のひらを上に向けて両腕を前に出し、年長者が手のひらを下にして出した腕をつかむ。それから若者がお辞儀をして挨拶を述べ、その後ほかの家族が序列に従って挨拶をする。夫婦同士でこの挨拶を交わすことはない。子どもたちは敬意を込めて年長者と両親に絹のスカーフ、ハタグを贈る。スカーフの伝統的な色は、永遠を象徴する青、純粋を象徴する白、幸運と長寿を象徴する黄。ツァガーンサルの日には、家族で親せきを訪ねて儀礼に則り挨拶をする伝統がある。その際には贈り物を交わさなくてはならない。また1つのフールグ（かぎタバコ入れ）を使い、ボーズを食べ、形式的に互いの家族の健康を訊ね合う。ツァガーンサル自体は3日間だが、訪問は1か月ほど続く。この月に成人は、どんなに遠くても自分の親のいる実家を必ず訪ねなくてはならない。

　ほかにこの祝日には寺院での祈祷、首都ウランバートルで行われる相撲（ブフ）の優勝決定戦、競馬、弓道の試合、大統領から国民への挨拶が行われている。

禁忌　ツァガーンサルに忌み嫌われることは、以下のような行いである。黒いデールを着る、泥酔、外泊、家畜を放牧場にひと晩放しておくこと、配偶者に挨拶をすること、散髪、古い服を直すこと、

他のゲルから借りものをすること、挨拶のキス（しかし、年長者が子どもや孫にするのは許される）、ニックネームで人を呼ぶ、口論、牛を狩ったり殺したりすること、主の許可なく食べること、武器を携帯すること。

　新年の挨拶には次の言い方がある。
・「アマルメンドゥー（Amar Mend Uu）」モンゴル語（公用語）（「ごきげんいかが？」）
　⇒暦・チベット

モン族の正月
Hmong New Year

　「モン族」とは中国南部の山岳地帯で暮らす部族である。タイ、ラオス、ミャンマー、ベトナム、フランス領ギニア、フランス、オーストラリア、合衆国にも相当数が暮らしていて、全世界で1,200万人にのぼる。信仰はキリスト教のほかシャーマニズムも残る。

　モン族の正月は中国の正月とは異なる。民族にとっては年にたった1度の公式の祝日である。新年は米の収穫の終わり（11月から12月にかけて、または太陰暦における12月の新月後第1日目あたり）とともに訪れるため、時期は米の実り具合に左右される。祭りは3日以上（偶数は不運を招く）続き、1か月を超えることもしばしばある。祭りには宗教儀式、見合い、富を示すという3つの重要な意味がある。

　大晦日には生贄などの儀式により、家、森、畑、家畜の霊を鎮め、祖先の霊と生

きている者の魂を敬い、悪霊を追い払う。村人は野外に設置された木の扉のようなものをくぐるが、これは古い年が出ていき、新しい年が入ってくることを表す。行列する村人たちの頭越しに、長老らが福をもたらす生きた雄鶏の受け渡しをする。その後、雄鶏は生贄とされる。家をすみずみまで掃き清め、集めた塵を、木に括りつけた大きな縄の輪の前に捨てる儀式もある。村人は何度もジャンプしてこの輪を飛び越え、行ったり来たりを繰り返す。塵の悪霊はジャンプに惑わされ、村人に取りつくことができずどこかにいってしまう。また新年に祖先の霊を家に迎え、一族に福をもたらしてもらうための儀式もある。家族は金銀の紙を燃やして祖先に敬意を表する。金銀は金銭を表し、燃やすことで天国の祖先に届けることができる。壁に掛けられる開運の護符にも金銀の紙が使われる。

モン族に限らず見られる迷信だが、元日に起きたことがその年の大まかな運勢とされる。このため元日には礼儀正しく、健康で、身支度を整え、行儀よく、お金を全く使わないよう努める。

かつてモン族は年じゅう働きづめで、遊びや見合いの時間がなかった。そのため正月休みは結婚相手を見つける絶好の時だった。このときの名残が求婚の儀式ポヴ・ポブ（pov pob）である。男女が古くから伝わる求愛の歌（kwv txhiaj plees）を歌いながらテニスボール（以前は柔らかな布でできた毬だった）を投げ合う。歌詞は即興でこしらえ、ボールを落とした

者は罰として品物を差し出す。挙式は正月明けから15日までの間に行われることが多い。また、6月以降には行われない。

家族や友人が訪問し合い、そのために30品の料理を用意するのがしきたりとなっている。はっきりとした由来は定かではないが新年の「Xyoo Tshiab」（「30のご馳走」の意）という言い回しからくるしきたりである。蒸した鶏肉と卵の料理などが代表的で、最も古くからあるのはバナナの皮で包んで焼いた餅である。これをサトウキビからとった濃いシロップにつけて食べる。

そのほかに伝統的な楽器の演奏も行われる。小さな管楽器（raj）、竹製リードのハーモニカ（queej）、葉を2つに折って口に当て強く吹く（nplooj）、弓で弾く2弦の楽器（nkauj nras ncas）、ンカス（「口琴」のような楽器。求婚の儀式によく使われる）などがある。かくし芸大会や、カト（バレーボールの一種）、サッカー、闘牛などのスポーツも行われる。闘牛には水牛の雄が使われるが、殺さずに2頭を「戦わせ」、降参して逃げ出した方が負けとなる。審判は長い棒を携え、ぶつかり合いが激しくなるとこの棒で2頭を引き離す。

アメリカでは地方の会議場やコミニュケーションセンターに集まり、古くからの伝統に則って祭りが行われることが多い。モン族の音楽や文化の展示のほか、屋台が出て伝統料理、モン族の芸能人の映像や音楽のソフト、衣服、本、玩具が

販売される。これは9月に始まり1月まで続く。感謝祭、クリスマスの休暇と組み合わせて行われることもしばしばある。

新年の挨拶には次の言い方がある。
・「Nyob Zoo Xyoo Tshiab」（モン語）

や行

厄払い

Evil, Expulsion of

　新年の到来、すなわち新しい季節周期の到来にあたって、世界じゅうの文明人は何千年もの間、新たに始まる年に入り込んで悪影響を及ぼそうとする、不愉快で悩ましい、あるいは邪悪な力を締め出すための儀式を行ってきた。そして、このような形の浄化を成し遂げるために、次のような手段が用いられてきた。旧年あるいは死そのものの象徴である偶像や人形を作り、それらを埋めたり水に沈めたり焼いたりする。新しい年にあたり、目に見える形で特定の神や女神の死と再生の神話を演じる。特定の悪霊を追い払う儀式を行ったり、悪霊を身代わりに憑依させたりする。善が悪に打ち勝つ、あるいは夏の命が冬の死を征服する様子を表した模擬戦を行う。これらの儀式の中には今も世界のある地域で効力を持つものはあるが、その多くは迷信から行われるのではなく、伝統として守られている。次に挙げるのは、過去に執り行われてきた儀式の例である。

アッシリアとバビロニア　アキトゥすなわち新年の祭りでは、二人の神々、すなわちマルドゥク（バビロニアの神）とアッシュール（アッシリアの神）が死んで黄泉にくだり、混沌の怪物たちと戦い、新しい年に秩序を取り戻す様子が演じられた。また、犯罪者が罪や災いを背負う身代わりとして生贄にされた（⇒ メソポタミア）。

アラスカ　闇に閉ざされた冬のあとに、太陽が地平線に再び姿を現す時期は、バロー岬に住むアメリカ先住民にとって、新たな命の循環あるいは新しい年の始まりだった。この時期には女性たちがナイフを振り回して悪魔（Tuña）を追い払う風習があり、これはおそらく悪魔を村のかがり火へ追い込むためだったと思われる。悪魔は銃声に促されて火に入り、霊界へと帰っていった。

イタリア　レントの半ばには、「老婆を鋸で引く儀礼」において、街で最も年老いた女性、すなわち古い年を表わす人形を作った。この人形を担いで街を練り歩いたあと、人形を鋸で2つに断ち切った。アブルッツォ（イタリア中部の州）の人々は、この慣習をさらに変化させ、古い年の死と新年の復活を演じた。人形は「ピエトロ・リコ」（または「ピーターキン」）と呼ばれ、これを儀礼的に埋めたあと、甦ったものとして掘り出した。ローマでは豊穣の神アドニスは冬のあいだ死んで春になると甦るとされ、ローマの女たちは春分の時期に豊穣の神アドニスの葬儀を演じた。

ウクライナ 春先は、死にゆく年と新たな年の新しい命を象徴する、豊穣の霊コストゥルボンコの死と再生の時期だった。この霊を擬人化した少女が、死んだように地面に横たわり、周りを囲んだ他の少女たちが哀悼の歌を詠唱した。定められた瞬間に「死せる」少女が突然起き上がると、周りの少女たちが一斉に喜びの声を上げた。

エジプト 古代エジプト人は、植物質を用いて、死んだオシリス神を表わす小さな人形を作り、オシリスの復活の神話を再現した。この人形に水をやり、蘇えったオシリスを象徴する青い芽を発芽させた（⇒エジプト、暦・エジプト）。

オーストリア 一部の地域では、かつての元日であった3月1日に、「死」を表わす人形を藁で作って街中を担いでまわり、病魔に対する魔除けとして川で「溺れ」させた。

オニチャ（ナイジェリア） このアフリカの都市の市民は、年に1度、二人の病人を選び、一人を大地の恵みの生贄として、もう一人を都市付近にあるニジェール川の豊漁の生贄として捧げた。二人の生贄に手を下す者は、オニチャの共同体に属していないことが必要であった。

カナン人 前2千年紀には、中東のこの文明において豊穣の神バアルと死の神モトの戦いを演じる儀式が行われた。儀式の中では、モト神が夏の終わりに冥界へ追い払われると、年一度の雨季が始まり、新たに命が再生された。

ガーンジー島（フランスのノルマンディ沖にあるイギリス領の島） 大晦日に行われる「年の残りを埋める儀礼」では、古い年を象徴する人形を担いで街を練り歩き、最後に人形を海岸に埋めた。

ギリシア 古代ギリシア人には、年に1度、共同体から罪と災いとを取り除くために、人間を身代わりにするという考え方があった（⇒ギリシア）。

シリア 春先に豊穣の神アドニスの小さな偶像をいったん埋めてから掘り出すという、植物の死と再生を象徴する儀式を行った。

スコットランド 犬にパンを与えることで悪霊を犬に負わせ、この犬を特別な呪文で追い払った。この犬は新年にあたって罪や災いの身代わりとされた。

スペイン イタリアと同様の人形を用いて、旧年を送り出した。（上記参照）

タイ 一人の娼婦に村じゅうを歩いてまわらせ、彼女の身に災いを引き寄せたあと、その娼婦を肥溜めないしイバラの茂みに投げ込んだ。

ドイツ レント（受難節）の半ばに、少女たちが棺に入れた小さな人形を担いでまわり、川に投げ入れた。上ラウジッツ（現在のザクセン州の一部）では、この時期、古い年を表わす藁の人形を竿に括り付けた。そして村でいちばん最近死者を出した家の女性と、いちばん最近嫁いだ女性が、この人形に古布で衣服をあてがった。その後、村人たちが魔除けの呪文を唱える間、一人の少女がこの人形の周りを駆け回り、その後、人形は石打にされるか、溺れさせられるか、あるいは隣

の村に投げ込まれた。チューリンゲン（現在はドイツ中部の自由州）では、レントの第4主日に樺の小枝で作った人形を担いで街を練り歩き、その後人形を溜池に投げ込んだ。ラインラントでは、蔦をまとって夏に扮した者たちと、苔をまとって冬に扮した者たちとが、季節どうしの戦いを演じた。2つの季節の戦いは、夏が冬を「溺れさせ」て終わった。

ボヘミア 新年が始まる3月に、子どもたちが旧年を象徴する藁の人形を担いで練り歩き、この人形を焼いた。

ポーランド レントの半ばには、古い年を表わす藁の人形を運んで街じゅうをまわり、川に沈める習慣があった。その後、この行事に参加した者たちは家まで走って帰らなければならなかったが、途中でつまずいた者は新しい年のうちに必ず死んでしまうとされた。シュレジェン（現在この地方の大部分はポーランドの領土だが、一部はチェコ共和国とドイツにまたがっている）で上記の行事で用いられる偶像は、古代ポーランドの死の女神マルザンナを象ったものだった。

マレー諸島 悪霊を追い払って筏に乗せ、その筏を海へ送り出した。

モロッコ 旧年を「アイショラお父さん」という神話上の人物として擬人化したが、この名は、イスラーム暦の第1の月ムハッラムの10日目を指す、アーシューラーの日から取った。年の初めの10日間は少女たちが顔を引っかいて、「アイショラお父さん」の象徴的な死を悼んで泣き叫んだ。また、アーシューラーの

日には、デーツにサフランとバラをふりかけて更紗で包み、その包みを井戸に投げ込んで、古い年を捨て去った（⇒イスラーム教）。

ユダヤ人 『レビ記』16章5節から22節に記されているように、旧約聖書時代のイスラエル人は贖罪の日に、人々の罪を1頭の山羊に負わせ、この山羊を荒野に放った。

ヨーロッパ 東ヨーロッパでは、鞭や棍棒、松明などで周囲を打ってまわり、悪魔を追い払った。また果樹を悪魔から守るため、大晦日に果樹を藁でくるむ、ヨーロッパ全域に共通の慣習があった。

　今日、ほとんどの社会では、花火や騒音で新年を迎え、なかには銃声を鳴らす場合もあるが、このような風習はすべて、大きな音や炎が魔除けの普遍的な手段であった昔日を想起させる。その一方で、家に魔除けを吊るしたり、樹脂を含む枝で家を燻蒸したりする風習など、新年にあたって、大きな音を立てずに家の中から災いを取り除く儀礼も存在する。個々の儀礼については、特定の国々ないし文明の項で論じる。

　⇒迷信

ヤヌス

Janus

　ローマ神話にでてくる門や戸口の神で、すべての始まりを司る。このためユリウス暦とグレゴリオ暦の1年の最初の月はヤヌス（Janus）にちなんで「January」

（＝１月）となった。ヤヌスは前後に２つの顔を持ち、その双面は過去と未来、始まりと終わり、太陽と月などさまざまな事柄の象徴とされる。一般的にはどちらの顔も髭をたくわえているが、片方を髭のない姿とし若者と老人とする場合もある。種まき、収穫、誕生、結婚などの始まりの時期にことに崇められる。鍵を持つ神としても描かれている。

　ヤヌスはニンフの乙女、カルナに言い寄っていた。カルナは求婚者たちに処女を捧げるとほのめかし洞穴に誘い入れては、森に逃げていく悪戯を繰り返していた。けれども２つの顔をもつヤヌスは、背後で逃げようとしているカルナに気づきつかまえて処女を汚す。その代償としてヤヌスはカルナに扉の蝶番（ちょうつがい）を支配する力を与える。サビーニ人の女たちを誘拐したロムルスの神話にもヤヌスと戸口にまつわる物語がある。サビーニ人はローマを襲撃してきたが、ヤヌスが温泉を噴出させて難を逃れた。それからは、戦争になるとヤヌスが参戦できるようにヤヌスの神殿の扉が開け放たれるようになったという。ふだん平和なときには扉は閉ざされていた。複数の妻を持つヤヌスはイタリアのテベレ川の神ティベリウスの父であり、この世のものとは思えない美しい声で歌うニンフ、カネンスの父でもある。

「闇の中のツグミ」
"The Darkling Thrush"
　『テス』（1891 年）や『日陰者ジュー

ド』（1895 年）などの古典小説で有名な、イギリスの作家、トーマス・ハーディ（1840 ～ 1928）の詩。1900 年 12 月 30 日に書かれた「闇の中のツグミ」には、19 世紀に別れを告げる不安が表現されている。だが、滅びゆく年の陰鬱な暗がりの中で、１羽のツグミの楽しげな歌が、希望を告げている。

「闇のなかのツグミ」

1.　雑木林の門にもたれた、わたしのまえで、
　　　〈霜〉が亡霊のように薄ずみ、
　　〈冬〉の名残が、衰えゆく昼の瞳を
　　　わびしく見せていた。
　　もつれた蔓は、竪琴の切れた弦のように、
　　　空に筋を描いていた。
　　この辺りを始終うろついていた者たちは皆、
　　　我が家の炉辺へと、去ってしまった。

2.　大地の骨ばった姿は、
　　　だらりと体を投げ出した、この〈世紀〉の亡骸のようであり、
　　雲の天蓋は〈世紀〉の納骨堂のように見え、
　　　風はその死を嘆く声に聞えた。
　　古代からの芽生えと生命の脈動は、
　　　硬くひからびて縮こまり
　　地上の全ての魂が、
　　　わたしと同じく、熱を失ったように思えた。

3.　だしぬけに、声が響いた

頭上の寒々しい枝のかげから
　聞えるのは、限りない喜びに満ちた
　　心からの夕べの祈り
弱々しく、やせおとろえた、年老いた
　ツグミが、
　　突風に羽毛をさかだてて、
濃くなっていく闇に向かい、こんなふ
　うに
　　魂を放つことを選んだのだ。

4.　そんなふうに、嬉しくてたまらないと
　　いう声で、
　　　喜びの歌を歌う理由など、
　遠くだろうと、近くだろうと
　　　地の上の何物にも、記されていない、
　だから、そのおやすみの調べのなかに
　　は、
　　　ツグミには分かり、わたしには感じ
　　　られない
　祝福された〈希望〉が、ふるえている
　　のだと思えた。

　⇒「新年を迎える方式」

「郵便馬車で来た 12 人」
"The Mail-Coach Passengers"
　デンマークの有名な詩人・童話作家
のクリスチャン・アンデルセン（1805 ～
1875）が 1861 年に発表した大晦日を舞
台とした童話。教会の鐘が真夜中の 12
時を打つと、村人たちは、扉に壺を投げ
付け、銃を空に向けて撃ち、飲んで、陽
気に祝い、そのまま新年を迎える。する
と村の門に 12 人の見慣れぬ客を乗せた

郵便馬車が到着する。勤務中の門番がそ
れぞれの名前と職業をきく。乗客は一人
ずつ 12 の月の精と名乗り、自己紹介し
ながら次々と馬車から降りる。初めに降
りた 1 月さんは卸商で 1 年の見積書を
持っている。2 月さんは、じつはカーニ
バルの王子、3 月さんは断食を賞賛する
（四旬節のことを口にする）、4 月さんは嘘
つきだった。5 月娘は初々しい春の雰囲
気を持つ美しい女性、女主人の 6 月さん
は怠惰と居眠り好きを祝福する。その弟
の 7 月さんは夏服を着て海水着を持って
いる。収穫祭りを思い起こさせるふくよ
かな 8 月夫人は果物の卸商。9 月さんは
森の絵かきであり、秋の色を意のまま
にする。つづく 10 月さんは地方の名士
で、種まき月に狩猟をするのが好きな地
主。11 月さんは咳と寒さをもたらすけ
れど、スケート靴の木の底を削ってお楽
しみの準備をする。最後に降りたのは母
なる 12 月。年配のご婦人は小さなモミ
の木の鉢を持っている。木はクリスマス
までには天井に届くまで成長し、ロウソ
ク、リンゴ、小さな人の形の紙が飾られ
る。12 月さんは子どもたち全員にお話
を読んできかせると約束するとともに、
そのとき子どもたちがベツレヘムの星の
讃美歌を歌うなか、祝日の魔法でツリー
の人形が動きだすだろうと予言する。
　自己紹介が終わると門番の隊長が 12
人の乗客のパスポートを預かり、それぞ
れが 1 か月間村に滞在することを許可す
る。乗客の行いは次々とパスポートに記
されることになる。乗客たちが実際に村

にもたらしたものについて、詳細は一年
後にならないと書けないと断り、著者は
物語を締めくくる。

⇒「マッチ売りの少女」

雪娘

Snow Maiden

スネグーラチカ（Snegurochka）はロシア民話の登場人物で、同じく伝説上の人物であるジェド・マロース（ロシア語で「霜おじいさん」の意）の美しい孫娘である。雪娘は、かつてのソビエト連邦を構成していたスラブ国家で新年に子どもたちに贈り物を届ける霜おじいさんを手伝う。おじいさんともども、ソビエト時代から引き続き人気がある（⇒ロシア）。

民話の一説では、雪娘は春と霜の娘で、羊飼いのレルを好きになるが、春に恋を与えられるまでは恋を知ることができない。恋は雪娘にとって諸刃の剣で、レルへの恋心に胸を焦すと溶けてしまう。1873 年、ロシアの劇作家アレクサンドル・オストロフスキーがこのバージョンの話で脚本を書き、ピョートル・チャイコフスキーの音楽とともに上演された。ロシアの作曲家ニコライ・リムスキー＝コルサコフによる 4 幕もののオペラ『スネグーラチカ』（Snegurochka）は、オストロフスキーの舞台をもとに、1880 ～ 81 年に作曲され、1895 年に改訂されている。その後、このオペラを主題にして『スネグーラチカ』という題の映画が 2 本製作された。1 本は 1952 年にソユーズマルチフィルムが監督イワン・イワノフ＝

ワノで製作した 67 分のアニメ映画（ビデオは N/A）。もう 1 本はレンフィルム・スタジオが 1969 年に監督パベル・カドチニコフで製作した実写版（『雪娘』 Snow Maiden というタイトルの DVD がイメージ・エンターテインメントから発売されている。93 分）。バレエ版の『雪の娘』（Daughter of Snows）は 1878 年、レオン・ミンクス作曲、マリウス・プティパ振付によってロシア王立バレエで上演された。

別のバージョンは、子どものいない年配の夫婦が自分たちの子どもを欲しがり、雪で小さな女の子を作る。雪の女の子は命を得て、冬の間だけ夫婦の娘になるが、春が近づくと溶け、毎年冬の雪とともに戻ってくるという話である。

「逝く年」*

"The Passing of the Year"

スコットランド生まれのカナダの詩人ロバート・W・サービス（1874 ～ 1958）の詩。サービスは「ダン・マクグルーの狙撃」*（The Shooting of Dan McGrew）「サム・マギーの火葬」*（The Cremation of Sam McGee）やカナダ北部について書いた文章で知られる。『転がる石の詩』*（仮題）（Rhymes of a Rolling Stone、1912 年）に収められたこの詩は、過ぎゆく旧年について人々が示すさまざまな感情を深く掘り下げている。

「逝く年」

1. グラスを満たし、パイプに火をつけ

居間は心地よく温もった
炉の前で我は心ゆるやかに
古い年が逝く感慨にふける
あまりに無頓着だった日々を顧みて
おごそかな物思いにふける
だが、悲しくもこの厳粛な時は自責の
　念に満ち
賞讃はなきに等しい

2.　古き年よ！　時の舞台にて
汝はいま最後の挨拶に頭を垂れんとす
いまにもプロンプターが鐘を鳴らし
幕は汝の上に降りる
悲哀に満ちた汝のその歩は緩く
苦悩する賢者のごとく弱々しい
しかし、古き年よ、去らずに振り返り
今いちど観衆と向き合うのだ

3.　厳粛で冷たきスフィンクスのごとき面^{おもて}
そこから読み取ろう　犠牲にしたものを
おお、乙女よ！
その苦き涙はなにゆえか？
愛しい人を失くしたゆえか？
他愛のない幻想が崩れたゆえか？
はたまた、恋人が裏切ったゆえか？
愛らしい顔がこれほどやつれるとは
古き年がそなたに何をしたのか？

4.　そして、私の右隣にいる君よ、
贅沢な衣服でめかしこんでいる！
あの年寄りを見てなぜに、
陽気にご満悦な笑みを見せるのか？
どんな好機を手にしたのか？
どんな報酬を、どんな地位を？

どんなすばらしい希望を？
ああ、楽観者よ！
あの衰えし顔に何を見るのか？

5.　そして深き闇に潜む君は
その霞んだ目で何を見るのか？
悲運がもたらすどんな脅威を？
どんな暗くやましい過去を？
どんな罪への衝動を？
犯してしまったどんな悪事を？
恐怖の影と向き合いどんな寒気を？
憔悴し、呪われ、身を潜める君は
逝く年に何を見るのか？

6.　顔から顔へ視線を移す
こちらを見つめる無数の目
賞賛に燃える目
絶望に陰る目
笑顔やしかめ面
喜びと希望に燃える顔や
悲しみ苦悩する顔
もういいだろう！　鐘を鳴らして幕を
　降ろせ！
くたびれた古い年よ！　去り時だ

7.　パイプの火は消え、グラスは空いた
炉の火も灰にならんとす
だが、今一度、君が去る前に
そして我が新年に備える前に
古き年よ！
心からの別れの言葉を贈ろう
同志であった君と我
汝の日々を神に感謝する
さあ！　汝に祝福あれ！

古き年よ、いざさらば！

ユダヤ教
Judaism

　世界中のユダヤ人が信仰する宗教で、トーラーとタルムードの教えに基づく。多くの国でユダヤ人は、日常は便宜的にグレゴリオ暦を使用しているが、宗教的祭礼にはユダヤ暦を用いる。イスラエル国が公式に採用するユダヤ暦では新年は元来の7番目の月ティシュレーの初日で、グレゴリオ暦の9月または10月にあたる（⇒暦・ヘブライ）。ティシュレーの最初の10日間はヤミーム・ノライーム（Yamim Noraim：畏れの日または大祭日）にあたる。この祭礼は『レビ記』23章23～32節で述べられるようにローシュ・ハッシャーナーで始まりヨーム・キップールで終わる。つまりこの10日間は内省と懺悔、禁欲と浄化の時である。典礼暦年の最後にシナゴーグで伝統的な聖歌「アホト・ケタナ（Ahot ketanah）」（「妹」の意）が歌われると祭礼の雰囲気が盛り上がる。この歌の歌詞は13世紀にスペインの詩人アブラハム・ハザン・ゲロンダの手で書かれた。懺悔と希望を謳い、神が愛情をこめて「妹」と名付けたこのイスラエルへの慈悲を請うている。

ローシュ・ハッシャーナー（Rosh Hashanah：ヘブライ語で「新年の始まり」） 正統派ユダヤ教徒と保守派ユダヤ教徒はティシュレーの最初の2日間、改革派ユダヤ教徒の多くは1日だけ行う。聖書にあるティシュレー1日の祝祭はヨム・テルアー（Yom Teruah：「ショーファーを吹く日」〔ラッパの祭り〕）。ローシュ・ハッシャーナーは上記の『レビ記』に名前が出てこないが、バビロン捕囚（前586～前538）後にティシュレー1日に加えられた。ローシュ・ハッシャーナーの日にはタルムードの記述の通り、神が昨年の行いに審判を下し、天国では「命の書」と「死の書」が開かれる。命の書には疑いなく正しき者の名が書かれており、よき新年が約束される。死の書には疑いなく悪しき者の名が書かれており、不幸、病、そしてまさに死さえ決定づけられている。運命がまだ定まっていないと思われる者については、神がその年の審判を終えるヨーム・キップール（以下参照）までに悔い改めることができる。だが、誰もが自らの運命に確信をもつことはできないので、ラシュバ、テフィラ、ツェダカ（順に悔い改め、祈り、善行。善行は施しによってなされることが多い）を実行し、命の書への記載を約束してもらおうとする。こうして人々は負債を清算し、過去の過ちを正す。このため、この10日間は男性には「ルシャナ・トーヴァー・ティカテヴ・ヴタイアテム（L'shanah tovah tikatev v'taiatem）」（「善い年が保障される記述がなされますように」）、意味は同じだが、女性には「ルシャナ・トーヴァー・ティカテヴィ・ヴタイハテミ（L'shanah tovah tikatevi v'taihatemi）」と挨拶する。

　タルムードによると、ローシュ・ハッシャーナーは神の審判のみならず、神がアダムをつくった日、創造の6日目でも

ある。そのため年の始まりとなっている。またタルムードによるとローシュ・ハッシャーナーは聖書に出てくる家長アブラハムとヤコブ、女家長サラとラケル（順にイサクとヨセフの母）、サムエルの母ハンナの誕生日でもある。この日、『出エジプト記』に述べられるように10の災いが古代エジプトを襲いイスラエルの民は奴隷の労苦から解放された。このためシナゴーグではトーラーからこの人々と出来事がでてくる場面をそれぞれが読み、儀式で祈りを捧げ祝福する。新年には最も立派な服を着る習慣がある一方、朝のシナゴーグの礼拝には男性は深い悔恨の念を示す埋葬のための白い経帷子（キトルまたはキッテル）を着るのが習慣となっている。また子羊の角、ショーファーをバール・テキアー（baal tekiah）が吹く儀式がある。これは人々に悔い改めることと、神がアブラハムの息子イサクの代わりに生贄の子羊を授けた奇跡（『創世記』22章1〜14節）を思い起こすために行われる。ショーファーは神にひれ伏すときの姿勢に似た曲線を成している。これは牛以外ならどのような動物の角でもいい。牛は『出エジプト記』32章の金の子牛という罪の象徴である。古代イスラエルではショーファーを吹いて安息日、すべての祝祭日、戦争の開始、各月の始まりの新月を知らせた。コゾフスキーによると「ショーファーは吹き方により4つの言葉を表していた。テキアー（トゥーーー）、シェヴァリム（ウトゥ、ウトゥ、ウトゥ）、テルアー（トゥ、トゥ、トゥ、

トゥ）、テキアーグドラ（トゥーーーを非常に長く）」。ローシュ・ハッシャーナーが安息日にあたった場合はショーファーを吹かない。

家族の過ごし方　しばしば個人や家族単位で親しい人に祝日のカードを送る。前述のようにヘブライ語で挨拶をするので、このカードはシャナ・トーヴァー（Shanah Tovah）といわれる。元々は、中世ドイツでこの祝日の前の月に互いの幸せを願って挨拶を交わすという習慣があり、15世紀にはこの挨拶を書面で交わすようになっていた。

ローシュ・ハッシャーナーの最初の晩には祝福の儀式とともにロウソクを灯す習慣がある。この夜はワインと一品一品が意味をもつシマナ・ミルタ（重要な前ぶれ）料理で食事をする。なかでも必須なのがハッラー（甘いパン）である。いつもは安息日に三つ編みの形で供されるが、この日は丸型（人生のサイクルを表す）か王冠型（王たる神を表す）、または鳥の形（神が鳥のように空駆けてエルサレムを守ったことを表す［『イザヤ書』31章5節］）で供される。しばしば一番上を梯子の形にするが、それは人生の梯子を上る人と下る人を神が決定することを示している。食事の始めにシャナ・トーヴァー・ウメツカ（Shanah tovah umetukah：「良き甘き年」）となるよう願いながら切り分けたリンゴを蜂蜜に漬けた物を食べる習慣がある。ほかに象徴的な食べ物を挙げる。新しい年の繁栄を願って食べるニンジンはイディッシュ語でメーレン（mehren）

というが、この単語には別に「益々」という意味もある。魚は性器が隠れていることから豊饒と慎みへの願掛け、子羊の頭はイサクの代わりに生贄にされた子羊の象徴（スペイン・ポルトガル系ユダヤ人は子羊の頭のかわりに魚を丸ごと使うことがよくある）、ザクロは1つに613の種が入っていて、これがトーラーで示されるミツバ（戒律）の数と同じであるため、瓢箪は戒律を守り敵を打ち破るため、デーツ、ビーツ、リーキは敵対者を消し去るために食べる。また、チメスはニンジンやヤムイモなどの甘い野菜をシナモン、プルーン、蜂蜜と混ぜたものであり、ニンジンはコイン形に切って新年の富を表す。東ヨーロッパ系ユダヤ人は鳥肝をよく使う。鳥肝はイディッシュ語でレベルラク（leberlakh）といい、語感がレブ・エルリカ（leb ehrlikh：「正直に生きよ」）に似ているため好んで食べられる。スペイン・ポルトガル系ユダヤ人は蓋をした果物の籠を順にまわすことがあるが、これは新しい年は未知の出来事をはらんでいることを表す。一方、アシュケナジ（ドイツ・ポーランド・ロシア系ユダヤ人）は珍しい果物を手に入れ、ローシュ・ハッシャーナーの2日目の夜に聖別する。

　酢のような酸っぱいものは、酸っぱい年をもたらすので避けられる。ナッツも忌み嫌われる。これはゲマトリア（ヘブライ文字の数秘術）が関連している。エゴズ（egoz：ヘブライ語で「ナッツ」の意）は17を表し、タルムードによるとその数字はヘト（het：「罪」）が表すゲマトリ

アの数字に一致するからである。しかしコゾフスキーはヘトは実際には18を表すと記している。それでも新年にナッツを避けることは広い地域で習慣となっている。

タシュリフ・セレモニー (Tashlikh Ceremony)　1日目の午後、正統派ユダヤ教徒は近くの湖や海にパン屑を投げ入れ、ポケットいっぱいに入れた糸屑を空にする。これにより罪を水に流すことができる。このときヘブライ語で「いま一度、私たちをあわれみ、咎を踏みつけて、すべての罪を海の深みに投げ［タシュリフ］入れよ」と『ミカ書』7章19節を唱えることになっている。タシュリフの起源は明確ではないが、ドイツ人のラビであるヤコブ・モエリンが15世紀にこの儀式について初めて言及している。

インタビーング・デイ (Intervening Days：間の日)　ローシュ・ハッシャーナーからヨーム・キップールまではセリホト（「悔悛の祈り」）を毎日唱える。ティシュレーの3日にはツム・ゲダリヤ（Tzom Gedalyah：ゲダリヤの断食）が行われる。これは最後のユダの総督を50年ほど務めたゲダリヤが、前586年にエルサレムがバビロン王に滅ぼされたのちに暗殺されたことを悼むもの（『列王記下』25章）である。この間にある安息日はシャバト・シュヴァ（Shabbat Shuvah：「復帰の安息日」）として知られ、悔い改めて神の元に戻る礼拝を行う。

ヨーム・キップール (Yom Kippur：ヘブライ語のヨム・ハキプリーム Yom Hakippurim

「贖罪の日」が語源） ティシュレーの10日目の行事。大祭日の最後の日で、罪への許しを受け、命の書に名を記してもらう日であり、断食をして内省する。ヨーム・キップールはユダヤの礼拝にかかわる年間行事の中で最も重要といえる。起源となった『レビ記』16章で神は古代イスラエルの司祭に、動物の生贄と浄化の儀式による贖罪を毎年行うよういいわたした。この儀式の基には、子山羊に象徴的に人々の罪を負わせ、野営地から連れ出し荒野に放ったというスケープゴートの概念がある。ティシュレーの10日目はモーセが十戒とともにシナイ山から2度めに降り立った日でもある（『出エジプト記』34章29～35節）。シナゴーグへの礼拝にはすべて、精神の浄化と天使を象徴する白衣（男性用キッテル）を着ていくのが習わしとなっている。

カパロット（Kapparot：「贖罪」） ヨーム・キップールの儀式は事実上は前日のこの儀式から始まる。起源は明確ではないが、スケープゴートに代わるものとして行われる。『詩篇』107章17、6、22節と『ヨブ記』33章23、24節を唱えたあと、鶏などの生きた家禽（男性用には白い雄鶏、女性用には雌鶏）の足を持って頭の上で3度振り回す。鶏はその後ほふられ、貧しい者に与えられるか、その分の金銭が与えられる。今日、ほとんどの正統派ユダヤ教徒はこの儀式を行っているが、その他の教徒は白いハンカチに金銭を包んで同じ儀式をするか、ただ白い布のナプキンに金銭を包んで与えるだけというの

が一般的である。

ミクヴェ（Mikveh：「集会」） 浄化の儀式のために集めた水を意味する。伝統的にヨーム・キップールの前日に儀式的に入浴する習慣があった。

マコト（Makot：「鞭撻」） 同じく前日にほとんどの正統派ユダヤ教徒が行う儀式。ヴェフ・ラフム（「救いの祈り」）を唱えながら自分への懺悔として39回鞭を受ける。

セウダー・マフセケット（Seudah Mafseket：「最後の食事」） ヨーム・キップールの断食の前の儀式的食事で、日没に始める。メニューは丸いハッラー（甘いパン）、鶏肉（他の肉は許されない）、味付けなしのスープ、その他の軽食、ワイン。

祝福とロウソク ヨーム・キップールの前日に親が子を十字を切って祝福する。また特別なロウソクを灯し亡くなった親を崇める。こういった祭日のロウソクは儀式とは別に灯され、こうして祝福することで（日没でなくても）、ヨーム・キップールに定められた禁止事項が効力を発するようになる。しかしふつうは禁止事項は日没後から効力を持つ。

禁止 ユダヤ教徒はヨーム・キップールの間、以下の物を控えて自己を「苦しめる」。飲食物（虚弱者は免除される）、革靴を履くこと、化粧クリームやアロマオイル、入浴、性交。ローシュ・ハッシャーナーと同じくヨーム・キップールにも仕事はしない。また金の子牛の罪を思い起こさせるため金は身につけない。

コル・ニドライ（Kol Nidrei：「すべての誓約」）

ヨーム・キップールの晩に行う礼拝前の祈り。日没前に3度繰り返す。これにより前の年に軽率にも神に誓ってしまったものの、守ることができなかった事柄がすべて清算される。けれども、人と人の間の誓約は無効にすることができない（人が他の人に対して犯した罪をヨーム・キップールで贖うこともできない。その場合、罪を犯した者が相手の許しを受ければ贖うことができる）。コル・ニドライの歴史は6世紀にスペインで起きた宗教裁判にまで遡る。意に反してキリスト教に改宗させられたユダヤ教徒が神との誓約を守るために、誓約を破る許しを神に求めたもの。当初、この儀式は誓約を守らない方便になると思われたため改革派ユダヤ教徒は19世紀にこの祈りを禁止したが、1961年に多くの信徒の要望により復活した。伝統的な悲痛な祈りの旋律は15世紀から16世紀にかけて確立したといわれ、有名な曲に仕立てられている。プロテスタントのドイツ人作曲家、マックス・ブルッフ（1838〜1920）は1881年にチェロと管弦楽のための協奏曲を、ウィーンからアメリカに移住したアルノルト・シェーンベルク（1874〜1951）は1938年にラビ、聖歌隊、管弦楽団のための合唱曲を書いた。

シナゴーグでの礼拝　ヨーム・キップールはシナゴーグの5度の礼拝がすべて行われる唯一の日である。非常に熱心な信者は夜のシナゴーグで詩篇をすべて暗誦する。礼拝で行われるのは、懺悔の祈り、懺悔と神に対して犯した罪への許しの請願、イズコルの儀式（アシュケナジの死者への追悼で、哀悼者は死者の魂のために慈善行為を誓う）、神が許しを請う者の声を聴くことを想像しながら『ヨナ書』を読む、日没直前に行われる最後の特別礼拝ネイラー（「終わり」）。この時間に天国の書は閉じられ、この年の神の審判が下るため、最後の悔い改めを神に届けようと信徒の熱は高まる。先唱者が「主は我らが神」と7度叫び、信徒が7度返してヨーム・キップールは終わる。ショーファーが長く吹き鳴らされ、全員が「来年、エルサレムで」と宣言する。礼拝が終わると断食は終わり、祝いの食事が始まる。

コゾフスキーはローシュ・ハッシャーナーとヨーム・キップールだけでなくその他のユダヤ人の祭礼についても詳しく述べている。

ユダヤ暦
Jewish Calendar
　⇒暦・ヘブライ

「妖精の新年の贈り物」*
"The Fairy's New Year Gift"
　アメリカの児童文学作家、エミリー・ポウルソン（1853〜1939）の道徳的な短編小説。1898年に出版されたポウルソンの作品集、『子どもの世界の中で：幼稚園、小学校、家庭のための朝のおはなしと物語集』*（*In the Child's World: Morning Talks and Stories for Kindergartens, Primary Schools and Homes*）に収められている。
　ある年の元日、二人の男の子カールと

フィリップの前に、時の翁に遣わされた妖精が姿を現す。妖精は二人それぞれに美しい本を与えるが、どちらの本もすべてのページが雪のように真っ白だった。カールとフィリップは、贈られた本のページを日ごとにめくるうち、1度めくってしまったページは再び見られないこと、また本は1日に1か所しか開けないことに気づく。やがて、二人はこの本への興味を失ってしまった。

一年が過ぎ、昨年の妖精が新しい本を携えて再び現れ、古い本を時の翁に返そうとする。妖精は立ち去る前に、二人が翁に返す本を見直すことを許してくれたが、驚いたことに、真っ白だったはずのページは、美しい絵か、あるいは黒っぽい大きな染みや殴り書きで埋まっていた。妖精は、二人が良い子だった日のページには美しい絵が現れ、二人が悪い子だった日のページには大きな染みや殴り書きが現れたのだと説明する。後悔した二人は古い本を時の翁へ返さずに書き改めたいと願う。だが古い本を取り返した妖精は、それよりも新しい本を前の本より美しいものにすればいいと、二人に忠告する。なぜなら新しい本には「新しい年に」という題名がついているのだから。

エミリー・ポウルソンは幼い子どものために多くの歌や詩を書いた。代表的な作品として、『子ども部屋と幼稚園のための手遊び集』*（*Finger Plays for Nursery and Kindergarten*）、『幼い子どもの日の歌』*（*Songs of a Little Child's Day*）、『子どものための詩の時間』*（*Rhyme Time for Children*）が挙げられる。また、『少年少女のための楽しい物語集』*（*Top of the World Stories for Boys and Girls*）、『楽しい旅人』*（*The Joyous Travelers*）などの共著もある。

ヨーム・キップール
Yom Kippur
⇒ユダヤ教

ヨルダン
Jordan

人口のほとんど（92%）をスンニー派のイスラーム教徒が占め、シーア派（2%）とキリスト教徒（6%）が残りのわずかな割合を占める。イスラーム暦ではムハッラム月の1日をイスラーム教の新年としているが、スンニー派は特別な儀式を行わない。シーア派の新年は、預言者ムハンマドの孫であり、680年にカルバラで殉教したフサインの死を悼むことで始まる。儀式は10日間にわたり、アーシューラーで終わる。概要はイスラーム教の項を参照（⇒イスラーム教）。

新年の挨拶には次の言い方がある。
・「クッル・アーミン・ワ・アントゥム・ビハイル（Kullu 'Aamin Wa Antum Bikhair）」アラビア語（公用語）
⇒暦・イスラーム

ら行

ラオス
Laos

　東南アジアにありベトナムの西に位置する。宗教は上座部仏教信者が多数を占める。公的にはグレゴリオ暦を採用するが、宗教的祭日や祝祭は、古くからの上座部仏教の太陰暦に従って行われる（⇒暦・仏教）。これはベトナム旧暦、タイ、クメール（カンボジア）の暦の混合である。最初の太陰月はだいたいグレゴリオ暦の12月にあたるが、新年を祝うのは5番目の太陰月で、グレゴリオ暦の4月中旬にあたる。これには占星術に関係した理由があり、実質的にカンボジア、ミャンマー、タイと同じである（詳細はそれぞれの項目を参照のこと）。中国の暦と同じく月にはピ・クスアド（鼠）、サロウ（牛）、カネ（虎）、ト（兎）、マロング（竜）、マセング（蛇）、マミア（馬）、ママエ（羊）、ヴォク（猿）、ラカ（鶏）、チョ（犬）、コウネ（豚）と、十二支の動物の名前がついている。年は仏滅紀元（前543年に始まる）または、さらに古く前638年を紀元とする紀年法を採用している。

　インドシナの他の国々と同じくラオスにも、新年の起源を説明する有名なヒンドゥー教の伝説がある。タンマバーンの優れた学識に、プラ・プロム（すべての天使を支配する）が嫉妬して賭けを申し出た。プラ・プロムが出した3つの難問にタンマバーンが答えられなければ、首を落とす。しかし、答えられればプラ・プロム自らの頭がなくなるという賭けだった。タンマバーンは動物と意思疎通ができるため、鳥に答えを教わって賭けに勝った。プラ・プロムは落とされた生首を自分の7人の娘に託した。しかしこの首は地に触れれば火が噴き出し、海に落ちれば水が干上がり、宙に浮かせれば干ばつが広がる。そこで娘たちは父の首を聖なる山の洞穴に祀った。毎年元日には、娘たちが交代で首を洞窟から出し、天使たちが拝めるよう掲げて山を練り歩く。娘たちはそれぞれが週の名をもち、その年の新年にあたった曜日の名をもつ娘が、自分に与えられている役割を果たす。娘の名前と担う役割はソウングサセベー（日曜日）：煌びやかに装い、マクデウアという果物を食べ、車輪とホイ・シャン・シェルを運び、鷺に乗る。コラクハ（月曜日）：優雅に装い、胡麻を食べ、剣と棒を持ち、虎に乗る。ラルクサ（火曜日）：ハスの花を纏い、血を飲み、三又の剣と矢を持ち、鼠に乗る。モウンサ（水曜日）：サファイアとプルメリアの花を身につけ、乳を飲み、針と棒を運び、ロバに乗る。キリネー（木曜日）：エメラルドとプルメリアの花を身につけ、豆と胡麻を

食べ、銃を持ち、象に乗る。キニサ（金曜日）：サファイアで飾り、バナナを食べ、剣とマンドリンを運び、水牛に乗る。マノソネ（土曜日）：サファイアを身につけ、「人肉」を食べ、車輪と三叉の剣を運び、孔雀に乗る。7人を合わせてナーン・ソンカーンと呼ぶ。

ラオスの正月ピー・マイ（Pee Mai）は、ふつうは4月13日から3日間にわたって行われる（星位により4日間になることもある）。伝統的にそれぞれの日は、ソンカーン・ロウアン（Sangkhane Louang：前の年の最後の日）、ムエウ・ナオ（Mueu Nao：中日）、ソンカーン・クヘウネ（Sangkhane Kheune：元日）と呼ばれる。儀式や慣習は他のインドシナ半島の国々とほぼ同様で、寺院への参拝、仏像を聖水で清め花びらで飾る慣習、民族舞踊と歌、善行（徳を積む）、敬意を表し年長者に水をかける慣習、福を呼ぶために寺院の中庭に砂の山を築く習慣、福を呼ぶため他人の手首に紐を結び付ける慣習、厄除けのため飼っている鳥や魚を放す慣習、プラ・プロム神の娘たちが人の姿となり父親の首を手に練り歩くのを見る慣習、両親や年長者に対する悪行の許しを請うバーシー（baci）の儀式などである。

そのほかに、できるだけ多くの人に水を浴びせかけ、タルカムパウダーをなすりつけるという風習もある。これは、プラ・プロム神の娘たちが切断された父の首を洗ったという伝説に由来すると思われる。これが時代を追うにつれ仏像を清める行為となり、さらに体と心を清める

行為ともなった。それとともに、4月の暑さを逃れる術も兼ねたのだろう。同じ祭りがタイでは非常に混沌とした中で行われるのに対し、ラオスでは整然としている。水かけ祭りは雨季の訪れを告げるともいわれている。

ラオスのその他の民族は中華系、ベトナム系、モン族で、すべて母国の文化に準じた方法で新年を祝う。

新年の挨拶には次の言い方がある。
・「サバーイディー・ピー・マイ（Sabaidee Pi Mai）」ラオ語（公用語）
⇒カンボジア、タイ、中国、ベトナム、ミャンマー、モン族の正月

リトアニア
Lithuania

リトアニアでは、過去何世紀にもわたりユリウス暦を用いながら、新年を春の訪れの時、イースター、クリスマスイブと公現日（1月6日）の間のどこかなど、その時々で多様な時期に祝っていた。1915年にグレゴリオ暦を導入し、19世紀以降は1月1日を元日とした。元日にはみなが家族、友人、近隣の人々の幸福を祈るが、大晦日は銃を発砲して大きな音を出すなど賑やかに過ごす。銃を撃つのは大きな音が悪霊を追い払うと信じられているためである。1940年から1991年にかけては、ソビエト連邦がバルト諸国を支配し、クリスマスを禁止し宗教色のない祭りにした。聖ニコラスの代わりには霜おじいさんとその孫の雪娘がプレゼントを届け、冬の祭りの代わりに元日

を祝うことにした（⇒ロシア）。その後、再び独立国家となると、元の伝統がほぼ復活した。例えば、新年にはクリスマスの祝いの席のように家族が集まり肉を食べるのが許されているが、かつてクリスマスの食卓では肉は禁じられていた。伝統的な家庭では、クリスマスにテーブルクロスの下にまぐさおけを象徴する藁を置いたが、新年にはそれは置かない。

迷信 昔は「小さなクリスマスイブ」（大晦日）と元日にまつわる多くの迷信があり、この2日間はだれもが未来を読むために占いに明けくれたほどであった。アルコールが禁じられていたわけではないが、飲むことより占いが優先された。今日でも都市部から遠い田舎ではまだこういった迷信にこだわるが、都市部では興味本位や歴史的興味で行われるだけになっている。すべてをあげるときりがないので、ここではいくつかの例だけを挙げておく。

　若い女性が複数の男性から花束を受け取っていてどの人と結婚するのか知りたいとき、大晦日前の最後に受け取った花を乾燥させて砕き大晦日までとっておく。大晦日に砕いた花を焼き、その灰を水の入ったグラスに撒く。グラスは白いテーブルクロスをひろげたテーブルに置き、火を灯したロウソクをグラスの両わきに置く。すると、灰を透かしてグラスの底に未来の結婚相手が見える。

　男女とも12枚の短冊それぞれに男性または女性の名前を書き、大晦日にその紙を枕の下に入れると未来の伴侶の名を知ることができる。枕の下には、白紙も1枚入れておく。次の朝目覚めてから、適当に枕の下から短冊を取り出し書いてある名を読む。白紙を引けば、その年の結婚はないことになる。夜明け前に目ざめてしまっても紙を引かねばならないが、その場合は朝がくるまで読むのを待たなければならない。これと似た占いで、水を入れたボウルの縁に短冊を配する占いもある。ナッツの殻を半分にしたものにロウソクを灯した「船」をボウルに浮かべる。船がとまったところにあった短冊に書かれた名前が未来の伴侶である。

　未来を知りたい若い女性は、大晦日に12本のロウソクを灯し、真夜中に一人で部屋にこもり鏡を見つめる。

　自分を好いている異性を知りたい男女がテーブルに集まり真ん中に火を灯したロウソクを置く。一人ずつ、「自分を好きな人は誰？」と形式的な質問をしながらロウソクを消す。すると、ロウソクの煙はその人を好いている人のところに流れていく。煙が上にあがればその場の誰もその人を好きではなく、煙が下に向かえば、その人をとくに嫌っている人がいる。

　未来の夫について知りたいときの占いは次のようなものである。目隠しをした若い女性を小枝の山までいざない、女性は適当に1本を手にとる。枝分かれしていたら夫は金持ち、真っ直ぐな枝なら夫は貧乏。似た占いで、木切れの山から1本をぬいて未来の夫の外観（太っている／痩せている、背が高い／低い）を占うも

のもある。既婚の女性なら、太い木切れ
は新しい年が豊かになり、細い木切れは
貧しくなることを表す。

　若い女性が扉に向かって靴を後ろ向き
に投げる。落ちた靴のつま先が扉の方を
向いていたら新しい年に結婚することに
なる。扉の方を向かなかったら、その年
は独身のまま。若い女性がたくさんある
物を2、4、6、8とふたつおきにかぞえ
ることができたら、次の年に結婚する。

　鍵、指輪、小さなグラス、コインを集
め、それぞれの上に椀を被せる。伏せた
椀の位置を入れ替え、未婚の家族と客に
順番に椀を選んでもらう。選ぶたびに椀
の位置を入れ替える。鍵を選べば、将来
家を持つことができる。指輪は結婚、ガ
ラスは酒飲みの配偶者、コインは富の予
兆となる。

　若い女性がグラスの水に熱い鉛をそそ
ぎ、冷えかたまった形で将来の夫の職業
や外観がわかる。

　元日に最初に訪ねてきたのが男性な
ら、その年はずっと豊かで、女性だった
らその反対になる。

　元日の出来事でその年の運を占うこと
ができる。食卓にふんだんに食事が並ぶ
家庭には平和、喜び、調和があり、怪我
や没落はない。元日のニュース、とくに
その日最初のニュースはよいものでなく
てはならない。さもないと不吉なことが
起こる。

　元日が晴れていたり、木が凍りついて
いたり、空に多くの星が集まったりして
いたら、その年は豊かになる。雪、雨、

濃い霧は災難を呼ぶ。昼間に雪が降った
ら、その年は若者が多数亡くなる。夜に
雪が降ったら、その年は老人が多数亡く
なる。

　元日が寒いとイースターが暖かい。

　元日に人が集まって騒いだり、庭で鳥
が鳴いたりするとその家庭にはその年多
くの客がくる。

　新年の挨拶には次の言い方がある。
・「ライミング・ナウジエジ・メータイ
　（Laimingu Naujieji Metai）」リトアニア語
　（公用語）

リビア
Libya

　エジプトの西に位置し、地中海に臨む
北アフリカの国。アラブ人とベルベル人
で人口のほとんど（97％）を占める。そ
のほとんどがイスラーム教スンニー派
（97％）で、シーア派は少数派（3％）と
なっている。そのため、イスラーム教徒
がイスラーム暦に基づいて新年を祝う
（⇒イスラーム教、暦・イスラーム）。

　新年の挨拶には次の言い方がある。
・「クッル・アーミン・ワ・アントゥ
　ム・ビハイル（Kullu 'Aamin Wa Antum
　Bikhair）」アラビア語（公用語）

『流血の新年』*
Bloody New Year
映画（1987年）

　イギリスのホラー映画。ある夏に海で
ボートの事故に遭った数人の学生たち
は、無人島にたどりつき、かなり前に廃

墟となったホテルを避難所とする。だが、間もなく彼らは、このホテルが過去の時間に閉じ込められており、新年のパーティのために1950年代風の飾り付けがほどこされていることに気づく。しかも彼らは、このホテルにとりついた無数の超自然の力が、自分たちを殺そうとしていることを知る。

脚本：フレイザー・ピアス／製作：ヘイドン・ピアス／監督：ノーマン・J・ウォレン／製作会社：レイザー・エンターテイメント、シネマ・アンド・シアターシーティング社／R指定／DVD：イメージ・エンターテイメント／90分

ルクセンブルク
Luxembourg

　元日は1月1日。たいていの人が大晦日には家族と過ごさずに、友人と食事をし、踊り、打ちあげ花火を見たり自分で花火をしたりして夜通し起きている。真夜中にはシャンパンで乾杯し、抱き合う。伝統的に留学してきてきた大学生が、ルクセンブルク全国で行われる夜のダンスパーティの大半を運営する。各パーティには、バル・ドゥ・リエージュ、バル・ドゥ・ストラスブール、バル・ドゥ・チューリッヒのようにスポンサーとなっている大学の名が付く。

　祝祭ではフランスとドイツの伝統料理が出されることが多い。例えば仔豚のローストなどの豚肉やハムを使った料理、ケネル（肉か魚の団子）、ザウアークラウト、ゆでジャガイモ、ブラッドソーセージ、トライプ、砂糖漬け、チョコレート、ワインなどである。

　新年の挨拶には次の言い方がある。
・「エ・グッド・ネイト・ヨール（E Gudd Neit Joër）」レッツェブルゲッシュ語

ルーマニア
Romania

　黒海と接し、ブルガリアとウクライナに挟まれた南東ヨーロッパの国。人口の90％近くが正教会を信奉している。ルーマニアの正教会はかつては古いユリウス暦に従っていたが、20世紀になって現在のグレゴリオ暦を採用した。以来、新年は1月1日である。

　祝日には伝統的な演劇、仮面舞踏が行われるのが特徴で、明らかに宗教的な内容ではなかったため、共産主義時代にも受け継がれて残った。最もよく知られているのは、クリスマスから新年まで演じられるウムブラトル・ク・カプラ（Umblatul cu capra：「ヤギの伝統」）である。ワラキアとオルテニアでは、さまざまな色の仮面をかぶるためブレザイアと呼ばれる。ほかの宗教では、「スタグ」として知られる慣習である。仮面はヤギ、雄牛、鹿の顔に似せてあり、あごが動く仕掛けになっている。動物の皮をまとい歯を鳴らしながらコミカルな芝居で踊り回る演者に、子どもたちや男たちがストリガツリ（「ユーモラスな言葉」）を叫びながらついていく。かつてヤギは冬至の豊穣の象徴だったが、このヤギの慣習は古代ユダヤで贖罪の日（ヨーム・キップール）に行われた儀式に由来するのではないかとい

われている。『レビ記』第16章に記されているとおり、2頭のヤギのうちの1頭が罪を贖う供物となり、もう1頭が人々の罪を背負う贖罪のヤギとして荒野に放たれた（動物や人間に病や悪運をもたらす罪を背負わせて犠牲にするスケープゴートの概念は、アッシリアやバビロニア、ギリシアでも見られる）。この儀式は、人類の罪を背負って十字架にかけられて究極のスケープゴートとなったキリストの予兆となっており、ルーマニアのヤギの慣習はキリストの誕生の祝いの期間にこのテーマを思わせるものである。贖罪のヤギを野に引き連れていった男を象徴する、老人の仮面の芝居も行われる。

　西欧と同様、宴会、花火、歓声とともに新年を迎え、豊穣を表す伝統のプラグソルル（Plugusorul：「小さな鋤」）は豊かな実りと新年の成功を祈るものである。10代の若者が色のついた紙や刺繍をした布で飾った鋤を抱えて家から家を訪ね歩き、収穫に祝福を与えてくれるよう農民の精霊に請う言葉を、巧みに詩的に朗唱する。鳴り響く鐘と鞭打つ音、とどろくバグパイプ（ブハイ）の音とともに読みあげられる言葉には、この国の礎について特別に触れている箇所がある。この地は、106年にローマ皇帝トラヤヌスが征服するまで、ダキアと呼ばれていた。もう1つの伝統的な豊穣の儀式はソルコヴァ（Sorcova：スラブ語の soroku 由来の語で「40」の意）で、子どもたちがソルコヴァ、つまり色紙や造花で飾った果物の木の枝を使って親や友人、近隣の人々の

長く実り多い人生を祈るものである。子どもたちは40行からなる伝統的な詩を暗唱しながら、祈りを込めてソルコヴァで年長者に40回触れる。参加した子どもたちはごほうびにお菓子や硬貨をもらう。

　未来の占いは、新年の余興としていまも人気がある。オビチェイウル・メセイ（Obiceiul mesei：「テーブルの習慣」）では、硬貨、穀物、鏡、炭をそれぞれテーブルクロスがかかったテーブルの4隅に隠す。それから4人の子どもが4隅のどこかを選び、そこに隠されていた物を取り出す。硬貨は富を、穀物は豊かな食事を、鏡は美と魂の気高さを、炭は悪運を意味する。オビチェイウル・プンティロル（Obiceiul puntilor：「橋の習慣」）では、子どもたちが先の分かれた枝をとり、分かれ目に古い年と新しい年の架け橋を象徴する棒を置く。こうした橋によって、子どもは新年の夜に自分の運命の夢を見ることができる。

　新年の挨拶には次の言い方がある。
・「ラ・ムルツィ・アニ（La Multi Ani）」ルーマニア語（公用語）

レイディ・デイ
Lady Day
　⇒お告げの祝日

「レッツ・スタート・ザ・ニュー・イヤー・ライト」
"Let's Start the New Year Right"
　1942年にビング・クロスビー、フレ

ッド・アステアを主役として製作された
パラマウント映画のミュージカル映画
『スイング・ホテル』のためにアメリカ
の作詞・作曲家アーヴィング・バーリン
が作曲した歌。歌詞では愛し合う二人が
真夜中に、古い年に愛を込めつつ別れを
告げ、新しい年に大きな希望を託し、最
後はキスですべて収まる。演奏はボブ・
クロスビー・オーケストラ。1943 年に
ビング・クロスビーがデッカ・レコード
からレコードをリリースしポップチャー
ト 18 位となった。

　⇒新年の場面がでてくるが、タイトルに
は現れていない映画、『スイング・ホテル』

レバノン
Lebanon

　イスラエルの北に位置し、地中海に臨
む中東の国。人口の 95％がアラブ人で、
17 の宗教が信仰されている。人口の 70
％近くがイスラーム教徒（シーア派 38％、
スンニー派 23％、ドルーズ派 7％）、30％
近くがキリスト教徒で、マロン派、ギリ
シア正教、アルメニア正教が 3 大教派と
なっている。

　イスラーム教徒は、イスラーム暦に従
いムハッラム月の 1 日目にイスラームの
新年を祝う。（⇒暦・イスラーム）。スンニ
ー派は新年にとくに儀式は行わないが、
シーア派はムハッラム月の初めの 10 日
間で、預言者ムハンマドの孫であるフサ
インの死を悼む。フサインは 680 年にカ
ルバラで殉職した。10 日目はアーシュ
ーラーといわれる。この儀式について

はイスラームの項で述べる（⇒イスラーム
教）。

　キリスト教徒もイスラーム教徒と同様
に国際的な大晦日（12 月 31 日）を祝う。
一番いい服を着て家族や友人とパーティ
会場やレストランに行って歌い、レバノ
ンの踊りデブキを踊り、カードゲームな
どの運に左右されるゲームで未来を占
う。よく食べられている料理はシシカバ
ブ（肉と野菜の串焼き）、キッビー（ラム
のひき肉と小麦粉をまぜて焼いたもの）、鶏
肉とライス、タブーレ（パセリ、ミント、
トマト、タマネギ、ブルグルのサラダ）、ホ
ブズ（平たいパン）、レブニ（ヨーグルト
ディップ）、果物、バクラバ（歯ごたえの
あるペストリーで蜂蜜、刻んだナッツが入
っており薔薇の香りのシロップがかけてあ
る）、アラブコーヒー、茶、ビール、ワ
イン、アラック（希釈すると白濁する酒）。

　以前はクリスマスよりも新年に贈り物
を交換することが多かったが、いまでは
クリスマスの贈り物も新年のように普及
した。伝統的に、父親は新年に子どもた
ちに金銭を贈るが、これは一年を通して
子を養うという父の意思の表れといわれ
る。

　新年の挨拶には次の言い方がある。
・「クッル・アーミン・ワ・アントゥ
　ム・ビハイル（Kullu 'Aamin Wa Antum
　Bikhair）」アラビア語（公用語）

ロサル
Losar
　⇒インド、チベット、ブータン

ロシア

Russia

　ロシア正教会は 1348 年から 1699 年まででユリウス暦に従い、新年を 9 月 1 日に祝っていた。大晦日、モスクワ近くの村々はすべての炎を消し、日の出とともにおこされた新たな火が、時宜を得た祈りの言葉とともに賢者によって人々に配られた。だが、1699 年、ピョートル大帝が新年を同じ暦の 1 月 1 日に変更し、かがり火の点灯を含む祝祭を大晦日に行うように命じた。家々は常緑樹の花輪で飾り付けられ、7 日間にわたってたっぷりとご馳走が供された。共産党の台頭に伴い、ソビエトは 1918 年にグレゴリオ暦を採用し、1 月 1 日を新年とした。2 つの暦では 13 日の日数の差があったため、この変更により正月が 2 日できた。グレゴリオ暦の 1 月 14 日にあたるユリウス暦の「旧正月」と、グレゴリオ暦の 1 月 1 日にあたる「新正月」である。無神論のソビエト政府はクリスマスシーズンを撲滅しようとして、12 月後半に世俗的な冬祭りを設け、宴会、幻想的な舞台、花火、パレードなどが行われた。独裁者ヨセフ・スターリンの時代 (1929 ～ 1953) には、元日はクリスマスに代わる国民家族の休日と定められ、1935 年にクリスマスツリー (1840 年代にロシアに初めて紹介されたが、共産政権になって以来禁止されていた) はニューイヤーツリーに置き換えられた。スターリンの決定には、同年の 12 月に『プラウダ紙』に発表された政治家のパベル・ポスティシェフの一通の手紙が影響していた。同氏はその手紙の中で、学校、子どもの家、そのほかの公共の場所に子どもたちのためにニューイヤーツリーを設置することをすすめていた。

　ソビエト政権以前、ロシアには、ある伝説上の人物が祝祭の贈り物を届けるという民間伝承があった。1 つは、田舎でなにもかもを厳しい寒さで覆いつくすといわれる「霜」に由来する人物であった。この、霜という目に見えぬ悪者による作物の被害を防ぐために、食べ物を供えて「霜を食事に招く」風習があった。19 世紀後半には、都会でジェド・マロース (Ded/D'yed Moroz：霜おじいさん) の伝説ができあがり、霜は人間的な性質を帯びるようになった。霜おじいさんはロシアの森に住み、クリスマスにトロイカ (3 頭の馬が横に並んで引く乗り物) に乗って子どもたちに贈り物を届けにやってくる。おじいさんの毛皮の縁取りの付いた赤い長上着、帽子、長くのばした白いひげは、ヨーロッパの聖ニコラスとどこか似ている。ヨーロッパでは、聖ニコラスの悪役がいたずらっ子たちを罰を与えると脅すのに対して、霜おじいさんはいたずらっ子は無視する。

　当初、くだらない迷信としてボルシェビキに禁止されたが、霜おじいさんは 1935 年にスターリンの招きで復活し、今やクリスマスイブではなく大晦日に、青か赤の衣装で贈り物を届けている。霜おじいさんを助ける人物が二人追加された。その一人、スネグーラチ

カ（Snegurochka：雪娘）は、子どものない年よりの夫婦が自分たちの子どもを望み、雪で小さな女の子をつくったという世俗的な伝説にもとづく。娘は人間になり、冬の間は夫婦の娘として過ごすが、春の訪れとともに溶けてしまう。だが、毎年冬の雪とともに戻ってくる。別の伝説では、雪娘は春と霜の娘で、羊飼いの少年に恋心を募らせて溶けてしまうとされる。金髪を編み、白い毛皮の帽子をかぶり、青い長衣か短い毛皮のコートを着て、ひざ丈のブーツをはいた美しい娘は、霜おじいさんの孫娘として祖父が贈り物を配るのを手伝う。もう一人の「新年の少年」といわれる若者は、新年の象徴として描かれ、その年の数字を記した衣装をつけている。マリア、ヨセフ、子どものキリストに相当する世俗的な存在として、霜おじいさんと雪娘と新年の少年の三人は国じゅうに現れるが、とくにクレムリンの議会宮殿で開かれる毎年恒例の新年子ども祭りは有名である。大人たちは大晦日にウォッカを、新年にシャンパンを飲み、子豚、カラウェイ（丸パン）、ババ（丸い焼き菓子）を食べる。キャビアや魚の燻製、あぶり肉などのご馳走にありつけるのは、限られた人々である。年配のロシア人の多くにとっては、祝祭は「旧正月」の1月14日まで続くものだった。

　ソビエト連邦の崩壊後も、新年の祝祭は依然としてロシアの冬の祝日の中心である。冬の休暇は12月24日から始まり、1月14日まで続く。今も、クレムリンの子ども祭りやパーティ、霜おじいさん（ヴェリキイ・ウスチュグの町に住む）、雪娘、ヨールカ（吹きガラスのボール、おもちゃ、菓子、果物、ロシア民話の人形で飾り付けたニューイヤーツリー）、贈り物の交換が新年を彩る。大晦日にはレストランやナイトクラブに人が集まり、乾杯をして、真夜中に花火があがる直前に、テレビで大統領の新年の挨拶を聞く。

　『モスクワの今日と明日』*（*Moscow Today and Tomorrow*）によると、もともとの霜おじいさんと雪娘の姿は、上述した現在の姿とは異なる。古くからの霜おじいさんは濃い銀色のひげと髪で、これが力と幸福と富を象徴していた。シャツとズボンは白の亜麻布で、清浄を象徴する幾何学的なデザインで装飾され、赤の長いコートと赤い帽子は白鳥の羽で縁取られ、コートには八角形の星と十字が、帽子には角を表す三角形が付いていた。白の手袋には3本の指しかなく、清浄と三位一体を象徴している。ベルトも白いが、世代間のつながりを象徴するために赤で装飾されており、ブーツは赤か銀か、白の毛織物の長靴のこともある。白の長靴はヴァーレンキ（valenki）として知られ、白と銀は月、水、北極、神聖さ、清浄を象徴していた。ねじの形をした杖は水晶か銀でできていて、柄は銀白色で、頭には月か、力と豊穣と幸福の象徴である雄牛の頭が付いていた。伝統的な雪娘も静謐な水を象徴しており、白一色の衣装に、銀と真珠で八角形の王冠が刺繍されていた。

新年の挨拶には次の言い方がある。

・「ス・ノーヴム・ゴーダム（S Novim Godom）」ロシア語（公用語）

⇒暦・グレゴリオ、暦・ローマ〔ユリウス〕

ローシュ・ハッシャーナー（新年祭）
Rosh Hashanah

⇒ユダヤ教

ローズパレード
Tournament of Roses

　一年に1度、元日に、カリフォルニア州パサデナで開催される花と音楽とスポーツの祭典。カリフォルニアの温暖な冬の気候、特産のバラや地元で栽培された植物を披露するために、パサデナ・ヴァレー・ハントクラブのメンバーが1890年にフラワー・フェスティバルを創設した。花に覆われた馬車によるローズパレードのあとに、ポロの試合、綱引き、町内（1900年にトーナメント・パークと改名）での徒競走などが行われた。1893年1月1日は日曜日にあたり、礼拝の邪魔をしたくなかった役人たちがフェスティバルを1月2日に移動した。以来、「日曜日には開催しない」主義が続いている。1895年、ヴァレー・ハントクラブから離れてフェスティバルを監督するために、トーナメント・オブ・ロージィズ・アソシエーションが設立された。フェスティバルはその頃までに、マーチングバンド（1891年のパレードでモンロビア・タウン・バンドが参加したのが初）と車によるフロートが加わり拡大していた。1902

年には、フェスティバルへの関心が薄れてきたことを懸念した協会が、プログラムに大学のフットボールの試合を加え、これがやがてローズボウルとなる（⇒アメリカンフットボールのボウル・ゲーム）。1905年にハリー・ウッズがローズ・パレード・ロイヤルコートの初代ローズクイーンとなり、その後ローズクイーンとロイヤルコートが時折祭典にお目見えするようになったが、1930年以降はクイーン選出が毎年恒例の伝統となった。毎年異なるテーマに沿ってフロートを構成するようになるのは1918年以降のことで、最初のこの年は第一次世界大戦の影響で「愛国心」がテーマになった。1920年から1926年のフロートにはテーマはなかったが、1927年の「花の歌」から毎年の伝統が再開した。

　現在は、世界じゅうの何百万という人々がテレビを通してローズパレードを見ており、毎年百万人ほどが実際にパレードに参加している。おもに専門の会社が製作する複雑かつ、ときに機械仕掛けで動くフロートは、その年のテーマに沿って、大量の花だけでなく、さまざまな果物、種子、樹皮、草などですっぽりと覆われている。翌年のフロートの製作は、パレード終了直後から始まる。個々のフロートを飾る花は、平均的な花屋が5年間で扱う花よりも多いという報告がある。こうした花のフロートのほかに、2時間かけて約9kmのコロラド・ブールバードを通り過ぎていくのは、マーチングバンド、300人以上の騎手、現ローズ

クイーンと6人のローズプリンセスからなるロイヤルコートを乗せたフロートである。クイーンとプリンセスは前年の9月に1か月かけて、身のこなし、性格、話術、学業成績のコンテストで選ばれ、ローズボウルにも登場するほか、さまざまなメディアや社会活動を通してローズパレード協会の親善大使として活動する。パレード後、フロートは一般大衆が近くで見ることのできる「フロート展示場」に展示される。

伝統的に、ローズパレードの代表が、各年の総指揮を務めるグランドマーシャルを選ぶ。過去、俳優、作家、アスリート、政治家などが選ばれてきた。パレードの創設者の一人、フランシス・ローランド博士は1890年の初代グランドマーシャルを務めた。この名誉に浴した人物のなかには、ドゥワイト・アイゼンハワー、ボブ・ホープ、ウォルト・ディズニー、ケイト・スミス、シャーリー・テンプルなどの著名人がいる。

『炉ばたのこおろぎ』

The Cricket on the Hearth: A Fairy Tale of Home
イギリスの小説家チャールズ・ディケンズ（1812〜1870）の中編小説。1845年に出版された。ディケンズは、クリスマスの時期に幽霊の話を語るイギリスの伝統に則り、現在まとめて『クリスマス・ブックス』（*Christmas Books*）と呼ばれている5編の中編を著した。そのうち1編の例外を除き、4作はどれも超自然的な現象に溢れる祝日の光景を描いている。そ

のうち最初の1編で、かつ最も良く知られている作品は『クリスマスキャロル』（*A Christmas Carol*、1843年）である。同作に登場する幽霊が、クリスマスイブに、もともと利己的な人物を思いやりのある寛大な人物へと変貌させたのに対し、『炉ばたのこおろぎ』では、精霊が大晦日の晩に、もともと善良な人々の誤った態度を改める役割を果たす。この物語は、炉ばたのこおろぎは幸運の前触れであるという言い伝えをもとに語られ、物語を構成する登場人物たちを通して、複雑に絡み合う疑いや欺瞞が明らかになる。

運送屋のジョン・ピアリビングルは、ずっと年下の若い妻ドットが、自分と結婚したがために若々しく活気のある人生を奪われてしまい、今や夫を愛するふりをしているだけではないかと不安になる。また、貧しい玩具職人のケイレブ・プラマーは、盲目の娘バーサが生まれたときから、自分たちの暮らし向きのことで娘を欺いてきたため、バーサは自分が裕福な暮らしをしていると信じ込んでいる。そんなバーサは、父ケイレブの雇用主である嫌味なタクルトンを好きになってしまう。ケイレブは、タクルトンの毒舌から娘を守るため、タクルトンもバーサを好いており、タクルトンの毒舌は単なる「冗談」だと娘に説明する。実のところ、タクルトンはドットの友人であるメイ・フィールディングとの結婚を予定しており、その一方で、メイは未だに昔の恋人、エドワード・プラマーを慕っていた。エドワードは、ケイレブの息子で、

死んだものと思われている。だが実は、この何年も前にドットの夫であるジョンがエドワードを海外へ送り出していたのだ。エドワードはメイが結婚すると聞き付けて、真相を知ろうと老人に扮して帰国する。ドットはエドワードの扮装を見抜き、こっそり彼に会って、彼の正体を暴露しないと約束する。一方、ジョンは妻とエドワードが人目を忍んで会っていることを知ってその目的を誤解し、ドットとの結婚に終止符を打とうとした。だがそのとき、炉ばたのこおろぎから妖精が出現する。妖精はジョンに、ドットは変わらずジョンを愛しており彼女の愛は本物であるから、考え直すようにと命ずる。ドットとジョンは和解し、ケイレブもようやくこれまで欺いていたことを娘のバーサに告白し、バーサも父親の見当違いの心遣いを許す。さらにエドワードとメイが結婚し、物語は大団円を迎える。

　アメリカでは1909年と1915年、さらに1923年にも『炉ばたのこおろぎ』の無声映画が公開された。アメリカとロシアの共同制作版も1915年に公開された。

　1967年12月18日には、NBCテレビのミュージカル・アニメーション『炉ばたのこおろぎ』が同局の番組『ダニー・トーマス・アワー』(The Danny Thomas Hour) で放映された（声優：ダニー・トーマス、マーロ・トーマス、ロディ・マクダウェル、エド・エイムズ、ハンス・コンリード、アビー・レーン、ポール・フリーズ）。この特別番組は、マーロ・トーマスのミュージカルデビュー作というだけでなく、マーロとその父

ダニーのテレビ・ミュージカル初共演作品ともなった。ノーマン・ルボルフ合唱団とも共演（歌詞：ジュールズ・バス／音楽：モーリー・ロウズ／脚本：ロメオ・ミュラー、アーサー・ランキン・ジュニア／製作・監督：アーサー・ランキン・ジュニア、ジュールズ・バス／トーマス・スペリング・プロダクションおよびビデオクラフト・インターナショナルとの共同制作／VHS：ソニー・ワンダー・ビデオ／50分）。

　ディケンズの他のクリスマス中編小説には、同じく大晦日を中心に語られる、『鐘の音』(The Chimes: A Goblin Story of Some Bells That Rang an Old Year Out and a New One In、1844年)、また『人生の戦い』(The Battle of Life、1846年)、『憑かれた男』(The Haunted Man and the Ghost's Bargain、1848年) がある。

　⇒『鐘の音』

ローマ帝国
Roman Empire

　ローマの年は大きく2つの季節に分かれていた。戦が続き、土地が耕される夏（3月～10月）と、大半の兵士が帰郷し、市民が休息し、娯楽の時間が増える冬（10月～3月）である。新月によって決まる各月の初日はカレンズ (calends / kalends：第1日。語源はラテン語の kalendae。英語の calendar の由来) と呼ばれ、2つの顔をもつ戸口の神ヤヌスと、誕生の女神ユーノーに捧げられた。帝国には数多くの祝日があり、各月の祝日は月によって第5日か第7日にあたるノーナエに発表された

ロマテイコ 449

（⇒暦・ローマ）。各月の中間日（満月で決まる）イードゥースは必ず最高神ユピテルをたたえる祭日とされ、月によっては、ノーナエ以降の期間がその月の祭事に使われた。

新年の祝祭は3月のカレンズ（第1日）に行われていたが、前153年に政治的な理由で1月のカレンズ（第1日）に移行された。前46年にユリウス・カエサルが暦の改革（ユリウス暦）を実施したときにも、新年は1月のままとされた。

3月は戦の月で、軍神マルスに捧げられた。そのカレンズ（第1日）には、マルスの神官団のサリーが古代戦士の衣装に身を包みアンシリア（聖盾）で「武装」して、攻撃軍と防御軍を模して2つのグループに分かれて市内を踊りまわった。踊りながら棒で盾を突く儀式で、ローマの武器を戦闘用に浄化した。3月のカレンズ（第1日）は「既婚女性の祭り」であるマトロナリア祭でもあった。夫たちは休みをとり妻とともに家で過ごし、贈り物や金をふんだんに与える伝統だった。女性がユノ神を祀る寺院を訪れる風習もあった。最も人気のあった新年の祝祭は、年のめぐりの女神アンナ・ペレンナの祭りで、3月のイードゥース（中間日）に行われた。この祝祭では、ローマのテベレ川を渡り近隣の田園地帯に繰り出し、枝を組んだ小さな小屋を建てて無礼講を楽しむのが習わしで、飲み干した杯の数だけ長生きできるといわれていた。イードゥースには同職組合の祭りも祝われ、あらゆる職業の者がミネルバ寺

院に集まった。新年の戦車競走エクイリアはマルスをたたえたものである。

新年が移行した当初、祝祭は1月の3～5日に行われ、その月のカレンズ（第1日）には独自の祭りが楽しまれていた。ところが紀元後4世紀までに、新年の祝日はカレンズ（第1日）から始まる5日間の祝日へと進化した。12月の17～24日にかけて、農業の神サトゥルヌスをたたえるにぎやかなサトゥルナリア祭が行われるが、続く新年の祝祭は実質的にこの祭りの伝統や騒ぎを踏襲していた。どんちゃん騒ぎは大晦日に始まり、通りには夜通し人々があふれ、誰もが起きているように家々の扉をたたいてまわった。正式な祝日には次のようなことが行われた。学校や職場を休んでの宴会（植物の疫病や干ばつを防ぐ名目の作業に従事する農民は別）、1月1日には白い衣をまとう（新年の健康の象徴と考えられていた）、祝日用松明をかかげる、動物の毛皮での仮装、異性装、奴隷への施しとして主人と奴隷が立場を交換する、貧民に気前よく振る舞う、新年の占い（元日に起きたことがなんであれ一年の運命の予兆となる）をする、さまざまな植物で家を飾り付ける、硬貨、金めっきしたナツメヤシ、森の女神ストレニアの森の植物などのストレナエ（贈り物）をした。皇帝も民衆からの贈り物ヴォタエを受け取り、のちには臣下から大量の物を奪う手段として祝日を利用するようにもなった。例えば、カリグラ（12～41）はこの期間を利用して娘の教育と持参金のための資金を募

り、宮廷で「寄付」を受け取った。こう
した民衆の搾取は、兄弟で東と西のロー
マ帝国の皇帝となったアルカディウスと
その弟のホノリウスが、395年に要求額
を削減するまで毎年続いた。大教皇レオ
は458年にこの慣習をすべて廃止した。
初期のキリスト教会はこうした新年のお
祭り騒ぎに激しく反対し（4世紀に、サ
トゥルナリア祭とその後の12月下旬の騒
ぎの代わりにクリスマスの祝祭を設けた）、
567年にフランスのトゥール議会は異教
の慣習に替えて1月1日にキリスト割礼
の祝日を設けた。帝国じゅうにキリスト
教が伝播するにつれて、サトゥルナリア
祭とカレンズ（第1日）はその存在意義
を失ったが、お祭り騒ぎの精神は中世ヨ
ーロッパのクリスマスの祝祭に受け継が
れた。

ローマの新年のパレード
Rome New Year's Day Parade
　　⇒イタリア

ローマ暦
Roman Calendar
　　⇒暦・ローマ

『ローワン・アトキンソンのブラックアダー：タイムマシンで行ったり来たり』*
Blackadder: Back and Forth
映画（1999年）
　イギリスの短編コメディ映画。2000
年のミレニアム祝典開催期間の上映用に
製作された。ミレニアム祝典は、ロンド

ン南東部グリニッジにあるミレニアム・
ドームとその周辺で開催された。この映
画はスカイスケープ・シアターにおい
て2000年の一年間を通じて日に8回上
映され、その後イギリスのスカイチャン
ネルで、次いで2002年のイースターに
BBC1で放映された。この作品は1980
年代にテレビで放映されたシットコムシ
リーズ〈ブラックアダー〉を基にしてお
り、中世や歴史上の他の時代を風刺して
いる。主役のエドマンド・ブラックアダ
ーはローワン・アトキンソンが演じた。
　1999年の大晦日、ブラックアダー（ロ
ーワン・アトキンソン）は招待した客た
ちをもてなしながら、自分のうちにはタ
イムマシンがあり、それはレオナルド・
ダ・ヴィンチが描いたとされる設計図を
もとに、下男ボールドリック（トニー・
ロビンソン）に組み立てさせたものだと
吹聴する。しかも、そのほら話の効果を
あげようと、自分がボールドリックとと
もにタイムマシンで過去へ行き、客た
ちに要求された歴史的遺物を持って帰れ
るかどうか、3万ポンドの賭けを持ちか
ける。実際には、客たちに気づかれない
よう、自分のお宝部屋からそれらしい物
を持ってくるつもりでいた。だが、笑い
ものになるのはブラックアダーの方だっ
た。なんとタイムマシンが本当に機能し
てしまったのだ。マシンに乗ったブラッ
クアダーとボールドリックは、ジュラ紀
へ、女王エリザベス1世の宮廷へ、ロビ
ンフッドのシャーウッドの森へ、ハドリ
アヌスの長城へ、ワーテルローの戦いへ

と、無秩序にいくつもの時代へと連れて行かれる。そして、その「停車」ごとに要求された歴史的遺物も手に入る。ところが、ボールドリックが、タイムマシンのダイヤルをどのように設定すればもとの時代に戻れるのか、書き留めておくのを忘れていたため、二人は1999年の大晦日に帰れなくなってしまう。だがそんなとき、ブラックアダーは「死の直前にある人は、それまでの人生をすべて一瞬のうちに思い起こす」という通説を、はたと思いだす。死にかければ正しい日付を思い出すだろうと、ブラックアダーは下男のボールドリックの頭をタイムマシンの便器につっこんだ。こうして、溺れかけたボールドリックはすべてを思い出し、二人は賭け金を回収するべく、もとの時代に戻る。だが、時間旅行中にブラックアダーが何度かうっかり間違いを起こしたため、帰ってみると、歴史の流れが変わってしまったことが判明する。しかたなく、二人はもう一度同じ時代を巡り、間違いを正した。それでも、ブラックアダーは、その晩の楽しみの集大成として、最後にひとつだけ歴史の「ねじれ」を残す誘惑に抗えず、招待客たちが新年の祝典のテレビ放送を見ている間に、ボールドリックと時間をひとっ飛びする。

その結果、招待客たちがテレビでミレニアムドームからの生中継を見ていると、なんと国王エドマンド3世とボールドリック首相の姿が画面に映し出されたのだった。そして、次回作『ローワン・アトキンソンのブラックアダー：タイムマシンで行ったり来たり2』は、3000年公開予定との予告で、映画は終わる。

この作品は2001年にBAFTA賞のテレビシチュエーションコメディ賞にノミネートされた。

脚本：ローワン・アトキンソン、リチャード・カーティス、ベン・エルトン／製作：ソフィー・クラークージャーヴォワーズ／監督：ポール・ウェイランド／製作会社：ニュー・ミレニアム・エクスペリエンス社、タイガー・アスペクト・プロダクション／PG指定／PAL方式（アメリカ、カナダで販売されるDVDプレイヤーでは再生不可）／33分

⇒ミレニアム・ドーム

ロンガリ・ビフ
Rongali Bihu
⇒インド

ロンドン・ニューイヤー・パレード
The New Year's Day Parade–London
⇒ イギリス

わ行

「Y2K」

"Y2K"

TV（1999 年）

　テレビアニメのコメディシリーズ〈ディルバート〉（Dilbert）の 1 エピソードタイトル。ディルバートは、スコット・アダムスによる同名の人気漫画のスピンオフである。1999 年 1 月 25 日から 2000 年 7 月 25 日まで、30 分のエピソード 30 話が放送されたアニメシリーズは、上向きのネクタイをつけたメガネのエンジニア、ディルバートを通して、シニカルに企業文化を描いた作品。ほかに、話をするペットの犬ドッグバート、同僚のアリス、ウォリー、アシュック、おばかとがった髪のボスと、邪悪な人事部長キャットバートが登場する。

　1999 年にアニメシリーズはエミー賞の優れたメインタイトル・デザイン賞を受賞。2000 年には、アーティオス賞アニメ吹替ベスト・キャスティング賞（テレビ部門）（メグ・リーベルマンとカミラ・H・パットン）を受賞。

　「Y2K」では、とがった髪のボスが、いわゆる「2000 年問題（Y2K）」で社の旧式コンピュータのメインフレーム「ブラック・ベティ」が 2000 年 1 月 1 日の深夜に機能しなくなることに気づき、ディルバートにシステムのアップグレード

を指示する。ディルバートとドッグバートは同僚のアリス、アシュック、ウォリーとともに、キャットバートにアドバイスを求め、そこから『オズの魔法使い』（The Wizard of Oz）のパロディが始まる。もっと時間がほしいというアリス（ドロシーにあたる）に、オズの魔法使いにあたるキャットバートは、外見に気を使う時間を減らして時間を管理しろという。経験がもっとほしいというカカシのアシュックは、経験の代わりに皮肉で対応しろ、経験とほぼ同じだといわれ、「ブラック・ベティ」の動かし方を思い出せないブリキのきこりのウォリーは、欠陥のある記憶に頼るべきだといわれる。最近の裁判所の判決からすると、いいかげんな記憶も正確な記憶と同じくらい、いやそれ以上に役に立つ、というのである。トト役にうってつけのドッグバートは、ウォリーの記憶を呼びさます手助けをするために催眠術の本を与えられる。臆病なライオンのディルバートはもっと大規模なチームを求めるが、さらにアシスト役として与えられたのは「削減された」従業員、サルのジンブー、使えない男、つまらない男テッドの 3 人だった。何度か催眠術をかけて、一同はブラック・ベティの修理を試みる。彼らの奮闘にもかかわらず、ジンブーが力いっぱい情報を

打ち込んだせいで、メインフレーム・コンソールが爆発し、ディルバートは使命を果たせないのではないかと悩む。結局、とがった髪のボスが、政府は2000年をすっかり飛ばすことに決定したと発表し、一件落着となる。

声優：ダニエル・スターン、クリス・エリオット、ゴードン・ハント、キャシー・グリフィン、ラリー・ミラー／脚本：アンドリュー・ボラコーブ、レイチェル・パウエル、スコット・アダムス、ラリー・チャールズ／監督：ジェニファー・グレイブス、ボブ・ハスコック、アンディ・トム／コロンビア・トライスター・テレビジョン、ldbox、ユナイテッド・メディア／DVD：ソニー・ピクチャーズ『ディルバート：シリーズ完全版』(*Dilbert: The Complete Series*) ／374分

『Y2K』

Y2K
映画（1999年）

　『ターミナル・カウントダウン』(*Terminal Countdown*) としても知られる映画。米軍は、南アメリカのジャングルの奥地に隠されたコンピュータが「ミレニアム・バグ」に侵されており、新千年紀の初日2000年1月1日に核ミサイルを発射するとの知らせを受ける。CIAが特別チームを率いてジャングルに入り、コンピュータを見つけて攻撃プログラムを解除することになった。

主演：ルイス・ゴセットJr.／脚本：テリー・カニンガム、マーク・ダリンプル／製作：ジョセフ・メルヒ、クリス・オドネル、リチャード・ペピン／監督：リチャード・ペピン／PMエンターテイ

ンメント・グループ／DVD：ファースト・ルック・ピクチャーズ『ターミナル・カウントダウン』のタイトルで発売／R指定／104分

Y2Kバグ

Y2K Bug

　「ミレニアム・バグ」「2000年問題」ともいわれる。Y2Kは、「Y（年）」とギリシア語の千を意味するキロ (kilo) の略「K」を組み合わせた略語。「2K」が「2000」を表すため、「Y2K」で「2000年」となる。この略語が初めて登場したのは1995年、コンピュータ・プログラマーが、コンピュータ・システムの年代表示法のために、コンピュータの時計が1999年12月31日の深夜に2000年1月1日に変わったとたん、深刻な問題が生じるかもしれないと気づいたときである。1960年代以降、初期のコンピュータでは、限られたメモリ容量を節約するために、年を2桁の数字で示してきた。例えば、1969年は「69」という具合である。2000年は「00」と表記されるため、コンピュータが1900年と認識してしまい、世界的にコンピュータの不具合が出るのではないかと推測された。このため、電力、水道、政府、食料供給システムの崩壊から、航行、交通管制システムや流通の機能不全、金融記録の破壊まで、不穏なメディアの予想が多数生まれた。この時期、家庭での缶詰や保存食、水、衣類、工具、燃料、現金、その他、危機的状況で数か月家庭生活を維持するのに必要な物の備蓄が推奨された。1990年代末の

わずか2、3年で、プログラマーは世界じゅうのコンピュータの日付システムの再構築を開始し、予測されたY2K災害を回避した。アメリカだけでも、そうした修正コストが約3000億ドルかかった。

報告のあったエラー 費用をかけて予防したものの、2000年1月1日には下記のように世界じゅうで何件かの小さな障害が発生した。

・アメリカと日本の数か所の原子力発電所で、モニタリングシステムに問題が発生したが、すぐに解決されて大惨事は免れた。

・相当数のクレジットカードに「2000」のかわりに「1900」と印字された。

・レンタルビデオの延滞料を1世紀分請求された人がいた。

・「1900年馬なし馬車」と記された、新しい自動車登録証が印刷された。

・フィラデルフィアのアムトラック列車追跡システムが、正確な列車のシンボルをモニターしそこねた。

・アメリカ各地の気象・レーダーモニタリングシステムで、再起動が必要になったものがいくつかあった。

・メディケア支払いシステムの誤作動で、シカゴの銀行から8州の病院への支払いが遅れた。社会保障の支払いは影響を受けなかった。

・ペンタゴンが使用する偵察衛星のいくつかが一時的に故障した。

・デラウェアの競馬場で、150のスロットマシーンが故障した。

・アメリカ海軍天文台が維持しているウェブサイトに「19100年1月1日」と表示された。

・フランスの気象予報サービスを行うメテオ・フランスのウェブページには、19100年01月01日」という日付の地図が現れた。

・日本では、電気通信事業者、大阪メディアポートが、社内ネットワークのデータ管理部分にエラーを発見し、すみやかに修復した。日本最大の携帯電話会社NTT移動通信網の携帯電話のモデルのなかには、メモリが最大容量に達したときに新しく受信したメッセージを消去してしまうものがあった。

・オーストラリアでは、2つの州でバスチケットを確認する機械が故障した。

ワシャキブ・バッツ

Wajxaqib' B'atz'

⇒中南米とカリブ海諸島〔グアテマラ〕

『ワンナイト・オブ・ブロードウェイ』

Bloodhounds of Broadway

映画（1989年）

大晦日のシーンが出てくる映画。1928年大晦日のニューヨーク市を舞台として、互いにゆるく絡み合った一連のショートストーリーに、ギャングやギャンブラー、若く現代的な女たちが登場する。原作はデイモン・ラニャン作の4つの短編。例を挙げれば、「フィート・サミュエルズ」（ランディ・クエイド）は、ガールフレンドであるはすっぱ娘のホーテンス（マドンナ）を支えるために、自分の

体を医者に売る。また、傷ついたギャン
グの「ブレイン」(ルトガー・ハウアー)に、
周囲の人々はほとんど思いやりを示さな
い。そして、ギャンブラーの「リグレッ
ト」(マット・ディロン)は、ポケットに
ソーセージを入れていて、2匹のブラッ
ドハウンドに街中をつけまわされる。

　この作品はラジー賞最低助演女優賞に

ノミネートされた(マドンナ、1990年)。
脚本：ハワード・ブルックナー、コールマン・
ディケイ/製作および監督：ハワード・ブルッ
クナー/PBSのテレビシリーズ〈アメリカン・
プレイハウス〉American Playhouseのため
に製作/PG指定/DVD：ソニー・ピクチャー
ズ/93分

参考文献

Abdullahi, Mohamed Diriye. *Culture and Customs of Somalia*. Westport, CT: Greenwood Press, 2001.

Aberman, Samara. "Millennium Predictions: Past Thinking about the Future." From NewsHour Extra. Web Site: http://www.pbs.org/newshour/extra/features/jan-june01/predictions.html

"About Armenia: The Holidays." From Armenia Information. Web Site: http://www.armeniainfo.am/about/?section=holidays

Abraham, Anish. "New Year's Celebrations Planned." From the City of Johannesburg, South Africa. Web Site: http://www.joburg.org.za/2005/mar/mar9_newyear.stm.

Achelis, Elisabeth. "Render Unto Caesar." *Journal of Calendar Reform* (June 1954).

"Afghan Festivals and Holidays." From Afghanistan Cultural Profile. Web Site: http://www.culturalprofiles.org.uk/Afghanistan/Directories/Afghanistan_Cultural_Profile/-980.html.

Afolayan, Funso. *Culture and Customs of South Africa*. Westport, CT: Greenwood Press, 2004.

Ahlers, Amy. "Top 10 Ways to Ensure New Years Resolution Success." From Ezine Articles. Web Site: http://ezinearticles.com/?Top-10-Ways-to-Ensure-New-Years-Resolution-Success&id=7530.

"Alcoholic Beverage." From Wikipedia. Web Site: http://en.wikipedia.org/wiki/Alcoholic_beverage.

Ali, Sharifah Enayat. *Cultures of the World: Afghanistan*. Tarrytown, NY: Marshall Cavendish, 1995.

Ali, Syed Ashraf. "Virtual Bangladesh: Bangla Calendar." Web Site: http://www.virtualbangladesh.com/bangla_year.html.

"All Set for New Year's Eve Carnival." From the City of Johannesburg, South Africa. Web Site: http://www.joburg.org.za/2004/dec/dec13_parade.stm.

Alver, Bente Gullveig, and Ann Helene Bolstad Skjelbred. "Celebrations in Norway." From *Odin*. Ministry of Norwegian Foreign Affairs. Web Site: http://odin.dep.no/odin/english/p30008168/history/032091–991290/dok-bn.html.

American Pyrotechnics Association. Web Site: http://www.americanpyro.com/.

"The Ancient Religion in Armenia." From History of Armenia. Web Site: http://www.armenica.org/cgi-bin/history/en/getHistory.cgi?4=1=52=999=Aramazd=1=3=A.

Andersen, Hans Christian. *The Complete Illustrated Stories of Hans Christian Andersen*. Translated from the Danish by H.W. Dulcken. Illustrations by A.W. Bayes. London: Chancellor Press, 1982.

Armanios, Febe. "Islam: Sunnis and Shiites." From CRS Report for Congress, Order Code RS21745. Web Site: http://www.comm.cornell.edu/als481/rcadings/crsshiites.pdf.

"Armenian New Year." From Father Time's.Net. Web Site: http://www.fathertimes.net/armeniannewyear.htm.

"Ashura." From Encyclopedia of the Orient. Web Site: http://i-cias.com/e.o/ashura.htm.

"Auld Lang Syne." From Wikipedia. Web Site: http://en.wikipedia.org/wiki/Auld_Lang_Syne.

"Auld Lang Syne." In *The Burns Encyclopedia*. The Official Robert Burns Site. Web Site: http://www.robertburns.org/encyclopedia/index.shtml.

"Auld Lang Syne: 'The Sweetest Music This Side of Heaven.'" From *The Canadian Encyclopedia*. Web Site: http://www.thecanadianencyclopedia.com/PrinterFriendly.cfm?Params=A1ARTFET_E34.

"Aztec Calendar." From Wikipedia. Web Site: http://en.wikipedia.org/wiki/Aztec_calendar.

"Aztec Codices." From Wikipedia. Web Site: http://en.wikipedia.org/wiki/Aztec_codices.

"Aztec Sun Stone." From Wikipedia. Web Site: http://en.wikipedia.org/wiki/Aztec_sun_stone.

"The Babylonian Calendar." From Ecclesiastical Calendar. Web Site: http://www.polysyllabic.com/Babylon.html.

"Bahá'í Calendar." From Wikipedia. Web Site: http://en.wikipedia.org/wikiBah%C3%A1%27%C3%AD_calendar.

"Bahá'í Faith." From Wikipedia. Web Site: http://en.wikipedia.org/wiki/Bah%C3%A1'%C3%AD_Faith.

"Bahá'í Naw-Rúz." From Wikipedia. Web Site: http://en.wikipedia.org/wiki/Bah%C3%A1%27%C3%AD_Naw-R%C3%BAz.

"Baisakhi." From Tourism of India. Web Site: http://www.tourism-of-india.com/baisakhi.htm.

Baker, Margaret. *Folklore and Customs of Rural England*. Totowa, NJ: Rowman and Littlefield, 1974.

Bakerjian, Martha. "Chinese New Year in San Francisco." From *San Francisco Free Newsletter*. Web Site: http://sanfrancisco.about.com/cs/festivals/a/chineseny.htm.

———. "New Year's Celebrations and Events in Italy." From About.com. Web Site: http://goitaly.about.com/od/festivalsandevents/a/newyears.htm.

"Balinese Calendar System." From Bali and Indonesia on the Net. Web Site: http://www.indo.com/culture/calendar.html.

"Balinese Hindus to Celebrate Galungan, the Day of Triumph." From Bali and Indonesia on the Net. Web Site: http://www.indo.com/indonesia/news339.html.

"Balinese Hindus to Celebrate Nyepi Day." From Bali and Indonesia on the Net. Web Site: http://www.indo.com/indonesia/news353.html.

"Bali's Day of Silence." From Bali and Indonesia on the Net. Web Site: http://www.indo.com/culture/nyepi.html.

Balsdon, J. P. V. D. *Life and Leisure in Ancient Rome*. London: Phoenix Press, 2002.

"Bangabda." From Banglapedia. Web Site: http://banglapedia.search.com.bd/HT/B_0124.HTM.

"Bangla Calendar." From Wikipedia. Web Site: http://en.wikipedia.org/wiki/Bengali_calendar.

Barlas, Robert. *Cultures of the World: Bahamas*. Tarrytown, NY: Marshall Cavendish, 2000.

"The Barong Dance of Bali." From Bali and Indonesia on the Net. Web Site: http://www.indo.com/culture/barong.html.

Bartky, Ian R. "The Bygone Era of Time Balls." *Sky and Telescope* (January 1987).

Bashiri, Iraj. "History of the Persian New Year." From Farsinet. Web Site: http://www.farsinet.com/noruz/history.html.

"Belarusian Folklore." From Belintourist. Web Site: http://www.belintourist.by/travel_en.phtml?topic=folklore.

Berger, Leslie. "Double Watch, for the Millennium and Suicide." *New York Times* (January 11, 2000).

"Bhutan Travel Tips." From the Department of Tourism, Royal Government of Bhutan. Web Site: http://www.asia-planet.net/bhutan/travel-tips.htm.

"Bhutanese Calendar." From Bhutan Mystical Tours and Adventures. Web Site: http://www.bhutanmystical.com/travellers_info/calendar.htm.

"Bikram Sambat." From Wikipedia. Web Site: http://en.wikipedia.org/wiki/Bikram_Sambat.

Bindokiene, Danute Brazyte. *Lithuanian Customs and Traditions*. Translated from the Lithuanian by Vita Matusaitis. Chicago: Lithuanian World Community, 1989.

"Bisket Jatra Begins in Bhaktapur." From The Rising Nepal. Web Site: http://www.gorkhapatra.org.np/pageloader.php?file=2005/04/11/topstories/main14.

"Bisket New Year, Bhaktapur Style." From Web Site: http://dg.ian.com/index.jsp?cid=5460&action=viewLocation&formId=50129.

Blackadder: Back and Forth. From Wikipedia. Web Site: http://en.wikipedia.org/wiki/Blackadder_Back_and_Forth.

"Black-Eyed Pea." From Wikipedia. Web Site: http://en.wikipedia.org/wiki/Black-eyed_peas.

Bloch, Abraham P. *The Biblical and Historical Background of the Jewish Holy Days*. New York: Ktav Publishing House, 1978.

"Blood Alcohol Content." From Wikipedia. Web Site: http://en.wikipedia.org/wiki/Blood_alcohol_content.

Bowl Championship Series Web Site. http://www.bcsfootball.org.

Bradley, Colin. "History of Fireworks and Gunpowder." From Pyro Universe. Web Site: http://www.pyrouniverse.com/history.htm.

———. "How Consumer Fireworks Work." From Pyro Universe. Web Site: http://www.pyrouniverse.com/consumer/howtheywork.htm.

Brignell, Jenny. "New Year in France." From Enjoy France.com. Web Site: http://www.enjoyfrance.com/content/view/171/36/.

"El Brindis del Bohemio." From Technical Services and Support. Web Site: http://www.tss202.com/family/bohemio.htm.

Brown, Isabel Zakrzewski. *Culture and Customs of the Dominican Republic*. Westport, CT: Greenwood Press, 1999.

Bryant, William Cullen. *The Poetical Works of William Cullen Bryant*. New York: 1903. Reprint, Roslyn Edition, with chronologies of Bryant's life, poems, and bibliography by Henry C. Sturges; memoir of Bryant's life by Richard Henry Stoddard. New York: AMS Press, 1969.

"Buddhist Calendar." From Everything 2. Web Site: http://www.everything2.com/index.pl?node_id=1291517.

"Buddhist Calendar." From Wikipedia. Web Site: http://en.wikipedia.org/wiki/Buddhist_calendar.

Bulgamaa, B. "Mongolian Astrologers Dispute Actual Day of *Tsagaan Sar*." From *UB Post*. Web Site: http://ubpost.mongolnews.mn/culture.php?subaction=showfull&id=1138244253&ucat=7.

"Bulgarian Folk Festivals." From Wonderful Bulgaria. Web Site: http://www.omda.bg/engl/ethnography/festivals.html.

"Bulgarian Traditions." Web Site: http://www.traditions-bg.com/en/index.php.

"Calendars Through the Ages." From Web Exhibits. Web Site: http://webexhibits.org/calendars/calendar.html.

Callan, Lou, and Gordon Robison. *Oman and the United Arab Emirates*. Oakland, CA: Lonely Planet, 2000.

Carcopino, Jérôme. *Daily Life in Ancient Rome*. Translated from the French by E. O. Lorimer. Edited by Henry T. Rowell. New Haven: Yale University Press, 1968.

Carr, Kelby. "New Year's Eve in Paris and Other French Cities." From About.com. Web Site: http://gofrance.about.com/cs/festivals/a/newyear.htm.

Carrasco, Davíd, and Scott Sessions. *Daily Life of the Aztecs: People of the Sun and Earth*. Westport, CT: Greenwood Press, 1998.

"Catharine Sedgwick." From Wikipedia. Web Site: http://en.wikipedia.org/wiki/Catharine_Sedgwick.

"Celebrating New Year's Eve in Spain." From *Eye on Spain* Magazine. Web Site: http://www.eyeonspain.com/spain-magazine/new-year-in-spain.aspx.

"Celebrating the New Year in Indochina, Myanmar and Thailand." From Exotissimo Travel. Web Site: http://www.exotissimo.com/newsletter/Issue29/page12.htm.

"Celebration of the Chinese New Year." From the Chinese Culture Center of San Francisco. Web Site: http://www.c-c-c.org/chineseculture/festival/newyear/newyear.html.

参考文献 459

"Celebrations, Festivals and Public Holidays in Guyana." From *Guyana News*. Web Site: http://www.geo cities.com/thetropics/shores/9253/holidays.html.

"Ceremonies of the New Year Festival: *Tsagaan Sar*." From the Embassy of Mongolia, Washington, D.C. Web Site: http://www.mongolianembassy.us/de fault.php (Click on "Land and People").

Chambers, E. K. *The English Folk-Play*, 1933. Reprint. New York: Haskell House, 1966.

"Champagne (Beverage)." From Wikipedia. Web Site: http://en.wikipedia.org/wiki/Champagne_%28bev erage%29.

Chamyen-ura, Soruch. "*Songkran*: The Water Festival." From *Bangkok Thailand Today*. Web Site: http:// bangkok.thailandtoday.com/guides/00_a0001_song kran.html.

"Change Ringing." From Wikipedia. Web Site: http:// en.wikipedia.org/wiki/Change_ringing.

Chauhan, Pratibha. "Tibetans Prepare to Celebrate New Year." From *The Tribune* Online Edition: Himachal Pradesh. Web Site: http://www.tribuneindia.com/ 2001/20010223/himachal.htm.

"Chemistry of Firework Colors: A Marriage of Art and Science." From About.com. Web Site: http://chem istry.about.com/library/weekly/aa062701a.htm? once=true&.

"Cherokee Moons Ceremonies." From Wikipedia. Web Site: http://en.wikipedia.org/wiki/Cherokee_Moons _Ceremonies.

"Chinese New Year." Web Site: http://www.educ.uvic. ca/faculty/mroth/438/CHINA/chinese_new_year. html.

"Chinese New Year." From Wikipedia. Web Site: http:// en.wikipedia.org/wiki/Chinese_New_Year.

"Chinese New Year Stamp." From Wikipedia. Web Site: http://en.wikipedia.org/wiki/Chinese_new_year_ stamps.

"Chingay Parade of Dreams." From Uniquely Singapore. Web Site: http://www.visitsingapore.com/cny/chin gay.htm.

Chit, Daw Khin Myo. "Burmese New Year." From "Myanmardotcom." Web Site: http://www.myan mardotcom.com/12SeasonAct.Aspx?iSnNo=1.

Chodzko, Alexander, adaptation. "The Twelve Months." In *Good Stories for Great Holidays*, edited by Fran cis Jenkins Olcott. Boston: Houghton Mifflin, 1914.

"Christmas and New Year, Swiss Style." From Swiss Info. Web Site: http://www.swissinfo.org/sen/swissinfo. html?siteSect=411&sid=950219.

"Christmas and New Year's Day [in Cyprus]." *Cyprus Today* (December 1998).

"Christmas and New Year's Eve." From the Ministry of Foreign Affairs of Denmark, Royal Danish Embassy, Washington, D.C. Web Site: http://www.amb washington.um.dk/en/menu/Informationabout Denmark/Culture/DanishHolidays/Christmasand NewYearsEve/.

"Christmas in Armenia." From the Diocese of the Ar menian Church of America (Eastern). Web Site: http://www.armenianchurch.org/worship/christ mas/armenia.html.

Christmas in Belgium. Chicago: World Book, 2003.

Christmas in Brazil. Chicago: World Book, 1991.

Christmas in Finland. Chicago: World Book, 1999.

Christmas in Germany. Chicago: World Book, 1998.

"Christmas in Hungary." From the Cleveland Hungar ian Heritage Museum. Web Site: http://www. jcu.edu/language/hunghemu/hunghe7g.htm.

Christmas in Ireland. Chicago: World Book, 1996.

Christmas in Italy. Chicago: World Book, 1996.

"Christmas in Luxembourg." From the Luxembourg Tourist Office, London. Web Site: http://www.lux embourg.co.uk/xmas.html.

Christmas in Russia. Chicago: World Book, 1997.

Christmas in Scotland. Chicago: World Book, 2002.

Christmas in the Philippines. Chicago: World Book, 1998.

Clark, Donald N. *Culture and Customs of Korea*. Westport, CT: Greenwood Press, 2000.

Cleave, Louisa. "Tonga Says Its Baby First." *The New Zealand Herald* (January 8, 2000).

"Clerics 'Ban' New Year in Somalia." From *BBC News*. Web Site: http://news.bbc.co.uk/2/hi/africa/4130 365.stm.

"Coligny Calendar." From Wikipedia. Web Site: http:// en.wikipedia.org/wiki/Coligny_calendar.

Conkling, John A. *Chemistry of Pyrotechnics: Basic Princi ples and Theory*. New York: Marcel Dekker, 1985.

"Consumer Fireworks Risks Exposed by Leading Health and Safety Advocates." From the American Society of Plastic Surgeons. Web Site: http://www.plastic surgery.org/news_room/press_releases/Consumer- Fireworks.cfm.

Contenau, Georges. *Everyday Life in Babylon and Assyria*. Translated from the French by K. R. and A. R. Maxwell-Hyslop. London: Edward Arnold, 1954.

Cooper, Robert. *Cultures of the World: Bhutan*. Tarry town, NY: Marshall Cavendish, 2001.

"The Coptic Calendar of Martyrs." From the Coptic Or thodox Church Network. Web Site: http://www. copticchurch.net.

Cringley, Bob. "Y2K: The Winter of Our Disconnect?" From Oregon Public Broadcasting. Web Site: http://www.pbs.org/y2kwinter/index.html.

Crump, William D. *The Christmas Encyclopedia*. Second Edition. Jefferson, NC: McFarland, 2006.

"The Culture and Cuisine of Eastern Europe." Produced by the Center for Slavic, Eurasian and Eastern Eu ropean Studies, University of North Carolina at Chapel Hill. Web Site: http://www.unc.edu/depts/ slavic/publications/brochure2.html.

Curtis, Edward S. *The North American Indian*. From Northwestern University. Web Site: http://curtis.li brary.northwestern.edu/.

"Customs and Traditions in Switzerland." From Swiss World. Web Site: http://www.swissworld.org (Click on "Culture," "Seasonal Customs," "Dvdrom: Cus toms and Traditions in Switzerland," "Winter Cus toms").

"Cyndi Lauper Biography." From VH1. Web Site: http:// www.vh1.com/artists/az/lauper_cyndi/bio.jhtml.

Czech and Slovak Web Page. Web Site: http://czechher itage.net/nameday.html.

D'Altroy, Terence N. *The Incas*. Malden, MA: Blackwell, 2002.

Danaher, Kevin. *The Year in Ireland*. Dublin: Mercier, 1972.

Davey and Goliath. From Wikipedia. Web Site: http:// en.wikipedia.org/wiki/Davey_and_Goliath.

Davison, Gary Marvin, and Barbara E. Reed. *Culture and Customs of Taiwan*. Westport, CT: Greenwood Press, 1998.

"December Celebrations in Nicaragua." From Vianica. com. Web Site: http://www.vianica.com/go/spe cials/8-december-celebrations-nicaragua.html.

"Ded Moroz." From Wikipedia. Web Site: http://en. wikipedia.org/wiki/Father_Frost.

de la Torre, Julia. "Ringing in the New Year, Moldovan-Style." From *News@Haverford*, Haverford College. Web Site: http://www.haverford.edu/newsletter/jan 05/moldova.htm.

"Dick Clark (Entertainer)." From Wikipedia. Web Site: http://en.wikipedia.org/wiki/Dick_Clark_(entertainer).

"Dick Clark's New Year's Rockin' Eve." From Wikipedia. Web Site: http://en.wikipedia.org/wiki/Dick_ Clark's_New_Year's_Rockin'_Eve.

Dickens, Charles. *A Christmas Carol and Other Christmas Books*. Everyman's Library. New York: E. P. Dutton, 1961.

Dickson, Paul. *Toasts: Over 1,500 of the Best Toasts, Sentiments, Blessings, and Graces*. Illustrations by Rollin McGrail. New York: Crown, 1991.

Dilbert. From Wikipedia. Web Site: http://en.wikipedia. org/wiki/Dilbert_%28TV_series%29.

DiMeglio, Francesca. "An Italian New Year's Eve Party." From Italiansrus.com. Web Site: http://www.italian srus.com/articles/ourpaesani/newyear2005.htm.

Dinneen, Mark. *Culture and Customs of Venezuela*. Westport, CT: Greenwood Press, 2001.

"Discover St. Kitts-Nevis: Drama." From SKN Vibes. Web Site: http://www.sknvibes.com/General/Folklore.cfm.

"Diwali." From Society for the Confluence of Festivals in India. Web Site: http://www.diwalifestival.org/.

"Diwali Legends: Legends and Myths Attributed to Genesis of Diwali." From Red Tag Stores. Web Site: http://diwali-gifts.redtagstores.com/diwali-legends. htm.

Doggett, L. E. "Calendars." In *Explanatory Supplement to the Astronomical Almanac*, edited by P. Kenneth Seidelmann. Revised Edition. Sausalito, CA: University Science Books, 1992.

Doty, Christopher. "The Guy Lombardo Story." *The London [Ontario] Free Press* (December 27, 1998).

Douangdara, Douangdeuane. "The Story of the Lao New Year." From Lao Vision. Web Site: http://www.lao vision.net/issues/summer2003/culture/laoNewYear.

"Dozens Detained as Turkey's Kurds Celebrate Traditional New Year." Web Site: http://home.cogeco. ca/~dbonnil/22-3-03-newroz-in-northern-kurdis tan.html.

"The Dragon and Lion." From Travel China Guide. Web Site: http://www.travelchinaguide.com/intro/so cial_customs/dragon_lion.htm.

"Driving under the Influence." From Wikipedia. Web Site: http://en.wikipedia.org/Driving_under_the _influence.

"Drumming in the New Millennium." From Uprise Management. Web Site: http://www.uprisemgt. com/touring/giza99_press.php.

DuBois, Jill. *Cultures of the World: Colombia*. Tarrytown, NY: Marshall Cavendish, 1993.

Dunn, Jimmy. "The Sed-Festival: Renewal of the Kings [*sic*] Rule and Health." From Tour Egypt. Web Site: http://www.touregypt.net/featurestories/sedfestival. htm.

Dupont, Florence. *Daily Life in Ancient Rome*. Translated from the French by Christopher Woodall. Cambridge, MA: Blackwell, 1993.

"Ecuador Holidays and Festivals." From the Best of Ecuador.com. Web Site: http://www.thebestof ecuador.com/festivals.htm.

"Edgar Guest." From Wikipedia. Web Site: http://en. wikipedia.org/wiki/Edgar_Guest.

Edwards, Gareth. "Hogmanay Spirits in Short Measure." From *Edinburgh News*. Web Site: http://living. scotsman.com/film.cfm?id=1851512006&format= print.

Elias, Marie Louise. *Cultures of the World: Barbados*. Tarrytown, NY: Marshall Cavendish, 2000.

Ellis, Royston, and John R. Jones. *Festivals of the World: Madagascar*. Milwaukee, WI: Gareth Stevens, 1999.

Enkhbold, T. "*Tsagaan Sar*, the Lunar New Year." From *Mongolia Today*. Web Site: http://www.mongoliato day.com/issue/2/tsagaan_sar_1.html.

"'Enkutatash'-Ethiopian New Year." From the Embassy of the Federal Republic of Ethiopia in London. Web Site: http://www.ethioembassy.org.uk.

"Ethiopian Orthodox Tewahedo Church." From Wikipedia. Web Site: http://www.answers.com/topic/ ethiopian-orthodox-tewahedo-church.

Eun-jeong, Lee. "Fortune Telling: Encouraging Good Fortune and Driving Away Bad." *Pictorial Korea* (January 2005).

Falconer, Kieran. *Cultures of the World: Peru*. Tarrytown, NY: Marshall Cavendish, 1995.

Farah, Caesar E. *Islam: Beliefs and Observances*. Sixth Edition. Hauppauge, NY: Barron's Educational Series, 2003.

"Fatalities Related to Impaired Driving During the Christmas and New Year's Day Holiday Periods." Washington, D.C.: National Center for Statistics and Analysis, December 2004.

"Father Frost (Fairy Tale)." From Wikipedia. Web Site: http://en.wikipedia.org/wiki/Father_Frost_%28 fairy_tale%29.

"Festivals New Year's Eve Australia." Web Site: http:// www.jaybees.com.au/nye/festivals.html.

"Festivals of Malaysia: New Year's." from GeoVision Productions. Web Site: http://geovision.com.my/malay sia/general/religious/festivals/newyears.html.

"Festivals of Myanmar." From Exotic Land Travels and Tours. Web Site: http://www.mandalaymyanmar. net/festivals.htm.

"Festivals: Inti Raymi." From Peru Tourism Board. Web Site: http://www.visit peru.com/festivities.htm.

"Festivals of Peru: Qoyllur Riti." From Peru Travels. Web Site: http://www.perutravels.net/peru-travel-guide/ art-festivals-qoyllur-riti.htm.

Field, Ellen Robena. *Buttercup Gold and Other Stories*. 1894. Reprint. Whitefish, MT: Kessinger, 2004.

"Fiji Lifestyle." From Pacific Island Travel. Web Site: http://www.pacificislandtravel.com/fiji/about_des tin/livestyle.asp.

"Fiji: Where the New Millennium Begins (Fiji Millennium Stamps)." From Post Fiji. Web Site: http://

www.stampsfiji.com/stamps/millennium/index. html.

Filipino New Year's Superstitions. From Pinoy Stuff. Web Site: http://www.pinoystuff.com. (Click on "Folklore," then on "Superstitions.")

"Fireworks." From Wikipedia. Web Site: http://en.wiki pedia.org/wiki/Fireworks.

First Night International Web Site. http://www.first night.com.

Flacelière, Robert. *Daily Life in Greece at the Time of Pericles*. Translated from the French by Peter Green. New York: Macmillan, 1965.

Foley, Erin. *Cultures of the World: Costa Rica*. Tarrytown, NY: Marshall Cavendish, 1999.

_____. *Cultures of the World: Ecuador*. Tarrytown, NY: Marshall Cavendish, 1999.

_____, and Leslie Jermyn. *Cultures of the World: Dominican Republic*. Second Edition. Tarrytown, NY: Marshall Cavendish Benchmark, 2005.

_____, and Rafiz Hapipi. *Cultures of the World: El Salvador*. Second Edition. Tarrytown, NY: Marshall Cavendish Benchmark, 2005.

Foster, David William, Melissa Fitch Lockhart, and Darrell B. Lockhart. *Culture and Customs of Argentina*. Westport, CT: Greenwood Press, 1998.

"Founding Myth of Korea." From Wikipedia. Web Site: http://en.wikipedia.org/wiki/Founding_myth_of_ Korea.

"Four Temperaments." From Wikipedia. Web Site: http://en.wikipedia.org/wiki/Four_Temperaments.

"Frank Loesser." From Broadway: The American Musical Online. A production of Thirteen/WNET New York. Web Site: http://www.pbs.org/wnet/broad way/stars/loesser_f.html.

"Frank Loesser." From the Songwriters Hall of Fame. Web Site: http://www.songwritershalloffame.org/ exhibit_home_page.asp?exhibitId=230.

Fries, Adelaide L. *Customs and Practices of the Moravian Church*. Revised Edition. Bethlehem, PA: Moravian Church in North America, 2003.

Gage, Nicholas. *Hellas: A Portrait of Greece*. New York: Villard Books, 1987.

"Galungan: Bali's Day of Goodness." Web Site: http:// www.newmoon.nl/ergosum/culturen/galungan_en. php.

Ganhar, P. N. "Navreh: The New Year Day in Kashmir." Web Site: http://www.koausa.org/Festivals/Navreh/ article1.html.

Garland, Robert. *Daily Life of the Ancient Greeks*. Westport, CT: Greenwood Press, 1998.

Garrigues, Lisa. "Nations Celebrate Indigenous Peoples New Year." From *Indian Country Today*. Web Site: http://www.indiancountry.com/content.cfm?id= 1096413245.

Gaster, Theodor. *New Year: Its History, Customs and Superstitions*. New York: Abelard-Schuman, 1955.

Gerard, John. "General Chronology." In *The Catholic Encyclopedia*. Vol. III. Online Edition from New Advent, 2003. Web Site: http://www.newadvent. org/cathen/03738a.htm.

_____. "Reform of the Calendar." In *The Catholic Encyclopedia*. Vol. III. Online Edition from New Advent, 2003. Web Site: http://www.newadvent.org/ cathen/03168a.htm.

"Germany: Luck Pig." From Luck Factory. Web Site: http://www.luckfactory.com/germanypig.html.

"Geschichte des Neujahrskonzert." German-language web page about the history of the New Year's Concert by the Vienna Philharmonic Orchestra. Web Site: http://www.wienerphilharmoniker.at/index. php?set_language=de&cccpage=newyearsconcert_ history.

Goetz, Peggy. "Diwali Is Beginning of Hindu New Year and Indian Holiday." From Irvine World News. Web Site: http://www.irvineworldnews.com/Bsto ries/oct11/diwali2.html.

Goldschmidt, Rick. *The Enchanted World of Rankin/Bass*. Bridgeview, IL: Miser Bros. Press, 1997.

Gondhia, Reema. "The Chemistry of Fireworks." From Imperial College, London. Web Site: http://www. chemsoc.org/ExemplarChem/entries/2004/icl_ Gondhia/index.html.

"Green Corn Ceremony." From Wikipedia. Web Site: http://en.wikipedia.org/wiki/Green_Corn_Cere mony.

"Gregorian Calendar." From NationMaster.com. Web Site: http://www.nationmaster.com/encyclopedia/ gregorian-calendar.

"Gregorian Calendar." From Wikipedia. Web Site: http://en.wikipedia.org/wiki/Gregorian_Calendar.

"The Gregorian Calendar." From Calendopaedia. Web Site: http://www.geocities.com/calendopaedia/greg ory.htm?20057.

Griffin, Robert H., and Ann H. Shurgin, eds. *The Folklore of World Holidays*. Second Edition. Detroit: Gale Research, 1998.

Gruzdev, Nick. "Celebrating the New Year and Christmas in the Russian Way." From Way to Russia. Web Site: http://www.waytorussia.net/Features/Russia NewYear.html.

"[Guatemalan] Traditions and Customs: The Ritual of *Guaxaquib Batz*." From De Guate, a Guatemalan web site. http://deguate.xoopiter.com/traditions. htm.

"Gudi Padwa." From Wikipedia. Web Site: http://en. wikipedia.org/wiki/Gudi_Padwa.

Guest, Edgar A. *Over Here*. Chicago: Reilly and Lee, 1918.

_____. *When Day Is Done*. Chicago: Reilly and Lee, 1921.

Guide to Korean Cultural Heritage. Seoul: Korean Overseas Information Service, 2004.

Gulevich, Tanya. *Encyclopedia of Christmas and New Year's Celebrations*. Second Edition. Illustrated by Mary Ann Stavros-Lanning. Detroit: Omnigraphics, 2003.

Gunde, Richard. *Culture and Customs of China*. Westport, CT: Greenwood Press, 2002.

"Guy Lombardo." From Wikipedia. Web Site: http:// en.wikipedia.org/wiki/Guy_Lombardo.

"Hamatsa." From Wikipedia. Web Site: http://en.wiki pedia.org/wiki/Hamatsa.

Hammond, Billy. "New Year's in Japan." Web Site: http://tanutech.com/japan/newyear.html.

Hamre, Bonnie. "Festival de Iemanjá: Goddess of the Sea and Mother of the Waters." From About.com. Web Site: http://gosouthamerica.about.com/cs/south america/a/BraIemanja.htm.

_____. "Inti Raymi, Festival of the Sun." From About.

com. Web Site: http://gosouthamerica.about.com/od/perartandculture/a/IntiRaymi.htm.

Hamtaro. From Wikipedia. Web Site: http://en.wikipdia.org/wiki/Hamtaro.

Hardy, Thomas. *Thomas Hardy: The Complete Poems.* Edited by James Gibson. New York: Palgrave Macmillan, 2002.

Harris, Aimee. "Millennium: Date Line Politics." From *Honolulu Magazine.* Web Site: http://www.trussel.com/kir/dateline.htm.

Hassig, Susan. *Cultures of the World: Panama.* Tarrytown, NY: Marshall Cavendish, 1997.

Heale, Jay. *Cultures of the World: Madagascar.* Tarrytown, NY: Marshall Cavendish, 1999.

Heavy Gear. From Wikipedia. Web Site: http://en.wikipedia.org/wiki/Heavy_Gear.

Heckle and Jeckle. From Wikipedia. Web Site: http://en.wikipedia.org/wiki/Heckle_and_Jeckle.

"Helen Hunt Jackson." From Wikipedia. Web Site: http://en.wikipedia.org/wiki/Helen_Hunt_Jackson.

Helmuth, Chalene. *Culture and Customs of Costa Rica.* Westport, CT: Greenwood Press, 2000.

Henderson, Carol E. *Culture and Customs of India.* Westport, CT: Greenwood Press, 2002.

Henry's Cat. From Toonhound. Web Site: http://www.toonhound.com/henryscat.htm.

Herrick, Robert. *Poetical Works.* Edited by L.C. Martin. Oxford, England: Clarendon Press, 1968.

Hestler, Anna. *Cultures of the World: Yemen.* Tarrytown, NY: Marshall Cavendish, 1999.

Hilty, Jennifer. "English Chimney Sweeps." Web Site: http://www.english.vt.edu/~jmooney/3044annotations2a-g/chimneysweeps.html.

"Hindu Months and Time Eras." From Sanskrit Religions Institute. Web Site: http://www.sanskrit.org/Astronomy/Hindutimeeras.html.

"Hindu New Year." From Compare Infobase, New Delhi, India. Web Site: http://www.hindunewyear.com/.

"Hinduism: Usher in the New Year. Part 1: Understanding the Hindu Calendar." Web Site: http://hinduism.about.com/library/weekly/aa041002a.htm. "Part 2: The Many Regional Celebrations." Web Site: http://hinduism.about.com/library/weekly/aa041002b.htm. Both from About.com.

Hirschfelder, Arlene, and Paulette Molin. *Encyclopedia of Native American Religions.* Updated Edition. New York: Facts on File, 2000.

"History of Fireworks." From Fireworks University. Web Site: http://www.fireworks.com/safety/fireworks-history.asp.

"The History of Greeting Cards." From Emotions Greeting Cards. Web Site: http://www.emotionscards.com/museum/history.html.

"History of New Year's Eve in Times Square." From Times Square Alliance. Web Site: http://www.timessquarenyc.org/nye/nye_history.html.

"Hmong New Year." From the Washington State Arts Commission. Web Site: http://www.arts.wa.gov. Click on "Asian Festivals," then "Hmong New Year Book."

"The Hmong New Year's in Perspective." From the Hmong National Development in Washington, D.C. Web Site: http://www.hndlink.org/30feast.htm.

"Hola Mohalla." From Wikipedia. Web Site: http://en.wikipedia.org/wiki/Hola_Mohalla.

Hole, Christina. *English Traditional Customs.* Totowa, NJ: Rowman and Littlefield, 1975.

"Holi." From Wikipedia. Web Site: http://en.wikipedia.org/wiki/Holi.

"Holi: Colors of Joy!" From About.com. Web Site: http://hinduism.about.com/library/weekly/aa03040 1a.htm.

"Holidays and Traditional Celebrations in Belarus." From Virtual Guide to Belarus. Web Site: http://www.belarusguide.com/culture1/holidays/.

"The Holidays Celebrating the End of a Calendar Year." From Baku Pages. International Community of Bakunians in Azerbaijan. Web Site: http://www.bakupages.com/pages/traditions/new-year_en.php.

Holweck, Frederick G. "The Feast of the Annunciation of the Blessed Virgin Mary." In *The Catholic Encyclopedia.* Vol. I. Online Edition from New Advent, 2003. Web Site: http://www.newadvent.org/cathen/01542a.htm.

"How to Celebrate New Year's Eve the Filipino Way." From eHow. Web Site: http://www.ehow.com/how_3807_celebrate-new-years.html.

Hyun-sook, Kim. "Kite: Flying Away Evil and Reeling in Good Luck." *Pictorial Korea* (January 2005).

"Ice Swimming." From Wikipedia. Web Site: http://en.wikipedia.org/wiki/Ice_swimming.

"Incwala New Year-Swaziland." From Hostels Central. Web Site: http://www.hostelscentral.com/hostels-article-435.html.

"The Indigenous People New Year." From Being Indigenous. Web Site: http://www.beingindigenous.org/index/destacados/new_year.html.

"International Millennium Sculpture to be Built in Figi by Florida Artist." PR Web Press Release Newswire. Web Site: http://www.prweb.com/releases/1999/7/prweb8597.htm.

"Iroquois Mid-Winter Festival." From Iroquois Confederacy. Web Site: http://www.everyculture.com/multi/Ha-La/Iroquois-Confederacy.html.

Iskander, Lara, and Jimmy Dunn. "An Overview of the Coptic Christians of Egypt." From Tour Egypt. Web Site: http://www.touregypt.net.

"Islamic New Year: What Is the Hijrah Calendar?" From About, Inc. Web Site: http://islam.about.com/cs/calendar/a/hijrah_calendar.htm.

Jackson, Helen Hunt. *Helen Jackson's Poems: Verses; Sonnets and Lyrics.* Boston: Roberts Brothers, 1888.

"James Cook." From Wikipedia. Web Site: http://en.wikipedia.org/wiki/James_Cook.

"Jamshed-E-Navroz." From I Love India Web Site. http://festivals.iloveindia.com/jamshed-e-navroz/.

"Jamshed Navroz." From Surf India. Web Site: http://www.surfindia.com/festivals/jamshed-navroz.html.

"Janus (Mythology)." From Wikipedia. Web Site: http://en.wikipedia.org/wiki/Janus_%28mythology%29.

The Japan of Today. Third Edition. Tokyo: The International Society for Educational Information, Inc., 1996.

"The Japanese New Year: Rituals and Symbols of *Oshogatsu* (New Year)." From Holy Mountain Trading Company. Web Site: http://www.holymtn.com/astrology/JapaneseNewYear.htm.

"The Javanese Calendar." From Javanese Mysticism. Web Site: http://xentana.com/java/calendar.htm.

Jenkins, Siona. "Millennium Pyramid Celebration." From Guardian's Egypt. Web Site: http://guardians.net/egypt/new42199.htm.

Jermyn, Leslie. *Countries of the World: Mexico*. Milwaukee, WI: Gareth Stevens, 1998.

_____. *Cultures of the World: Paraguay*. Tarrytown, NY: Marshall Cavendish, 2000.

_____. *Cultures of the World: Uruguay*. Tarrytown, NY: Marshall Cavendish, 1999.

Johnson-Roehr, Susan. "Sol-nal-Korean New Year." Web Site: http://www.2camels.com/destination35.php3.

"Jonkonnu." From the National Library of Jamaica. Web Site: http://www.nlj.org.jm/docs/history.htm#christmas.

"The Julian Calendar." From Calendopaedia. Web Site: http://www.geocities.com/calendopaedia/julian.htm?20053.

Kagda, Falaq. *Cultures of the World: Algeria*. Tarrytown, NY: Marshall Cavendish, 1999.

Kamachi, Noriko. *Culture and Customs of Japan*. Westport, CT: Greenwood Press, 1999.

Kamber, Emanuel Y. "Assyrian New Year." From Assyrian Universal Alliance. Web Site: http://aua.net/Assyrian_new_year.htm.

Kandersteg Web Site. http://www.kandersteg.ch/english/ort/geschichte.html.

"Karen New Year Celebration." From Burma Library. Web Site: http://www.burmalibrary.org/reg.burma/archives/199812/msg00298.html.

Karki, Avigya. "Tihar." From Nepal Home Page. Web Site: http://www.nepalhomepage.com/society/festivals/tihar.html.

"[Khmer] New Year." From Go Khmer Network. Web Site: http://gokhmer.net/KhmerCalendar/CalendarDoc/NewYear.php.

"Khmer New Year." Web Site: http://www.mot.gov.kh/event_festival/khmer_new_year.htm.

"Khmer Traditional Calendar System." From Go Khmer Network. Web Site: http://gokhmer.net/KhmerCalendar/CalendarDoc/CalendarSystem.php.

Khoshkish, Anoush. "Iranian Calendar." From Wolfram Research. Web Site: http://scienceworld.wolfram.com/astronomy/IranianCalendar.html.

Kightly, Charles. *The Customs and Ceremonies of Britain: An Encyclopedia of Living Traditions*. London: Thames and Hudson, 1986.

Kilson, Marion. "Homowo: Celebrating Community in Ga Culture." From Salem State College. Web Site: http://www.salemstate.edu/sextant/v4n1/kilson.html.

King, David C. *Cultures of the World: Kyrgyzstan*. Tarrytown, NY: Marshall Cavendish Benchmark, 2006.

King, John. *The Celtic Druids' Year: Seasonal Cycles of the Ancient Celts*. London: Blandford, 1994.

Kirsch, J. P. "Pope St. Sylvester I (314–335)." In *The Catholic Encyclopedia*. Vol. XIV. Online Edition from New Advent, 2003. Web Site: http://www.newadvent.org/cathen/14370a.htm.

Kislenko, Arne. *Culture and Customs of Thailand*. Westport, CT: Greenwood Press, 2004.

"Kissing in Public: *Med-medan* Festival." From Bali and Indonesia on the Net. Web Site: http://www.indo.com/featured_article/kissing.html.

Knab, Sophie Hodorowicz. *Polish Customs, Traditions, and Folklore*. Revised Edition. New York: Hippocrene Books, 1996.

Kokaya, Linda. "Ded Moroz and Santa Claus." *Moscow Today and Tomorrow* (December 2001).

Kosofsky, Scott-Martin. *The Book of Customs: A Complete Handbook for the Jewish Year*. Foreword by Rabbi Lawrence Kushner. San Francisco: Harper SanFrancisco, 2004.

Kott, Jennifer, and Kristi Streiffert. *Customs of the World: Nicaragua*. Second Edition. Tarrytown, NY: Marshall Cavendish Benchmark, 2005.

Kramer, Samuel Noah. *The Sumerians: Their History, Culture, and Character*. Chicago: The University of Chicago Press, 1963.

Kreutz, Serge. "Philippines, Travel, Information, Celebrations, New Year." From Asia Tour. Web Site: http://www.asiatour.com/philippines/e-02trav/ep-tra12_i.htm.

Kriewald, Rev. Diedra. "Commentary: Meet New Millennium Through Watch-Night Service." From the United Methodist News Service. Web Site: http://www.umc.org.

"Kuningan Day." From Bali and Indonesia on the Net. Web Site: http://www.indo.com/indonesia/news374.html.

"Kurdish Celebration of Newroz." From Wikipedia. Web Site: http://en.wikipedia.org/wiki/Celebration_of_Norouz_in_Kurdish_areas.

"Lantern Festival." From Chinavoc.com. Web Site: http://www.chinavoc.com/festivals/lantern.htm.

"Lao New Year (Pee Mai Lao)." From *Muong Lao* Magazine. Web Site: http://www.muonglao.com/laonewyear.html.

Latimore, Carey. "Barry Manilow Biography." From The Biography Channel. Web Site: http://www.thebiographychannel.co.uk/biography_story/1704:2074/1/Barry_Manilow.htm.

Lawless, Laura K. "French New Year: *Le Jour de l'An*." From About.com. Web Site: http://french.about.com/od/culture/a/newyear.htm.

Lawson, Willow. "Holiday Suicide Myth: A Higher Rate of Suicide during the Holidays Is a Media Myth." From *Psychology Today*. Web Site: http://psychologytoday.com/articles/pto-20040105-000026.html.

"Leap Year." From Wikipedia. Web Site: http://en.wikipedia.org/wiki/Leap_year.

"Leap Years." From the United States Naval Observatory. Web Site: http://aa.usno.navy.mil/faq/docs/leap_years.html.

Leirens, Charles. *Belgian Folklore*. Fourth Edition. New York: Belgian Government Information Center, 1962.

Lendering, Jona. "Akitu Festival." Web Site: http://www.livius.org/aj-al/akitu/akitu.htm.

_____. "The Babylonian Calendar." Web Site: http://www.livius.org/caa-can/calendar/calendar_babylonian.html.

Leepalao, Tougeu, and Nachee Lee. "Definition of Hmong New Year." From Hmong Cultural Center, St. Paul, Minnesota. Web Site: http://www.hmongcenter.org/defofhmonnew.html.

"Levee (Event)." From Wikipedia. Web Site: http://en.wikipedia.org/wiki/Levee_ (event).

Levy, Patricia. *Cultures of the World: Belarus.* Tarrytown, NY: Marshall Cavendish, 1999.

Lidor, Danit. "Times Square Ball to Get LED Makeover." From MSNBC. Web Site: http://www.msnbc.msn.com/id/10652228/.

Lieber, Carolyn S. *Enchantment of the World: Suriname.* Chicago: Children's Press, 1995.

Lim, Leng. "Khmer New Year." From Ethnomed. Web Site: http://ethnomed.org/ethnomed/cultures/cambodian/khmer_new_year.html.

Lingyu, Feng, and Shi Weimin. *A Glimpse of the Chinese Culture.* Translated from the Chinese by Li Zhurun. Beijing: China Intercontinental Press, 2001.

Lishtar. "The Akitu Festival at Ur." From Gateways to Babylon. Web Site: http://www.gatewaystobabylon.com/religion/sumerianakitu.htm.

_____. "Akitu: The Babylonian New Year's Festival." From Gateways to Babylon. Web Site: http://www.gatewaystobabylon.com/religion/akitu.htm.

"List of Objects Dropped on New Year's Eve." From Wikipedia. Web Site: http://en.wikipedia.org/wiki/List_of_objects_dropped_on_New_Year's_Eve.

Loesser, Susan. *A Most Remarkable Fella: Frank Loesser and the Guys and Dolls in His Life: A Portrait by His Daughter.* New York: Donald I. Fine, 1993.

"Lono of the Makahiki." From Sacred Texts. Web Site: http://www.sacred-texts.com/pac/ku/ku06.htm.

"Losar: Tibetan New Year." From China Tibet Information Center. Web Site: http://www.tibet.cn/tibetzten/festival/fes01/fes_01.htm.

Love, Bruce. "Glyph T93 and Maya 'Hand-Scattering' Events." From *Research Reports on Ancient Maya Writing 5.* Washington, D.C.: Center for Maya Research, 1987. Web Site for electronic edition: http://www.mesoweb.com/bearc/cmr/RRAMW01.pdf.

"Lunar New Year." From Wikipedia. Web Site: http://en.wikipedia.org/wiki/Lunar_New_Year.

Lynch, Stephen. "New Year's Song Remains Ingrained in Public Mind." From *The Augusta Chronicle.* Web Site: http://chronicle.augusta.com/stories/123199/cy2_124-4983.shtml.

Lyon, Todd. *The New Year's Eve Compendium: Toasts, Tips, Trivia, and Tidbits for Bringing in the New Year.* Illustrated by Patrick Moore. New York: Clarkson Potter, 1998.

"Mahabharata." From Wikipedia. Web Site: http://en.wikipedia.org/wiki/Mahabharata.

"Maintaining Mental Health Key to Having a Happy, Healthy, Holiday Season." From the Depression and Bipolar Support Alliance. Web Site: http://www.dbsalliance.org.

"Makahiki." From Wikipedia. Web Site: http://en.wikipedia.org/wiki/Makahiki.

Malik, Iftikhar H. *Culture and Customs of Pakistan.* Westport, CT: Greenwood Press, 2006.

"Maori Food." From Tourism New Zealand. Web Site: http://www.newzealand.com/travel/media/backgrounders/food-wine_maoriingredients_backgrounder.cfm.

March, Jenny. *Cassell's Dictionary of Classical Mythology.* London: Cassell, 2001.

Marston, Elsa. *Lebanon: New Light in an Ancient Land.* New York: Dillon Press, 1994.

"Matariki." From the Maori Language Commission. Web Site: http://tetaurawhiri.govt.nz/english/matariki_e/index.shtml.

"Matariki: The Maori New Year." From Tai Tokerau Tourism. Web Site: http://www.taitokerau.co.nz/matariki.htm.

Matthews, Rupert, Neil Morris, and Cath Senker. *New Year's Celebrations.* In *Celebrations and Rituals around the World.* Vol. 7. Chicago: World Book, 2003.

"Maya Calendar." From Wikipedia. Web Site: http://en.wikipedia.org/wiki/Maya_calendar.

"The Mayan Calendar." From Web Exhibits. Web Site: http://webexhibits.org/calendars/calendar-mayan.html.

Mayo, Michelle. "Solnal: New Year's Day Celebration." From Anthropology 175: Peoples of the World, Miami University, Oxford, Ohio. Web Site: http://www.units.muohio.edu/ath175/student/MAYOML/.

McGaffey, Leta. *Cultures of the World: Honduras.* Tarrytown, NY: Marshall Cavendish, 1999.

McLeod, Mark W., and Nguyen Thi Dieu. *Culture and Customs of Vietnam.* Westport, CT: Greenwood Press, 2001.

McSorley, Joseph. "St. Basil the Great." In *The Catholic Encyclopedia.* Vol. II. Online Edition from New Advent, 2003. Web Site: http://www.newadvent.org/cathen/02330b.htm.

"Mid-Winter Customs in Hallwil." From My Switzerland. Web Site: http://usa.myswitzerland.com/en/navpage-Culture-Customs-9026.html.

"Millennium." From Wikipedia. Web Site: http://en.wikipedia.org/wiki/Millennium.

Millennium Events around the World. From the Millennium Institute and the White House Millennium Council. Web Site: http://www.millenniumworld.org.

"*Millennium* (TV Series)." From Wikipedia. Web Site: http://en.wikipedia.org/wiki/Millennium_(TV_series).

Miller, John, and Aaron Kenedi, eds. *Inside Islam: The Faith, the People, and the Conflicts of the World's Fastest-Growing Religion.* Introduction by Akbar S. Ahmed. New York: Marlowe, 2002.

"Minstrel Carnival, Cape Town, South Africa." From Hostel Central. Web Site: http://www.hostelcentral.com/hostels-article-433.html.

Mireaux, Emile. *Daily Life in the Time of Homer.* Translated from the French by Iris Sells. New York: Macmillan, 1959.

"Mittelland: Festivals [of Switzerland]." From Switzerland Is Yours. Web Site: http://switzerland.isyours.com/e/guide/mittelland/festivals.html.

Monet, Jefferson. "An Overview of the Ancient Egyptian Cult." From Tour Egypt. Web Site: http://www.touregypt.net/featurestories/cults.htm.

"Mongolian Culture." From Asia Recipe. Web Site: http://asiarecipe.com/mongolia.html.

Moogk, Edward B. "Guy Lombardo and His Royal Canadians." From *The Canadian Encyclopedia.* Web Site: http://www.thecanadianencyclopedia.com/index.cfm?PgNm=TCE&Params=U1ARTU0002096.

Moran, Jonathan. "Thousands Gather for Annual Falls Festival." From *The Epoch Times International.* Web

Site: http://english.epochtimes.com/news/5–12–31/
36384.html.

Morrison, Marion. *Enchantment of the World: Guyana*.
New York: Children's Press, 2003.

Morton, Lisa. "Celts" and "Samhain." In *The Halloween
Encyclopedia*. Jefferson, NC: McFarland, 2003.

"Moslem Holidays." A web page regarding Senegal.
http://www.lclark.edu/~nicole/SENEGAL/HOLI
DAYS.HTM.

Motherland Nigeria Web Page. http://www.motherland
nigeria.com/index.html.

"Muharram." From Encyclopedia of the Orient. Web
Site: http://i-cias.com/e.o/muharram.htm.

Mukenge, Tshilemalema. *Culture and Customs of the
Congo*. Westport, CT: Greenwood Press, 2002.

"Mummers Parade." From Wikipedia. Web Site: http://
en.wikipedia.org/wiki/Mummers_Parade.

"Mummers' Play." In *Cassell Companion to Theatre*. Re-
vised edition. London: Market House Books, 1997.

"Mumming Play." In *The Oxford Companion to the The-
atre*, edited by Phyllis Hartnoll. Third Edition. New
York: Oxford University Press, 1967.

"Naba Barsha: Bengali New Year." From Bawarchi In-
dian Festivals. Web Site: http://www.bawarchi.
com/festivals/nababarsha.html.

Nadel, Laurie. "Reveillon: New Year's Eve with Iemanjá."
From BrazilMax. Web Site: http://www.brazil
max.com/news3.cfm/tborigem/fe_carnival/id/7.

"Nanakshahi Calendar." From Wikipedia. Web Site:
http://en.wikipedia.org/wiki/Nanakshahi_calendar.

The National Council on Fireworks Safety. Web Site:
http://www.fireworksafety.com.

"Nauruz [in Kazakhstan]." From Kazinfotour. Web Site:
http://kazinfotour.tora.ru/ingl/kazak/tradis_ing/
nauris_ing.htm.

"Navavarsha (New Year)." From Info Nepal. Web Site:
http://www.infonepal.com/np/festivals.htm.

"Navruz — A Celebration of Life: Public Holiday in
Uzbekistan." From Oriental Express Central Asia.
Web Site: http://www.orexca.com/navruz.shtml.

Negoro, Suryo S. "Commemoration of 1st Suro." From
Joglosemar. Web Site: http://www.joglosemar.co.
id/1suro.html.

"Nepal Sambat Celebrated in Nepal." From Newah Or-
ganization of America. Web Site: http://www.
newah.org/Nepal%20Sambat%20Celebrated.htm.

"Nepal Sambat: The Nepalese Era." From Jwajalapa.
Web Site: http://www.jwajalapa.com/era/index.
php.

Der 90. Geburtstag oder Dinner for One. From Internet
Movie Database. Web Site: http://imdb.com/title/
tt0121210/.

"New Blood, New Spirit Along with Thingyan Festival."
From Innwa.com. Web Site: http://www.innwa.
com/dev/qezine/news/get-news.asp?id=139.

"New Millennium's First Baby." From BBC News. Web
Site: http://news.bbc.co.uk/1/hi/world/asia-pacific/
585133.stm.

"New Yam Festival." From Motherland Nigeria. Web Site:
http://www.motherlandnigeria.com/festivals.html.

"New Year." From Wikipedia. Web Site: http://en.wiki
pedia.org/wiki/New_Year.

"New Year in Amsterdam." From Amsterdam.info. Web
Site: http://www.amsterdam.info/events/newyear/.

"New Year in Singapore." From Sky Team. Web Site:
http://events.skyteam.com/sisp/index.htm?fx=
event&event_id=45831.

"New Year, Old Myths, New Fatalities: Alcohol-Related
Traffic Deaths Jump on New Year's Eve." From the
National Institute on Alcohol Abuse and Alco-
holism. Web Site: http://pubs.niaaa.nih.gov/pub
lications/NewYearsFactSheet/Fact.htm.

"New Year's Customs in Germany and Austria." From
About.com. Web Site: http://german.about.com/
library/blsilvester.htm.

"New Year's Customs Worldwide: Brazil." From *Topics
Online* Magazine. Web Site: http://www.topics-
mag.com/internatl/holidays/new-years-page.htm.

"New Year's Day by U2." From Songfacts. Web Site:
http://www.songfacts.com/detail.lasso?id=892.

"New Year's Day Parade-London." From Wikipedia.
Web Site: en.wikipedia.org/wiki/New_Year%E2%
80%99s_Day_Parade.

"The New Year's Day Parade-London." Web Site: http:
//www.londonparade.co.uk/history/indetail.asp.

"New Year's Day Receptions [in the White House]."
From the White House Historical Association. Web
Site: http://www.whitehousehistory.org/09/subs/
09_c.html.

"New Year's Eve." From Wikipedia. Web Site: http://
en.wikipedia.org/wiki/New_Year's_Eve.

"New Year's Eve and Chinese New Year." From the Gov-
ernment Information Office, Republic of China
(Taiwan). Web Site: http://www.gio.gov.tw/info/
festival_c/spring_e/spring.htm.

"New Year's Eve and Day [in Barbados]." From All Info
About Barbados. Web Site: http://barbados.allinfo
about.com/newyear.html.

"New Year's Eve Ball." From Times Square Alliance. Web
Site: http://www.timessquarenyc.org/nye/nye_ball.
html.

NgCheong-Lum, Roseline. *Cultures of the World: Eritrea*.
Tarrytown, NY: Marshall Cavendish, 2001.

_____. *Cultures of the World: Fiji*. Tarrytown, NY: Mar-
shall Cavendish, 2001.

_____, and Leslie Jermyn. *Cultures of the World: Haiti*.
Second Edition. Tarrytown, NY: Marshall Caven-
dish Benchmark, 2005.

"1999 (Song)." From Wikipedia. Web Site: http://en.
wikipedia.org/wiki/1999_%28song%29.

Nissenbaum, Stephen. *The Battle for Christmas*. New
York: Vintage Books, 1997.

"Norouz in Kazakhstan." From Cultural Heritage News
Agency. Web Site: http://www.chn.ir/en/news/?id=
6264&section=2.

"Norouz in Kyrgyzstan." From Payvand's Iran News.
Web Site: http://www.payvand.com/news/06/mar/
1225.html.

"Norouz in Pakistan." From Cultural Heritage News
Agency. Web Site: http://www.chn.ir/en/news/?sec
tion=2&id=6268.

"Norouz in Tajikistan." From Cultural Heritage News
Agency. Web Site: http://www.chn.ir/en/news/?sec
tion=2&id=6271.

"Norouz in Uzbekistan." From Cultural Heritage News
Agency. Web Site: http://www.chn.ir/en/news/?
Section=2&id=6275.

"Noruz in Kyrgyzstan." From Kyrgyzstan Development

Gateway. Web Site: http://en.gateway.kg/news/old/582.

"Noruz — The Persian New Year." From Persian Mirror. Web Site: http://www.persianmirror.com/celebrations/noruz/noruz.cfm.

"Novruz Baramy." From Baku Pages. International Community of Bakunians in Azerbaijan. Web Site: http://www.bakupages.com/pages/traditions/novruz_en.php.

"Novruz — Celebration That Would Not Die." From Azerbaijan International. Web Site: http://www.azer.com/aiweb/categories/magazine/22_folder/22_articles/22_noruz.html.

"Nowruz." From Wikipedia. Web Site: http://en.wikipedia.org/wiki/Norouz.

Nyo, Maung Kyaa. "Thingyan." *Today Magazine* (April 1997).

"The O$_2$," (Millennium Dome). From Wikipedia. Web Site: http://en.wikipedia.org/wiki/Millennium_Dome.

Oates, Joan. *Babylon*. London: Thames and Hudson, 1979.

"Old Maori Games Revived." From the National Library of New Zealand. Web Site: http://teaohou.natlib.govt.nz/teaohou/issue/Mao58TeA/c28.html.

Oppenheim, A. Leo. *Ancient Mesopotamia: Portrait of a Dead Civilization*. Chicago: The University of Chicago Press, 1964.

"The Origins of the Songkran Festival: The Astrological New Year and the Thai Lunar Calendar." From Welcome to Chiangmai and Chiangrai Magazine. Web Site: http://www.chiangmai-chiangrai.com/origins_of_songkran.html.

Padfield, Martha. "Cannibal Dances in the Kwakiutl World." From *Canadian Journal for Traditional Music* (1991). Web Site: http://cjtm.icaap.org/content/19/v19art3.html.

Pal, Haragos. "Hungarian People Traditions in the End of Year." From Suite 101.com. Web Site: http://www.suite101.com/article.cfm/hungary_heart_of_europe/83473.

Palfrey, Dale Hoyt. "*Cascarones*: Egging on Mexican Fiestas." From Mexico Connect. Web Site: http://www.mexconnect.com/mex_/travel/dpalfrey/dpcascarones.html.

Pang, Guek-Cheng. *Cultures of the World: Kazakhstan*. Tarrytown, NY: Marshall Cavendish, 2001.

_____, *Cultures of the World: Mongolia*. Tarrytown, NY: Marshall Cavendish, 1999.

"The Paris Parade Festival." Web Site: http://www.parisparade.com/.

Pasadena Tournament of Roses Web Site. http://www.tournamentofroses.com.

Pateman, Robert. *Cultures of the World: Bolivia*. Tarrytown, NY: Marshall Cavendish, 1995.

Patricks, Richard M. "The Incwala or Kingship Ceremony." From Swaziland National Trust Commission. Web Site: http://www.sntc.org.sz/cultural/swaziculture2.html.

"Paul and Paula." From Classic Bands. Web Site: http://www.classicbands.com/paula.html.

"People, Culture and Religion." From the Azerbaijan Ministry of Foreign Affairs. Web Site: http://www.mfa.gov.az/az/azer/people.shtml.

Philadelphia Mummers Association. Web Site: http://www.phillymummers.com/history.htm.

"The Philadelphia Mummers New Year's Day Parade." The Philadelphia Mummers Parade Web Site. www.mummers.com/.

"Polish Holidays and Customs." Web Site: http://poland.gov.pl/?document=412.

"Polish Traditions and Customs: December 31st-New Year's Eve-Sylwester." From Polstore, Inc. Web Site: http://www.polstore.com/html/polishtraditions.html.

Popeye. From Wikipedia. Web Site: http://en.wikipedia.org/wiki/Popeye.

"Popular New Year's Resolutions." From First Gov, the United States Government's official web portal. Web Site: http://www.firstgov.gov/Citizen/Topics/New_Years_Resolutions.shtml.

Poulsson, Emilie. *In the Child's World: Morning Talks and Stories for Kindergartens, Primary Schools and Homes*. Springfield, MA: Milton Bradley, 1898.

Price, Massoume. "Iranian New Year, No Ruz, Is a Celebration of Life." From Payvand's Iran News. Web Site: http://www.payvand.com/news/04/mar/1137.html.

"Puerto Rican Christmas Traditions." From *El Boricua*. Web Site: http://www.elboricua.com/traditions.html.

Purevdavaa, Baigal. "Tsagaan Sar: Food, Fun Mark Mongolian New Year." From *VIU Digest*. Web Site: http://digest.viu.edu/article.asp?id=26.

Purewal, Pal Singh. "The Sikh Nanakshahi Calendar." In *All About Sikhs: Your Gateway to Sikhism*. Web Site: http://www.allaboutsikhs.com/index.php. Click on "Sikh Way of Life"; then "Sikh Calendar"; then "Why and What Is Nanakshahi Calendar."

Rackl, Lori. "Church Focuses on Watch Night's Historical Role." From the *Chicago Sun-Times*. Web Site: http://www.suntimes.com/output/news/cst-nws-watch31.html.

Ragunathan, Nirmala. "Tamil New Tear: How the Tamils Celebrate the New Year." From Virtual Library–Sri Lanka. Web Site: http://lankalibrary.com/rit/avurudu3.htm.

Ratnasinghe, Aryadasa. "Mythological and Astrological Conception of Sinhala and Hindu New Year." From Virtual Library–Sri Lanka. Web Site: http://www.lankalibrary.com/rit/avurudu10.htm.

Rattray, Diana. "Information and Recipes for Black-Eyed Peas." From Southern U.S. Cuisine. Web Site: http://southernfood.about.com/cs/blackeyedpeas/a/hoppingjohn.htm.

Restad, Penne L.. *Christmas in America: A History*. New York: Oxford University Press, 1995.

Richard, Christopher, and Leslie Jermyn. *Cultures of the World: Brazil*. Second Edition. Tarrytown, NY: Marshall Cavendish, 2002.

Rihtman-Auguštin, Dunja. *Christmas in Croatia*. Zagreb: Golden Marketing, 1997.

"Robert W. Service." From Wikipedia. Web Site: http://en.wikipedia.org/wiki/Robert_W._Service.

Roberts, J. Michael. "New Year's Day Levée." From the Secretary to the Lieutenant-Governor of British Columbia, Canada. Web Site: http://www.ltgov.bc.ca/whatsnew/mr/mr_levee_origin.htm.

Roberts, Roxanne. "New Year's Eve at the White House — 12/31/99." *The Washington Post* (January 1, 2000).

Robison, Gordon, and Paul Greenway. *Bahrain, Kuwait and Qatar*. Oakland, CA: Lonely Planet, 2000.

Rodell, Paul. *Culture and Customs of the Philippines*. Westport, CT: Greenwood Press, 2002.

"The Roman Calendar." From Calendopaedia. Web Site: http://www.geocities.com/calendopaedia/roman.htm?20053.

"Rome New Year's Day Parade." From Gateway Music Festivals and Tours, Inc. Web Site: http://www.marching.com/events/rome.html.

"Rongali Bihu." From Tourism of India. Web Site: http://www.tourism-of-india.com/rongali-bihu.html.

Ross, Alice. "Good Luck and a Happy New Year (in Food)." From *The Journal of Antiques and Collectibles*. Web Site: http://www.journalofantiques.com/Jan04/hearthjan04.htm.

"Russian New Year and Christmas." From In Your Pocket. Web Site: http://www.inyourpocket.com/russia/st_petersburg/en/feature?id=55236.

Saber Marionette J. From Wikipedia. Web Site: http://en.wikipedia.org/wiki/Saber_Marionette_J.

Saggs, H.W.F. *Babylonians*. Norman: University of Oklahoma Press, 1995.

Sagwa, the Chinese Siamese Cat. From Wikipedia. Web Site: http://en.wikipedia.org/wiki/Sagwa,_the_Chinese_Siamese_Cat.

Salm, Steven J., and Toyin Falola. *Culture and Customs of Ghana*. Westport, CT: Greenwood Press, 2002.

"Samhain." From Wikipedia. Web Site: http://en.wikipedia.org/wiki/Samhain.

Sashital, Meera. "Navroze — A Parsi Festival." From Bawarchi Festivals. Web Site: http://www.bawarchi.com/festivals/navroze.html.

"Saudi Arabia: International Religious Freedom Report 2003." From United States Department of State. Web Site: http://www.state.gov/g/drl/rls/irf/2003/24461.htm.

Sawyer, Edwin A. *All About the Moravians: History, Beliefs, and Practices of a Worldwide Church*. Illustrated by Morgan Brooke. Bethlehem, Pennsylvania: The Moravian Church in America, 2000.

Schmidt, Leigh Eric. *Consumer Rites: The Buying and Selling of American Holidays*. Princeton, NJ: Princeton University Press, 1995.

Schnebel, J.J. "Hoppin' John." From Who Cooked That Up? Web Site: http://members.cox.net/jjschnebel/hopnjohn.html.

Schulz, Charles M. *Happy New Year!* New York: Harper-Horizon, 1998.

Seagan, Danyel. "Buddhist Calendar." Web Site: http://www.astraltraveler.com/calendars/buddhist.html.

"Seasonal Affective Disorder." From Wikipedia. Web Site: http://en.wikipedia.org/wiki/Seasonal_affective_disorder.

Seawright, Caroline. "Sopdet, Goddess of Sirius, New Year and the Inundation." From Tour Egypt. Web Site: http://www.touregypt.net/featurestories/sopdet.htm.

Sector, Charlotte. "Yellow Underwear, Broken China: Happy New Year!" From *ABC News*. Web Site: http://abcnews.go.com/International/story?id=1455668.

Sedgwick, Catharine Maria. "New Year's Day." In *The Token and Atlantic Souvenir: A Christmas and New Year's Present*. Boston: Charles Bowen, 1836.

"Sequence of the Tet Celebration." From Things Asian. Web Site: http://www.thingsasian.com/goto_article/article.844.html.

Service, Robert W. *Rhymes of a Rolling Stone*. Toronto: William Briggs, 1912.

"Setsubun." From Wikipedia. Web Site: http://en.wikipedia.org/wiki/Setsubun.

Sharer, Robert J. *Daily Life in Maya Civilization*. Westport, CT: Greenwood Press, 1996.

_____, and Loa P. Traxler. *The Ancient Maya*. Sixth Edition. Stanford, CA: Stanford University Press, 2006.

Shea, Maureen E. *Culture and Customs of Guatemala*. Westport, CT: Greenwood Press, 2001.

Sheehan, Patricia. *Cultures of the World: Luxembourg*. Tarrytown, NY: Marshall Cavendish, 1997.

_____. *Cultures of the World: Moldova*. Tarrytown, NY: Marshall Cavendish, 2000.

Sheehan, Sean. *Cultures of the World: Guatemala*. Tarrytown, NY: Marshall Cavendish, 1999.

_____, and Angela Black. *Cultures of the World: Jamaica*. Second Edition. Tarrytown, NY: Marshall Cavendish Benchmark, 2004.

_____, and Leslie Jermyn. *Cultures of the World: Cuba*. Second Edition. Tarrytown, NY: Marshall Cavendish Benchmark, 2005.

"Singapore." From Singapore Infomap. Web Site: http://www.sg/explore/people_festivals.htm.

"Singapore River Hongbao." From Uniquely Singapore. Web Site: http://www.visitsingapore.com/cny/hongbao.htm.

"Singing of Hope While Watching the First Sunrise of 2005: Ganjeolgot Sunrise Festival." *Pictorial Korea* (January 2005).

"Sinhala and Tamil New Year." From Virtual Library–Sri Lanka. Web Site: http://www.lankalibrary.com/rit/avurudu0.htm.

Sir Gawain and the Green Knight. From Wikipedia. Web Site: http://en.wikipedia.org/wiki/Sir_Gawain_and_the_Green_Knight.

Sir Gawain and the Green Knight. Translated from the Middle English by Burton Raffel. New York: Penguin Putnam, 1970.

Smalls, Irene. "Johnkankus: Roots of an African-American Christmas." www.melanet.com/johnkankus/roots.html.

Smith, Michael E. *The Aztecs*. Cambridge, MA: Blackwell, 1996.

Smith, Wayne. "Ancient Hawaiian Celebration of Makahiki Tied to the Stars." Web Site: http://www.moolelo.com/ancient-celebration.html.

"Snegurochka." From Wikipedia. Web Site: http://en.wikipedia.org/wiki/Snegurochka.

"Solemnity of Mary." From Wikipedia. Web Site: http://en.wikipedia.org/wiki/Solemnity_of_Mary.

"Songkran Festival." From Thailand Life. Based on "Essays on Cultural Thailand" by Office of the National Culture Commission. Web Site: http://www.thailandlife.com/songkran.htm.

"Songkran Festival: Thai New Year." From SunSite Thailand at Assumption University, Bangkok. Web Site: http://sunsite.au.ac.th/thailand/special_event/songkran/.

Southwest Airlines Chinese New Year Festival and Parade Web Site. http://www.chineseparade.com/.

Spicer, Dorothy Gladys. "Festivals of Switzerland." From Festivals of Western Europe. Web Site: http://www.sacred-texts.com/etc/fwe/fwe14.htm.

Spilling, Michael. *Cultures of the World: Cyprus.* Tarrytown, NY: Marshall Cavendish, 2000.

_____. *Cultures of the World: Georgia.* Tarrytown, NY: Marshall Cavendish, 1999.

"Sports History: Major Events, Champions, Awards, Medalists, Statistics and Records." Web site maintained by Ralph Hickok with information about the New Year's Day bowl games and all other sports events. http://www.hickoksports.com/history.shtml.

Springer, Ilene, and Jimmy Dunn. "Grand Festivals in Ancient Egypt." From Tour Egypt. Web Site: http://www.touregypt.net/featurestories/festival.htm.

Stanley, David. *Moon Handbooks: Fiji.* Seventh Edition. Emeryville, CA: Avalon Travel, 2004.

"Stomp Dance." From Wikipedia. Web Site: http://en.wikipedia.org/wiki/Stomp_Dance.

"The Story of Losar (New Year)." From Tibet Center, Chicago. Web Site: http://www.buddhapia.com/tibet/newyear.html.

Stradley, Linda. "Hoppin' John: History and Recipe for Hoppin' John." From What's Cooking America? Web Site: http://whatscookingamerica.net/History/HoppinJohn.htm.

Strouhal, Eugen. *Life of the Ancient Egyptians.* Foreword by Geoffrey T. Martin. Photographs by Werner Forman. Translated from the Czech by Deryck Viney. Norman: University of Oklahoma Press, 1992.

Suksawat, Saranya. "Happy New Year Songkran Festival." From *Thaiways* Magazine. Web Site: http://www.thaiwaysmagazine.com/thai_article/2101_songkran_festival/songkran_festival.html.

"Sun Dance." From Crystalinks. Web Site: http://www.crystalinks.com/sundance.html.

"Sun Dance." From Wikipedia. Web Site: http://en.wikipedia.org/wiki/Sun_Dance.

"Superstitions Related to the Beginning of a Successful New Year." Web Site: http://www.bajabela.sulinet.hu/tubi/iearn/superst/newyear.htm.

"Suriname: Beating Heart of the Amazone [sic]." From Suriname Tourist Foundation. Web Site: http://www.parbo.com/tourism/info3.htm.

Swahn, Jan-Öjvind. *Maypoles, Crayfish and Lucia: Swedish Holidays and Traditions.* Third Edition. Stockholm: The Swedish Institute, 1999.

"Sweeps History." From Ashbusters Chimney Service. Web Site: http://ashbusters.com/Sweeps%20History.htm.

"The Tamil Calendar." From Tamil Nadu Home Page. Web Site: http://www.cs.utk.edu/~siddhart/tamilnadu/CAL/.

"La Tamkharit au Sénégal." French-language web page about *Tamkharit* in Senegal. http://www.au-senegal.com/art/tamkharit.htm.

"Tara: Valley of the Irish Kings." From Irish History and Culture. Web Site: http://www.irishclans.com/articles/tara1.html.

"Tbilisi Residents Celebrating New Year." From the online magazine *Civil Georgia* about the Republic of Georgia. Web Site: http://www.civil.ge/eng/article/php?id=946.

Tennyson, Alfred, Lord. *The Complete Poetrical [sic] Works of Tennyson.* New York: Houghton Mifflin, 1898.

Terry, Ralph Bruce. "The Zuni Religion." In *A Church Growth Study of the Zuni Indians of New Mexico.* Master of Arts Thesis, Abilene Christian College, 1971. Web Site: http://bible.ovu.edu/terry/thesis/2_4-religion.htm.

"Thai Lunar and Solar Calendar." From eBangkok.com. Web Site: http://www.ebangkok.com/guide/ThaiLunarSolarCalendar.asp.

"Thai Lunar Calendar." From Wikipedia. Web Site: http://en.wikipedia.org/wiki/Thai_lunar_calendar.

"Thai New Year." From Wikipedia. Web Site: http://en.wikipedia.org/wiki/Songkran.

"Thai Solar Calendar." From Wikipedia. Web Site: http://en.wikipedia.org/wiki/Thai_solar_calendar.

Thompson, Sue Ellen, ed. *Holiday Symbols and Customs.* Third Edition. Detroit: Omnigraphics, 2003.

"The Three Dharma Kings of Tibet." From the Government of Tibet in Exile. Web Site: http://www.tibet.com/Status/3kings.html.

Thurston, Herbert. "Christian Calendar." In *The Catholic Encyclopedia.* Vol. III. Online Edition from New Advent, 2003. Web Site: http://www.newadvent.org/cathen/03158a.htm.

"Tibetan Calendar." Web Site: http://www.tactus.dk/tacom/calendar1.htm.

"Tibetan Calendar." From NationMaster.com. Web Site: http://www.nationmaster.com/encyclopedia/Tibetan-calendar.

Tidholm, Po. "New Year's Eve Is a Modern Celebration." From the Swedish Institute. Web Site: http://www.sweden.se.

Tierney, John J. "Feast of the Circumcision." In *The Catholic Encyclopedia.* Vol. III. Online Edition from New Advent, 2003. Web Site: http://www.newadvent.org/cathen/03779a.htm.

_____. "New Year's Day." In *The Catholic Encyclopedia.* Vol. XI. Online Edition from New Advent, 2003. Web Site: http://www.newadvent.org/cathen/11019a.htm.

"Tihar." From Nepal Vista. Web Site: http://www.nepalvista.com/travel/tihar.html.

"Time Zone." From Wikipedia. Web Site: http://en.wikipedia.org/wiki/Time_zone.

"Times Square." From Wikipedia. Web Site: http://en.wikipedia.org/wiki/Times_Square.

"'Tis the Season to Be Depressed?" From the Depression and Bipolar Support Alliance. Web Site: http://www.dbsalliance.org.

"The Toast: Here's to the Ritual of Raised Glasses." From Interesting Things of the Day. Web Site: http://itotd.com/articles/518/the-toast/.

"The Tojeong Bigyeol: A Popular Form of Fortune-Telling." From KBS Global News. Web Site: http://english.kbs.co.kr/news/zoom/1339521_11781.html.

Tomkins, Stephen. *John Wesley: A Biography.* Grand Rapids: William B. Eerdmans, 2003.

"Traditional Ceremonies and Dancing." From Swaziland Government Ministry of Tourism. Web Site: http://www.gov.sz/home.asp?pid=1254.

"Traditional Maori Food." From Tourism New Zealand.

Web Site: http://www.newzealand.com/travel/media/story-angles/food-wine_kai_storyangle.cfm.

"Traditional Maori Sport and Games: Kite Traditions Embedded in Matariki." From New Zealand in History. Web Site: http://history-nz-org/kite.html.

"Traditions to Send Gifts and Flowers to Belarus, Russia and Ukraine for Holidays." From Einnews.com. Web Site: http://www.einnews.com/belarus/gifts.php.

"*Tsagaan Sar*: The Mongolian Lunar New Year." From Mongoluls.net. Web Site: http://mongoluls.net/tsagaansar.shtml.

Trinidad and Tobago Official Tourism Web Site. http://www.visittnt.com

TV Funhouse. From Wikipedia. Web Site: http://en.wikipedia.org/wiki/TV_Funhouse.

"Ugadi." From TajOnline. Web Site: http://festivals.tajonline.com/ugadi.php.

"Ugadi." From Wikipedia. Web Site: http://en.wikipedia.org/wiki/Ugadi.

"Ushering in the 'Old' New Year." From Swiss Info. Web Site: http://www.swissinfo.org/sen/swissinfo.html?siteSect=9415&sid=543948.

"Varushapirapu (Tamil New Year's Day)." From Festivals of India. Web Site: http://www.aryabhatt.com/fast_fair_festival/Festivals/Varushapirapu.htm.

Vernant, Jean-Pierre, ed. *The Greeks*. Translated from the French by Charles Lambert and Teresa Lavender Fagan. Chicago: The University of Chicago Press, 1995.

"Vienna New Year's Concert." From Wikipedia. Web Site: http://en.wikipedia.org/wiki/Vienna_New_Year%27s_Concert.

"Vishu." From Society for the Confluence of Festivals in India. Web Site: http://www.onamfestival.org/vishu.html.

"Vishu." From Wikipedia. Web Site: http://en.wikipedia.org/wiki/Vishu.

Waisundara, Viduranga Yashasvi. "The New Year Festival of Sri Lanka." From Gem 1506-Heavenly Mathematics: Highlights of Cultural Astronomy. Web Site: http://www.math.nus.edu.sg/aslaksen/gemprojects/hm/sri_lanka.pdf.

Weaver, Bob. "Classifications of Fireworks in the United States." From Fireworks Land. Web Site: http://www.fireworksland.com/html/classifications.html.

Weininger, Richard. "The Nile, the Moon and Sirius: The Ancient Egyptian Calendar." From Tour Egypt. Web Site: http://www.touregypt.net.

Whitburn, Joel. *Christmas in the Charts: 1920–2004*. Menomonee Falls, WI: Record Research, 2004.

Wijenaike, Punyakante. "Sinhala Avurudu: Festival Overlaid by Legend and Myth and Shrouded by Superstition." From Virtual Library–Sri Lanka. Web Site: http://www.lankalibrary.com/rit/avurudu2.htm.

The Wild Thornberrys. From Wikipedia. Web Site: http://en.wikipedia.org/wiki/The_Wild_Thornberrys.

"William Cullen Bryant." From Wikipedia. Web Site: http://en.wikipedia.org/wiki/William_Cullen_Bryant.

Winter, Jane Kohen. *Cultures of the World: Venezuela*. Tarrytown, NY: Marshall Cavendish, 1998.

Wiyot Tribe Web Site. http://www.wiyot.com/.

The World Factbook. From the United States Central Intelligence Agency. Web Site: http://www.cia.gov/cia/publications/factbook/index.html. Enter the name of the desired country in the search box.

"Worldwide Millennium Celebrations Come to a Close in Samoa." From Cable News Network. Web Site: http://archives.cnn.com/2000/WORLD/americas/01/01/2000/index.html.

"Year 2000 Problem." From Wikipedia. Web Site: http://en.wikipedia.org/wiki/Y2K.

Yin, Saw Myat. *Cultures of the World: Myanmar*. Second Edition. Tarrytown, NY: Marshall Cavendish, 2002.

"You Are What You Eat: Islamic Food Practices and Azerbaijani Identity." From Azerbaijan International. Web Site: http://www.azer.com/aiweb/categories/magazine/83_folder/83_articles/83_islamic.html.

Yronwode, Catherine. "Chimney Sweeps." From the Lucky W Amulet Archive. Web Site: http://www.luckymojo.com/chimneysweep.html.

_____. "The Lucky Pig." From the Lucky W Amulet Archive. Web Site: http://www.luckymojo.com/luckypig.html.

"Zoroastrian Calendar." From The Circle of Ancient Iranian Studies. Web Site: http://www.cais-soas.com/CAIS/Religions/iranian/Zarathushtrian/zoroastrian_calendar.htm.

"Zoroastrian Calendar." From Wikipedia. Web Site: http://en.wikipedia.org/wiki/Zoroastrian_calendar.

欧文見出し索引

A

About a Boy 9

Afghanistan 10

Akitu 3

Alahamady Be 26

Alam Afrouz 27

Albania 28

Alcohol 27

Algeria 27

Amanor 11

Annunciation Day 203

"Another New-yeeres Gift, or Song for the Circumcision" 232

Anthesteria 30

Are We There Yet? 387

Argentina 28

Armenia 29

"Arthur's New Year's Eve" 3

Ashura 4

Assault on precinct 13 4

Assyria 8

"At the Entering of the New Year" 234

"Auld Lang Syne" (「Old Long Ago」) 352

Australia 85

Austria 86

Azerbaijan 6

Aztec Calendar 6

Aztec Empire 4

B

Baby New Year 233

Babylonia 351

Babylonian Calendar 351

Bahá'í Calendar 351

Bahá'í Fath 351

Bahamas 351

Bahrain 356

Balinese Calender 352

Bangla Calendar 360

Bangladesh 359

Barbados 355

Belarus 382

Belgium 383

Belize 383

Bengali Calendar 385

Bhutan 368

Blackadder: Back and Forth 450

Black-Eyed Peas 137

Bladder Festival 385

Bloodhounds of Broadway 455

Bloody New Year 440

Blowing in the New Year 230

Bolivia 393

The Book of Life 369

Bosnia-Herzegovina 387

Brazil 372

Bridget Jones's Diary 373

Brunei Darussalam 379

Buddhist Calendar 369

Bulgaria 374

C

Calendar, Astronomical Bases of 167

Calendar, Aztec 145

Calendar, Babylonian 170

Calendar, Bahá'í 169

Calendar, Balinese 171

Calendar, Bangla 172

Calendar, Bengali 177

Calendar, Buddhist 173

Calendar, Celtic 155

Calendar, Chinese 164

Calendar, Coptic 156

Calendar, Egyptian 150

Calendar, Greek 151

Calendar, Gregorian 152

Calendar, Hebrew 174

Calendar, Hindu 173

Calendar, Inca 148

Calendar, Indian 149

Calendar, Islamic 147

Calendar, Javanese 157

Calendar, Jewish 180

Calendar, Julian 180

Calendar, Mayan 178

Calendar, Nanakshahi 157

Calendar, Nepali 166

Calendar, Persian 176

Calendar, Roman 180

Calendar, Sinhalese 158

Calendar, Sri Lankan 158

Calendar, Tamil 163

Calendar, Thai 162

Calendar, Tibetan 163

Calendar, Vietnamese 173

Calendar, Zoroastrian 160

Calends 110

Callithumpians 110

Cambodia 123

Canada 103

Capac Raymi 109

Cards 224

Caribbean Islands 110

"Carol of the Bells" 108

Cartoons 8

Celtic Calendar 143

Celts 140

Champagne 198

Chaul Chnam Thmey 304

Chile 304

The Chimes: A Goblin Story of Some Bells That Rang an Old Year Out and a New One In 108

Chimney Sweep 78

China 282

Chinese Calendar 288

Chinese New Year 203

Chinese New Year Stamps 287

Christianity 130

Christmas Oratorio 134

Clark, Dick 134

Colombia 183

Congo, Democratic Republic of 183

Coptic Calendar 145

Coptic Orthodox Church 144

Costa Rica 144

The Cricket on the Hearth: A Fairy Tale of Home 447

Croatia 136

Cuba 127

Cyprus 125

Czech Republic 278

D

"The Darkling Thrush" 426

"The Death of the Old Year" 376

December 32nd 202

Ded Moroz 190

Deepawali 306

Denmark 307

Depression 72

Dick Clark's New Year's Rockin' Eve 304

Dinner for One 305

Dionysia 304

Diwali 306

Dominican Republic 311
Dosmoche 310
Drinking 52

E
Ecuador 74
Eggnog 76
Egypt 74
Egyptian Calendar 75
El Brindis del Bohemio 78
El Salvador 78
End of Days 78
England 52
Eritrea 77
Ethiopia 75
Evil, Expulsion of 423

F
"The Fairy's New Year Gift" 434
Father Time 310
Feast of the Annunciation 87
Feast of the Circumcision 99
Festival of Iemanjá 30
Fiji Islands 361
Finland 366
Fireworks 341
First-Footing 221
First New Moon of Spring Festival 355
First Night 360
Football Bowl Games 22
France 372
Futurama 369

G
Galungan 110
Games 139
Georgia, Republic of 213
Germany 308
Ghana 100

Gifts 82
Grandfather Frost 196
Great Britain 30
Greece 127
Greek Calendar 130
Green Corn Ceremony 134
Gregorian Calendar 136
Guatemala 131
Gudi Padwa 132
Guy Lombardo and His Royal Canadians 91
Guyana 91

H
Haiti 335
Hangover 369
"Happy New Gear" 341
Happy New Year! 219
Happy New Year 89
"Happy New Year" 339
"Happy New Year, Baby" 339
Happy New Year, Charlie Brown 222
Happy New Year, Daddy 339
"Happy New Year March" 340
"Happy New Year Polka" 340
"Happy New Year Quadrille" 339
"Happy New Year to All" 339
"Happy New Year Waltz" 340
"Happy Old Year" 338
Haunted Hogmanay 332
Hav Plenty 335
Hawaiian New Year 357
Hebrew Calendar 382
Hindu Calendar 360
Hmong New Year 420
Hogmanay 387
Hola Mohalla 391
Holi Phagwah 393
Holiday Inn 238
"Holiday Land" 393

欧文見出し索引　473

Homowo Festival 391
Honduras 399
The Honeymooners 350
Hoppin' John 389
Hungary 358

I
Iceland 1
Inca Calendar 52
Inca Empire 51
Incwala 52
India 55
Indian Calendar 68
Indigenous Peoples New Year 251
Indiscreet 139
Indonesia 65
Inti Raymi 55
Iran 45
Iraq 45
Ireland 1
Iroquois Midwinter Festival 49
Islam 41
Islamic Calendar 43
Israel 41
Italy 43
"It's Just Another New Year's Eve" 401

J
Jamaica 196
Janus 425
Japan 318
Javanese Calendar 198
Jewish Calendar 434
John Canoe 216
Jonkonnu 216
Jordan 435
Judaism 430

K
Kalends 110
Kazakhstain 95
Korea 110
Körkarlen 404
Kuningan 132
Kuwait 132
Kyrgyzstan 130

L
Lady Day 442
Lantern Festival 304
Laos 437
Latin America and the Caribbean Islands 288
Leap Year 73
Lebanon 443
"Let's Celebrake" 389
"Let's Start the New Year Right" 442
Levée 249
Libya 440
Lithuania 438
"The Little Match Girl" 402
"The Little New Year" 221
Losar 443
Love Thy Neighbor 318
Lunar New Year 126
Luxembourg 441

M
Madagascar 401
"The Mail-Coach Passengers" 427
Makahiki 401
Malaysia 406
Maldives 417
Maori New Year 401
Matariki 402
Mayan Calendar 406
Mayan Empire 404
Meridian Wall 139

Mesopotamia 414
Mexico 414
Millennium 410
Millennium 252
Millennium Babies 412
Millennium Dome 412
Millennium Island 411
Millennium Wall 411
Moldova 417
Mongolia 419
Morocco 418
Movies with New Year's Scenes but without New
    Year's Titles 231
Movies with New Year's Titles 273
Mummers Parade 99
Mumming 97
Myanmar 408

N
Naba Barsha 316
Nanakshahi Calendar 196
Native American 22
Navasard 316
Nepal 328
Nepali Calendar 331
The Netherlands 90
New Yam Festival 235
"The New Year" 218
"A New Year, A New Ring" 222
The New Year Is Cancelled 320
New Year Promise 326
"A New-yeares gift sent to Sir Simeon Steward"
    185
New Year's Babies 323
"New Year's Baby（First Lullaby）" 325
"The New Year's Bells" 325
New Year's Clean-Up 227
"The New Year's Come" 220
New Year's Day 321, 323

New Year's Day 113
"New Year's Day" 322, 323
The New Year's Day Parade-London 451
New Year's Day Parades 231
"New Year's Eve 1999" 321
New Year's Evil 320
New Year's Gifts 228
"New Year's Greeting" 224
"The New Year's Kite Adventure" 310
"New Year's Morning" 226
"New Year's Ned" 230
New Year's Place Names 203
"The New Year's Resolution" 231
New Year's Resolutions 231
"New Year's Waltz" 325
"The New-yeeres Gift, or Circumcisions Song,
    sung to the King in the Presence at White-
    Hall" 397
New Zealand 326
Nicaragua 318
Nigeria 315
Night Train to Paris 352
The Nine Tailors 316
1999 250
"1999" 251
No Ruz 331
Norway 331
Novruz Bayram 331
Nyepi 328

O
Objects Ascending or Descending on New Year's
    Eve 80
Odwira Festival 84
"The Old Yeare Now Away Is Fled" 378
"Old Years and New" 376
Oman 89
Operation "Happy New Year" 219

欧文見出し索引　475

P
Pakistan 335
Panama 350
Parades 356
Paraguay 352
The Paris Parade Festival 352
"The Passing of the Year" 428
The Path of Most Resistance 416
Persian Calendar 385
Peru 383
Peter's Friends 360
Philadelphia Mummers Parade 363
Philippines 365
Pig 367
Plan B 274
Poems about the New Year 223
Poland 391
Polar Bear Clubs 391
Portugal 393
The Poseidon Adventure 388
Puerto Rico 367

Q
Qatar 99
Qoyllor Rit'i 144

R
Repeat Performance 127
Resolutions 228
"Ring Out, Wild Bells" 316
Roman Calendar 450
Roman Empire 448
Romania 441
Rome New Year's Day Parade 450
Rongali Bihu 451
Rosh Hashanah 446
Rudolph's Shiny New Year 3
Rudolph's Shiny New Year 3
Russia 444

S
Saint Basil's Day 246
Saint Christopher and Nevis 252
Saint Sylvester's Day 245
Samhain 185
San Francisco Chinese New Year Festival and
    Parade 189
"Sappy New Year" 186
Saudi Arabia 185
Scotland 239
Senegal, Republic of 250
Setsubun 250
Shalako 196
Shooting in the New Year 229
Sickness House 360
Singapore 217
Sinhalese Calendar 235
"Sir Gawain and the Green Knight" 93
Slovak Republic 243
Snegurochka 240
Snow Maiden 428
Solemnity of Mary 109
Sollal 270
Somalia 268
"A Song for New Year's Eve" 81
Songkran 270
Songs about the New Year 223
"Soon the Hoar Old Year Will Leave Us" 195
South Africa, Republic of 406
Soyal 269
Spain 240
Spring Festival 203
Sri Lanka 241
Sri Lankan Calendar 243
Strange Days 239
Strange Planet 240
Sumer 203
Sun Dance 187
Superstitions 412

476 欧文見出し索引

Suriname 241
Swaziland 243
Sweden 239
Switzerland 235
The Sword in the Stone 80
Syria 217

T
Taiwan（Republic of China）276
Tajikistan 276
Tamil Calendar 278
Tamkharit 278
Tet 306
Thai Calendar 276
Thailand 271
Thingyan 306
Tibet 279
Tibetan Calendar 282
Tihar 306
Time Balls 386
Time Zones 190
Times Square 274
"The Toast of the Bohemian" 390
Toasting 119
Tournament of Roses 446
Traffic Fatalities 144
Trinidad and Tobago 311
Tsagaan Sar 304
Tunisia 304
Turkey 312
Turkmenistan 311
TV Funhouse 306
"The Twelve Months" 202
200 Cigarettes 318

U
Ugadi 69
Ukraine 69
United Arab Emirates 26

United Kingdom of Great Britain and Northern
   Ireland 74
United States 11
Uruguay 74
Uzbekistan 71

V
The Vatican 336
Venezuela 382
Vietnam 380
Vietnamese Calendar 382
Vishu 68

W
Wajxaqib' B'atz' 455
Wales 69
Watch Night 214
Water Festival 406
"Welcome to the New Year: The Otaru Cup
   Marionette Contest" 138
"What Are You Doing New Year's Eve?" 398
When Harry Met Sally 143
The White House 394
Winnie the Pooh: A Very Merry 132
Winter Ceremonial 370
World Day of Peace 248
World Renewal Ceremonial Cycle 247
Wuwuchim 68

Y
"Y2K" 453
Y2K 454
Y2K Bug 454
Y2K: The Movie 416
Yemen 30
Yom Kippur 435

Z
Zagmuk 185
Zoroastrian Calendar 270

索引

（ゴシック数字は見出しのページ）

【あ行】

アイオリス人 127, 151

アイオワ族 187

アイショラお父さん 425

アイスキュロス 128

アイスランド **1**, 193, 253

アイルランド **1**, 30, 116, 118, 122, 140 ～ 143, 156, 191, 193, 253, 287, 323, 343

アウグスティヌス（聖）121

『赤鼻のトナカイ　ルドルフ物語』**3**

アガペ 215

アカン族 100, 102

アギオス・ヴァシリオス 125, 246

アキトゥ 414, 415, 423

アクスム王国 76

アグニ 59

アクバル 172, 336

「アーサーの大晦日」**3**

『アサルト 13 要塞警察』**4**

アシニボイン族 187

アシャンティ帝国 102

アジュザク（老婆）11

アーシューラー 10, 27, 42, 43, 45, 90, 132, 185, 250, 278, 335, 356, 425, 435, 443

アステア，フレッド 238, 443

アラスカ 22, 107, 194, 385, 423

アステカ帝国 **4**, 22, 52, 145 ～ 147, 267, 304, 405

アゼルバイジャン **6**, 42, 48, 192, 254, 331

アッシュール 414 ～ 416, 423

アッシリア帝国／文明 170, 414, 415, 423, 442

アッラーフ，バハー 169, 351

アテネ 127 ～ 129, 151 ～ 152, 168, 259

アド（聖）246

アドニス 423, 424

アナコート 58

アナンシエーション様式 31, 88

アニメーション **3**, **8**, 13, 80, 132, 138, 186, 222, 227, 230, 231, 306, 310, 326, 338, 341, 369, 389, 393, 403, 428, 448, 453

アニョス・ビエホス 288 ～ 290, 301

『アバウト・ア・ボーイ』**9**

アピス（聖牛）75

アブ・ウルベ・コンディタ 153, 183

アフガニスタン 10, 42, 71, 160, 177, 191, 192, 254, 331, 335

アブラハム 42, 43, 88, 99, 431

アフラ・マズダー 45 ～ 47

アベスター 162

アヘトリンゲレ 235, 246

アマヴァーシャ 57

アマノル 29

アムシャ・スプンタ 47

アメリカ 3, 4, 9, 11, 22 ～ 26, 44, 53, 54, 68, 73, 77, 81, 83, 84, 89, 91, 92, 98, 103, 108, 109, 110, 114, 116 ～ 119, 121, 137, 138, 154, 187 ～ 192, 195 ～ 197, 199, 201, 203,

214 〜 216, 218, 221, 222, 224 〜 230, 234,
238, 247, 251, 253, 254, 274 〜 276, 287,
304, 305, 320, 321, 323, 325, 339 〜 341,
343, 344, 348 〜 350, 353, 355, 358, 360,
361, 363, 367, 369 〜 373, 376, 386, 389,
390, 394 〜 398, 401, 407, 421, 423, 434,
443, 446, 448, 455, 456
アメリカ聖公会 100, 115
アメリカ先住民 22 →先住民も見よ
アメリカンフットボールのボウル・ゲーム
13, 22, 119, 139, 446
アラウィー派 217
アラパホ族 187
アラハマディ・ベ 401
アラブ／アラブ人 6, 26, 27, 29, 41, 42, 45,
46, 71, 89, 95, 103, 130, 176, 217, 276, 304,
311, 342, 417, 418, 440, 443
アラブ首長国連邦 26, 42, 89, 194
アラム・アフローズ 336
アリウス主義 245, 246
アリカラ族 187
アルカディウス 450
アレクサンドリア 144, 156, 182, 256
アルジェリア 27, 192, 254, 304
アルス・アブルッダ 241
アルゼンチン 192, 252, 254, 288
アルトヤールセセル 236, 246
アルバ 118, 254
アルバニア 28, 155, 254, 331
アルメニア 29, 154, 192, 217, 254, 255
アルメニア正教会 29, 214, 217, 443
アレクサンドロス大王 171
アンガス・オーグ 143
アンゴラ 192, 254, 406
アンデス山脈 51, 148, 301

アンテステーリア祭 128, 129
アンデルセン，クリスチャン 402, 427
アンナ・ペレンナ 449
アンノ・エギレ 147
アンノ・ドミニ 88, 153
アンノ・ペルサルム 177
アンノ・マルテュルム 145, 156
アンノ・ムンディ 175

イエマンジャの祭り 265, 289, 300
イエメン 30, 42, 89, 194
イオニア人 127, 151
イギリス 9, 12, 26, 30, 76 〜 79, 83, 87, 88,
100, 103, 104, 108, 109, 116 〜 118, 122,
125, 132, 135, 140, 141, 154, 155, 191, 201,
215, 221, 222, 224, 231, 233, 234, 249, 254,
255, 290, 292, 293, 301, 305, 315, 316, 323,
324, 326, 328, 335, 348, 352, 356, 360, 361,
367, 373, 376, 378, 379, 386, 394, 397, 403,
407, 413, 417, 424, 426, 440, 447, 450
イグゾルティング（バウンディング・ブッ
シュ）フェスティバル 355
イサク 43, 88, 431, 432
「いざもろともに」215
イシス 150, 151
イシドール（聖）99
イシュタル 415
イスラエル 41, 42, 88, 101, 120, 174 〜 176,
191, 193, 255, 256, 259, 425, 430, 431, 433,
443
イスラーム教 6, 7, 10, 14, 26 〜 28, 30, 41,
45, 46, 52, 55, 64, 65, 71, 72, 75, 77, 89, 90,
95, 96, 99, 100, 103, 125, 126, 130 〜 132,
144, 147, 149, 157, 160, 161, 170, 185, 213,
214, 217, 241, 250, 256, 260, 267, 268, 276,

278, 290, 293, 295, 304, 311 〜 313, 315,
335, 336, 356, 359, 361, 363, 379, 388, 401,
406, 417, 418, 435, 440, 443

イタリア 43, 115, 153 〜 155, 193, 199, 235,
256, 336, 342, 343, 345, 356, 423, 426

イード・アル゠アドハー 43, 250

井戸から汲むクリーム 40

井戸の花 40

イナンナ 414

イヌイット 22, 104, 385

イヌピアト族 385

「命の書」430, 433

イバード派 89

イヘ・ナ・コダ・モレ 2

イボ人 315

イラク 42, 45, 48, 132, 193, 256, 331, 414

イラン 8, 10, 28, 42, 45, 65, 71, 95, 96, 130,
131, 160, 161, 169, 176, 177, 191, 193, 221,
256, 277, 287, 311 〜 314, 331, 336, 351

イリ・ジ・オフル・ナ・イグバ・ンタ 315

イロコイ族 49, 104

イロコイ連邦の真冬の祭り 22, 49

インカ帝国 6, 22, 51, 52, 148, 252, 266, 301,
302, 406

イングランド 2, 12, 17, 21, 30 〜 33, 36, 37,
80, 83, 94, 97, 98, 110, 114, 120, 121, 153,
154, 185, 190, 201, 215, 221, 224, 225, 232,
254, 316, 343, 367, 376, 378, 386, 387, 395,
413

インクワラ 243 〜 245

飲酒 12, 13, 52, 85, 103, 114, 119, 121, 122,
126, 137, 202, 228, 303

インタビーング・デイ 432

インティ・ライミ 51, 52, 252, 301, 302

インテル・グラウィッシマス（教皇大勅書）
152

インド 43, 55, 118, 149, 150, 157, 158, 160
〜 162, 166, 172, 173, 191, 193, 217, 218,
256, 271, 272, 282, 290, 293, 295, 328 〜
331, 335, 359, 361, 363, 406, 410, 417

インドネシア 65, 119, 157, 158, 171, 193,
217, 256, 293, 401, 406

インドラ 58, 66, 271, 408

インボルグ 140

『イン・メモリアム』123, 316 〜 318, 377

ヴァルシャピラプ 62

ヴァン・ニエン・ルク・ザップ 174

ヴィシュ 63

ウィチタ族 187

ウィ・トゥリパントゥ 252

ウィマーステット，A・E 340

ウィリング，ウィリアム 341

ウィルハウスキー，ピーター 108

ウィーン 86, 87, 245, 246, 434

『ウィンザーの陽気な女房たち』378

ウィンターダンス 370

ウウチム 22, 68, 197, 269

ウェスレー，ジョン 215

ウェトン周期（「合致」）157, 158

ウェールズ 30 〜 32, 38 〜 41, 140, 141, 195

ウォーコープ大佐，ロバート 386

ヴォタエ 82, 449

ヴォーティガーン（ブリテン王）120

ウガーディ 62, 150

ウガンダ 194, 256

ウクライナ 69, 95, 108, 194, 268, 417, 424,
441

ウクライナ正教会 104

「ウクライナのキャロル」108

480 索 引

ウズベキスタン 71, 72, 194, 331

ウズベク人 71, 95, 130, 276, 311

うつ 72, 391

「美しき青きドナウ」86

ウツ（太陽神）414

ウッド，アンソニー 378

ウドゥ・ポイント 361, 362

ウムブラトル・ク・カプラ 441

ウルイガラウ山 361

閏年 73, 77, 123, 149, 152 ～ 154, 156 ～
　158, 165, 166, 168, 169, 172, 173, 175, 177,
　179, 182, 183, 419

ウルグアイ 194, 256, 289

ウンバンダ教 300

英国国教会 11, 88, 100, 115, 215, 228, 290

エイプリルフール 48, 372, 416

エウェ族 100

エヴミ・アシュレ 43

エウリピデス 128

『易経』112

エクアドル 148, 193, 252, 256, 289, 338

エクシグウス，ディオニュシウス 88, 153

エグリー，ウィリアム 225

エグレスフィールド，ロバート・デ 40

エジェ 315

エジプト 42, 74, 98, 101, 117, 120, 144, 150,
　151, 155, 156, 160, 175, 182, 224, 256, 367,
　424, 431, 440

エストニア 106, 155, 193, 257

エチオピア 75, 77, 193, 257

エチオピア正教会 75, 77, 154

エッグノッグ 76, 122, 249, 291, 292, 298

エッシャー，C・F 340

エートン，サー・ロバート 353

エリザベス 1 世 83, 114, 228, 343, 378, 450

エリザベス 2 世 255, 328

エリトリア 77

エリトリア正教会 77

エルサルバドル 178, 193, 257, 289, 404

エレウシスの秘儀 128

エンコタタシ 76, 77

『エンド・オブ・デイズ』78

煙突掃除夫 78, 137, 309, 310, 359, 367, 368

エンリル 414

オイングス・マク・オーグ 143

『王宮の花火の音楽』343

『王様の剣』80, 231

おおいぬ座 150, 151

大晦日に上る物、落ちる物 22, 80, 276,
　387

「大晦日の歌」81, 82

贈り物 12, 15, 28 ～ 30, 32, 33, 35, 36, 38,
　39, 41, 49 ～ 51, 56, 58, 70, 72, 76, 77, 79,
　82, 90, 96, 103, 104, 111, 114, 124, 126,
　131, 136, 137, 142, 169, 196, 202, 214, 221,
　224, 225, 241 ～ 243, 246, 250, 272, 277,
　278, 281, 296, 312, 320, 322, 324, 329, 332,
　336, 358, 371 ～ 373, 380, 382 ～ 385, 388,
　392, 419, 420, 428, 443 ～ 445, 449

小澤征爾 86

オジュラ祭り 102

オシリス 150, 151, 424

オーストラリア 21, 85, 116, 191, 192, 240,
　257, 287, 305, 328, 344, 395, 420, 455

オーストリア 86, 118, 119, 155, 230, 245,
　258, 305, 310, 343, 424

オストロフスキー，アレクサンドル 428

オセージ族 187

お告げの祝日 1, 3, 31, 87, 114
『男と女の詩』89
お年玉 47, 48, 284, 309, 319
オト族 187
「乙女たちに」186, 233, 398
オニチャ 424
オネイダ族 49
オノンダガ族 49
オビチェイウル・プンティロル 418, 442
オビチェイウル・メセイ 418, 442
オマハ族 187
オマーン 26, 89, 194
オームステッド，フレデリック・L 138
オメッド・オメダン 67
オランダ 11, 77, 90, 116, 118, 155, 193, 258,
　263, 290, 293, 354, 383, 407
オランダ領アンティル 118, 193, 258
オランダ領ギアナ 293
オリオン座 151, 327
オールド・ラング・ザイン →「遥か遠き昔」

【か行】
ガイアナ 43, 258, 290
カイオワ族 187, 188
回帰年 154, 157, 164, 168, 169, 177, 183
ガイ・ロンバルド・アンド・ヒズ・ロイ
　ヤル・カナディアンズ 13, 91, 108, 119,
　353, 355
カイン族 409, 410
カヴァ 199, 241, 362
カーヴァー，ジョージ・ワシントン 137
「ガウェイン卿と緑の騎士」93
カウスカル族 252
カエサル，アウグストゥス 151, 182

カエサル，ユリウス 113, 129, 151, 152,
　156, 168, 181, 182, 449
カエサレア 129, 246
夏王朝 164
掻き傷の儀式 135, 355
郭守敬 164
カザフ人 71, 95, 96
カザフスタン 95, 96, 97, 193, 258, 311, 331
ガシォグ・ザニ 46
カストロ，フィデル 117, 290
仮装祭 12, 41, 97, 104, 110, 363, 376
仮装無言劇 12, 294
ガ族 100, 101
カタール 99, 194
割礼と主イエス命名の祝日 100, 115
割礼の祝日 12, 31, 88, 99, 109, 110, 115,
　134, 249, 337, 338, 397, 450
カーティス，マン 354
ガードナー，W・F 386
門松 319, 320
カドミ 64, 65, 161
ガーナ 100, 119, 193, 254, 258
カナダ 3, 9, 21, 22, 44, 49, 91, 103, 188, 189,
　191, 192, 227, 230, 249, 287, 310, 324, 341,
　361, 370, 385, 391, 428
カナン人 424
カーニバル 189, 256, 407, 408
ガネーシャ 58, 61
「鐘のキャロル」70, 108
『鐘の音』108, 448
カパック・ライミ 51, 149
カパロット 433
カホオクプ・ヘ・マカナケラ 358
カポダンノ 44
カーマー，カルシェートジー 161

カーマデーヴァ 59
神の母聖マリアの祝日 100, **109**, 115, 249, 337
神の母へのお告げ 88
仮面 50, 63, 67, 68, 97, 98, 110, 128, 197, 216, 237, 285, 288, 292, 294, 297, 308, 332, 370, 371, 385, 394, 413, 441, 442
カユーガ族 49
カラカルパク人 71
カラヤン，ヘルベルト・フォン 86
ガリア戦記 156
カリカンジャロス 126
カリグラ帝 82, 449
カリサンビアンズ 12, 99, **110**, 230, 344
カリブ海諸島 110, 216, 258, **288**
カリブ人 301
ガリフナ 216, 301
カリャードゥイ 382
カール5世 121
カルナ 426
ガルンガン 66
カレンダエ 38, 183, 382
カレンダー・ラウンド 5, 6, 146, 179, 180
カレンニグ 38, 39, 83
カロク族 247
韓国 110, 126, 155, 164, 173, 193, 258, 354, 404
カーン（コーン）・ベイビー（小麦の赤ん坊）233
元日 **113** →各国、その他の項目も参照
ガーンジー島 424
寒中水泳 104, 384, 391
乾杯 7, 13, 28, 31, 33, 38, 43, 52, 86, 103, **119**, 198, 206, 239, 241, 243, 279, 288, 308, 309, 332, 359, 363, 372, 383, 384, 388, 390,

393, 441, 445
カンボジア **123**, 173, 192, 409, 437
ガンポ，ソンツェン 163, 280

キヴァ 69, 197, 198, 269
季節性感情障害 73
北アイルランド 30, 116
キチェ族 180, 291
「来て、踊れ、歌え」108
キドゥス・ヨハンネス 76
ギニア 43, 193, 216, 259, 420
キプロス **125**, 126, 154, 192, 247, 259
ギャルポ・ロサル 64
キャンベル，ジョー・アン 340
旧正月 72, 96, 110, **126**, 189, 190, 217, 277, 312, 326, 356, 444, 445
キューバ 117, 138, 192, 259, 290
『恐怖の一年』**127**
ギリシア 71, 95, 113, 118, 120, 125, 126, **127**, 130, 140, 141, 149 〜 152, 154, 155, 193, 233, 246, 247, 271, 276, 310, 311, 367, 424, 442
ギリシア正教 28, 129, 217, 246, 388, 443
キリスト紀元 153
キリスト教 11, 26 〜 29, 36, 39, 43, 49, 52, 55, 65, 70, 71, 75, 77, 82 〜 84, 87 〜 89, 97, 99, 100, 103, 109, 114, 115, 121, 129, 132, 140, 144, 152, 153, 156, 183, 213, 214, 217, 224, 228, 232, 243, 245, 246, 252 〜 255, 257, 263, 290, 295, 299, 301, 302, 304, 315 〜 317, 327, 332, 337, 342, 356, 358, 359, 361, 372, 374, 379, 397, 401, 406, 420, 434, 435, 442, 443, 450
キリバス 193, 259, 411
キルギス人 130, 276

索　引　483

キルギスタン **130**, 193, 331
キング，ジョン　141, 143

グアテマラ　178, 193, 259, 290, 404, 405, 455
グイッチン族　107
クウィラユーテ族　370
クウェート　42, **132**, 193
クォーター・デイ　140
クケリ　375
クスコ　51, 52, 148, 252, 301, 302
クゼ・シェカスタン　47
クック，ジェームズ　357 〜 358
クック諸島　192, 259
グディ・パドワ　58, 60, 150
クニンガン　67
『くまのプーさん / みんなのクリスマス』
　132
クメール人　123
クラウス，クレメンツ　86
クラッカー　348, 349
グラッソ，フィエラ・デル・ブエ　44
クララム族　370
クリヴィチ族　382
クリーク族　22, 134, 135
クリジェク　137
クリシュナ　56 〜 60, 63, 328
クリスマス　3, 6, 8, 9, 11, 12, 13, 29, 31, 33,
　35, 36, 38 〜 40, 44, 54, 55, 70, 72, 77, 81,
　84, 87, 94, 97 〜 99, 103, 104, 108 〜 110,
　113, 114, 118 〜 122, 126, 129, 130, 132 〜
　134, 136, 137, 185, 195, 214, 216, 224 〜
　226, 228, 229, 237 〜 239, 243, 246, 256,
　278, 291 〜 294, 299, 307 〜 310, 322, 331,
　332, 337, 340, 341, 344, 354, 355, 358, 359,
　363, 372 〜 374, 378, 382, 384, 388, 395,

　403, 404, 417, 422, 427, 438, 439, 441, 443,
　444, 447, 448, 450
『クリスマス・オラトリオ』**134**
『クリスマスキャロル』108, 404, 447
クリスマス諸島　192
クリスマス・スポーツ　293, 294
クリスマスツリー　322, 367, 402, 444
『クリスマス・ブックス』108, 447
クリスマス様式　31, 113
グリニッジ　255, 387, 412
グリーンコーンの儀礼　22, **134**, 355
グリーンフィールド，ハワード　340
グリーンランド　193, 259, 385
クルド人　45, 48, 49, 95, 217, 312, 313, 331
グルマ族　100
グルュメラス　236
クレオール人　293, 301
グレゴリウス 9 世　245
グレゴリウス 13 世　152, 153
グレナダ　193, 259
クレプシドラ（水時計）127, 151
クレブス，グスタフ　341
クロアチア　**136**, 192, 259, 388
クロウ族　187
クロスビー，ビング　238, 442, 443
クロノス　310
グローバント族　187
クロムウェル，オリバー　228
黒目豆　14, **137**, 414
クワキュートル族　370, 371
クワジャ・ピルズ　46

「迎春 !!　小樽杯マリオネットコンテスト」
　138
ゲイ，ジョン　378

経線の壁 361

『軽率』 139

夏至 33, 51, 68, 113, 127, 129, 149, 151, 152, 156, 158, 165, 167, 187, 197, 244, 301, 375

ゲスト，エドガー・A 218, 376

ケチュア族 252, 301

ケニア 193, 259

ゲラシウス（教皇）88

ゲール 2, 3, 33, 34, 36, 41, 140, 141

ケルト 3, 36, 41, 95, 140, 155, 156, 235, 367

ゲルマン民族 308, 367

ゲレイロ 299

ゲレ・ゴシャイ 46

ゲロンダ，アブラハム・ハザン 430

元宵節 285

『恋人たちの予感』143

コイヨリッティ 252, 301, 302

恒星年 168

コー（カンサ）族 187

コズコ，アレクサンダー 202

コスタリカ 19, 192, 291

コストゥルボンコ 424

ゴータマ・シッダールタ 173

コットン，サー・ロバート 93

コットンボウル 23, 24, 117

コティジョーネス・デ・ノチェビエハ 241

ゴート族 73

ゴードン，E・V 93

ゴーバルダナ・プジャ 58, 330

コプト正教会 75, 76, 144, 154, 156

コマンチ族 187, 188

コモックス族 370

ゴヤ，フランシスコ 310

暦・アステカ 5, 145

暦・イスラーム 10, 26, 27, 28, 30, 41, 45, 65, 77, 89, 96, 99, 100, 126, 131, 132, 147, 157, 158, 169, 172, 176, 177, 185, 214, 217, 250, 268, 278, 290, 293, 295, 304, 312, 313, 315, 335, 356, 359, 363, 379, 388, 406, 417, 418, 425, 435, 440, 443

暦・インカ 51, 147, 148, 180

暦・インド 55, 58, 123, 149, 158, 162, 166, 172, 290, 293, 295

暦・ウク 66, 171

暦・エジプト 74, 150, 156

暦・カドミ 161

暦・ギリシア 113, 127, 129, 151

暦・グレゴリオ 1, 6, 12, 27 ～ 31, 36, 65, 70 ～ 72, 74, 77, 88, 90, 96, 99, 100, 110, 112 ～ 114, 123, 129, 132, 141, 144 ～ 150, 152, 156, 159, 161 ～ 166, 168 ～ 175, 180, 183, 214, 217, 218, 236, 252, 253, 260, 271, 277, 295, 312, 318, 320, 324, 356, 368, 372, 374, 379, 382, 388, 406, 408, 417, 418, 430, 437, 438, 441, 444

暦・ケルト 140, 141, 155

暦・コプト 76, 77, 144, 145, 156

暦・コリニー 155, 156

暦・サカ（シャカ）65 ～ 67, 158, 171, 172

暦・シェンシャーイ 65, 160, 161

暦・シク 63, 157

暦・ジャラーリー 177

暦・ジャワ 65, 157, 172

暦・シンハラ 159, 160, 241

暦・スリランカ 62, 158, 218, 241

暦・ゾロアスター 65, 160, 176, 177

暦・タイ 162, 271

暦・タミール 62, 159, 160, 217, 241

暦・チベット 64, 163, 279, 280, 328, 368,

420

暦・中国 86, 110, 163, **164**, 169, 173, 174, 217, 280, 282, 287, 326, 336, 379, 406

暦・トグス・ブヤント 419

暦・ネパール **166**, 328, 369

暦の天文学的基準 **167**

暦・バディ **169**

暦・パティティン・スリヤカティ 163

暦・パティティン・チャントラカティ 162, 163

暦・バハーイー **169**, 351

暦・バビロニア 160, **170**, 176, 414

暦・バリ 66, 158, **171**

暦・バングラ 61, 166, **172**, 177, 359

暦・ヒジュラ 147, 172

暦・ファスリ 161

暦・仏教 123, 162, 163, **173**, 408, 437

暦・ベトナム **173**, 380

暦・ヘブライ 41, **174**, 430

暦・ペルシア 6, **176**, 277

暦・マヤ 147, 149, **178**, 291, 405

暦・ユダヤ 41, 169, 174, 175, 430

暦・ユリウス 1, 6, 12, 29 〜 31, 36, 40, 70, 72, 76, 88, 96, 104, 113, 115, 129, 140, 141, 144, 151 〜 156, 160, 168, 182, 183, 214, 236, 277, 312, 372, 374, 382, 383, 388, 417, 425, 438, 441, 444, 449

暦・ローマ **180**

コーラン 41, 47, 95, 148, 250

コリアドニキィ 70

コール，サー・ヘンリー 225

コル・ニドライ 433, 434

コレダ 137

コロンビア 192, 252, 259, 292, 296

コンゴ 192, 259

コンゴ民主共和国 **183**, 259

コンスタンティヌス大帝 245, 337

コンス（月の神）151

コーン・マザー 233

【さ行】

ザイール 119, 183

サウィン 140 〜 143, 156

サウジアラビア 26, 42, 99, 132, 147, 148, 185, 194, 259, 356

サウス・ユーイスト島 34

サクソン人 120

朔望月 141, 148, 156, 164, 168, 175

サグムク 414

サクワ，サンカダル 166

「サー・サイモン・スチュワードに捧ぐ新年の贈り物」**185**, 223, 233, 398

「サッピー・ニュー・イヤー」9, **186**

サトゥルナリア 82, 97, 114, 228, 373, 449, 450

サトゥルヌス 310, 449

サーニッチ族 370

サービス，ロバート・W 428

サビーニ人 426

サブジー・ポロウ・バー・マーヒー 48

サブゼ 28, 46, 47, 48, 71, 96, 131, 277, 312, 336

サマニ 7, 8

サマヌ 28, 47, 71, 95, 131, 277, 312, 336

サモア 117, 192, 194, 260

サラディン 95

サルシ族 187

サンギャク 47

サンダンス 22, **187**

ザンビア 117, 194, 260

サンフランシスコ旧正月フェスティバル
　＆パレード **189**, 356

シーア派 6, 10, 26, 30, 41, 42, 45, 89, 132,
　185, 276, 278, 295, 335, 356, 418, 435, 440,
　443

シウボワリ 146

シェイクスピア，ウィリアム 378

ジェイムズ2世 343

ジェド・マロース 7, 28, 96, 131, 196, 202,
　382, 388, 417, 428, 444

シエラレオネ 43

シェルパ族 331

シェンシャーイ 64, 65, 160, 161

シェーンベルク，アルノルト 434

シーガー，エルジー・クリスラー 389

時間帯 **190**, 241, 242, 267, 320, 324, 411,
　416

「じきに白き古き年は去りゆく」**195**

シク教 52, 58, 60, 63, 64, 157, 218

シチェードリー・ウェチル 70

シックスネイションズ 49

至点および分点 167

『使徒行伝』76

シドニー 21, 85, 192, 257

シトラルテペック 5

「死の書」430

『詩篇』433

霜おじいさん 7, 28, 29, 70, 72, 136, **196**,
　202, 214, 243, 277, 278, 382, 383, 388, 417,
　428, 438, 444, 445

シャー1世，ジャラル・アッディーン・マ
　リク 161, 177

シャイアン族 187, 188, 189

ジャイナ教 52, 58, 149

ジャクソン，ジル 223

ジャクソン，ヘレン・ハント 226

『シャー・ナーメ』49, 313

シャバト・シュヴァ 432

シャフタ・ババ 7

シャベ・ジョメ 47

ジャマイカ 42, 193, 216, 260, 288, 292

シャマシュ 414

シャム 271

シャムシェル，チャンドラ 166

ジャムシード王 45, 64, 176

シャラコ 22, **196**

シャルル9世 372

シャルルマーニュ 121

ジャワ人 65, 157, 293

ジャワ島 157, 158, 171

ジャンダ・バラ・カルダン 10

シャンパン 55, **198**, 204, 205

ジャンプ・ダンス 247, 248

主イエス・キリスト聖なる御名の祝日
　100, 115

『12月32日』**202**

「12の月たち」**202**

シュガーボウル 23, 24

祝日うつ病と自殺 73

授時暦 164

『出エジプト記』101, 175, 431, 433

シュトラウス1世，ヨハン 86, 87

シュトラウス2世，ヨハン 86

シュトラウス，エドゥアルト 86

シュトラウス，ヨーゼフ 86

『受肉の秘儀』337

主のお告げ 88

主の割礼祭 99, 100, 115

索引 487

シュベルル，ハインリヒ 87, 308
シュメール 170, 271, 414
シュラージ，アミール・ファーザラ 172
シュルツ，チャールズ・M 219, 222
ジュール・デ・エトレンヌ 373
春節 65, 86, 166, 226, 282, 285, 286, 366, 379, 406
春分 6, 8, 10, 28, 29, 45, 47, 48, 64, 67, 71, 88, 95, 124, 130, 152 〜 154, 159 〜 162, 165, 167 〜 172, 177, 181, 182, 217, 277, 287, 312, 313, 331, 336, 351, 408, 414, 423
ショウ，W・F 340
正月にまつわる地名 203
上座仏教 123, 162, 173, 408, 437
ジョージア（グルジア）共和国 213
ショショーニ族 187, 188
除夜の鐘 319
除夜の礼拝 13, 31, 103, 115, 214
ジョンカヌー 216, 288, 292, 297, 301, 356
ジョーンズ，エドワード 195
ジョンソン，リチャード 97
シリア 171, 194, 217, 260, 331
シリウス 74, 150, 161, 168
シール 28, 47, 71, 96, 131, 277, 312, 336
ジルヴェスターアーベント 87, 235, 245, 308
ジルヴェスターウムツク 237, 246
ジルヴェスタークロイゼ 236, 246
シルウェステル 1 世（教皇）→聖シルウェステルの日
新火儀式 5, 6, 69, 146
シンガポール 194, 217, 260
シング，ゴービンド 60, 63, 64
神聖暦 145, 146, 291
「新年」（詩）218, 376

『新年おめでとう！』219
『「新年おめでとう」作戦』219
「新年来たり」220
「新年くん」221
新年最初の客 2, 32, 33, 130, 221, 237, 381, 413
「新年だよ、チャーリー・ブラウン」9, 222
「新年に新しい指輪を」222
新年にまつわる歌 223
新年にまつわる詩 223
「新年の挨拶」224
新年の挨拶カード 12, 224, 226, 282, 383
「新年の朝」226
『新年の大掃除』227
新年の決意 13, 103, 115, 228, 239, 288, 307, 326, 381
新年の祝砲 12, 104, 119, 229, 295, 308, 342
新年の吹奏 87, 230, 308
「新年のネッド」9, 230
新年の発砲 33, 98
「新年の抱負」231
新年の訪問 48, 284
「新年のもうひとつの贈り物、あるいは割礼の歌」186, 232, 398
新年坊や 113, 128, 233, 310
「新年を迎える方式」234
ジンバブエ 194, 260
シンハラ人 159, 241, 417
新ヤムイモ祭り 315

スイス 155, 194, 235, 245, 260, 305
スイズダ・ベ・ダル 48
スイフト，ジョナサン 122
『スイング・ホテル』238, 443

488 索　引

スウェーデン 73, 98, 118, 119, 154, 155, 194, **239**, 260, 305, 404

スカンジナビア半島 73, 121, 230, 332

スコットランド 2, 9, 30 〜 36, 39 〜 41, 74, 88, 91, 97, 103, 104, 114, 115, 122, 141, 221, 260, 332, 343, 352, 387, 391, 413, 424, 428

『スコットランド音楽博物館』352

『スコットランド歌曲集』353

『スコットランド精選歌謡集』353

『スコットランドのリール』353

スターリン，ヨセフ 444

スーダン 65, 117, 194

『ストラスペイ・リール』353

ストリガツリ 441

ストレナエ 82, 373, 449

ストレニア 373, 449

『ストレンジ・デイズ /1999 年 12 月 31 日』**239**

『ストレンジ・プラネット』**240**

ズニ・プエブロ族 22, 196, 198

スネグーラチカ 196, 428, 444

スプリング・バンケット 190

スペイン 4, 51, 52, 99, 115, 116, 118, 148, 149, 154, 155, 179, 180, 194, 199, **240**, 260, 288, 290, 291, 293, 295, 301, 365, 366, 405, 424, 430, 432, 434

スリ・カーラチャクラ・タントラ 164

スリナム 194, 261, 293

スーリー祭り 46

スーリヤ 218

『スーリヤ・シッダーンタ』149

スリランカ 62, 158, 159, 173, 217, 218, **241**, 261

スルヴァカネ 375

スロバキア共和国 118, 194, **243**, 278

スロベニア 194, 261

スワジランド **243**, 261

スンニー派 10, 26, 27, 30, 41, 42, 45, 71, 72, 75, 77, 89, 95, 96, 99, 125, 126, 130, 131, 132, 185, 217, 268, 276, 278, 304, 311, 312, 315, 335, 356, 359, 417, 418, 435, 440, 443

聖ゲオルギーの日 375

セイシェル 261

聖書 29, 41, 42, 47, 84, 101, 174, 200, 215, 224, 225, 228, 255, 256, 268, 294, 310, 372, 410, 413, 425, 430, 431

「聖処女マリアへの主のお告げ」88

聖シルウェステルの日 43, 87, 115, 130, 235, 243, **245**, 278, 300, 308, 358, 372, 384, 391, 393

聖ステファノの日 137, 279, 337

『聖なる詩集』232, 397

聖バシリウスの日 70, 99, 115, 125, 126, 129, 130, 214, **246**, 375, 418

聖バルバラの日 137

聖マルティヌス祭 141

セイヤーズ，ドロシー・L 316

聖ラザルの日 375

セイロン 241

ゼウス 128, 310, 367

セウダー・マフセケット 433

世界再生儀式のサイクル 22, 247

世界平和の日 100, 109, 115, 130, **248**, 337

セジウィック，キャサリン・マリア 322, 323

セダカ，ニール 340

セッケ 28, 47, 71, 95, 131, 277, 312, 336

接見会 13, 104, **249**, 394, 395

節分 320

セト神 150, 151

セネカ族 49

セネガル共和国 43, **250**, 261, 278

セミノール族 22, 134 〜 136

セメントレーション（リコンシリエイショ
ン）フェスティバル 355

セルケ 28, 47, 71, 96, 131, 277, 312, 336

セルビア 154, 194, 267, 388

セレウコス紀元 160, 171

セレウコス朝 160, 171, 176

「1999」（歌）**251**

『1999』（映画）250

センジェド 11, 28, 47, 71, 96, 131, 277, 312,
336

先住民 14, 17, 22, 27, 49, 68, 69, 103 〜 107,
134, 135, 187, 188, 196, 197, 226, 247, 251,
252, 269, 290, 291, 293, 298, 301, 304, 327,
355, 367, 370, 371, 385, 401, 406, 423

セントクリストファー・ネイビス 261, 293

千年紀（ミレニアム）14, 73, 104, 105, 153,
252, 276, 324, 325, 361, 362, 411

『創世記』29, 42, 43, 99, 431

ソシゲネス，アレクサンドリアの 182

ソーハン 47

ソフォクレス 128

ソフレ・ハフト・スィーン 47, 48

ソマリア 194, **268**

ソーヤル 22, 68, **269**

ゾルゴ 420

ソルコヴァ 417, 418, 442

ソルナル 110, 111

ゾロアスター教 6, 7, 28, 45 〜 47, 49, 64,
71, 95, 131, 160 〜 162, 176, 277, 312, 313,

331, 336

ソンクラーン 124, 162, 163, 271 〜 273

ソンツェン・ガンポ王 163, 280

ソンボル 28, 47, 71, 96, 131, 277, 312, 336

【た行】

タイ 116, 123 〜 125, 162, 163, 173, 194,
261, **271**, 406, 409, 420, 424, 437, 438

太陰太陽暦 86, 110, 123, 126, 127, 149, 152,
155, 162, 163, 164, 167, 169, 170, 171, 173,
174, 175, 318, 326, 408

太陰暦 51, 65, 67, 86, 104, 112, 126, 127,
147, 151, 157, 158, 164, 166 〜 169, 172,
177, 183, 271, 287, 290, 293, 307, 320, 328,
357, 366, 379, 381, 401, 406, 419, 420, 437

大乗仏教 52, 173, 368

大新月祭り 355

『第二案』**274**

タイムズスクエア 13, 18, 80, 81, 92, 103,
116, 218, **274**, 304, 386

太陽の石 146, 147

太陽暦 63, 127, 146, 157, 159, 160, 163, 166
〜 169, 172, 176 〜 178, 180, 182, 241, 271,
328, 351, 405, 408

台湾（中華民国）119, 154, 217, 261, 276,
282, 286, 287, 354

ダウド，チャールス・F 191

タウール・クサンガ 67

ダグダ 143

タージェボン 250

タジキスタン 194, **276**, 331

タジク人 71, 276, 277

タジャ 43

タシュリフ・セレモニー 432

490 索 引

タスカロラ族 49
タスマニア 85, 261
タヒチ 193, 357
タベウニ島 361
タマハリ 250
『ターミナル・カウントダウン』 454
タミール人 159, 217, 218, 241
ダライ・ラマ 16, 64
ターリキ・イラーヒー 172
タルムード 175, 176, 430 〜 432
タン, エイミ 227
タンザニア 194, 261
ダンテーラス 57

チェイラオバ 60
チェコ共和国 118, 192, 214, 243, 246, 261,
　278, 425
チェロキー族 22, 355
チグリス川 414
チベット 64, 163, 164, 173, 261, **279**, 328,
　331, 368, 419
チャイコフスキー, ピョートル 428
チャハールシャンベ・スーリー 46
チャールズ 1 世 228
中国 9, 14, 86, 110, 112, 113, 117, 126, 155,
　163, 164, 173, 174, 189 〜 192, 217, 224,
　227, 261, 276, 280, **282**, 287, 290, 293, 307,
　318, 326, 342, 344, 365, 366, 379, 380, 406,
　419, 420, 437
中国正月記念切手 **287**
『中国のシャム猫』 227
中南米とカリブ海諸島 **288**
チュニジア 194, 261, **304**
チュラーロンコーン王（ラーマ 5 世）163
チュルク族 287

提灯祭り（ランターンフェスティバル）
　86, 190, 285, 286
チョパダ・プジャ 58
チョール・チュナム・トメイ 124
チョルティ・ディワリ 57
チリ 148, 192, 252, 261, 294
チルラ族 247
チンギス・ハン 419
チンゲイ・パレード 217

ツァガーンサル 419, 420
ツィムシアン族 370
ツヴァイト・イエナ・ブルッフ 238
ツェツェカ 371
ツォルキン暦 178 〜 180, 291
ツバル諸島 194, 361
ツム・ゲダリヤ 432
ヅメルパピ 29
ツーレーナー, カール 317

ディオクレティアヌス帝 144, 153, 156
ディオニュシア祭 127, 128, 233
ディオニュソス 128, 129, 233
ディケンズ, チャールズ 108, 404, 447
『ディック・クラーク・ニュー・イヤーズ・
　ロッキン・イブ』 13, 276, **304**
『ディナー・フォー・ワン』 86, 87, 239,
　305, 307, 309, 367
ティハール 329, 330
『ディ・フォイヤーツァンゲンボウレ』 308
『ディー・フレーダーマウス（こうもり）』
　86
ティベリウス 426
ティマイオス 127, 152
ディワリ 55 〜 60, 150, 218, 226, 290, 293,

295, 329, 336, 363
ティンジャン　408, 409
デヴ，ナーナク　157
テテラ族　184
テト・ニューエン・ダン　380
テニスン，ロード・アルフレッド　123,
　　223, 239, 316, 325, 376
テノチティトラン　5
デメテル　128, 233, 310, 367
『TVファンハウス』　306
テンプロ・マヨール　5, 6
デンマーク　115, 118, 155, 192, 261, 305,
　　307, 402, 427

ドイツ　9, 77 〜 79, 83, 87, 95, 97, 98, 116,
　　117, 134, 155, 193, 199, 201, 214, 215, 224
　　〜 226, 230, 234, 235, 237, 238, 262, 305,
　　306, **308**, 322, 325, 343, 368, 383, 384, 424,
　　425, 431, 432, 434, 441
トゥアタ・デー・ダナン　141, 142
トウェイン，マーク　228
闘牛　291, 292, 297, 421
道教　112, 217, 380
冬至　36, 51, 68, 110, 113, 114, 127, 148, 151,
　　164 〜 168, 178, 180, 197, 198, 230, 235,
　　243, 251, 252, 269, 278, 282, 301, 332, 382,
　　385, 441
トゥトゥ，オセイ　102
東方正教会　71, 72, 154, 276, 417
ドゥムジー　414
時の翁　113, 233, **310**, 393, 435
トーゴ　254, 262
トシウモルピリア　5, 146
『土亭秘訣』　112
ドスモチェ　280

「とっとこ新春！　たこあげ大会」**310**
トト　151
トナティウ　5, 6, 147
トナルポワリ　145
ドミニカ　192, 262, 295, 302
トムソン，ジョージ　353
トーラー　47, 176, 430 〜 432
ドーリア人　127, 151
トリチェルン　237
トリニダード・トバゴ　42, 194, 262, 295
トリンギット族　370
ドルイド　140 〜 142, 155
トールキン，J・R・R　93
トルクメニスタン　194, 262, **311**, 331
トルコ　2, 42, 43, 98, 117, 125, 126, 155, 194,
　　217, 262, **312**, 331
トール神　332
ドルーズ派　217, 443
奴隷　16, 83, 116, 128, 129, 137, 138, 141,
　　215, 216, 227, 290, 292, 293, 296, 299, 300,
　　395, 407, 431, 449
トロワ族　247
トロント　103, 104, 106, 192
トンガ　194, 262, 324, 361
トンカワ族　187

【な行】
ナイジェリア　194, 262, **315**, 424
ナイル川　74, 75, 150
『ナイン・テイラーズ』　**316**
ナヴァサルド　29, 30
ナヴァラトリ　60
ナヴレ　61
ナガ族　409, 410

ナチパトラ（宗教暦）61
ナバ・バルサ 61, 328, 329
ナ・フイフイ・オ・マカリイ 357, 358
ナボナッサル王 171
ナラク・チャトゥルダシー 57
「鳴り飛ばせ、鳴り狂ふ鐘の音よ」239,
　316, 325, 377
南極 192, 262, 263
ナンシーおばさん 103
『汝の隣人を愛せよ』318
ナンナ 414

ニカラグア 194, 262, 295
ニットォールスタグ 332
『200 本のタバコ』318
日本 9, 106, 115, 116, 138, 154, 155, 173,
　193, 262, 263, 310, 318, 325, 344, 348, 354,
　455
『ニューイヤー・イズ・キャンセルド』
　320
『ニュー・イヤーズ・イービル』320
「ニュー・イヤーズ・イブ　1999」321
『ニュー・イヤーズ・デイ』321
「ニュー・イヤーズ・デイ」（楽曲）323
「ニュー・イヤーズ・デイ」（短編小説）
　322
『ニュー・イヤーズ・デイ　約束の日』
　323
ニューイヤーズ・ベイビー 323
「ニューイヤーズ・ベイビー（最初の子守
　歌）」325
「ニューイヤーズ・ベルズ」317, 325
「ニューイヤーズワルツ」325
ニューイヤーツリー 6, 7, 28, 29, 70, 72, 96,
　131, 136, 214, 277, 312, 382, 388, 417, 444,

445
『ニューイヤー・プロミス』326
ニュージーランド 21, 86, 117, 119, 194,
　263, 324, 326, 361, 387
ニュピ 66, 67
ニューヤーズダウク 90
ニンリル 414

ヌーチャヌルト 107
ヌート 367
ヌートカ族 370
ヌーリー，ミールザー・ホセイン・アリー
　169, 351

ネウロズ 45, 48, 49, 313
ネパール 166, 191, 193, 263, 328, 368, 369
ネパール・サンバット 166, 328, 329, 330
ネフテュス 151
ネワール人 166, 329, 330
年賀状 319

ノイヤールシュヴィメン 384
ノイヤールスターク 237
ノイヤールスドレッシェン 236, 246
ノヴィー・ロク 279
農事暦 158, 159, 165, 178
ノウルーズ 10, 11, 28, 45 〜 49, 64, 65, 71,
　95, 96, 130, 131, 145, 160, 161, 169, 177,
　217, 277, 287, 311 〜 314, 331, 336, 351
ノウルーズ・バイラム 6 〜 8
ノチェ・ビエホ 240
ノックス，ジョン 33
ノナガタヤ 242
ノボ・ボルショ 359
ノルウェー 77, 115, 155, 194, 264, 305, 324,

331

『呪われた大晦日』9, 332

【は行】

ハアブ暦 178, 179, 180, 405

バイサキ 60

ハイダ族 370

ハイチ 116, 264, 296

バーイー・ドゥージュ 58

ハイヤーム, ウマル 177

『ハヴ・プレンティ』335

パウロ6世 249, 337

パキスタン 42, 160, 194, 259, 264, 331, 335

爆竹 12, 57, 67, 110, 119, 189, 190, 207, 280, 283, 284, 286, 301, 342, 345, 346, 349, 365, 380

パサラン周期 157

バシ族 184

ハジ・フィールーズ 46

バシリウス (聖) →聖バシリウスの日

パストリス 299

バチカン 21, 44, 100, 109, 115, 130, 194, 245, 256, 336

パチャクティ 148

バッケー 128

ハッターブ, ウマル・イブン・アル 147

バッハ, J・S 116, 134, 257

「ハッピー・オールド・イヤー」9, 338

「ハッピー・ニューイヤー」339

「ハッピー・ニューイヤー・カードリール」339

「ハッピー・ニューイヤー・トゥ・オール」339

『ハッピー・ニューイヤー、パパ』339

「ハッピー・ニューイヤー、ベイビー」339

「ハッピー・ニューイヤー・ポルカ」340

「ハッピー・ニューイヤー・マーチ」340

「ハッピー・ニューイヤー・ワルツ」340

「ハッピー・ニューギア」9, 341

バティスタ, フルヘンシオ 290

ハーディ, トーマス 223, 234, 426

ハデス 128, 310

パデン・ラモ 64

ハドリアヌス 129, 152

花火 1, 3, 12, 13, 28, 31, 33, 34, 44, 47, 56, 63, 65, 85, 86, 90, 103, 112, 114, 119, 126, 137, 205, 207, 239, 243, 255, 259, 263, 265 ～ 267, 274, 275, 278, 286, 288, 289, 293 ～ 295, 297, 300, 301, 308, 309, 312, 313, 315, 330, 332, 341, 361, 365, 367, 372, 374, 380, 383, 384, 388, 393, 397, 407, 417, 425, 441, 442, 444, 445

パナマ 119, 194, 264, 296

バーニング・オブ・ザ・クレイヴィ 36

バーニング・ザ・ブッシュ 37

バヌアレブ島 361

『ハネムーナーズ』350

バハーイー教 169, 331, 351

パパキ 303

バハマ 192, 216, 264, 288, 297

バビロニア 29, 149, 170, 171, 175, 176, 414, 415, 423, 442

パプアニューギニア 194, 264

バーブ教 169

ハフト・スィーン 11, 28, 71, 95, 131, 277, 312, 336, 351

パーマー, ウォルター 275

パラグアイ 194, 264, 297

バランダ 300
バリ神 56, 57
バリ島 65 〜 67, 171, 193
バリ・パジャミ 58
バリ・パレード祭 356, 373
『パリ行き夜行列車』 352
バーリン，アーヴィング 238, 239, 443
パールヴァティー 56
ハール・カータ 61
「遥か遠き昔」 13, 31, 32, 33, 37, 41, 91, 92,
　103, 119, 134, 204, 352, 390, 406
ハルゴービンド 58
パールシー教 64, 65, 132, 160, 161, 331, 356
春の最初の新月祭り 22, 355
バルバドス 192, 264, 298
パレスティナ自治政府 264
パレード 3, 12, 13, 22, 38, 44, 65, 86, 99,
　102, 110, 116, 119, 124, 189, 190, 216, 217,
　272, 273, 288, 291, 292, 297, 300, 356, 361,
　363, 364, 373, 407, 408, 444, 446, 447
バーレーン 42, 185, 192, 264, 356
ハワイの正月 357
ハワーリジュ派 89
ハンガリー 115, 155, 193, 264, 358
バングラデシュ 166, 172, 192, 359
ハンサム・レイク（預言者） 49, 50
バーンズ，ロバート 352
パントラチ族 370

「ヒイラギかざろう」 195
ピウス 5 世 152
ピエドラ・デル・ソル 146, 147
東インド人 293, 295
東ダコタ族 187
東パキスタン 335, 359

ピカンダー 134
ビクラム紀元 58, 150
ビクラム・サンバット 150, 166, 328
ビシュヌ神 55 〜 59, 63, 66
ヒジュラ太陰暦 147, 172
ビスケット・ジャトラ 328, 329
ピーターズ，グレッチャン 321
『ピーターズ・フレンズ』 360
ヒダーツァ族 187
『ピーター・フォークの恋する大泥棒』 89
ビツゥーン 419
日付変更線 85, 191, 192, 259, 324, 361, 362,
　411
ヒット，ウィリアム・H 325
『ピーナッツ』 9, 219, 222
ピニャータ 291, 366
ピー・マイ 438
火祭り 36, 37, 46
ピュアウォル，パル・シン 157
『病気の家』 360
ピョートル大帝 115, 444
ビラコチャ帝 148
ヒルデブランド，レイ 223
ピティ・スラン・プレア 124
ヒレル 2 世 175
火渡り 362
ヒンドゥー教 26, 43, 55, 56, 58, 60 〜 63, 65
　〜 67, 89, 123, 124, 132, 149, 150, 166, 217,
　218, 241, 271, 290, 293, 295, 328 〜 330,
　335, 336, 356, 359, 361, 363, 368, 406, 408,
　437

ファーストナイト 360
ファスリ 64, 161
ファル・グシュ 46

フィエロ，ギレルモ・アギーレ・イ 224，288，390

フィジー諸島 193，264，324，**361**

フィジー人 361

フィラデルフィア仮装パレード 12，99，110，116，356，**363**

フィリピン 194，264，354，**365**

フィールド，エレン・ロベナ 221

フィルボルグ族 141，142

フィンランド 106，119，155，220，264，305，**366**

フェット・ドゥ・サン・シルヴェストル 372

フェデックス・オレンジボウル 23

プエブロ族 22，68，196，269

フェルドウスィー 49，313

プエルトリコ 19，54，194，265，298

フォクト，ジーン 339

フォルハル 45

フサイン，ハズラト・イマーム 27，30，41，42，43，45，89，132，278，335，356，418，435，443

プジャ 57，330

ブズカーシ 10，277

プスサンドゥ 241

豚（幸運のシンボルとしての）43，79，87，245，279，309，359，**367**，374，393

ブータン 192，**368**

仏教 52，64，65，123，149，162，163，164，173，217，241，256，271，279，280，283，285，328，331，359，368，379，406，408，409，419，437

『ブック・オブ・ライフ』**369**

仏陀 165，173，272，281，285，319，368

プデ・グンギャル 280

ブート，アン・F 317，325

ブトゥンマンドラウフ 308

フーパ族 247，248

フビライ・ハン 419

『フューチュラマ』9，**369**

冬の儀礼 22，**370**

フラー，C・A 340

ブライアント，ウィリアム・カレン 81，224

ブライギーセン 87，309

ブラウン，マーク 4

プラグソルル 417，442

ブラジル 192，265，289，299，300

ブラックフット族 187，188

プラノトモンソ周期（「季節」）158

ブラフマー神 62

フランクリン，ベンジャミン 122

プラング，ルイス 225

フランシス，コニー 340

フランス 4，9，27，77，89，103，104，115～118，121，138，140，154，155，191，193，198～201，235，238，249，254，256，257，265，287，296，304，337，343，354，356，**372**，373，383，384，401，403，404，424，441，450，455

『ブリジット・ジョーンズの日記』**373**

プリン，ウィリアム 121

ブルガリア 34，119，154，155，192，246，247，266，**374**，441

「古き年、新しき年」219，**376**

「旧き年の死」318，**376**

「古き年は過ぎ去った」**378**

ブルキナファソ 254，266

ブルターニュ 140，372

ブルフ，マックス 434

ブルネイ・ダルサラーム国 **379**

フルメンティウス（聖）76

プレアデス星団 6, 327, 357
フレイヤ 367
フレジエ, アメデ-フランソワ 343
フレミング, サー・サンドフォード 191
プロテスタント 1, 12, 52, 77, 95, 103, 152,
　154, 155, 214, 229, 268, 292, 293, 323, 358,
　434
文成公主 163, 280
フン族 120
ブンバ・メウ・ボイ 299

平原アパッチ（カイオワ・アパッチ）族
　187
平原オジブワ（ソートー）族 187
平原クリー族 187, 188
ペイシストラトス 128
ベスタヴァルシュ 58, 60
ベスペラ・ジ・アノ・ノーボ 393
ベーダ（尊者）153
ベトナム 119, 127, 164, 173, 174, 194, 221,
　266, **380**, 420, 437, 438
ベニテングダケ 79, 367
ベネズエラ 194, 266, 300
ベネディクト 16 世 249
ヘブ・セド祭 75
ヘブリディーズ諸島 34
ベラクーラ族 370
ベラティ, ジャマスプ・ベショタン 161
ベラルーシ 192, 266, **382**
ベリーズ 178, 192, 216, 288, 301
ヘリック, ロバート 185, 186, 232, 233
ペルー 148, 194, 252, 266, 301, 302
ベルギー 192, 246, 266, **383**
ベルギー領コンゴ 183
ベルセフォネ 128

ペルツマルティガ 238
ベルティネ 140
ベルトルト 5 世 237
ベルトルドスターク 237
ベルベル人 27, 418, 440
ヘロデ大王 153
ベンガル・ソン暦 172
ヘンデル, ゲオルク・フリードリヒ 343
ヘンリー 3 世 83
ヘンリー 4 世 97
ヘンリー 7 世 343
ヘンリー 8 世 83, 97, 114, 378
ヘンリーツィ, クリスティアン・フリード
　リヒ 134

ボイオティア人 127, 151
ボイヤー, T・B 224, 339
膀胱祭り 22, **385**
報時球（タイムボール）21, 276, **386**
ボヴ・ボブ 421
ポウルソン, エミリー 434, 435
ボウル・チャンピオンシップ・シリーズ
　23, 24
ボクシング・ディ 104, 216
ホグマネイ 32 〜 36, 104, 332
『ぼくらのママに近づくな！』387
ボシュニャク人 388
ボスニア・ヘルツェゴビナ 266, **387**, 388
ホーズリー, ジョン・C 225
ホーセイ 42, 295
『ポセイドン・アドベンチャー』**388**
「蛍の光」103, 354
ホッピンジョン 14, 138, 414
ホデノショニ 49
ポドクラダニア 391

索引 497

ポトラッチ 371
ポーニー族 187
ボニファティウス8世（教皇） 337
ホノリウス 450
「ポパイのダンスでブレイク」 9, 389
ボハグ・ビフ 61
ホピ族 22, 68, 69, 269
ホーフブルク宮殿 86
ボヘミア 155, 425
ボヘミアンの乾杯 78, 123, 224, 288, 298, 390
ポヘラ・ボイシャク 61, 172, 359
『ポポル・ブフ』 180
ホモウォ祭り 100〜102
ポラズニク 137
ポーラーベア・クラブ 104, 384, 391
ホラ・マハッラ 63
ホーラ・モハッラ 63, 157
ポーランド 69, 115, 154, 155, 194, 266, 323, 391, 425, 432
ホーリー祭 59, 63, 290, 293, 295, 336, 363
「ホリデー・ランド」 393
ポリネシア 193, 263, 326, 327, 357, 361
ボリビア 192, 252, 303
ボルカ族 291
ホルス神 151
ポルトガル 115, 118, 154, 194, 266, 293, 299, 300, 393, 432
ポールとポーラ 222, 223
ボルネオ島 379
ホールマン、M・L 108
ホルン、C・E 220
ポーロ、マルコ 342
ホワイト・ディアスキン・ダンス 247, 248
ホワイトハウス 13, 18, 21, 22, 249, 394

「ホワイトホールにおいて王の御前で披露された、新年の贈り物、あるいは割礼の歌」 232, 397
ポワソン・ダブリル 372
「ホワット・アー・ユー・ドゥーイング・ニュー・イヤーズ・イヴ？」 398
ポンカ族 187
ボン教 280, 368
ボンゴブト暦 172
香港 261, 287
ホンジュラス 178, 193, 216, 301, 303, 404
ポンピリウス、ヌマ 181

【ま行】

マイア 181
マイナデス 128
マオリ族 263, 326〜328
マカヒキ 357, 358
マガモ狩り 40
マカリイ星団 357, 358
マクシミリアン1世 121
マクシムス、ポンティフェクス 181〜183
マクヒュー、バート・H 99, 363
マコト 433
マサウォ 69
マザー・グディ 103, 104
マザー・ニューイヤー 103
マ・シャリカ 61
マスコギー族 134
マゼール、ロリン 86
『マタイによる福音書』 134
マダガスカル 193, 266, 401, 406
「また新年前夜がきただけさ」 401
マタリキ 327, 328

マッカスキー，J・P 195
マッギンリー，フィリス 122
「マッチ売りの少女」402, 428
マドゥラ人 65
マトロナリア祭 449
マナナン 367
マニロウ，バリー 401, 402
マハ・ソンクラーン 124, 271
マハ・ティンジャン 408
『マハーバーラタ』328
マハービーラ 58
マーブチェ族 252
『幻の馬車』404
マヤ・コデックス 405
マヤ人 290, 291, 301
マヤ帝国 6, 22, 52, 178, 180, 291, 404
マラウィ 193, 266
マラヤーラム 63
マランカ 70
マリ 193, 254, 266
マリ・スイード 39
マルキーズ諸島 193, 266
マルザンナ 425
マルス 181, 449
マルタ 193, 266
マルティヌス（聖）141
マルドゥク 414〜416, 423
マルーン 293, 296
マレーシア 193, 217, 267, 406
マレー諸島 425
マレー人 65, 217, 401, 406
マロリー，サー・トーマス 95
マンダン 187
マンデラ，ネルソン 267, 407

『ミカ書』432
ミクヴェ 433
『ミシュナ』175
水かけ祭り 125, 271, 273, 406, 408, 438
南アフリカ共和国 21, 194, 199, 267, 406
南インド人 417
ミャンマー 124, 125, 173, 191, 193, 267,
　273, 408, 420, 437
ミュラー，ヴェンツェル 317
ミリタリー，フランク 354
ミルン，アラン・アレクサンダー 132
ミーレ・ゴレ・ソルフ 10
『ミレニアム』410
ミレニアム・ウォール 106, 361
ミレニアム島 259, 411
ミレニアム・ドーム 41, 254, 255, 412, 450

ムガル帝国 64, 172, 335
ムハンマド（預言者）10, 27, 30, 41, 42, 43,
　45, 89, 132, 147, 176, 256, 278, 335, 356,
　418, 435, 443
ムルガルガフ 419

迷信 7, 8, 11, 32, 35, 40, 44, 48, 71, 83, 87,
　88, 100, 102, 112, 115, 121, 122, 130, 135,
　206, 221, 235, 237, 241〜243, 246, 250,
　279, 286, 288, 289, 300, 301, 309, 327, 330,
　359, 366, 374, 383, 384, 392, 394, 412, 421,
　423, 425, 439, 444
メキシコ 4, 6, 145, 178, 180, 193, 267, 288,
　301, 303, 366, 390, 404
メコン川 125
メスティーソ 301
メソジスト教会 37, 214, 215
メソポタミア 6, 45, 46, 170, 228, 414, 423

メータ，ズービン 86
メディア・ノーチェ 365, 366
メトン周期 152, 164, 168, 171, 175
メラスティ 67
メラネシア人 361
『メルトダウンクライシス』416
メンディカンティ 43

孟昶 282
モエリン，ヤコブ 432
モザンビーク 193, 243, 267
モシ・ダゴンバ族 100
モーツァルト，W・A 317
『最も困難な道』416
モートン，リサ 141
モハンマド，セイエド・アリー 169, 351
モホーク族 49
モラビア教会 214, 215
モリーガン 142, 143
モルジブ 417
モルドバ 69, 193, 417
モロッコ 193, 267, 418, 425
モンゴル 71, 95, 126, 130, 164, 173, 193,
　267, 276, 311, 410, 419
モン族 420, 438
モンマニー，シャルル・ウアル・ドゥ 249

【や行】
ヤガン族 252
厄払い 67, 70, 114, 139, 235, 263, 281, 320,
　391, 412, 414, 423
ヤコブ 431
ヤズガルド紀元 161
ヤズギルド3世 161

ヤヌス 114, 181, 183, 425, 448
「闇の中のツグミ」426
ヤミーム・ノライーム 430
ヤリーラ（太陽神）382
ヤンゴーナの儀式 362, 363
ヤンドルブ 281

「郵便馬車で来た12人」427
雪娘 28, 29, 70, 72, 96, 131, 196, 214, 277,
　382, 383, 388, 417, 428, 438, 445
「逝く年」428
ユーゴスラビア 136, 155, 267, 387
ユダヤ教 27, 41, 95, 113, 149, 174 ～ 176,
　217, 256, 356, 430, 434
ユダヤ人 14, 41, 42, 176, 304, 425, 430, 432,
　434
ユト族 187, 188
ユーノー 181, 183, 448
ユピク族 385
ユピテル 183, 449
ユーフラテス川 29, 414
ユール 33, 308, 332
ユ・ルグパ 281
ユロク族 247, 248

「妖精の新年の贈り物」434
『ヨナ書』434
ヨハネ（洗礼者聖）76, 302, 337
『ヨハネによる福音書』337
ヨハネ・パウロ2世 249, 255, 337, 338
『ヨブ記』433
ヨーム・キップール 176, 430, 432 ～ 434,
　441
ヨム・テルアー 430
ヨルダネス 73

500 索 引

ヨルダン 70, 193, 268, **435**
ヨルバ人 100, 315
ヨルバ族 100
ヨーロッパ 12, 31, 34, 44, 78, 79, 83, 84, 88,
　95, 98, 100, 103, 113, 114, 140, 141, 153,
　155, 198, 221, 224, 229, 235, 245, 293, 294,
　301, 303, 326, 342, 343, 354, 361, 367, 372,
　390, 407, 425, 441, 450

【ら行】
ラー 151
ラウングサック 124
ラオス 124, 173, 193, 406, 409, 410, 420,
　437
ラクシュミー 56 〜 58, 61, 329, 330
ラクシュミー・プジャ 57, 329, 330
「ラ・クレメンス」235
ラ・ケマ・デ・ロス・アニョス・ビエホス
　288, 301
ラーゲルレーヴ, セルマ 404
ラコタ（スー）族 187
ラダ 375
ラディノ 290
「ラデツキー行進曲」87
ラドゥヴァネ 375
ラトビア 155, 193, 268
ラニャン, デイモン 455
ラビ島 361
ラ・フェスタ・ディ・シルベステル 43
『ラ・ボナネ』89
『ラーマーヤナ』55, 56, 328
ラムジー, アラン 353
ラン・ダルマ 280

リー, クラレンス 287
リトアニア 115, 155, 193, 268, **438**
リパン族 187
リビア 97, 193, **440**
リヒテンシュタイン 193, 268
リムスキー - コルサコフ, ニコライ 428
『流血の新年』**440**
リリウス, アロイシウス 153
リンカーン, エイブラハム 216, 395

ルイ 14 世 121, 249
ルイス島 34
ルヴェ・ドゥ・ソレイ 249
ルエ 281
『ルカによる福音書』88, 99, 134
ルクセンブルク 119, 155, 193, 268, **441**
ルクンゲン族 370
ルシフェル 88
ル・ジュール・ドゥ・ラン 373
ルーテル教会 100, 115
ルーナサ 140
ルバ・カサイ族 184
ルバ族 184
ルーマニア 34, 119, 154, 155, 194, 268, 417,
　418, **441**
ル・レヴェイヨン 103, 299, 372, 384
ルワンダ 194, 268

レイディ・デイ 31, 88
レオ 1 世 82
レオントヴィチ, ミコラ 108
レ・タオ・クアン 380
『列王記下』432
レッサー, フランク 398, 399
「レッツ・スタート・ザ・ニュー・イヤー・

ライト」239, **442**

レバノン 42, 117, 193, 268, **443**

『レビ記』99, 175, 337, 425, 430, 433, 442

レ・ルオク・オン・バ 380

ロウズ，ヘンリー 232, 397

ロサル 64, 280 〜 282, 331, 368, 443

ロシア 6, 29, 69, 71, 84, 95, 96, 115, 130,
　131, 136, 154, 155, 191, 194, 196, 202, 214,
　219, 220, 243, 259, 268, 276 〜 278, 311,
　312, 320, 339, 361, 382, 383, 388, 417, 419,
　428, 432, 439, **444**, 448

ロシア正教会 95, 96, 130, 277, 312, 382, 444

ロ・シューショ 44

ローシュ・ハッシャーナー 113, 175, 176,
　226, 430 〜 434

ローズパレード 13, 22, 116, 119, 356, **446**

ローズボウル 22 〜 24, 446, 447

ローゼンタール，ノーマン 73

ロノ 357

ローパー，シンディ 325

『炉ばたのこおろぎ』109, **447**

ローマ・カトリック 11, 28, 31, 33, 77, 88,
　99, 100, 103, 109, 114, 115, 152, 154, 214,
　236, 243, 245, 246, 278, 288, 290, 293, 295,
　300, 301, 302, 336, 337, 366, 382, 384, 388

ローマ帝国 29, 38, 44, 82, 88, 97, 99, 113 〜
　115, 120, 121, 128, 129, 140, 152, 153, 155,
　156, 180 〜 183, 224, 228, 310, 336, 337,
　338, 356, 373, 423, 426, 442, **448**

ロムルス 180, 426

『ローワン・アトキンソンのブラックアダ
　ー：タイムマシンで行ったり来たり』
　450

ロンガリ・ビフ 61

ロンドン・ニューイヤー・パレード 38,
　356

【わ行】

ワアウハウ 357

『Y2K』（映画）**454**

「Y2K」（TV）9, **453**

Y2K バグ **454**

ワイヨット族 247, 248

ワイリー，ローリ 305

『我が子を喰らうサトゥルヌス』310

ワシャキブ・バッツ 290

ワシントン，ジョージ 12, 343, 394, 395

ワチラウット王（ラーマ 6 世）163

ワッセイル 120, 121

ワッハーブ派 99

ワトソン，J・ジェイ 340

ワナバット 124

『ワンナイト・オブ・ブロードウェイ』
　455

ワン・プラ 162

ンクワラ 244

ングンバク・ゲニ 67

監訳者あとがき

正月は、私たちにとって最も身近で大切な行事である。日本国内でも、地域によって正月の情景や過ごし方は色々である。それはまた、時代の流れ、社会の変化によってしだいに様変わりしつつある。しかし、大方の日本人は、「もういくつねるとお正月…」で始まる、あの『お正月』という歌を口ずさむたびにある種の郷愁にかられるのではなかろうか。

この歌には、かつての、正月における男の子の遊び（凧あげ、コマまわし）と女の子の遊び（毬つき、羽根つき）が登場する。

では、世界の子供たちは、あるいは、大人たちは、新年をどのように過ごしているのだろうか。そもそも、世界のすべての地域で、太陽暦の1月1日が「新年」であろうか。新年の挨拶は日本語では「新年明けましておめでとう」であるが、他の国々での新年の挨拶はどのような言い方だろうか。世界の正月に対する興味は尽きない。

こうした興味にこたえてくれる画期的な書物が出版された。それが、William D. Crump（2008）*Encyclopedia of New Year's Holidays Worldwide*, McFarland & Company, Inc., Publishers. である。本書『世界のお正月百科事典』は、この書物の日本語版である。

"Merry Christmas and a Happy New Year!"（メリークリスマス、そしてよいお年を！）といった英語のクリスマスカードのメッセージからもわかるように、西欧社会では、クリスマスと正月は一体化したものとして捉えられているが、実は、クリスマスに関する百科事典に関しては、既に『図説 クリスマス百科事典』（ジェリー・ボウラー著、中尾セツ子日本語版監修、2007年、柊風舎）が出版され、日本の読者の間で大好評を博している。

本書『世界のお正月百科事典』と『図説 クリスマス百科事典』とを相互に参照することで、クリスマスと正月とのつながりをより深く理解することができよう。

日本の正月に関して言えば、今でも、日本の家庭では、来るべき正月に備えて、おせち料理を準備したり、床の間に鏡餅を供えたり、玄関にしめなわを飾ったりする。地方によっては、家の門先に門松を立てたものだった。筆者は、山陰（安来市）の奥出雲に近い山村の生まれであるが、子供の頃（昭和20年代）、12月の中旬頃になると、兄や弟と連れ立って、近くの山に門松用の松を伐りに行った。また、神棚に歳神さんが祭られた。元旦から数日たつと、各家庭に「獅子舞」がまわってきた（本書によれば、獅子舞は、中国で盛んであるという）。私たち子供は、獅子がこわくて家の中を走って逃げた。獅子に頭を噛んでもらうことなどとうていできなかったからである。1月中旬ごろに「とんど焼き」の行事があったが、秋田の「ナマハゲ」に代表されるよう

な小正月の訪問者を迎える行事は、体験したことがない。

　民俗学者の柳田國男は「正月と子供」というエッセイの中で、次のように述べている。

　　　もとは正月が近くなると、外で遊ぶ子供等は聲を揃へて、何處までといふ歌を
　　うたつて居た。（中略）
　　　言葉は土地によつて皆少しづゝちがひ、をかしいのも有れば又まじめなのもあ
　　つた。さうして今でもそれを覺えて居る人が多い。

　　　　正月様、どうこまで
　　　　くるくる山の下まで
　　　　おみやげは何だ
　　　　橇や勝栗、まい玉振つてござつた

　　　或は弓矢持つて箭持つて、又は手毬をもつて突きつきござつたと謂つたり、又
　　は杖のさきに味噌つけて、嘗めなめござつたと謂つたのもある。
　　　小さな子どもにはその正月様を、白髪の、にこにこと笑つたおぢいさんのやう
　　に、想像して居た者も多かつたらしい。九州の方の田舎や島々では、正月様を又
　　年どんとも呼んで居た。時にはもつと心安く、年ぢいさんと謂ふ子も有つた。年
　　殿は良い兒に年を持つて來てくれる。それは年玉といふもので、圓い白い餅であ
　　つた。元日に眼をさますと、ちやんと枕元にその年玉が置いてあつた。いふこと
　　を聽かぬ子には、年どんが年を持つて來てくれぬこともあるので、おとなしくし
　　なければならなかつた。

　　　　　　　　　　　　　　（『定本柳田國男集第十三巻（新装版）』（1969年、筑摩書房、pp. 229-230）

　このエッセイで興味深いことは、正月を「おぢいさん」（お爺さん）と呼ぶ地方があ
ったということである。こうした呼び名は他の国にあるのだろうか。答は、本書『世
界のお正月百科事典』の「霜おじいさん」の項にある。
　ロシアをはじめとするスラブ諸国には、「ジェド・マロース：霜おじいさん」の伝
説があり、霜おじいさんは森に住み、大晦日に青か赤の衣装で子どもたちに贈り物を
届けてくれるという。その手伝いをするのが美しい孫娘、スネグーラチカ（ロシア語
で「雪娘」の意）であるという。霜おじいさんは、サンタクロースを連想させてくれる。
　本書では、130か国の正月にまつわる伝統や風習・行事・料理、そして正月の過ご
し方や新年の挨拶が具体的に紹介されている。興味深いことに、世界のすべての地域
で太陽暦の1月1日が「新年」であるとは限らない。例えば、インドのヒンドゥー教

徒の新年の祭りは秋であり、アーシュヴィナ（9月〜10月）の最後の2日間と、カールゥティカ（10月〜11月）の最初の3日間の計5日間で行われる。この祭りは、西洋のクリスマスに匹敵するというから驚きである。ヨーロッパ諸国の場合には、クリスマスとの関連も述べられている。

　さらには、グレゴリオ暦、ユダヤ暦、あるいは、アステカ暦、マヤ暦などをはじめとする現在・過去の歴史的に重要な暦法が詳しく論じられている。暦の歴史に興味を抱く人にとっては貴重な情報源となっている。

　また、新年にまつわる文学（例えば、『ガウェイン卿と緑の騎士』）、映画（例えば、『男と女の詩』）、歌（例えば、スコットランド民謡「遥か遠き昔」（"Auld Lang Syne"）日本では「蛍の光」の曲となっている）、テレビドラマ（例えば、「赤毛のトナカイ、ルドルフ物語」）、アニメーション（例えば、「新年だよ、チャーリー・ブラウン」）もあれば、元旦に開催されるフットボールの試合（例えば、：ローズボウル）、パレード（例えば、ロンドン・ニューイヤー・パレード。世界最大のパレードとされる）、花火、祭り（例えば、インドにおけるヒンドゥー教の新年の祭り）などについても、わかりやすい説明があって、読む者を飽きさせない。

　最後に、筆者が特に興味をひかれるのは、本書で紹介されている130か国における新年の挨拶の言い方である。こうした情報は、本書ならではのものであり、ほとんどの読者にとって「初耳」であろう。まさに、「ところ変われば品変わる」である。以下、本書で言及されている言語の例を「世界語」（下のリストで、中国語から日本語までの11言語）に加えて、アジアの言語を若干挙げておきたい。[注]

　　　中国語：　　　　シンニェンクァイラ（新年快楽）
　　　英語：　　　　　ハッピー・ニュー・イヤー
　　　ヒンドゥー語：　スー・ディパワリ
　　　スペイン語：　　フェリス・アニョ・ヌエボ
　　　ロシア語：　　　ス・ノーヴム・ゴーダム
　　　ベンガル語：　　シュボ・ノボ・ボルショ
　　　アラビア語：　　クッル・アーミン・ワ・アントゥム・ビハイル
　　　ポルトガル語：　フェリース・アノ・ノーボ
　　　フランス語：　　ボナネ
　　　ドイツ語：　　　プロージット・ノイヤール
　　　日本語：　　　　新年明けましておめでとう
　　　韓国語：　　　　セヘ・ボク・マニ・パ・ドゥ・セヨ
　　　タイ語：　　　　サワディ・ピーマイ

インドネシア語：スラマット・タウン・バル

　これらの挨拶には、「新年」や「幸せ」の概念が基本となっている。

　末筆ながら、出版不況が叫ばれる中、本書の価値と出版の意義を認め、本書の出版に全精力を傾けられた柊風舎社長、伊藤甫律氏の慧眼とご努力に心から敬意を表するものである。さらに、訳者の訳稿に丹念に目を通され、文体を統一し、内容を確認して、全体として正確で読みやすい日本語になるように尽力された柊風舎編集部、麻生緑氏にも深甚なる謝意を表したい。また、本書は、翻訳を担当された石川久美子氏、大塚典子氏、児玉敦子氏のすぐれた翻訳力のたまものである。翻訳には、語学を超えた知識（文化、社会、歴史など）も要求されるが、三人の方々は、資料にあたり、行間の意味までも汲み取って的確な日本語に翻訳された。

　訳出に際しては、遺漏無きを期したつもりであるが、思わぬ間違いがあるかもしれない。大方のご教示をお願いしたい。言語の表記に当たっては、できるだけ発音に近いカタカナで表記するように努めたが、言語によってはカタカナでは表記できない音も多数あることをご了承願いたい。

　現在、日本に長期在住する外国人の数は 250 万人以上にのぼっている。外国の人々が自分の国の伝統に基づいて祝う正月の行事を目にする機会が増えるであろう。日本の正月と外国の正月の違いを理解する上で、本書は貴重な一冊である。

　本書が、日本人の方々だけでなく、日本で生活している外国人の方々にも目を通していただければ、筆者にとって大きな喜びである。

2018 年 11 月 12 日

澤田治美

注：ここで言う「世界語」とは、『ビジュアル版　世界言語百科──現用・危機・絶滅言語 1000』（ピーター・オースティン編、澤田治美日本語版監修、2009 年、柊風舎）に挙げてある主要な 11 言語のことである。言語分布を示した地図や美しい写真が満載されている本書は、『世界のお正月百科事典』を視覚的に理解する上で大きな助けになろう。

【著者】
ウィリアム・D・クランプ（William D. Crump）
アメリカ、テネシー州マディソン在住の元医師。著書に The Christmas Encyclopedia（クリスマス百科事典）など。

【監訳者】
澤田治美（さわだ はるみ）
関西外国語大学教授。博士（英語学）。著書『意味解釈の中のモダリティ』、共訳書『談話分析キーターム事典』（以上、開拓社）、監訳書『オックスフォード英単語由来大辞典』『オックスフォード英語ことわざ・名言辞典』『ビジュアル版世界言語百科』（以上、柊風舎）など。

【訳者】
石川久美子（いしかわ くみこ）
翻訳家。共訳書『世界歴史地名大事典』（柊風舎）など。
大塚典子（おおつか のりこ）
翻訳家。訳書『ガリレオと新しい学問』（玉川大学出版部）、『モルモット　オルガの物語』（PHP研究所）、共訳書『世界歴史地名大事典』など。
児玉敦子（こだま あつこ）
翻訳家。訳書『嘘の木』（東京創元社）、『ベートーヴェンの真実』（PHP研究所）、共訳書『世界歴史地名大事典』など。

世界のお正月百科事典

2018年12月25日　第1刷

著　　者　ウィリアム・D・クランプ
監訳者　澤田治美
訳　　者　石川久美子／大塚典子
　　　　　児玉敦子
装　　丁　古村奈々
発行者　伊藤甫律
発行所　株式会社 柊風舎

〒161-0034　東京都新宿区上落合1-29-7 ムサシヤビル5F
TEL 03-5337-3299 ／ FAX 03-5337-3290

印刷／株式会社明光社印刷所
製本／小髙製本工業株式会社
ISBN978-4-86498-063-0

Japanese Text © Harumi Sawada

7